HISTÓRIA DO MEDO
NO OCIDENTE

Liberté • Égalité • Fraternité
RÉPUBLIQUE FRANÇAISE

Este livro, publicado no âmbito do Ano da França no Brasil e do programa de auxílio à publicação Carlos Drummond de Andrade, contou com o apoio do Ministério Francês das Relações Exteriores e Europeias.

Ano da França no Brasil (21 de abril a 15 de novembro) é organizado, na França, pelo Comissariado Geral Francês, pelo Ministério das Relações Exteriores e Europeias, pelo Ministério da Cultura e da Comunicação e por Culturesfrance; no Brasil, pelo Comissariado Geral Brasileiro, pelo Ministério da Cultura e pelo Ministério das Relações Exteriores.

Cet ouvrage, publié dans le cadre de l'Année de la France au Brésil et du Programme d'Aide à la Publication Carlos Drummond de Andrade, bénéficie du soutien du Ministère français des Affaires Etrangères et Européennes.

l'Année de la France au Brésil (21 avril – 15 novembre) est organisée, en France, par le Commissariat Général Français, le Ministère des Affaires Etrangères et Européennes, le Ministère de la Culture et de la Communication et Culturesfrance; au Brésil, par le Commissariat Général Brésilien, le Ministère de la Culture et le Ministère des Relations Extérieures.

JEAN DELUMEAU

HISTÓRIA DO MEDO NO OCIDENTE 1300-1800

Uma cidade sitiada

Tradução
Maria Lucia Machado

Tradução de notas
Heloísa Jahn

8ª reimpressão

Copyright © Librairie Arthème Fayard, 1978

Grafia atualizada segundo o Acordo Ortográfico da Língua Portuguesa de 1990, que entrou em vigor no Brasil em 2009.

Título original
La peur en Occident (XIVe-XVIIIe siècles): Une cité assiégée

Capa
Jeff Fisher

Indicação editorial
Laura de Mello e Souza
Renato Janine Ribeiro

Preparação
Valéria Franco Jacintho

Revisão
Adriana Moretto
Marcelo Donizete de Brito Riqueti

Dados Internacionais de Catalogação na Publicação (CIP)
(Câmara Brasileira do Livro, SP, Brasil)

Delumeau, Jean, 1923-
História do medo no ocidente 1300-1800 : uma cidade sitiada / Jean Delumeau ; tradução Maria Lucia Machado ; tradução de notas Heloísa Jahn. — São Paulo : Companhia das Letras, 2009.

Título original: La peur en Occident (XIVe-XVIIIe siècles): Une cité assiégée.
ISBN 978-85-359-1454-2

1. Civilização Ocidental 2. Medo — Aspectos sociais I. Título.

	CDD-909.09821
09-03736	-302.17

Índices para catálogo sistemático:
1. Civilização ocidental 909.09821
2. Medo : Psicologia social 302.17
3. Ocidente : Civilização 909.09821

Todos os direitos desta edição reservados à
EDITORA SCHWARCZ S.A.
Rua Bandeira Paulista, 702, cj. 32
04532-002 — São Paulo — SP
Telefone: (11) 3707-3500
www.companhiadasletras.com.br
www.blogdacompanhia.com.br

Quero expressar minha gratidão aos meus ouvintes do Collège de France e aos pesquisadores de meu seminário. Nestas páginas eles encontrarão menção dos documentos que me enviaram e das pesquisas que desenvolvem. Portanto, contribuíram comigo na realização deste projeto historiográfico.

SUMÁRIO

Introdução: O historiador em busca do medo *11*
1. O silêncio sobre o medo *11*
2. O medo é natural *23*
3. Do singular ao coletivo: possibilidades e dificuldades da transposição *29*
4. Quem tinha medo do quê? *42*

PRIMEIRA PARTE — OS MEDOS DA MAIORIA *53*
1. Onipresença do medo *54*
    "Mar variável onde todo temor abunda" *54*
    O distante e o próximo; o novo e o antigo *70*
    Hoje e amanhã; malefícios e adivinhação *89*
2. O passado e as trevas *120*
    Os fantasmas *120*
    O medo da noite *138*
3. Tipologia dos comportamentos coletivos em tempo de peste *154*
    Presença da peste *154*
    Imagens de pesadelo *161*
    Uma ruptura inumana *170*
    Estoicismo e desregramentos; desalento e loucura *182*
    Covardes ou heróis? *194*
    De quem é a culpa? *201*
4. Medo e sedições (I) *221*
    Objetivos, limites e métodos da investigação *221*
    O sentimento de insegurança *230*
    Medos mais precisos *243*
    O temor de morrer de fome *250*
    O fisco: um espantalho *257*

5. Medo e sedições (II) *264*
    Os rumores *264*
    As mulheres e os padres nas sedições; o iconoclasmo *278*
    O medo da subversão *292*

SEGUNDA PARTE — A CULTURA DIRIGENTE E O MEDO *301*
6. "A espera por Deus" *302*
    Medos escatológicos e o nascimento do mundo moderno *302*
    Duas leituras diferentes das profecias apocalípticas *305*
    Os meios de difusão dos medos escatológicos *318*
    Primeiro tempo forte dos medos escatológicos: o fim do século XIV e o começo do século XV *323*
    Segundo tempo forte: a época da Reforma *327*
    Um Deus vingador e um mundo envelhecido *335*
    A aritmética das profecias *345*
    Geografia dos medos escatológicos *349*
7. Satã *354*
    Ascensão do satanismo *354*
    Satanismo, fim do mundo e *mass media* na Renascença *361*
    O "príncipe deste mundo" *369*
    As "decepções" diabólicas *379*
8. Os agentes de Satã
    I. Idólatras e muçulmanos *386*
    Os cultos americanos *386*
    A ameaça muçulmana *397*
9. Os agentes de Satã
    II. O judeu, mal absoluto *414*
    As duas fontes do antijudaísmo *414*
    Papel do teatro religioso, dos pregadores e dos neófitos *423*
    As acusações de profanações e assassinatos rituais *436*

  Converter; isolar; expulsar *442*
  Uma nova ameaça: os convertidos *451*
10. Os agentes de Satã
 III. A mulher *462*
  Uma acusação de longa data *462*
  A diabolização da mulher *476*
  O discurso oficial sobre a mulher no final do século
   XVI e no começo do século XVII *489*
  Uma produção literária frequentemente hostil
   à mulher *507*
  Uma iconografia frequentemente malévola *515*
11. Um enigma histórico: a grande repressão da feitiçaria
 I. O dossiê *523*
  A escalada de um medo *523*
  Uma legislação de inquietude *531*
  Cronologia, geografia e sociologia da repressão *538*
12. Um enigma histórico: a grande repressão da feitiçaria
 II. Ensaio de interpretação *548*
  Feitiçaria e cultos de fertilidade *548*
  No nível popular: o magismo *557*
  No nível dos juízes: a demonologia *567*
  Um perigo iminente *576*

Conclusão
Heresia e ordem moral *586*
1. O universo da heresia *586*
2. O paroxismo de um medo *594*
3. Uma civilização da blasfêmia *602*
4. Um projeto de sociedade *607*

Notas *626*
Introdução *626*
Capítulo 1 *630*
Capítulo 2 *637*

Capítulo 3 *641*
Capítulo 4 *648*
Capítulo 5 *653*
Capítulo 6 *656*
Capítulo 7 *662*
Capítulo 8 *665*
Capítulo 9 *669*
Capítulo 10 *673*
Capítulo 11 *680*
Capítulo 12 *685*
Conclusão *689*
Sobre o autor *695*

INTRODUÇÃO
O HISTORIADOR EM BUSCA DO MEDO

1. O SILÊNCIO SOBRE O MEDO

No século XVI, não é fácil entrar à noite em Augsburgo. Montaigne, que visita a cidade em 1580, maravilha-se diante da "porta falsa", protegida por dois guardas, que controla os viajantes chegados depois do pôr do sol. Estes deparam, antes de tudo, com uma poterna que o primeiro guarda abre de seu quarto, situado a mais de cem passos dali, por intermédio de uma corrente de ferro, a qual puxa uma peça também de ferro "por um caminho muito longo e cheio de curvas". Passado esse obstáculo, a porta volta a fechar-se bruscamente. O visitante transpõe em seguida uma ponte coberta situada sobre um fosso da cidade e chega a uma pequena praça onde declara sua identidade e indica o endereço que o alojará em Augsburgo. O guarda, com um toque de sineta, adverte então seu companheiro, que aciona uma mola situada numa galeria próxima ao seu aposento. Essa mola abre em primeiro lugar uma barreira — sempre de ferro — e depois, com auxílio de uma grande roda, comanda a ponte levadiça "sem que nada se possa perceber de todos esses movimentos, pois são conduzidos pelos pesos do muro e das portas, e subitamente tudo isso volta a fechar-se com grande ruído". Para além da ponte levadiça abre-se uma grande porta, "muito espessa, que é de madeira e reforçada com várias grandes lâminas de ferro". Através dela o estrangeiro tem acesso a uma sala onde se vê encerrado, só e sem luz. Mas outra porta semelhante à precedente permite-lhe entrar numa segunda sala em que, desta vez, "há luz", e onde ele descobre um vaso de bronze que pende de uma corrente. Deposita aí o dinheiro de sua entrada. O (segundo) porteiro puxa a corrente, recolhe o vaso, verifica a soma depositada

11

pelo visitante. Se não está de acordo com a tarifa fixada, o porteiro o deixa "de molho até o dia seguinte". Mas, se fica satisfeito, "abre-lhe da mesma maneira mais uma grossa porta semelhante às outras, que se fecha logo que passa, e ei-lo na cidade". Detalhe importante que completa esse dispositivo ao mesmo tempo pesado e engenhoso: sob as salas e as portas existe "um grande porão para alojar" quinhentos homens de armas com seus cavalos, no caso de qualquer eventualidade. Se for necessário, são enviados para a guerra "sem a chancela do povo da cidade".[1]

Precauções singularmente reveladoras de um clima de insegurança: quatro grossas portas sucessivas, uma ponte sobre um fosso, uma ponte levadiça não parecem excessivas para proteger contra qualquer surpresa uma cidade de 60 mil habitantes que é, na época, a mais povoada e a mais rica da Alemanha. Num país atormentado por querelas religiosas e num império cujas fronteiras são rondadas pelos turcos, todo estrangeiro é suspeito, sobretudo à noite. Ao mesmo tempo, desconfia-se do homem "comum" cujas "emoções" são imprevisíveis e perigosas. Assim, dá-se um jeito para que não perceba a ausência dos soldados habitualmente estacionados sob o dispositivo complicado da "porta falsa". No interior desta, empregaram-se os últimos aperfeiçoamentos da metalurgia alemã da época; graças a isso, uma cidade particularmente cobiçada consegue, se não afastar completamente o medo para fora de seus muros, ao menos enfraquecê-lo o suficiente para que se possa viver com ele.

Os complicados mecanismos que outrora protegiam os habitantes de Augsburgo têm valor de símbolo. Pois não só os indivíduos tomados isoladamente, mas também as coletividades e as próprias civilizações estão comprometidos num diálogo permanente com o medo. No entanto, até o momento, a historiografia pouco estudou o passado sob esse ângulo, a despeito do exemplo preciso — e muito esclarecedor — fornecido por

G. Lefebvre e dos votos expressos sucessivamente por ele e por L. Febvre. O primeiro escrevia, já em 1932, em sua obra consagrada ao Grande Medo de 1789: "No decorrer de nossa história houve outros medos antes e após a Revolução; houve medos também fora da França. Não poderíamos encontrar-lhes um traço comum que lançaria alguma luz sobre o de 1789?".[2] Fazendo-lhe eco, L. Febvre, um quarto de século mais tarde, esforçava-se por sua vez em engajar os historiadores nesse caminho, balizando-o com grandes traços:

> Não se trata [...] de reconstruir a história a partir da exclusiva necessidade de segurança — como G. Ferrero estava tentado a fazer a partir do sentimento do medo (no fundo, de resto, os dois sentimentos, um de ordem positiva, o outro de ordem negativa, não acabam por encontrar-se?) — [...], trata-se essencialmente de colocar em seu lugar, digamos, de restituir seu quinhão legítimo a um complexo de sentimentos que, considerando-se as latitudes e as épocas, não pôde deixar de desempenhar um papel capital na história das sociedades humanas para nós próximas e familiares.[3]

É a esse apelo que tento responder por meio da presente obra, precisando desde o início três limites de meu trabalho. O primeiro é aquele mesmo traçado por L. Febvre: não se trata de reconstruir a história a partir do "exclusivo sentimento de medo". Tal redução das perspectivas seria absurda, e é sem dúvida demasiadamente simplista afirmar com G. Ferrero que toda civilização é o produto de uma longa luta contra o medo. Portanto, convido o leitor a lembrar-se de que projetei sobre o passado certo enfoque, mas de que há outros, possíveis e desejáveis, suscetíveis de completar e de corrigir o meu. As duas outras fronteiras são as de tempo e espaço. Busquei meus exemplos, de preferência — mas nem sempre — no período que vai de 1348 a 1800 e no setor geográfico da humanidade ocidental, a fim de dar coesão e homogeneidade à minha exposição e de não dispersar a luz do projetor sobre cronologia e períodos desmedidos. Nesse quadro, ficava por ser preenchido um vazio historiográfico que em certa medida vou esforçar-me em completar, bem ciente de que tal tentativa, sem modelo a ser imitado, constitui uma aventura intelectual. Mas uma aventura excitante.

Por que esse silêncio prolongado sobre o papel do medo na história? Sem dúvida, devido a uma confusão mental amplamente difundida entre medo e covardia, coragem e temeridade. Por uma verdadeira hipocrisia, o discurso escrito e a língua falada — o primeiro influenciando a segunda — tiveram por muito tempo a tendência de camuflar as reações naturais que acompanham a tomada de consciência de um perigo por trás das falsas aparências de atitudes ruidosamente heróicas. "A palavra *medo* está carregada de tanta vergonha", escreve G. Delpierre, "que a escondemos. Enterramos no mais profundo de nós o medo que nos domina as entranhas."[4]

É no momento — séculos XIV-XVI — em que começam a avançar na sociedade ocidental o elemento burguês e seus valores prosaicos que uma literatura épica e narrativa, encorajada pela nobreza ameaçada, reforça a exaltação sem nuança da audácia. "Como a lenha não pode queimar sem fogo", ensina Froissard, "o fidalgo não pode chegar à honra perfeita, nem à glória do mundo, sem proeza."[5] Três quartos de século mais tarde, o mesmo ideal inspira o autor de Jehan de Saintré (por volta de 1456). Para ele, o cavaleiro digno desse título deve desafiar os perigos por amor da glória e de sua dama. É "aquele que [...] faz tanto que, entre os outros, há notícias dele" — por façanhas guerreiras, entende-se.[6] Conquista-se tanto mais honra quanto mais se arrisca a vida nos combates desiguais. São esses o pão cotidiano de Amadis de Gaula, um herói saído do ciclo do romance bretão, que chega a fazer "tremer as mais cruéis feras selvagens".[7] Publicado na Espanha em 1508, traduzido para o francês a pedido de Francisco I, o *Amadis de Gaula* e seus suplementos dão lugar, no século XVI, a mais de sessenta edições espanholas e grande quantidade de edições francesas e italianas. Mais impressionante ainda é a fortuna de *Orlando furioso*, de Ariosto: cerca de 180 edições de 1516 a 1600.[8] Orlando, "paladino insensível ao medo", despreza naturalmente "o vil bando dos sarracenos" que o ataca em Roncevaux. Com a ajuda de Durandal, "os braços, as cabeças, os ombros (dos inimigos) voam por todos os lados" (cap. XIII). Quanto aos cavaleiros cristãos que Tasso coloca em cena na *Jerusalém libertada* (1581), ao chegar diante da cidade santa, agitam-se de impaciência, "antecipam-se ao sinal das trombetas e dos tambores, e saem a campo com altos gritos de alegria" (cap. III).

A literatura das crônicas é igualmente inesgotável no que diz respeito ao heroísmo da nobreza e dos príncipes, sendo esses a flor de toda nobreza. Apresenta-os como impermeáveis a todo temor. Assim é com João Sem Medo, que ganhou a alcunha significativa em luta contra Liège, em 1408.[9] Sobre Carlos, o Temerário — outro apelido a destacar —, os elogios são hiperbólicos. "Era altivo e de grande coragem; seguro no perigo, sem medo e sem pavor; e se um dia Heitor foi valente diante de Troia, este o era outro tanto." Assim fala Chastellain.[10] E Molinet vai ainda mais longe depois da morte do duque: "Era [...] a planta de honra inestimável, o tronco de graça bem-aventurada, e a árvore de virtude colorida, perfumada, frutuosa e de grande altitude".[11] Reveladora, por sua vez, é a glória que cerca Bayard durante sua vida. É o cavaleiro "sem temor e irrepreensível". A morte do famoso fidalgo do Dauphiné, em 1524, também deixa "toda nobreza de luto". Pois, assegura o Leal Servidor, "em audácia pouca gente a ele se comparou. Em conduta, era um Fábio Máximo; em empresas sutis, um Coriolano, e em força e magnanimidade, um segundo Heitor".[12]

Esse arquétipo do cavaleiro sem medo, perfeito, é constantemente realçado pelo contraste com uma massa considerada sem coragem. Virgílio já escrevera: "O medo é a prova de um nascimento baixo" (*Eneida*, IV, 13). Tal afirmação restou incon-

15

teste por muito tempo. Commynes reconhece que os arqueiros se tornaram "a soberana coisa do mundo para as batalhas". Mas é preciso tranquilizá-los com a presença de "grande quantidade de nobres e de cavaleiros", e dar-lhes vinho antes do combate a fim de cegá-los diante do perigo.[13] No cerco de Pádua em 1509, Bayard se insurge contra a opinião do imperador Maximiliano, que pretendia colocar a gendarmaria francesa a pé e fazê-la atacar ao lado dos lansquenetes, "gente maquinal que não tem a honra em tão grande recomendação quantos os fidalgos".[14] Montaigne atribui aos humildes, como uma característica típica, a propensão ao pavor, mesmo quando são soldados: percebem couraceiros onde há apenas um rebanho de ovelhas; tomam caniços por lanceiros.[15] Associando, além disso, covardia e crueldade, ele assegura que uma e outra são mais especialmente próprias dessa "canalha de vulgo".[16] No século XVII, La Bruyère por sua vez toma por certa a ideia de que a massa de camponeses, artesãos e criados não é corajosa porque não busca — e não pode buscar — a fama: "O soldado não sente que seja conhecido; morre obscuro e na multidão; vivia do mesmo modo, na verdade, mas vivia, e essa é uma das origens da falta de coragem nas condições baixas e servis".[17] Romance e teatro destacaram por seu turno a incompatibilidade entre esses dois universos ao mesmo tempo sociais e morais: o da valentia — individual — dos nobres, e o do medo — coletivo — dos pobres. Preparando-se dom Quixote para intervir pelo exército de Pentapolin contra o de Alifanfaron, Sancho Pança timidamente lhe faz notar que se trata simplesmente de dois rebanhos de carneiros. Merece esta resposta: "É o medo que tens, Sancho, que te faz ver e entender tudo mal. Mas se teu pavor é tão grande, afasta-te [...]. Sozinho, darei a vitória ao exército a que levarei o socorro de meu braço".[18] Façanhas individuais sempre, mas desta vez sacrilégios de dom Juan, "o enganador de Sevilha", que desafia o espectro do comendador, Deus e o inferno. Naturalmente, seu criado vai de pavor em pavor e dom Juan o censura: "Que medo tens de um morto? Que farias tu se fosse um vivo? Tolo e plebeu temor".[19]

Esse lugar-comum — os humildes são medrosos — pode ser bem exemplificado na época da Renascença por duas observações, contraditórias em suas intenções mas convergentes quanto ao ponto de vista que empregam e que se pode assim resumir: os homens no poder fazem de modo a que o povo — essencialmente os camponeses — tenha medo. Symphorien Champier, médico e humanista mas turiferário da nobreza, escreve em 1510: "O senhor deve tirar prazer e delícia das coisas em que seus homens têm sofrimento e trabalho". Seu papel é o de "manter terra, pois pelo pavor que os homens do povo têm dos cavaleiros eles trabalham e cultivam as terras por pavor e medo de serem destruídos".[20] Quanto a Thomas More, que contesta a sociedade de seu tempo situando-se, contudo, em uma imaginária "Utopia", afirma que "a pobreza do povo é a defesa da monarquia [...]. A indigência e a miséria eliminam toda coragem, embrutecem as almas, acomodam-nas ao sofrimento e à escravidão e as oprimem a ponto de tirar-lhes toda energia para sacudir o jugo".[21]

Essas poucas evocações — que teríamos podido multiplicar indefinidamente — ressaltam as razões ideológicas do longo silêncio sobre o papel e a importância do medo na história dos homens. Da Antiguidade até data recente, mas com ênfase no tempo da Renascença, o discurso literário apoiado pela iconografia (retratos em pé, estátuas equestres, gestos e drapeados gloriosos) exaltou a valentia — individual — dos heróis que governaram a sociedade. Era necessário que fossem assim, ou ao menos apresentados sob essa perspectiva, a fim de justificar aos seus próprios olhos e aos do povo o poder de que estavam revestidos. Inversamente, o medo era o quinhão vergonhoso — e comum — e a razão da sujeição dos plebeus. Com a Revolução Francesa, estes conquistaram pela força o direito à coragem. Mas o novo discurso ideológico copiou amplamente o antigo e seguiu a tendência de camuflar o medo para exaltar o heroísmo dos humildes. Portanto, é só lentamente, a despeito das marchas militares e dos monumentos aos mortos, que uma descrição e uma aproximação objetivas do medo desembaraçado de sua vergonha começaram a mostrar-se. De maneira significativa, as primeiras grandes evocações de pânico foram equilibradas em contraponto por elementos grandiosos que proporcionavam como que desculpas para uma degringolada. Para Victor Hugo, foi a "Debandada, gigante de face assustada", que venceu a coragem dos soldados de Napoleão em Waterloo; e "esse campo sinistro onde Deus combinou tantas fraquezas/ Treme ainda de ter visto a fuga dos gigantes".[22] No quadro de Goya intitulado *O pânico* (Prado), um colosso cujos punhos golpeiam em vão um céu carregado de nuvens parece justificar o amedrontamento de uma multidão que se dispersa precipitadamente em todas as direções. Depois, pouco a pouco, a preocupação com a verdade psicológica prevaleceu. Dos *Contos* de Maupassant aos *Diálogos das carmelitas* de Bernanos, passando por *La débâcle* de Zola, a literatura progressivamente restituiu ao medo seu verdadeiro lugar, ao passo que a psiquiatria agora se inclina cada vez mais sobre ele. Em nossos dias, são incontáveis as obras científicas, os romances, as autobiografias, os filmes que trazem no título o medo. Curiosamente, a historiografia, que em nosso tempo deslindou tantos novos domínios, o negligenciou.

Em qualquer época, a exaltação do heroísmo é enganadora: discurso apologético, deixa na sombra um vasto campo da realidade. O que havia por trás do cenário montado pela literatura cavalheiresca que gabava incansavelmente a bravura dos cavaleiros e zombava da covardia dos plebeus? A própria Renascença encarregou-se, em obras maiores que transcendem todo conformismo, de corrigir a imagem idealizada da valentia nobiliária. Será que nos damos conta de que Panurgo e Falstaff são fidalgos, companheiros preferidos de futuros reis? O primeiro declara, no navio desorientado pela tempestade, que daria uma renda de "180 mil escudos [...] a quem o colocasse em terra todo frouxo e defeçado" como está.[23] O segundo, coerente consigo mesmo, resigna-se em ser desprovido de honra:

Que necessidade tenho de ir [...] ao encontro do que não se dirige a mim [trata-se da morte]? [...] Pode a honra devolver uma perna? Não. Um braço? Não. Eliminar a dor de um ferimento? Não. A honra não entende nada de cirurgia? Não. O que é a honra? Uma palavra. O que há nessa palavra *honra*? Um sopro [...] Desse modo, não quero saber dela. A honra é uma simples insígnia, e assim termina meu catecismo.[24]

Áspero desmentido a todos os "diálogos de honra" do século XVI![25] Existem outros, no período da Renascença, em obras que de modo algum eram de ficção. Commynes é uma testemunha preciosa a esse respeito, pois ousou dizer o que os demais cronistas calavam sobre a covardia de certos grandes. Relatando a batalha de Montlhéry, em 1465, entre Luís XI e Carlos, o Temerário, declara: "Jamais houve fuga maior dos dois lados". Um nobre francês se foi numa só caminhada até Lusignan; um senhor do conde de Charolais, partindo em sentido contrário, só parou no Quesnoy. "Esses dois não tinham preocupação de atingir um ao outro."[26] No capítulo que consagra ao "medo" e à "punição da covardia", também Montaigne menciona a conduta pouco gloriosa de certos nobres:

[No cerco de Roma, 1527,] foi memorável o medo que apertou, tomou e gelou tão fortemente o coração de um fidalgo que ele caiu duro morto em combate, sem nenhum ferimento.[27] No tempo de nossos pais, lembra ele ainda, o senhor de Franget [...], governador de Fontarabie [...], tendo-a entregue aos espanhóis, foi condenado a ser destituído de nobreza, e tanto ele quanto sua posteridade foram declarados plebeus sujeitos a impostos, e incapazes de usar as armas; e foi essa rude sentença executada em Lyon. Depois sofreram semelhante punição todos os fidalgos que se encontravam em Guise, quando o conde de Nassau ali penetrou [em 1536]; e outros mais depois.[28]

Medo e covardia não são sinônimos. Mas é preciso se perguntar se a Renascença não foi marcada por uma tomada de consciência mais nítida das múltiplas ameaças que pesam sobre os homens no combate e em outras situações, neste mundo e no outro. Daí, por várias vezes perceptível nas crônicas da época, a coabitação em uma mesma personalidade de comportamentos corajosos e de atitudes temerosas. Filippo-Maria Visconti (1392-1447) empreendeu guerras longas e difíceis. Mas mandava revistar todas as pessoas que entravam no castelo de Milão e proibia que se parasse perto das janelas. Acreditava nos astros e na fatalidade e invocava ao mesmo tempo a proteção de uma legião de santos. Esse grande leitor dos romances de cavalaria, esse fervoroso admirador de seus heróis, não queria ouvir falar da morte, fazendo até expulsar do castelo seus favoritos quando agonizavam. Morreu, todavia, com dignidade.[29] Luís XI se parece com ele em mais de um aspecto. Esse rei inteligente, prudente e desconfiado, não careceu de coragem em graves circunstâncias, como na batalha de Montlhéry ou quando o advertiram de seu fim próximo — notícia, escreve Commynes, que "suportou virtuosamente, e todas as outras coisas, até a morte, e mais que qualquer homem que eu jamais tenha visto morrer".[30] Contudo, esse soberano que criou uma ordem de cavalaria foi desprezado por vários de seus contemporâneos que o julgaram um "homem amedrontado" e "era verdade que o era", precisa Commynes. Seus temores agravaram-se no fim da vida. Como o último dos Visconti, caiu "em extraordinária suspeita de todo o mundo", só querendo perto dele os "criados" e quatrocentos arqueiros que o protegiam com uma guarda contínua. Ao redor do Plessis, "mandou fazer uma grade de grossas barras de ferro". Mandou também "fixar" nas muralhas do castelo "espetos de ferro de várias pontas".[31] Alabardeiros tinham ordem de atirar em qualquer um que se aproximasse à noite da residência real. Medo das conjurações? Mais amplamente, temor da morte. Doente, enviaram-lhe de Reims, Roma e Constantinopla relíquias preciosas das quais esperava a cura. Tendo mandado buscar o santo eremita Francisco de Paula nos confins da Calábria, lançou-se a seus pés quando ele chegou ao Plessis "a fim de que lhe concedesse prolongar sua vida". Commynes acrescenta este outro traço que aproxima mais uma vez Luís XI de Filippo-Maria Visconti:

> [...] Jamais um homem temeu tanto a morte, nem fez tantas coisas para encontrar-lhe remédio: e todo o tempo de sua vida, pedira a seus servidores e a mim, como a outros, que, se o víssemos nessa aflição de morte, que não lhe disséssemos, a não ser tão somente: "falai pouco" e que o incitássemos apenas a confessar-se sem lhe pronunciar essa cruel palavra da morte, pois lhe parecia jamais ter coração para ouvir tão cruel sentença.[32]

De fato, ele a suportou "virtuosamente", embora seu círculo não tenha respeitado a instrução real. O mais nobre dos nobres, o chefe de uma ordem de cavalaria, confessa portanto que tem medo, como logo o farão Panurgo e Falstaff. Mas, ao contrário destes, ele o faz sem cinismo e, chegado o momento temido, não se conduz como covarde. A psicologia do soberano não pode ser separada de um contexto histórico onde abundam danças macabras, *artes moriendi*, sermões apocalípticos e imagens do Juízo Final. Os temores de Luís são os de um homem que se sabe pecador e teme o inferno. Ele faz peregrinações, confessa-se com frequência, homenageia a Virgem e os santos, reúne relíquias, faz largas doações às igrejas e às abadias.[33] Assim, a atitude do rei é reveladora, para além de um caso individual, da escalada do medo no Ocidente na aurora dos tempos modernos.

Mas não existe uma relação entre consciência dos perigos e nível de cultura? É o que sugere Montaigne em uma passagem dos *Ensaios* onde, com humor, estabelece uma relação entre a sofisticação intelectual dos povos do Ocidente, de um lado, e seus comportamentos na guerra, do outro:

Um senhor italiano, relata ele sorrindo, sustentou uma vez esta afirmação em minha presença, em detrimento de sua nação: que a sutileza dos italianos e a vivacidade de suas concepções era tão grande, previam de tão longe os perigos e acidentes que lhes pudessem advir que não se devia achar estranho se eram vistos frequentemente, na guerra, prover sua segurança, até mesmo antes de ter reconhecido o perigo; que nós e os espanhóis, que não éramos tão finos, íamos mais além, e que nos era necessário fazer ver ao olho e tocar com a mão o perigo antes de nos amedrontarmos e que então não tínhamos mais firmeza; mas que os alemães e os suíços, mais grosseiros e mais pesadões, não tinham o senso de se precaver, quando muito no momento mesmo em que estavam abatidos sob os golpes.[34]

Generalizações irônicas e talvez sumárias, que têm no entanto o mérito de ressaltar o elo entre medo e lucidez tal como ele se estabelece na Renascença — uma lucidez solidária de um progresso do equipamento mental.

Refinados que somos por um longo passado cultural, não somos hoje mais frágeis diante dos perigos e mais permeáveis ao medo do que nossos ancestrais? É provável que os cavaleiros de outrora, impulsivos, habituados às guerras e aos duelos e que se lançavam com impetuosidade nas disputas, fossem menos conscientes dos perigos do combate do que os soldados do século XX, portanto menos sensíveis ao medo. Em nossa época, em todo caso, o medo diante do inimigo tornou-se a regra. De sondagens efetuadas no exército americano na Tunísia e no Pacífico no decorrer da Segunda Guerra Mundial, resulta que apenas 1% dos homens declarou jamais ter tido medo.[35] Outras sondagens realizadas entre os aviadores americanos durante o mesmo conflito e, anteriormente, entre os voluntários da A. Lincoln Brigade quando da Guerra Civil Espanhola colheram resultados análogos.[36]

2. O MEDO É NATURAL

Quer haja ou não em nosso tempo mais sensibilidade ao medo, este é um componente maior da experiência humana, a despeito dos esforços para superá-lo.[37] "Não há homem acima do medo", escreve um militar, "e que possa gabar-se de a ele escapar."[38] Um guia de montanha a quem se faz a pergunta "Aconteceu-lhe sentir medo?" responde: "Sempre se tem medo da tempestade quando a ouvimos crepitar nas rochas. Isso arrepia os cabelos debaixo da boina".[39] O título da obra de Jakov Lind, *La peur est ma racine*, não se aplica só ao caso de uma criança judia de Viena que descobre o antissemitismo. Pois o medo "nasceu com o homem na mais obscura das eras".[40] "Ele está em nós [...] Acompanha-nos por toda a nossa existência."[41] Citando Vercors, que dá esta curiosa definição da natureza humana — os homens usam amuletos, os animais não os usam —, Marc Oraison conclui que o homem é por excelência "o ser que tem medo".[42] No mesmo sentido, Sartre escreve: "Todos os homens têm medo. Todos. Aquele que não tem medo não é normal, isso nada tem a ver com a coragem".[43] A necessidade de segurança é portanto fundamental; está na base da afetividade e da moral humanas. A insegurança é símbolo de morte, e a segurança símbolo da vida. O companheiro, o anjo da guarda, o amigo, o ser benéfico é sempre aquele que difunde a segurança.[44] Assim, é um erro de Freud "não ter levado a análise da angústia e de suas formas patogênicas até o enraizamento na necessidade de conservação ameaçada pela previsão da morte".[45] O animal não tem ciência de sua finitude. O homem, ao contrário, sabe — muito cedo — que morrerá. É, pois, o "único no mundo a conhecer o medo num grau tão temível e duradouro".[46] Além disso, nota R. Caillois, o medo das espécies animais é único, idêntico a si mesmo, imutável: o de ser devorado. "E o medo humano, filho de nossa imaginação, não é uno mas múltiplo, não é fixo mas perpetuamente cambiante."[47] Daí a necessidade de escrever sua história.

No entanto, o medo é ambíguo. Inerente à nossa natureza,

é uma defesa essencial, uma garantia contra os perigos, um reflexo indispensável que permite ao organismo escapar provisoriamente à morte. "Sem o medo nenhuma espécie teria sobrevivido."[48] Mas, se ultrapassa uma dose suportável, ele se torna patológico e cria bloqueios. Pode-se morrer de medo, ou ao menos ficar paralisado por ele. Maupassant, nos *Contos da galinhola*, descreve-o como uma "sensação atroz, uma decomposição da alma, um espasmo horrível do pensamento e do coração de que só a lembrança dá arrepios de angústia".[49] Por causa de seus efeitos por vezes desastrosos, Descartes o identifica com a covardia, contra a qual não se poderia muito proteger-se com antecedência:

> [...] O medo ou o pavor, que é contrário à audácia, não é apenas uma frieza, mas também uma perturbação e um espanto da alma que lhe tiram o poder de resistir aos males que ela pensa estarem próximos [...] Desse modo, não é uma paixão particular; é apenas um excesso de covardia, de assombro e de temor, o qual é sempre vicioso [...] E porque a principal causa do medo é a surpresa, não há nada melhor para dele isentar-se do que usar de premeditação e preparar-se para todos os acontecimentos cujo temor pode causá-lo.[50]

Simenon declara da mesma maneira que o medo é um "inimigo mais perigoso do que todos os outros".[51] Ainda hoje, indígenas — e até mestiços — de aldeias afastadas do México conservam entre seus conceitos o de doença do pavor (*espanto* ou *susto*): um doente perdeu a alma em razão de um pavor. Espantar-se é "deixar a alma em outra parte". Pensa-se então que ela é retida pela terra, ou por pequenos seres maléficos chamados *chaneques*. Daí a urgência de ir a uma "curandeira de terror", que, graças a uma terapêutica apropriada, permitirá à alma reintegrar-se ao corpo de que escapou.[52] Esse comportamento não deve ser comparado ao dos camponeses do Perche, cujas práticas "supersticiosas" foram descritas pelo padre J.-B.

Thiers no século XVII? Para precaver-se contra o medo, carregavam com eles olhos ou dentes de lobo, ou ainda, se a possibilidade se apresentava, montavam num urso e davam várias voltas em cima dele.[53]

O medo pode com efeito tornar-se causa da involução dos indivíduos, e Marc Oraison observa a esse respeito — voltarei a esse tema em um segundo volume — que a regressão para o medo é o perigo que espreita constantemente o sentimento religioso.[54] Mais geralmente, quem quer que seja presa do medo corre o risco de desagregar-se. Sua personalidade se fende, "a impressão de conforto dada pela adesão ao mundo" desaparece; "o ser se torna separado, outro, estranho. O tempo para, o espaço encolhe".[55] É o que acontece a Renée, a esquizofrênica estudada pela sra. Sèchehaye: num dia de janeiro, experimenta pela primeira vez o medo que lhe é provocado, acredita ela, por um forte vento anunciador de lúgubres mensagens. Logo esse medo, crescendo, aumenta a distância entre Renée e o mundo exterior, cujos elementos perdem progressivamente sua realidade.[56] A doente confessou mais tarde: "O medo, que antes era episódico, não me abandonava mais. Sentia-o todos os dias, tinha certeza. E depois também os estados de irrealidade aumentavam".[57]

Coletivo, o medo pode ainda conduzir a comportamentos aberrantes e suicidas, nos quais a apreensão correta da realidade desaparece: como esses pânicos que escandiram a história recente da França depois de Waterloo até o êxodo de junho de 1940. Zola descreveu fielmente os que resultaram na derrota de 1870:

> [...] Os generais galopavam no espanto, e tal tempestade de estupor soprava, arrebatando ao mesmo tempo os vencidos e os vencedores, que num instante os dois exércitos estavam perdidos, nessa perseguição, em pleno dia, fugindo Mac-
> -Mahon na direção de Lunéville, e o príncipe real o procurava do lado dos Vosgues. Em 7 [de agosto], os restos do 1º corpo atravessavam Saverne, assim como um rio limoso e

transbordado, carreando destroços. Em 8, em Sarrebourg, o 5º corpo vinha tombar no 1º como uma torrente agitada numa outra, em fuga ele também, vencido sem ter combatido, arrastando seu chefe, o general De Failly, desatinado, enlouquecido de que se fizesse remontar à sua inação a responsabilidade da derrota. Em 9, em 10, a galopada continuava, um salve-se quem puder furioso que nem sequer olhava para trás.[58]

Compreende-se por que os antigos viam no medo uma punição dos deuses, e por que os gregos divinizaram Deimos (o Temor) e Fobos (o Medo), esforçando-se em conciliar-se com eles em tempo de guerra. Os espartanos, nação militar, consagraram uma pequena edícula a Fobos, divindade a quem Alexandre ofereceu um sacrifício solene antes da batalha de Arbelos. Aos deuses homéricos Deimos e Fobos correspondiam as divindades romanas Pallor e Pavor, às quais, segundo Tito Lívio, Tulo Hostílio teria decidido consagrar dois santuários ao ver seu exército debandar diante dos estrangeiros. Quanto a Pã, na origem deus nacional da Arcádia que, ao cair do dia, espalhava o terror entre os rebanhos e os pastores, a partir do século V tornou-se uma espécie de protetor nacional dos gregos. Os atenienses atribuíram-lhe a derrota dos persas em Maratona e levantaram-lhe um santuário na Acrópole, homenageado todos os anos com sacrifícios rituais e corridas com tochas. A voz dissonante de Pã teria semeado a desordem na frota de Xerxes em Salamina e, mais tarde, detido a marcha dos gauleses sobre Delfos.[59] Assim, os antigos viam no medo um poder mais forte do que os homens, cujas graças contudo podiam ser ganhas por meio de oferendas apropriadas, desviando então para o inimigo sua ação aterrorizante. E haviam compreendido — e em certa medida confessado — o papel essencial que ele desempenha nos destinos individuais e coletivos.

O historiador, em todo caso, não precisa procurar muito para identificar a presença do medo nos comportamentos de grupos. Dos povos ditos "primitivos" às sociedades contemporâneas, encontra-o quase a cada passo — e nos setores mais diversos da existência cotidiana. Como prova, por exemplo, as máscaras muitas vezes apavorantes que inúmeras civilizações utilizaram no decorrer das eras em suas liturgias. Escreve R. Caillois:

> Máscara e medo, máscara e pânico estão constantemente presentes juntos, inextricavelmente emparelhados [...] [o homem] abrigou atrás desse segundo rosto seus êxtases e suas vertigens, e sobretudo o traço que ele tem em comum com tudo o que vive e quer viver, o medo, sendo a máscara ao mesmo tempo tradução do medo, defesa contra o medo e meio de espalhar o medo.[60]

E cabe a L. Kochnitzky explicitar, a propósito dos casos africanos, esse medo que a máscara simultaneamente camufla e exprime: "Medo dos gênios, medo das forças da natureza, medo dos mortos, dos animais selvagens à espreita na selva e de sua vingança depois que o caçador os matou; medo de seu semelhante que mata, viola e até devora suas vítimas; e, acima de tudo, medo do desconhecido, de tudo que precede e segue a breve existência do homem".[61]

Mudemos voluntária e bruscamente de tempo e de civilização e mergulhemos por um instante na modernidade econômica. Nesse domínio, escreve A. Sauvy, "onde tudo é incerto, e onde o interesse está constantemente em jogo, o medo é contínuo".[62] Os exemplos que o provam são inúmeros, das desordens da rua Quincampoix no tempo de Law à "quinta-feira negra" de 24 de outubro de 1929, em Wall Street, passando pela depreciação dos *assignats** e a degringolada do marco em 1923. Em todos esses casos, houve pânico irrefletido por contágio de um verdadeiro medo do vazio. O elemento psicológico, isto é, a louca inquietação, ultrapassou a sã análise da

---

* Papel-moeda emitido no período da Revolução Francesa. (N. T.)

conjuntura. Mais lucidez e sangue-frio, assim como menos apreensão excessiva com o futuro por parte dos detentores de promissórias e de ações, teriam sem dúvida permitido continuar a experiência de Law, conter em limites razoáveis as desvalorizações respectivas do *assignat* revolucionário, mais tarde do marco de Weimar, e sobretudo permitido controlar melhor, em consequência do craque de 1929, a queda da produção e o crescimento do desemprego. Os movimentos da Bolsa, de que dependem tantos destinos humanos, não conhecem afinal senão uma regra: a alternância de esperanças imoderadas e de medos irrefletidos.

Atento a essas evidências, o pesquisador descobre, mesmo no decorrer de um sobrevoo rápido do espaço e do tempo, o número e a importância das reações coletivas de temor. A constituição de Esparta era fundada sobre ele, sistematizando a organização dos "iguais" em casta militar. Mobilizados permanentemente, aguerridos desde a infância, viviam sob a constante ameaça de uma revolta dos hilotas. A fim de os paralisar pelo medo, Esparta precisou modificar-se ela própria cada vez mais radicalmente. As medidas "aloplásticas" iniciais dirigidas contra os hilotas logo acarretaram medidas "autoplásticas" ainda mais rigorosas "que transformaram Esparta em um campo fortificado".[63] Mais tarde, a Inquisição foi semelhantemente motivada e mantida pelo medo desse inimigo sem cessar renascente: a heresia que parecia perseguir incansavelmente a Igreja. Em nosso tempo, o fascismo e o nazismo beneficiaram-se dos alarmes dos detentores de rendas e dos pequenos burgueses que temiam as perturbações sociais, a ruína da moeda e o comunismo. As tensões raciais na África do Sul e nos Estados Unidos, a mentalidade obsidional que reina em Israel, o "equilíbrio do terror" mantido pelas superpotências, a hostilidade que opõe a China e a União Soviética são umas tantas manifestações dos medos que atravessam e diláceram nosso mundo.

Talvez seja por nossa época ter inventado o neologismo *securizar* que está mais apta — ou menos mal armada — do que outras para lançar sobre o passado esse olhar novo que busca descobrir o medo. Tal pesquisa visa, no quadro espaço-temporal preciso estipulado aqui, a penetrar nos móveis ocultos de uma civilização, descobrir-lhe os comportamentos vividos mas por vezes inconfessados, apreendê-la em sua intimidade e em seus pesadelos para além dos discursos que ela pronunciava sobre si mesma.

3. DO SINGULAR AO COLETIVO: POSSIBILIDADES E DIFICULDADES DA TRANSPOSIÇÃO*

Nada é mais difícil de analisar do que o medo, e a dificuldade aumenta ainda mais quando se trata de passar do individual ao coletivo. As civilizações podem morrer de medo como as pessoas isoladas? Assim formulada, essa pergunta põe em evidência as ambiguidades veiculadas pela linguagem corrente, que muitas vezes não hesita diante dessa passagem do singular ao geral. Pôde-se ler recentemente nos jornais: "Depois da guerra do Kippur, Israel está em depressão". Semelhantes transposições não são novas. Na França, na Idade Média, chamavam-se "pavores" as "rebeliões" e as "loucas comoções" das populações revoltadas, querendo com isso expressar o terror que espalhavam mas que também sentiam.[64] Mais tarde, os franceses de 1789 chamaram de Grande Medo o conjunto dos falsos alertas, paradas militares, saques de castelos e destruições de esconderijos provocados pelo temor de um "complô aristocrático" contra o povo com a ajuda dos bandidos e das potências estrangeiras. No entanto, é arriscado aplicar pura e simplesmente a todo um grupo humano análises válidas para

---

* Agradeço fortemente à sra. dra. Denise Pawlotsky-Mondange, diretora de um centro médico-psicopedagógico em Rennes, por ter aceitado ler esta seção de minha introdução e fornecer-me suas observações.

um indivíduo tomado em particular. Os mesopotâmicos acreditavam na realidade de homens-escorpiões, cuja visão bastava para causar a morte.[65] Os gregos estavam igualmente convencidos de que toda pessoa que encarasse uma das górgonas ficava instantaneamente petrificada. Nos dois casos, tratava-se da versão mítica da experiência: a possibilidade de qualquer um morrer de medo. Certamente é difícil generalizar essa constatação que, no plano individual, é indiscutível; mas como não partir assim mesmo, para tentar a passagem do singular ao plural, do estudo dos medos pessoais cujo quadro ganha a cada dia em precisão (já que agora se sabe desencadear reações de medo, de fuga, de agressão ou de defesa em macacos, gatos ou ratos, provocando lesões nervosas no âmbito do sistema límbico)?

No sentido estrito e estreito do termo, o medo (individual) é uma emoção-choque, frequentemente precedida de surpresa, provocada pela tomada de consciência de um perigo presente e urgente que ameaça, cremos nós, nossa conservação. Colocado em estado de alerta, o hipotálamo reage mediante mobilização global do organismo, que desencadeia diversos tipos de comportamentos somáticos e provoca sobretudo modificações endócrinas. Como toda emoção, o medo pode provocar efeitos contrastados segundo os indivíduos e as circunstâncias, ou até reações alternadas em uma mesma pessoa: celeração dos movimentos do coração ou sua diminuição; respiração demasiadamente rápida ou lenta; contração ou dilatação dos vasos sanguíneos; hiper ou hipossecreção das glândulas; constipação ou diarreia, poliúra ou anúria, comportamento de imobilização ou exteriorização violenta. Nos casos-limite, a inibição pode chegar a uma pseudoparalisia diante do perigo (estados cataléticos), e a exteriorização resultará numa tempestade de movimentos desatinados e inadaptados, característicos do pânico.[66] Ao mesmo tempo manifestação externa e experiência interior, a emoção de medo libera, portanto, uma energia desusada e a difunde por todo o organismo. Essa descarga é em si uma reação utilitária de legítima defesa, mas que o indivíduo, sobretudo sob o efeito das agressões repetidas de nossa época, nem sempre emprega com discernimento.

Deve-se utilizar esse quadro clínico no nível coletivo? E — pergunta prévia — o que se entende por *coletivo*? Pois esse adjetivo tem dois significados. Pode designar uma multidão — arrebatada em debandada, ou sufocada de apreensão em consequência de um sermão sobre o inferno, ou ainda liberada do medo de morrer de fome por meio do ataque a comboios de cereal. Mas significa também um homem qualquer na qualidade de amostra anônima de um grupo, para além da especificidade das reações pessoais de tal ou tal membro do grupo.

Tratando-se do primeiro significado de *coletivo*, é provável que as reações de uma multidão tomada de pânico ou que libera subitamente sua agressividade resultem em grande parte da adição de emoções-choques pessoais tais como a medicina psicossomática nos faz conhecê-las. Mas isso só é verdade em certa medida. Pois, como o pressentira Gustave Lebon,[67] os comportamentos de multidão exageram, complicam e transformam os excessos individuais. Com efeito, entram em jogo fatores de agravamento. O pânico que se apodera de um exército vitorioso (como o de Napoleão na noite de Wagram)[68] ou da massa dos clientes de um bazar em chamas será tanto mais forte quanto for mais fraca a coesão psicológica entre as pessoas tomadas de medo. Nas sedições de outrora, muito frequentemente, as mulheres davam o sinal da agitação, e depois da rebelião,[69] arrastando atrás de si homens que, em casa, não gostavam nem um pouco de deixar-se levar pela esposa. Além disso, os ajuntamentos humanos são mais sensíveis à ação dos chefes do que o seriam as unidades isoladas que os compõem.

Mais geralmente, os caracteres fundamentais da psicologia de uma multidão são sua capacidade de ser influenciável, o caráter absoluto de seus julgamentos, a rapidez dos contágios que a atravessam, o enfraquecimento ou a perda do espírito crítico, a diminuição ou o desaparecimento do senso da responsabilidade pessoal, a subestimação da força do adversário, sua capacidade de passar subitamente do horror ao entusiasmo e das aclamações às ameaças de morte.[70]

Mas, quando evocamos o medo atual de entrar no carro para uma longa viagem (trata-se na realidade de uma fobia cuja origem reside na experiência do sujeito) ou quando lembramos que nossos ancestrais temiam o mar, os lobos e os fantasmas, não nos remetemos a comportamentos de multidão, e fazemos menos alusão à reação psicossomática de uma pessoa petrificada no lugar por um perigo repentino ou que foge às pressas para dele escapar do que a uma atitude bastante habitual que subentende e totaliza muitos pavores individuais em contextos determinados e faz prever outros em casos semelhantes. O termo *medo* ganha então um significado menos rigoroso e mais amplo do que nas experiências individuais, e esse singular coletivo recobre uma gama de emoções que vai do temor e da apreensão aos mais vivos terrores. O medo é aqui o hábito que se tem, em um grupo humano, de temer tal ou tal ameaça (real ou imaginária). Pode-se então legitimamente levantar a questão de saber se certas civilizações foram — ou são — mais temerosas que outras; ou formular esta outra interrogação a que o presente ensaio tenta responder: será que, em certo estágio de seu desenvolvimento, nossa civilização europeia não foi assaltada por uma perigosa conjunção de medos diante dos quais precisou reagir? E essa conjunção de medos, não se pode chamá-la globalmente de "o Medo"? Essa generalização explica o título de meu livro, que retoma de maneira mais ampla e sistemática fórmulas empregadas aqui ou ali por iminentes historiadores que falaram de "escalada" ou de "recuo" do medo.[71] Tratando-se de nossa época, a expressão "doenças da civilização" se tornou familiar e com ela denotamos o importante papel desempenhado pelo modo de vida contemporâneo. De outra maneira, será que um acúmulo de agressões e de medos, portanto de estresses emocionais, não provocou no Ocidente, da peste negra às guerras religiosas, uma doença da civilização ocidental da qual ela finalmente saiu vitoriosa? A nós cabe, por uma espécie de análise espectral, individualizar os medos particulares que então se adicionaram para criar um clima de medo.

"Medos particulares", ou seja, "medos nomeados". Aqui pode tornar-se operatória no plano coletivo a distinção que a psiquiatria agora estabeleceu no plano individual entre medo e angústia, outrora confundidos pela psicologia clássica. Pois se trata de dois polos em torno dos quais gravitam palavras e fatos psíquicos ao mesmo tempo semelhantes e diferentes. O temor, o espanto, o pavor, o terror dizem mais respeito ao medo; a inquietação, a ansiedade, a melancolia, à angústia. O primeiro refere-se ao conhecido; a segunda, ao desconhecido.[72] O medo tem um objeto determinado ao qual se pode fazer frente. A angústia não o tem e é vivida como uma espera dolorosa diante de um perigo tanto mais temível quanto menos claramente identificado: é um sentimento global de insegurança. Desse modo, ela é mais difícil de suportar que o medo. Estado ao mesmo tempo orgânico e afetivo, manifesta-se de modo corriqueiro (a ansiedade) por "uma sensação discreta de aperto da garganta, de enfraquecimento das pernas, de tremor", acrescentada à apreensão com o futuro; e, em sua forma mais aguda, por uma crise violenta:

> Bruscamente, à noite ou de dia, o doente é tomado por uma sensação de constrição torácica com opressão respiratória e impressão de morte iminente. Da primeira vez, ele teme com razão um ataque cardíaco, a tal ponto a sensação de angústia assemelha-se ao *angor**, com o qual a linguagem aponta a semelhança. Se os episódios se repetem, o próprio doente reconhece seu caráter psicogênico. Isso não basta para acalmar nem suas sensações nem seu medo da morte.[73]

---

* Palavra latina que significa "angústia" e "angina". (N. T.)

Nos obsedados a angústia torna-se neurose, e nos melancólicos uma forma de psicose. Porque a imaginação desempenha um papel importante na angústia, esta tem sua causa mais no indivíduo do que na realidade que o cerca, e sua duração não está, como a do medo, limitada ao desaparecimento das ameaças. Assim, ela é mais própria do homem do que do animal. Distinguir entre medo e angústia não significa, porém, ignorar seus laços nos comportamentos humanos. Medos repetidos podem criar uma inadaptação severa em um sujeito e conduzi-lo a um estado de inquietação profunda gerador de crises de angústia. Reciprocamente, um temperamento ansioso corre o risco de estar mais sujeito aos medos do que um outro. Além disso, o homem dispõe de uma experiência tão rica e de uma memória tão grande que sem dúvida só raramente experimenta medos que não estejam em algum grau penetrados de angústia. Ainda mais do que o animal, ele reage a uma situação desencadeadora em função de sua experiência anterior e de suas "lembranças". Assim, não é sem razão que a linguagem corrente confunde medo e angústia,[74] o que desse modo inconscientemente leva à compenetração dessas duas experiências, ainda que os casos-limites permitam diferenciá-las com nitidez.

Como o medo, a angústia é ambivalente. É pressentimento do insólito e espera da novidade; vertigem do nada e esperança de plenitude. É ao mesmo tempo temor e desejo. Kierkegaard, Dostoiévski e Nietzsche colocaram-na no coração das reflexões filosóficas. Para Kierkegaard, que publicou em 1844 sua obra sobre o conceito de angústia, ela é o símbolo do destino humano, a expressão de sua inquietação metafísica. Para nós, homens do século XX, ela tornou-se a contrapartida da liberdade, a emoção do possível. Pois liberar-se é abandonar a segurança, enfrentar um risco. A angústia é então a característica da condição humana e o peculiar de um ser que se cria incessantemente.

Reduzida ao plano psíquico, a angústia, fenômeno natural ao homem, motor de sua evolução, é positiva quando prevê ameaças que, por serem ainda imprecisas, nem por isso são menos reais. Estimula então a mobilização do ser. Mas uma apreensão demasiadamente prolongada pode também criar um estado de desorientação e de inadaptação, uma cegueira afetiva, uma proliferação perigosa do imaginário, desencadeando um mecanismo involutivo pela instalação de um clima interior de insegurança. É especialmente perigosa sob a forma de angústia culpada. Pois o sujeito vira então contra si as forças que deveriam ser mobilizadas contra agressões externas e torna-se para si mesmo seu principal objeto de temor.

Porque é impossível conservar o equilíbrio interno afrontando por muito tempo uma angústia incerta, infinita e indefinível, é necessário ao homem transformá-la e fragmentá-la em medos precisos de alguma coisa ou de alguém. "O espírito humano fabrica permanentemente o medo"[75] para evitar uma angústia mórbida que resultaria na abolição do eu. É esse processo que reencontraremos no estágio de uma civilização. Em uma sequência longa de traumatismo coletivo, o Ocidente venceu a angústia "nomeando", isto é, identificando, ou até "fabricando" medos particulares.

À distinção fundamental entre medo e angústia, que fornecerá portanto uma das chaves do presente livro, convém acrescentar, sem pretender esgotar a questão, outras abordagens complementares graças às quais a análise dos casos individuais ajuda a compreender as atitudes coletivas. Desde 1958 a teoria da "fixação",[76] ultrapassando a psicanálise freudiana, colocou em evidência que o laço entre o filho e a mãe não é o resultado de uma satisfação ao mesmo tempo nutritiva e sexual, nem a consequência de uma dependência emocional do bebê em relação à mãe. Essa "fixação" é anterior, primária. É também a prova mais segura de uma tendência original e permanente de buscar a relação com outrem. A natureza social do homem aparece desde então como um fato biológico, e é nesse subsolo profundo que estariam mergulhadas as raízes de sua afetividade. Uma criança a quem terão faltado o amor materno e/ou laços normais com o grupo de que faz parte corre o risco de ser inadaptada e viverá, no fundo de si mesma, com um sentimento profundo de insegurança, não tendo podido realizar sua vocação de "ser de relação". Ora, observa G. Bouthoul, o sentimento de insegurança — "o complexo de Dâmocles" — é causa de agressividade.[77]

Essa constatação oferece a oportunidade de uma nova passagem do singular ao plural. As coletividades mal-amadas da história são comparáveis a crianças privadas de amor materno e, de qualquer modo, situadas em falso na sociedade; desse modo, tornam-se as classes perigosas. A prazo mais ou menos longo, é, portanto, uma atitude suicida da parte de um grupo dominante encurralar uma categoria de dominados no desconforto material e psíquico. Recusar amor e "relação" só pode engendrar medo e ódio. Os vagabundos do Antigo Regime, que eram os "deslocados" rejeitados dos quadros sociais, provocaram em 1789 o "Grande Medo" dos proprietários, mesmo modestos, e, por consequência inesperada, a ruína dos privilégios jurídicos sobre os quais estava fundada a monarquia. A política do apartheid, cujo próprio nome exprime a recusa consciente e sistemática do amor e da "relação", criou na África do Sul verdadeiros paióis cuja explosão corre o risco de ser terrível. E o drama palestino não reside no fato de que cada um dos dois parceiros quer excluir o outro de uma terra e de um enraizamento que são comuns a ambos?

A partir daí se verifica no plano coletivo o que é evidente no plano individual: a saber, o elo entre medo e angústia de um lado, e agressividade do outro. Mas o historiador encontra aqui uma imensa pergunta: as causas da violência humana são antropológicas ou sociológicas? Freud já tinha 59 anos quando, em 1915, escreveu pela primeira vez sobre a agressividade, distinguindo-a da sexualidade. Apresentou em seguida (em 1920) sua teoria do "instinto de morte" em *Além do princípio do prazer*. A agressividade, que encontra em eros seu eterno antagonista, era então descrita como um desvio da energia do instinto de morte, afastada do eu, contra o qual era inicialmente dirigida. Freud redescobria assim as antigas mitologias e metafísicas orientais que situavam a luta entre o amor e o ódio nas origens do universo. Sua nova teoria só podia conduzi-lo a visões pessimistas sobre o futuro da humanidade, a despeito de algumas palavras de esperança expressas no final de *Mal-estar na civilização*. Pois, pensava ele fundamentalmente, ou a agressividade não é reprimida e então se dirige para outros grupos ou pessoas externas ao grupo — daí as guerras e as perseguições — ou então é reprimida, mas em seu lugar aparece uma culpabilidade desastrosa para os indivíduos. Essa concepção é muitas vezes considerada um desvio do pensamento de Freud, e muitos psicólogos jamais a aceitaram. Mas, seguindo um outro caminho, K. Lorenz e seus discípulos também foram levados a propor a existência de uma agressividade inata em todo o reino animal.[78] Para eles, existe um instinto de combate no cérebro, aí compreendido o do homem, que assegura o progresso das espécies e a vitória dos mais fortes sobre os mais fracos. Tal instinto daria conta do *struggle for life* darwiniano; seria necessário a essas "grandes edificadoras" do mundo vivo que são a seleção e a mutação.

Em sentido contrário, W. Reich, distinguindo a agressividade natural e espontânea a serviço da vida daquela produzida pelas inibições — essencialmente sexuais —, negou a existência de um instinto destrutivo primário e transferiu todo o tânatos para a agressividade por inibição.[79] Mais amplamente, J. Dollard e seus colaboradores procuraram mostrar que toda agressividade encontra sua origem em uma frustração: seria um meio para transpor os obstáculos que se opõem à satisfação de uma necessidade instintiva.[80] Nesse segundo tipo de hipótese, a agressividade humana não seria um instinto como o apetite sexual, a fome e a sede; não resultaria de uma programação genética do cérebro, mas apenas de aquisições e aberrações corrigíveis. A espantosa sucessão das guerras que escandiram a história humana parece dar razão àqueles que creem em um instinto de morte. Entretanto, objetou-se a K. Lorenz que a agressividade intraespecífica é, se não ausente, ao menos pouco frequente entre os animais. Os combates entre machos no momento do cio ou pela posse de um território raramente terminam com a morte do vencido. Essas violências moderadas têm por função estabelecer hierarquias e a sobrevivência do grupo no meio.

Contudo, o ponto de vista de J. Dollard é sem dúvida, ele também, demasiadamente esquemático. Não seria melhor, com A. Storr e E. Fromm, distinguir entre a agressão como "pulsão motriz" para o domínio do meio, ao mesmo tempo desejável e necessária à sobrevivência, e a agressão como "hostilidade destruidora"?[81] Pois existem populações pacíficas (por exemplo, os esquimós do Ártico central canadense) em que o espírito de iniciativa, isto é, a agressividade em seu sentido positivo, não toma o aspecto maligno de uma vontade de destruir. Nessa linha de investigação, as análises que encontraremos nos dois capítulos consagrados às sedições de outrora parecem provar bem um elo entre destrutividade e frustrações, mas não só no sentido sexual caro a W. Reich. As inibições, as carências afetivas, as repressões, os fracassos sofridos por um grupo acumulam nele cargas de rancor suscetíveis de explodir um dia, do mesmo modo que no indivíduo o medo ou a angústia liberam e mobilizam no organismo forças inabituais. Essas se tornam então disponíveis para responder à agressão que assalta o sujeito (salvo no caso de voltar-se contra ele por um traumatismo acima de suas forças).

A fisiologia da reação de alarme mostra que, após a recepção da perturbação emocional pelo sistema límbico e pela região hipocâmpica que desencadeiam os pisca-piscas de alerta, o hipotálamo e o rinencéfalo, zonas de orientação em ligação com todo o sistema nervoso e endócrino, lançam no corpo impulsos que devem permitir uma reação de defesa e de ataque. A liberação de adrenalina, a aceleração do coração, a redistribuição vascular em proveito dos músculos, a contração do baço, a vasoconstrição esplâncnica põem em circulação maior número de vetores de oxigênio, que tornam possível um dispêndio físico mais forte (fuga ou luta). A liberação de açúcar e de gordura no sangue age no mesmo sentido, fornecendo um substrato energético imediatamente utilizável para o esforço. A essa primeira réplica, imediata e breve, segue-se uma segunda resposta, constituída pela descarga de hormônios corticotrópicos. Estes, por sua ação glicogenética, permitem assegurar a reposição energética necessária ao prosseguimento da atividade física e fornecem um estimulante suplementar.

Essas evocações da fisiologia individual sem dúvida não são inúteis para compreender os fenômenos coletivos. Como as agressões sofridas pelos grupos poderiam deixar de provocar — sobretudo ao se somarem ou se repetirem com demasiada intensidade — mobilizações de energia? E essas devem logicamente traduzir-se ou por pânicos, ou por revoltas, ou, se não resultam em exteriorizações imediatas, pela instalação de um clima de ansiedade, ou até de neurose, ele próprio capaz de mais tarde levar a explosões violentas ou a perseguições de bodes expiatórios.

O clima de "mal-estar" no qual o Ocidente viveu da peste negra às guerras religiosas pode ainda ser apreendido graças a um teste utilizado pelos psiquiatras-pediatras, chamado *Teste do país do medo e do país da alegria*. Tratando-se do primeiro, levam a criança a afirmar sua angústia — esse termo geral convém melhor aqui do que o de medo — com a ajuda de frases e sobretudo de desenhos que são reagrupados em quatro categorias: agressão, insegurança, abandono e morte.[82] Os símbolos que exprimem e povoam esse "país do medo" são ora de caráter cósmico (cataclismos), ora tirados do bestiário (lobos, dragões, corujas etc), ora extraídos do arsenal dos objetos maléficos (instrumentos de suplício, ataúdes, cemitérios), ora oriundos do universo dos seres agressivos (torturadores, diabos, espectros). Apresentar, mesmo que sucintamente, esse teste, basta para mostrar que ele fornece, no plano coletivo, uma chave de leitura da perturbada época aqui estudada (e sem dúvida também da nossa, que, a esse respeito, lhe é comparável). Com efeito, a iconografia, desde a época do estilo gótico *flamboyant* até o maneirismo, exprimiu incansavelmente e com deleite mórbido esses quatro componentes da angústia identificados pelos testes modernos, que aliás se inspiraram nesse inquietante conjunto de imagens (por exemplo, o TAT *Thematic Apperception Test*). A agressão, ao mesmo tempo temida e saboreada, fornece o tema tanto de *Dulle Griet* (*Margot, a furiosa*) de Brueghel, quanto das múltiplas *Tentações de santo Antão* e das inúmeras cenas de mártires oferecidas aos olhos dos cristãos do tempo. A Idade Média clássica não insistira tanto nos sofrimentos dos supliciados. Os mártires da fé apresentavam-se comumente sob um aspecto triunfal. Além disso, os pequenos compartimentos dos vitrais onde seu fim trágico era contado mal podiam agir sobre as imaginações. Mas em seguida o clima se deteriorou e o homem do Ocidente encontrou um estranho deleite em representar a agonia vitoriosa dos torturados. A *Legenda áurea*,* os mistérios representados diante das multidões e a arte religiosa sob todas as suas formas popularizaram com mil refinamentos o flagelo e a agonia de Jesus — pensemos no Cristo esverdeado e crivado de feridas de Issenheim —, a degolação de são João Batista, o apedrejamento de santo Estêvão, a morte de são Sebastião perfurado de flechas e de são Lourenço queimado sobre uma grelha.[83] A pintura maneirista, à espreita dos espetáculos malsãos, transmite aos artistas contemporâneos da Reforma católica esse gosto pelo sangue e pelas imagens violentas herdado da idade gótica agonizante. Sem dúvida, jamais foram pintadas nas igrejas tantas cenas de martírios, não menos obsedantes pelo formato da imagem quanto pelo luxo dos detalhes, como entre 1400 e 1650. Os fiéis só tiveram o embaraço da escolha: apresentavam-lhes santa Ágata com os seios cortados, santa Martine com o rosto ensanguentado por unhas de ferro, são Liévin com a língua arrancada e lançada aos cães, são Bartolomeu esfolado, são Vital enterrado vivo, santo Erasmo com os intestinos desenrolados. Todas essas representações não exprimem conjuntamente um discurso homogêneo que afirma ao mesmo tempo a violência sofrida por uma civilização e a vingança sonhada? E, além disso, não constituem no plano coletivo uma verificação daquilo que os psiquiatras, estudando os medos

---

* Jacopo de Varezze, *Legenda áurea*. São Paulo: Companhia das Letras, 2003. (N. E.)

individuais, chamaram de "objetivação"? G. Delpierre escreve a esse respeito:

> Um [...] efeito do medo é a objetivação. Por exemplo, no medo da violência, o homem, ao invés de lançar-se à luta ou fugir dela, satisfaz-se olhando-a de fora. Encontra prazer em escrever, ler, ouvir, contar histórias de batalhas. Assiste com certa paixão às corridas perigosas, às lutas de boxe, às touradas. O instinto combativo deslocou-se para o objeto.[84]

Ao historiador cabe operar a dupla transposição do singular ao plural e do atual ao passado.

Quanto ao sentimento de insegurança, ele próprio parente próximo de um temor do abandono, não é explicitado pelos inúmeros Juízos Finais e evocações do inferno que obsedaram a imaginação dos pintores, dos pregadores, dos teólogos e dos autores de *artes moriendi*? Não foi por temer a rejeição nas chamas eternas que Lutero se refugiou na doutrina da justificação pela fé? Mas os temas da agressão, da insegurança e do abandono têm por corolário inevitável o da morte. Ora, a obsessão desta esteve onipresente nas imagens e nas palavras dos europeus no começo da Idade Moderna: nas danças macabras assim como em *O triunfo da morte*, de Brueghel, nos *Ensaios*, de Montaigne, como no teatro de Shakespeare, nos poemas de Ronsard assim como nos processos de feitiçaria: umas tantas iluminações sobre uma angústia coletiva e sobre uma civilização que se sentiu frágil, enquanto uma tradição demasiadamente simplista por muito tempo reteve apenas os sucessos da Renascença.

Fragilidade por quê? A reviravolta da conjuntura que se produziu na Europa no século XIV é agora bem conhecida: a peste faz então uma reaparição estrondosa — seguida de uma duradoura presença — ao mesmo tempo em que se delineia um recuo agrícola, as condições climáticas se degradam e as más colheitas se multiplicam. Revoltas rurais e urbanas, guerras civis e estrangeiras devastam nos séculos XIV e XV um Ocidente mais aberto do que outrora às epidemias e às penúrias. A esses infortúnios em cadeia, acrescentam-se a ameaça cada vez mais precisa do perigo turco e o Grande Cisma (1378-1417), que pareceu aos homens de Igreja "o escândalo dos escândalos". Certamente, a situação demográfica e econômica da Europa se reergueu no final do século XV e ao longo do XVI. Mas, de um lado, pestes e penúrias continuaram a castigar periodicamente, mantendo a população em estado de alerta biológico; e, de outro lado, os turcos, até Lepanto (1571), acentuaram sua pressão, ao passo que a fenda provisória do Grande Cisma, fechada no momento, abria-se novamente mais escancarada do que nunca com a Reforma protestante. O estilhaçamento da nebulosa cristã aumentou desde então, ao menos durante certo tempo, a agressividade intraeuropeia, isto é, o medo que os cristãos do Ocidente tiveram uns dos outros.

4. QUEM TINHA MEDO DO QUÊ?

As generalizações precedentes, por mais úteis que sejam para revelar um panorama de conjunto, nem por isso são plenamente satisfatórias. Desse modo, é preciso levar adiante a análise e perguntar: quem tinha medo do quê? Mas essa interrogação, por sua vez, comporta um perigo: o de uma atomização da pesquisa e de seus resultados. A solução parece então residir na definição de um meio-termo entre o excesso de simplificação e o estilhaçamento da paisagem geral em inúmeros elementos díspares. Ora, esse meio-termo é sugerido pelo próprio inventário dos medos que encontraremos ao longo do caminho e que fará aparecerem dois níveis distintos de investigação: o primeiro ao rés do chão, o segundo em maior altitude social e cultural. Quem tinha medo do mar? Todo mundo, ou quase. Mas quem tinha medo dos turcos? Os camponeses do

Rouergue ou da Escócia? É incerto. Mas com certeza a Igreja docente: o papa, as ordens religiosas, Erasmo e Lutero. Quanto ao diabo dos campos, foi por muito tempo menos terrificante e mais cheio de bonomia do que o dos pregadores. Daí a necessidade de duas averiguações ao mesmo tempo distintas e complementares. A primeira esclarecerá medos espontâneos, sentidos por amplas frações da população; a segunda, medos refletidos, isto é, decorrentes de uma interrogação sobre a infelicidade, conduzida pelos conselheiros espirituais da coletividade — portanto, antes de tudo, pelos homens da Igreja. Os próprios medos espontâneos distribuem-se bastante naturalmente entre dois grupos. Alguns eram de certa maneira permanentes, ligados ao mesmo tempo a determinado nível técnico e ao instrumental mental que lhe correspondia: medo do mar, das estrelas, dos presságios, dos fantasmas etc. Os outros eram quase cíclicos, voltando periodicamente com as pestes, as penúrias, os aumentos de impostos e as passagens dos guerreiros. Os medos permanentes eram mais frequentemente compartilhados por indivíduos pertencentes a todas as categorias sociais (Ronsard, por exemplo, tremia diante dos gatos);[85] os medos cíclicos podiam ora atingir a totalidade de uma população (por ocasião de uma peste), ora perturbar apenas os pobres, em caso de penúria, por exemplo. Mas outrora os pobres eram muito numerosos.

Ora, o acúmulo das agressões que atingiram as populações do Ocidente de 1348 ao começo do século XVII provocou, de alto a baixo do corpo social, um abalo psíquico profundo de que dão testemunho todas as linguagens da época — palavras e imagens. Constituiu-se "um país do medo" no interior do qual uma civilização se sentiu "pouco à vontade" e povoou de fantasmas mórbidos. Essa angústia, prolongando-se, arriscava-se a desagregar uma sociedade, assim como pode fender um indivíduo submetido a estresses repetidos. Podia provocar fenômenos de inadaptação, uma regressão do pensamento e da afetividade, uma multiplicação das fobias; introduzir uma dose excessiva de negatividade e de desespero. A esse respeito é revelador ver com que insistência livros piedosos e sermões combateram entre os cristãos a tentação do desencorajamento nas proximidades da morte: prova de que essa vertigem do desespero realmente existiu numa escala bastante ampla e de que muita gente experimentou um sentimento de impotência face a um inimigo tão temível quanto Satã.

Mas, precisamente, os homens de Igreja apontaram e desmascararam esse adversário dos homens. Levantaram o inventário dos males que ele é capaz de provocar e a lista de seus agentes: os turcos, os judeus, os heréticos, as mulheres (especialmente as feiticeiras). Partiram à procura do Anticristo, anunciaram o Juízo Final, prova certamente terrível, mas que seria ao mesmo tempo o fim do mal sobre a terra. Uma ameaça global de morte viu-se assim segmentada em medos, seguramente temíveis, mas "nomeados" e explicados, porque refletidos e aclarados pelos homens de Igreja. Essa enunciação designava perigos e adversários contra os quais o combate era, se não fácil, ao menos possível, com a ajuda da graça de Deus. O discurso eclesiástico reduzido ao essencial foi com efeito este: os lobos, o mar e as estrelas, as pestes, as penúrias e as guerras são menos temíveis do que o demônio e o pecado, e a morte do corpo menos do que a da alma. Desmascarar Satã e seus agentes e lutar contra o pecado era, além disso, diminuir sobre a terra a dose de infortúnios de que são a verdadeira causa. Essa denúncia se pretendia, pois, liberação, a despeito — ou melhor por causa — de todas as ameaças que fazia pesar sobre os inimigos de Deus desentocados de seus esconderijos. Numa atmosfera obsidional, a Inquisição apresentou tal denúncia como salvação, e orientou suas temíveis investigações para duas grandes direções: de um lado, para bodes expiatórios que todo mundo conhecia, ao menos de nome — heréticos, feiticeiras, turcos, judeus etc. —; de outro, para cada um dos cristãos, atuando Satã, com efeito, sobre os dois quadros, e podendo todo homem, se não tomar cuidado, tornar-se um agente do demônio. Daí a necessidade de certo medo de si mesmo. Esse convite autoritário à introspecção não deixou de levar, em casos particulares, a situações neuróticas. Mas, como se corria o risco de uma angústia culpada instalar-se em almas demasiadamente escrupulosas, moralistas e confessores procuraram desviá-las do remorso — obsessão do passado e fonte de desespero — para o arrependimento, que abre para o futuro. Por outro lado, quando a população inteira de uma cidade, por ocasião de uma peste, pedia graças no decorrer de uma procissão expiatória, encontrava nessa solicitação razões de esperança para este mundo e para o outro. Ter medo de si era, afinal, ter medo de Satã. Ora, Satã é menos forte que Deus. Assim, os conselheiros espirituais do Ocidente, empregando uma pedagogia de choque, esforçaram-se em substituir por medos teológicos a pesada angústia coletiva resultante de estresses acumulados. Operaram uma triagem entre os perigos e assinalaram as ameaças essenciais, isto é, aquelas que lhes pareceram tais, levados em conta sua formação religiosa e seu poder na sociedade.

Essa tensão num combate incessante contra o inimigo do gênero humano era tudo menos serenidade, e o inventário dos medos sentidos pela Igreja e que ela tentou compartilhar com as populações, colocando-os no lugar de temores mais viscerais, põem em evidência dois fatos essenciais não suficientemente observados. Em primeiro lugar, uma intrusão maciça da teologia na vida cotidiana da civilização ocidental (na época clássica, ela invadirá tanto os testamentos de modestos artesãos quanto a alta literatura, inesgotável no tema da graça); em seguida, que a cultura da Renascença sentiu-se mais frágil do que, de longe e por ter final e brilhantemente triunfado, hoje a imaginamos. A identificação dos dois níveis de medo conduz assim a assentar face a face duas culturas das quais cada uma ameaçava a outra e nos explica o vigor com que não só a Igreja, mas também o Estado (estreitamente ligado a ela) reagiram, num período de perigo, contra o que pareceu à elite uma ameaça de cerco por uma civilização rural e pagã, qualificada de satânica. Em suma, a distinção entre os dois planos de temor será para nós um instrumento metodológico essencial para penetrar no interior de uma mentalidade obsidional que marcou a história europeia no começo da Idade Moderna, mas que cortes cronológicos artificiais e o sedutor termo *Renascença* por muito tempo ocultaram.

No entanto, existe o perigo de cair no excesso inverso e tornar-se prisioneiro de um tema e de uma ótica que enegreceriam para além do verossímil a realidade de outrora. Daí um terceiro momento em nossa caminhada: aquele que nos fará descobrir os caminhos utilizados por nossos ancestrais para sair do país do medo. A essas sendas salutares, daremos três nomes: esquecimentos, remédios e audácias. Dos paraísos aos fervores místicos, passando pela proteção dos anjos da guarda e pela de são José, "patrono da boa morte", percorreremos ao final um universo tranquilizador onde o homem se libera do medo e se abre para a alegria.

Desse projeto, enunciado aqui em sua totalidade, o presente livro traz apenas uma realização parcial. O medo de si e a saída do país do medo terão lugar em um segundo volume em processo de redação. Mas me pareceu necessário, nessa introdução geral, dar a conhecer também as etapas posteriores de meu itinerário para dele oferecer ao leitor uma visão panorâmica e coerente. Desde já o editor julgou necessário oferecer ao público os resultados disponíveis desse inventário explicativo dos medos de outrora. Cedendo a suas solicitações, reagrupei então os elementos de minha investigação, no ponto de andamento em que se encontra hoje, em dois conjuntos: a) "Os medos da maioria"; b) "A cultura dirigente e o medo" — que correspondem aos dois níveis de investigação definidos anteriormente. O subtítulo do volume, "Uma cidade sitiada", refere-se mais especialmente ao segundo desses dois níveis, sendo verdade que, para chegar a este, foi preciso inicialmente explorar o primeiro.

A síntese tentada nesta obra e na que se seguirá só podia ser realizada por meio de uma historiografia de tipo qualitativo. Essa escolha consciente e esse risco calculado não comportam — é preciso destacá-lo? — nenhum desprezo e nenhuma crítica dos métodos quantitativos que eu próprio utilizei amplamente em outras obras.[86] Mas intermináveis quantificações me teriam aqui impedido de ver os conjuntos e teriam tornado irrealizáveis as aproximações das quais surgirá, espero, o cerne de minha proposta. "O método é precisamente a escolha dos fatos", escrevia H. Poincaré.[87] É portanto pela impregnação progressiva resultante de numerosas leituras, pela convergência dos documentos e por seu emprego ao modo de uma realização sinfônica que me esforçarei em demonstrar minha tese. Confessemos, contudo — honestidade elementar, mas confidência necessária —, que por trás desse plano e desse método desenham-se em filigrana uma filosofia da história, uma aposta sobre o futuro humano e especialmente a convicção de que os séculos não se repetem, de que existe uma inesgotável e irreversível criatividade humana, e de que a humanidade não dispõe de modelos prontos entre os quais escolher segundo os tempos e os lugares. Creio, ao contrário, que no decorrer de sua peregrinação terrestre ela é constantemente chamada a mudar de direção, a corrigir sua rota, a inventar seu itinerário em função dos obstáculos encontrados — muitas vezes criados por ela mesma. O que se tentou traçar aqui, em certo espaço e durante certo tempo, é essa recusa do desencorajamento graças à qual uma civilização foi para a frente — não sem cometer seguramente crimes odiosos — analisando seus medos e superando-os.

Ao reconhecimento de uma filosofia subjacente é preciso acrescentar uma confissão pessoal, motivada não por uma vã preocupação de autobiografia mas pelo desejo de melhor fazer compreender minha proposta. "Não há nenhuma busca", escreve A. Besançon, "que não seja busca de si mesmo e, em algum grau, introspecção."[88] Essa fórmula aplica-se particularmente à minha investigação sobre o medo. Eu tinha dez anos. Numa noite de março, um farmacêutico amigo de meus pais vem conversar em casa: conversa calma e alegre na qual evidentemente só presto uma atenção distraída, ocupando-me em brincar a alguma distância do círculo dos adultos. Não teria conservado nenhuma lembrança dessa cena banal se, na manhã do dia seguinte, não tivessem vindo anunciar a meu pai o falecimento súbito do farmacêutico, que não era um velho. Sua mulher, ao acordar, encontrara-o morto ao lado dela. Senti um verdadeiro choque, enquanto o desaparecimento, alguns meses antes, de minha avó paterna, que morrera aos 89 anos, não me perturbara. Foi para mim a verdadeira descoberta da morte e de seu poder soberano. A evidência se impunha: ela atinge pessoas com boa saúde e de qualquer idade. Senti-me frágil, ameaçado; um medo visceral instalou-se em mim. Fiquei doente por mais de três meses, durante os quais fui incapaz de ir à escola.

Dois anos mais tarde vou para um colégio interno mantido pelos salesianos. Na manhã da "primeira sexta-feira do mês" que passo nesse estabelecimento, participo com meus colegas do exercício religioso que se consagra ali regularmente às "litanias da boa morte". A cada uma das inquietantes sequências, respondemos "misericordioso Jesus, tende piedade de mim". Esse texto, proposto a crianças de doze anos e que lhes era lido a cada mês, me foi recuperado, nestes últimos tempos, por um religioso salesiano em uma ediçãode 1962.[89] Creio necessário reproduzi-lo *in extenso*, acrescentando que era seguido de um pai-nosso e de uma ave-maria "por aquele de nós que morrer primeiro":

Senhor Jesus, Coração pleno de misericórdia, apresento-me humildemente diante de vós, lamentando meus pecados. Venho recomendar-vos minha hora derradeira e o que deve segui-la.

Quando meus pés imóveis indicarem que minha estrada neste mundo está prestes a terminar,
  misericordioso Jesus, tende piedade de mim.

Quando minhas mãos desfalecentes já não tiverem nem mesmo a força de estreitar o crucifixo bem-amado,
  misericordioso Jesus, tende piedade de mim.

Quando meus lábios pronunciarem pela última vez vosso adorável Nome,
    misericordioso Jesus, tende piedade de mim.

Quando meu rosto, empalidecido e vincado pelo sofrimento, provocar a compaixão, e os suores de minha fronte fizerem prever meus últimos instantes,
    misericordioso Jesus, tende piedade de mim.

Quando meus ouvidos, doravante insensíveis às palavras humanas, prepararem-se para escutar vossa sentença de Divino Juiz,
    misericordioso Jesus, tende piedade de mim.

Quando minha imaginação, agitada por sombrias visões, mergulhar-me na inquietação; quando meu espírito, perturbado pela lembrança de minhas faltas e pelo temor de vossa Justiça, lutar contra Satã, que quererá fazer-me duvidar de vossa infinita bondade,
    misericordioso Jesus, tende piedade de mim.

Quando meu coração esgotado pelo sofrimento físico e moral conhecer esse pavor da morte que muitas vezes as almas mais santas conheceram,
    misericordioso Jesus, tende piedade de mim.

Quando eu derramar minhas últimas lágrimas, recebei-as em sacrifício de expiação por todas as faltas de minha vida, unidas às lágrimas que vós haveis derramado na cruz,
    misericordioso Jesus, tende piedade de mim.

Quando meus parentes e meus amigos, reunidos em torno de mim, esforçarem-se em aliviar-me e vos invocarem por mim,
    misericordioso Jesus, tende piedade de mim.

Quando eu tiver perdido o uso de todos os meus sentidos, e o mundo inteiro tiver desaparecido para mim, e eu estiver sob o risco da agonia,
    misericordioso Jesus, tende piedade de mim.

Quando minha alma deixar meu corpo, aceitai minha morte como o supremo testemunho prestado ao vosso Amor salvador, que por mim quis sofrer essa dolorosa ruptura,
   misericordioso Jesus, tende piedade de mim.

Enfim, quando eu aparecer diante de vós e vir pela primeira vez o esplendor de vossa Majestade e de vossa Doçura, não me rejeitais da frente de vossa Face: dignai unir-me a vós para sempre, para que eu cante eternamente vossos louvores,
   misericordioso Jesus, tende piedade de mim.

Oração: *Ó Deus nosso Pai, vós nos haveis providencialmente ocultado o dia e a hora de nossa morte, para convidar-nos a estar sempre prontos. Concedei-me morrer amando-vos, e para isso, viver cada dia em estado de graça, a qualquer preço! Eu vô-lo peço por Nosso Senhor Jesus Cristo vosso Filho e meu Salvador.*
Amém.

Aconteceu-me várias vezes fazer a leitura dessas litanias a estudantes de uns vinte anos, que ficaram aturdidos: prova de uma mudança rápida e profunda de mentalidades de uma geração para outra. Tendo subitamente envelhecido, após longa atualidade, essa prece por uma boa morte tornou-se documento histórico na medida em que reflete uma longa tradição de pedagogia religiosa. De resto, não era senão uma reprodução dialogada de uma meditação sobre a morte escrita por dom Bosco em uma obra destinada às crianças de suas escolas e intitulada *O jovem instruído*. Por trás dessas litanias dramáticas, adivinham-se o *Dies irae*, inúmeras *Artes moriendi* e outros *Pensai bem nisso* e toda uma iconografia onde se avizinharam, ao longo dos séculos, danças macabras, Juízos Finais, comunhões aos agonizantes (por exemplo, a de são José Calasanza, de Goya)[90] e torrentes de imagens piedosas distribuídas durante as missões. Culpabilização e pastoral do medo — sobre as quais insistirei no segundo volume e que tanto contaram na história ocidental — encontram nos textos salesianos que acabamos de ler uma última e decisiva ilustração. Para melhor atingir o cristão e conduzi-lo mais seguramente à penitência, a ele se fazia dos derradeiros momentos do homem uma descrição que não é forçosamente exata. Pois existem finais serenos, embora a morbidez esteja sempre presente nessas evocações demasiadamente enfáticas. Mas me impressiona mais ainda a vontade pedagógica de reforçar no espírito dos recitantes o necessário medo do julgamento por meio de obsedantes imagens de agonia.

Por mais traumatizante e por mais obscuro que fosse, esse discurso religioso sobre a morte que ouvi regularmente todo mês durante dois anos escolares (portanto, para mim, dos doze aos catorze anos) revelou-me uma mensagem que aclara um panorama histórico muito amplo: para a Igreja, o sofrimento e a aniquilação (provisória) do corpo são menos temíveis do que o pecado e o inferno. O homem nada pode contra a morte, mas — com a ajuda de Deus — lhe é possível evitar as penas eternas. A partir daí, um medo — teológico — substituía um outro que era anterior, visceral e espontâneo: medicação heroica, medicação assim mesmo, já que proporcionava uma saída ali onde não havia senão o vazio. Tal foi a lição que os religiosos encarregados de minha educação se esforçaram em me ensinar, e que fornece a chave de meu livro.

Pois ao construir o plano da obra e ordenar seus materiais, tive a surpresa de constatar que recomeçava, com quarenta anos de distância, o itinerário psicológico de minha infância e que percorria novamente, sob o pretexto de uma investigação historiográfica, as etapas de meu medo da morte. A caminhada desta obra em dois volumes retomará sob a forma de transposição meu caminho pessoal: meus pavores primeiros, meus difíceis esforços para habituar-me ao medo, minhas meditações de adolescente sobre os fins últimos e, como final, uma paciente busca da serenidade e da aceitação.

A polêmica despertada por meu livro anterior, *Le christianisme va-t-il mourir?*, leva-me a fornecer um esclarecimento que deveria ser inútil, mas que não é. A "cidade sitiada" de que vai se tratar é sobretudo a Igreja dos séculos XIV-XVII — mas a Igreja como poder. Daí a necessidade de voltar às "duas leituras" historiográficas propostas na obra vilipendiada por alguns. O tema que estudo nas páginas que se seguem pouco remete à caridade, à piedade e à beleza cristãs, que também existiram apesar do medo. Mas por isso era preciso, mais uma vez, fazer silêncio sobre este? É hora de os cristãos deixarem de ter medo da história.

Primeira Parte
OS MEDOS DA MAIORIA

1. ONIPRESENÇA DO MEDO

1. "MAR VARIÁVEL ONDE TODO TEMOR ABUNDA"
(MAROT, *Complainte Ire*)

Na Europa do começo da Idade Moderna, o medo, camuflado ou manifesto, está presente em toda parte. Assim é em toda civilização mal armada tecnicamente para responder às múltiplas agressões de um meio ameaçador. Mas, no universo de outrora, há um espaço onde o historiador está certo de encontrá-lo sem nenhuma falsa aparência. Esse espaço é o mar. Para alguns, muito audazes — os descobridores da Renascença e seus epígonos —, o mar foi provocação. Mas, para a maioria, ele permaneceu por muito tempo dissuasão e, por excelência, o lugar do medo. Da Antiguidade ao século XIX, da Bretanha à Rússia, são legião os provérbios que aconselham a não se arriscar no mar. Os latinos diziam: "Louvai o mar, mas conservai-vos na margem". Um ditado russo aconselha: "Louva o mar, sentado no aquecedor". Erasmo faz dizer a um personagem do colóquio *Naufragium*: "Que loucura confiar-se ao mar!". Mesmo na marítima Holanda corria a sentença: "Mais vale estar na charneca com uma velha carroça do que no mar num navio novo".[1] Reflexo de defesa de uma civilização essencialmente terrestre confirmada pela experiência daqueles que, apesar de tudo, arriscavam-se longe das margens. A fórmula de Sancho Pança: "Se queres aprender a rezar, vai para o mar", encontra-se com múltiplas variantes de uma ponta a outra da Europa, por vezes nuançada de humor, como na Dinamarca, onde se precisava: "Quem não sabe rezar deve ir para o mar; e quem não sabe dormir deve ir à igreja".[2]

Incontáveis são os males trazidos pela imensidão líquida: a peste negra, está claro, mas também as invasões normandas e sarracenas, e mais tarde as incursões dos berberes. Lendas — a da cidade de Ys ou a dos órgãos submersos de Wenduine que as vezes são ouvidos tocando o *Dies irae* — evocaram por muito tempo seus avanços furiosos.³ Elemento hostil, o mar é orlado de recifes inumanos ou de pântanos insalubres e lança, nas regiões costeiras, um vento que impede as culturas. Mas é igualmente perigoso quando jaz imóvel sem que o menor sopro o ondule. Um mar calmo, "espesso como um pântano", pode significar a morte para os marinheiros bloqueados ao largo, vítimas de "fome voraz" e de "sede ardente". Por muito tempo o oceano desvalorizou o homem, que se sentia pequeno e frágil diante dele e sobre ele — razão pela qual os homens do mar eram comparáveis aos montanheses e aos homens do deserto. Porque, até período recente, as ondas causavam medo a todos e especialmente às pessoas do campo, que se esforçavam em não olhar o mar quando o acaso as levava para perto dele. Após a guerra greco-turca de 1920-2, camponeses expulsos da Ásia Menor foram reinstalados na península de Súnio. Construíram suas casas com muro cego do lado do mar. Por causa do vento? Talvez. Mais ainda, sem dúvida, para não ver o dia inteiro a constante ameaça das ondas.

No final da Idade Média, o homem do Ocidente continua prevenido contra o mar não apenas pela sabedoria dos provérbios, mas também por duas advertências paralelas: uma expressa pelo discurso poético, a outra pelos relatos de viagens, especialmente os dos peregrinos a Jerusalém. Desde Homero e Virgílio até a *Franciade* e *Os lusíadas*, não há nenhuma epopeia sem tempestade, esta figurando também com destaque nos romances medievais (Brut, Rou, Tristão etc.) e separando no último momento Isolda de seu bem-amado.⁴

Existe um tema mais banal [notava G. Bachelard] do que o da cólera do oceano? Um mar calmo é tomado de súbita sanha. Urra e ruge. Recebe todas as metáforas da fúria, todos os símbolos animais do furor e da raiva [...]. É que a psicologia da cólera é no fundo uma das mais ricas e das mais nuançadas [...]. A quantidade de estados psicológicos a projetar é bem maior na cólera do que no amor. As metáforas do mar tranquilo e bom serão portanto menos numerosas do que as do mar bravio.[5]

Contudo, a tempestade não é apenas tema literário e imagem das violências humanas. É também e em primeiro lugar a experiência relatada por todas as crônicas da navegação para a Terra Santa. Em 1216, quando o bispo Jacques de Vitry segue para Saint-Jean-d"Acre, os ventos e as correntes da costa da Sardenha dirigem um navio na direção daquele no qual ele se encontra. O choque parece inevitável. Todo mundo grita, confessa-se às pressas com muitas lágrimas de arrependimento. Mas "Deus teve piedade de nossa aflição".[6] Em 1254, Luís IX volta da Síria para a França com a rainha, Joinville e os que se salvaram da VII cruzada. O furacão surpreende os viajantes diante de Chipre. Os ventos são "tão fortes e tão horríveis", o perigo de naufrágio tão evidente que a rainha implora a são Nicolau e lhe promete uma nave de prata de cinco marcos.* É logo atendida. "São Nicolau", diz ela, "nos protegeu desse perigo, pois o vento enfraqueceu."[7]

Em 1395, o barão de Anglure volta de Jerusalém. É ainda perto das costas de Chipre que "subitamente" se ergue uma "grande e horrível desgraça" que dura quatro dias. E na verdade não havia ninguém que tivesse outro semblante a não ser o daquele que bem vê que deve morrer [...]. E sabei que ouvimos jurar muitos, que por muitas vezes haviam estado em muitas e diversas desgraças no mar, sobre a danação de suas almas, que jamais em nenhuma desgraça que tivessem tido não tiveram tão grande pavor de estar perdidos como dessa vez.[8]

---

* Antigo peso de oito onças de Paris (244,5 g) que servia para pesar metais preciosos. (N. T.)

Em 1494, o cônego milanês Casola também empreende a viagem da Terra Santa e encontra a tempestade, na ida e na volta. A última estrondeia ao largo de Zante. O vento sopra de todos os lados, e os marinheiros, tendo ferrado as velas, não podem fazer nada além de esperar. "Na noite seguinte", relata Casola, "o mar estava tão agitado que todos tinham abandonado a esperança de sobreviver; repito, todos."[9] Então, quando o navio chega afinal ao porto, ninguém fica vagueando a bordo. "Quando um homem", escreve o irmão Félix Fabri, que foi ao Oriente em 1480, "suportou a tempestade por vários dias seguidos, definhou por falta de alimento e chega a um bom porto, arriscaria de preferência cinco saltos [da galera para um barco que o conduzirá à terra] a permanecer a bordo."[10]

Literatura de ficção e crônicas apresentam a mesma visão estereotipada da tempestade no mar. Ela se levanta de modo brutal e cai de repente. Vem acompanhada de trevas: "O céu agitado, o ar denso". Os ventos sopram em todos os sentidos. Desencadeiam-se raios e trovões. "O céu", conta Rabelais no *Quart livre* (cap. XVIII), "[começou a] trovejar do alto, fulminar, brilhar, chover, granizar; o ar a perder sua transparência, tornar-se opaco, tenebroso e escurecido, sem que outra luz nos aparecesse que não a dos raios, clarões e refrações das flamantes nuvens."

Em *Os lusíadas*, Camões faz Vasco da Gama dizer:

> [...] *Contarte longamente as perigosas*
> *Cousas do mar, que os homens não entendem,*
> *Súbitas trovoadas tenebrosas,*
> *Relampados que o ar em fogo acendem:*
> *Negros chuveiros, noites tenebrosas,*
> *Bramidos de trovões que o mundo fendem,*
> *Não menos te trabalho, que grande erro*
> *Ainda que tivesse a voz de ferro.*[11]

Instantaneidade, borrascas turbilhonantes, vagas imensas que sobem do "abismo", temporal e escuridão: tais são, para os viajantes de outrora, as constantes da tempestade que muitas vezes dura três dias — o tempo passado por Jonas no ventre da baleia — e que nunca deixa de criar um perigo mortal. Assim, até os marinheiros profissionais têm medo quando deixam o porto. Como prova, esta canção de marinheiros ingleses (final do século XIV ou começo do XV):

> *A tripulação pode renunciar a todos os prazeres*
> *Que vai fazer vela para Saint-James;*
> *Pois para muitos homens é um desgosto*
> *Começar a fazer vela.*
> *De fato, quer tenham se lançado ao mar*
> *Em Sandwich ou em Winchelsea,*
> *Em Bristol ou alhures,*
> *Sua coragem começa a fraquejar.*[12]

Do mesmo modo, o Vasco da Gama de Camões declara na véspera da grande partida de 1497:

> *Depois de aparelhados desta sorte*
> *De quanto tal viagem pede e manda,*
> *Aparelhamos a alma para a morte*
> *Que sempre aos nautas ante os olhos anda.*[13]

Avalia-se melhor a partir daí o extraordinário sangue-frio dos descobridores da Renascença, que precisaram lutar constantemente contra o pavor das tripulações. As viagens desse tempo resultaram, aliás, em consequências contraditórias no que diz respeito à navegação. De fato, os progressos da cartografia, do cálculo para fixar a latitude, da construção naval e do balizamento das costas foram — negativamente — compensados por todos os aborrecimentos que decorreram do alongamento das viagens: deterioração dos alimentos, escorbuto, doença dos climas exóticos, ciclones assustadores nas zonas tropicais e, portanto, morbidez e mortalidade aumentadas. Ainda no final do século XVI, a lição que muitos tiram das viagens transoceânicas é que não se pode correr piores perigos do que aqueles que se enfrentam no mar. Lê-se em uma *Histoire de plusieurs voyages aventureux* publicada em 1600 em Rouen, portanto num porto, estas reflexões significativas:

> É certo que entre os perigos que se encontram na passagem desta vida humana, não há de modo nenhum tais, semelhantes nem tão frequentes e ordinários quanto aqueles que advêm aos homens que frequentam a navegação do mar, tanto em número e diversidade de qualidades como em violências rigorosas, cruéis e inevitáveis, para eles comuns e diárias, e tais que não poderiam garantir por uma só hora do dia estar no número dos vivos [...] Todo homem de bom juízo, depois que tiver realizado sua viagem, reconhecerá que é um milagre manifesto ter podido escapar de todos os perigos que se apresentaram em sua peregrinação; tanto mais que, além do que diziam os antigos sobre aqueles que vão para o mar não terem entre a vida e a morte senão a espessura de uma tábua de ponte que só tem três ou quatro dedos de travessia, há tantos outros acidentes que diariamente aí podem ocorrer que seria coisa pavorosa àqueles que aí navegam querer pô-los todos diante dos olhos quando querem empreender suas viagens.[14]

Ainda que as montanhas também despertem apreensão, não são, diz Shakespeare, senão "verrugas ao lado das vagas". Pedro Nino, por seu lado, evoca "ondas tão altas que escondem a lua". Chegando perto do objetivo, Vasco da Gama é assaltado pelo furacão. "Vendo", conta Camões, "ora o mar até o inferno aberto, ora com nova fúria ao céu subia."[15] Então, quando se propõe um caso exemplar de medo, ele é situado de preferência no mar. Assim faz Rabelais no *Quart livre*. La Bruyère, tentando por sua vez uma tipologia do medroso, confronta-o em primeiro lugar com as aventuras da navegação, depois — como segunda experiência apenas — com as da guerra.[16] Para além da covardia pessoal de Panurgo, o desvario que o toma diante dos elementos desencadeados pode ser identificado como um comportamento coletivo que se encontra facilmente nos relatos de viagens. Um comportamento marcado por duas dominantes: a nostalgia da terra, lugar de segurança em relação ao mar; e o apelo desordenado a santos protetores (mais do que a Deus). No auge da tempestade Panurgo exclama:

> Ó como três e quatro vezes felizes são aqueles que plantam couves! [...] Quem quer que plante couves é por meu decreto declarado bem-aventurado [...] Ah! por mansão deífica e senhorial, não há como a terra firme!" (cap. XVIII). Mais adiante, volta uma variante do mesmo tema (só há prazer em terra firme): "Quisesse à digna virtude de Deus — lamenta-se Panurgo — que à hora presente eu estivesse na quinta de Seuillé ou na casa de Innocent, o pasteleiro, na frente da adega, em Chinon, sob pena de me colocar de gibão para cozinhar os pasteizinhos (cap. XX).

Em *A tempestade*, de Shakespeare, Gonzalo, no coração do perigo, declara preferir ao oceano a terra mais ingrata: "A essa hora, daria bem mil jeiras de mar por um acre de terra estéril: uma grande charneca, pinheiros queimados, qualquer coisa [...]".[17]

Os pedidos supersticiosos do companheiro de Pantagruel, apresentados ironicamente por Rabelais, eram evidentemente habituais nessas espécies de apuros. Ele invoca "todos os benditos santos e santas em seu auxílio", garante "confessar-se em tempo e lugar adequados", recita várias vezes o *confiteor*, implora ao irmão João que não blasfeme em tal perigo, faz voto de edificar uma capela a são Miguel ou a são Nicolau, ou a ambos, sugere "fazer um peregrino", isto é, sortear aquele que, em nome de todos, irá a algum lugar santo agradecer ao céu em caso de desfecho feliz (cap. XVIII-XXI). Os relatos de "milagres" e os ex-votos de muitos santuários não estão cheios de promessas semelhantes, das quais Erasmo acredita dever zombar no colóquio *Naufragium*?

Se Pantagruel, o irmão João e Epistémon conservaram o sangue-frio, confessam no entanto ter tido medo, e Pantagruel assegura, depois de Homero e Virgílio, que a pior das mortes é ser engolido pelas ondas: "Digo que essa espécie de morte, por naufrágio, é [de se temer], ou nada é de se temer. Pois, como diz Homero, coisa dolorosa, abominável e desnaturada é perecer no mar" (cap. XXI). Gonzalo experimenta uma repulsa análoga pelo afogamento: "Que a vontade do alto seja feita, mas eu prefiriria morrer de morte seca!".[18] Se a morte no mar é sentida como "desnaturada", é que o oceano foi por muito tempo visto como um mundo marginal, situado fora da experiência corrente. Mais geralmente ainda, é que a água, naquilo que tem de maciço, poderoso, incontrolável, profundo e tenebroso, foi durante milênios identificada como um antielemento, como a dimensão do negativo e o lugar de toda perdição. "Todo um lado de nossa alma noturna", escrevia G. Bachelard, "explica-se pelo mito da morte concebida como uma partida sobre a água."[19] Daí o Styx dos antigos, "triste rio de inferno" (Marot, *Complainte III*), e a barca de Caronte, navio dos mortos também conhecido pelas lendas célticas e pelas do Extremo Oriente. As águas profundas — mar, rio ou lago — eram consideradas um abismo devorador sempre pronto a engolir os vivos. Como testemunho, entre mil outras provas, esta antiga canção flamenga atestada desde o século XIV:

> *Eram dois filhos de rei,*
> *Amavam-se tanto um ao outro!*
> *Não podiam encontrar-se,*
> *A água era muito profunda.*
> *Que fez ela? Acendeu três círios,*
> *À noite, quando a luz do dia declinava:*
> *"Oh! meu bem-amado, vem! Atravessa a nado!"*
> *O que fez o filho do rei: era jovem!*

Foi o que viu uma velha feiticeira,
Um ser tão maldoso.
Ela foi então apagar aquela luz
E aí o jovem herói se afogou [...]

A sequência da canção conta como a moça desesperada acabou por enganar a vigilância dos seus e se afogou voluntariamente.[20] O elemento líquido figura portanto aqui como o inimigo da felicidade e da vida.

Polifemo, Cila, Circe, as Sereias, Leviatã, Lorelei: seres ameaçadores que vivem na água ou à beira d'água. Seu objetivo comum era apanhar os humanos, devorá-los ou pelo menos, como Circe, fazê-los perder sua identidade de homem. Assim, para conjurar o mar é preciso sacrificar-lhe seres vivos que saciarão — talvez? — seu apetite monstruoso. Ex-votos napolitanos do final do século XVI apresentam navios que levam na proa uma pele de carneiro. Era um rito de conjuração do mar. No lançamento do navio, matava-se um carneiro branco, regava-se o barco com seu sangue e conservava-se sua pele na dianteira da embarcação. Dava-se assim uma vida ao mar para que ele fosse apaziguado e não exigisse a dos marinheiro.[21] No século XVII, os marinheiros berberes praticavam uma variante desse rito. Levavam carneiros a bordo. Quando a tempestade irrompia, cortavam um deles vivo ao meio, depois lançavam metade do animal à direita do navio e a outra metade à esquerda. Se o mar não se acalmava, sacrificavam-se sucessivamente vários animais.[22]

Os elementos desencadeados — tempestade ou dilúvio — evocavam para os homens de outrora o retorno ao caos primitivo. Deus, no segundo dia da criação, separara "as águas que estão sob o firmamento das águas que estão acima do firmamento" (Gênesis 1:7). Se, com a permissão divina, está claro, elas transbordam novamente os limites que lhes haviam sido designados, o caos se reconstitui. A propósito da tempestade enfrentada por Pantagruel e seus companheiros, Rabelais escreve: "Crede que aquilo nos parecia ser o antigo caos, no qual estavam fogo, ar, mar, terra, todos os elementos em refratária confusão" (cap. XVIII). Leonardo da Vinci, cujos estudos geológicos e mecânicos o haviam levado a se interessar pela potência da água, deleitou-se em evocações assustadoras de dilúvio:

> [...] Os rios cheios transbordam e submergem todas as terras das cercanias com seus habitantes. Poder-se-ia ver, assim reunidos nos topos, toda a espécie de animais apavorados e domésticos, na companhia dos homens e das mulheres que ali se refugiaram com seus filhos. Os campos submersos mostravam ondas geralmente cobertas de mesas, de armações de camas, de barcos, e de todos os expedientes inspirados pela necessidade e pelo medo da morte; estavam carregados de homens e de mulheres com seus filhos, em meio a lamentações e gemidos, cheios de pavor diante do furacão que rolava as águas em tempestade com cadáveres afogados. Tudo que podia flutuar estava coberto de animais diversos, reconciliados e agrupados em bandos amedrontados: lobos, raposas, serpentes, criaturas de todo o tipo [...] Ah! quantos gemidos! [...] Quantos barcos virados, inteiros ou aos pedaços, sobre pessoas que se debatiam com gestos e movimentos desolados, anúncio de uma horrível morte.[23]

Numa noite de junho de 1525, Dürer teve um pesadelo: via o fim do mundo chegar. Transcrevendo esse sonho angustiado em uma aquarela, representou imensas nuvens negras carregadas de chuva e ameaçando a terra.[24] Ao fazer isso, Dürer dava da catástrofe final uma visão correntemente aceita em seu tempo — visão certamente elaborada a partir dos textos apocalípticos clássicos, mas que aumentava em relação a eles o papel atribuído ao mar e à água no desenrolar do grande cataclismo. Nas inúmeras *Vida do Anticristo* publicadas no século XV e nas várias *Artes moriendi*, aparece de maneira estereotipada a lista dos quinze sinais anunciadores do "advento de Nosso Senhor". Os quatro primeiros referem-se ao mar e à água dos rios:

O primeiro dos ditos XV sinais que antecedem o dia do grande juízo geral será quando o mar se elevar XV cúbitos acima das mais altas montanhas do mundo. O II sinal será quando o mar descer ao abismo, concavidade e profundeza da terra, tão baixo que mal se poderá vê-lo. O III sinal será que os peixes e monstros do mar aparecerão sobre o mar com muitos grandes gritos. O IV sinal será que o mar e todas as águas dos outros rios arderão e queimarão no fogo vindo do céu.[25]

Caos, ou seja, desrazão, demência. As estranhas palavras de Tristão lançado pelos marinheiros às costas da Cornualha, *La nef des fous*, de Sébastien Brant, e a morte de Ofélia sugerem que a mentalidade coletiva estabelecia um laço entre a loucura e o elemento líquido, "avesso do mundo";[26] um laço que a tempestade não podia senão reforçar. Hamlet, no julgamento da rainha, está num estado de demência "como o mar e o vento quando lutam para ver quem será o mais forte" [IV, 1]. Enlouquecido, o oceano desencadeado provoca loucura. Próspero e Ariel, em *A tempestade*, de Shakespeare, trocam estas palavras significativas:

> PRÓSPERO: Diz-me, meu bravo espírito, houve um homem bastante firme, bastante intrépido para que a tormenta não tivesse afetado sua razão?
> ARIEL: Alma nenhuma que não sentisse a febre dos dementes e não se entregasse a algum ato de desespero.[27]

As populações costeiras, na Bretanha por exemplo, comparavam o mar em fúria a um cavalo sem cavaleiro, a um cavalo que salta para fora de seu campo ou ainda a uma égua enfurecida.[28] A tempestade não era portanto considerada — e vivida — como um fenômeno natural. Suspeitava-se que sua origem estava associada a feiticeiras e demônios. Tendo a violência das ondas impedido por várias vezes o rei Jaime da Escócia e a princesa Ana de atravessarem o mar do Norte em 1589-91, descobriu-se que feiticeiros e feiticeiras haviam enfeitiçado o mar, nele afogando um gato.[29] Em todas as margens setentrionais da Europa, mas também no País Basco, recitou-se o conto das "Três vagas" altas como torres e brancas como neve — na realidade, três mulheres de marinheiros que se tornaram feiticeiras e se transformaram em vagas para vingar-se de seus maridos infiéis.[30]

Ainda que nos navios de Vasco da Gama, de Colombo e de Magellan se tenha saudado a aparição do fogo de santelmo na ponta dos mastros como o sinal de próximo apaziguamento das ondas em fúria, a maior parte do tempo esse fogo e os fogos-fátuos dançando sobre o mar eram vistos como manifestações diabólicas e anúncio de algum infortúnio. Em *A tempestade*, de Shakespeare, Ariel, espírito do ar, conta a Próspero como, segundo as instruções deste, ele "organizou" o furacão:

> [...] Fiz flamejar o terror. Por vezes eu me dividia e queimava em toda parte: no mastro, na gávea, nas vergas, no gurupé, acendia chamas distintas que se reencontravam para juntar-se. Os raios de Júpiter, precursores do terrível trovão, não são mais instantâneos, nem mais fugidios ao olhar.[31]

Ronsard, que fizera havia quinze anos a viagem da Escócia, assegura no *Hymne des daimons* que estes "[...] se transformam muitas vezes em grandes chamas ardentes/ Perdidas sobre uma água, para engolfar/ O passante fulminado iludido com sua luz/ Que o leva a afogar-se na onda assassina" (*Livre des hymnes*, I). Desse modo, inúmeros marinheiros, especialmente na Grécia moderna, esforçavam-se em expulsar esses fogos inquietantes a tiros de fuzil, ora com um ruidoso tumulto, ora com gritos de porcos, esses animais que se acreditava serem de natureza diabólica, e que, suponha-se, afugentavam os espíritos maléficos.[32] Nos contos de outrora — e também na *Legenda áurea* (no capítulo consagrado à vida de santo Adriano) —, o diabo aparece ainda frequentemente como o capitão do "navio fantasma", barco que obsedou a imaginação das populações costeiras e que era identificado com o inferno dos marinheiros.[33] Atribuiu-se a Giorgione uma tela do começo do século XVI que representa um navio fantasma provido de uma tripulação de demônios.

De diferentes maneiras a mentalidade coletiva estabelecia laços entre mar e pecado. Nos romances medievais, volta como um tópos o episódio da tempestade que se forma por causa da presença de um grande pecador — ou de uma mulher grávida, e portanto impura — a bordo do navio assaltado pelas ondas, como se o mal atraísse o mal. Esse lugar-comum literário correspondia a uma crença profunda das populações. Ainda em 1637, a tripulação do *Tenth Whelp* recusou-se a deixar o porto porque temia o pior para um barco sob o comando de um capitão com a reputação de ser um blasfemador.[34] Além disso, os marinheiros, a despeito de suas peregrinações e de seus ex-votos, eram muitas vezes considerados maus cristãos pelas pessoas do interior e pelos homens de Igreja. Dizia-se que eram "mal ordenáveis às virtudes morais" (N. Oresme), e até mesmo nada "civilizados" (Colbert). Em um manual de confessor inglês de 1344, citado e traduzido por M. Mollat, lê-se:

> Tu, confessor, se te acontece ouvir algum marinheiro em confissão, não deixa de interrogá-lo com cuidado. Deves saber que uma pena dificilmente bastaria para descrever os pecados nos quais essa gente está mergulhada. É tal, com efeito, a grandeza de sua malícia que ultrapassa os próprios nomes de todos os pecados [...]. Não só matam os clérigos e os leigos quando estão em terra, como no mar entregam-se à abominação da pirataria, pilhando o bem de outrem e sobretudo o dos comerciantes [...].
>
> Além disso, são todos adúlteros e fornicadores, pois, em todas as terras e regiões onde vivem, ou bem contraem ligação com diversas mulheres, acreditando a coisa permitida, ou então entregam-se ao deboche com as mulheres de vida alegre.[35]

Aprofundando ainda a análise, descobre-se que o mar, outrora, é frequentemente representado como o domínio privilegiado de Satã e das potências infernais. É uma identificação que Rabelais difunde — talvez involuntariamente — no *Quart livre*, quando faz o irmão João dizer, no centro da tempestade:

> Creio que todos os diabos estão enfurecidos hoje ou que Prosérpina está em trabalho de parto. Todos os diabos dançam com sinetas" (cap. XIX). E ainda: "Creio que hoje é a infesta festa de todos os milhões de diabos" (cap. XX). Panurgo lhe dá a réplica: "Creio que todos os milhões de diabos têm aqui seu capítulo provincial, ou brigam pela eleição de novo reitor (cap. XX).

Em meio à tempestade contada por Ariel na peça de Shakespeare, o filho do rei, Ferdinando, tomado de pavor, lança-se à água gritando: "O inferno está vazio e todos os demônios estão aqui".[36]

Daí a necessidade de exorcizar o oceano furioso; e isso os marinheiros portugueses faziam recitando o prólogo do Evangelho de são João (que figura no ritual do exorcismo) e os marinheiros da Espanha e de outros lugares, mergulhando relíquias nas vagas.[37] A tempestade não se acalma, portanto, por si mesma: é a Virgem ou são Nicolau ou algum outro santo que por fim a detém — poder que receberam daquele que caminhou sobre as ondas e, no lago de Tiberíades, comandou os elementos desencadeados.

Que o oceano seja o itinerário privilegiado dos demônios é o que crê, no começo do século XVII, o célebre e sinistro magistrado De Lancre, carrasco do País Basco. Ele assegura que viajantes, chegando por mar a Bordéus, viram exércitos de diabos, sem dúvida expulsos do Extremo Oriente pelos missionários, dirigirem-se para a França.[38] Quem duvidava do caráter demoníaco do mar era logo convencido pela multidão e pela enormidade dos monstros gigantescos que o habitavam e que são descritos incessantemente pelas "cosmografias" e relatos de viagens da

Renascença. Pierre Martyr d'Anghiera conta a respeito dos marinheiros que, em 1526, dirigiam-se à América: "Eles viram distintamente um peixe gigantesco que dava a volta ao bergantim e com um golpe de sua cauda partiu em pedaços o leme do navio". E conclui: "Esses mares, com efeito, alimentam monstros marinhos gigantescos".[39] Relatando uma viagem ao Brasil em 1557-8, Jean de Léry fala com pavor das "horríveis e medonhas baleias" que ameaçam arrastar o navio pelo fundo. Uma delas, "escondendo-se, produziu ainda um tal e tão horrível jorro, que eu mais uma vez temia que, atraindo-nos atrás de si, fôssemos engolidos nesse abismo".[40] Em 1555, o bispo sueco Olaus Magnus publica em Roma uma *Historia de gentibus septentrionalibus* na qual admite a existência de imensos animais marinhos que as tripulações tomam por ilhas e onde atracam. Ali acendem fogos para aquecer-se e cozinhar seus alimentos. Então os monstros afundam, tragando homens e navios. Essas ilhas vivas e flutuantes, inspiradas em Behemot e no Leviatã, são assim descritas por Olaus Magnus: "Sua cabeça, toda coberta de espinhos, é cercada de longos chifres pontudos semelhantes às raízes de uma árvore arrancada".[41] No século XVIII, um outro bispo escandinavo, Pontoppidan, identificará esses monstros com polvos gigantes cujos tentáculos são tão grossos quanto os mastros dos navios. Em 1802, um aluno de Buffon falará do Kraken, polvo gigante, como do "animal mais imenso de nosso planeta",[42] e insistirá em sua agressividade: tema retomado em 1861 por Michelet em *La mer*; em 1866 por Victor Hugo em *Os trabalhadores do mar*, obra que populariza o vocábulo *polvo*, e em 1869 por Júlio Verne em *Vinte mil léguas submarinas*. Duradoura lenda, nascida do medo dos monstros assustadores que um elemento tão hostil quanto o mar não podia deixar de gerar em suas profundezas.

Lugar do medo, da morte e da demência, abismo onde vivem Satã, os demônios e os monstros, o mar um dia desaparecerá quando toda a criação for regenerada. São João profetiza no Apocalipse (XX,1): "Depois, eu vi um céu novo, uma terra nova. O primeiro céu, com efeito, e a primeira terra desapareceram; e de mar, já não há mais". O mar, perigo número um: tal era portanto a identificação de outrora. Daí a insistência com a qual o discurso literário comparava o destino de cada um de nós a um barco em perigo.

Rogando a Nossa Senhora, Eustache Deschamps lhe diz:

[...] *Sinto minha nau fraca, pobre e apodrecida*
Por sete tormentas assaltada no mar;
Minha vela está rota, âncoras não posso ancorar;
Tenho grande pavor que soçobre ou afunde
Se vossa piedade por mim não se firmar [*Ballade CXXXIV*].

Ronsard, no *Hymne de la mort*, assim evoca as preocupações da idade adulta:

Então o mar dos desgostos transborda sobre nós
Que de nossa razão desloca a cada golpe
O leme, vencido pela onda desabada...

Du Bellay proclama feliz o natimorto, pois

Não sentiu sobre a cabeça
A inevitável tempestade
Com que somos agitados [*Complainte du désespéré*].

D'Aubigné julga-se

Combatido por ventos e vagas
E perseguido por uma tempestade
De inimigos, de complôs, de emboscadas [*Hécatombe de Diane*].

No século XVIII, J.-J. Rousseau escreverá: "Perdido no mar imenso de meus infortúnios, não posso esquecer os detalhes de meu primeiro naufrágio" (*Confissões*, V). Verlaine, por sua vez, retomará a mesma comparação:

Cansado de viver, com medo de morrer, semelhante
Ao brigue perdido, joguete do fluxo e do refluxo,

Minha alma para horríveis naufrágios aparelha [1ᵉʳ *Poème saturnien*].

A essas poucas sondagens, uma investigação sistemática não deixaria de trazer ampla confirmação.

Assim, até as vitórias da técnica moderna, o mar era associado na sensibilidade coletiva às piores imagens de aflição. Estava ligado à morte, à noite, ao abismo. É todo esse segundo plano de repulsa milenar que se adivinha por trás de *Oceano nox*: "Onde estão os marinheiros soçobrados nas noites escuras?". Victor Hugo escreveu esse poema em 1836. Dezoito anos mais tarde, o relatório anual da Marinha inglesa mencionava 832 perdas de navios em 1853.[43]

Uma civilização essencialmente terrestre não podia portanto senão desconfiar de um elemento tão pérfido como a água, sobretudo quando se acumula sob forma de mar. Na metade do século XVIII, um dominicano de Grasse dirige-se ao capítulo geral de sua ordem. Embarca em Nice. Mas logo, pego pelo mau tempo, desde Mônaco, ele se faz trazer de volta à margem; e é pela estrada de terra que alcança Roma. Instruído pela aventura, consigna em seu diário de viagem a seguinte sentença: "Por mais próxima que esteja a terra, no mar sempre se está bastante longe para ali encontrar sepultura".[44]

2. O DISTANTE E O PRÓXIMO; O NOVO E O ANTIGO

Aberto para o distante, o mar desembocava outrora em países insólitos onde tudo era possível e onde o estranho era a regra — um estranho muitas vezes assustador. De Plínio, o Velho, a Simone Majolo (*Dies caniculares*, Roma, 1597), passando por Vincent de Beauvais, Mandeville e *As mil e uma noites*, conserva-se a crença em uma montanha imantada situada em alguma parte na rota da Índia: ela atraía irresistivelmente os navios portadores de objetos metálicos, e especialmente pregos, mantinha--os prisioneiros ou até mesmo provocava seu desmembramento e naufrágio.⁴⁵ Também não se dizia, até o século XV, que o mar acaba no equador, que os antípodas são inabitados e inabitáveis? Daí a apreensão dos marinheiros portugueses quando Henrique, o Navegador, pediu-lhes que ultrapassasse o cabo Bojador (ao sul do Marrocos), considerado por muito tempo "o cabo do medo":

> É manifesto [diziam eles] que para além desse cabo não há nem homens nem lugares habitados. O solo ali não é menos arenoso do que nos desertos da Líbia onde não há nem água, nem árvore, nem relva verde. Ali o mar é tão pouco profundo que, a uma légua de terra, o fundo não ultrapassa uma braça. As correntes são tão fortes que qualquer navio que transpusesse o cabo não poderia dali regressar. Foi por isso que nossos pais jamais empreenderam ultrapassá-lo.⁴⁶

Em *Os lusíadas*, Camões faz eco aos temores sentidos pelos marinheiros portugueses nas proximidades do cabo da Boa Esperança, cognominado anteriormente cabo das Tormentas. A ficção imaginada pelo poeta não teria nascido em seu espírito sem numerosos relatos orais e escritos relativos à temível passagem. Enquanto os navios avançam na sua direção, eis que o cabo se apresenta aos capitães e às tripulações como uma estátua "disforme e gigantesca", "réplica do colosso de Rodes" — e anúncio involuntário do de Goya em *O pânico*. "O rosto carregado, a barba esquálida: os olhos encovados, e a postura medonha e má, a cor terrena e pálida, cheios de terra e crespos os cabelos, a boca negra, os dentes amarelos." Dirigindo-se aos marinheiros portugueses, ameaça-os nestes termos:

> *Ó gente ousada mais que quantas*
> *No mundo cometerão grandes cousas,* [...]
> *Pois os vedados términos quebrantas*
> *E navegar meus longos mares ousas,*
> *Que eu tanto tempo há já que guardo e tenho*
> *Nunca arados destranto, ou próprio lenho.*

*

Pois vens ver os segredos escondidos
Da natureza, e do úmido elemento,
A nenhum grande humano concedidos [...].

Sabe que quantas naus esta viagem
Que tu fazes, fizerem de atrevidas
Inimiga terão esta paragem
Com ventos e tormentas desmedidas:
E da primeira armada que passagem
Fizer por estas ondas insufridas,
Eu farei dimproviso tal castigo
Que seja môr o dano que o perigo. [...]

Antes em vossas naus vereis cada ano
Se é verdade o que meu juízo alcança,
Naufrágios, perdições de toda sorte,
Que o menor mal de todos seja a morte.[47]

Cronistas e poetas portugueses procuraram naturalmente engrandecer a coragem dos capitães lusitanos. Por outro lado, as correntes que circulam nas proximidades do cabo Bojador são efetivamente violentas. Enfim, cada nação, na época da Renascença, tentou impressionar seus concorrentes difundindo relatos terrificantes sobre as viagens marítimas — arma de dissuasão que se acrescentava ao segredo que se tentava manter sobre os melhores itinerários. De todo modo, as rotas do longínquo causavam medo.

E, se assim mesmo se chegasse aos países exóticos, que seres monstruosos, que animais fantásticos e aterrorizantes ali não se encontrariam? A Idade Média situou na Índia homens com cabeça de cachorro que rosnavam e latiam; outros que não tinham cabeça, mas olhos sobre o ventre; outros ainda que se protegiam do sol deitando-se de costas e erguendo um único e largo pé — universo onírico que reaparece no final do século XV na obra de Bosch. A propósito do

Egito, lê-se em uma obra publicada no final do século XV, *O segredo da história natural*:

> No baixo Egito [...], vivem dois perigosos monstros. E se mantêm de bom grado às margens do mar, que são muito temidas e causam medo à gente do país, dos quais uns têm nome de hipopótamos e os outros têm nome de crocodilos. Mas no alto, que é do lado do Oriente, pastam muitas bestas selvagens venenosas como leões, leopardos, paríbeos, triglídeos e basiliscos, dragões, serpentes e áspides que estão cheias de muito perigoso e mortal veneno.

Por trás dessas crenças lendárias ou desses exageros assustadores, adivinha-se o medo do outro, isto é, de tudo que pertence a um universo diferente. Por certo, os aspectos extraordinários que eram atribuídos aos países distantes podiam também constituir um atrativo poderoso. A imaginação coletiva da Europa na Idade Média e na Renascença inventava, para além dos mares luxuriantes e luxuriosos, paraísos cujas miragens arrancaram para fora dos horizontes familiares descobridores e aventureiros.[48] O distante — o outro — foi também um ímã que permitiu à Europa sair de si mesma: voltaremos a isso mais adiante.

Contudo, para a massa das pessoas o recuo diante do estranho sob todas as suas formas permaneceu por muito tempo ainda a atitude mais comum. O conselho dado no século XI pelo bizantino Kekavmenos teria podido ser formulado quinhentos anos mais tarde por muitos ocidentais: "Se um estranho chega à tua cidade, liga-se a ti e entende-se contigo, não confia nele: ao contrário, é então que precisas precaver-te".[49] Daí a hostilidade pelos "forasteiros", a cólera nas aldeias, manifestada por tumultos, se uma moça se casava com um homem vindo de outra parte, o silêncio dos habitantes diante das autoridades quando um deles havia maltratado um "forasteiro", as rixas entre camponeses de duas localidades vizinhas, a propensão a atribuir aos judeus a responsabilidade pelas epidemias,[50] os retratos pouco lisonjeiros que nos séculos XV e XVI os europeus fazem muitas vezes uns dos outros, no momento em que explode a nebulosa cristã. Em seu *Livre de la description des pays*, redigido por volta de 1450, Gilles Le Bouvier apresenta de maneira pejorativa a maior parte dos europeus: os ingleses são "cruéis e sanguinários" e, além disso, mercadores cúpidos. Os suíços são "gente cruel e rude"; os escandinavos e os poloneses, "pessoas terríveis e furiosas"; os sicilianos, "muito ciumentos de suas mulheres"; os napolitanos, "pessoas grosseiras e rudes e maus católicos e grandes pecadores"; os castelhanos, "gente que por tudo se enfurece, e são mal vestidos, mal calçados e maldormidos, e maus católicos". Na época da Reforma, ingleses e alemães consideram que a Itália é a sentina de todos os vícios, e essa opinião não deixou de contribuir para a propagação do protestantismo. Assim, mesmo no momento em que a Renascença amplia os horizontes do Ocidente — e ainda depois —, o estranho é visto por muita gente como suspeito e inquietante. Será preciso tempo para habituar-se a ele. Não se destacam, no século XVII ou até o começo do XVIII, movimentos xenófobos em diversos cantos da Europa: em 1620 em Marselha contra os turcos — 45 deles são massacrados —, em 1623 em Barcelona contra os genoveses, em 1706 em Edimburgo onde a população mata a tripulação de um barco inglês?[51]

A novidade era — e é — uma das categorias do outro. Em nossa época, a novidade é um slogan que rende. Outrora, ao contrário, causava medo. Evocaremos mais adiante as rebeliões e as revoltas provocadas pelos aumentos de impostos. Uma sobrecarga fiscal não era apenas um fardo a mais para ombros fatigados, era também uma novidade. Era uma das formas do outro. "Nossos povos", reconheciam os escabinos de Bordéus em 1651, "são naturalmente impacientes com todas as novidades".[52] As revoltas do Périgord em 1637, as taxações recentemente decididas parecem "extraordinárias, insuportáveis, ilegítimas, excessivas, desconhecidas de nossos pais".[53] A mesma recusa das "novidades" reaparece na "petição da populaça" que os camponeses revoltados de vinte paróquias bretãs em 1675 fazem dirigir ao marquês de Nevet e por ele ao governador da província: "Estamos contentes de pagar [os impostos] que existiam há sessenta anos e não nos recusamos a pagar cada um sua contribuição, como lhe cabe, e não contestamos nada senão os novos editos e encargos".⁵⁴ Se os projetos ou os rumores de extensão da gabela a regiões que dela estavam tradicionalmente isentas — baixa Normandia, Bretanha, Poitou, Gasconha — despertaram tantas reações violentas, é que os povos aí viam um ataque a seus privilégios mais antigos, portanto à sua liberdade, uma violação de seus direitos e da palavra dos reis. Daí o grito famoso: "Viva o rei sem gabela!". Daí o *manifesto* em favor da liberdade normanda *do alto e indomável capitão João Miserável, general do exército de sofrimento* (*1639*):

> *João Miserável é vosso apoio,*
> *Vingará vossa querela,*
> *Libertando-vos dos impostos,*
> *Fará retirar a gabela*
> *E combaterá por nós todas essas gentes*
> *Que se enriquecem às custas*
> *De vossos bens e da pátria;*
> *Foi ele que Deus enviou*
> *Para colocar na Normandia*
> *Uma perfeita liberdade.*⁵⁵

Portanto, não é excessivo perceber com Y.-M. Bercé, por trás das sedições antifiscais de outrora, o choque de duas culturas: uma oral, costumeira, na defensiva, "tomando seus modelos em um passado imutável", a outra escrita, moderna, invasora, perigosamente inovadora.⁵⁶ O papel timbrado teria parecido tão odioso se não tivessem tentado impô-lo a populações amplamente analfabetas? As mesmas estruturas mentais explicam a revolta dos "*tard-avisés*" do Quercy, em 1707, contra o edito que instituía controladores dos autos extraídos dos registros paroquiais.⁵⁷ Se as sedições de outrora procederam a frequentes queimas de papéis, não foi porque o povo iletrado tinha medo e ódio da escrita?

Os novos tributos eram acompanhados não só de uma papelada sem exemplo no passado, mas também da instalação de organismos de arrecadação aos quais não se estava habituado: razões de sobra para a inquietação. A coleta das talhas na França do século XVII foi precedida pela redução de regiões de estados a regiões de eleições e os oficiais de finanças, tradicionalmente ligados aos interesses de sua cidade ou de sua província, foram progressivamente desapossados em favor de comissionados assalariados, revogáveis e nomeados pelo intendente. Assim, na opinião geral, novos tributos e "forasteiros" estiveram indissoluvelmente ligados. Os comissionados e os cobradores da gabela de toda laia apareceram como gente que chegava de outras partes para extorquir uma comunidade a que não pertenciam. Em 1639, os "Miseráveis" da baixa Normandia reuniram-se em armas para defender a pátria "oprimida por financistas e cobradores da gabela" e "não tolerar nenhuma pessoa desconhecida" nas paróquias.[58] O *Manifesto de João Miserável* lançava em sua terceira estrofe esta exclamação significativa:

> *E eu suportarei um povo languescente*
> *Sob a tirania, e que um bando de forasteiros*
> *Oprime todos os dias com suas frações!*[59]

Os estudos recentes sobre as sedições de outrora provaram que a imensa maioria delas tinha uma dominante "misoneísta". Conservadoras e passadistas, faziam por vezes referência explícita — ou, com mais frequência, remetiam inconscientemente — ao mito da idade de ouro perdida, maravilhoso paraíso ao qual se teria amado voltar e que os milenaristas percebiam novamente no horizonte. Sob sua forma atenuada, esse mito fazia crer às populações que existira outrora um Estado sem tributo nem tirania, por exemplo no tempo de Luís XII. É o que assegurava João Miserável aos revoltosos normandos de 1639:

> [...] *Devolverei em breve a primeira liberdade*
> *Do nobre, do camponês e da santa Igreja,*
> *Quero dizer no estado em que estávamos*
> *Quando Luís Doze conduzia um século de ouro.*[60]

A utopia do Estado sem tributo atravessou os séculos. Assim, na França, acreditou-se no alívio, ou até na supressão do fisco, quando da morte de Carlos V, da ascensão de Henrique II, da morte de Luís XIII, da de Luís XIV, no momento da reunião dos Estados Gerais por Luís XV e ainda quando se difundiu nos campos a notícia das jornadas parisienses de 1848.[61] Tal mito teve por muito tempo como componente maior a crença na inesgotável bondade do soberano. Ele era o pai de seus súditos; não demandava senão o alívio de seu povo. Mas era enganado por seus ministros e pelos agentes locais destes últimos. Desse modo, durante séculos, não houve revolta contra o rei — era um personagem sagrado acima de qualquer suspeita —, mas apenas contra seus indignos servidores. Os bordeleses, pedindo perdão a Henrique II em 1549, fizeram-lhe sinceramente notar que "a sublevação [não tinha] sido feita para opor-se à sua autoridade, mas para resistir às grandes pilhagens que faziam aqueles que estavam comissionados para a gabela e que esses fatos lhes eram insuportáveis".[62]

Revoltar-se era ajudar o rei a livrar-se das sanguessugas da nação. Do mesmo modo, pensava-se periodicamente que o príncipe desejava essa cooperação ativa e, durante certo tempo ao menos, dava ordem e até intimava o povo a fazer justiça por si mesmo. G. Lefebvre pôs em evidência esse elemento da psicologia coletiva quando das perturbações rurais do verão de 1789. Depois de 14 de julho, Luís XVI, como acreditava bom número de camponeses, decidira rebaixar o poder dos privilegiados e redigira instruções nesse sentido. Mas conjurados impediam sua publicação, e os padres abstinham-se de lê-las na homília. Apesar desse silêncio, convenceram-se de que o rei ordenara queimar os castelos e outorgara algumas semanas de permissão para essa santa tarefa.[63] Tal mitologia sobrevivia ainda em 1868. Nessa data, camponeses do Angoumois e do Périgord estavam persuadidos de que o imperador concedera alguns dias de pilhagem — uma pilhagem que não teria sido, evidentemente, senão uma forma popular de justiça.[64] Assim, ocorreram poucos atos de violência coletiva, outrora, sem referência ao menos implícita a um passado idílico, sem apreensão diante das novidades e dos estrangeiros que as traziam, sem que se colocassem em jogo as desconfianças viscerais que se sentia em relação às pessoas externas a seu próprio universo: os camponeses pelos citadinos, os citadinos pelos camponeses, uns e outros pelos vagabundos. Todos esses medos atuaram de novo plenamente na França por ocasião dos distúrbios de 1789-93.

O medo e a recusa do novo são encontrados também nas agitações e revoltas religiosas dos séculos XVI-XVII. Os protestantes não tinham de modo algum desejo de inovar. Seu objetivo era voltar à pureza da primitiva Igreja e livrar a Palavra Divina de todos os disfarces que a traíam. Era preciso eliminar, ainda que pela força, tantos acréscimos idólatras e supersticiosos que os homens, enganados por Satã, haviam "introduzido", "inventado", "forjado" ao longo dos séculos às custas da mensagem de salvação. Indulgências, peregrinações, culto dos santos, ofícios em latim, confissão obrigatória, votos monásticos, missa papista deviam ser varridos para que se pudesse novamente ir em direção do Senhor pela via reta da Bíblia. Demolir, como exigia Lutero, os "três muros da romanidade" (isto é, a superioridade do poder pontifício sobre o poder civil; o direito que se arroga o papa de só ele interpretar as Escrituras; a preeminência do papa sobre os concílios) era trabalhar para Deus contra o Anticristo e recolocar as coisas da cristandade em seu verdadeiro lugar.[65] Nem Lutero nem Calvino aprovaram as destruições de imagens. Mas foram ultrapassados na Alemanha, na Suíça, nos Países Baixos e na França por ativistas que levaram às suas extremas consequências a doutrina que haviam recebido. Ora, tal doutrina via nas imagens uma iconografia supersticiosa que afastava do verdadeiro Deus. Destruí-las era restituir ao culto a autenticidade que os séculos haviam obscurecido. Era também, de certa maneira, imitar a conduta e a santa cólera de Jesus expulsando os mercadores do templo.

Nigrinus, superintendente de Hesse, afirmava em um sermão de 1570:

> Não esqueçamos que aqui estão a justiça e o castigo do Senhor. Ele ameaçava havia muito tempo as casas de prostituição espiritual e os templos dos ídolos, anunciando que logo seriam reduzidos a cinzas. Agora é preciso que sua vontade se cumpra; sabei que, se não se encontrasse ninguém para executar sua sentença, o Senhor, irritado, lançaria seu raio para aniquilar os ídolos.[66]

Assim, em todo o percurso protestante, até em suas violências, pretendia-se o retorno ao passado, fazia-se referência à idade de ouro da primitiva Igreja, recusavam-se as inovações sacrílegas acumuladas pelo papismo no decorrer das eras.

Mas as populações estavam habituadas às imagens, às cerimônias, aos sete sacramentos, à hierarquia, à organização católica. Desse modo, para muitos os protestantes pareceram audaciosos inovadores e assim foram considerados perigosos: suprimiam a missa, as vésperas, a quaresma, não reconheciam mais o papa; repudiavam em bloco o sistema eclesiástico instalado havia séculos e a instituição monástica; desvalorizavam o culto à Virgem e aos santos. A verdade é que introduziam no próprio coração do cotidiano mudanças verdadeiramente inauditas. Na França, os "conventículos" protestantes — isto é, as reuniões culturais dos reformados — foram rapidamente objeto de lendas caluniosas, e o aspecto voluntariamente austero dos discípulos de Calvino tornou-se ele próprio suspeito a toda uma parcela da opinião. A regente dos Países Baixos certamente exprimia o sentimento de muita gente quando denunciava "o perigo iminente de uma destruição e subversão geral e próxima da religião antiga e católica, juntamente com o estado público".[67] A fé protestante ganhou fisionomia, para seus inúmeros adversários, de "doutrina nova", de "religião nova". Além disso, foi apresentada na França como importada do estrangeiro pelos "cães genebrinos". Assim, adotar "a moda de Genebra" era propriamente mudar de religião com todas as consequências que tal decisão podia comportar. Na sagração de Carlos IX (em 5 de maio de 1561), o cardeal da Lorena anunciou ao jovem rei que "quem quer que lhe aconselhasse mudar de religião lhe arrancaria ao mesmo tempo a coroa da cabeça". O dever dos católicos era portanto "manter a fé antiga", "restaurar o santo serviço de Deus". No momento em que se constituiu em 1575 a liga de Péronne, a associação dos príncipes, senhores e fidalgos declarou pretender "estabelecer a lei de Deus por inteiro, recolocar e guardar o santo serviço segundo a forma e maneira da santa Igreja católica, apostólica e romana". Assim, no plano da psicologia coletiva, se a heresia era considerada uma "úlcera" que era preciso "cortar" e "ressecar", era por ser uma novidade contra a qual importava defender-se.

Contrariamente ao que se passou na França e nos Países Baixos, na Inglaterra os soberanos fizeram pender a balança para o lado do protestantismo. Mas não sem dificuldade. Pois várias revoltas exprimiram o apego de parte da população ao culto romano e às estruturas religiosas tradicionais. A Peregrinação da Graça (1536), na região de York, foi uma sublevação em favor dos mosteiros, os quais o governo desejava a suprimir. Certamente, os mosteiros desempenhavam um papel econômico e social importante. Mas, segundo Aske, o chefe da rebelião, tinham sobretudo duas funções religiosas principais: mantinham por sua piedade a autêntica tradição cristã e ensinavam a religião a um povo "pouco instruído na lei divina".[68] Este, precisamente, aferrava-se à maneira antiga de rezar: provam-no os incidentes que eclodiram no leste da Inglaterra pouco antes da Peregrinação da Graça. Em Kendal, no domingo depois do Natal, os fiéis insurgiram na igreja e obrigaram o sacerdote a recitar o rosário pelo papa. Em Kirkby Stephen, a população irritou-se porque seu padre deixara de celebrar a festa de são Lucas. Em uma localidade do East Riding, a mesma cena se produziu a propósito da festa de são Wilfrido.[69] Os "cruzados" da Peregrinação da Graça exigiam, pois, antes de mais nada, a "restauração" de sua religião. Em seu manifesto, diziam especialmente:

> Em primeiro lugar, no tocante à nossa fé, queremos que as heresias de Lutero, Wyclif, Huss, Melanchton, Occolampade, Bucer [...] e outras heresias dos anabatistas sejam anuladas e destruídas neste reino. Em segundo lugar, que a sede de Roma seja restaurada como autoridade suprema da Igreja, no que concerne ao cuidado das almas, como era o hábito anteriormente, e que os bispos recebam dela sua consagração [...].
> Que as abadias suprimidas sejam restabelecidas em suas casas e em seus bens [...]. Que os irmãos observantes reencontrem novamente suas casas.[70]

Em 1547, a revolta da Cornualha começou pelo assassinato em Helston de um agente do governo, William Body, que lá chegara para promover a implantação das diretrizes de reforma religiosa de Eduardo VI e do protetor Somerset. Após o assassínio, um dos inspiradores da rebelião declarou publicamente na praça do mercado: "Qualquer um que ousar tomar o partido desse Body e seguir as novas modas como ele o fez será punido da mesma maneira".[71] A bandeira dos rebeldes (que logo empreenderam o cerco de Exeter) comportava simbolicamente as cinco chagas de Cristo, um cálice e um ostensório, esses dois objetos sagrados marcando com evidência o apego ao culto tradicional.

Os conflitos confessionais do século XVI podem ser vistos portanto como um choque dramático entre duas recusas do novo. Uns queriam banir os escandalosos acréscimos papistas sob cujo acúmulo a Igreja romana progressivamente sepultara a Bíblia. Os demais agarravam-se ao culto tal como o haviam conhecido na infância e tal como seus ancestrais o haviam praticado. Todos olhavam na direção do passado. Ninguém desejava ser inovador. A mudança constituía para os homens de outrora uma perturbação da ordem; o inabitual era vivido como um perigo. Na Alemanha protestante, quando se procurou adotar, no final do século XVI, o calendário gregoriano ajustado em Roma em 1582, violentos protestos explodiram e surgiram movimentos de pânico: temia-se um banho de sangue! Esse calendário não era papista? Tal era a afirmação de superfície. Mas, no fundo, o que certamente perturbava era essa modificação inaudita do cômputo dos dias.[72]

O distante, a novidade e a alteridade provocavam medo. Mas temia-se do mesmo modo o próximo, isto é, o vizinho. Nosso campo de concentração cotidiano ignora muitas vezes a porta ao lado. Conhecem-se melhor os ruídos do apartamento próximo do que o rosto de seus moradores. Assim, vive-se na mornidão e na monotonia de um anonimato cem vezes repetido. Outrora, ao contrário — nesse "mundo que (em grande parte) perdemos" —, conhecia-se o vizinho e em muitos casos o conhecíamos demasiadamente. Ele era um peso. Um horizonte estreito reconduzia perpetuamente as mesmas pessoas para perto umas das outras, delimitando um círculo de paixões tenazes, de ódios recíprocos, incessantemente alimentados por novos rancores. Desse modo, era uma sorte altamente apreciada ter um amigo ao alcance da mão.

"Quem tem bom vizinho tem bom caminho", repetem os provérbios,[73] não sem insistir de maneira significativa na verdade oposta: "Quem tem vizinho desleal muitas vezes tem mau caminho" (século XIII, *Roman de Fierabras*). "Diz-se que quem tem mau vizinho tem muitas vezes mau caminho" (século XIII, *Roman du Renart*, verso 3527).[74] É mais terrível o vizinho a quem nada escapa. Seu olho inquisidor explora nossa existência ao longo do dia e do ano. "Vizinho sabe tudo", assegura uma sentença do século XV.[75] No universo de hoje, o sentimento dominante entre vizinhos é a indiferença; no de antigamente, era a desconfiança; portanto, o temor. Assim, convinha vigiar o outro e manter-se em estado de alerta constante em relação a ele: "Pelo olhar se conhece a pessoa" (século XIII). "Conhecem-se as pessoas por seus gestos e atitudes" (século XVI[76]).

Aqueles e aquelas que foram denunciados como feiticeiros e feiticeiras eram frequentemente pessoas que seus acusadores conheciam bem ou acreditavam conhecer bem e cujos passos suspeitos haviam sido cotidianamente espreitados: assistiam pouco ou mal à missa ou recebiam os sacramentos com gestos estranhos; passando perto de uma pessoa, lançavam-lhe um feitiço acotovelando-a ou soprando-lhe no rosto sua respiração empestada ou ainda lhe dirigindo um olhar diabólico — o mau-olhado. Agia então aqui um fator de proximidade, fonte de hostilidade. Além disso, conhecia-se não apenas fulano ou fulana, mas também seu pai morto na prisão ou sua mãe, ela própria feiticeira. Opinião pública e conhecidos concluíam acerca da culpabilidade das pessoas com base em seus antepassados. Os demonólogos e os juízes suspeitaram de muitas segundas intenções de vingança por trás de certas acusações de feitiçaria. Mas a ideia que faziam de Satã — voltaremos a isso mais adiante — conduziu-os a autenticar os terrores populares e, portanto, a reforçar o discurso de suspeita expresso por uma civilização na qual o próximo era mais frequentemente inimigo do que amigo. Teorizaram, sob forma de modelos, sobre práticas de relações odiosas. Na sinistra obra que foi a bíblia de muitos inquisidores, o *O martelo das feiticeiras* (1ª ed., 1486), Institoris, o principal autor, relata o depoimento de uma "honrada" mulher de Innsbruck:

> "Atrás de minha casa, declarou ela, tenho um jardim; ele é contíguo ao jardim de minha vizinha. Um dia, vi que uma passagem havia sido aberta, não sem danos, entre o jardim da vizinha e o meu. Queixei-me a ela, zangando-me um pouco, não tanto pela passagem como pelo dano [...]". A vizinha furiosa retirou-se murmurando. Alguns dias depois, continua a declarante, "senti-me doente com grandes dores de barriga e pontadas da esquerda para a direita e da di-

reita para a esquerda, como se duas espadas ou duas facas estivessem plantadas em meu peito". Ora, a vizinha perversa colocara na soleira de sua inimiga "uma figura de cera de um palmo, toda perfurada, os lados atravessados por duas agulhas, justamente no lugar onde da direita para a esquerda e vice-versa eu sentia as pontadas [...]. Havia também pequenos saquinhos com grãos diversos, sementes, ossadas".[77]

Citando o *Préceptoire de la loi divine*, de Nider, *O martelo das feiticeiras* apresenta outro tipo de ação diabólica contra vizinhos. Dois feiticeiros das redondezas de Berna

> [...] sabiam, quando lhes agradava, fazer passar de um campo vizinho para o seu campo, sem se fazer ver por ninguém, um terço do estrume, da palha e do cereal ou outra coisa; sabiam provocar as tempestades mais violentas e os ventos mais destruidores com raios; sabiam, sem se fazer ver, sob os olhos dos pais delas, lançar à água crianças que passeavam à beira da água, causar esterilidade entre os homens e os animais; provocar prejuízos de todas as maneiras às pessoas e aos bens; algumas vezes até atingir com o raio quem eles queriam; e causar ainda outras calamidades onde e quando a justiça de Deus lhes permitia.[78]

Os processos de feitiçaria dos séculos XVI e XVII fazem eco às afirmações de *O martelo das feiticeiras*. Em sua *Démonomanie*, Jean Bodin menciona "o julgamento de uma feiticeira que era acusada de ter enfeitiçado sua vizinha na cidade de Nantes" e que foi queimada.[79] Em um dossiê ainda inédito, referindo-se a malefícios lançados a animais e pessoas na região de Sancerre em 1572-82, um dos acusados, Jehan Cahouet, é assim enquadrado: "Ele é feiticeiro, conduz e encerra os lobos onde quer e os faz descer e vir dos bosques onde estão, causa peste e dano a seus vizinhos para dar seu gado tanto grosso quanto miúdo como alimento aos ditos lobos, ou faz morrer por sortilégio [...]

de tanto que se faz temer por seus ditos vizinhos".[80] Nas epidemias demoníacas que devastaram a Europa nos séculos XVI e XVII, aparecem em primeiro plano relações de vizinhança hostil: entre duas aldeias próximas ou entre clãs rivais no interior de uma mesma localidade. Em 1555, em Bilbao aprisionam-se por feitiçaria 21 pessoas da mesma família de Ceberio, acusadas por um grupo de aldeões que lhes eram hostis.[81] Os comportamentos maléficos atribuídos aos vizinhos suspeitos tornavam-se então estereótipos. Um exemplo entre mil: os gestos diabólicos de Claudine Triboulet, que acaba por ser condenada à morte em 1632 pelos juízes do bailio de Luxeuil. Ela compra por cinco francos um dossel de certa Lucie Coussin. Quando esta toma em seguida sua bolsa para uma compra, ali não encontra mais do que pó. Algum tempo depois, Claudine traz um pão para Lucie, que, abrindo-o à hora da refeição, ali descobre uma grande aranha. Ela corre apressada à casa do padre, que benze o pão. Imediatamente a aranha morre... e desaparece. Era portanto o diabo. No dia de são Lourenço, Lucie come uma pera que Claudine lhe deu: logo "queima-lhe a garganta". É preciso exorcizar a infeliz em Besançon. Muito evidentemente, Claudine é uma feiticeira.[82]

Inútil multiplicar tais anedotas que repetem indefinidamente umas às outras da Suíça[83] à Inglaterra, da França à Alemanha. Esclarecedoras são, em compensação, duas quantificações fornecidas por A. Macfarlane: em 460 incriminações por malefícios diante dos *Assizes* [tribunais] de Essex entre 1560 e 1680, apenas cinquenta puseram em causa vítimas que não habitavam na mesma aldeia que a pessoa que as havia, dizia-se, enfeitiçado. E só cinco denúncias mencionaram uma distância de mais de sete quilômetros entre acusador e acusado. Assim, o poder dos enfeitiçadores não se estendia para além de alguns poucos quilômetros.[84] Já o lúcido Reginald Scot notara, em 1584, que seu raio de ação mágico era o de seus contatos sociais.[85] Os processos de feitiçaria aclaram então para nós com uma luz violenta — e graças aos períodos de crise — as tensões e suspeitas que atravessavam outrora permanentemente uma civilização do "face a face", que de maneira quase obrigatória elegia uma ou várias pessoas por aldeia como perigosa. Pode-se fornecer sobre esse assunto uma prova *a contrario*: na Nova França, dos séculos XVII-XVIII, os processos envolvendo feiticeiros foram raríssimos, diversamente do que se poderia esperar no caso de uma população rural que blasfemava muito, estava mergulhada tanto quanto a da Europa numa atmosfera de magia e encontrava-se, além disso, submetida ao olhar desconfiado de um clero militante. Mas na América as famílias dos colonos franceses achavam-se separadas umas das outras por vastas extensões. Ali, o vizinho não pesava. Ao contrário, procurava-se sua presença, a tendência era se aproximar do colono mais próximo para escapar às armadilhas da solidão e dos índios.[86] Denunciar e fazer condenar um outro francês da América era enfraquecer a si mesmo, isolar-se um pouco mais em meio a um universo hostil. Na Europa, ao contrário, atuou frequentemente, até a Revolução Industrial e a emigração maciça para as cidades, um fenômeno de superpopulação rural gerador de conflitos internos.

A suspeita em relação ao vizinho, que parece estar na origem de tantas denúncias por feitiçaria, foi uma constante das civilizações tradicionais. E talvez compreendamos melhor o que se passou outrora em nossa Europa lendo este apólogo chinês tirado do *Lie-tseu*:

> Um homem não encontrava seu machado. Suspeitou que o filho de seu vizinho o houvesse pego e pôs-se a observá-lo.
>
> Sua atitude era tipicamente a de um ladrão de machado. Seu rosto era o de um ladrão de machado. As palavras que pronunciava só podiam ser palavras de ladrão de machado. Todas as suas atitudes e comportamentos traíam o homem que roubou um machado.
>
> Mas muito inesperadamente, revolvendo a terra, o homem reencontrou de repente seu machado. Quando, no dia seguinte, olhou novamente o filho de seu vizinho, este não

apresentava nada, nem na atitude, nem no comportamento, que evocasse um ladrão de machado.[87]

Entre as pessoas que eram bem conhecidas na aldeia, havia aquele ou aquela que assistia e que era procurado em caso de doença ou de ferimento porque ele — ou ela — sabia as fórmulas e as práticas que curam. Essa atividade lhe conferia poder e autoridade no horizonte de sua notoriedade. Mas tal pessoa era suspeita para a Igreja porque empregava uma medicina não endossada pelas autoridades religiosas e universitárias e, se suas receitas fracassavam, ela era acusada pelo rumor público: devia seu poder a Satã, servia-se dele para matar e não para curar. Portanto, corria o risco da fogueira, na qual pereceu — um caso entre muitos outros — a curandeira escocesa Bessie Dulop em 1576.[88] E. Delcambre ressaltou bem a suspeita que pesava nos séculos XVI-XVII sobre os curandeiros e curandeiras da Lorena. A crença dos juízes e do clero a esse respeito, escreve ele, acabou "por influenciar o vulgo: qualquer um na Lorena que se metesse a cuidar dos doentes por encantações ou peregrinações ou os curasse com uma instantaneidade de aspecto sobrenatural tornava-se suspeito perante seus vizinhos de pacto com o diabo".[89]

Esse olhar de desconfiança pesava ainda mais severamente sobre as parteiras, situadas no ponto de encontro de duas interrogações ameaçadoras, uma formulada pela opinião pública em seu nível mais humilde, a outra pelos depositários do saber. Porque as condições de higiene eram lamentáveis e o estado de saúde das populações muitas vezes deficiente, a mortalidade infantil era outrora enorme e frequentes os óbitos de crianças natimortas. Nem por isso os pais deixavam de ficar surpresos e suspeitosos quando o parto terminava mal. Se esses trágicos desenlaces começassem a se multiplicar em uma aldeia ou num bairro, imediatamente a suspeita se dirigia para a parteira responsável. Mas, por outro lado, os teólogos asseguravam que Satã se rejubilava quando crianças morriam sem batismo, já que não iam para o paraíso. Nessa ótica, as parteiras não se constituíam em auxiliares privilegiadas do Maligno? Tanto mais que, em suas imundas misturas, as feiticeiras tinham o costume, acreditava-se, de inserir pedaços de crianças não batizadas. Assim, a parteira era acossada de dois lados. No decorrer das epidemias demoníacas, sem dúvida ela foi, na aldeia, a pessoa mais ameaçada, o próximo mais suspeito. Em *O martelo das feiticeiras*, um capítulo inteiro explica "Como as parteiras feiticeiras infligem os maiores males às crianças":

> Lembremos ainda o que apareceu nas confissões dessa criada que passou por julgamento em Brisach: "São as parteiras que causam os maiores danos à fé". Aliás, viu-se isso claramente pelas confissões de certo número de outras que em seguida foram queimadas. Assim, na diocese de Basileia, na cidade de Thann, uma feiticeira queimada confessara ter matado mais de quarenta crianças da seguinte maneira: à sua saída do ventre, ela lhes enfiava uma agulha no alto da cabeça, no cérebro. Uma outra ainda, na diocese de Estrasburgo, confessara ter matado mais crianças do que podia contar.
>
> Quanto à razão de tudo isso é de se presumir que as feiticeiras fazem isso sob a pressão dos maus espíritos e por vezes contra sua vontade. O diabo sabe com efeito que por causa da pena da danação e do pecado original essas crianças são privadas da entrada no reino dos céus. Além disso, desse modo o juízo final é retardado, após o qual os demônios serão enviados aos tormentos eternos, sendo o número dos eleitos atingido mais tardiamente, ao termo do qual o mundo deve ser consumado. E depois [...] com esses membros as feiticeiras têm de confeccionar unguentos para seus usos próprios. Mas a fim de levar a detestar um crime tão abominável, não podemos passar sob silêncio o que acontece: quando não matam as crianças, oferecem-nas aos demônios numa oferenda sacrílega. Desde que a criança nasceu, se a mãe não é ela própria feiticeira, a parteira leva a criança para fora do quarto sob pretexto de aquecê-la;

depois, elevando-a nos braços, oferece-a ao príncipe dos demônios Lúcifer e a outros demônios; tudo isso na cozinha, em cima do fogo.[90]

Os documentos inquisitoriais da Lorena provam a conjunção no plano local dos alertas saídos de *O martelo das feiticeiras*. "As parteiras", escreve E. Delcambre, "eram, mais do que todos os outros, suspeitas de malefícios [provocando abortos acidentais e nascimento de crianças natimortas]". Uma delas, originária de Raon-l'Etape, confessou que "Mestre Persin" — era assim que chamava Satã — "a persuadira [...] a fazer morrer todas as crianças que trouxera ao mundo [...] A fim de que não recebessem o batismo". Graças a ela, ele teria "levado mais de doze delas ao sabá", não munidas desse sacramento.[91] Abortadoras e feiticeiras em potencial, as parteiras foram estritamente vigiadas pela Igreja tridentina, que pediu aos padres de paróquia que as investigassem e confirmassem se sabiam administrar o batismo.

3. HOJE E AMANHÃ; MALEFÍCIOS E ADIVINHAÇÃO

O homem de outrora, sobretudo no universo rural, vivia cercado por um meio hostil no qual despontava a todo instante a ameaça de malefícios. Um deles merece atenção particular: o nó da agulheta. O feiticeiro ou a feiticeira podia, acreditava-se, tornar esposos impotentes ou estéreis — confundiam-se frequentemente as duas enfermidades — dando um nó num cordão durante a cerimônia de casamento e ao mesmo tempo pronunciando fórmulas mágicas, e às vezes também lançando uma moeda por trás do ombro. Uma tradição plurimilenar atestada ao longo das eras por Heródoto, Grégoire de Tours, por inúmeros estatutos sinodais e demonólogos e que circulava em diferentes níveis culturais, afirmava a existência de casos de esterilidade e impotência provocados por sortilégios. *O martelo das feiticeiras* assegura que estas podiam impedir:

[...] a ereção do membro necessária à união fecunda [e] o fluxo das essências vitais [...] quase obturando os condutos seminais a fim de que a semente não desça para os órgãos geradores e não seja ejaculada ou seja ejaculada com perda [...]. Elas podem enfeitiçar a potência genital a ponto de tornar o homem incapaz de copulação e a mulher de concepção. A razão de tudo isso é que Deus permite mais coisas contra esse ato pelo qual o primeiro pecado é difundido do que contra os outros atos humanos.[92]

E. Le Roy-Ladurie nota justamente que o nó da agulheta, tal como era imaginado então, consistia "em um nó castrador destinado a lesar a zona genital" e que a crença nessa ligadura é ao mesmo tempo antiga e amplamente difundida, já que é encontrada nas duas margens do Mediterrâneo e no sudeste africano. Esse tipo de lesão pode ter sido inspirado, ao menos entre nós, pela técnica dos veterinários para castrar carneiros, touros e potros. Com efeito, atavam os testículos ou o saco escrotal com uma ligadura de cânhamo, de lã ou de couro: prática conhecida por Olivier de Serres[93] Reconstitui-se a partir daí a possível passagem, na mentalidade antiga, da habilidade dos veterinários ao feitiço lançado aos humanos.

Os séculos XVI-XVII não viram no Ocidente uma recrudescência do temor de malefício? Em 1596-8, o suíço Thomas Platter descobre no Languedoc uma verdadeira psicose de agulheta: "[Aqui]", escreve ele sem dúvida exagerando, "não se veem dez casamentos em cem serem celebrados publicamente na igreja. [Por temor dos sortilégios] os casais, acompanhados de seus pais, vão às escondidas à aldeia vizinha receber a bênção nupcial". Por várias vezes, entre 1590 e 1600, os sínodos provinciais do sul da França inquietam-se ao mesmo tempo com as práticas castradoras e com a atitude dos pastores, que, cedendo às apreensões dos cônjuges, aceitam celebrar os casamentos fora de suas paróquias. Os fiéis devem, contra tais sortilégios, confiar-se só a Deus e não ao feiticeiro que "desata"; e os ministros serão censurados se abençoarem a união matrimonial fora de sua igreja:

> Em vista do flagelo com que muitos são afligidos nas igrejas pelos atadores de agulhetas, os pastores, para a isso prover, farão ver vivamente em suas pregações que a causa desse infortúnio vem da infidelidade de uns e da enfermidade de fé dos outros e que tais encantações são detestáveis; como também a conduta daqueles que recorrem aos ministros de Satã para fazer-se desatar, sendo pior o remédio que procuram do que o mal de que sofrem, o qual não se deve remediar senão com jejuns, orações e por uma transformação de vida. Acrescentar-se-á também ao formulário da excomunhão que se pronuncia publicamente antes da comunhão, depois da palavra idólatra, todos os feiticeiros, bruxos e magos [sínodo de Montauban, 1594].
>
> Sobre a questão [...], se é lícito dar atestado àqueles que se querem casar fora de suas igrejas para evitar os sortilégios e ligamentos de agulhetas? O sínodo é de opinião que isso não lhes deve ser permitido e que serão exortados a não dar ouvidos a tais coisas que procedem de incredulidade ou de enfermidade [sínodo de Montpellier, 1598].[94]

Em 1622, Pierre de Lancre confirma, por sua vez, que a frigidez causada pela agulheta está tão difundida na França de seu tempo que os homens de honra, não ousando mais casar-se de dia, fazem abençoar sua união à noite. Esperam assim escapar ao diabo e a seus sequazes.[95]

Sobre a ubiquidade, senão do próprio sortilégio, ao menos do temor que inspirava, os documentos, nos séculos XVI e XVII, são numerosos. J. Bodin declara em 1580: "De todas as imundícies da magia, não há mais frequentes por toda parte, nem mais perniciosas, do que o impedimento que se causa àqueles que se casam, que se chama *atar a agulheta*; até as crianças trabalham nisso [...]".[96] Boguet, "grande juiz no condado da Borgonha", retoma as mesmas afirmações em seu *Discours exécrable des sorciers* [...] publicado em 1602: "A prática [desse malefício]", escreve ele, "é hoje mais comum do que nunca: pois até as crianças se metem a atar a agulheta. Coisa que merece um castigo exemplar".[97] Ainda em 1672 um missionário eudista, percorrendo a Normandia, faz saber a seus superiores que só ouve falar "de agulhetas atadas".[98] Mais reveladora ainda é a lista fornecida por J.-B. Thiers, padre da diocese de Chartres, em seu *Traité des superstitions qui regardent tous les sacrements* (1674), das decisões conciliares ou sinodais chegadas ao seu conhecimento e que condenam a atadura da agulheta: para o período de 1529 a 1679, menciona treze delas contra cinco para os séculos anteriores. Assim, ele dá o testemunho de 23 rituais, todos posteriores a 1480, acrescentando: "Os outros rituais [os que ele não citou] não falam de maneira diferente em seus sermões".[99] Efetivamente, entre 1500 e 1790, nenhum ritual francês omite a condenação do rito da agulheta e as preces destinadas a exorcizá-lo. Diante de tão grande perigo (detalharam-se um dia a J. Bodin as cinquenta maneiras de atar o cordão de couro),[100] J.-B. Thiers dá a conhecer umas vinte receitas, fora os exorcismos e a absorção de alcachofra-dos-telhados; por exemplo:

> Colocar os recém-casados completamente nus e fazer o marido beijar o dedão do pé esquerdo da esposa, e a esposa o dedão do pé esquerdo do marido.[101]
>
> Perfurar um tonel de vinho branco do qual nada ainda foi tirado e fazer passar o primeiro vinho que dele sai pelo anel que foi dado à esposa no dia do casamento.[102]
>
> Urinar no buraco da fechadura da igreja em que se casou.[103]
>
> Dizer, durante sete manhãs ao nascer do sol, com as costas voltadas para o lado do sol, certas orações.[104]
>
> Fazer o que fazia certo promotor da oficialidade de Châteaudun. Quando dois recém-casados iam lhe dizer que estavam maleficiados, conduzia-os ao seu celeiro, atava-os

a um poste face a face, o poste porém entre eles dois; fustigava-os com varas por diversas vezes; após o que, desatava-os e os deixava juntos toda a noite, dando-lhes um pão de dois vinténs e uma garrafa de bom vinho, e fechava-os a chave. No dia seguinte de manhã, ia abrir-lhes a porta lá pelas seis horas e encontrava-os sãos, bem dispostos e bons amigos.[105]

O mesmo autor conta ainda que "em muitos lugares, os futuros esposos colocavam tostões marcados em seus sapatos, a fim de impedir que se lhes atasse a agulheta".[106]

Vários desses remédios mágicos, em particular aqueles que fazem passar vinho branco ou urina através de um anel ou da fechadura da igreja do casamento, são evidentemente destinados, segundo o princípio mágico de similitude, a favorecer a união sexual. E. Le Roy-Ladurie pensa também que as moedas escondidas nos sapatos do homem representam simbolicamente seus órgãos sexuais postos assim fora do alcance dos feiticeiros. A própria variedade das receitas utilizadas diz bastante da inquietação das populações. J.-B. Thiers, antes de enumerar esses remédios, evoca o comportamento de pânico que a ligadura da agulheta desencadeava entre aqueles que se acreditavam maleficiados: "[É] um mal tão sensível para a maior parte daqueles que são por ele atingidos que não há nada que não façam para ficar curados; que seja Deus ou o diabo que dele os liberte, é com que pouco se importam, desde que dele fiquem livres".[107]

Afirmação muito forte no contexto da época e que dá a medida de um medo. Insistindo neste, nos séculos XVI e XVII, somos vítimas de um erro de ótica explicável pela raridade relativa da documentação antes da invenção da imprensa e por sua crescente abundância depois? Talvez? Os contemporâneos tiveram contudo a impressão de uma ameaça que ganhara recentemente uma dimensão nova. Podemos imediatamente recusar seu testemunho? Um religioso celestino, o padre Crespet, que publica em 1590 *Deux livres sur la haine de Satan*, fornece até uma data precisa. Declara que foi a partir dos anos 1550-60 que as ligaduras de agulheta se multiplicaram. Assim, é levado a estabelecer uma relação entre essa epidemia e o abandono da verdadeira religião: "Nossos pais [afirma ele] jamais experimentaram tantos encantamentos e malefícios no sacramento de matrimônio, como se viu desde os trinta ou quarenta anos em que as heresias pululuram e o ateísmo foi introduzido".[108]

É portanto legítimo se perguntar se as obras eruditas não refletiram uma situação, senão inédita, ao menos mais preocupante do que no passado e caracterizada por um número maior de amenorreias, de abortos — esses últimos considerados então uma variante da esterilidade feminina — e sobretudo de casos de impotência masculina. Uns e outros, em particular as incapacidades femininas, podem ser relacionados à má nutrição, que sem dúvida se agravou nos campos a partir das penúrias do século XIV, depois em razão da relativa superpopulação do século XVI, das epidemias e das devastações causadas nos campos pela passagem frequente dos exércitos. Essas insuficiências alimentares não podiam deixar de provocar nos indivíduos menos favorecidos um estado quase permanente de fadiga e de depressão, propício às amenorreias, aos abortos espontâneos e até à impotência. Mas foi sobretudo a frigidez masculina — que a má nutrição por si só não pode explicar — que atingiu os contemporâneos, como testemunham conjuntamente os escritos de Rabelais, Brantôme, Montaigne, Bodin e do padre Thiers. Quando este lembra a medicação do promotor da oficialidade de Châteaudun (a flagelação dos esposos nus), trata-se de uma terapêutica destinada sobretudo a aquecer o sangue do marido. Se, no começo da Idade Moderna, a impotência masculina era mais frequente que antes — a ponto de a agulheta, "velho rito camponês, sair de sua obscuridade rural"[109] para chegar ao nível da cultura (escrita) —, o que se passou? É preciso relacionar esse fato com a difusão da sífilis a partir do século XVI? Tal explicação só valeria para um número limitado de casos, já que essa doença só acarreta a impotência em suas formas finais.

J.-L. Flandrin sugere que o recuo da idade no casamento aliado a uma repressão mais severa da heterossexualidade fora do casamento, e antes dele pelas duas Reformas religiosas — a católica e a protestante —, teriam provocado um redobramento da masturbação e, consequentemente em segundo grau, certa impotência no início do matrimônio.[110] A essa hipótese interessante, uma outra, mais ampla, pode ser acrescentada, fazendo-nos passar para o complexo de castração e os bloqueios psíquicos — estes nitidamente postos em causa por Montaigne e perceptíveis em todos os níveis culturais. No capítulo que consagra à "força da imaginação", Montaigne nota, ele também, que seus contemporâneos falam constantemente da agulheta e analisa com grande profundidade o mecanismo da inibição:

> Sou ainda de opinião que essas divertidas ligações [os ligamentos de agulhetas] de que nosso mundo se vê tão entravado que não se fala de outra coisa são habitualmente impressões da apreensão e do temor. Pois sei por experiência que um sujeito, por quem posso responder como por mim mesmo, em quem não poderia cair suspeita alguma de fraqueza, e tampouco de encantamento, tendo ouvido o relato de um seu companheiro, de uma fraqueza extraordinária em que caíra a ponto de não ter a menor necessidade, encontrando-se em semelhante ocasião, o horror desse relato veio-lhe de súbito tão rudemente atingir a imaginação que o acometeu uma sorte semelhante; e daí em diante esteve sujeito a nisso recair, admoestando-o e tiranizando-o essa vil lembrança de seu infortúnio.[111]

Uma hipótese, que talvez não valha para a pessoa mencionada por Montaigne, mas que é dificilmente recusável em muitos outros casos, vem ao espírito: uma causa importante dessas inibições psíquicas não teria sido o discurso antifeminista dos pregadores e dos demonólogos[112] — um discurso que atingiu entre 1450 e 1650 seu máximo de violência e de audiência? Agravando o medo da mulher, lançando a suspeita sobre a sexualidade, "essa maldita concupiscência", desvalorizando o casamento, "esse estado por si mesmo tão perigoso",[113] eles culpabilizaram as populações e aumentaram sem dúvida entre os mais timoratos o temor do ato sexual. A partir daí, procuraram-se culpados, que foram descobertos no universo de feitiçaria de que pregadores e demonólogos falavam incansavelmente. Assim, a má nutrição, o aumento da masturbação e os bloqueios psíquicos resultantes de uma culpabilização reforçada teriam conjugado seus efeitos para reforçar no Ocidente do começo da Idade Moderna o temor da ligadura da agulheta.

Este não era senão um dos múltiplos malefícios temidos outrora. J.-B. Thiers, que aliás rejeita tantas superstições, acredita que deve esclarecer seus leitores sobre o número e a variedade dos sortilégios que os ameaçam. Seu livro, consultado aqui em uma edição tardia (1777), apresenta um catálogo verdadeiramente etnográfico dos medos cotidianos de antigamente. O padre do Perche distingue em primeiro lugar três categorias de malefícios: "o sonífico", "o amoroso" e "o inimigo". Insistiremos em dois deles:

> [O primeiro] se faz por meio de certas beberagens, de certas ervas, de certas drogas, de certos encantamentos e de certas práticas de que os feiticeiros se servem para adormecer os homens e os animais, a fim de em seguida poder mais facilmente envenenar, matar, roubar, cometer impurezas ou raptar crianças para fazer sortilégios.
>
> O malefício inimigo é tudo que causa, tudo que pode causar, e tudo que é empregado para causar algum dano aos bens do espírito, aos do corpo e aos da fortuna, quando isso se faz em virtude de um pacto com o demônio.

Segue-se a lista impressionante dos "malefícios inimigos", à frente dos quais figura naturalmente o ligamento da agulheta. O tom é o de um requisitório:[114]

[É um malefício] impedir o efeito do sacramento de matrimônio pelo ligamento da agulheta ou por qualquer outra prática supersticiosa. Como enviar lobos para os rebanhos de carneiros e currais de ovelhas; ratos, camundongos, gorgulhos ou carunchos aos celeiros; lagartas, gafanhotos e outros insetos aos campos para estragar os cereais; toupeiras e ratos silvestres aos jardins para perder as árvores, os legumes e as frutas. Como impedir as pessoas de comer, colocando na mesa sob seu prato uma agulha que serviu para amortalhar um morto. Como enviar doenças de langor e de longa duração aos homens e aos animais, de maneira que uns ou outros enfraqueçam visivelmente, sem que se possa socorrê-los pelos remédios ordinários. Como fazer morrer os homens, os animais e os frutos da terra, por meio de certos pós, de certas águas e de certas outras drogas mágicas [...]. Como fazer secar uma certa erva na chaminé a fim de fazer esgotar o leite das vacas [...]. Como mergulhar uma vara na água, a fim de fazer chover e de causar algum prejuízo ao próximo [...]. Como quebrar as cascas dos ovos quentes, após ter engolido o de dentro, a fim de que nossos inimigos sejam assim destruídos [...]. Como servir-se do osso de um morto para fazer morrer alguém, fazendo certas ações e recitando certas palavras [...]. Como fazer morrer os animais golpeando-os com uma varinha e dizendo: "Eu te toco para te fazer morrer [...]". Como fazer figuras de cera, de barro ou de alguma outra matéria, picá-las, aproximá-las do fogo ou despedaçá-las, a fim de que os originais vivos e animados sintam os mesmos ultrajes e os mesmos ferimentos em seus corpos e em suas pessoas [...]. Como prender a uma chaminé, ou fazer grelhar sobre uma grelha, certas partes de um cavalo, ou de algum outro animal morto por malefício, e picá-las com alfinetes, agulhas ou outras pontas, a fim de que o feiticeiro que lançou o malefício seque pouco a pouco e morra enfim miseravelmente [...]. Como excitar tempestades, granizos, temporais, raios, trovões, furacões, a fim de vingar alguma injúria recebida

[...]. Como impedir as pessoas de dormir, colocando em sua cama um olho de andorinha. Como provocar a esterilidade das mulheres, das éguas, das vacas, das ovelhas, das cabras etc., a fim de causar prejuízo a seus inimigos. Como fazer o que se chama de *cavilhar* [por esse sortilégio, impede-se as pessoas de urinar]. Pelo mesmo malefício, os feiticeiros encravam também e fazem mancar os cavalos; impedem os recipientes cheios de vinho, de água ou de outro líquido, de poder ser esvaziados, ainda que se lhes faça uma infinidade de perfurações. Como perturbar os espíritos dos homens, de maneira que perdem o uso da razão, ou encher sua imaginação de vãos fantasmas, que os fazem cair em frenesi, a fim de tirar vantagem de seu infortúnio, ou de expô-los ao desprezo dos outros. Como causar a insônia aos homens e às mulheres [queimando um feixe, velas ou invocando uma estrela]. Como fazer imprecações contra alguém apagando todas as luzes da casa, dando as costas aos vizinhos, rolando no chão e recitando o salmo CVIII (hoje CIX). Como fazer morrer os piolhos e os outros insetos que atacam o homem, esfregando-se com água de poço ou de fontes sob as axilas, e recitando certas palavras.

Ao final dessa longa enumeração, J.-B. Thiers acrescenta que existe ainda "uma infinidade de outros malefícios que os feiticeiros e envenenadores empregam todos os dias". E, realmente, não se terminaria de recensear todos os sortilégios mencionados nos processos, nas obras de demonologia, nos estatutos sinodais, nos relatos de milagres, nos manuais de confissão e nos tratados de teologia moral que chegaram até nós. Tal qual, a lista do padre do Perche constitui em todo caso um testemunho importante sobre uma cultura rural e mágica que força constantemente as portas da cultura erudita. Aqui dominam a desconfiança e a vingança de vizinho a vizinho. Aparece também a convicção de que as calamidades, as doenças, a própria morte não são naturais, ao menos no sentido em que o entendemos hoje. Emergem, enfim, insistentes apreensões: a esterilidade, a impotência, a loucura, a "má noite", a perda das colheitas e dos rebanhos. Eis-nos no próprio coração do universo atemporal do medo. Um medo por toda parte e sempre presente porque a natureza não obedece a leis, porque tudo nela é animado, suscetível de volições inesperadas e sobretudo de inquietantes manipulações por parte daquelas e daqueles que têm pacto com os seres misteriosos que dominam o espaço sublunar e são portanto capazes de provocar loucura, doenças e tempestades.

Assim, convém tratar com prudência aqueles que detêm o poder de agir sobre os elementos e de dar aos pobres humanos saúde ou enfermidades, prosperidade ou miséria. Não tenhamos dúvidas: muitos europeus de outrora consideraram aquele que a Igreja chamava de Satã uma potência entre outras, ora benéfica, ora maléfica, segundo a atitude adotada em relação a ele.[115] Lutero, no *Grande catecismo*, acusa aqueles que "fazem aliança com o diabo, a fim de que ele lhes dê dinheiro suficiente ou que favoreça seus amores, preserve seu gado, lhes restitua seus bens perdidos". Henri Estienne menciona em 1566 uma "boa mulher [que], após ter oferecido uma vela a são Miguel, oferecia uma também ao diabo que estava com ele: a são Miguel, a fim de que lhe fizesse bem, ao diabo a fim de que não lhe fizesse mal". Um paroquiano de Odenbach (Alemanha protestante) declara em 1575, após uma colheita abundante, que acredita que é o diabo que lhe concede tantos cereais. No século seguinte, o padre Le Nobletz descobre na Bretanha populações que fazem oferendas ao Maligno porque imaginam que ele é o inventor do trigo-mouro. Assim, depois da colheita, os camponeses lançam vários punhados desse trigo nos fossos que beiram os campos onde se colheu "para dá-los de presente àquele a quem [imaginam] ter a obrigação".

Descontentar Satã causava problema, portanto; e também descontentar santos suficientemente poderosos para curar doenças e, do mesmo modo, provocá-las. No Ocidente dos séculos XV a XVII, conheciam-se — e temiam-se — bem umas quarenta doenças designadas pelo nome de um santo,[116] podendo uma mesma enfermidade ser relacionada a vários santos diferentes. As mais temidas, e aparentemente as mais frequentes, eram o *fogo de santo Antônio* (ergotismo gangrenoso); o *mal de são João*, também chamado de *mal de saint-Lou* (epilepsia); o *mal de santo Acário*, dito também *mal de saint-Mathurin* (loucura); o *mal de são Roque* ou *são Sebastião* (a peste) ; o *mal de saint-Fiacre* (hemorroidas e verruga no ânus); o *mal de saint-Maur* ou *mal de saint-Genou* (gota). Muito cedo, os relatos de milagres insistiram sobre as vinganças que santos ultrajados eram capazes de exercer. Grégoire de Tours conta que um homem, tendo falado com desdém de são Martinho e de são Marcial, tornou-se surdo e mudo e morreu louco.[117] Na aurora da Idade Moderna, a maior parte das pessoas não raciocinava de maneira diferente da época de Grégoire de Tours. Um cronista do século XV faz saber que o rei da Inglaterra Henrique V, após ter devastado o mosteiro de Saint-Fiacre, perto de Meaux, foi atingido pelo mal de Saint-Fiacre descrito aqui como "um espantoso fluxo de ventre, com hemorroidas". Morreu disso após cruéis sofrimentos. "Deitado em seu leito de dor, ele pagava o tributo ao glorioso confessor são Fiacre, como se dizia, e sofria o último martírio."[118]

É possível que os pregadores, em seu zelo, tenham reforçado a crença nos santos vingativos. "Assim pregava um beato em Sinai", está escrito em *Gargantua*, "que santo Antônio punha o fogo nas pernas, santo Eutrope fazia os hidrópicos, são Gildas os loucos, são Genou as gotas."[119] Zombando por várias vezes do temor dos santos malfazejos, os humanistas atestam por isso mesmo quanto ele era difundido. Erasmo ironiza em um de seus *Colóquios*:

> Pedro pode fechar a porta do céu. Paulo está armado do gládio; Bartolomeu, do sabre; Guilherme, da lança. O fogo sagrado está à disposição de Antônio. [...] O próprio Francisco de Assis, depois que está no céu, pode tornar cegas ou loucas as pessoas que não o respeitam. Os santos mal honrados enviam horríveis doenças.[120]

Meio século mais tarde, Henri Estienne faz eco a Erasmo na *Apologie pour Hérodote*:

> [...] Cada um [dos] santos pode enviar a mesma doença da qual pode curar [...]. É verdade que há santos mais coléricos e perigosos do que os outros: entre os quais santo Antônio é o principal, porque queima tudo pela menor desfeita que se faça a ele ou a seus mendigos [...]. Ora, bem se pode dizer desse santo e de alguns outros dos mais coléricos e dos mais perigosos o que um poeta latino disse geralmente de todos os deuses: *Primus in orbe deos fecit timor*.[121]

O inquietante poder dos santos malévolos, ei-lo ainda demonstrado de maneira exemplar pela existência no Berry de uma fonte consagrada a são Mau, para perto da qual se dirigiam e na qual rezavam aqueles que desejavam a morte de um inimigo, de um rival em amor ou de um parente com herança. Felizmente, não longe dali, erguia-se uma capela dedicada a são Bom.[122]

Os processos de feitiçaria, as pregações, o catecismo esforçaram-se, a partir do século XVI, em introduzir na mentalidade coletiva dos campos a necessária distinção entre Deus e Satã, entre os santos e os demônios. Permanecia no entanto o medo dos múltiplos perigos que pesavam sobre os homens e a terra de outrora. E portanto continuavam, apesar das autoridades religiosas e leigas, práticas suspeitas, tais como as tochas do primeiro domingo da Quaresma e as fogueiras de são João. Desde tempos imemoriais, no momento em que a vegetação renascia acendiam-se fogos sagrados — *tochas* ou *archotes* — e, de tocha na mão, percorriam-se os campos para afastar os gênios maus e conjurar os insetos.[123] Os ritos de são João traziam múltiplos benefícios e proteções. As ervas colhidas durante a noite de 23 para 24 de junho protegiam durante um ano homens e animais das doenças e dos acidentes. A mesma virtude era atribuída aos tições que eram levados para casa e acreditava-se também, ao menos na Bretanha, que as chamas desse fogo excepcional reanimavam as almas dos mortos.[124] Nos países protestantes e nas dioceses católicas governadas por bispos rigoristas, interdições draconianas repeliram para a clandestinidade esse magismo qualificado de "pagão".[125] Em outras partes, o poder eclesiástico, na continuidade de uma longa tradição, aceitou abençoar essas condutas e esses ritos anteriores ao cristianismo, limitando-se a condenar as práticas que tentavam esquivar-se à vigilância da Igreja. Daí um magismo cristão que permaneceu até uma época recente como um dos componentes maiores da vida religiosa do Ocidente. Em uma obra reeditada em Veneza em 1779 figura uma boa centena de "absolvições, bênçãos, conjurações [e] exorcismos" relacionados unicamente à vida material: bênçãos dos rebanhos, do vinho, do pão, do óleo, do leite, dos ovos, de "toda carne" dos bichos-da-seda, dos celeiros, das granjas, do leito conjugal, do poço novo, do sal que se dará aos animais, do ar para que permaneça sereno ou traga a chuva; conjurações da "tempestade iminente" e do trovão [...]; exorcismos contra os vermes, os ratos, as serpentes e todos os animais nocivos[126] etc.

Entre esses últimos, o lobo era particularmente temido. Como prova, os muitos provérbios que o mencionam:[127] "A má guarda alimenta o lobo". "É uma boa captura a de um jovem lobo." "Não há lebre má nem lobo pequeno." "Morte de um lobo, saúde da ovelha" etc. O aparecimento do lobo significava muitas vezes a instalação da penúria: "A fome expulsa o lobo dos bosques". Ora, como outrora a fome era frequente no mundo rural, o lobo era ao mesmo tempo um animal temido, misterioso (porque vivia nos bosques) e terrivelmente presente. Dizia-se: "Conhecido como o lobo". Quantos ditados empregam a palavra *lobo*![128] Ao se avaliar pelos contos e fábulas que nos transmitiram seu eco, o grito "Lobo! Lobo!" ressoava com frequência. Era, com ou sem razão, o sinal evidente de grande perigo e, em mais de um caso, de pânico. Para o inconsciente coletivo, o lobo era talvez "o sombrio emissário do mundo ctônico" (Lévi-Strauss). No âmbito das representações conscientes, era o animal sanguinário inimigo dos homens e dos rebanhos, companheiro da fome e da guerra. Assim, era preciso organizar constantemente batidas coletivas para caçá-lo. Os documentos a esse respeito são legião. Citemos aqui simplesmente dois, significativos e separados um do outro pelo tempo e pelo espaço. Em 1114, o sínodo de Santiago de Compostela decide que em todo sábado, com exceção das vésperas da Páscoa e de Pentecostes, terá lugar uma caça aos lobos. Sacerdotes, nobres e camponeses que não estejam tomados por ocupações urgentes deverão dela participar. O padre que se omitir sem ter a desculpa da visita aos doentes pagará cinco cêntimos de multa. O nobre ausente também. O camponês dará um cêntimo ou um carneiro.[129] Em 1696, o abade de Saint-Hubert, em Luxemburgo, promulga um decreto em que se lê:

> Informado dos estragos que os lobos fazem a cada ano nos rebanhos de nossa terra e nas aves silvestres de nossa caça, ordenamos a nossos majores e lugares-tenentes que orientem os habitantes de sua alçada para ir à caça aos lobos tantas e quantas vezes o tempo se encontrar próprio durante o inverno deste ano de 1696.[130]

Ainda no século XIX, caçadas coletivas aos lobos eram organizadas no baixo Berry. No final da Primeira Guerra Mundial, o departamento do Indre continuava a ser para eles uma região de passagem.[131]

Na França, o medo do lobo nunca foi tão forte quanto ao final das guerras religiosas. As devastações, o abandono das culturas ali onde os exércitos haviam passado, as penúrias da última década do século XVI tiveram por consequência uma verdadeira invasão de lobos atestada especialmente por P. de L'Estoile: "Tendo terminado a guerra entre os homens", escreve ele em junho de 1598, "começou a dos lobos entre si. Principalmente em Brie, Champagne e Bassigny contam-se feitos cruéis dos ditos lobos".[132] Na Bretanha, relata por volta da mesma época o cônego Moreau: "É coisa horrível de contar o que faziam de ruim", invadindo as ruas de Quimper, matando animais e gente em plena rua, atacando-os na garganta "para impedi-los de gritar e, se tinham tempo, sabiam despojar sem estragar as vestes nem mesmo as camisas, que eram encontradas inteiras junto das ossadas dos devorados [...]". "O que", acrescenta o autor, "aumentava cada vez mais o erro dos simples de dizer que não eram lobos naturais, mas lobisomens ou soldados, ou feiticeiros transformados."[133] Alguns anos mais tarde a situação não é menos inquietante no Languedoc, a julgar pelo decreto de 7 de janeiro de 1606, pronunciado pelo parlamento de Toulouse:

> Dada a reclamação apresentada pelo procurador-geral do rei concernente às mortes e devastações feitas pelos lobos e bestas selvagens, tendo matado mais de quinhentos homens, mulheres e criancinhas há três meses nas senescalias de Tholose e Lauraguois, mesmo na guarda e arredores do dito Tholose, a corte ordena a todos os oficiais do rei [...] reunir os habitantes dos lugares e dar caça aos lobos e outras bestas selvagens [...].[134]

Portanto não é por acaso que, na virada dos séculos XVI e XVII, os demonólogos franceses dissertaram abundantemente sobre a licantropia e os tribunais tanto condenaram feiticeiros acusados de canibalismo.[135] Homens podiam transformar-se em lobos devoradores? Ou estes se tornavam objeto de uma possessão demoníaca? Ou, ainda, feiticeiros tomavam, graças ao diabo, aparência de lobos, saciando então seus instintos sanguinários? As opiniões estavam divididas, mas não a certeza milenar de que o lobo é um animal satânico. Quanto ao termo *lobisomem*,* de origem germânica, e atestado em toda a Europa, significa "homem-lobo", e traduz bem qual era a convicção profunda dos camponeses. Ainda no final do século XVII, no Luxemburgo, a injúria "lobisomem" era levada muito a sério e dava lugar a reparação pública.[136]

---

* Em francês, *loup-garou*. (N. E.)

Convinha então empregar armas excepcionais contra um animal infernal que, acreditava-se, atacava de preferência as mulheres grávidas e as crianças que brincavam a alguma distância da casa paterna. Tal era precisamente o comportamento da "besta" que, nos anos 1760, espalhou o medo em Gévaudan. Uma gravura da época a descreve como um animal que "parece um lobo, com a diferença de que não tem as patas tão compridas" e é provável que se tomassem muitas vezes lobos por esse animal misterioso. A inquietação que provocou não foi senão o exagero, em certo momento e em região determinada, do medo tradicional do lobo — um animal contra o qual as armas da religião não eram excessivas. Contra ele, invocava-se são Lobo em razão de seu nome, ou santo Hervé na Bretanha. Mergulhavam-se balas de fuzil na água benta. Recitava-se o "pai-nosso do lobo", de que o padre Thiers nos deu umas das inúmeras variantes:

Em nome do pai, do filho, do espírito santo; lobos e lobas, eu vos conjuro e enfeitiço, eu vos conjuro em nome da santíssima e sacrossanta como Nossa Senhora concebeu, que não tomeis nem afasteis nenhum dos animais de meu rebanho, sejam cordeiros, sejam ovelhas, sejam carneiros [...], nem lhes façais nenhum mal.[137]

J.-B. Thiers rejeitava essa prece porque não tinha o aval da Igreja e porque utilizava um procedimento mágico de conjuração por "similaridade" (assim como a Virgem concebeu, que o rebanho seja protegido). Mas permanecia a insistente demanda de populações que tinham necessidade de ser protegidas. O protestantismo recusou aceder a essa interpelação popular. O catolicismo, em compensação, continuou afinal a responder a ela, mediante certas precauções.

A estreita relação entre medo e religião da terra cristianizada, ei-la ainda claramente expressa nessa humilde prece dirigida em pleno século XIX a são Donato, um mártir romano cujo nome fazia invocar contra o trovão e as intempéries:

Glorioso santo que, pelo martírio que sofrestes, tendes a felicidade de possuir Deus, de cantar seus louvores com seus anjos e arcanjos, de participar da felicidade eterna e espiritual, nós vos intercedemos e suplicamos que sejais junto do Salvador Jesus Cristo nosso intérprete, que, por sua graça todo-poderosa, ele nos preserve das terríveis desgraças do granizo, da tormenta, das tempestades, dos funestos efeitos do raio e de outros flagelos destruidores; que, por vossa santa e poderosa proteção, Deus nos conceda a graça de sermos protegidos de todas as intempéries contrárias às estações e a todas as produções da terra, nossas maiores riquezas tão necessárias ao mesmo tempo à nossa existência, da peste de nossos rebanhos, igualmente de nossas colheitas, recompensas que concedeis ao cultivador como prêmio de suas vigílias e de seu suor; enfim, que nossas casas permaneçam imóveis a todas as destruições aflitivas para nós outros, infelizes criaturas; concedei-nos, Senhor, todas essas graças por vosso santo poder e pela intercessão de vosso bem-amado e fiel servidor são Donato. Assim seja. Recitar por intenção do bem-aventurado mártir sete pai-nossos, manhã e noite, e sete ave-marias.

Essa prece pode ser comparada a mil outras práticas outrora muito difundidas: os toques de sinos durante a tormenta, a colocação das cruzes de encruzilhadas para que protejam do granizo os campos vizinhos, o uso de talismãs e de "breves" — muitas vezes um curto fragmento do prólogo do Evangelho de são João etc. Compreende-se, nessas condições, que as populações rurais tenham visto no sacerdote aquele que, dotado pela Igreja de poderes excepcionais, podia afastar de uma terra granizos e tempestades — manifestações evidentes da cólera divina. Na diocese de Perpignan, em abril de 1663, a autoridade episcopal, cedendo com toda evidência às pressões públicas, acreditou dever lembrar aos padres o imperioso dever de permanecer em suas paróquias durante a estação dos temporais:

Sabei que o prudente procurador fiscal da presente corte eclesiástica nos expôs que há muito tempo veem-se notáveis demonstrações segundo as quais Deus, Nosso Senhor, estaria indignado e ofendido com os inúmeros pecados e ofensas que se cometem contra Sua Divina Majestade. Pelas quais temos a cada dia sinais indicando que desejaria castigar-nos por meio da perda dos frutos da terra, pelas iminentes quedas de granizo, tempestades e borrascas causando uma notável penúria e esterilidade na presente diocese, e outros gravíssimos prejuízos, bastante notórios e manifestos; e que a santa Igreja, mãe muito piedosa, desejando acalmar a ira e a indignação divinas, introduziu diferentes remédios, como o toque dos sinos, os santos exorcismos e bênçãos, e outras orações e preces. Apesar disso, viu-se que as pessoas a quem isso dizia respeito e a quem cabia fazê-lo teriam sido negligentes em realizar as ditas obrigações.

Para isso é de nosso encargo prover um remédio adequado, a fim de evitar semelhantes e maiores prejuízos e inconvenientes; e assim, pelo teor da presente, a vós e a cada um de vós, a exemplo do procurador fiscal, como primeira, segunda, terceira canônica e peremptória advertência, dizemos que, durante todo o tempo que os frutos da terra estiverem em perigo de ser destruídos e arruinados pelas quedas de granizo e outras tempestades e borrascas, façais contínua e pessoal residência em vossas igrejas e paróquias, e que não vos afasteis delas de maneira nenhuma, a não ser quando se apresentar alguma necessidade; e sempre, quando virdes sinais de semelhantes tempestades e borrascas, tende o cuidado de exorcizá-las e benzer pelo sinal da santíssima cruz, tocando os sinos e utilizando os outros remédios que com tal objetivo nossa santa madre Igreja introduziu; e realizareis isso sob pena de dez libras de multa, de excomunhão maior e outras penas, aplicáveis segundo nosso julgamento, e segundo o dano causado por vossa negligência [...].[138]

O que significavam tantas precauções e proteções, senão que o futuro próximo aparecia, outrora, carregado de ameaças e repleto de armadilhas e que convinha precaver-se a todo instante contra umas e outras? Daí a necessidade de interrogar e de interpretar certos sinais, tentando, graças a eles, conhecer o futuro com antecedência. A "adivinhação", em seu sentido mais amplo, era — e é ainda para aqueles que a praticam — uma reação de medo diante do amanhã. Na civilização de outrora, o amanhã era mais objeto de temor do que de esperança.

A astrologia não é senão um dos setores da adivinhação. Aquele do qual a cultura escrita mais falou. L. Aurigemma lembra que em 1925 haviam-se contado na Alemanha 12 563 manuscritos, espalhados do século X ao XVIII, relativos à astrologia.[139] Essa cifra seria talvez decuplicada se fosse efetuado o mesmo trabalho levando-se em conta a Europa inteira. Ao longo da história cristã, o discurso teológico esforçou-se em distinguir a astrologia lícita da ilícita. Santo Agostinho admite que as estrelas podem ser "os sinais anunciadores dos acontecimentos, mas elas não os rematam". Pois, "se os homens agem sob a coerção celeste, que lugar resta ao juízo de Deus, que é o mestre dos astros e dos homens?" (*Confissões*, V, cap. 1º). Para Santo Tomás, importa não só salvaguardar a liberdade de Deus, mas também a de cada um de nós. Não há nenhum pecado, escreve ele, em usar a astrologia "para prever efeitos de ordem corporal: tempestade ou bom tempo, saúde ou doença, abundância ou esterilidade das colheitas, e tudo aquilo que depende semelhantemente de causas corporais e naturais. Todo mundo dela se serve: os agricultores, os navegadores, os médicos [...] Mas a vontade humana não está submetida à necessidade astral; senão arruinar-se-ia o livre-arbítrio e ao mesmo tempo o mérito" (*Suma teológica*, IIa-IIae, questão 95). Essa distinção é retomada por Calvino, mas com uma ênfase muito agostiniana sobre a onipotência divina. Ele opõe então a astrologia "natural", fundada "na conformidade entre as estrelas ou planetas e a disposição dos corpos humanos", "à astrologia bastarda", que procura adivinhar o que deve acontecer aos homens e "quando e como eles devem morrer". Avançando sobre o domínio de Deus, esta é "superstição diabólica [...], sacrilégio enorme e detestável" ("Advertência contra a astrologia chamada sentenciosa").[140]

Os esclarecimentos dos teólogos chocaram-se por muito tempo, na prática, e mesmo no nível cultural mais elevado, com a ideia que se fazia do universo, concebido como totalmente vitalizado. Para os contemporâneos de Ficino e ainda de A. Paré e de Shakespeare, nada é verdadeiramente matéria e não existe diferença de natureza entre causalidade das forças materiais e eficácia das forças espirituais, explicando estas especialmente os movimentos planetários. Cada destino se encontra preso em um tecido de influências que, de uma ponta a outra do mundo, atraem-se e repelem-se. Além disso, o homem está cercado por uma multidão de seres misteriosos e leves, no mais das vezes invisíveis, que cruzam incessantemente a rota de sua vida. Esses dois axiomas da ciência de outrora foram expressos com muita nitidez por Paracelso:

> Deus povoou os quatro elementos com criaturas vivas. Criou as ninfas, as náiades, as melusinas, as sereias para povoar as águas; os gnomos, os silfos, os espíritos das montanhas e os anões para habitar as profundezas da terra; as salamandras que vivem no fogo. Tudo provém de Deus. Todos os corpos são animados por um espírito astral do qual dependem sua forma, sua figura e sua cor. Os astros são habitados por espíritos de uma ordem superior à nossa alma, e esses espíritos presidem nossos destinos [...] Tudo o que o cérebro concebe e realiza procede dos astros [...].[141]

Essa não era, por certo, a doutrina das autoridades religiosas nem o sentimento de Montaigne. Mas, no conjunto, a Renascença, apoiando-se em uma longa tradição, pensou como Paracelso. Daí o embaraço dos redatores de prognósticos e almanaques — prudentes porque vigiados pela Igreja e pelo Estado, mas, inversamente, solicitados a corresponder à forte demanda do público (conhece-se uma centena de livretes franceses de previsões do século XVI).[142] Muitas vezes eles se saíam bem, sinceramente sem dúvida, conciliando onipotência divina e poder das estrelas. Deus, dizem alguns deles, é o "soberano Senhor onipotente" e, portanto, o criador e "dominador" dos astros. Mas por outro lado, "criou os céus e os elementos para nossa utilidade". "Encravou as estrelas no céu para nos servir de sinais, mediante os quais nos é permitido prejulgar alguma coisa de futuro no estado dos homens, dos reinos, da religião e governo destes." Ao lado desse "prognóstico" de 1568, pode-se colocar um texto de Charité Pirkheimer, clarista de Nuremberg, que escreveu em suas *Mémoires*:

> Lembro-me em primeiro lugar da previsão feita, há muitos anos, de um cataclisma que poria em desordem, no ano do Senhor de 1524, tudo que se encontra na superfície da Terra. Outrora acreditava-se que essa profecia estava relacionada a um dilúvio. Depois os fatos demonstraram que as constelações tinham anunciado na realidade desgraças sem número [em consequência da Reforma], misérias, angústias, discórdias seguidas de sangrentas carnificinas.[143]

A convicção expressa em comum por esses dois documentos, tão diferentes um do outro, foi durante séculos difundida em todas as categorias da sociedade. Daí o terror que despertavam os fenômenos celestes incomuns, aí compreendidos os arco-íris. Perturbações no firmamento e, mais geralmente, qualquer anomalia na criação não podiam fazer pressagiar senão o infortúnio. Anunciando a um correspondente a morte do príncipe-eleitor de Saxe (em maio de 1525), Lutero esclareceu: "O sinal de sua morte foi um arco-íris que vimos, Philippe [Melanchthon] e eu, à noite, no último inverno, acima da Lochau, e também uma criança nascida aqui em Wittenberg sem cabeça, e ainda uma outra com os pés ao contrário".[144] As populações temerosas espreitavam a paisagem celeste e ali descobriam toda espécie de figuras inquietantes. Os "pasquins" dos séculos XVI-XVII estão repletos dessas histórias inacreditáveis, em que prodígios celestes e terrestres são frequentemente associados:

> O terrível e espantoso sinal que foi visto sobre a cidade de Paris, com vento, grande clarão e luz, tempestade e raio, e outro sinal [21 de janeiro de 1531].
>
> Os novos e espantosos sinais advindos no reino de Nápoles de três sóis que apareceram por volta das IV horas da manhã [agosto de 1531]. E também uma mulher com a idade de III.XX e VIII anos [88 anos], que teve filho. Também uma jovem louca de sete anos de idade que lança água clara pelos seios.
>
> Da serpente ou dragão voador, grande e assustador, aparecido e visto por todo mundo sobre a cidade de Paris, na quarta-feira XVIII de fevereiro de 1579, das duas horas da tarde até a noite.
>
> O terrível e pavoroso dragão aparecido na ilha de Malta, o qual tinha sete cabeças, junto com os urros e gritos que dava, com a grande confusão do povo e da ilha, e do milagre que a ele se seguiu, a 15 de dezembro de 1608.[145]

Os cometas eram evidentemente temidos e criavam um terror coletivo. Desse modo, somos amplamente informados sobre os cometas que inquietaram as populações em 1527, 1577, 1604, 1618. Como prova, estes títulos de jornais e tratados:

> O terrível e pavoroso cometa aparecido em XI de outubro do ano MCCCCCXXVII em Westrie, região da Alemanha. Idem a espantosa tocha de fogo que quase atravessou toda a França e o terrível ruído que fez ao passar sobre Lyon em V de abril de MCCCCCXXVIII. Idem a chuva de pedras que caiu em partes da Itália no mesmo dia e hora da acima [dita] tocha de fogo que foi vista passar sobre Lyon.

Discurso sobre o que ameaça tornar-se o cometa aparecido em Lyon em 12 deste mês de novembro de 1577 [...] pelo sr. François Jundini, grande astrólogo e matemático.[146]

As desgraças pressagiadas pelos cometas eram descritas com antecedência por inúmeras profecias. Eis aqui algumas das que circularam na Alemanha protestante em 1604:

> O cometa que brilha no céu desde 16 de setembro de 1604 nos anuncia que está próximo o tempo em que já não se encontrará uma casa, um único refúgio em que não se ouçam queixas, lamentações, gritos de aflição, pois terríveis calamidades vão cair sobre nós! O cometa pressagia sobretudo a perseguição e a proscrição dos padres e dos religiosos. Os jesuítas estão particularmente ameaçados pela vara do Senhor. Em pouco tempo a penúria, a fome, a peste, violentos incêndios e horríveis assassinatos lançarão o terror em toda a Alemanha [profecia de Paulus Magnus].[147]
>
> Essa estrela prodigiosa nos pressagia calamidades bem mais terríveis que um simples cometa, pois supera em grandeza todos os planetas conhecidos, e não foi observada pelos sábios desde o começo do mundo. Anuncia grandes mudanças na religião, depois uma grande catástrofe sem precedente que deve atingir os calvinistas, a guerra turca, terríveis conflitos entre os príncipes. Sedições, assassinatos, incêndios nos ameaçam e estão à nossa porta [profecia de Albinus Mollerus].[148]

Os religiosos não deixavam de aproveitar a ocasião desses sinais celestes para conduzir os cristãos à penitência pelo anúncio de castigos próximos. Mas é evidente que eles próprios compartilhavam os temores do povo, que eram também os dos chefes de Estado. A aparição do cometa de 1577 assustou tanto o eleitor Augusto, da Saxônia, que ele pediu ao chanceler Andreae e ao teólogo Selnekker que compusessem preces litúrgicas especiais e ordenou que fossem recitadas em todas as paróquias de seu Estado.[149]

Também os eclipses inquietavam as populações. O do Sol em 12 de agosto de 1654 despertou verdadeiro pânico na Europa porque escritos astrológicos haviam multiplicado anteriormente sombrias previsões. Elas se baseavam na localização do Sol, no momento do eclipse a vir, no signo ígneo de Leão e em sua proximidade com Saturno e Marte, planetas maléficos.[150] Na Baviera, na Suécia, na Polônia e, é claro, na França, raras foram as pessoas lúcidas que mantiveram o sangue-frio e inúmeros aqueles que acreditaram na iminência do fim do mundo. Um nobre huguenote de Castres anotou em seu diário familiar:

> Em 12 de agosto, pela manhã, enquanto estávamos na prédica, aconteceu um eclipse de Sol muito pequeno, contra os prognósticos dos astrólogos que o faziam bem grande, com presságios funestos de seus efeitos, de tal modo que jamais se esperou um eclipse com maior consternação e pavor da maioria das pessoas, que se fechou nas casas com fogos e perfumes. Para mostrar como nós [os reformados] devíamos estar isentos de temores sob a proteção de Deus, montei a cavalo durante o eclipse [...].[151]

Testemunho concordante em *La chorographie ou Description de Provence*, do teólogo e historiador Honoré Bouché:

> Por ocasião de um eclipse que aconteceu pelas nove ou dez horas da manhã de 12 do mês de agosto, fizeram-se as maiores tolices, não só na Provença, mas também por toda a França, na Espanha, Itália e Alemanha, que jamais se ouviram contar. Alguns, tendo feito correr o boato de que quem quer que se encontrasse no campo no momento do eclipse não passaria do dia, deram ocasião aos mais crédulos de manterem-se fechados em seus quartos. Os próprios médicos autorizaram essas bobagens, obrigando a manter as portas e as janelas fechadas, e não ter nos quartos outra claridade que não a das velas [...], e com o boato que correu

de que nesse dia todo mundo devia perecer, jamais se viram tantas conversões, tantas confissões gerais e tantos atos de penitência: os confessores tiveram grande trabalho durante vários dias antes, e nessa ficção e medo imaginário, só a Igreja tirou proveito das loucuras do povo. Não aprovo portanto o que se fez em muitas igrejas desta província, em que se diz que o santo sacramento foi durante todo esse dia exposto em evidência: tendo os eclesiásticos aprovado, por tal ação, a louca crença do povinho.[152]

Sobre a inquietação dos lioneses em 1654, consultemos ainda *Le tombeau de l'astrologie* (1657) do jesuíta Jacques de Billy. Lembrando as previsões terrificantes que haviam precedido o eclipse, ele conta ironicamente que elas haviam lançado

[...] tal pavor nos corações que mesmo alguns dos sábios sentiram sua estabilidade abalada; todo mundo correu ao tribunal da confissão para expiar os pecados e aí aconteceu uma coisa divertida na cidade de Lyon, pois um padre, vendo que estava sobrecarregado por seus paroquianos, que o procuravam em multidão para se confessar, foi obrigado a subir ao púlpito e advertir o povo de que não era preciso apressar-se porque o arcebispo havia adiado a solenidade do eclipse até o domingo seguinte.[153]

O pavor provocado pelo eclipse de 1654 tem uma causa particular: peritos astrólogos haviam calculado que, tendo o dilúvio ocorrido em 1656 a.C., o fim do mundo aconteceria simetricamente 1656 anos após o nascimento do Salvador; o eclipse marcaria então o começo do cataclismo final. Mas tal "prognóstico" não teria podido ser proposto às populações sem a imensa inquietação que criava a cada vez a aparição de um fenômeno celeste um pouco incomum e sem a crença muito firme de que as estrelas simultaneamente comandam o destino dos homens e anunciam as decisões divinas.

* * *

A crença no poder das estrelas aumentou na cultura dirigente depois do século XIII.[154] O retorno progressivo à Antiguidade e à magia helenística, a tradução por Fecino dos escritos herméticos, a difusão do *Picatrix*,* a recolocação em circulação das obras do astrólogo latino Firmicus Maternus — essas poucas indicações escolhidas entre muitas outras — provocaram um interesse novo pelas potências astrais, um interesse que a imprensa decuplicou. Entrou também em linha de conta a crise da Igreja a partir do Grande Cisma. A contestação das estruturas eclesiásticas e os conflitos doutrinais criaram uma dúvida, uma insegurança e um vazio de que se aproveitou o novo impulso da astrologia. Esta, com Nifo, Pomponazzi e Cardan, não receou criar o horóscopo das religiões — inclusive do cristianismo. Invadindo as consciências, assediando o saber, ela fez notar talvez por esse novo triunfo que o medo das estrelas tornava a ser mais forte que a esperança cristã — isso especialmente nos meios cultos da Itália da Renascença. Da intensa atenção que se dedicou a ela dão testemunho os afrescos dos palácios italianos — em Ferrara, Pádua, Roma — e, em geral, a iconografia e a poesia que a Renascença consagrou aos planetas. Dão testemunho também múltiplos fatos relatados pelas crônicas.[155] Na época da Renascença, no país mais "esclarecido" da Europa — a Itália —, a astrologia é soberana. Para todo empreendimento importante — guerra, embaixada, viagem, casamento —, os príncipes e seus conselheiros consultam as estrelas.[156] Pede-se a Marcílio Ficino que indique a data mais propícia para o começo dos trabalhos do palácio Strozzi. Júlio II, Leão X e Paulo III fixam o dia de seu coroamento, de sua entrada em uma cidade conquistada ou de um consistório em

---

* Esse manual de magia, composto em árabe no século X graças a materiais helenísticos e orientais, e traduzido para o espanhol no século XIII, contribuiu grandemente para o novo destino da astrologia. O título latino *Picatrix* parece ser uma deformação de Hipócrates.

função da carta do céu. Fora da península, mas talvez por causa do exemplo italiano, as pessoas se comportam e se comportarão ainda por muito tempo da mesma maneira. Luísa de Savoia, mãe de Francisco I, toma como astrólogo Cornelius Agrippa, célebre mágico, e Catarina de Médicis escuta Nostradamus. Em 1673, Carlos II da Inglaterra interroga um astrólogo para saber quando deve dirigir-se ao Parlamento. 25 anos antes, o "igualitário" William Overton perguntara a um conhecedor das estrelas se devia desencadear uma revolução em abril de 1648. O próprio John Locke acreditará que as ervas medicinais devem ser colhidas em momentos precisos indicados pela posição dos astros.[157] Se esse era o comportamento, no final do século XVII, do autor de *A racionalidade do cristianismo*, adivinha-se a influência da astrologia — e portanto o quanto era grande o medo das estrelas — na época de Shakespeare. Segundo K. Thomas, na Inglaterra elas nunca estiveram tão em evidência, particularmente em Londres, quanto no tempo de Elizabeth. Os astrólogos se teriam beneficiado, além do canal da Mancha, da desvalorização do clero provocada pelo repúdio do catolicismo.

Contudo, a desconfiança em relação à Lua, ligada ao medo da noite de que se tratará no capítulo seguinte, não foi mais antiga e mais geral que a ciência dos astrólogos? Em todo caso, inúmeras civilizações de outrora atribuíram às fases da Lua papel decisivo sobre o tempo, assim como sobre o nascimento e o crescimento dos humanos, dos animais e das plantas. Na Europa do começo da Idade Moderna, provérbios e almanaques franceses lembram como entender-se com esse astro caprichoso e inquietante e como interpretar suas formas e cores:

> No cinco da Lua se verá que tempo todo o mês dará [...]. A Lua é perigosa no cinco, no quatro, seis, oito e vinte [...] a Lua pálida faz a chuva e a tormenta, a prateada, tempo claro, e a avermelhada, vento.[158]

Lua em minguante, não semeeis nada, ou nada crescerá. Também no cheio da Lua, não semeeis jamais coisa alguma.[159]

Esses avisos valiam também para os camponeses ingleses, a quem os autores de tratados de agricultura do final do século XVI aconselhavam a colher na Lua minguante e semear em sua fase crescente.[160] Os europeus da Renascença levavam em conta as fases da Lua para muitas outras operações: cortar os cabelos ou as unhas, tomar purgação, praticar sangria, partir em viagem, comprar ou vender, até começar um ensinamento.[161] Na Inglaterra do século XV, era ainda uma imprudência casar-se — ou ir morar numa nova casa — quando a Lua era minguante. A Igreja medieval lutara em vão contra essas duas crenças.[162] Esses comportamentos mágicos enraizavam-se na experiência milenar de uma civilização rural. Mas tinham sido teorizados pela astrologia erudita, mais do que nunca prestigiada na época de Lutero e de Shakespeare. Ainda em 1660, um perito inglês assegurava que uma criança nascida no momento da Lua cheia jamais teria boa saúde.[163] As pessoas instruídas sabiam que a Lua controla a fisiologia feminina e mais geralmente a umidade do corpo humano; governa portanto o cérebro, a parte mais úmida de nosso ser, e é assim responsável pela demência dos temperamentos "lunáticos".[164] A expressão erudita do temor ancestral da Lua, ei-la ainda evidente nos conselhos que William Cecil, ministro das Finanças de Elizabeth I, dava a seu filho, recomendando-lhe particular prudência na primeira segunda-feira de abril (aniversário da morte de Abel), na segunda segunda-feira de agosto (destruição de Sodoma e Gomorra) e na última segunda-feira de dezembro (dia do nascimento de Judas). K. Thomas reconhecia na enumeração desses três interditos (ainda respeitados por certos ingleses do século XIX) a versão deformada e "biblificada" de um conselho formulado por Hipócrates, que apontava como impróprias às sangrias as calendas de abril e de agosto, assim como o último dia de dezembro; esses tabus foram transmitidos à civilização medieval especialmente por Isidoro de Sevilha.[165]

Raciocinar sobre o poder — da Lua ou ao menos da maioria dos astros —, traçar um horóscopo e dar consultas baseadas no conhecimento do mapa do céu exigiam um nível de instrução que não podiam ter os adivinhos e as adivinhas das aldeias, as quais no entanto deviam responder às interrogações inquietas da gente dos campos. E parece certo que, embora o prestígio da astrologia tenha aumentado durante a Renascença nas cidades e junto às elites, as múltiplas práticas populares de adivinhação continuaram quase inalteradas em quantidade e em qualidade, ao longo de imensa duração que se inicia na noite dos tempos e desemboca no limiar da era contemporânea. Assim, as diretrizes da Igreja, que visavam vários públicos ao mesmo tempo e vários níveis culturais, mas se dirigiam especialmente aos pastores encarregados das populações rurais, tratam ainda mais das outras formas de adivinhação que da própria astrologia. Ainda a esse respeito, o livro de J.-B. Thiers constitui um testemunho etnográfico de excepcional importância. Pois suas enumerações, redigidas, é verdade, numa linguagem erudita, deixam perceber a diversidade dos métodos pelos quais, no estágio mais cotidiano e mais humilde, tentava-se conjurar o medo do que está oculto seja no presente, seja no futuro, prestando a adivinhação esse duplo serviço. O autor deixa clara sua condenação

> [...] da adivinhação em geral [...] a cada espécie de adivinhação em particular: à necromancia, que se faz chamando os manes ou as sombras dos mortos que parecem ressuscitados; à geomancia, que se faz pelos sinais da terra; à hidromancia, que se faz pelos sinais da água; à aeromancia, que se faz pelos sinais do ar; à piromancia, que se faz pelos sinais do fogo; à lecanomancia, que se faz por uma bacia; à quiromancia, ou exame das linhas das mãos; à gastromancia, que se faz por vasos de vidro bojudos; à metoposcopia, ou inspeção das linhas da fronte; à cristalomancia, que se faz pelo cristal; à cleromancia, que se faz pela sorte; à onico-

mancia, que se faz pelo azeite e pela fuligem sobre a unha; à coscinomancia, que se faz pelo crivo ou pela peneira; à bibliomancia, que se faz por um livro e particularmente pelo saltério; à cefalomancia, que se faz pela cabeça de um asno; à capnomancia, que se faz pela fumaça; à axinomancia, que se faz pelos machados; à botanomancia, que se faz pelas ervas; à ictiomancia, que se faz pelos peixes; àquelas que se fazem ou pelo astrolábio, ou pela dobradura, ou pelo loureiro, ou pelo tripé, ou pela água benta, ou pelas serpentes, ou pelas cabras, ou pela farinha ou cevada, ou pela salga, que não é outra coisa senão a agitação e o estremecimento dos olhos; ou à catoptromancia, que se faz por espelhos; ou à datilomancia, que se faz por anéis.

Na sequência, J.-B. Thiers condena naturalmente toda adivinhação pelos sonhos, pelo voo, pelos gritos e comportamentos dos animais, e pelos presságios, bons ou maus, tirados de encontros e de acontecimentos fortuitos. De todas essas práticas, escreve ele, "não há uma que seja isenta de pecado".[166]

Resumamos em uma palavra esse catálogo e tudo o que ele subentende: outrora o medo estava por toda parte — ao lado de si e diante de si.

2. O PASSADO E AS TREVAS

1. OS FANTASMAS

Outrora, o passado não estava realmente morto e podia irromper a qualquer momento, ameaçador, no interior do presente. Na mentalidade coletiva, muitas vezes a vida e a morte não apareciam separadas por um corte nítido. Os mortos encontravam-se, ao menos durante certo tempo, entre esses seres leves meio materiais, meio espirituais com que mesmo a elite da época povoava, com Paracelso, os quatro elementos.[1] O médico alemão Agrícola, autor do célebre *De re metallica* (publicado em 1556), assegurava que várias espécies de espíritos vivem nas galerias subterrâneas: uns, inofensivos, assemelham-se a anões ou a velhos mineiros com avental de couro em torno da cintura; mas outros, que por vezes tomam a forma de cavalos fogosos, maltratam, expulsam ou matam os trabalhadores. A. Paré consagrou um capítulo inteiro de seu livro, *Des monstres*, a provar que "os demônios habitam as pedreiras". Ronsard estende-se longamente no *Hymne des daimons* sobre os seres ao mesmo tempo imortais como Deus e "cheios de paixões" como nós, que percorrem o espaço sublunar. Uns são bons e "vêm no ar [...]/ Para nos fazer saber a vontade dos Deuses". Os demais, ao contrário, trazem à terra: "Pestes, febres, langores, tempestades e trovão. Fazem sons no ar para nos assustar".[2] Anunciam as desgraças e são os hóspedes das casas mal-assombradas. L. Febvre mostrou com razão que também Rabelais aderia a essa visão animista do universo,[3] então partilhada e vivida pelos homens mais cultos e pelas populações mais arcaicas da Europa.

Em tal contexto, a concepção da Igreja a respeito de uma separação radical da alma e do corpo no momento da morte não podia progredir senão lentamente. Ainda no século XVII, numerosos juristas dissertam sobre os cadáveres que se põem a sangrar em presença do assassino, apontado assim à justiça. O irmão Noël Taillepied, teólogo, que publica em 1600 um *Traicté de l'apparition des esprits...*, ensina categoricamente: "Se um bandido se aproxima do corpo que ele tiver matado, o morto começará a espumar, suar e dar algum outro sinal".[4] Invoca sobre o assunto a autoridade de Platão, de Lucrécio e de Marcílio Ficino. O médico Félix Platter vê a coisa acontecer em Montpellier em 1556. No primeiro ato de *Tragédia do rei Ricardo III*, Shakespeare faz o cortejo fúnebre de Henrique VI passar diante do assassino. À frente deste, o cadáver sangra. Jobé-Duval assegura que às vésperas da Revolução certos tribunais da Bretanha ainda acreditavam nos "sangramentos" das vítimas. Com razão, H. Platelle[5] compara esse ordálio a outras indicações que atestam o caráter oscilante, no universo mental de outrora, da fronteira entre a vida e a morte: as relíquias perpetuavam na terra a existência de defuntos privilegiados, os santos; e estes estavam habilitados à posse. Cadáveres, no direito germânico, podiam agir juridicamente. Um adágio conhecido dizia: "O morto agarra o vivo", pois, pela herança que deixava, tinha poder sobre os vivos. Mas o morto podia agarrar o vivo de outra maneira. As danças macabras punham em cena o invencível esqueleto que à força arrasta para sua ronda fúnebre pessoas de qualquer idade e qualquer condição. Enfim, em todo o Ocidente, mortos eram julgados e condenados. Em 897, desenterrou-se em Roma o cadáver do papa Formoso, que então foi condenado antes de ser lançado no Tibre. Conduta medieval? Não só isso. Quando se descobriu em Basileia, em 1559, que um rico burguês, Jean de Bruges, morto três anos antes, não era outro senão o anabatista David Joris, o magistrado mandou exumar o caixão e retirar o corpo, que foi objeto de uma execução póstuma.[6] Se os mortos eram julgados e executados, como não acreditar em seu temível poder? Em 22 de abril de 1494, perto de Lyon faleceu Philippe de Crèvecoeur, que traíra a causa de Maria de Borgonha após o fim trágico de Carlos, o Temerário, e entregara Arras a Luís XI. Ora, naquela noite, várias vinhas foram perdidas na França, pássaros fizeram ouvir "estranhos gritos", a terra tremeu em Anjou e em

Auvergne. Por toda parte onde seu corpo passou para encontrar em Boulogne-sur-Mer a sepultura que escolhera, "sobrevieram horríveis tempestades e cruéis temporais, de modo que casas, estábulos, apriscos, gado, vacas e bezerros desceram correnteza abaixo".[7] Agora eis aqui dois *exempla* antigos novamente relatados em um manuscrito do século XV consagrado às vidas de santos. Um homem tinha o hábito de recitar um *de profundis* sempre que atravessava um cemitério. Ora, um dia ele é atacado por seus "mais mortais inimigos". Corre para o cemitério mais próximo e é defendido "vigorosamente" pelos defuntos, cada um tendo "na mão um instrumento do ofício em que servira em vida [...] do que seus inimigos tiveram grande temor e fugiram todos apavorados". O outro relato é parente próximo do precedente e vem logo depois dele na crônica: um padre celebrava todos os dias uma missa para os mortos; foi denunciado a seu bispo (sem dúvida porque se considerava esse rendimento muito lucrativo). O prelado proibiu-o de celebrar o ofício, mas, depois de algum tempo, ele veio a passar por um cemitério. Os mortos assaltaram-no. Para ser libertado, precisou prometer restituir ao padre o direito de dizer missas para os mortos.[8] Apologia da oração pelos defuntos, certamente; mas, ao mesmo tempo, testemunho da crença nos fantasmas. A partir daí pode-se perguntar se foi por simples jogo que Shakespeare evocou o espectro do pai de Hamlet e que Tirso de Molina animou a estátua do comendador. Os espectadores dessas peças consentiam em uma ficção com que não se iludiam? Ou então — o que é mais provável — aderiam em sua maioria à crença nos fantasmas? Com efeito, era bem esse o caso de Ronsard e de Du Bellay. Segundo o primeiro, Denise, a feiticeira do Vendômois, precipita-se para fora à noite; comanda a lua prateada. Hóspede dos lugares solitários e dos cemitérios, ela "desempareda" os corpos dos mortos "em suas sepulturas fechadas".[9] Du Bellay retoma o mesmo tema. Também ele, apostrofando uma feiticeira, lança-lhe esta acusação: "Podes tirar sob a noite escura/ As sombras de sua sepultura/ E violentar a natureza".[10] O teólogo Noël Taillepied, falando da reaparição dos mortos, é absolutamente categórico:

Às vezes um espírito se mostrará na casa e, percebendo-o, os cães se lançarão entre as pernas de seu dono e daí não quererão sair, pois temem muito os espíritos [...]. Outra vez alguém virá puxar ou levar a coberta de um leito, se porá em cima ou debaixo dele, ou passeará pelo quarto. Viram-se pessoas a cavalo ou a pé, como fogo, que eram bem conhecidas, e que estavam mortas antes. Por vezes também aqueles que morreram em batalha ou em seu leito vinham chamar seus criados, que os conheciam pela voz. Muitas vezes ouviram-se espíritos à noite arrastando os pés, tossindo e suspirando, os quais, sendo interrogados, diziam ser o espírito deste ou daquele.[11]

Quando tais fatos se produzem e uma casa está assombrada, o locatário deve continuar a pagar ao proprietário as anuidades combinadas? A essa pergunta, responde gravemente o jurista Pierre Le Loyer, conselheiro no tribunal de Angers:

"Se existe, escreve ele, "medo justo e legítimo dos espíritos que assombram uma casa, perturbam o repouso e inquietam à noite, [se portanto] o medo não tiver sido vão e o locatário tiver tido alguma ocasião de temer, nesse caso o locatário permanecerá quite dos aluguéis pedidos, e não de outra forma, se a causa do temor for considerada justa e legítima."[12]

Existiam outrora duas maneiras de acreditar nas aparições dos mortos. Uma concepção "horizontal" (E. Le Roy-Ladurie), naturalista, antiga e popular, defendia implicitamente "a sobrevivência do duplo" — a expressão é de E. Morin:[13] o defunto — corpo e alma — continuava a viver certo tempo e a voltar aos lugares de sua existência terrestre. A outra concepção, vertical e transcendental, foi a dos teólogos, oficiais ou oficiosos, que tentaram explicar os fantasmas (expressão que não é de época) pelo jogo de forças espirituais. Sigamos a esse respeito a argumentação de Pierre Le Loyer e de Noël Taillepied, que se encontra, aliás, em todos os demonólogos do tempo. Pierre Le Loyer pretende "construir uma ciência dos espectros": para o que emprega um bom milhar de páginas muito cerradas. Desde o início, ele distingue *fantasma* de *espectro*. O primeiro "é a imaginação dos furiosos insensatos e melancólicos que se convencem do que não é". O segundo, ao contrário, é uma "verdadeira imaginação de uma substância sem corpo, que se apresenta sensivelmente aos homens contra a ordem da natureza e causa-lhes pavor".[14] O caminho de Noël Taillepied está muito próximo do seguido pelo jurista angevino. Os "saturninos", escreve ele, ruminam e forjam "muitas quimeras". Muitas pessoas medrosas "se persuadem de ver e ouvir muitas coisas assustadoras das quais não há nada". Do mesmo modo, "aqueles que têm má vista e ouvido imaginam muitas coisas que não são". Além disso, os demônios, enganadores por definição, podem "impedir a visão do homem" e "mostrar-lhe por aparência uma coisa pela outra". Enfim, pessoas fazem farsas às outras e "se mascaram para provocar-lhes medo".[15]

Permanece verdade, no entanto, que os espíritos aparecem em certas ocasiões. Nossos teóricos batem-se portanto em várias frentes. Denunciam a credulidade do vulgo. Mas atacam do mesmo modo a incredulidade dos "saduceus, ateístas, peripatéticos [...] céticos e pirrônicos", que negam a existência dos espectros. Culpam Epicuro e Lucrécio e todos aqueles que dizem que não há de modo algum substâncias separadas dos corpos. Pierre Le Loyer opõe-se assim a Pomponazzi, para quem "a imaginação dos espectros provém [apenas] da sutileza da visão, do olfato e do ouvido, pelos quais nos persuadimos de muitas vãs imagens".[16] Combate do mesmo modo Cardan, que "relata sem razão e experiência [que as] sombras que aparecem sobre os sepulcros [nascem] dos corpos enterrados, [os quais] exalam e impelem para fora uma impressão de forma e de estatura semelhante a eles. Que inépcia maior se pode cogitar que a de Cardan?".[17]

Mas eis aqui ainda outro adversário a ser eliminado: o protestantismo. Pois o ministro de Zurique, Loys Lavater, em uma obra publicada em 1571, negou qualquer aparição das almas dos mortos. Essa negação decorre da negação do purgatório pelas Igrejas da Reforma. Daí o raciocínio de Lavater: só há dois lugares para onde as almas se retiram após a morte dos corpos — o paraíso e o inferno. As que estão no paraíso não têm necessidade de ser ajudadas pelos vivos, e as que estão no inferno jamais sairão de lá e não podem receber nenhum socorro. Assim, por que as almas sairiam, umas de seu repouso, outras de sua pena?[18] Do lado católico, não se podia senão rejeitar incisivamente essa argumentação. Ao contrário, sob a pena dos defensores do catolicismo, um discurso teológico que havia muito tempo procurava integrar as velhas crenças na presença dos mortos entre os vivos[19] adquire agora todo o seu vigor e sua plena lógica, reforçando-se com exemplos tirados das Escrituras e com os testemunhos de Santo Agostinho e de Santo Ambrósio.[20] Deus pode permitir que as almas dos mortos se mostrem aos vivos sob as aparências de seu corpo de outrora. Pode também autorizar os anjos, "que vão e vêm do céu à terra", a revestir uma forma humana. Eles ganham então "um corpo que formam do ar [...] adensando-o, acumulando-o e condensando-o". Quanto aos demônios, podem por sua vez aparecer aos homens seja adensando o ar como os anjos, seja emprestando "os cadáveres e carniças dos mortos".[21] Essa última crença explica os versos citados de Ronsard e Du Bellay, já que evocam a ação de feiticeiras nos cemitérios, e aqueles que Agrippa d'Aubigné consagra, no mesmo espírito, a uma erínia que simboliza as feiticeiras de todos os tempos e a mais odiosa delas, Catarina de Médicis:

> *À noite ela se espoja nos hediondos cemitérios* [...]
> [*Ela*] *desenterra sem pavor os pavorosos corpos,*
> *Depois, enchendo os ossos com a força dos diabos,*
> *Os faz surgir em pé, terrosos, horríveis.*[22]

Mas todas essas aparições só acontecem com a permissão de Deus e para o bem dos vivos. Portanto, se a sobrevivência dos corpos defuntos é rejeitada como um erro no plano teórico, é recuperada, no entanto, pelo discurso teológico. Este, valorizando a alma e desvalorizando o duplo, permite aos mortos reaparecer na terra para fazer ouvir uma mensagem de salvação. Os fantasmas vêm instruir a Igreja militante, pedir orações que os libertarão do purgatório ou admoestar os vivos para que vivam melhor.

Revelador, a esse respeito, um manual de exorcista da metade do século XV (por volta de 1450) — o *Livre d'Egidius*, deão de Tournai — que comporta, entre outras, duas séries de perguntas a serem feitas respectivamente às aparições de almas do purgatório e às aparições dos condenados:[23]

A uma alma do purgatório:
1. De quem és ou foste o espírito?
2. Faz muito tempo que estás no purgatório?
[...]
12. Que sufrágios te serão mais úteis?
13. Por que vieste aqui e por que apareces aqui com mais frequência do que em outros lugares?
14. Se és um bom espírito esperando a misericórdia de Deus, por que te revestiste, pelo que se diz, das aparências diversas de bestas e animais selvagens?
15. Por que vens aqui em certos dias de preferência a outros?

A uma alma danada:
1. De quem és ou foste o espírito?
2. Por que foste condenado aos suplícios eternos?
3. Por que vens, pelo que se diz, mais frequentemente a este lugar?
[...]
5. Procuras aterrorizar os vivos?
6. Desejas a danação dos viajantes [que somos na terra]?

[...]
8. Preferirias antes não existir a te encontrares nos tormentos da geena?
9. No inferno, entre os sofrimentos dos sentidos, qual é o mais penoso?
10. A pena da danação, isto é, a privação da visão de Deus, é mais penosa do que os sofrimentos dos sentidos?

Os progressos da dúvida metódica, a partir da época de Descartes, levaram pouco a pouco os homens de Igreja a desconfiarem mais dos fantasmas. Publicando em 1746 um *Traité sur les apparitions des esprits*, o beneditino Augustin Calmet não hesita em rejeitar muitos relatos atestados por Tertuliano, Santo Agostinho, Santo Ambrósio etc.

> As vidas dos santos [escreve ele] estão repletas de aparições de pessoas falecidas; e se quiséssemos reuni-las, preencheríamos grandes volumes.[24] [Acrescenta mais adiante:] Poderíamos amontoar inúmeras passagens dos antigos poetas, mesmo dos Pais da Igreja, que acreditaram que as almas apareciam frequentemente aos vivos [...]. Esses Pais acreditavam portanto no retorno das almas, em suas reaparições, em seu apego ao corpo; mas nós não adotamos sua opinião sobre a corporeidade das almas [...].[25]

Assim, esse beneditino "esclarecido" tem consciência do fato de que muitos escritores cristãos — até alguns dos mais eminentes — não haviam realmente rejeitado a antiga concepção da sobrevivência de uma espécie de duplo. Para ele, ao contrário, a morte institui uma separação total entre o corpo e a alma e esta não ronda o local em que o defunto viveu. Mas uma vez pronunciado esse julgamento categórico, dom Calmet volta assim mesmo ao essencial — porque crê no purgatório —, às opiniões de Le Loyer e de Taillepied. "Embora haja frequentemente", escreve ele, "muita ilusão, prevenção e imaginação no que se conta das operações e das aparições [...] das almas separadas dos corpos, há contudo realidade em várias dessas coisas e não se pode razoavelmente colocá-las em dúvida [...]".[26] Elas intervêm então na ordem de Deus ou ao menos, se resultam da operação do demônio, na permissão divina. Portanto, indiretamente encontram-se de novo creditadas todas as aparições, seja das almas do purgatório demandando orações, seja das almas danadas que chamam os vivos à penitência; até época recente, tais temas foram bastante familiares aos pregadores.[27]

Discurso teológico sobre as aparições, o livro do beneditino, como todos aqueles escritos por seus predecessores sobre o mesmo assunto, é também enfoque etnográfico sobre a outra crença nos fantasmas que a Igreja se esforçou em transformar e que permanecia viva em plena Europa clássica. Pode-se resumi-la assim: durante certo tempo após seu falecimento, os mortos continuam a viver uma vida semelhante à nossa. Voltam aos lugares onde se desenrolou sua existência, e às vezes para prejudicar. Dom Calmet nos faz compreender, por meio de um caso-limite, a força de que ainda podia revestir-se essa convicção. Por ele, conhecemos, de fato, com muitos detalhes a epidemia de medo dos fantasmas, e especialmente dos vampiros, que se propagou no final do século XVII e no começo do século XVIII na Hungria, Silésia, Boêmia, Morávia, Polônia e Grécia. Na Morávia, lê-se na obra, é "bastante comum" ver os defuntos colocarem-se à mesa com pessoas de seu conhecimento. Sem dizer uma palavra, fazem um sinal de cabeça a um dos convivas, que "infalivelmente" morre alguns dias depois. Livram-se desses espectros desenterrando-os e queimando-os. Na Boêmia, por volta da mesma época, livram-se dos fantasmas que desolam certas aldeias exumando os defuntos suspeitos e passando-lhes através do corpo uma estaca que os prega ao solo. Na Silésia, lê-se ainda sob a pena de dom Calmet, que se recusa a dar fé a esses contos macabros, encontram-se os espectros "à noite e de dia"; percebem-se as coisas que lhes pertenceram mover-se e mudar de lugar, sem que ninguém as toque. O único remédio contra essas aparições é cortar a cabeça e queimar o corpo daqueles que voltam. Na Sérvia, os fantasmas são vampiros que sugam no pescoço o sangue de suas vítimas, que morrem de langor. Quando se desenterram os mortos suspeitos de ser esses espectros maléficos, eles são encontrados como vivos, com sangue "vermelho". Então, sua cabeça é cortada e recolocam-se no fosso as duas partes do corpo, cobrindo-as de cal viva.

Está claro que esses vampiros desempenhavam então o papel de bode expiatório, comparável àquele atribuído em outros cantos da Europa aos judeus durante a peste negra e às feiticeiras nos anos 1600. Em suma, não é melhor pôr a culpa nos mortos do que nos vivos?

Dom Calmet conta ainda, servindo-se de um relato de Tournefort, o pânico que se apoderou dos habitantes de Mikonos no final de 1700. Um camponês conhecido por seu caráter azedo e briguento fora morto misteriosamente. Ao sair de sua sepultura, pôs-se a perturbar a paz da ilha. Dez dias após seu sepultamento, desenterraram-no publicamente: um açougueiro, não sem dificuldade, arrancou-lhe o coração, que foi queimado na praia. Mas o fantasma continuava a inquietar a população. Os padres da ilha jejuaram, organizaram procissões. Foi preciso exumar novamente o cadáver, que, colocado numa carroça, berrava e se debatia. Afinal foi queimado. Então cessaram suas "aparições e infestações". O temor dos vampiros continuava a existir no século XIX na Romênia — o país de Drácula. Um viajante inglês observava em 1828: "Quando um homem terminou seus dias de maneira violenta, ergue-se uma cruz no lugar onde ele pereceu, a fim de que o morto não se torne um vampiro".[28]

Os fatos relatados por dom Calmet não constituem senão o crescimento de uma realidade amplamente difundida: a crença em uma nova vida terrestre dos mortos, ao menos durante certo tempo. No começo do século XVIII, o muito jansenista monsenhor Soanem, visitando sua pequena diocese de Senez, descobre com inquietação que ainda se praticam na montanha oblações de pão e leite sobre as sepulturas, no ano que se segue à morte de um parente.[29] Meio século antes, o padre Maunoir inserira em seu catecismo em bretão uma pergunta e uma resposta bastante esclarecedoras: "O que dizeis [...] daqueles que amontoam pedras em torno da fogueira de são João, dizendo um pai-nosso diante delas, acreditando que a alma dos mortos, seus parentes defuntos, virão ali se aquecer? [...] Eles pecam".[30] Indo ao Finistère em 1794, Cambry notará: "Todos os mortos [acredita-se aqui] abrem as pálpebras à meia-noite [...][31] No distrito de Lesneven jamais se varre uma casa à noite; pretende-se que é dela afastar a felicidade, que os mortos por ali passeiam e que os movimentos de uma vassoura os fere e os afasta".[32] A Bretanha constitui seguramente um espaço privilegiado para o estudo dos fantasmas na civilização de outrora. "Se não se pregou antes o cadáver a seu caixão, reencontramo-lo, no minuto seguinte, encostado na cerca de sua quadra", escrevia A. Le Braz em *La légende de la mort*,[33] que esclarecia: "O defunto conserva sua forma material, seu exterior físico, todos os seus traços. Conserva também seu traje costumeiro [...]".[34] Admitia-se outrora nessa província que a terra pertencia, de dia, aos vivos e, à noite, aos mortos. Mas então pode-se falar de "fantasmas", perguntavam-se A. Le Braz e Van Gennep? Em todo caso, na Bretanha pensava-se que os defuntos constituem uma verdadeira sociedade, designada por um nome especial, o "Anaon", plural empregado como singular coletivo. Seus membros habitam o cemitério, mas voltam, graças à escuridão, para visitar os lugares onde viveram. É por isso que não se varrem as casas à meia-noite. As almas dos mortos se reúnem três vezes ao ano: na véspera do Natal, na noite de são João e na noite de Todos os Santos, desfilando em longas procissões em direção dos lugares de reunião.[35] Essa coabitação com os defuntos acarretava certa familiaridade com eles. Entretanto, e ao mesmo tempo, os mortos provocavam medo: não se devia ir à noite a um cemitério e atribuía-se um papel considerável ao "Ankou" — último morto do ano em uma localidade, este preenchia na paróquia, durante todo o ano seguinte, o papel do lúgubre ceifeiro que ceifa os vivos e os amontoa numa carroça desconjuntada com rodas rangentes.[36]

Todos esses fatos etnográficos e muitos outros que se poderiam acrescentar implicam a duradoura sobrevivência, em nossa civilização ocidental, de uma concepção da morte (ou antes dos mortos) própria das "sociedades arcaicas", no sentido em que as entende E. Morin. Nessas sociedades, os defuntos são vivos de um gênero particular, com quem é preciso contar e compor e, se possível, ter relações de boa vizinhança. Eles não são imortais, mas amortais durante certo tempo. Essa amortalidade é o prolongamento da vida por um período indefinido, mas não necessariamente eterno. Em outros termos, a morte não é identificada como algo pontual, mas sim progressivo.[37] Prefaciando e resumindo a obra de J. G. Frazer sobre o temor dos mortos, Valéry escreveu:

> Da Melanésia a Madagascar, da Nigéria à Colômbia, cada povo teme, evoca, alimenta, utiliza seus defuntos, mantém um comércio com eles; atribui-lhes na vida um papel positivo, suporta-os como parasitas, acolhe-os como hóspedes mais ou menos desejáveis, atribui-lhes necessidades, intenções, poderes.[38]

Ora, o que era verdade recentemente nesses países não europeus o foi também, ao menos em certa medida, em nossa Europa até um período relativamente próximo de nós. Certamente, é preciso delimitar "em certa medida", pois o discurso teológico sobre os mortos, cujas grandes linhas retraçamos, esforçava-se — retomo aqui as distinções de E. Morin — em transformar "sociedades arcaicas" em "sociedades metafísicas" que aceitam a ideia de uma separação radical dos vivos e dos defuntos. Mas no cotidiano vivido e nas mentalidades coletivas, muitas vezes essas duas concepções, teoricamente alérgicas uma à outra — a sobrevivência do "duplo", por um lado, e a separação total da alma e do corpo, por outro —, de fato coabitaram.

Entre os comportamentos complexos, ou até contraditórios, que cercavam um pouco em toda parte uma agonia e um falecimento, alguns eram incontestavelmente guiados por um medo mágico do novo defunto e mesmo do moribundo. Por exemplo, o costume, atestado em múltiplos lugares, de jogar a água dos recipientes que se encontravam na casa, ou pelo menos na câmara mortuária. Que esse gesto tenha sido identificado como não cristão pelos homens de Igreja é comprovado pela atitude da Inquisição brasileira, que considerava essa prática indício de que os cristãos-novos haviam recaído no judaísmo.[39] Qual era a significação desse costume? Pensava-se que a alma, ali tendo se lavado antes de evolar-se, poluíra o líquido com seus pecados? Ou então que agindo assim impedia-se a alma, ao partir, de afogar-se, o que teria podido acontecer se ela tentasse beber ou mirar-se na água — razão pela qual se velavam os espelhos? As duas explicações foram sem dúvida aceitas conjuntamente, uma aqui, outra acolá. Em todo caso, importava facilitar o trespasse por medo de ver a alma do agonizante demorar-se ali onde já não devia permanecer. No Perche, no tempo do padre J.-B. Thiers, dispunha-se o leito do moribundo paralelamente às vigas do teto, pois traves transversais poderiam constituir obstáculo à última partida.[40] Em Berry, abriam-se amplamente as cortinas em torno do leito do moribundo.[41] Em Languedoc, retirava-se uma telha ou uma ardósia do telhado para permitir a elevação da alma, ou ainda, com o mesmo objetivo, derramavam-se sobre o rosto do novo defunto algumas gotas de azeite ou de cera.[42] Também se pôde identificar costumes contraditórios a respeito dos passeios dos fantasmas, uns visando facilitar-lhes o retorno aos lugares que lhes eram familiares, os outros, ao contrário, procurando extraviá-los para longe de sua casa e de seus campos. Mas uma e outra atitude postulavam a "sobrevivência do duplo". No Perche, quando o cortejo fúnebre dirigia-se à igreja, os participantes colocavam cruzes nas encruzilhadas a fim de que o morto reencontrasse o caminho de casa.[43] Nos bosques da Vendeia, colocava-se uma pedra polida no caixão: mais uma vez para permitir ao defunto reencontrar seu caminho quando retornasse entre seus próximos.[44] Mas o costume amplamente difundido na França de outrora de depositar uma moeda no ataúde, ou mesmo na boca do morto, tinha provavelmente um significado inverso. Sem dúvida não se tratava do óbolo a Caronte, e sim de um rito de compra dos bens do defunto. Dessa maneira, a herança era adquirida em boa e devida forma, e o antigo proprietário perdia todo motivo para disputá-la com os vivos.[45] Na Bretanha, uma vez o caixão depositado sobre uma "pedra dos mortos", as pessoas apressavam-se em reconduzir à granja a parelha que conduzira o ataúde, para impedir o novo morto de subir novamente no carro e voltar para casa.[46] As pesadas pedras tumulares de nossas igrejas e de nossos cemitérios não constituíram um meio — muitas vezes ineficaz — de impedir os mortos de assombrar o mundo dos vivos? E os trajes de luto não eram um gesto de dissuasão em relação aos defuntos? Já que se conservava sua lembrança de maneira visível, que razão tinham eles para invejar e perseguir seus parentes que ficaram na terra?

As condutas ditadas entre nós pelo temor dos mortos podem ser utilmente aproximadas de outros comportamentos de mesmo significado detectáveis em outras civilizações afastadas da nossa pelo tempo ou pelo espaço. L.-V. Thomas cita a esse propósito os seguintes costumes:

> Na antiga Grécia, os fantasmas tinham direito a três dias de presença na cidade [...]. No terceiro dia convidavam-se todos os espíritos a entrar nas casas: servia-se-lhes então um mingau preparado em sua intenção; depois, quando se julgava que seu apetite estava acalmado, declarava-se-lhes com firmeza: "Espíritos amados, haveis comido e bebido; agora ide embora".
>
> Na África [...], para incitar certos defuntos a não mais voltar, mutila-se seu cadáver antes do sepultamento, rompendo-lhe por exemplo os fêmures, arrancando-lhe uma orelha, cortando-lhe uma mão: por vergonha, por impossibilidade física, serão forçados a ficar onde estão; se se trata de bons mortos, não há senão um meio: assegurar-lhes funerais dignos deles.

Na Nova Guiné, os viúvos não saíam senão munidos de um sólido cassetete para defender-se contra a sombra da desaparecida [...]. No Queensland, rompiam-se os ossos dos mortos a golpes de porrete, depois colocavam-se seus joelhos ao nível do queixo; para terminar, seu estômago era enchido de pedregulhos. Foi sempre o mesmo medo que incitou certas tribos a colocar pesados blocos de pedra sobre o peito dos cadáveres, a fechar hermeticamente com lajes pesadas as criptas, a pregar do mesmo modo as urnas e os ataúdes.[47]

No Ocidente, ao menos a partir do século XVI, o temor de ser enterrado vivo, isto é, quando se era apenas vítima de um sono letárgico, ganhou proporções consideráveis. Ele era amplamente difundido no Anjou do século XVII e se estendia pela Europa do século XVIII.[48] Mas esse temor era também o medo que se tinha das pessoas do círculo de convivência e durou muito tempo. Contaram-me que na Sicília, há vinte anos, uma família recitava todas as noites o rosário durante longo período para se proteger do eventual retorno de um parente que talvez houvesse sido enterrado antes de estar morto.[49] Precaver-se contra um defunto tornava-se ainda mais necessário se este era um suicida. Na Grécia antiga, cortava-se-lhe a mão direita. Sua vontade de morrer era considerada uma manifestação de ódio em relação à vida e aos vivos.[50] No Ocidente "moderno", faziam-no sair da casa onde jazia, seja lançando-o pela janela, seja — por exemplo em Lille no século XVII — fazendo-o "passar por baixo da soleira da casa por um buraco, com a face contra a terra como um animal".[51] Gesto de conjuração que lembra que, em muitas civilizações, todo morto é maléfico. O padre Thiers conta ainda que no Perche a roupa branca usada pelo defunto durante sua doença devia ser lavada à parte para impedir "que causasse a morte daqueles que a usariam depois dele".[52] Do mesmo modo, a colocação na mortalha devia ser feita não sobre a mesa do quarto onde ocorrera o falecimento, mas sobre um banco ou no chão; senão "alguma outra pessoa da casa [morreria] no mesmo ano".[53]

O rito relativo ao suicida que acabamos de descrever é evidentemente ambíguo. Do ponto de vista etnográfico, significa que se queria impedir o culpado de reencontrar o caminho de sua casa[54] — razão pela qual o faziam passar pela janela e com o rosto voltado para baixo. Mas, para a Igreja, aquele que pusera fim a seus dias desesperara do perdão divino. Excluíra-se assim da comunidade cristã: o que era marcado de maneira ostensiva. De fato, encontramo-nos aqui diante de um dos numerosos casos de cristianização de comportamentos pré-cristãos ou, em todo caso, não cristãos na origem. Da mesma maneira, pensou-se por muito tempo, e em todas as orlas marítimas, que os mortos no mar, por não terem recebido uma sepultura, continuavam a vagar sobre as ondas e perto dos recifes. Na Bretanha, essa crença, atestada no século IV de nossa era, ainda permanecia viva na metade do século XX, especialmente nas regiões próximas do cabo de Raz e da baía dos Mortos. Comumente se considerava que os mortos no mar estavam condenados à vagueação até que a Igreja orasse por eles. Ainda em 1958, celebrou-se em Ouessant o *proella* de uma jovem freira que se afogara tentando salvar uma criança e cujo corpo não fora encontrado. O *Télégramme de Brest*, que relata a cerimônia, faz compreender que se tratava de um substituto de velório e de enterro, onde se utilizavam figuras vicárias para o corpo, o sudário, o ataúde e a sepultura:

> Uma cruz de cera branca, signo do cristão, símbolo do defunto, é colocada no domicílio do afogado, sobre uma mesa coberta com um pano branco. A pequena cruz repousa em geral sobre uma touca. Dois círios acesos enquadram a cruz. Diante dela, um prato com um ramo de palma mergulhado em água benta. Com a chegada da noite, começa o velório.
>
> No dia seguinte, precedido da cruz, vem o clero, como para a encomendação do corpo. O padrinho leva respeitosamente a pequena cruz de cera repousando sempre sobre a touca que lhe serve de ataúde. Atrás dele, os parentes, os amigos.

O cortejo fúnebre dirige-se lentamente para a igreja. Depõe-se a pequena cruz sobre o catafalco, e o serviço de enterro é celebrado. No final do ofício, o padre deposita a cruz de cera em um cofre de madeira situado no altar dos mortos, no transepto. A cerimônia está terminada.[55]

Outrora, se se encontrava no mar "uma batelada de marinheiros defuntos", era preciso dizer um *Requiescant in pace* ou mandar celebrar uma missa para eles: cristianização evidente da crença nos fantasmas dos marinheiros desaparecidos e nos "barcos noturnos" conduzidos por mortos.[56] Quanto aos holandeses, percebiam nos dias de tempestade um barco maldito, cujo capitão, por uma ofensa feita a Deus, estava condenado a vagar eternamente nos mares do Norte.[57] Essa reinterpretação moralizante e cristianizada de uma das lendas relativas aos "navios fantasmas" é muito semelhante a outras do mesmo tipo. Em Flandres, no século XV, dizia-se, por uma espécie de camuflagem da crença na metempsicose, que as gaivotas eram as almas dos maus obrigadas por Deus a um movimento perpétuo, à fome e ao frio do inverno.[58] Mickiewicz, em *Os antepassados*, põe esta queixa na boca do danado: "Preferiria cem vezes ir para o inferno [...] a vagar assim pela terra com os espíritos impuros, a ver os vestígios de minhas antigas orgias, os monumentos de minha antiga crueldade, a vadiar incessantemente, sedento, esfaimado, do poente à aurora, da aurora ao poente [...]".[59] Outrora, na maior parte das províncias da França, acreditou-se nas "lavadeiras noturnas", obrigadas até o fim do mundo a bater e a torcer a roupa porque haviam cometido infanticídios ou enterrado parentes de maneira indigna ou ainda trabalhado muito frequentemente aos domingos.[60]

Mais geralmente, tinham particular vocação para a vagueação *post mortem* todos aqueles que não se haviam beneficiado de um falecimento natural e, portanto, tinham efetuado em condições anormais a passagem da vida à morte — logo, defuntos mal integrados a seu novo universo e, por assim dizer, "mal em sua pele". A essa acrescentava-se uma outra categoria de candidatos-fantasmas: aqueles que haviam morrido no momento ou na proximidade de um rito de passagem que, por essa razão, não se realizara (fetos mortos, casados falecidos no dia das bodas etc.). Um etnólogo polonês, L. Stomma, trabalhando em documentos de seu país da segunda metade do século XIX, analisou quinhentos casos de mortos transformados em "demônios", isto é, fantasmas, como acreditavam seus próximos:[61]

Categorias de mortos transformados em "demônios"	Número de casos	% dos casos
1. Fetos mortos	38	7,6
2. Abortados	55	11
3. Crianças não batizadas	90	18
4. Mulheres mortas durante o parto	10	2
5. Mulheres mortas após o parto, mas antes das festas de purificação	14	2,8
6. Noivos mortos pouco antes do casamento	14	2,8
7. Casados falecidos no dia do casamento	40	8
8. Suicidas	43	8,6
9. Enforcados	38	7,6
10. Afogados	101	20,2
11. Falecidos de morte violenta ou não natural	15	3
12. Outros	15	3
Total	500	100

Destacam-se particularmente nessa interessantíssima estatística a categoria das crianças mortas antes do batismo (n°s 1, 2 e 3), no total 38,6%, e a dos afogados, 20,2%. Um elo teria existido, portanto, entre crença nos fantasmas e malogro trágico de um rito de passagem, e até, mais geralmente, entre fantasmas e pontos do espaço ou do tempo cumprindo função de fronteira ou de passagem. Assim, mais de 95% dos mortos estudados por L. Stomma e que se tornaram "demônios" foram enterrados nos limites de um terreno ou de um campo, à beira de uma estrada ou de um lago. E, em mais de 90% dos casos, eles aparecem ao meio-dia, à meia-noite, ao amanhecer ou ao crepúsculo. Mas essa relação entre "passagem" (no sentido mais amplo) e fantasmas foi oculta por uma cristianização crescente, que deslocou cada vez mais as perspectivas e insistiu na noção de salvação.

Os fantasmas cristianizados foram muito numerosos. Nos Bálcãs, convenceram-se de que os excomungados permaneciam na terra enquanto não estivessem reconciliados,[62] e por toda parte na Europa católica acreditou-se nas aparições das almas do purgatório que iam pedir aos vivos orações, coletas de donativos, a reparação de erros cometidos por elas ou a realização de votos não cumpridos. Morada das almas que ainda não atingiram seu destino definitivo, o purgatório tornou-se o grande reservatório de fantasmas.

O cristianismo encarregou-se então pouco a pouco da crença nos espectros, dando-lhe uma significação moral e integrando-a numa perspectiva da salvação eterna. Mas, entre o discurso teológico sobre as aparições e o cotidiano vivido, uma distância subsistiu, mais ou menos larga segundo os setores geográficos e os níveis culturais. Van Gennep tinha razão de escrever:[63] "[...] A convicção de que o morto pode voltar para casa apesar de todas as precauções que se tenham tomado foi muito forte na França (e em outras partes) durante séculos, mais ou menos em todos os meios, e só se atenuou há uma centena de anos, muito lentamente nos meios rurais, mais depressa nas cidades e nos centros operários".[64]

2. O MEDO DA NOITE

Fantasmas, tempestades, lobos e malefícios tinham muitas vezes a noite por cúmplice. Esta, em muitos medos de outrora, entrava como componente considerável. Era o lugar onde os inimigos do homem tramavam sua perda, no físico e no moral.

A Bíblia já expressara essa desconfiança em relação às trevas, comum a tantas civilizações, e definira simbolicamente o destino de cada um de nós em termos de luz e de escuridão, isto é, de vida e de morte. O cego, diz ela, que não vê "a luz do dia", possui um antegosto da morte (Tobias, 3,17; 11,8; 5,11s). Quando termina o dia, então sobrevêm os animais maléficos (Salmos, 104, 20), a peste tenebrosa (Salmos, 91,6), os homens que odeiam a luz — adúlteros, ladrões ou assassinos (Jó, 24,13-17). Assim, é preciso implorar Àquele que criou a noite que proteja os homens contra os terrores noturnos (Salmos, 91,5). O inferno — o xeol — é evidentemente o domínio das trevas (Salmos, 88,13). Em compensação, o dia de Iahweh será o da eterna claridade. Então "o povo que caminhava nas trevas verá uma grande luz" (Isaías 9,1; 42,7; 49,9; Miqueias 7,8s). O Deus vivo iluminará os seus (Isaías 60,19s).

O próprio Cristo precisa atravessar a noite de sua paixão. Chegada a hora, entrega-se às ciladas da escuridão (João 11,10), na qual se entranha Judas (13,30) e se dispersam os discípulos. Ele quis afrontar essa "hora e o reino das trevas" (Lucas 22,53). No momento de sua morte, um manto noturno se estende prematuramente sobre a terra (Mateus 27,45). Mas desde que é anunciada a mensagem evangélica e que Cristo ressuscitou uma esperança brilha no horizonte da humanidade. Certamente o cristão, diz são Paulo, ainda se encontra "na noite". Mas "avança para o dia próximo que a ela porá fim" (Romanos 13,12). Se ele não quer "chocar-se contra as montanhas da noite (João 13,16), deve ouvir o apelo de Cristo para tornar-se "filho da luz" (João 12,96). Para velar contra "o príncipe das trevas" (Efésios 6,12), deve revestir Cristo e suas armas de luz e rejeitar as obras de trevas (Romanos 13,12s). Deus nos ajudará a libertar-nos da noite. Os apocalipses judaicos já haviam descrito a ressurreição como um despertar após o sono da noite (Isaías 26,19; Daniel 12,2), um retorno à luz após o mergulho na escuridão total do xeol. Nesse rasto, a liturgia católica dos funerais inclui esta prece: "Que as almas dos fiéis defuntos não sejam mergulhadas nas trevas, mas que o arcanjo são Miguel as introduza na luz santa! Faze brilhar sobre eles a luz sem fim".[65]

O temor de ver o sol desaparecer para sempre no horizonte perseguiu a humanidade: como provam, entre muitas outras, as crenças religiosas dos mexicanos antes da chegada dos espanhóis. Para os habitantes do vale do México, na idade de ouro da civilização de Teotihuacán (300-900 d.C), os deuses haviam se reunido — precisamente em Teotihuacán — para criar o sol e a lua. Para fazê-lo, dois deles lançaram-se a um braseiro, dando nascimento assim aos dois astros. Mas estes permaneciam imóveis no céu. Então todos os deuses se sacrificaram para fazê-los viver de seu sangue. Em seguida os astecas pensaram que deviam renovar esse primeiro sacrifício e alimentar o sol: daí os sacrifícios humanos. Se ele não recebesse a "água preciosa" do sangue humano, corria o risco de parar de girar. Desse modo, a inquietação estava no auge a cada fim de "século", ou seja, a cada 52 anos. O povo esperava com terror para saber se o sol renovaria seu contrato com os homens. A última noite do "século" era passada no temor, com todas as luzes apagadas. A esperança só voltava quando o astro afinal aparecia, tendo um sacerdote acendido o fogo novo sobre o peito de um sacrificado. A vida podia recomeçar.

"Se o sol não voltasse", essa angustiante interrogação dos mexicanos de outrora forneceu o tema e o título a um romance de C. F. Ramuz (1939). Para os habitantes de uma aldeia de vale que dá as costas ao sol, este se esconde atrás das montanhas de 25 de outubro a 13 de abril. Mas, naquele inverno, ele está ainda mais ausente que de costume. Está doente, esfria-se e encolhe-se, "já não tem poder suficiente para dissipar a névoa" — "uma névoa amarelada [...] — estendida de um declive ao outro, como uma velha serapilheira, um pouco acima da aldeia". O dia tornou-se "algo de cinzento e de vago que se desenrosca lentamente da noite do outro lado das nuvens como por trás de uma janela embaciada". Essa permanência incomum da bruma leva o velho Anzévui — que sabe ler os grandes livros — a profetizar a morte próxima do sol. Ele "vomitará vermelho, depois não estará mais lá"; e se estenderá definitivamente a noite que é "a negação daquilo que é". O romance de C. F. Ramuz[66] evoca com justeza a profunda tristeza que reinava outrora nas aldeias de alta montanha durante a longa estação fria: ali os suicídios eram frequentes. Ainda hoje eles são mais numerosos durante os invernos anormalmente longos e nevosos.

Mas o temor de um desaparecimento do sol não é exclusivo dos mexicanos de outrora e dos habitantes dos vales de ontem. G. Simenon fala como de uma evidência das "crianças que têm medo do crepúsculo" e que também se fazem a pergunta: "E se o sol não voltasse amanhã [...]. Não é", acrescenta ele, "a mais velha angústia do mundo?"[67]. Entretanto, os bebês muitas vezes não têm medo da escuridão. Inversamente, cegos que não conhecem a luz do dia são assim mesmo tomados de angústia quando vem a noite: prova de que o organismo vive no ritmo do universo. Com J. Boutonier, é útil distinguir metodologicamente medo *na* escuridão e medo *da* escuridão, mesmo que se precise inverter as afirmações desse autor.[68] O medo *na* escuridão é aquele que experimentavam os primeiros homens quando à noite se encontravam expostos aos ataques dos animais ferozes sem poder adivinhar sua aproximação nas trevas. Assim, precisavam afastar por meio de fogueiras esses "perigos objetivos". Esses medos que voltavam todas as noites sem dúvida sensibilizaram a humanidade e ensinaram-na a temer as armadilhas da noite. O medo *na* escuridão é também aquele sentido de repente por uma criança que adormeceu sem dificuldade, mas depois desperta uma ou várias vezes tomada de terrores noturnos. De olhos abertos, parece ainda olhar as imagens assustadoras de seu sonho. Trata-se então de "perigos subjetivos". E esses constituem talvez a principal explicação dos medos que nos invadem à noite. Mesmo "para bom número de adultos, a inquietação neles desenvolvida pelas trevas, se existe, é feita desse sentimento de que alguma coisa de temível vai lançar-se sobre eles, saindo da sombra, ou os espreita, invisível".[69]

"Eis aqui o momento em que flutuam no ar/ Todos esses rumores confusos que a sombra exagera", escreve V. Hugo, a quem Musset responde em *O salgueiro*:

> *Oh! Quem não sentiu o coração bater mais rápido*
> *À hora em que sob o céu o homem está só com Deus?*
> *Quem não se voltou, crendo ver atrás de si*
> *Alguma forma deslizar* [...]
> *É certo que então o Pavor sobre nossa cabeça*
> *Passa como o vento no cimo dos bosques.*[70]

"Um homem que acredita nos fantasmas", escreve Maupassant, "e que imagina perceber um espectro na noite, deve sentir o medo em todo o seu pavoroso horror".[71] E conta um caso típico de terror noturno: um guarda florestal matara um caçador furtivo exatamente dois anos antes numa noite de inverno. Nesse aniversário, ele, com um fuzil na mão, e sua família, estão convencidos de que a vítima virá chamá-los, o que já fez no ano anterior. Em meio a um silêncio angustiante, eles ouvem efetivamente um ser que desliza ao longo da casa e arranha a porta. Uma cabeça branca aparece contra o vidro do postigo com olhos luminosos como os de uma fera. O guarda atira, mas não abre a porta senão ao amanhecer: matara seu cão.[72]

Que os "perigos objetivos" da noite tenham levado a humanidade, por acúmulo ao longo das eras, a povoá-la de "perigos subjetivos" é mais do que provável. E dessa maneira já o medo *na* escuridão pôde tornar-se mais intensamente e mais geralmente um medo *da* escuridão. Mas este último existe também por outras razões mais internas e que se prendem à nossa condição. A visão do homem é mais aguda do que a de muitos animais, como o cão e o gato; desse modo, as trevas deixam-no mais desamparado que muitos mamíferos. Além disso, a privação de luz atenua os "redutores" da atividade imaginativa. Esta, liberada, confunde mais facilmente do que durante o dia o real e a ficção e corre o risco de desorientar-se fora dos caminhos seguros. É ainda verdade que a escuridão nos subtrai à vigilância de outrem e de nós mesmos e é mais propícia que o dia aos atos que nos reprimimos de encarar, por consciência ou temor: audácias inconfessáveis, empreendimentos criminosos etc. Enfim, o desaparecimento da luz nos confina no isolamento, nos cerca de silêncio e portanto nos "desassegura". Umas tantas razões convergentes que explicam a inquietação engendrada no homem pela chegada da noite e os esforços de nossa civilização urbana para fazer recuar o domínio da sombra e prolongar o dia por meio de iluminação artificial.

No começo da Idade Moderna, como era vivida a noite? Uma tese não seria demais para responder a essa imensa questão. Ao menos pode-se acentuar brevemente que ela conserva então para muitos — e talvez até aumente — suas características alarmantes.

Se os provérbios asseguram que a noite traz conselho, não é em razão da sombra de que se acompanha, mas do prazo que interpõe antes de uma decisão. Aliás, os provérbios lamentam sua escuridão: "A noite é negra como não sei o quê"[73] — e temem suas armadilhas: "A noite, o amor, o vinho têm sua peçonha e veneno".[74] Ela é a cúmplice dos seres maléficos: "As pessoas de bem amam o dia, e os maus, a noite".[75] "Só andais à noite, como o monge casmurro e os lobisomens."[76] Inversamente, os provérbios cantam o louvor do sol: "O sol não tem igual".[77] "Onde o sol luz, a noite não tem nenhum poder."[78] "Quem tem o sol nunca tem noite."[79] "Quem tem o sol não morre jamais."[80]

Assim, o nascer do dia é saudado pelos marinheiros como a esperança da salvação após uma noite de provações. Escreve Camões:

> *Depois de procelosa tempestade*
> *Noturna sombra, e sibilante vento,*
> *Traz a manhã serena claridade,*
> *Esperança de porto, e salvamento:*

> *Aparta o Sol a negra escuridade,*
> *Removendo o temor ao pensamento*[81].

Como se o furacão se acalmasse necessariamente com o retorno da claridade. Em terra também a noite é inquietante. Em *Sonho de uma noite de verão*, Píramo exclama:

> *Ó noite terrível!*
> *Ó noite de cores tão negras!*
> *Ó noite que está em toda parte onde não é dia!*
> *Ó noite! ó noite! ai! ai! ai!*[82]

Mesmo para a elite culta, ela está povoada de espíritos temíveis que "desorientam os viajantes rindo de sua pena".[83] É o sinistro encontro dos animais mais ameaçadores, da morte e dos espectros, especialmente aqueles dos danados. "Quando a língua de ferro da meia-noite contou doze", lê-se ainda na mesma peça de Shakespeare, então começa um tempo inumano:

> *Eis a hora em que o leão ruge,*
> *Em que o lobo uiva para a lua,*
> *Enquanto ronca o rude lavrador,*
> *Estafado por sua penosa tarefa.*
> *Eis a hora em que as tochas crepitam apagando-se,*
> *Enquanto a coruja, com seu pio agudo,*
> *Lembra ao miserável, em seu leito de dor,*
> *A recordação da mortalha.*
> *Eis a hora da noite*
> *em que as sepulturas escancaradas*
> *Deixam escapar cada uma seu espectro,*
> *Para que vagueie pelos caminhos da igreja.*[84]

Em compensação, a aurora marca o momento em que a terra vai novamente pertencer aos vivos:

> À sua aproximação, os espectros vagando aqui e ali voltam em bando para seus cemitérios; todos os espíritos danados,

que têm sua sepultura nas encruzilhadas e nas ondas, já retornaram a seus leitos suspeitos. Pois, por temor de que o dia luza sobre suas faltas, exilam-se voluntariamente da luz e estão para sempre unidos à noite de fronte negra.[85]

Para as mulheres velhas que, no serão, trocam as palavras reunidas sob o título de *Les Evangiles des quenouilles*,[86] os sonhos maus não são produções do psiquismo. Ao contrário, são trazidos do exterior e impostos àquele que dorme por um ser maléfico e misterioso chamado *Cauquemare* ou *Quauquemaire* (no Sul, *Chauche-Vieille*). As diferentes menções da coletânea empregam ora o singular — ser "cavalgado pela *Cauquemare*" —, ora o plural e, nesse último caso, estabelecem uma filiação entre esses personagens perniciosos e os lobisomens: "Disse uma outra velha: se um homem tem tal destino de ser lobisomem, é difícil [acaso] se seu filho não o for e, se tem filhas e nenhum filho, facilmente são Quauquemaires".[87]

Uma "das mais sábias" da assembleia responde à precedente declarando que é preciso precaver-se contra os "funestos espíritos assim como contra os duendes, Quauquemaires ou lobisomens, pois eles trabalham sem ser vistos".[88] Assim, os causadores — ou causadoras — de pesadelos são agrupados no interior de uma perigosa categoria onde se encontram desordenadamente, ao lado deles, duendes, fantasmas e lobisomens. As comadres, para tentar escapar ao domínio dos seres que perturbam o sono, trocam entre si conselhos e receitas: "Diz uma das fiandeiras [...], que quem vai deitar-se sem levantar a cadeira sobre a qual se descalçou está em perigo de nessa noite ser cavalgado pela Quauquemaire [...]".[89] Perrette Tost-Vestue diz que a coisa que as Cauquemares mais temem é "uma panela fervente retirada do fogo".[90] Ao que uma outra responde: " [...] Quem teme que a Cauquemare venha à noite ao seu leito, convém colocar uma cadeira de madeira de carvalho diante de um bom fogo, e se ela vier sentar-se nela, jamais poderá levantar-se dali se não for dia claro [...]".[91] Uma outra assegura que ficou "livre da Quauquemaire" depois que a "fizeram pegar VIII palhas colhidas na noite de são João e destas fazer IV pequenas cruzes e colocá-las nos quatro cantos do leito".[92]

Em compensação, uma das narradoras que jamais "sofreu abusos" por parte dos "duendes" não sabe como livrar-se da Cauquemare. E ouviu dizer que "quem muito [ordenha] suas vacas na sexta-feira por entre duas pernas por trás, a Quauquemaire logo o atormenta".[93] Vem em resposta uma receita infalível: "Não há erro", diz uma das fiandeiras, "quem quer ficar livre da Quauquemaire, adormece com os braços em cruz, e quem teme o duende, veste a camisa de trás para frente".[94]

O medo da noite na civilização de outrora está acompanhado, como já assinalamos, de uma desconfiança geral em relação à "fria" lua, "soberana das ondas" — essa expressão de Shakespeare não se pretende elogiosa. Quando ela está "pálida de cólera", "enche o ar de umidade, de modo que proliferam os resfriados".[95] A se acreditar no poeta inglês T. Dekker (1572-1632), todo mundo vigia com uma curiosidade angustiada os aspectos do astro errante.

Sabe-se que ela pode produzir a loucura. E, quando parece "chorar", é que anuncia alguma desgraça. Em conjunção com outros planetas, traz a peste. Diz-se que encerra um homem carregando um feixe de sarça nas costas e calçado de sapatos com grandes cravos — personagem que ocupa um lugar de destaque nos contos de mulheres velhas.[96] Entretanto, muitas civilizações encaravam a lua como um símbolo ambíguo e um poder ambivalente. Ela cresce e decresce. Morre, depois revive. Significa os ciclos da vegetação. Inspirou ou acompanhou as fantasias relativas ao princípio "vida-morte-renascimento".[97] Mas, na Europa do começo da Idade Moderna, os aspectos negativos da Lua é que são sublinhados, na medida precisamente em que ela é a cúmplice dos malefícios da noite. Revelador a esse respeito o célebre poema de H. Sachs consagrado a Lutero, o "rouxinol" de Wittemberg. Graças ao canto desse pássaro que anuncia afinal a manhã,

[...] A claridade da lua se apaga e se torna pálida e obscura. Esta, outrora, com seu clarão enganador, cegou todo o rebanho de ovelhas; de modo que elas se afastaram de seu pastor e de seu pasto e, seguindo a luz da lua e a voz do leão que as chamava, perderam-se no meio dos bosques e dos desertos.[98]

Enganadora, a lua tem portanto relações com o inferno; no que acredita também Ronsard quando assegura que Denise, a feiticeira do Vendômois, "comanda a lua prateada".[99]

De maneira mais geral, a cultura dirigente, entre os séculos XIV e XVII, ao insistir, com predileção mórbida, na feitiçaria, no satanismo e na danação, incrementou o lado inquietante e maléfico da noite (e da lua). Era graças à sombra que se desenvolvia, acreditava-se, a maior parte dos sabás, sendo solidários pecado e escuridão. E o inferno, na época mil vezes pintado e descrito, é representado por Dante e seus sucessores como o lugar "onde o sol se cala", onde a água é negra e onde até a neve perdeu sua brancura.[100] Satã — é uma banalidade — é o soberano da sombra, onde sua feroz imaginação inventa os piores suplícios para enlouquecer e martirizar os danados. Bosch, inspirando-se no autor de *A divina comédia*, foi inesgotável sobre esse tema. Mas também para um humanista como G. Budé, herdeiro da tradição greco-romana das viagens aos infernos e do discurso cristão sobre o império satânico, este não pode ser senão o domínio de uma noite sem remédio. Há aí um lugar-comum geralmente aceito pela mentalidade da época. Quando evoca o mundo infernal, G. Budé fala ora do "sombrio Tártaro" situado "no fundo do abismo que mergulha no mais profundo sob a terra", ora de uma "caverna escura e terrível", ora da "prisão para forçados horrível e escura que é o Styx, ladrão de homens". Ou ainda descreve "o poço que jamais transborda" onde será eternamente "prisioneira uma multidão de ricos, de pobres, de velhos, de jovens, de crianças [*sic*], de desatinados e de sábios, de iletrados e de eruditos". E para ele, assim como para todos os seus contemporâneos, Lúcifer é o "príncipe das trevas terríveis", um "malfeitor na escuridão" e — expressão retomada de Homero — a "Erínia que habita as trevas.[101]

Assim, pelo jogo de uma dupla insistência, por um lado na astrologia e por outro no poder de Satã — aspecto que será desenvolvido mais adiante —, a civilização europeia, no começo da Idade Moderna, parece ter cedido, com a ajuda da imprensa, a um medo aumentado da sombra.

Existia no entanto certa vida noturna, tanto no campo como na cidade. No inverno, enganava-se o tédio e encurtava-se o tempo de escuridão reunindo-se para serões que podiam durar até a meia-noite. É o que na Borgonha se chamava de *écraignes*. Tabouret Des Accords escreve no século XVI:

> Em toda a região da Borgonha, mesmo em boas cidades, porque elas são povoadas de muitos pobres vinhateiros que não têm meios de comprar lenha para se defender da ofensa do inverno, muito mais rude nesse clima do que no resto da França, a necessidade, mãe das artes, ensinou essa invenção de fazer em alguma rua afastada um casebre ou construção composta de várias varas fincadas na terra em círculo e curvadas em cima e no topo; de tal sorte que representam a copa de um chapéu, o qual é depois recoberto com bastante terra e esterco, tão bem ligados e misturados que a água não pode penetrá-los. Nesse casebre, entre duas varas do lado que é mais defendido dos ventos, deixa-se uma pequena abertura da largura de um pé e da altura de dois para servir de entrada, e em toda a volta há assentos feitos de pano mesmo, para ali se sentarem várias pessoas. Lá reúnem-se habitualmente, depois da refeição, as mais belas filhas desses vinhateiros com suas rocas e outros trabalhos; e ali fazem serão até a meia-noite.[102]

Assim criava-se um espaço quente a cuja porta a noite se detinha e onde um rito de sociabilidade amistosa e tranquilizadora vencia, por algumas horas, as ameaças da sombra. Nos campos, era de uso um pouco em toda parte organizar tais serões, que se reproduziram até o limiar de nossa época.[103] As cerimônias de Natal e as fogueiras de são João, as "noitadas" dos camponeses bretões, as algazarras que marcavam as noites de bodas, os tumultos, as reuniões de peregrinos vindos de muito longe e que, chegado o fim da jornada, esperavam a aurora na — ou nas proximidades da — igreja que era o objetivo de sua viagem: todas essas manifestações coletivas constituíam uns tantos exorcismos dos terrores da noite. Além disso, a Renascença viu aumentar, na camada social mais elevada, o número das festas que se desenrolavam após o fim do dia. Montaigne, de passagem por Roma em 1581, assiste a uma justa noturna apresentada num campo aristocrático.[104] T. Dekker evoca, alguns anos mais tarde, as danças, "fantasias e mascaradas" organizadas em Londres, para as grandes ocasiões, nas casas dos ricos à noite, à luz de tochas.[105]

De todo modo, a noite é suspeita, pactua com os debochados, os ladrões e os assassinos. Assim, punia-se de maneira mais rigorosa aqueles que haviam atacado alguém após o fim do dia ou em um lugar afastado, pois então a vítima podia defender-se menos bem e mais dificilmente obter socorro.[106] Ainda em nossos dias, o direito penal considera a escuridão "circunstância agravante" de um crime. O elo entre trevas e criminalidade é aliás permanente e sentido como tal. Em uma sondagem do IFOP [Institut Français d'Opinion Publique] de 1977, a falta de iluminação é citada como fator de insegurança por 43% do público nas cidades francesas de mais de 100 mil habitantes e por 49% na aglomeração parisiense. Saint Louis, em Missouri, experimentou, um ano depois de haver instalado um importante programa de iluminação, diminuição de 41% dos roubos de automóveis e de 13% dos assaltos.[107]

O poeta inglês da Renascença T. Dekker, que sabe do que fala, faz da noite londrina, no tempo de Elizabeth e de Carlos I, uma descrição sem complacência. Todos os criminosos, covardes demais para mostrarem-se ao sol, "saem de suas conchas". Os lojistas, que mataram o tempo durante o dia, com ar intratável e moroso em sua lojinha, entram furtivamente numa taberna de onde saem cambaleantes — alguns desabam numa valeta. Os aprendizes, apesar dos compromissos de seu contrato, arriscam-se por sua vez a uma escapada em direção ao cabaré. Jovens casados desertam do leito conjugal. Gritalhões se juntam em torno do guarda que detém um bêbado. Prostitutas aparecem nas ruas, que percorrem até a meia-noite. Se as trevas são suficientemente espessas, o severo puritano, que ao luar não ousaria aproximar-se de um bordel, atreve-se a ir à casa de uma cortesã. Pelas ruas escuras, as parteiras vão presidir ao nascimento de bastardos, que em seguida farão desaparecer deste mundo. A noite é mais perigosa quando os alabardeiros em vigia estão adormecidos numa encruzilhada, roncando ruidosamente. Além disso, "sente-se" de longe sua presença, pois comeram cebolas para proteger-se do frio. Assim o Mal pode prosseguir, sem ser perturbado, sua dança noturna na grande cidade, ao passo que os galantes, na soleira das tabernas, zombam dos soldados adormecidos da guarda.[108] T. Dekker conta em Londres um bom milhar de cabarés.[109] Alguns são mantidos por bruxas cafetinas de duplo ou triplo queixo. Elas bebem licores e aguardente e usam no dedo médio, como as prostitutas que fornecem como caça, um anel com caveira. Em suas casas, abertas dia e noite, oferecem aos visitantes as famosas ameixas cozidas, símbolo na literatura elisabetana do infame comércio do submundo.[110] A escuridão permite naturalmente a atividade dos arrombadores, que atacam de preferência as lojas dos vendedores de tecidos e de ourives, negociantes abastados. Para maior segurança, acontece-lhes comprar a cumplicidade do vigia ou do guarda-noturno.[111]

Mesmo na Paris do século XVIII, cujas principais artérias são então iluminadas por umas 5500 lanternas, não será bom circular fora dos circuitos balizados pela luz. O alemão Nemeitz, publicando em 1718 "instruções fiéis para os viajantes de condição", escreverá a esse respeito:

> Não aconselho ninguém a ir pela cidade na noite escura. Pois, embora a vigilância ou a guarda a cavalo patrulhe por toda a cidade para ali impedir as desordens, há muitas coisas que ela não vê [...]. O Sena, que atravessa a cidade, deve arrastar quantidades de corpos mortos, que devolve para a margem em seu curso inferior. Portanto é melhor não se deter por muito tempo em parte alguma e voltar cedo para casa.[112]

No entanto, na época da Regência, a vida noturna era infinitamente mais animada que duzentos anos antes. Interpretando antigos regulamentos que determinavam aos donos de cabaré fechar o estabelecimento após o toque de recolher soado em Notre-Dame, o Châtelet em 1596 decidiu que duraria das sete horas da noite de 1º de outubro até a Páscoa e das oito horas da Páscoa até 1º de outubro.[113] As portas das cidades eram fechadas, a atividade artesanal cessava, as pessoas de bem não tinham mais nada a fazer fora após o toque de recolher. Seu lugar era em casa e, cedo, na cama. Assim pensaram outrora todos aqueles que zelavam pelo rebanho cristão. O padre Maunoir, que evangelizou a Bretanha de 1640 a 1683, ouvindo falar das "noitadas" bretãs, associou-as aos sabás de feiticeiros e combateu-as ferozmente. Do mesmo modo, as *écraignes* pareceram suspeitas às pessoas de Igreja. Eram ocasiões de rixas — as cartas de remissão assinalam com efeito algazarras à saída dos serões[114] — e pretexto para "indecências". Daí as interdições eclesiásticas. Lê-se em um mandamento sinodal de Saint-Brieuc, no ano de 1493:

> Já em um sínodo precedente, para cortar esses abusos ineptos e escandalosos que se produziam muito frequentemente nas reuniões de fiaduras, havíamos proibido essas reuniões em nossa cidade e na diocese inteira, sob as penas editadas

nos estatutos desse sínodo. Sabemos que essa proibição foi violada várias vezes. É por isso que renovamos especialmente esses estatutos, e proibimos novamente todos os nossos súditos e de qualquer condição de manter doravante essas reuniões e fiações com danças, loucuras e extravagâncias, de a elas assistir ou a elas comparecer sob pena de excomunhão [...].[115]

Evidentemente, as *écraignes* continuaram. Quanto aos "serões de santos", no decorrer dos quais as pessoas se encontravam em uma igreja ou em um cemitério, eram muitas vezes causa de "divertimentos", "jogos", "danças", violações e outras violências. A ponto de em Notre-Dame de Paris, para o serão de 15 de agosto, o capítulo fazer entrar na igreja soldados encarregados de punir os fomentadores de desordens.[116] R. Vaultier reuniu várias cartas de remissão relativas a excessos cometidos por ocasião dos serões religiosos, por exemplo estas:

[1383] A noite da festa de Nossa Senhora em setembro [...] [em] que há grandes serões e reunião de pessoas na grande igreja [da Charitésur-Loire] [...] [rapazes] que velavam na festa, armados, subjugaram um companheiro que encontraram na igreja sobre uma mulher desonestamente.[117]

[1385] [Um certo Perrin foi] por grande devoção a Nossa Senhora de Barres, no bailio de Orléans, por tentação do inimigo, e esse Perrin e alguns outros rapazes se puseram a dançar na dita igreja, com vários homens e mulheres [...], e para isso fazer, os ditos companheiros apagaram as candeias e jogaram-nas atrás do altar e quebraram as lâmpadas", depois amordaçaram uma mulher.[118]

O Inimigo aproveita portanto da noite para induzir ao mal o ser humano fragilizado pelo desaparecimento da luz. Daí a necessária presença nas cidades de outrora do guarda-noturno que faz a ronda com sua lanterna, seu sino e seu cão. Ele é, segundo T. Dekker, "a sentinela da cidade, o vigia de todos os bairros, o honesto espião que descobre as práticas noturnas e, tal como o fanal na popa do navio, servindo de guia e de reconforto aos marinheiros nas mais negras trevas, percorre a cidade, à qual poupa frequentemente muitos incêndios perigosos".[119] Todos têm portanto interesse em escutar e em praticar seus sábios conselhos: pois a noite é perigosa para o corpo e para a alma, é a antecâmara da morte e do inferno. O sino do vigia é já o toque a finados:

> *Homens e crianças, meninas e mulheres,*
> *Não é tarde demais para emendar vossa vida:*
> *Fechai à chave vossas portas, no calor permanecei deitados,*
> *É grande perda a de uma virgindade.*
> *À meia-noite festejar é muito esbanjar,*
> *As desordens dos criados fazem a ruína dos patrões:*
> *Quando ouvirdes este sino soar*
> *Crede que é vosso último dobre [...].*[120]

Tal é a lúgubre ladainha do "despertador" londrino, por trás da qual é preciso reconstituir a angústia milenar diante de uma noite mal dominada. Lembramos anteriormente a profecia do Apocalipse: o novo céu e a nova terra prometida não comportarão mais mar. Do mesmo modo, não conhecerão mais a noite. A Jerusalém eterna será iluminada pela luz sem declínio que é Deus (Apocalipse XXI,5; XXI,23; I João I,5).

3. TIPOLOGIA DOS COMPORTAMENTOS COLETIVOS EM TEMPO DE PESTE

1. PRESENÇA DA PESTE[1]

Sobre a tela de fundo constituída pelos medos cotidianos já identificados (sem se pretender deles ter levantado um inventário completo) destacavam-se, a intervalos mais ou menos próximos, episódios de pânico coletivo, especialmente quando uma epidemia se abatia sobre uma cidade ou uma região. Mais frequentemente, na Europa, tratou-se da peste, sobretudo durante os quatro séculos que correm de 1348 a 1720. Entretanto, no decurso desse longo período, outros contágios dizimaram também as populações ocidentais: a sudâmina inglesa nas ilhas Britânicas e na Alemanha nos séculos XV e XVI, o tifo nos exércitos da Guerra dos Trinta Anos, e ainda a varíola, a gripe pulmonar e a disenteria: todas as três ativas no século XVIII.[2] O cólera, em compensação, só apareceu nessa parte do mundo em 1831. Uma leitura atenta dos textos da alta Idade Média permitiu recentemente concluir que a peste fora virulenta na Europa e em torno da bacia mediterrânica entre os séculos VI e VIII, com uma espécie de periodicidade dos surtos epidêmicos cujos picos se davam a cada nove a doze anos.[3] Depois ela pareceu desaparecer no século IX, mas para ressurgir brutalmente em 1346 nas margens do mar de Azov. Em 1347, atingiu Constantinopla e Gênova e logo toda a Europa, de Portugal e da Irlanda a Moscou. As devastações da "morte negra" estenderam-se pelos anos 1348-51, eliminando, assegura Froissart, "a terça parte do mundo".

Durante todo o resto do século XIV e ao menos até o começo do XVI, a peste reapareceu quase a cada ano em um lugar ou outro da Europa ocidental. Em 1359, ei-la na Bélgica e na Alsácia; em 1360-1, na Inglaterra e na França. Em 1369, ela ataca novamente a Inglaterra, depois devasta a França de 1370 a 1376, para passar mais uma vez para além da Mancha. A Itália não estava mais bem aquinhoada. Um cronista de Orvieto anotou: "A primeira peste geral ocorreu em 1348 e foi a mais forte". Depois acrescentou: "Segunda peste, 1363. Terceira peste, 1374. Quarta peste, 1383. Quinta peste, 1389". Uma outra mão completou: "Sexta peste, 1410". "Outras mãos", comenta E. Carpentier, "teriam podido continuar a lista para o século XV."[4] Há ainda o caso de Châlons-sur-Marne. As datas de epidemias na cidade parecem obedecer a um ritmo e salienta-se um ataque por década: 1455-7; 1466-7; 1479; 1483; 1494-7; 1503; 1516-7; 1521-2.[5] Daí esta análise de J.-N. Biraben:

> Se se acompanha a história da peste em uma cidade nessa época [...], constata-se que ela era responsável, a cada oito, dez ou quinze anos, por violentos surtos em que toda a cidade era atingida, perdendo até 20, 30 e mesmo 40% de sua população. Fora desses paroxismos, persistia em estado semiendêmico, vagando caprichosamente de uma rua ou de um bairro a outro, sazonalmente, durante um, dois e até cinco ou seis anos seguidos, depois extinguia-se durante alguns anos. Reaparecia então sob essa forma "atenuada" que precedia muitas vezes a forma "explosiva" antes de segui-la.[6]

Mal enraizado, implacavelmente recorrente, a peste, em razão de seus reaparecimentos repetidos, não podia deixar de criar nas populações "um estado de nervosismo e de medo".[7] Na França, entre 1347 e 1536, J.-N. Biraben identificou 24 surtos principais, secundários ou anexos de peste em 189 anos, ou seja, mais ou menos a cada oito anos. Em um segundo período, que se estende de 1536 a 1670, não se contam senão doze surtos (um a cada 11,2 anos).[8] Após o que, a doença parece desaparecer, para ressurgir violentamente na Provença em 1720. Desse modo, na França, mas também mais geralmente no Ocidente, o caráter endêmico da peste diminui a partir do século XVI, destacando ainda mais as explosões mais violentas: em Londres em 1603, 1625 e 1665; em Milão e Veneza em 1576 e 1630; na Espanha em 1596-1602, 1648-52, 1677-85; em Marselha em 1720. Essas datas e essas localizações não constituem, supõe-se, senão alguns pontos de referência na diacronia e na geografia das pestes do período barroco, pois as epidemias de 1576-85 e 1628-31 estenderam-se na realidade a uma grande parte da Europa.[9] Por mais violentas que tenham sido essas explosões — em particular a última na França, a de Marselha — estavam cada vez mais separadas umas das outras por anos em que nenhum óbito suspeito era assinalado. O mal se tornava então mais esporádico e localizado, e depois de 1721 desapareceu do Ocidente. Mas anteriormente, durante quase quatrocentos anos, a peste fora, segundo a expressão de B. Bennassar, "um grande personagem da história de ontem".[10]

Grande, porque sinistro. Julguemos por seus crimes, que causaram estupefação aos contemporâneos: "Houve, durante esses dois anos [1348-9]", escreve o carmelita parisiense Jean de Venette, "um número de vítimas tal que jamais se ouvira dizer, nem se vira nem se lera nos tempos passados".[11] E Boccaccio precisa na introdução de *O decamerão* a respeito de Florença:

> A crueldade do céu, e talvez a dos homens, foi tão rigorosa, a epidemia grassou de março a julho [1348] com tanta violência, uma multidão de doentes foi tão mal socorrida, ou até, em razão do medo que inspirava às pessoas saudáveis, abandonada em tal privação, que se tem alguma segura razão de estimar em mais de 100 mil o número de homens que perdeu a vida no recinto da cidade. Antes do sinistro, não se imaginara talvez que nossa cidade contasse tal quantidade deles. Quantos grandes palácios, quantas belas casas, quantas moradas, outrora repletos de criados, de senhores e de damas, viram afinal desaparecer até seu mais humilde servidor! Quantas ilustres famílias, quantos imponentes domínios, quantas fortunas reputadas ficaram privadas de herdeiros legítimos! Quantos valorosos senhores, belas damas e graciosos rapazinhos, aos quais não só o corpo mé-

dico, mas Galeano, Hipócrates e até Esculápio teriam conferido um certificado de robusta saúde, tomaram a refeição da manhã com seus parentes, seus camaradas e seus amigos e, chegada a noite, sentaram-se no outro mundo à ceia de seus ancestrais.[12]

A avaliação de Boccaccio é exagerada. É mesmo exato, como certos historiadores afirmaram, que Florença teria contado 110 mil habitantes em 1338 e 50 mil apenas em 1351? K. J. Beloch estima que a cidade do Arno reunia 55 mil almas em 1347 e 40 mil quatro anos mais tarde, ou seja, assim mesmo uma punção próxima de 30%. E, ao passo que a população recomeçava a crescer na segunda metade do século XIV, a "pestilência" eliminou novamente 11 500 pessoas em 1400 e talvez 16 mil em 1417. Quanto a Siena, teria sido povoada por 20 mil almas em 1347, 15 mil em 1349, 12 500 em 1380.[13] Segundo os historiadores britânicos, a Inglaterra teria sido amputada de 40% de seus habitantes entre 1348 e 1377 (tendo 3 757 000 na primeira data e 2 223 375 na segunda).[14] A peste negra e aquelas que a seguiram foram aqui, senão as únicas, ao menos as principais responsáveis pelo desastre.

Eis agora alguns trágicos recordes: Albi e Castres perderam a metade de sua população entre 1343 e 1357, e em 1350 o contágio teria eliminado — cálculos discutíveis, é verdade — 50% dos habitantes de Magdeburgo, 50 a 66% dos de Hamburgo, 70% dos de Bremen.[15] A peste negra devastou sobretudo as cidades, mas nem por isso os campos foram poupados — em 1348 Givry, na Borgonha, viu desaparecer 1/3 de sua população. Na Savoia, os lares da paróquia de Saint-Pierre-du-Soucy passaram de 108 em 1347 a 55 em 1349; os de sete paróquias vizinhas, de 303 em 1347 a 142 em 1349.[16] Em certos domínios da abadia de Winchester, onde se contavam 24 óbitos de camponeses em 1346 e 54 em 1347 e em 1348, sobe-se brutalmente para 707 em 1349".[17] Quer-se uma estimativa global, na escala da Europa ocidental e central, das devastações provocadas pelo flagelo em 1348-50? Podemos ater-nos à que fornecera Y. Renouard: "[...] A proporção dos óbitos devidos à peste em relação ao conjunto da população parece ter oscilado entre 2/3 e 1/8 segundo as regiões".[18] Portanto, Froissart tinha sem dúvida razão de pensar que 1/3 dos europeus sucumbira ao contágio, tendo este sido, no entanto, particularmente severo na Itália, na França e na Inglaterra.

A Europa, tomada em bloco, não iria conhecer mais tarde epidemia tão trágica quanto a de 1348-50. Contudo, os retornos ofensivos do contágio ganharam ainda, na escala urbana, regional, ou até nacional, ares de catástrofe. Paris teria perdido 40 mil almas em 1450.[19] Londres, que contava cerca de 460 mil habitantes em 1665, viu perecerem da peste 68 500 deles naquele ano.[20] Marselha, no começo do século XVIII, reunia um pouco menos de 100 mil almas; a epidemia de 1720 eliminou cerca de 50 mil delas (incluído o território das redondezas).[21] A mesma proporção, mas agindo em massas humanas mais densas, em Nápoles em 1656. Essa cidade, desmesuradamente povoada, agrupava então de 400 a 450 mil habitantes. A peste ceifou 240, talvez mesmo 270 mil.[22] Consideremos agora em sua globalidade a Itália e a Espanha do século XVII. A alta Itália (de Veneza ao Piemonte e a Gênova inclusive) teria conhecido uma baixa demográfica de 22% entre 1600 e 1650, ocasionada principalmente pela peste de 1630, tendo a epidemia destruído 32% da população de Veneza, 51% da de Milão, 63% da de Cremona e Verona, 77% — sombrio recorde — da de Mântua. No total, a Itália, durante a primeira metade do século XVII, perdeu 14% de seus habitantes (1 730 000 almas).[23] As perdas teriam sido comparáveis na Espanha, que era menos povoada. As "três grandes ofensivas da morte" (por peste) — 1596-1602, 1648--52, 1677-85 — teriam eliminado 1 250 000 vidas. Barcelona, em 1652, perdeu cerca de 20 mil habitantes em 44 mil.[24] Sevilha, em 1649-50, enterrou 60 mil mortos em 110 ou 120 mil habitantes.[25] A peste foi portanto uma das causas principais da crise sofrida pelas duas penínsulas no decorrer do século XVII.

* * *

Até o final do século XIX, ignoraram-se as causas da peste que a ciência de outrora atribuía à poluição do ar, ela própria ocasionada seja por funestas conjunções astrais, seja por emanações pútridas vindas do solo ou do subsolo. Daí as precauções, aos nossos olhos inúteis, quando se aspergia com vinagre cartas e moedas, quando se acendiam fogueiras purificadoras nas encruzilhadas de uma cidade contaminada, quando se desinfetavam indivíduos, roupas velhas e casas por meio de perfumes violentos e de enxofre, quando se saía para a rua em período de contágio com uma máscara em forma de cabeça de pássaro cujo bico era preenchido com substâncias odoríferas. Por outro lado, as crônicas antigas e a iconografia quase não mencionam como sinal precursor de uma epidemia a mortalidade maciça dos ratos, na qual A. Camus insiste em *A peste*. O papel da pulga era igualmente ignorado. Em compensação, todos os relatos de outrora descrevem o perigo do contágio inter-humano. Esse perigo, hoje o sabemos, é evidente no caso da peste pulmonar, que se transmite pelas gotinhas de saliva. Mas a pesquisa médica atual interroga-se sobre o "dogma do rato" no que concerne à peste bubônica. Sem dúvida, a história dessa doença desde as origens permanece ligada à do rato. Mas, em inúmeras epidemias de peste bubônica, parece que o fator multiplicador, o principal agente de transmissão teria sido, não o parasita murídeo, mas a pulga que ataca o homem, a qual passa de um hospedeiro agonizante para um hospedeiro são. A mortalidade não teria implicado então necessariamente um antecedente epizoótico.[26] Daí as devastações do contágio nos bairros populares onde o parasitismo era mais denso. A partir daí, se as purgações e as sangrias, se o temor da transmissão do mal pelas dejeções dos doentes, se o abate de animais em que não se encontram pulgas (cavalo, boi etc.) de nada adiantavam, em compensação era pertinente queimar os tecidos, especialmente os de lã, nas casas contaminadas. É bem verdade que era preciso, se possível, fugir ou, na impossibilidade disso, isolar e isolar-se. Tanto mais que a peste bubônica dava lugar frequentemente a uma complicação pneumônica secundária. O bom senso popular tinha portanto razão a esse respeito contra os "eruditos" que se recusavam a crer no contágio. E foram afinal as medidas cada vez mais eficazes de isolamento que fizeram regredir o flagelo.

A essa profilaxia parcialmente correta, correspondia uma observação exata dos sintomas da doença, em particular sob sua forma bubônica: descrição dos "carbúnculos", localização dos bubões, destaque dado, no quadro clínico, à língua intumescida, à sede ardente, à febre intensa, aos calafrios, à irregularidade do pulso, ao delírio muitas vezes violento, às perturbações do sistema nervoso, às cefaleias, ao olhar fixo. Um médico de Marselha observou em consequência da epidemia de 1720:

[A] doença começava com dores de cabeça e vômitos e seguia-se uma forte febre [...]. Os sintomas eram, comumente, calafrios regulares, um pulso fraco, frouxo, lento, frequente, desigual, concentrado, um peso na cabeça tão considerável que o doente tinha muita dificuldade para sustentá-la, parecendo tomado de um atordoamento e de uma perturbação semelhantes aos de uma pessoa embriagada, o olhar fixo, marcando o pavor e o desespero [...].[27]

As pessoas de outrora igualmente observaram que a peste atacava sobretudo no verão (nem sempre, contudo) — a pulga prefere com efeito uma temperatura de 15-20° em uma atmosfera com 90 a 95% de umidade —, que prejudicava mais especialmente os pobres, as mulheres e as crianças e que dizimava com predileção populações vítimas de penúrias recentes. *Le traité de la peste*, de César Morin (Paris, 1610), inclui um capítulo intitulado "Como a peste acompanha comumente as grandes fomes". E se podem ler sob a pena de um obscuro cônego lombardo, que foi testemunha da peste de 1630 em sua pequena cidade de Busto-Arsizio, estes esclarecimentos relativos ao ano de 1629:

A penúria tornou-se tão extrema que já não se encontravam víveres, mesmo com dinheiro [...]. Desse modo, os pobres comiam pão carcomido [...], tremoços, rábanos e ervas de toda espécie. Os rábanos eram vendidos a 16 *sous* o *stare* e mesmo assim não eram encontrados. Desse modo, viam-se os pobres, quando estrangeiros traziam rábanos em suas carroças, acorrer empurrando-se para comprá-los; pareciam cabras esfaimadas partindo para o pasto [...]. Seguiram-se doenças atrozes, incuráveis, desconhecidas dos médicos, dos cirurgiões e de qualquer homem vivo, que continuaram durante seis, oito, dez e doze meses. De maneira que uma infinidade de pessoas morreu em 1629.[28]

2. IMAGENS DE PESADELO

Essas anotações, por excessivas que sejam, constituem uma peça a mais a ser incorporada ao dossiê "daqueles que acoplam crises de subsistência e ciclos pestilentos".[29] Mas elas se integram também em uma representação mental das epidemias que, especialmente no caso da Itália do século XVII, ocorriam ligadas aos dois outros flagelos tradicionais: a fome e a guerra. A peste é então uma "praga" comparável às que atingiram o Egito. É ao mesmo tempo identificada como uma nuvem devoradora que chega do estrangeiro e que se desloca de país em país, da costa para o interior e de uma extremidade à outra de uma cidade, semeando a morte à sua passagem. É ainda descrita como um dos cavaleiros do Apocalipse, como um novo "dilúvio", como um "inimigo formidável" — é a opinião de D. Defoe — e sobretudo como um incêndio frequentemente anunciado no céu pelo rasto de fogo de um cometa. Na Provença e na Áustria de outrora, pessoas viram "a centelha da peste" atravessar uma cidade e, saindo dos cadáveres, precipitar-se sobre as pessoas até então com boa saúde.[30] O sentimento de ser confrontado a um incêndio era talvez reforçado pela frequente relação entre verão e epidemia e pelo hábito de acender nas encruzilhadas fogos purificadores, espécies de *contre-feux*.* Sobretudo, comparava-se a contaminação a um grande incêndio: "A intensidade da epidemia", Boccaccio observa em *O decamerão*, "aumentou pelo fato de os doentes, por suas relações cotidianas, contaminarem os indivíduos ainda sãos. Assim é com o fogo, alimentado pelas matérias secas ou gordurosas que lhe são contíguas".[31] D. Defoe escreve por seu lado: "A peste é como um grande incêndio que [...], se irrompe numa cidade muito densa, aumenta sua fúria e a devasta em toda a sua extensão".[32] A imagem do abrasamento reaparece também sob a pena de um médico marselhês que viveu a epidemia de 1720 e fala da "espantosa presteza com que a doença passou repentinamente de casa em casa e de rua em rua, como por uma espécie de incêndio [...]. Ela atingia essa grande cidade com a rapidez de um abrasamento".[33]

A comparação entre peste e fogo, ei-la ainda nos relatos de um cônego italiano e de um pastor valdense, relatando ambos a terrível peste de 1630, verdadeira "tempestade de aflições". O padre de Busto-Arsizio, de quem já citamos o testemunho, escreve com ênfase, jogando com o nome de sua cidade (*arsizio*: chamuscado, queimado):

> Ai! cara e desgraçada pátria! Por que não choras, ó Busto? [...]. Queimado e consumido, quase reduzido a tições e cinzas, tornou-se Busto desolado e desabitado [...]. Agora já não se pode dar-lhe nome mais verídico do que Busto, o queimado, pois que está totalmente incendiado.[34] [O pastor valdense lhe dá a réplica quando menciona Pignerol, onde a peste está] ainda muito inflamada.[35]

Um religioso português do século XVII, evocando por sua vez a peste, descreve-a como um "fogo violento e impetuoso".[36]

---

* Queimada que se efetua para circunscrever um incêndio. (N. E.)

Contudo, para os homens de Igreja e para os artistas que trabalhavam graças às suas encomendas, a peste era também e sobretudo uma chuva de flechas abatendo-se de súbito sobre os homens pela vontade de um Deus encolerizado. Certamente, a imagem é anterior ao cristianismo. O canto I da *Ilíada* evoca o "arqueiro" Apoio que desce, "com o coração irritado, dos cimos do Olimpo, tendo ao ombro seu arco e sua aljava bem fechada. As flechas ressoam ao ombro do deus encolerizado", que dizima as tropas com um "mal pernicioso".[37] Mas foi a cultura eclesiástica que retomou e popularizou essa comparação. Já no final do século XIII, Jacques de Voragine mencionara na *Legenda áurea*[38] uma visão de são Dominique percebendo no céu o Cristo irado que brandia três lanças contra a humanidade culpada de orgulho, cupidez e luxúria. Clero e fiéis, vendo a peste negra e aquelas que a seguiram ao longo dos séculos como punições divinas, assimilaram naturalmente os ataques do mal aos golpes mortais de flechas lançadas do alto. Assim, o registro da municipalidade de Orvieto, na data de 5 de julho de 1348, constatava "a violenta mortalidade em virtude da peste que nesse momento envia atrozmente suas flechas por toda parte".[39] A iconografia apoderou-se dessa comparação e difundiu-a nos séculos XV e XVI tanto na Itália como para além dos Alpes. As flechas da epidemia aparecem pela primeira vez sobre um painel do altar dos carmelitas descalços (1424) de Göttingen.[40] Cristo as lança em chuva densa sobre os homens. Dezessete personagens são traspassados por elas. No entanto, vários outros são protegidos pelo grande manto da Virgem — este último tema será retomado muitas vezes. Um afresco de B. Gozzoli em San Gimignano (1464) mostra Deus pai, a despeito de Jesus e Maria ajoelhados, lançando a flecha envenenada sobre a cidade que fora atingida pela contaminação no ano anterior. Um díptico de Martin Schaffner (por volta de 1510-4) conservado em Nuremberg[41] também ilustra essa representação coletiva da peste. À esquerda, do alto de um céu tempestuoso os anjos atiram flechas sobre a humanidade pecadora, mas que se arrepende e implora.

À direita, Cristo, à prece dos santos antipestilentos, detém a punição com a mão. As flechas desviadas de sua trajetória inicial afastam-se da cidade ameaçada e vão perder-se alhures. Por vezes, o aspecto castigo não é diretamente expresso, mas apenas o resultado do decreto de punição. Em um quadro alemão anônimo, contemporâneo do precedente, personagens são subitamente atingidos por flechas, todas vindas de cima. São atingidos na virilha e nas axilas (localizações freqüentes dos bubões), mas também em outras partes do corpo. Uma mulher transpassada cambaleia, um menino e um adulto já estão estendidos, um morto, o outro agonizante. Um homem na força da idade não escapará ao dardo que se aproxima dele.[42]

As flechas lançadas por Deus evocam ainda a peste na esteia funerária de um cônego em Moosburgo (igreja de são Kastulus, 1515), em uma pintura da catedral de Münster, em uma tela de Veronese conservada no museu de Rouen. Um ex-voto da igreja de Landau-an-der-Isar as mostra chovendo sobre cada casa da cidade. Uma variante desse tema faz passar a flecha da mão de Deus para a da Morte. Esqueleto cheio de esgares e por vezes galopando sobre cadáveres, ela arremessa suas armas sobre os vivos de todas as condições ocupados em trabalhar ou em divertir-se. Assim, por exemplo, na biblioteca comunal dos *Intronati* em Siena (1437), em Saint-Etienne-de-Tinée (1485), no palácio Abatello de Palermo (é um *Triunfo* da morte do século XV), em uma gravura de J. Sadeler (gabinete das Estampas, Bruxelas) e em uma gravura anônima inglesa de 1630 que mostra os londrinos fugindo de três esqueletos que os ameaçam com suas flechas.

O que os artistas queriam também acentuar, além do aspecto da punição divina, era a instantaneidade do ataque do mal e o fato de que, rico ou pobre, jovem ou velho, ninguém podia vangloriar-se de a ele escapar — dois aspectos das epidemias que impressionaram vivamente todos aqueles que viveram em período de peste. A insistência na rapidez registra-se em todos os relatos de "pestilência".

A propósito da epidemia de 1348, o carmelita parisiense Jean de Venette observava: "[As pessoas] só ficavam doentes dois ou três dias e morriam rapidamente, o corpo quase são. Aquele que hoje estava com boa saúde, amanhã estava morto e enterrado".[43] Um médico espanhol, descrevendo a peste de Málaga em 1650, fazia a mesma observação: "Muitos morriam repentinamente, outros em algumas horas, e aqueles que se acreditavam salvos caíam mortos quando menos se pensava".[44] Sobre a epidemia de Londres, em 1665, escreve também D. Defoe em *Um diário do ano da peste*: "O furor da epidemia era tal, as pessoas caíam doentes tão rapidamente e morriam tão depressa, que era impossível informar-se a tempo e mandar fechar as casas com a exatidão que teria sido necessária".[45] Descrevendo a marcha fulminante da doença, um médico marselhês que viveu a contaminação de 1720 observava por sua vez: "Algumas pessoas morriam subitamente, outras em dois ou três dias".[46] Daí as frequentes menções de pessoas falecendo na rua enquanto se apressavam na direção de um lazareto.

Essas observações, geradoras de uma inquietação muito compreensível, aderem à realidade. Se a peste é pneumônica primária, inicia-se brutalmente, progride no organismo sem encontrar defesa séria e a "morte sobrevém dois ou três dias depois do começo das perturbações, em 100% dos casos".[47] Quanto à forma bubônica clássica, manifesta-se de imediato por uma febre de 39-40°, com um quadro clínico impressionante — pulso rápido, conjuntivas dilatadas, olhar brilhante, vômitos, boca seca. Os bubões só se desenvolvem em seguida, ao fim de 48 horas. Mas podem não aparecer: trata-se então de peste septicêmica. Nesse caso, ou o bubão não teve tempo de formar-se, ou então os gânglios atingidos estão situados muito profundamente para serem percebidos com facilidade. Foi sobretudo essa forma da doença que causou estupefação nos contemporâneos das "pestilências" de outrora. Pois se desencadeia de maneira fulminante, com temperatura de 40--42°, manifesta-se especialmente através de perturbações nervosas e psíquicas, hemorragias espontâneas da pele, das mucosas e das vísceras e provoca a morte em 24 ou trinta horas.[48] Um cirurgião marselhês anotou em 1720: "Não escapou nenhum doente de todos aqueles nos quais não apareceu nenhuma erupção".[49]

A iconografia não deixou de ressaltar ou mesmo de exagerar o caráter súbito da morte por peste,[50] que os holandeses do século XVII chamavam de "a doença apressada". Esse tema aparece de início em miniaturas consagradas à procissão organizada em Roma pelo papa Gregório I por ocasião da peste de 590. As *Très riches heures du duc de Berry* (Chantilly), as de Pol de Limbourg (Nova York, Cloisters), e as do mestre de Saint-Jérôme (Bodleian Library, Oxford) representam pessoas que desabam de repente no decorrer da cerimônia. Em um desenho de G. Lochrer, *A peste em Berna em 1439* (Berna, Biblioteca Nacional), duas pessoas que acompanhavam um enterro são aniquiladas de súbito. Em duas gravuras holandesas, uma anônima, a outra de W. de Haen, veem-se carregadores de caixão que desmoronam, caindo com eles o ataúde (Museu Van Stolk, Roterdã). Insistem ainda na morte súbita *A grande peste*, atribuída a J. Lieferinxe (Baltimore, Walters Art Gallery), *A peste atingindo os soldados romanos* (1593), gravura de J. Sanredam (Museu da Universidade de Medicina de Copenhague), a ampla tela de A. Spadaro, *Agradecimentos depois da peste de 1656* (Nápoles, Museu S. Martino), a obra de N. Mignard, *A peste de Epiro* (Paris, Instituto Pasteur). Esta apresenta um cirurgião que acaba de fazer uma incisão em um bubão e que desaba deixando cair sua lanceta.

Os quadros de Nuremberg e de Munique anteriormente descritos, porque evocavam flechas mortais vindas do céu, faziam-nas voar em direção de uma cidade inteira, atacando indiferentemente todo mundo. No entanto, alguns documentos dão a entender que a peste era seletiva e que dizimava sobretudo os pobres.

A propósito da epidemia de 1599 na Espanha setentrional, B. Bennassar recolheu os seguintes testemunhos — Valladolid, 26 de junho: "Morreram em pouco tempo algumas pessoas da alta sociedade e o maior número é de pobres"; Sepúlveda, 26 de abril: "Todas as pessoas que morreram nessa cidade e em sua terra são muito pobres e não tinham [...] com que sustentar-se".[51]

Para D. Defoe, a peste de Londres em 1665 operou devastações sobretudo entre os numerosos desempregados da capital: "[...] Em sua crise mais furiosa, de meados de agosto a meados de outubro, ela levou 30 a 40 mil desses infelizes que, se tivessem vivido, teriam certamente constituído um fardo insuportável por sua pobreza".[52]

Em Marselha, em 1720, os escabinos falam "do povo miúdo que era aquele que quase sempre era atingido pela peste". E o dr. Roux precisa: "Essa praga foi funesta para esses pobres inocentes, para as mulheres grávidas que eram mais suscetíveis que as outras pessoas e para o povo".[53]

Outros testemunhos no entanto vão em sentido contrário. Lembremos o texto de Boccaccio citado anteriormente:

> Quantos grandes palácios, quantas belas casas, quantas moradas, outrora repletos de criados, de senhores e de damas, viram afinal desaparecer até o mais humilde servidor! Quantas ilustres famílias, quantos imponentes domínios, quantas fortunas reputadas ficaram privados de herdeiros legítimos![54]

Descrevendo, com base nas melhores fontes, a peste que devastou Milão em 1630, Manzoni, em *Os noivos*, nota que a epidemia, de início confinada nos bairros pobres, ganhou em seguida o resto da cidade: "A teimosia dos incrédulos cedeu enfim à evidência, sobretudo quando se viu a epidemia, até então concentrada no povo, expandir-se e atingir pouco a pouco personagens mais conhecidos".[55]

Em Marselha, o contágio espalhou-se igualmente por toda

a cidade, partindo, é verdade, dos bairros mais populosos. O dr. Roux, mesmo reconhecendo que os pobres foram as principais vítimas, assim concluiu: "Ela [a peste] ataca indiferentemente toda espécie de pessoas, homens, mulheres, jovens, velhos, fracos, robustos e abastados, sem distinção".[56]

Em suma, se não se fugira a tempo, rico ou pobre, jovem ou velho, estava-se ao alcance da flecha do horrível arqueiro. Imaginada pelos meios eclesiásticos leitores do Apocalipse e sensíveis ao aspecto punitivo das epidemias, a comparação entre o ataque da peste e o das flechas que se abatem de improviso sobre vítimas teve por resultado a promoção de são Sebastião na piedade popular. Atuou aqui uma das leis que domina o universo do magismo, a lei de contraste que muitas vezes não é senão um caso particular da lei de similaridade: o semelhante afasta o semelhante para suscitar o contrário.[57] Porque são Sebastião morrera crivado de flechas, as pessoas convenceram-se de que ele afastava de seus protegidos as da peste. Desde o século VII, ele foi invocado contra as epidemias. Mas foi depois de 1348 que seu culto ganhou grande impulso.[58] E no universo católico, desde então até o século XVIII inclusive, quase não houve igreja rural ou urbana sem uma representação de são Sebastião crivado de flechas.

Um padre português, descrevendo em detalhe uma igreja do Porto em 1666, não deixa de mencionar a figuração de são Sebastião:

> A imagem do santo mártir tem também uma chave suspensa a uma flecha que lhe traspassa o coração; essa chave lhe foi remetida pelo senado municipal durante a peste que grassou há setenta anos — Deus nos proteja de seu retorno — a fim de que o santo livre esta cidade de tão grande mal, como o fez desde então até o presente. Desse modo, ninguém ousa retirar-lhe essa chave.[59]

As crônicas de outrora que descrevem pestes constituem como que um museu do horrível. Sofrimentos individuais e espetáculos alucinantes nas ruas somam-se para criar o insustentável. Havia em primeiro lugar o martírio dos doentes da peste. "Calor insuportável, sufocamento sentido pelos doentes, febre furiosa, dor intolerável nas virilhas e nas axilas": é o quadro clínico montado em 1650 por um médico de Málaga.[60] Os cirurgiões acreditavam fazer bem tentando abrir ou cauterizar os tumores recalcitrantes. "Alguns eram tão duros", relata D. Defoe, "que não se podiam abri-los com nenhum instrumento; então, cauterizavam-nos de tal maneira que muitos pacientes morreram enlouquecidos por essa tortura."[61] Passemos do singular ao coletivo. Eis Marselha em 1720, tal como a vê um contemporâneo: os "vapores malignos" saem das casas onde apodrecem cadáveres e elevam-se das ruas cheias de colchões, cobertas, de panos, trapos e toda espécie de imundícies que poluem. As sepulturas repletas de cadáveres mostram "corpos monstruosos, uns inchados e negros como carvão, outros igualmente inchados, azuis, violetas e amarelos, todos fedorentos e estourados, deixando o rasto do sangue podre" [...].[62] Uma peste era então, mesmo para os sobreviventes, um trauma psíquico profundo, reconstituído para nós pelo texto transtornado de um religioso testemunha da peste de 1630 em Milão. Ele enumera num rasgo

> [...] a confusão dos mortos, dos moribundos, do mal e dos gritos, os uivos, o pavor, a dor, as angústias, os medos, a crueldade, os roubos, os gestos de desespero, as lágrimas, os apelos, a pobreza, a miséria, a fome, a sede, a solidão, as prisões, as ameaças, os castigos, os lazaretos, os unguentos, as operações, os bubões, os carbúnculos, as suspeitas, os desfalecimentos [...].[63]

Imagens de pesadelo, torrente desordenada de termos cuja acumulação, no entanto, recria a trágica coerência do vivido.

3. UMA RUPTURA INUMANA

Quando aparece o perigo do contágio, de início procura-se não vê-lo. As crônicas relativas às pestes ressaltam a frequente negligência das autoridades em tomar as medidas que a iminência do perigo impunha, sendo verdade contudo que, uma vez desencadeado o mecanismo de defesa, os meios de proteção foram aperfeiçoando-se no decorrer dos séculos. Na Itália, em 1348, quando a epidemia se espalha a partir dos portos — Gênova, Veneza e Pisa —, Florença é a única cidade do interior que tenta proteger-se contra o atacante que se aproxima.[64] As mesmas inércias se repetem em Châlons-sur-Marne em junho de 1467, onde, apesar do conselho do governador de Champagne, as pessoas se recusam a suspender escolas e sermões,[65] em Burgos e em Valladolid em 1599, em Milão em 1630, em Nápoles em 1656, em Marselha em 1720, sendo que essa enumeração não é exaustiva. Por certo, encontram-se em tal atitude justificativas razoáveis: pretendia-se não assustar a população — daí as múltiplas interdições de manifestações de luto no começo das epidemias — e sobretudo não interromper as relações econômicas com o exterior. Pois a quarentena para uma cidade significava dificuldades de abastecimento, ruína dos negócios, desemprego, desordens prováveis nas ruas etc. Enquanto a epidemia só causava um número limitado de óbitos, ainda se podia esperar que regredisse por si mesma antes de devastar toda a cidade. Porém, mais profundas que essas razões confessadas ou confessáveis, existiam certamente motivações menos conscientes: o medo legítimo da peste levava a retardar pelo maior tempo possível o momento em que seria encarada de frente. Médicos e autoridades procuravam então enganar a si mesmos. Tranquilizando as populações, tranquilizavam-se por sua vez. Em maio e junho de 1599, no momento em que a peste grassou um pouco por toda parte no norte da Espanha — e quando se trata dos outros não se teme empregar o termo exato —, os médicos de Burgos e de Valladolid fizeram diagnósticos lenificantes dos casos observados em sua cidade: "Não é a peste propriamente dita"; "é um mal comum"; trata-se de "febres terçãs e duplas, difteria, febres persistentes, pontadas, catarros, gota e outras semelhantes [...] Alguns tiveram bubões, mas [...] [que] saram facilmente".[66]

Quando uma ameaça de contágio se delimitava no horizonte de uma cidade, as coisas, no estágio do poder de decisão, passavam-se geralmente da seguinte maneira: as autoridades mandavam examinar por médicos os casos suspeitos. Muitas vezes esses médicos faziam um diagnóstico tranquilizador, antecipando-se assim ao desejo do corpo municipal; mas, quando suas conclusões eram pessimistas, outros médicos ou cirurgiões eram nomeados para um contrainquérito, que não deixava de dissipar as primeiras inquietações. Tal é o roteiro que se pode verificar em Milão em 1630 e em Marselha em 1720.[67] Escabinos e tribunais de saúde procuravam então cegar a si mesmos para não perceber a onda ascendente do perigo, e a massa das pessoas se comportava como eles, como muito bem observou Manzoni a propósito da epidemia de 1630 na Lombardia:

> Às fatais notícias que chegavam das regiões infectadas, dessas regiões que formam em torno de [Milão] uma linha semicircular, distante em alguns pontos apenas vinte milhas, em alguns outros só dez, quem não acreditaria em uma comoção geral, em precauções diligentes, ou ao menos em uma estéril inquietude! E, no entanto, se as memórias da época concordam num ponto, é em atestar que não foi assim. A penúria do ano precedente, as extorsões da soldadesca, os pesares de espírito pareceram mais do que suficientes para explicar essa mortalidade. Nas ruas, nas lojas, nas casas, acolhia-se com um riso de incredulidade, com zombarias, com um desdém mesclado de cólera aquele que arriscava uma palavra sobre o perigo, que falava de peste. A mesma incredulidade, digamos melhor, a mesma cegueira, a mesma obstinação prevaleciam no Senado, no Conselho dos decuriões, junto de todos os corpos da magistratura.[68]

As mesmas atitudes coletivas reapareceram em Paris por ocasião do cólera de 1832. Na terceira quinta-feira da quaresma, *Le Moniteur* anunciou a triste notícia da epidemia que começava. Mas de início as pessoas se recusaram a acreditar nesse jornal demasiadamente oficial. H. Heine conta:

> Como era a terceira quinta-feira da quaresma, como fazia um belo sol e um tempo encantador, os parisienses agitavam-se com mais jovialidade nos bulevares, onde se viram até máscaras que, parodiando a cor doentia e a figura desfeita, zombavam do temor do cólera e da própria doença. Na noite do mesmo dia, os bailes públicos foram mais frequentados do que nunca: os risos mais presunçosos quase encobriam a música brilhante; as pessoas se excitavam muito com o *chahut*, dança mais que equívoca; devorava-se toda espécie de sorvetes e de bebidas frias quando, de súbito, o mais alegre dos arlequins sentiu demasiado frescor nas pernas, tirou a máscara e revelou para espanto de todo mundo um rosto de um azul violeta.[69]

Em Lille, no mesmo ano, a população recusou-se a acreditar na aproximação do cólera. Considerou-a num primeiro momento como uma invenção da polícia.[70]

Constata-se então, no tempo e no espaço, uma espécie de unanimidade na recusa de palavras vistas como tabus. Evitava-se pronunciá-las. Ou, se eram ditas no começo de uma epidemia, era em uma locução negativa e tranquilizadora como "não é a peste propriamente dita". Nomear o mal teria sido atraí-lo e demolir a última muralha que o mantinha a distância. Contudo, chegava um momento em que não se podia mais evitar chamar o contágio por seu horrível nome. Então o pânico tomava de assalto a cidade.

A solução sensata era fugir. Sabia-se que a medicina era impotente e que "um par de botas" constituía o mais seguro dos remédios. Desde o século XIV, a Sorbonne aconselhara aos que podiam que fugissem "logo, para longe e por longo tempo".[71] *O decamerão* é feito de alegres relatos de jovens que escaparam do inferno florentino em 1348. "Parece-me bem indicado para nós", aconselha Pampineia no começo da *Primeira jornada*, "seguir o exemplo que muitos nos deram e nos dão ainda, isto é, deixar estes lugares."[72] Os ricos, é claro, eram os primeiros a fugir, criando assim a apreensão coletiva. Era então o espetáculo das filas junto aos órgãos que liberavam os salvo-condutos e os certificados de saúde, e também a obstrução das ruas repletas de coches e de carroças. Acompanhemos o relato de D. Defoe:

> "[...] Os mais ricos, os nobres e a *gentry* do oeste [de Londres, em 1665] apressavam-se em deixar a cidade com suas famílias e seus criados [...]. Em [minha] rua [...], não se viam senão carros e carroças carregados de bagagens, de mulheres, de crianças, de criados".[73]

O exemplo dado pelos ricos era imediatamente seguido por toda uma parte da população. Como em Marselha em 1720: "[...] Logo que se viu mudarem-se certas pessoas de condição, uma infinidade de burgueses e outros habitantes imitaram-nas: houve então um grande movimento na cidade, onde não se via mais do que transporte de móveis". A mesma crônica precisa ainda: "As portas da cidade são insuficientes para fazer passar a multidão dos que saem [...]. Tudo deserta, tudo abandona, tudo foge".[74]

A mesma cena se renovou em Paris na época da epidemia de cólera de 1832. Evocando a "fuga burguesa" que se produziu então, L. Chevalier anota: "Nos dias 5, 6 e 7 de abril, 618 cavalos de posta são reservados e o número dos passaportes aumenta de quinhentos por dia; Louis Blanc estima em setecentos por dia o número das pessoas conduzidas pelas empresas de transporte".[75]

Os ricos não eram os únicos a sair de uma cidade ameaçada pela contaminação. Pobres também fugiam: o que é atestado em

Santander em 1597, em Lisboa em 1598, em Segóvia no ano seguinte (as pessoas refugiam-se nos bosques),[76] em Londres no decorrer das epidemias do século XVII etc. Um médico de Málaga escrevia por ocasião da peste de 1650: "O contágio tornou-se tão furioso que [...] os homens puseram-se a fugir como animais selvagens nos campos; mas, nas aldeias, os fugitivos eram recebidos com tiros de mosquete".[77] Estampas inglesas da época representam "multidões fugindo de Londres" por água e por terra. D. Defoe assegura que, em 1665, 200 mil pessoas (em menos de 500 mil) deixaram a capital,[78] e consagra uma parte de seu relato à odisseia de três refugiados — artesãos — que encontram no campo um bando de errantes. Como os três vagabundos pretendiam atravessar uma floresta em direção de Rumford e de Brentwood, objetam-lhes que "grande número de refugiados de Londres havia ido para aquele lado, vagando na floresta de Henalt, que confina com Rumford, sem meios de subsistência e sem habitações, vivendo ao acaso e sofrendo ao extremo por campos e vales, sem recursos".[79] Assim, em teoria, tinha-se razão de fugir da peste. Mas essa mudança improvisada e esse afluxo às portas de uma cidade que logo iriam fechar-se ganhavam ares de êxodo: muitos partiam para a aventura sem saber aonde chegariam. Cenas que anunciam aquelas que, por um outro motivo, a França conheceu em junho de 1940.

Agora eis aqui a cidade sitiada pela doença, posta em quarentena, se necessário cercada pela tropa, confrontada com a angústia cotidiana e obrigada a um estilo de existência em ruptura com aquele a que se habituara. Os quadros familiares são abolidos. A insegurança não nasce apenas da presença da doença, mas também de uma desestruturação dos elementos que construíam o meio cotidiano. Tudo é outro. Antes de mais nada, a cidade está anormalmente deserta e silenciosa. Muitas casas estão doravante desabitadas. Mas, além disso, apressaram-se em expulsar os mendigos — associais inquietantes, não são eles semeadores de peste? E são sujos e espalham odores poluentes. Enfim, são bocas a mais para alimentar. Reveladora, a esse respeito, entre mil outros documentos semelhantes, uma carta escrita de Toulouse, em junho de 1692, pelo magistrado Marin-Torrilhon, que teme uma epidemia:

> Há aqui grandes doenças e pelo menos dez a doze mortos por dia em cada paróquia, todos cobertos de púrpura. Temos duas cidades em torno de Toulouse, Muret e Gimond, onde os habitantes com saúde desertaram e se mantêm no campo: faz-se a guarda a Gimond como em tempo de peste; enfim, é uma miséria geral. Os pobres trarão para cá alguma desgraça se aqui não pusermos ordem prontamente; trabalha-se em tirá-los da cidade e em nela não deixar entrar nenhum mendigo estrangeiro [...].

Em uma carta posterior (sem dúvida de julho), Marin-Torrilhon expressa seu alívio: "Começamos a respirar um ar melhor desde a ordem que se deu para o encerramento dos pobres".[80]

Por precaução, também, matam-se em massa os animais: porcos, cães e gatos. Em Riom, em 1631, um edito ordena abater gatos e pombos "para deter a propagação do mal". Uma água-forte de J. Ridder (Museu Van Stolk, Roterdã) apresenta pessoas que fuzilam a queima-roupa animais domésticos. A cártula que a encima recomenda matar "todos os cães e todos os gatos no recinto comum e, fora deste, a uma hora de marcha em volta".[81] Teriam sido abatidos em Londres, em 1665, 40 mil cães e um número cinco vezes maior de gatos.[82]

Todas as crônicas da peste insistem também na interrupção do comércio e do artesanato, no fechamento das lojas, até das igrejas, na suspensão de qualquer divertimento, no vazio das ruas e das praças, no silêncio dos campanários. O religioso português já citado, que exalta a coragem de seus confrades mortos no decorrer das epidemias anteriores, é um bom testemunho do que a peste representava para seus contemporâneos e das imensas perturbações que provocava nos comportamentos cotidianos:

A peste é, sem nenhuma dúvida, entre todas as calamidades desta vida, a mais cruel e verdadeiramente a mais atroz. É com grande razão que é chamada por antonomásia de *o Mal*. Pois não há sobre a terra nenhum mal que seja comparável e semelhante à peste. Desde que se acende num reino ou numa república esse fogo violento e impetuoso, veem-se os magistrados atordoados, as populações apavoradas, o governo político desarticulado. A justiça não é mais obedecida; os ofícios param; as famílias perdem sua coerência e as ruas, sua animação. Tudo fica reduzido a uma extrema confusão. Tudo é ruína. Pois tudo é atingido e revirado pelo peso e pela grandeza de uma calamidade tão horrível. As pessoas, sem distinção de estado ou de fortuna, afogam-se numa tristeza mortal. Sofrendo, umas da doença, as outras do medo, são confrontadas a cada passo ou com a morte, ou com o perigo. Aqueles que ontem enterravam, hoje são enterrados e, por vezes, por cima dos mortos que na véspera haviam posto na terra.

Os homens temem até o ar que respiram. Têm medo dos defuntos, dos vivos e de si mesmos, pois que a morte muitas vezes envolve-se nas roupas com que se cobrem e que à maioria servem de mortalha, em razão da rapidez do desfecho [...].

As ruas, as praças, as igrejas cobertas de cadáveres apresentam aos olhos um espetáculo pungente, cuja visão torna os vivos invejosos da sorte daqueles que já estão mortos. Os locais habitados parecem transformados em desertos e, por si só, essa solidão inusitada aumenta o medo e o desespero. Recusa-se qualquer piedade aos amigos, já que toda piedade é perigosa. Estando todos na mesma situação, mal se tem compaixão uns dos outros.

Estando sufocadas ou esquecidas, em meio aos horrores de tão grande confusão, todas as leis do amor e da natureza, as crianças são subitamente separadas dos pais, as mulheres dos maridos, os irmãos ou os amigos uns dos outros — ausência desoladora de pessoas que são deixadas vivas e que não se voltará a ver. Os homens, perdendo sua coragem natural e não sabendo mais que conselho seguir, vão como cegos desesperados que tropeçam a cada passo em seu medo e em suas contradições. As mulheres, com seus choros e suas lamentações, aumentam a confusão e a aflição, pedindo um remédio contra um mal que não conhece nenhum. As crianças vertem lágrimas inocentes, pois sentem a desgraça sem compreendê-la.[83]

Cortados do resto do mundo, os habitantes afastam-se uns dos outros no próprio interior da cidade maldita, temendo contaminar-se mutuamente. Evita-se abrir as janelas da casa e descer à rua. As pessoas esforçam-se em resistir, fechadas em casa, com as reservas que se pôde acumular. Se assim mesmo é preciso sair para comprar o indispensável, impõem-se precauções. Fregueses e vendedores de artigos de primeira necessidade só se cumprimentam a distância e colocam entre si o espaço de um largo balcão. Em Milão, em 1630, alguns só se aventuram na rua armados de uma pistola graças à qual manterão a distância qualquer pessoa suscetível de ser contagiosa.[84] Os sequestros forçados acrescentam-se ao encerramento voluntário para reforçar o vazio e o silêncio da cidade. Pois muitos são bloqueados em sua casa declarada suspeita e doravante vigiada por um guarda, ou até trancada com pregos ou cadeado. Assim, na cidade sitiada pela peste, a presença dos outros já não é um reconforto. A agitação familiar da rua, os ruídos cotidianos que ritmavam os trabalhos e os dias, o encontro do vizinho na soleira da porta: tudo isso desapareceu. D. Defoe constata com estupor essa "falta de comunicação entre os homens"[85] que caracteriza o tempo da peste. Em Marselha, em 1720, um contemporâneo assim evoca a cidade morta:

[...] Silêncio dos sinos [...], calma lúgubre [...], ao passo que outrora ouvia-se de muito longe um certo murmúrio ou um rumor confuso que atingia agradavelmente os sentidos e alegrava [...], já não se eleva mais fumaça das chaminés sobre os telhados das casas do que se não houvesse ninguém; [...] tudo está geralmente fechado e interditado.

Em 1832, sempre em Marselha, a epidemia de cólera produzirá os mesmos efeitos. Como prova, este testemunho: "As janelas, as portas permaneciam fechadas, as casas não davam sinal de vida senão para lançar fora os corpos que o cólera matara; pouco a pouco todos os lugares públicos foram fechados; nos cafés, nos círculos, uma morna solidão; o silêncio da sepultura estava por toda parte".[86]

Silêncio opressivo, e também universo de desconfiança. Leiamos a esse respeito a crônica italiana da peste de 1630 recopiada por Manzoni:

> [...] Enquanto as pilhas de cadáveres, amontoados sempre sob os olhos, sempre sob os passos dos vivos, faziam da cidade inteira uma vasta sepultura, havia algo de mais funesto, de mais hediondo ainda: era a desconfiança recíproca, a monstruosidade das suspeitas [...]. Não se suspeitava apenas do vizinho, do amigo, do hóspede: esses doces nomes, esses ternos laços de esposo, de pai, de filho, de irmão eram objetos de terror; e, coisa indigna e horrível de dizer, a mesa doméstica, o leito nupcial eram temidos como armadilhas, como locais onde se escondia o veneno.[87]

O próximo é perigoso sobretudo se a flecha da peste já o atingiu: então, ou é encerrado em sua casa, ou então enviado às pressas para algum lazareto situado fora dos muros da cidade. Que diferença do tratamento reservado em tempo comum aos doentes que parentes, médicos e padres cercam de seus cuidados diligentes! Em período de epidemia, ao contrário, os próximos se afastam, os médicos não tocam os contagiosos, ou fazem-no o menos possível ou com uma varinha; os cirurgiões só operam com luvas; os enfermeiros depositam ao alcance do braço do doente alimento, medicamentos e pensaduras. Todos aqueles que se aproximam dos pestíferos aspergem-se com vinagre, perfumam suas roupas, em caso de necessidade usam máscaras; perto deles, evitam engolir a saliva ou respirar pela boca. Os padres dão a absolvição de longe e distribuem a comunhão por meio de uma espátula de prata fixada a uma vara que pode ultrapassar um metro. Desse modo, as relações humanas são totalmente conturbadas: é no momento em que a necessidade dos outros se faz mais imperiosa — e em que, de hábito, eles se encarregavam dos cuidados — que se abandonam os doentes. O tempo de peste é o da solidão forçada.

Lê-se em um relato contemporâneo da peste de Marselha em 1720:

> [O doente] é fechado em um sótão ou no aposento mais recuado da casa, sem móveis, sem comodidades, coberto de velhos trapos e daquilo que se tem de mais gasto, sem outro alívio para seus males que não uma bilha de água que se colocou, ao fugir, junto de seu leito e da qual é preciso que ele beba sozinho apesar de seu langor e de sua fraqueza, muitas vezes obrigado a ir buscar seu mingau à porta do quarto e arrastar-se depois para voltar à cama. Por mais que se queixe e gema, não há ninguém que o escute [...].[88]

Comumente, a doença tem ritos que unem o paciente ao seu círculo; e a morte, ainda mais, obedece a uma liturgia em que se sucedem toalete fúnebre, velório em torno do defunto, colocação em ataúde e enterro. As lágrimas, as palavras em voz baixa, as recordações, a arrumação da câmara mortuária, as orações, o cortejo final, a presença dos parentes e dos amigos: elementos constitutivos de um rito de passagem que se deve desenrolar na ordem e na decência. Em período de peste, como na guerra, o fim dos homens se desenrolava, ao contrário, em condições insustentáveis de horror, de anarquia e de abandono dos costumes mais profundamente enraizados no inconsciente coletivo. Era em primeiro lugar a abolição da morte personalizada. No auge das epidemias, era às centenas, até aos milhares que os pestíferos sucumbiam a cada dia em Nápoles, Londres ou Marselha. Os hospitais e os acampamentos improvisados, arranjados às pressas, ficavam cheios de agonizantes. Como cuidar de cada um deles? Além disso, muitos não chegavam até os lazaretos e morriam a caminho. Todos os relatos de epidemia de outrora mencionam os cadáveres na rua, mesmo em Londres, onde as autoridades, em 1665, parecem ter dominado menos mal do que em outras partes os múltiplos problemas nascidos da contaminação. *Um diário do ano da peste*, de D. Defoe, esclarece: "Mal se podia passar por uma rua sem ali ver alguns cadáveres no chão".[89] A partir daí, já não se trata mais de pombas fúnebres para os ricos ou de uma cerimônia, ainda que modesta, para os pobres. Nada de toques de finados, nada de círios ao redor de um ataúde, nada de cantos e, muitas vezes, nada de sepultura individual. No curso habitual das coisas, dá-se um jeito de camuflar o aspecto horrível da morte graças a um cenário e à cerimônia, que são uma espécie de maquiagem. O defunto conserva sua responsabilidade. Ele é a ocasião de uma espécie de culto. Em período de peste, ao contrário, considerando-se a crença nos eflúvios maléficos, o importante é livrar-se dos cadáveres depressa. Depositam-nos apressadamente fora das casas, descem-se até pelas janelas com a ajuda de cordas. Os "corvos" agarram-nos graças a ganchos fixados na ponta de longos cabos e amontoam-nos de qualquer maneira nas horríveis carroças evocadas por todas as crônicas relativas às contaminações. Quando esses lúgubres carriolas aparecem em uma cidade precedidas por tocadores de sinetas, é o sinal de que a epidemia transpôs todas as barreiras. Não é preciso procurar muito longe de onde Brueghel tirou a ideia da carroça cheia de esqueletos que figura em seu *Triunfo da morte*, do Museu do Prado. Para um homem da cidade, nessa época, era normal vivenciar ao menos uma peste e assistir ao estupeficante vaivém das carroças entre as casas e as fossas comuns. Leiamos ainda a esse respeito D. Defoe:

[...] Todo o espetáculo estava repleto de terror: a carreta levava dezesseis ou dezessete cadáveres envoltos em panos ou cobertas, alguns tão mal recobertos que caíam nus entre os outros. A eles, pouco lhes importava, e a independência não importava a ninguém, estavam todos mortos e iam ser confundidos juntos na forma comum da humanidade. Bem se podia chamá-la assim, pois ali não se fazia diferença entre ricos e pobres. Não havia outra maneira de enterrar e não se teriam encontrado caixões em razão do número prodigioso dos que pareciam em uma calamidade como aquela.[90]

O seleiro posto em cena por Defoe conta ainda que em sua paróquia "as carroças dos mortos foram encontradas várias vezes paradas às portas do cemitério cheias de cadáveres, sem tocador de sineta, sem condutor, sem ninguém".[91] As cidades empesteadas não conseguiam absorver seus mortos. Desse modo, durante as grandes contaminações nada mais distinguia o fim dos homens do dos animais. Já Tucídides, descrevendo a epidemia (que sem dúvida não era uma peste) de 430-427 a.C., observara: "[Os atenienses] morriam como rebanhos" (II,51). Do mesmo modo, abandonados em sua agonia, os contagiados de qualquer cidade da Europa entre os séculos XIV e XVIII, uma vez mortos, eram acumulados desordenadamente, como cães ou carneiros, em fossas imediatamente recobertas de cal viva. Para os vivos é uma tragédia o abandono dos ritos apaziguadores que em tempo normal acompanham a partida deste mundo. Quando a morte é assim desmascarada, "indecente", dessacralizada, a esse ponto coletiva, anônima e repulsiva, toda a população corre o risco do desespero ou da loucura, sendo subitamente privada das liturgias seculares que até ali lhe conferiam nas provações dignidade, segurança e identidade. Daí a alegria dos marselheses quando, no final da epidemia de 1720, viram novamente carros fúnebres nas ruas.[92] Era o sinal seguro de que o contágio deixava a cidade e de que se retomavam os hábitos e as cerimônias tranquilizadoras dos tempos comuns.

Interrupção das atividades familiares, silêncio da cidade, solidão na doença, anonimato na morte, abolição dos ritos coletivos de alegria e de tristeza: todas essas rupturas brutais com os usos cotidianos eram acompanhadas de uma impossibilidade radical de conceber projetos de futuro, pertencendo a "iniciativa", doravante, inteiramente à peste.[93] Ora, em período normal, mesmo os velhos agem em função do futuro, tal como aquele de La Fontaine, que não só contrói, mas planta. Viver sem projeto não é humano. No entanto, a epidemia obrigava a considerar cada minuto como um *sursis* e não ter outro horizonte diante de si que não o de uma morte próxima. Lamentando ter permanecido em Londres, o seleiro de Defoe esforça-se em sair de casa o menos possível, confessa continuamente seus pecados, abandona-se a Deus, fia-se no jejum, na humilhação e na meditação. "O tempo que me restava", escreve ele, "eu o empregava em ler e em escrever estas notas sobre o que me acontecia a cada dia."[94] Em Marselha, em 1720, quando se torna evidente que o perigo está por toda parte na cidade, um contemporâneo confia a seu diário esta declaração de impotência: "[Doravante não há] outro partido a tomar senão implorar misericórdia ao Senhor, preparando-se para a morte".[95] Desestruturando o ambiente cotidiano e barrando os caminhos do futuro, a peste abalava assim duplamente as bases do psiquismo tanto individual quanto coletivo.

4. ESTOICISMO E DESREGRAMENTOS; DESALENTO E LOUCURA

A medicina de outrora considerava que o abatimento moral e o medo predispõem a receber o contágio. Múltiplas obras eruditas publicadas do século XIV ao XVIII convergem sobre esse ponto. Paracelso acredita que o ar corrompido não pode por si só provocar a peste. Ele só produz a doença ao combinar-se em nós com o fermento do pavor. A. Paré ensina que em período de "febre pestilenta" "é preciso manter-se alegre, em boa e pequena companhia, e às vezes ouvir cantores e instrumentos musicais, e algumas vezes ler e ouvir alguma leitura agradável" [...].[96] Um médico loreno do século XVII afirma com ênfase a respeito da peste: "Óh tranquilidade! Cara amiga da alma, guardas as celestes chaves da saúde".[97] Um de seus colegas de Auvergne vê do mesmo modo, no comportamento dos estóicos, um excelente "afasta-peste" pelo fato de que são "sem medo, sem temor, sem emoção; e com efeito, todos os mais doutos consideram que tão somente o pavor desse mal é capaz de provocá-lo em um ar suspeito. Isso vem da imaginação e do coração apavorado que está tão fraco que não resiste mais a esse veneno".[98]

Mesma opinião ainda sob a pena do erudito italiano Muratori, que publica em 1714 um tratado sobre a maneira de se orientar em período de contágio:

A apreensão, o terror e a melancolia são eles também uma peste, pois abatem nosso otimismo [*disordinando la fantasia*] e dispõem a massa dos humores a receber facilmente e de uma certa maneira a atrair de longe o veneno que reina [no ar], como a experiência mostrou em uma infinidade de casos.[99]

No mesmo espírito, o autor de um documento estatístico contemporâneo da epidemia de cólera de 1832 escreveria:

Viram-se as vivas emoções da alma como podendo agravar em muitos casos o estado dos doentes e até como podendo causar a doença; foi assim que se colocaram no número das causas do cólera os excessos de trabalho, os assomos da raiva, os pesares inesperados, todas as afecções morais enfim, e sobretudo o medo.[100]

Opiniões desse gênero explicam que no século XVII, por ocasião de uma epidemia de peste, os magistrados de Metz tenham ordenado divertimentos públicos a fim de devolver cora-

gem e ânimo aos habitantes dizimados pelo contágio. Um quadro de A. Mignette (Museu de Metz) lembra essas festividades.[101]
Mas até onde se deve levar o bom humor? A. Paré precisa os conselhos citados mais acima propondo aos habitantes de uma cidade atingida pela peste que evitassem frequentar as mulheres e os excessos à mesa:

> Tanto mais que por estas [as mulheres] as forças e virtudes são diminuídas e os espíritos se dissolvem e enfraquecem, principalmente logo após a refeição, porque se debilita o estômago, e por esse meio se produz uma falha de digestão, da qual provém corrupção e outros infinitos acidentes; pelo que se pode concluir que a dama Vênus é a verdadeira peste se não é usada com discrição. Assim, é preciso precaver-se de viver em ociosidade e de comer e beber sem discrição; pois tais coisas engendram também obstruções e humores viciosos, pelos quais aqueles que fazem tais excessos estão mais sujeitos a contrair a peste.[102]

Convém então proscrever toda relação sexual em tempo de epidemia? Essa era a doutrina de um cirurgião de Metz, cuja opinião é no entanto combatida, em 1630, pelo médico de Clermont, Bompart, apoiado na autoridade de um colega germânico: "Um douto alemão diz que a separação dos homens e das mulheres torna triste e melancólico e que ele viu morrer em uma cidade todas as mulheres separadas dos homens e não conhece outra causa para isso senão a separação".[103]

Com poucas diferenças de detalhes, todos esses práticos ensinam finalmente a mesma coisa: evitaremos melhor a peste se não cedermos ao pavor, se nos armarmos de bom humor e de forte dose de serenidade estoica. Mas são palavras e conselhos de uma elite intelectual e moral. Uma multidão comumente não se preocupa com estoicismo, e não era por otimismo que alguns se abandonavam à bebida e à luxúria. Todas as crônicas de epidemias mencionam com efeito, como uma constante, o comportamento de pessoas que, em período de contágio, caem com frenesi nos excessos e nas libertinagens. "Todos se entregaram", escreve Tucídides, "à perseguição do prazer com uma audácia que anteriormente escondiam."[104] Boccaccio lhe faz eco em *O decamerão*:

> [Para outros], entregar-se francamente à bebida como aos prazeres, dar a volta à cidade divertindo-se, e uma canção nos lábios, conceder toda satisfação possível às suas paixões, rir e gracejar dos mais tristes acontecimentos, tal era segundo suas palavras o remédio mais seguro contra um mal tão atroz. Para melhor passar de tal princípio à prática, iam dia e noite de taberna em taberna, bebendo sem constrangimento nem medida. Mas era bem pior nas moradas particulares, por pouco que eles ali acreditassem encontrar matéria de prazer e de distração.[105]

Em *Um diário do ano da peste* D. Defoe observa por sua vez, a propósito de Londres em 1665, que "todas as espécies de crimes, e mesmo de excessos e de deboches, eram então praticados na cidade".[106] Asseguram-nos que em Marselha, em 1720, "via-se, entre o povo, um desregramento geral, uma licença desenfreada, uma dissolução horrível".[107] Tais comportamentos não correspondiam evidentemente em nada àqueles, lúcidos e serenos, preconizados pelos médicos. Eram tudo, salvo coragem. Em compensação, pretendiam-se por vezes provocantes, como se a provocação pudesse conjurar a doença. Daí cenas que se hesitaria em levar para o palco ou para a tela, a tal ponto poderiam parecer inverossímeis. Em Londres, em 1665, um pobre homem com boa saúde, mas que acaba de acompanhar até a fossa comum a carroça que levava sua mulher e seus filhos, é conduzido, abatido, a uma taberna. Ali, é atacado por pessoas que bebiam: por que não volta para a fossa de onde vem? E por que não saltou para dentro para subir mais depressa ao céu? Como o seleiro de D. Defoe, que assiste à cena, toma a defesa do infeliz, ei-lo por sua vez objeto de zombarias: estaria melhor em casa a dizer suas preces esperando que a carroça dos mortos venha buscá-lo![108] Em Avignon, em 1722, enfermeiras foram demitidas por seu desregramento, e também porque haviam "pulado sela" sobre cadáveres de pestíferos.[109]

Esses gestos sacrílegos talvez fossem bastante raros. Frequentes, em compensação, eram as bebedeiras e os desregramentos inspirados pelo desejo frenético de aproveitar os últimos momentos de vida. Era o *carpe diem* vivido com uma intensidade exacerbada pela iminência quase certa de um horrível trespasse. Tucídides e Boccaccio descreveram, com 1800 anos de distância, o mesmo fenômeno:

[Em Atenas, no século IV antes de Cristo] Buscaram-se os proveitos e os prazeres rápidos, já que a vida e as riquezas eram igualmente efêmeras [...]. O prazer e todos os meios para alcançá-lo, eis aí o que se julgava belo e útil. Ninguém era detido nem pelo temor dos deuses, nem pelas leis humanas: já não se fazia mais caso da piedade do que da impiedade, desde que se via todo mundo perecer indistintamente; além disso, não se pensava viver tempo bastante para ter de prestar contas de suas faltas. O que importava bem mais era o veredicto já dado e ameaçador: antes de sofrê-lo mais valia tirar da vida algum prazer.[110]

Em Florença, no século XVI, Boccaccio, após ter evocado aqueles que, por ocasião da peste negra, só buscavam prazer e distração, assim comenta sua atitude:

Nada mais fácil, aliás. Cada um perdia toda esperança de viver e deixava ao abandono tanto seus bens como sua própria pessoa [...]; o prestígio e a autoridade das leis humanas esfacelavam-se e desmoronavam inteiramente. Os guardiães e ministros da lei estavam todos mortos, doentes, ou tão desprovidos de auxiliares que toda atividade lhes estava interdita. Qualquer um tinha portanto licença para agir ao sabor de seu capricho.[111]

Em Londres, em 1665, verificaram-se os mesmos comportamentos, como nos informa Thomas Gumble em sua *Vida do general Monk*:

"[...] A impiedade e a abominação ali reinavam com tanta força — o que tenho vergonha de dizer — que enquanto em uma casa gemia-se sob os laços da Morte, acontecia muitas vezes que na casa vizinha as pessoas abandonavam-se a toda espécie de excessos".[112]

Finalmente, também essa sede sôfrega de viver era provocada pelo medo de um prazo no qual as pessoas se esforçavam em não pensar, aturdindo-se. A exaltação descontrolada dos valores da vida era uma maneira de escapar à insuportável obsessão da morte.[113]

Outra tentação quando parece que a peste não se deterá senão após ter matado todo mundo: ceder ao desalento. Existem espetáculos insustentáveis que acabam por abalar os caracteres mais firmes. O monsenhor de Belsunce, que não quis de modo algum deixar Marselha em 1720 — e o fez saber —, que viu morrer onze pessoas em sua casa, que confessava e consolava os moribundos "lançados para fora de casa e colocados entre os mortos sobre colchões", conheceu no entanto a fraqueza e o medo e, durante algum tempo, deixou de sair. Escreveu em 4 de setembro ao arcebispo de Arles:

Tive muita dificuldade em mandar retirar cento e cinquenta cadáveres semiputrefatos e roídos pelos cães, que estavam à entrada de minha casa e que nela já punham a infecção, de maneira que me via forçado a ir morar em outro lugar. O odor e o espetáculo de tantos cadáveres de que as ruas estão cheias impediram-me de sair há um bom número de dias, não podendo suportar nem um nem outro. Pedi um corpo de guarda para impedir que se ponham mais cadáveres nas ruas à minha volta.[114]

No momento em que o bispo de Marselha formulava essa confissão, os escabinos da cidade escreviam ao marechal de Villars, governador da Provença, para comunicar-lhe sua total impotência. A epidemia estava então em seu paroxismo. Em um estágio comparável do processo de contaminação, *Um diário do ano da peste*, de D. Defoe, dá a conhecer as mesmas reações em Londres, em 1665. Magistrados e população abandonavam-se ao desespero:

> Finalmente, o lorde-prefeito deu a ordem de não mais fazer [fogueiras nas ruas], baseando-se sobretudo no fato de que a peste estava tão violenta que desafiava evidentemente todos os esforços, e parecia antes aumentar do que diminuir à medida que mais se fazia para combatê-la. Esse desalento dos magistrados vinha com efeito antes de sua impotência do que de sua falta de coragem [...]; não poupavam nem seu esforço nem sua pessoa, mas nada adiantava, a epidemia grassava, as pessoas estavam terrificadas ao mais alto grau, de maneira que eles acabaram por abandonar-se, como disse, ao desespero.[115]

Um dos resultados desse desencorajamento coletivo, relata D. Defoe, foi que dali em diante os londrinos já não procuravam evitar uns aos outros, não ficavam mais fechados em casa, iam a toda parte e não importa onde: para que tomar precauções, diziam eles, já que "vamos todos passar por isso"?[116] O desespero e o abatimento, contudo, levavam alguns para além do fatalismo. Um se tornava "lunático" ou "melancólico", outro sucumbia ao desgosto após o desaparecimento dos seus, aquele morria de medo, outro ainda se enforcava.[117] D. Defoe assegura: "[...] Não se poderia crer no número de pessoas que, sob o furor do mal, na tortura causada pelos tumores, em delírio, presas da loucura, agrediam a si mesmas e punham fim à vida".[118] Lembremos aqui o caso, assinalado por Montaigne, de camponeses ameaçados pela peste que cavavam sua própria fossa e ali se deitavam para morrer, assentando eles próprios a terra sobre si: gesto marcado ao mesmo tempo pela desesperança e por uma sombria coragem. "Um são fazia já sua fossa; outros nelas se deitavam ainda vivos; e um trabalhador dos meus, com as mãos e os pés, atraía a terra sobre si, morrendo." E Montaigne compara esses enterrados vivos voluntários aos soldados romanos "que foram encontrados, após a jornada de Cannes, com a cabeça mergulhada em buracos que haviam feito e enchido com as mãos, sufocando-se".[119]

Ora, fatos comparáveis se produziram em Málaga e em Londres na metade do século XVII. Tratava-se portanto de uma atitude que se repetiu de um país a outro sob o efeito das mesmas causas.

"Essa contaminação", escreve o médico de Málaga, "provocou horrores sem igual. Houve uma mulher que se enterrou viva para não servir de alimento aos animais, e um homem que, tendo sepultado a filha, construiu seu próprio caixão e ali morreu junto dela [...]."[120] Por sua vez, *Um diário do ano da peste*, de D. Defoe, faz menção a "esses pobres loucos que queriam [...] em seu delírio, enterrar-se a si mesmos".[121]

Missionários franceses em Alto Volta, atual Burquina Fasso, por ocasião das fomes de 1972-3, garantiram-me ter sido os espectadores de comportamentos similares, atestados também durante o cerco de La Rochelle, em 1628.

Descrevendo a peste de Milão em 1630, A. Manzoni observa: "Ao mesmo tempo que a perversidade, aumentou a demência".[122] É bem certo que uma população acometida pela epidemia era espreitada pela loucura. Essa se traduzia seja por gestos individuais aberrantes — acabamos de lembrar alguns —, seja por cóleras coletivas que serão evocadas mais adiante, uma coisa não exclui a outra. Tais atitudes se explicam pelo desmoronamento das estruturas familiares, pela dessocialização da morte, pela alteração das relações humanas, pela angústia permanente e pelo sentimento de impotência. Em seu *Um diário do ano da peste*, D. Defoe menciona dezesseis vezes o caso de doentes abrindo as janelas para gritar sua angústia, e as palavras *loucos*, *loucura*, *delírio* voltam frequentemente sob sua pena. Como prova, estes dois textos:

[...] Esses terrores, essas apreensões do povo levaram-no a inúmeros atos de fraqueza, de loucura e de perversidade para os quais não tinha necessidade de ser encorajado.[123]

À medida que a desolação crescia nesses tempos terríveis, o estupor do povo aumentava. Em seu terror, as pessoas realizavam mil ações tão delirantes quanto as dos doentes em suas torturas, e era muito comovente vê-las, rugindo, chorando, torcendo as mãos na rua [...].[124]

Que pesadelo a vida em uma cidade onde a morte vela junto de cada porta! *Um diário do ano da peste*, de D. Defoe — nosso melhor documento sobre uma peste embora se trate de um romance —, está repleto de cenas alucinantes e de anedotas perturbadoras: pessoas que urram quando penetra em uma rua a carroça dos mortos; um doente que dança nu na rua; mães, "levadas ao desespero, ao delírio, à loucura", que matam seus filhos; um pestífero atado ao leito que se liberta pondo fogo em seus lençóis com uma candeia; um contagiado "louco furioso" que canta na rua como se estivesse bêbado e que se lança sobre uma mulher grávida para beijá-la e lhe passar a contaminação.[125] O que há de surpreendente se nos espíritos assim traumatizados se desenvolvia a propensão à morbidez? Ainda a propósito da peste de Londres em 1665, Samuel Pepys fala da "loucura que leva o povo da cidade (porque isso lhe é proibido) a acompanhar os corpos em multidão, para os ver enterrar".[126] Assim faz igualmente, ao menos uma vez, o comerciante que supostamente redige o relato de D. Defoe. Levado "irresistivelmente" pela "curiosidade", dirige-se para perto de um "abismo" — uma fossa — onde já foram amontoadas quatrocentas pessoas. E vai até lá à noite a fim de ver lançar os corpos, pois de dia não teria visto senão a terra recentemente remexida.[127]

Essa anedota faz compreender como e por que a peste negra e aquelas que a seguiram em um ritmo apressado modificaram a inspiração da arte europeia, orientando-a mais do que anteriormente para a evocação da violência, do sofrimento, do sadismo, da demência e do macabro.[128] As "projeções" iconográficas, espécie de exorcismo do flagelo, constituem, com a fuga e a agressividade, reações habituais diante de um medo que se transforma em angústia. H. Mollaret e J. Brossollet tiveram razão de mostrar a esse respeito que a peste fora "uma fonte subestimada de inspiração artística" do século XIV ao XIX, desde os afrescos de Orcagna, em Santa Croce de Florença, até os *Pestíferos de Jaffa*, de Gros, e *O hospital dos pestíferos*, de Goya. Parece mais ou menos certo que o tema da dança macabra nasceu com a grande pandemia de 1348, e é significativo que sua eflorescência se tenha situado entre os séculos XV e XVIII, isto é, durante o tempo em que a peste constituiu um perigo agudo para as populações.[129] O elo entre peste e encomenda de uma dança macabra é especialmente atestado pela de Lübeck (Marienkirche, 1463), pela de Füssen (capela Santa Ana, 1600) — tendo essa cidade sido devastada por epidemias em 1583, 1588 e 1598 — e pela de Basileia (1439), reproduzida por Merian. Sobre o destino e a sobrevivência desse tema, um esclarecimento é revelador: a dança macabra desenhada por volta de 1530 por Holbein, o Jovem, em Londres (onde ele próprio morreu de peste treze anos mais tarde) teve 88 edições diferentes entre 1530 e 1884.[130] São ainda o espírito e o repertório iconográfico das danças macabras que reencontramos nas gravuras de um italiano do século XVII, Stefano Delia Bella (por volta de 1648), que pretendem ser uma evocação da peste de Milão em 1630: a morte leva uma criança, arrasta um velho para a sepultura, lança um jovem em um poço, foge com uma mulher, com a cabeça para baixo, sobre os ombros.[131]

Com um realismo mórbido, os artistas se esforçam em traduzir o caráter horrível da peste e o pesadelo acordado vivido pelos contemporâneos. Insistiram — como dissemos — nos trespasses fulminantes e naquilo que o contágio tinha de mais odioso, de mais inumano e de mais repugnante.[132] Certos detalhes voltam como um tópos, por exemplo o da criança que se agarra ao seio frio do cadáver materno. Encontramo-lo, entre outros, em um desenho de Rafael, em *São Roque orando pelos pestíferos*, de Domenichino (Gênova, Palácio Rosso), nas duas telas de Poussin consagradas respectivamente a *Uma epidemia em Atenas* (Richmond, Galeria Cook) e à *Peste dos filisteus* (Louvre), e em todas as obras que engrandecem os devotamentos sucessivos de são Carlos Borromeu, depois de seu sobrinho Federigo em Milão. Ele figura ainda no primeiro plano da composição de Tiepolo, *São Thècle libertando Este da peste* (catedral dessa cidade) etc.

Um número importante de representações figuradas sugere, pela atitude dos personagens, o fedor dos agonizantes e dos cadáveres. Um tapa o nariz e se afasta do moribundo com um esgar (*A peste em Basileia*, de H. Hess, Kupferstichkabinett, Basileia); aquele — um médico — só se aproxima do doente com um lenço aplicado sobre o nariz (ilustração do *Fascicul Medecine te Antwerpen*, Museu Histórico da Medicina, Amsterdã); um outro, na *Pestilenza*, de G. Zumbo (cera colorida do Bargello, Florença), que deposita um cadáver em uma urna, atou um lenço sobre o nariz e lança a cabeça para trás num gesto de horror. Muitos pintores, entre os quais Poussin, colocam ao lado da criança de peito crispada sobre o corpo da mãe um terceiro personagem que, tapando o nariz, tenta levar a criança.

Enfim, os artistas quiseram reconstituir — sem dúvida para livrar-se dele e neutralizá-lo — o horror criado pelo acúmulo dos cadáveres e pela insustentável promiscuidade dos vivos e dos mortos. Corpos esparsos nas ruas e que apodrecem antes que sejam levados, carroças ou barcas sobrecarregadas que rompem sob o peso, cadáveres puxados com ganchos ou atados à cauda de um cavalo, doentes e mortos tão espremidos uns contra os outros nos lazaretos superpovoados que não se pode dar um passo sem caminhar por cima, umas tantas cenas autênticas que voltam infalivelmente, de uma composição a outra, nas gravuras que L. Rouhier consagrou em 1657 à *Peste de Roma* (Copenhague, Universidade de Medicina), assim como na célebre *Piazza del Mercatello em Nápoles em 1656*, onde M.

Spadaro não poupa ao espectador nenhum detalhe: as convulsões e as súplicas dos agonizantes, as inchações da putrefação, as vísceras disputadas pelos ratos, os mortos carregados às costas ou em cadeiras etc. A essa iconografia que não era senão demasiadamente verídica, correspondem não só os relatos da época, mas também a evocação da peste por Scudéry:

> *Os mortos e os moribundos desordenadamente estendidos*
> *Aí estão horrivelmente em todos os lugares confundidos.*
> *Aqui, um, todo lívido, horroriza a vista,*
> *Ali, o outro, todo pálido, é um morto que se move;*
> *E quando se veem cair todos esses espectros moventes,*
> *Não se discernem mais os mortos e os vivos.*
> *Seus olhares são horrendos, sua boca está entreaberta.*
> *Não têm sobre os ossos mais do que uma pele toda verde;*
> *E nesses pobres corpos semidescobertos,*
> *Entre a podridão, veem-se pulular os vermes [...].*[133]

Tratando-se da segunda metade do século XVI e do século XVII, não nos surpreenderemos de que os artistas transalpinos que viveram na Itália, como Poussin e Rouhier, e com mais forte razão os italianos, tenham atribuído em suas obras um importante lugar às epidemias que devastaram então a península. Por exemplo: "As *Cenas de peste* foram assuntos favoritos do gravador florentino G. B. Castiglione (dito "Il Grechetto") que as realizou por volta de 1650"[134] e que certamente conhecia *A peste dos filisteus* que Poussin pintara por ocasião da grande contaminação de 1630. Uma observação análoga vale para a Espanha. B. Bennassar faz justamente notar que as telas de Valdès Leal, *Os dois cadáveres* e *A morte cercada dos emblemas da vaidade humana*, foram compostas por um homem que havia sido a testemunha horrorizada da peste de Sevilha a qual, em 1649, dizimara 60 mil dos 120 mil habitantes.[135] Se há tantos crânios, sangue e morte, tantas carnes lívidas e olhos transtornados na arte do "século de ouro", não é em parte por causa das epidemias que, em ondas sucessivas, perseguiram então a gloriosa mas frágil Espanha?

5. COVARDES OU HERÓIS?

Para compreender a psicologia de uma população atormentada por uma epidemia, é preciso ainda destacar um elemento essencial: no decorrer de tal provação se produzia forçosamente uma "dissolução do homem mediano".[136] Não se podia ser senão covarde ou heroico, sem possibilidade de acantonar-se entre os dois. O universo do meio-termo e das meias-tintas que é comumente o nosso — universo que repele para a periferia os excessos de virtudes e de vícios — via-se bruscamente abolido. Um projetor de alta potência era repentinamente apontado para os homens, desmascarando-os sem piedade: muitos apareciam covardes e odiosos e alguns sublimes. As crônicas são inesgotáveis sobre esses dois aspectos da inumana realidade. Relatando a peste de 1348 na França, Jean de Venette afirma: "[...] Em muitas cidades, grandes e pequenas, os padres, atingidos pelo temor, afastavam-se".[137] Grassando a peste em Wittenberg em 1539, Lutero constatava, desolado:

> Eles fogem uns após os outros e mal se pode encontrar alguém para tratar e consolar os doentes. Em minha opinião, esse medo, que o diabo põe no coração dessas pobres pessoas, é a peste mais temível. Fogem, o medo perturba sua cabeça, abandonam a família, o pai, os parentes; aí está sem nenhuma dúvida o castigo por seu desprezo ao Evangelho e por sua horrível cupidez.[138]

Em Santander, em 1596, o alcaide-mor retira-se para uma aldeia com toda a sua família. Em Bilbao, em setembro de 1599, assinala-se que os padres das paróquias não querem administrar os sacramentos aos contagiosos do hospital, que morrem sem socorro espiritual para "grande escândalo e murmúrio" da população.[139] Manzoni, evocando a peste de 1630 em Milão, atesta a "destruição ou a fuga de tantos homens encarregados de velar e de prover a segurança pública".[140] Em Nápoles, em 1656, o cardeal-arcebispo, desde o início da epidemia, proíbe os padres de abandonar sua paróquia ou seu estabelecimento religioso e toma medidas para facilitar a assistência espiritual aos doentes. Mas ele próprio retira-se às pressas para o convento Santelmo e só sai dali no final da contaminação.[141] Em Marselha, em 1720, os cônegos de são Vítor rezam pela salvação comum atrás das espessas muralhas de sua abadia. Os autores de *Marselha, cidade morta* esclarecem, além disso: "Burgueses e notabilidades fugiram, na maioria: cônegos da catedral, das paróquias de são Martinho e dos Accoules, fidalgos, comissários de paróquias ou de bairros, negociantes, médicos, advogados, procuradores, notários, abandonaram rebanho, responsabilidades, negócios, paciente ou cliente".[142] Daí esta acusação de um contemporâneo:

> "Pode-se dizer para a vergonha dos padres, cônegos e religiosos retirados nos campos vizinhos que, desde que perdemos os verdadeiros ministros do Senhor [...], três quartos dos pestíferos morreram sem confissão, para grande pesar de nosso digno prelado".[143]

Os mais religiosos dos homens de Igreja — aqueles que permaneciam — assim como os habitantes que tinham ficado no lugar (muitas vezes por não terem podido partir) eram naturalmente amargos em relação aos ausentes voluntários. Além disso, tentavam acreditar ou fazer crer que a morte não poupava mais os fugitivos do que os outros. Redigindo em 1527 um tratado sobre a questão — deve-se ou não fugir da morte em tempo de peste? —, Lutero afirma: "Satã persegue aquele que foge e atinge aquele que fica, de maneira que ninguém lhe escapa".[144] No mesmo espírito, uma gravura inglesa do século XVII mostra esqueletos armados de flechas que atacam pessoas amontoadas em uma carroça e que se afastam em vão de uma cidade contaminada.[145] Por seu lado, o cônego de Busto-Arsizio ensina, abrindo mais o leque das punições:

> [...] Age mal o homem que quer escapar à mão de Deus e a seus flagelos [...]. Nenhum daqueles que fugiram de Busto em

razão do perigo de peste pôde tirar vantagem disso [...]. Uns pereceram de morte trágica, outros foram castigados durante sua vida por longuíssimas enfermidades, outros foram punidos em seus bens, tendo seus negócios ido de mal a pior: advertência [...] dada por Deus [...] de não fugir das adversidades enviadas pelo céu, pois, finalmente, tudo se paga pela vida.[146]

Essas admoestações e a estampa inglesa, onde se encontram as intenções democráticas e niveladoras das danças macabras, chegam a convencer? É um fato, em todo caso, que a maioria daqueles que não tinham podido fugir, não pensando senão em sua própria conservação, evitava cuidar de seus próximos que haviam adoecido.

Como um refrão, volta sob a pena dos cronistas a constatação de que o contagioso é abandonado por seus parentes, amigos e vizinhos. Escrevendo de Avignon em 1348, um cônego de Bruges relata: "[...] O pai não visita o filho, nem a mãe a filha, nem o irmão, nem o filho o pai, nem o amigo o amigo, nem um vizinho o vizinho, nem um parente por afinidade um parente por afinidade, a menos que queira morrer imediatamente com ele [...]".[147] Eis ainda o testemunho de Boccaccio: "O desastre lançara tanto terror no coração dos homens e das mulheres que o irmão abandonava o irmão, o tio o sobrinho, a irmã o irmão, muitas vezes mesmo até a mulher o marido. Eis aqui o que é mais forte e quase inacreditável: os pais e as mães, como se os filhos não fossem mais deles, evitavam ir vê-los e ajudá-los".[148]

Por ocasião de uma peste que atinge Brunswick em 1509, um contemporâneo escreve: "Muita gente de coração sem piedade expulsa de suas casas seus filhos e seus criados doentes, joga-os na rua, abandonando-os à sua desgraçada sorte".[149]

O cônego lombardo que viveu em Busto-Arsizio a epidemia de 1630 afirma, por sua vez, que se um irmão, uma irmã, uma mãe ou um pai caísse doente, os demais membros da família fugiam para longe "como o diabo foge da água benta e como se fossem pagãos ou huguenotes".[150]

Mesmos comportamentos em Londres em 1665, segundo D. Defoe:

[...] Era uma época em que a salvação particular ocupava tanto o espírito que não se tinha tempo de pensar nas misérias dos outros [...]. O instinto de conservação da própria vida parecia verdadeiramente o primeiro princípio. Os filhos abandonavam os pais, mesmo quando os viam debilitar-se na maior aflição, e por vezes se viu, mas menos frequentemente, pais fazerem a mesma coisa com seus filhos.[151]

Um espetáculo idêntico se repete em Marselha em 1720. Como prova este testemunho sobre crianças abandonadas: "Eram crianças cujos pais desumanos, em quem o pavor do mal sufocava todos os sentimentos da natureza, punham para fora, dando-lhes como única coberta apenas um velho farrapo, tornando-se por essa dureza bárbara os assassinos daqueles a quem pouco antes glorificavam-se de ter dado a vida".[152]

Trata-se de um tópos que se repetiria de crônica em crônica? Bem mais, acreditamos nós, trata-se do comportamento de pessoas torturadas pelo medo revivido de uma cidade a outra e de um século ao seguinte, como todos aqueles que descrevemos no decorrer do presente estudo.

À covardia de uns acrescentava-se a imoralidade cínica de alguns outros — verdadeiros saqueadores de destroços —, quase certos da impunidade, já que o aparelho repressivo desmoronara. "Cada um", escreve Boccaccio, "tinha licença de agir ao sabor de seu capricho."[153] A maior parte das más ações era cometida por aqueles que em Milão eram chamados de *monatti*. Esse termo designava os homens que retiravam os cadáveres das casas, das ruas e dos lazaretos; que os transportavam em carroças para as fossas e os enterravam; que conduziam os doentes aos lazaretos; que queimavam ou purificavam os objetos infectados ou suspeitos. Isentos de qualquer vigilância, alguns deles exigiam resgates daqueles que não queriam ser conduzidos ao hospital, recusavam retirar os cadáveres já em putrefação a menos que recebessem alta soma e pilhavam as casas onde entravam. Como forçados haviam sido requisitados em Marselha, em 1720, para preencher a função de "corvos", toda espécie de rumores sinistros correu a seu respeito: roubavam impunemente em todas as casas onde iam apanhar corpos mortos; para não voltar duas vezes a uma mesma morada, lançavam na carroça fúnebre os agonizantes ao lado dos cadáveres etc. Enfim, em toda cidade contaminada, falsos "corvos" entravam nas casas para saqueá-las e muitos roubos eram cometidos nas que estavam abandonadas.[154] Ainda que a população tenha exagerado o horror e o número das más ações cometidas em período de peste, a coisa não deixa nenhuma dúvida. D. Defoe não acredita que na Londres de 1665 enfermeiras tenham deixado morrer de fome, ou até sufocado, contagiosos de quem cuidavam, nem que guardas de uma casa fechada pelas autoridades tenham apressado a morte daquele que ali se encontrava doente. Em compensação, ele precisa: "Mas que tenha havido muitos roubos e ações perversas nesse tempo terrível, não o posso negar, pois a cupidez era tão forte em alguns que teriam corrido qualquer risco para pilhar".[155]

Face aos saqueadores de mortos ou de casas abandonadas e daqueles — muito mais numerosos — que cedem simplesmente ao pânico, eis os heróis que dominam seu medo e aqueles que por seu modo de vida (especialmente nas comunidades religiosas), sua profissão ou suas responsabilidades se expõem ao contágio e dele não se esquivam. A peste negra leva todos os agostinianos de Avignon, todos os franciscanos de Carcassone e de Marselha (nesta cidade eles eram 150). Em Maguelone, não restam senão sete franciscanos em 160; em Montpellier, sete em 140; em Santa Maria Novella de Florença, 72 em 150. Os conventos dessa ordem em Siena, Pisa e Luca, que contam menos de cem frades, perdem respectivamente 49, 57 e 39. Conselhos municipais são igualmente dizimados. Em Veneza, 71% dos membros do Conselho são levados; em Montpellier 83%, em Béziers 100%, em Hamburgo 76%. Evidentemente, os médicos são em particular atingidos pela epidemia (em

Perpignan, seis médicos em oito falecem em 1348) e também os notários: em Orvieto, 24 morrem no decorrer da peste negra e não se encontram senão sete substitutos para sucedê-los.[156] Implacável, a provação esmaga uns e exalta outros. Jean de Venette faz o elogio de religiosas parisienses em 1348:

> E as santas irmãs da Santa Casa, não temendo a morte, cumpriam sua tarefa até o fim com a maior doçura e humildade; e, em número considerável, muitas das ditas irmãs, mais de uma vez renovadas em consequência dos vazios da morte, repousam, como se crê, piedosamente, na paz de Cristo.[157]

Por ocasião da epidemia de 1599, se os padres de Bilbao foram pouco corajosos, em compensação, em Burgos, em Valladolid, em Segóvia, os religiosos consumiram-se à cabeceira dos doentes e administraram os sacramentos "com a maior pontualidade",[158] com risco da própria vida. Em Milão, em 1575 e 1630, são Carlos Borromeu, depois seu sobrinho Federigo recusaram-se a deixar a cidade, a despeito dos conselhos de seu círculo. Percorreram as ruas, visitaram os lazaretos, consolaram os pestíferos e encorajaram aqueles que os assistiam.[159] Nessa mesma cidade, em 1630, os capuchinhos foram sublimes. Um contemporâneo citado por Manzoni testemunha:

> [...] Se esses padres não tivessem existido, a cidade teria sido aniquilada inteira; pois é uma coisa miraculosa que tenham podido, em tão curto espaço de tempo, prestar tão numerosos serviços à população, sobretudo se se considera que não receberam senão fracos recursos da cidade e que conseguiram com sua sabedoria e sua inteligência manter no lazareto tantos milhares de desafortunados.[160]

Se os capuchinhos, que foram com os jesuítas os principais agentes da Reforma católica, jamais enfrentaram hostilidade comparável à que sofreram os membros da Companhia de

Jesus, isso se deve especialmente a seu devotamento durante as pestes, por exemplo, na Paris de 1580-1. As populações lhes estavam gratas por sua abnegação nessas circunstâncias trágicas (e também durante os incêndios). Na França e em outras partes, muitas municipalidades no século XVII favoreceram a implantação dos capuchinhos na esperança de dispor assim de confessores e enfermeiros em tempo de epidemia. Mas esses religiosos não tinham o monopólio da coragem. Em 1656, em Nápoles, enquanto o arcebispo se recolhia, 96 religiosos camilianos em cem morreram da peste; em 1743, em Messina, dezenove em 25. Por várias vezes *Um diário do ano da peste*, de D. Defoe, dirige cumprimentos às autoridades da cidade de Londres obrigadas a enfrentar a epidemia de 1665. No começo da contaminação, o lorde-prefeito, os xerifes, os *aldermen* e os membros do conselho comum fizeram saber que não deixariam a cidade, manteriam a ordem, distribuiriam os socorros e cumpririam da melhor maneira seu encargo. O que fizeram sem excessos inúteis:

> Os magistrados não falharam em sua tarefa, foram tão valentes quanto haviam prometido ser. O lorde-prefeito e os xerifes estavam continuamente nas ruas, e sobretudo onde se encontravam os maiores perigos, e embora jamais tivessem de ver as multidões amontoar-se em torno deles, nunca recusavam, em caso de urgência, receber as pessoas, escutar seus lamentos e a exposição de suas queixas.[161]

Em Marselha, a atitude do monsenhor de Belsunce foi mais ostentatória. Por outro lado, dissemos que por um momento ele cedeu ao medo e, segundo sua própria confissão, teve uma "fraqueza".[162] Permaneceu no entanto, no pleno sentido do termo, o pastor de seu rebanho e um exemplo para os marselheses que bem precisavam disso. Pois a maioria dos responsáveis havia fugido. A coragem dos outros foi ainda maior, em particular a de quatro escabinos que permaneceram no lugar e que, sem se deixar deter pelo "perigo evidente", enfrentaram todas as urgências ao mesmo tempo: abastecimento, desemprego, ordem pública, limpeza das ruas, retirada dos cadáveres etc.[163] Quanto aos padres e aos religiosos que não haviam abandonado seu posto, foram ceifados pela peste, ou seja, 49 capuchinhos, 32 observantes, 29 recoletos, 22 agostinianos reformados, 21 jesuítas e no total mais de 1/5 do clero marselhês.[164]

6. DE QUEM É A CULPA?

Por mais chocada que estivesse, uma população atingida pela peste procurava uma explicação para o ataque de que era vítima. Encontrar as causas de um mal é recriar um quadro tranquilizador, reconstituir uma coerência da qual sairá logicamente a indicação dos remédios. Ora, três explicações eram formuladas outrora para dar conta das pestes: uma pelos eruditos, a outra pela multidão anônima, a terceira ao mesmo tempo pela multidão e pela Igreja. A primeira atribuía a epidemia a uma corrupção do ar, ela própria provocada por fenômenos celestes (aparição de cometas, conjunção de planetas etc.), por diferentes emanações pútridas, ou então por ambos. A segunda era uma acusação: semeadores de contágio espalhavam voluntariamente a doença; era preciso procurá-los e puni-los. A terceira assegurava que Deus, irritado com os pecados de uma população inteira, decidira vingar-se; portanto, convinha apaziguá-lo fazendo penitência. De origens diferentes, esses três esquemas explicativos não deixavam de interferir nos espíritos. Deus podia anunciar sua vingança próxima por meio de sinais nos céus: daí os pânicos provocados periodicamente pela passagem dos cometas e pelas conjunções planetárias consideradas alarmantes, por exemplo quando Marte "olhava" Júpiter. Além disso, os teólogos ensinavam que demônios e feiticeiros se tornavam na ocasião os "carrascos" do Altíssimo e os agentes de sua justiça. Em consequência, nada de surpreendente se seres maléficos, agindo sem o saber como executores dos desígnios divinos, espalhassem voluntariamente sementes de morte. Adicionando os três tipos de causas, o cônego de Busto-Arsizio começava assim seu relato de maneira muito significativa:

> Memorial do destino fatal e do horrível espetáculo de uma doença pavorosa, contagiosa e pestilencial que sobreveio no ano de 1630, principalmente por permissão divina; depois, pela obra e pelo malefício diabólico dos unguentos; enfim, pela influência das estações, constelações e planetas inimigos da natureza humana[...].[165]

A opinião comum procurava portanto encontrar o máximo de causas possíveis para tão grande desgraça. Mas quanto aos eruditos, por vocação e deformação profissionais, insistiam nas explicações "naturais" pelos astros e pelo ar viciado, rejeitando por isso mesmo obstinadamente a noção de contágio, no entanto avançada desde o século XVI por Fracastoro e Bassiano Landi.

Em 1350, a Faculdade de Medicina de Paris, consultada sobre a peste negra, expressou a opinião de "que a causa afastada e primeira dessa peste foi e ainda é alguma constelação celeste [...], conjunção que, com outras conjunções e eclipses, causa real da corrupção absolutamente mortal do ar que nos cerca, pressagia a mortalidade e a fome [...]".[166]

O mesmo sentimento continuava a ser partilhado no século XVII pela maioria dos médicos: "A má qualidade do ar", escreve um deles, "pode ser causada por influências malignas e pelas sinistras conjunções dos astros".[167] Um outro põe igualmente em causa "a posição e o movimento dos astros que suscitam átomos de malignidade, semeiam vapores de arsênico e trazem a morte do ar".[168] Ainda em 1721, o médico do rei da Prússia considera que a peste é provocada "por máculas morbíficas, concebidas e procriadas por exalações pútridas da terra ou pela maligna influência dos astros" [...].[169] Espíritos críticos preferiam contudo deixar aos técnicos a responsabilidade dessas explicações, sem se pronunciar eles próprios.

Nesse mesmo ano de 1348, no mês de agosto [escreve o carmelita Jean de Venette], viu-se sobre Paris, na direção do oeste, uma estrela muito grande e muito brilhante [...] no crepúsculo [...]. Se era um cometa ou um astro formado de exalações e em seguida esvaecido em vapores, deixo aos astrônomos o cuidado de decidir. Mas é possível que tenha sido o presságio da epidemia que se seguiu quase imediatamente em Paris, em toda a França e em outras partes.[170]

Quanto a Boccaccio, também é prudente: "Que a peste tenha sido obra das influências astrais ou o resultado de nossas iniquidades, e que Deus, em sua justa cólera, a tenha precipitado sobre os homens como punição de nossos crimes, fato é que se manifestara, alguns anos antes, nos países do Oriente".[171]

A outra explicação "natural" (de resto não contraditória com a precedente) fazia derivar a peste de exalações malignas emanadas de cadáveres não enterrados, de depósitos de lixo, até das profundezas do solo. Todo um aspecto de profilaxia posto em obra pelas autoridades estava fundado na dupla teoria do ar viciado por cima e por baixo que acabamos de lembrar: fogos e perfumes, máscaras protetoras, isolamento dos doentes e das casas contaminadas, limpeza das ruas, afastamento apressado dos cadáveres, morte dos animais considerados suspeitos etc. Essas medidas, entre as quais algumas eram medicamente procedentes, constituíam além disso uma arma psicológica contra o mal. Contribuíam para lutar contra o desencorajamento coletivo. Mantinham na cidade certo tono e a vontade de combater o incêndio da peste.

Se, portanto, a noção de ar corrompido desembocava em atitudes positivas, em compensação, que proveito uma população podia tirar da explicação da malignidade de astros demasiadamente distantes para serem acessíveis ao agir humano? A crença, amplamente difundida de alto a baixo da sociedade, no temperamento dos planetas e na nocividade dos cometas só podia aumentar a angústia em uma cidade onde se tornava nítida a ameaça da contaminação. D. Defoe assegura que a aparição de um cometa em Londres, em 1665, semeou o pavor num momento em que já se falava de epidemia. As vendas de prognósticos alarmistas multiplicaram-se. Já não se falava senão de profecias, de visões, de fantasmas e de sinais nas nuvens.[172] Na realidade, a crença astrológica na ação dos astros sobre o ar era recuperada pela religião, e uma evolução operava-se na opinião que retinha sobretudo o papel de anunciadores das vinganças divinas reservado aos signos que apareciam no céu: a cidade ia ser destruída. De quem era a culpa?

O movimento primeiro e mais natural era o de acusar outrem. Nomear culpados era reconduzir o inexplicável a um processo compreensível. Era também pôr em ação um remédio, impedindo os semeadores de morte de continuar sua obra nefasta. Mas é preciso descer a um nível mais profundo: se a epidemia era uma punição, era preciso procurar bodes expiatórios que seriam acusados inconscientemente dos pecados da coletividade. Por muito tempo, as civilizações antigas procuraram apaziguar por meio de sacrifícios humanos a divindade encolerizada. Será que, aterrorizadas pela onipresença da morte, as populações atormentadas pelas epidemias não repetiram por várias vezes, involuntariamente, na Europa dos séculos XIV-XVIII, essa sangrenta liturgia? Essa necessidade de abrandar a cólera das potências supra-humanas conjugava-se com o desrecalque de uma agressividade que a angústia fazia nascer em todo grupo humano acometido pela epidemia. Não há nenhum relato de peste que não evoque essas violentas descargas coletivas.

Os culpados potenciais, sobre os quais pode voltar-se a agressividade coletiva, são em primeiro lugar os estrangeiros, os viajantes, os marginais e todos aqueles que não estão bem integrados a uma comunidade, seja porque não querem aceitar suas crenças — é o caso dos judeus —, seja porque foi preciso, por evidentes razões, isolá-los para a periferia do grupo — como os leprosos —, seja simplesmente porque vêm de outros lugares e por esse motivo são em alguma medida suspeitos (reencontramos então a desconfiança em relação ao *outro* e ao distante analisada anteriormente). Leprosos foram efetivamente acusados, em 1348-50, de terem espalhado a peste negra. O aspecto horrível de suas lesões passava por punição do céu. Dizia-se que eram dissimulados, "melancólicos" e debochados. Acreditava-se também — concepção que pertence ao universo mágico — que, por uma espécie de transferência, podiam livrar-se de seu mal satisfazendo seus desejos sexuais com uma pessoa sã, ou então matando-a.[173] Em 1321, portanto 27 anos antes da peste negra, leprosos acusados de ter envenenado poços e fontes tinham sido executados na França. A respeito dos judeus, demonstrou-se pertinentemente que, no império, os massacres de israelitas, acusados de ter envenenado nascentes, haviam precedido e não seguido a chegada dos flagelantes e a invasão da peste. Queimaram-se judeus em 1348 em Stuttgart, onde a peste só apareceu em 1350. Em Estrasburgo e em Colônia, vários meses decorreram entre o suplício dos judeus e o surgimento da peste.[174] Contudo, nessas cidades, sabia-se dos progressos da peste através da Europa, e portanto as matanças de judeus estiveram ligadas de alguma maneira à epidemia. No entanto permanece verdade que, no *Jugement dou roy de Navarre*, Guillaume de Machaut situa nitidamente o envenenamento das nascentes pelos israelitas antes do aparecimento da peste. Para ele, a ordem dos fatos foi a seguinte: em primeiro lugar, prodígios no céu, tremores de terra e sobretudo malefícios de toda espécie (heresias e crimes, especialmente a poluição dos poços pelos judeus); depois a decisão divina de punição, a cólera do Soberano Juiz manifestando-se então por meio de terríveis tormentas e horríveis tempestades: enfim, a peste devida à corrupção do ar pelas tormentas e tempestades da fase anterior.[175]

A peste negra eclodiu então em uma atmosfera já carregada de antissemitismo. De início suspeitos de querer dizimar os cristãos por meio do veneno, em seguida os judeus foram bem rapidamente — e por vezes muito cedo, como na Espanha — acusados de ter semeado o contágio por meio desses envenenamentos. Na Catalunha, pogroms eclodiram desde 1348 em

Barcelona, Cervera, Tarrega, Lerida etc. Assim, em Tarrega, massacraram-se mais de trezentos deles ao grito de "Morte aos traidores!".[176] Tratando-se do resto da Europa e especialmente do império, o relato de Jean de Venette, em que a ordem dos fatos se encontra modificada em relação à realidade, fornece-nos a prova de que a opinião comum viu cada vez mais nos judeus os maiores responsáveis pela "morte negra":

> A ideia de que a morte provinha de uma infecção do ar e das águas fez imputar aos judeus a corrupção dos poços, das águas e do ar. As pessoas insurgiram-se então cruelmente contra eles, a tal ponto que na Alemanha, e em outras partes onde habitavam judeus, numerosos milhares de judeus foram mortos, massacrados e queimados pelos cristãos.[177]

A sequência do texto merece, por outras razões, ser citada:

> Encontraram-se, diz-se, muitos maus cristãos que também lançavam veneno nos poços, mas, para dizer a verdade, tais envenenamentos, supondo-se que tenham realmente existido, não podiam produzir tal catástrofe nem atingir tantas pessoas. A causa disso foi outra: talvez a vontade de Deus, talvez humores corrompidos ou a má qualidade do ar ou da terra?

Notar-se-á o espírito crítico desse clérigo erudito. No mesmo sentido, o papa Clemente VI recriminou, em sua bula de 26 de julho de 1348, aqueles que atribuíam aos judeus a responsabilidade pela peste. Sua argumentação era esta: como é possível, se essa acusação é fundada, que israelitas sejam vítimas do contágio ou que a epidemia irrompa em localidades onde não residem judeus?[178]

Não podendo os judeus constituir os únicos bodes expiatórios, foi preciso, como indica Jean de Venette, procurar outros culpados, de preferência os estrangeiros. Em 1596-9, os espanhóis do norte da península Ibérica estão convencidos da origem flamenga da epidemia que os acomete.[179] Ela foi trazida, acredita-se, pelos navios vindos dos Países Baixos. Na Lorena, em 1627, a peste é qualificada de "húngara" e em 1636, de "sueca"; em Toulouse, em 1630, fala-se da "peste de Milão".[180] Ora, na Lombardia, nessa data, o que se diz? Eis a resposta do cônego que contou a história da epidemia em Busto-Arsizio: descendo até a Itália para defender em Mântua a causa do duque de Nevers, os franceses foram de início vitoriosos. Depois as tropas imperiais detiveram seu avanço. Então os inimigos — pois o autor é partidário dos Habsburgo — imaginaram contaminar as populações com pão enfeitiçado. Nosso narrador de início não quis acreditar em semelhante delito, mas teve de render-se à evidência, pois "muitas vezes foram encontrados desses pães em diversos locais de nosso território. Posso atestá-lo e fui testemunha ocular disso".[181]

Atitude clássica essa de nosso cônego. Em Chipre, durante a peste negra, os cristãos massacraram escravos muçulmanos. Na Rússia, em período de epidemia, culpavam-se os tártaros. Sob uma forma mais benigna, no momento da peste de 1665 em Londres, os ingleses foram unânimes em acusar os holandeses com os quais a Inglaterra estava então em guerra.[182] Uma acusação idêntica volta no ano seguinte no momento do grande incêndio de 1666.

Terceiro degrau da escalada acusadora: a identificação dos culpados no próprio interior da comunidade atormentada pela contaminação. Qualquer um, a partir daí, pode ser considerado um inimigo, e a caça aos feiticeiros e às feiticeiras escapa a todo controle. Milão passou por essa atroz experiência em 1630. Acreditou-se ver as muralhas, as portas dos edifícios públicos e das casas untadas de substâncias venenosas. Dizia-se que esse veneno era composto de extratos de sapos, serpentes, pus e baba de pestíferos. Evidentemente, tal mistura era uma receita diabólica inspirada por Satã a pessoas que tinham feito um pacto com ele. Ora, um dia, um octogenário reza ajoelhado em uma igreja; depois, quer sentar-se. Mas, antes de fazê-lo, limpa o banco com sua capa. Gesto infeliz, que mulheres interpretam imediatamente: ele envenena o banco! A multidão se amontoa, golpeia o velho, arrasta-o à prisão, onde é submetido à tortura. "Eu vi esse infeliz", conta Ripamonti, "e não soube o fim de sua dolorosa história; mas creio que só teve alguns momentos de vida."[183] Nenhuma dúvida, em compensação, sobre o fim trágico do comissário da Saúde, Piazza, e do barbeiro Mora, acusados por mulheres de terem untado portas e muros com uma substância gordurosa e amarelada. Em agosto de 1630, erigiu-se em Milão, perto da porta do Ticino, uma coluna monumental, que trazia esta inscrição redigida em latim para maior solenidade:

> Aqui, onde se estende esta praça, elevava-se outrora a loja do barbeiro Giangiacomo Mora, que, tendo conspirado com Guglielmo Piazza, comissário da Saúde Pública, e com outros, enquanto uma peste horrível exercia suas devastações, por meio de unguentos mortais espalhados por todos os lados, precipitou muitos cidadãos para uma morte cruel. Foi por isso que o Senado, tendo declarado ambos inimigos da pátria, ordenou que, colocados sobre uma carreta elevada, seriam torturados com um ferro em brasa, sua mão direita cortada, seus ossos quebrados; que seriam estendidos na roda e, após seis horas, mortos e queimados; em seguida, e para que não restasse nenhum traço desses homens criminosos, que seus bens seriam vendidos em hasta pública, suas cinzas lançadas ao rio; e, a fim de eternizar a memória desse fato, o Senado quis que esta casa, onde o crime fora preparado, fosse demolida, sem jamais poder ser reedificada, e que em seu lugar fosse erguida uma coluna que se chamaria *Infâmia*. Para trás então, para trás, bons cidadãos, de medo que este solo maldito não vos macule com sua infâmia. — Agosto de 1630.[184]

Essa "coluna infame" permaneceu de pé até 1778, lembrando que tal suplício não era excessivo para pessoas que haviam "conspirado" contra a "pátria". R. Baehrel teve razão de aproximar "epidemia" e "terror". Sitiada pela peste, uma população — em

Genebra em 1530 e 1545, em Lyon em 1565 ou em Milão em 1630 — se comportava como os parisienses em setembro de 1792 quando os prussianos chegaram: eliminavam os inimigos internos.

Em 1530, em Genebra, descobriu-se a conspiração urdida por "espalhadores de peste" e que reunia, pelo que se acreditou, o responsável pelo hospital dos contagiosos, sua mulher, o cirurgião e até o capelão do estabelecimento. Os conjurados, submetidos a tortura, confessaram ter se entregado ao diabo, que em troca, indicou-lhes como preparar a quintessência mortal. Foram todos condenados à morte. Ainda em Genebra, durante a epidemia de 1545, 43 pessoas pelo menos foram julgadas como "espalhadores de peste", das quais 39 foram executadas. Em 1567-8, foram mortos ainda treze "fomentadores" e em 1571 pelo menos 36. Nesse ano, um médico da cidade, Jean-Antoine Sarrasin publicou um tratado sobre a peste no qual demonstrava que, nesse gênero de epidemia, a ação maléfica dos envenenadores e "fomentadores" era indiscutível. Durante o último grande pânico provocado em Genebra por uma peste — em 1615 — os tribunais decidiram a execução de seis "espalhadores" de contágio. Em Chambéry em 1572, as patrulhas receberam ordem de atirar nos "fomentadores". No Faucigny, em 1571, cinco mulheres pelo menos foram queimadas e seis outras banidas, sempre sob a acusação de ter espalhado a peste. Vinte outras pessoas foram citadas diante dos tribunais pelo mesmo motivo.[185] Assim, não ocorreu outrora nenhuma epidemia sem a crença em uma quinta-coluna e em um complô no interior dos muros. Acabo de escrever "outrora". Mas R. Baehrel lembra que em 1884, no Var, por ocasião de uma epidemia de cólera, só se falava de "semeadores de cólera", de "doença inventada pelos ricos para fazer morrer as pessoas pobres", e de projéteis especiais lançados por personagens misteriosos, inteiramente vestidos de preto.[186] A história das mentalidades não pode utilizar os mesmos cortes cronológicos que a história política ou econômica.

Entre os semeadores voluntários da peste, não havia os próprios pestíferos, subitamente tomados pela vontade de fazer os outros partilharem de seu mal? Lutero, no tratado mencionado anteriormente, interroga-se sobre a questão após haver descrito o fato como autêntico e analisado com muita sutileza suas possíveis razões psicológicas:

> Mas existem ainda maiores criminosos: vários, sentindo neles o germe da doença, misturam-se, sem nada dizer, a seus irmãos, como se esperassem descarregar neles o veneno que os devora. Tomados por essa ideia, percorrem as ruas, penetram nas casas, chegam até a beijar seus filhos ou seus criados na esperança de salvar-se a si mesmos. Quero crer que o diabo inspira tais ações, e que é apenas ele que delas se deve acusar; mas disseram-me também que uma espécie de desespero invejoso leva algumas vezes esses infelizes a propagar assim a peste, pois não querem ser os únicos a ser atingidos [...]. Se o fato é verdadeiro, ignoro-o. Mas, realmente, se assim é, chego a perguntar-me se nós, alemães, somos homens ou demônios.[187]

Não se duvida de que comportamentos do tipo desses descritos por Lutero tenham realmente existido, ao menos como condutas isoladas. Mas que tenham sido frequentes é mais difícil de admitir. Em compensação, é certo que a crença nos contagiosos semeadores voluntários da peste era amplamente difundida nas cidades acometidas pela epidemia. D. Defoe atesta que era comumente aceita pelos londrinos em 1665 e que os médicos discutiam entre si as razões dessa propensão perversa dos infectados para infectar os outros. Os pestíferos tornavam-se semelhantes a loucos furiosos? Era a corrupção da natureza humana que não pode tolerar que outrem seja feliz quando se sofre? Em seu desespero, os contagiosos tornavam-se indiferentes a tudo, inclusive à segurança dos outros? O autor do *Diário* acredita simplesmente que os habitantes das aldeias vizinhas de Londres encontravam aí um pretexto para rechaçar os fugitivos, acusando-os de ser doentes sádicos procurando propagar o contágio.[188] O importante para nós, no plano das mentalidades, permanece a acusação várias vezes dirigida contra os pestíferos, análoga àquela outrora lançada contra os leprosos.

Os semeadores de peste eram uma corja diabólica. E não é de se surpreender que aqui e ali tenha se acreditado na ação de seres fantasmagóricos — fadas ou fantasmas —, manipulados pelo demônio, e que espalhavam a doença. No Tirol, falava-se de um fantasma de longas pernas e de manto vermelho que deixava a epidemia em seu rasto. Na Transilvânia e na região das Portas de Ferro, esse papel era desempenhado por uma "mãe viajante", misteriosa e eterna feiticeira, velha e gemente, de vestido preto e xale branco. Na Turquia, conhecia-se um gênio da peste que tocava suas vítimas com uma lança. Em Milão, dizia-se que um diabo negro de olhos brilhantes percorria as ruas e entrava nas casas.

Já que em uma cidade atacada pela epidemia podia-se temer qualquer um e qualquer coisa, já que o mal permanecia misterioso, sem ceder diante da medicina e das medidas de profilaxia, qualquer defesa parecia boa. O tempo de "pestilência" via então multiplicarem-se os charlatães e os vendedores de amuletos, talismãs e filtros miraculosos. Como em Londres em 1665.[189] Mas, relata D. Defoe, muitos médicos e charlatães morreram. Então, de quem se valer? Restava a medicina da religião. De maneira constante a Igreja, referindo-se aos episódios do Antigo Testamento e especialmente à história de Nínive, apresentava as calamidades como punições desejadas pelo Altíssimo encolerizado. Essa doutrina foi por muito tempo aceita tanto pela parcela esclarecida da opinião quanto pela massa das pessoas. Muitas civilizações estabeleceram espontaneamente esse elo entre calamidade terrestre e cólera divina. O judeu-cristianismo não o inventou. Mas é verdade que os homens de Igreja e a elite que eles arrastavam o reforçaram de todas as maneiras.

São inúmeros os testemunhos que exprimiram através das eras esse discurso religioso sobre a desgraça coletiva segundo o qual todo mundo é culpado e não apenas alguns bodes expiatórios. Lutero, A. Paré, são Carlos Borromeu, D. Defoe, o monsenhor de Belsunce, para citar aqui alguns nomes significativos, são unânimes em seu diagnóstico. Uma peste é "um decreto de Deus, um castigo enviado por ele" (Lutero). É "um dos flagelos da ira de Deus, [e] nós não podemos senão cair no extremo de males quando a enormidade de nossos pecados incitou sua bondade a retirar sua mão favorável de nós e nos enviar tal praga" (A. Paré). Ela é "o julgamento de Deus", a "punição", escreve D. Defoe, que lembra o texto de Jeremias 5:9: "Não visitarei a estes, diz o Senhor, e não se vingará minha alma de semelhante nação?".[190]

Na França, o clero retoma o mesmo raciocínio por ocasião da epidemia de cólera em 1832. L. Chevalier lembra algumas dessas afirmações clericais:

> Todos esses infelizes morrem na impenitência. Mas a cólera do Deus de justiça vai crescendo e logo cada dia contará seu milhar de vítimas; o crime da destruição do arcebispado está longe de ser expiado [são Roque].
>
> Espíritos meditativos fazem observar que, por uma exceção funesta, só Paris foi atingida no meio da França, a cidade da Revolução, o berço das tempestades políticas, o centro de tantos vícios, o teatro de tantos atentados [*La Quotidienne*].
>
> Despercebido [o cólera], pairava nos ares e, detendo-se sobre o foco de corrupção, lança-se como um abutre sobre a cidade da desordem, surpreende-a em meio a seus prazeres e ali ceifa de preferência esses homens sem freio que se entregam aos excessos das paixões e dos gozos brutais [*La Gazette d'Auvergne*].[191]

Duas consequências decorrem dessa doutrina constante. A primeira é que é preciso aceitar com docilidade essa punição e não ter medo de morrer da peste. Se se tem responsabilidades, fugir é um pecado e ficar, um ato meritório. "Devemos suportar com paciência [o decreto divino]", escreve Lutero, "sem temer expor nossa vida pelo serviço do próximo." A. Paré dá o mesmo conselho: "Se lhe apraz [a Deus] [...] golpear-nos com essas vergas, ou com algumas outras segundo seu conselho eterno, é preciso suportá-lo pacientemente, sabendo que é tudo para nosso proveito e regeneração".[192] Em país muçulmano, o discurso religioso sobre as epidemias era fundamentalmente idêntico, insistindo contudo ainda mais nos méritos daquele que morre do contágio. Maomé declara com efeito que, se a peste é um flagelo com que Deus atinge quem lhe apraz, "todo fiel que não foge só será atingido se Deus o previu e então ele será um 'mártir' como aquele que morre na guerra santa".[193]

A segunda consequência é que é preciso emendar-se e fazer penitência. Abordamos aqui, pelo ângulo da peste, esse grande fenômeno da culpabilização das massas europeias, ao qual voltaremos em uma obra posterior. Médicos dos corpos e das almas insistiram sem trégua sobre o único verdadeiro remédio contra o contágio: "E ainda mais que o mal é grande", escreve A. Paré, "é preciso recorrer prontamente ao remédio único e geral: que grandes e pequenos cedo imploremos a misericórdia de Deus por confissão e lamento de nossos delitos, com segura deliberação e propósito de emendar-nos e dar glória ao nome de Deus [...]".[194] Eis agora a poção prescrita por um pregador anglicano em 1613:

> Primeiramente jejua e ora; depois, toma um quarto de arrependimento de Nínive, mistura aí dois grandes punhados de fé no sangue de Cristo com toda a esperança e a caridade de que és capaz e deita o todo no recipiente de uma consciência purificada. Em seguida, faz ferver no fogo do amor enquanto a negra espuma das paixões mundanas cheire mal em teu estômago — o que julgarás pelos olhos da fé [...].[195]

Católicos e protestantes falavam portanto a mesma linguagem a respeito da peste e aconselhavam sob formas diversas a mesma terapêutica de arrependimento, a que uma boa parte das populações atingidas pela epidemia esforçava-se em recorrer. D. Defoe observa: "Nada era mais estranho de ver que a coragem com que o povo se dirigia ao ofício público de Deus, no próprio tempo em que as pessoas temiam sair de casa por qualquer outra razão".[196] Ele diz ainda que os londrinos davam prova de um "zelo extraordinário nos exercícios religiosos" e que os fiéis vinham a toda hora às igrejas, quer o ministro ali oficiasse ou não.[197] Em Marselha, em 1720, os padres que permaneceram na cidade eram "assediados" pelos fiéis. Não eram mais, testemunha um trinitário, "do que confissões mescladas de gemidos e de lágrimas amargas".[198] O cólera de 1832 provocou igualmente em Paris, em Lille, em Marselha ou em Londres a mesma recrudescência (provisória) de piedade: "A epidemia que devasta Marselha", escrevia *La Gazette*, "não fez senão tornar mais vivo o zelo religioso de seus habitantes. Todas as vezes que o santo viático é levado na noite, uma multidão de cidadãos se vê no dever de dirigir-se imediatamente à igreja para acompanhá-lo".[199]

Entretanto, as iniciativas individuais não bastavam. Sendo uma cidade inteira considerada culpada, sentia-se a necessidade de implorações coletivas e de penitências públicas cuja unanimidade e o aspecto, se ouso dizer, quantitativo, poderiam talvez impressionar o Altíssimo. Uma estampa inglesa do século XVII mostra a multidão reunida, em tempo de epidemia, diante da catedral Saint Paul para escutar um sermão. A legenda diz: "Senhor, tende piedade de nós. Prantos, jejum e preces". Em 1625, o Parlamento decidiu um jejum solene para 2 de julho. Nesse dia, o rei, os lordes e os juízes ouviram dois sermões em Westminster. Um conde, um bispo e um barão anotavam os nomes dos ausentes. Os membros das comunas, por seu lado, ouviram três sermões em Sainte-Margaret's. O primeiro durou três horas, cada um dos dois outros duas horas. No mesmo dia, fizeram-se dois sermões em cada paróquia de Londres. O residente toscano espantava-se com alguma ironia com a massa das preces assim acumuladas. As pessoas, nessa celebração de jejum observada em todas as paróquias da capital, "mantêm-se na igreja durante todo o dia, cantando salmos, escutando sermões um após outro, e fazendo não sei quantas preces para implorar ao Senhor que detenha a peste e as chuvas incessantes".[200]

Tendo-se revelado insuficiente essa imploração de 2 de julho, recomeçou-se no dia 20 e em todas as quartas-feiras seguintes até o fim da calamidade, ficando então proibido qualquer comércio, como nos dias de festa.

Em país católico, as autoridades eram obrigadas igualmente, em período de contágio, a organizar manifestações públicas segundo o estilo próprio da confissão romana: todas iniciativas coletivas pelas quais uma comunidade tranquilizava a si mesma estendendo os braços para o Todo-Poderoso e, a esse respeito, a panóplia das implorações católicas era mais fornida que a dos protestantes. Daí os votos pronunciados por uma cidade inteira — a igreja da Salute em Veneza e vários calvários bretões, especialmente em Plougastel-Daoulas,[201] são a consequência de tais promessas, assim como as "colunas de peste" que juncam ainda a Alemanha do sul, a Áustria e a Croácia, sendo a de Viena (1692) a mais célebre. Seus fustes são muitas vezes ornados de grandes relevos arredondados simbolizando os bubões. Só a Áustria conta mais de duzentas dessas colunas. Ao mesmo registro de súplicas comunitárias ligavam-se os gestos solenes de consagração, tal como o de Belsunce consagrando Marselha ao Sagrado Coração em 1º de novembro de 1720, as peregrinações aos santuários dos santos protetores e, enfim, grandiosas procissões. Essas podiam situar-se em diferentes momentos em relação à epidemia: antes, de maneira a afastar o flagelo que rondava nas proximidades; depois, como ação de graças; ou ainda, como em Marselha em 1720, quando a epidemia já começava a declinar, último esforço de prece antes da chegada ao porto; afinal, quando a calamidade estava no auge.[202] Nesse último caso, a procissão era reclamada com insistência pela população à hierarquia reticente: o que se pode verificar em Milão em 1630. O cardeal-arcebispo Federigo Borromeu temia com efeito os riscos de contágio que podiam nascer de um grande ajuntamento, os excessos supersticiosos da multidão e, enfim, a ocasião que essa liturgia de massa podia fornecer à ação dos envenenadores.[203] Mas precisou ceder ao pedido da municipalidade e ao voto público. Em 11 de junho, o relicário de seu tio, são Carlos, saiu às ruas de Milão.

Tais procissões impressionam por vários aspectos. Em primeiro lugar, como os jejuns decretados em países protestantes, constituem cerimônias penitenciais: uma população inteira confessa suas faltas e implora perdão. O clero canaliza e controla manifestações expiatórias que, no tempo da peste negra, tinham dado lugar às histéricas e sangrentas vagueações dos flagelantes. Certamente, as procissões dos séculos XVI-XVIII comportam *battuti* [flagelantes], mas que se integram no interior de um cortejo ordenado e hierarquizado. Contudo, o caráter penitencial claramente afirmado oculta um outro, menos evidente à primeira vista: o aspecto do exorcismo. Não é por acaso que o desfile sacro de 1630 na capital lombarda passa "por todos os bairros da cidade" e se detém em cada encruzilhada. Trata-se de beneficiar todos os recantos da cidade com os eflúvios protetores que emanam do corpo do santo, ele que 55 anos antes se consumira generosamente na cidade pestífera. Não distante de Milão, em Busto-Arsizio, houve uma procissão, desta vez em honra da Virgem, igualmente no ápice do contágio, e o cronista nos diz que "por voltas e desvios" ela contornou "muito minuciosamente" a localidade, dirigindo-se também para fora dos muros, onde se encontravam "as cabanas" dos contagiosos.[204] Assim, o rito só tem sentido se persegue o mal na totalidade do local habitado. Esse papel conjuratório destaca-se ainda mais com a ajuda de comparações. Em Marselha, em 16 de novembro de 1720, o bispo lança do alto do campanário dos Accoules, na direção dos quatro pontos cardeais, os exorcismos litúrgicos contra a peste.[205] Em Sevilha, em 1801, por ocasião de uma epidemia de febre amarela, mostra-se à multidão, do alto da Giralda, um fragmento da verdadeira cruz que já detivera a peste de 1649.[206]

Muralha e exorcismo, a procissão contra a peste liga-se a ritos muito antigos de circum-ambulação destinados a proteger uma coletividade contra forças e espíritos maléficos. Nos séculos XVII e XVIII, em várias cidades e aldeias da baixa Lusácia, da Silésia, da Sérvia, da Transilvânia, da Moldávia, da Romênia, as pessoas defendiam-se contra a epidemia fazendo moças nuas (algumas vezes também rapazes nus) cavarem um sulco em torno da localidade, ou dançarem percorrendo esse círculo mágico que afastava a ofensiva da desgraça.[207] O itinerário protetor da procissão é comparável ainda às "cinturas de cera" oferecidas à Virgem ou aos santos antipestilentos por municipalidades em apuros. Em 1384, os cônsules de Montpellier oferecem a Notre-Dame-des-Tables um círio que faz a volta das muralhas da cidade. Amiens faz a mesma oferenda em 1418, Compiègne em 1453, Louviers em 1468 e 1472. Chalon-sur--Saône em 1494 (em honra de são Vicente), Nantes em 1490, depois em 1501 (em honra de são Sebastião), Mantes (em 1601) em honra de são Roque.[208]

Remédio para toda a cidade, a procissão é uma súplica de toda a cidade. Só são espectadores forçados aqueles que, bloqueados em casa, olham por suas janelas fechadas. Todos os outros — clérigos e leigos, magistrados e simples cidadãos, religiosos e confrades de todos os hábitos e de todos os guiões, massa anônima dos habitantes — participam da liturgia, oram, suplicam, cantam, arrependem-se e gemem. Como é preciso percorrer todas as ruas e a multidão é enorme, a procissão dura muito tempo. Mas, independentemente dessas razões concretas, é preciso que uma cerimônia religiosa seja longa. Pensemos nos autos de fé espanhóis, que duravam todo um dia, e lembremos do que eram os dias de jejum inglês em tempo de peste, com o regime do sermão ininterrupto. Uma súplica em tal perigo só tem possibilidade de ser escutada pelo Céu se se prolonga suficientemente para forçar a atenção e a compaixão do Juiz encolerizado. E, para que ele veja e ouça melhor o lamentável cortejo dos humanos, é preciso o máximo de círios e luzes, as queixas dos flagelantes e uma espécie de prece *non-stop*. Em sua crônica da epidemia de 1630, o cônego de Busto-Arsizio, quando relata a grande procissão em honra da Virgem, insiste no fato de que se cantaram "continuamente" as litanias de Maria e de que, do começo ao fim do rito, os sinos das igrejas soaram de maneira ininterrupta.[209] Eis-nos no coração de uma religião quantitativa de que descobrimos aqui, em situações-limite, as motivações mais profundas.

Em um perigo tão urgente quanto o da peste, era preciso garantir todas as possibilidades a favor e portanto abrandar o Todo-Poderoso encolerizado recorrendo às preces dos intercessores mais qualificados. As pessoas se persuadiam de que Maria jamais participa da cólera divina e de que só intercede para abrandar a justiça rigorosa de seu Filho. O *Mortilogus* de C. Reitter suplica a ela nestes termos, em 1508: "Abre aos abandonados teu refúgio, ó Mãe! Nós nos escondemos tranquilos sob tuas asas, fora de alcance da negra peste e de seus raios envenenados".[210] A Virgem do manto que protege da peste figurou a partir do século XIV em pinturas italianas, francesas, alemãs etc. — um tema que se perpetuou até o século XVII. Mas ele logo se enriqueceu de acréscimos, pois muitas vezes se representou Maria reinando em glória entre santos antipestilentos e recebendo por seu intermédio as preces dos doentes.

Os santos antipestilentos mais frequentemente invocados eram são Sebastião e são Roque. As duas fontes hagiográficas que fundiram a vida e a lenda deste († 1327?) contam que Roque, nascido em Montpellier e seguindo depois para a Itália, foi ali atingido pela peste e expulso de Piacenza. Refugiou-se em uma cabana nas redondezas da cidade. O cão de caça de um senhor da vizinhança começou a roubar pão da mão e da mesa de seu dono, que ia levar regularmente ao doente. Intrigado, o dono, chamado Gottardo, seguiu um dia o cão e compreendeu a manobra. Ele então alimentou Roque até sua cura. Em troca, o santo converteu Gottardo, que se tornou eremita. Roque, de volta a Montpellier, não foi reconhecido pelos seus. Tomado por um espião, foi posto na prisão, onde morreu. Então o calabouço iluminou-se e o carcereiro descobriu perto de seu corpo a inscrição traçada por um anjo: *"eris in pestis patronus"*.[211] Mais tarde, as relíquias de Roque foram transladadas de Montpellier para Veneza; desde então o prestígio do santo cresceu rapidamente, a ponto de ultrapassar o de são Sebastião. A iconografia ora contou o ciclo inteiro de sua vida — como na igreja da confraria de são Roque em Lisboa, na Scuola San Rocco de Veneza (são as pinturas célebres de Tintoretto) e na igreja de são Lourenço de Nuremberg —, ora ilustrou certos episódios de sua lenda. A representação mais estereotipada, repetida em milhares de exemplares — prova da ubiquidade de um medo —, figurou-o com seu bastão e seu cachorro, apontando com o dedo o bubão de sua coxa. A são Sebastião e a são Roque, o fervor e a inquietude populares acrescentaram no total bem uns cinquenta santos antipestilentos de menor envergadura, mais particularmente venerados aqui ou ali. No entanto, são Carlos Borromeu alcançou um renome considerável, que o colocou pouco abaixo dos protetores maiores. Seu devotamento durante a epidemia de Milão em 1575 e o fato de seu culto ter sido encorajado pelo papado e pelos jesuítas explicam as invocações que lhe dirigiram os católicos acometidos pela peste.

No entanto, preces, missas, votos, jejuns e procissões não podiam tudo. Se a epidemia continuava igualmente virulenta, as pessoas se instalavam doravante em uma espécie de torpor, já não tomavam precauções, negligenciavam seu aspecto: era a incúria do abatimento. De maneira significativa, D. Defoe, após ter assinalado "a coragem com que o povo se dirigia ao ofício público de Deus", acrescenta imediatamente depois: "Falo dos tempos anteriores ao momento do desespero".[212] E então a epidemia declinava bruscamente, tomava impulso novamente, enfim se acalmava. Aí explodiam os *Te Deum*, surgia a alegria ruidosa e se manifestava, antes mesmo que fosse sensato, o frenesi dos casamentos que todos os cronistas da peste anotaram, uns após outros. Em Marselha, desde novembro de 1720, era uma verdadeira "mania": "Não ficamos menos surpresos, naquele tempo, de ver uma quantidade de casamentos no povo

[...]. O furor de casar-se era tão grande que um dos casados que não tivera a doença do tempo desposava muito bem sem dificuldade o outro cujo bubão mal se fechara; assim, viam-se muitos casamentos empestados".[213]

Quase quatro séculos antes, Jean de Venette escrevera:

> Quando a epidemia, a pestilência e a mortalidade tinham cessado, os homens e as mulheres que restavam casavam-se sucessivamente. As mulheres sobreviventes tiveram um número extraordinário de filhos [...]. Ai!, dessa renovação do mundo, o mundo não saiu melhorado. Os homens foram depois ainda mais cúpidos e avaros, pois desejavam possuir bem mais do que antes; tornados mais cúpidos, perdiam o repouso nas disputas, nos ardis, nas querelas e nos processos.[214]

Tinha-se esquecido o medo; mas por quanto tempo?

4. MEDO E SEDIÇÕES (I)

1. OBJETIVOS, LIMITES E MÉTODOS DA INVESTIGAÇÃO

Muitas vezes menos mortais do que as epidemias, porém mais frequentes, as sedições de toda natureza marcavam com súbita violência os tempos fortes de uma inquietude coletiva que, entre as explosões, permanecia silenciosa, até mesmo subterrânea. Tomemos a Aquitânia em suas mais amplas dimensões: Yves-Marie Bercé ali enumera, entre 1590 e 1715, de 450 a quinhentas revoltas populares, esclarecendo que entende por esse termo a formação de uma tropa armada que reúne em seu seio participantes vindos de várias comunidades de hábitat e que se mantém como exército por mais de um dia.[1] O século XVIII francês — excluída a Revolução de 1789-99 — foi mais calmo. No entanto, Daniel Mornet, compondo uma lista — que confessa incompleta — das rebeliões acontecidas na França de 1715 a 1787, chega sem esforço a uma centena.[2] Quanto a Georges Rudé, identifica 275 delas no campo inglês entre 1735 e 1800. Pode-se então falar, na civilização da Europa pré-industrial, com a condição de não tomar a expressão ao pé da letra, de uma "cotidianidade da revolta".[3]

O estudo que se segue é, como o de G. Rudé, um enfoque dirigido para "a multidão na história", mas com um objetivo diferente daquele dos historiadores que têm recentemente trabalhado sobre esse tema. Não voltaremos fundamentalmente ao problema controvertido da luta das classes nas rebeliões e revoltas de outrora. Não levantaremos a questão de saber se a violência era proporcional à distância social entre os rebeldes e seus adversários. Não descreveremos pura e simplesmente os "ritos da violência".[4] Em compensação, a pergunta feita neste capítulo e no seguinte é esta: que papel desempenhava o medo nas sedições da época pré-industrial? Respondendo ao voto outrora expresso por G. Lefebvre,[5] retomando com novos esforços e, graças aos estudos recentes, os trabalhos de G. Le Bon,[6] tentei aqui, fora de qualquer sistema preconcebido, um estudo comparativo dos temores de antigamente à medida que conduziam à sedição. Nessa ótica, deixei de lado, como raros e pouco representativos da época estudada, os movimentos maduramente premeditados, organizados e conduzidos segundo uma estratégia elaborada. Em compensação, entram de pleno direito no interior do espaço que nos propomos esclarecer as revoltas populares tais como as definiu Yves-Marie Bercé, as "fúrias tumultuárias" de todas as ordens, e também as contrassociedades agressivas — tal como a de Münster em 1535 —, cujas ambições e ações eram tão utópicas que não tinham nenhuma possibilidade de conduzir a uma tomada de poder um pouco duradoura. Portanto nos prenderemos sobretudo às explosões súbitas, às violências excessivas, às utopias sangrentas e às rápidas debandadas, tendo podido umas e outras, contudo, inscrever-se como uma sequência particular no filme de ações mais coerentes de oposição: assim, os comportamentos aberrantes dos quiliastas da Boêmia no interior do campo taborita em 1419. Mas tornamos a dizer que essas coerências oposicionais eram raras outrora.

Duas séries de exemplos farão compreender melhor o critério de seleção que mantivemos. Em Lyon, no século XVIII, vê-se nascer uma contestação social de tipo moderno. Os operários da seda não se revoltam nos tempos de penúria ou de desemprego. Seus movimentos organizados, particularmente em 1744 e 1786, ocorrem em períodos de trabalho assegurado e de relativa prosperidade, durante os quais sua subsistência e a de suas famílias não estão ameaçadas. Ora contra um regulamento que os oprime, ora para que os comerciantes não tenham a liberdade de impor seus preços aos mestres por tarefa, os operários da seda se organizam, se reúnem, decidem a greve. Não cometem nem pilhagem nem incêndio, e não há outras violências salvo breves confrontos com o vigia. No entanto as autoridades, quando se recompuseram, reagiram severamente.[7] A essas contestações conscientes de si mesmas é preciso opor, sempre em Lyon no século XVIII, três rebeliões amplamente espontâneas, a chamada "dos açougueiros" em 1714, a breve mas brutal "rebelião do colégio de medicina" em 1768, e o ataque das barreiras de alfândega em 1789. Nesses três casos, uma multidão que se reuniu sem objetivos precisos, acolhe rumores, amplifica-os, ataca pessoas, pilha e saqueia. Tal era o comportamento habitual das multidões em cólera e é ele que nos reterá, pois o medo estava muito mais presente aí do que na ação refletida dos operários da seda.

A distinção entre os dois tipos de contestação coletiva pode ser aplicada ao estudo das jornadas trágicas que marcaram na França o período 1789-99. Em 1789, o ataque da manufatura Réveillon, a tomada da Bastilha, o Grande Medo (que foi a concomitância de uma grande variedade de alertas locais), a marcha sobre Versalhes para reconduzir o rei; em 1792, os massacres de setembro — alguns movimentos que foram essencialmente impulsivos, tradicionais em suas motivações e em seu desenrolar, desprovidos de programação racional, desenvolvendo-se brutalmente, extinguindo-se com rapidez e que não integravam o encargo do futuro em um plano de luta coerente. Em compensação, as insurreições de 10 de agosto de 1792 e de 31 de maio-2 de junho de 1793 foram organizadas e enquadradas pelas divisões parisienses decididas a livrar-se sucessivamente do rei e dos girondinos. Esta análise revela o divórcio que separou, em todo o decorrer da Revolução Francesa e a despeito de conluios e de interferências momentâneas, o povo miúdo, urbano e rural, dos burgueses de todos os níveis que tiraram partido dos movimentos de multidões. De um lado, encontra-se o irracional, o mágico, os pavores mais diversos, o sonho da idade de ouro, a veneração (logo abandonada) pela "santa guilhotina" promovida à categoria de estátua abençoada e conduzida pelas ruas como outrora o relicário de santa Genoveva; do outro lado, projetos políticos, o senso tático, o espírito de organização. A clivagem entre esses dois universos parece ter passado pela propriedade privada. Tudo se dá como se a posse de um mínimo de segurança econômica houvesse sido a condição necessária de uma racionalização efetiva da conduta política.[8]

Uma investigação histórica sobre o papel do medo nas sedições de outrora encontra forçosamente o debate biológico que opõe, a respeito da agressividade humana, aqueles que a creem inata àqueles que a consideram adquirida. Existe, como afirma K. Lorenz, um instinto que combate no cérebro, ou então, ao contrário, o ideal bíblico do lobo comendo ao lado do cordeiro só é impedido de realizar-se por "maus hábitos" e frustrações?

O historiador não é biólogo e não resolverá por meio de suas exclusivas forças um problema talvez mal apresentado e que, de qualquer maneira, ultrapassa seu campo de investigação. Em compensação, ele pode trazer sua contribuição ao debate e mostrar, com dossiês à mão, que a maior parte das sedições na Europa dos séculos XIV-XVIII eram reações defensivas motivadas pelo medo de um perigo real, ou parcialmente imaginário, ou então totalmente ilusório (mas, certamente, não sentido como tal). As revoltas, variáveis em duração e em amplitude, constituíam então respostas tranquilizadoras a situações angustiantes. Tal análise constitui evidentemente um modelo parcialmente transponível no tempo e no espaço.

Com efeito, o movimento estudantil que abalou a França em 1968 pode, parece-me, ser explicado pela soma de dois medos: um, conjuntural, o outro, ao mesmo tempo *menos preciso* e mais profundo. O primeiro se relacionava com o futuro imediato: com efetivos crescentes nas universidades, o número dos excluídos por ocasião dos exames e dos concursos só podia aumentar. Não foi por acaso que a chama se produziu às vésperas do encerramento do ano universitário. Cada vez mais numerosos eram aqueles que se davam conta de que jamais poderiam ter acesso às carreiras com que haviam sonhado. Tomados de pânico diante dessa perspectiva que a cada dia se tornava mais evidente, os estudantes exigiram a supressão dos concursos e da seleção, um controle contínuo dos conhecimentos em substituição à "loteria" do exame terminal, o uso das anotações durante as provas escritas, a possibilidade de trabalhar — até de preparar dissertações — em equipe (o que suprimiria a apreensão individual). Quiseram impor a seus professores que os apoiassem mais, que ficassem mais perto deles, que não mantivessem entre docentes e discentes a barreira do curso magistral. Sentindo-se malpreparados para a vida ativa e para as renovações que ela exige então da maioria de nossos contemporâneos, eles desejaram que se lhes ensinasse a aprender. Enfim, na época, declararam desejar a cogestão das universidades: graças ao que pensavam poder bloquear os mecanismos de seleção. Essas reivindicações eram as da maioria dos estudantes, mesmo daqueles que eram pouco politizados: tratava-se de sua resposta a uma inquietude que não era sem fundamentos e que seus pais compartilhavam amplamente.

Mas um outro medo mais difuso, menos concretamente expresso (depois, ganhou mais e mais consistência) acrescentava-se ao precedente. Foram os jovens, no mundo inteiro, que lançaram, em primeiro lugar, o grito de alarme diante dos perigos e do materialismo inumano do crescimento pelo crescimento. Mais interessados do que os adultos no que seria o destino da humanidade amanhã e depois de amanhã, mostraram que nossa civilização desvia-se do caminho, que técnica e felicidade não são sinônimos, que as cidades se tornam inabitáveis, que a poluição ameaça a Terra de asfixia, que o excesso de organização e de tecnocracia constitui uma opressão invasora. Assim, à inquietação pelas perspectivas e pelo futuro próximo, acrescentavam-se um medo global e uma interrogação legítima sobre o futuro da humanidade. Na França de 1968, as duas tomadas de consciência, geradoras de pânico e de recusa, praticamente se deram ao mesmo tempo.

Não é apenas por suas causas, mas também por seu desenrolar, que a ruidosa contestação de maio de 1968 esclarece de maneira retroativa[9] as sedições de outrora, tal como logo as analisaremos. Encontram-se com efeito como denominadores comuns a estas e àquelas a violência e a festa — uma e outra aproveitando-se de uma relativa vacância de poder —, o iconoclasmo, a desforra dos silenciosos, a proliferação do imaginário, a explosão súbita que surpreende todo mundo, os ajuntamentos de amplitude imprevisível alguns dias antes, a rápida desagregação de uma massa logo fatigada e desmobilizada e, enfim, após o esgotamento de uma curta epopeia, um rasto de mito na memória coletiva e um medo duradouro nas pessoas bem situadas. O "terror" de 1968, para retomar em um de seus sentidos de outrora um termo que era muitas vezes sinônimo de "comoção" popular, constituiu portanto a retomada de um comportamento de multidão que vai ao encontro, para além das táticas operárias e da estratégia dos revolucionários metódicos, das condutas sediciosas dos homens de antigamente.

Devemos falar então de "Idade Média moderna" e dizer que a modernidade secreta novos arcaísmos?[10] Não é antes a revelação de que a racionalidade — superficial — de nossa civilização camuflou, mas não destruiu, reflexos coletivos que não esperam senão as ocasiões propícias para se manifestar novamente? O que é provado pelo estudo dos rumores que continuam a circular um pouco em toda parte em nossas cidades do século XX. Nesse domínio também, que é vizinho do precedente, pode ser útil remontar do presente ao passado.

Em 1946, a colônia japonesa das ilhas Havaí acreditou firmemente durante quase um ano que os americanos haviam perdido a guerra na Ásia e que o governo dos Estados Unidos se esforçava por todos os meios em camuflar a verdade.[11] Desde 1959, numerosas cidades da França, em particular Orleans, foram o palco de rumores insistentes dirigidos contra proprietários de magazines de vestuário feminino. Esses magazines teriam servido de antecâmara ao tráfico de mulheres brancas, sendo que as pessoas visadas por esses boatos eram no mais das vezes judeus instalados recentemente. Em Dol-de-Bretagne, em 1975, a detenção de um aprendiz de cabeleireiro implicado em um caso de narcótico logo engendrou um delírio coletivo:

um fabricante de móveis da localidade, cuja empresa tivera um rápido desenvolvimento, foi acusado pela opinião pública de esconder droga nos pés das mesas e cadeiras que fabricava. Os bancos limitaram-lhe o crédito, a clientela voltou-lhe as costas, os fornecedores esperaram mais informações antes de abastecê--lo. Os 120 empregados da fábrica precisaram descer à rua para protestar contra um rumor que, por suas consequências, ameaçava-os de desemprego.[12]

A análise sociológica conduzida por Edgar Morin e sua equipe a propósito dos acontecimentos de Orleans em 1969 não pode deixar indiferente o historiador dos rumores de outrora. Pois rumores e sedições estavam quase sempre ligados; e quem diz rumor diz medo. Edgard Morin mostrou que um rumor local não passa da "fina camada emersa de um mito que não é nem local, nem isolado, nem acidental"; que é oriundo das profundezas de um subsolo inconsciente; que, uma vez lançado, manifesta-se como uma força "selvagem" capaz de propagação atordoante. Suscitando ao mesmo tempo atração e repulsão, ele recusa a verificação dos fatos, alimenta-se de tudo, produz metástases em múltiplas direções, faz-se acompanhar de processos histéricos, atravessa as barreiras de idade, de classes sociais e de sexo, sendo acolhido contudo com particular favor pelos grupos femininos. Passando do estatuto de "diz-se" ao de certeza, o rumor é uma acusação que denuncia culpados acusados de crimes odiosos. No final do ciclo, contrariado por diversas repressões, dissipa-se em um bulício de minirrumores e de micromitos derivados e subterrâneos. Nem por isso está morto. Voltando para a sombra, espera uma nova ocasião para subir à superfície, se necessário sob uma outra máscara.[13]

Uma terceira série de investigações conduzidas sobre realidades contemporâneas ou relativamente recentes pode, por sua vez, ajudar nosso conhecimento das violências coletivas de outrora. Trata-se do estudo dos milenarismos dos séculos XIX e XX sustentados pela espera de um "grande dia" e muitas vezes acompanhados, como outrora, de uma fé messiânica em um salvador que instauraria uma comunidade feliz, se possível no centro de uma "terra sem mal".[14] Esses movimentos podem ser simplesmente reformadores ou verdadeiramente revolucionários e, portanto, conter cargas desiguais de agressividade; podem provir de desequilíbrios surgidos do interior em uma sociedade dada ou de uma desorganização social provocada por fatores externos; podem recrutar adeptos em todos os níveis sociais — é o caso dos milenarismos moderados — ou ser compostos apenas de elementos saídos da camada social inferior (a "classe pária" de que falava Max Weber). Nem por isso deixam de revelar denominadores psicológicos comuns.

Quando David Lazzaretti, nos anos 1870, criou seu movimento messiânico e suas comunidades agrícolas nos campos do sul da Toscana, os camponeses dessa região — em geral pequenos proprietários — estavam traumatizados por toda espécie de inovações que perturbavam um equilíbrio tradicional. A unidade italiana realizada havia pouco significava para eles uma nova rede de comunicações, impostos diferentes daqueles do passado, uma comercialização até ali desconhecida dos produtos agrícolas. As más colheitas ocorridas nesse contexto acabaram de criar a desordem e a desorganização das relações sociais. Reagindo contra essa situação, Lazzaretti formou, sob o nome de Sociedade das Famílias Cristãs, comunidades rurais muito estruturadas. Mas ele se tornou cada vez mais agressivo em relação ao Estado italiano e à Igreja oficial. Passando por ser o rei inspirado que inauguraria a última era do mundo, partiu com 3 mil dos seus ao ataque da cidade mais próxima para ali instalar o reino de Deus. Foi morto pela tropa após um breve combate (1878).[15]

Ao longo dos séculos XIX e XX, o Brasil viu nascer muito mais movimentos messiânicos do que a Itália. Isso se deve, explica Maria Isaura Pereira de Queiroz, ao fato de que os movimentos messiânicos, quando eclodem no universo rural, constituem mecanismos que visam à reorganização das sociedades camponesas. Quanto mais a estrutura e a organização dessas sociedades camponesas são frágeis, mais há possibilidades de os movimentos messiânicos se formarem. Ora, no campo brasileiro a desagregação social grassa há muito tempo em estado endêmico.[16] Pensemos ainda a seita criada nos Estados Unidos por Father Divine após a crise de 1929 e que continua viva. Os fiéis do líder negro trazem a este "seu dinheiro, seus serviços, seus pensamentos e seu amor". Em troca, nas residências ou "reinos" onde moram, são alimentados e vestidos gratuitamente, ou quase. Nesses paraísos terrestres, Father Divine proíbe de ler os jornais, de ouvir rádio e de ver televisão.[17] O sucesso inicial da seita se explica pela busca de uma segurança ao mesmo tempo econômica e psicológica, em um momento em que as consequências da crise de 1929 perturbavam a existência de muitas pessoas de condição modesta. Se a comunidade ainda perdura nos Estados Unidos é porque o êxodo dos campos para as cidades e o dos negros do sul para o norte do país continuam a alimentar, nas pessoas mais traumatizadas por esses deslocamentos, a necessidade de refugiar-se no interior de estruturas de acolhida protetoras e ao mesmo tempo críticas em relação a uma sociedade que as abandonou. Assim, reunindo-se em comunidades fortemente organizadas, elas se dirigem a um Deus que as "livrará da opressão dos dominadores" e da "segregação dos segregadores".

Mas os ensinamentos antropológicos mais sugestivos sobre os milenarismos de outrora nos vêm sem dúvida dos estudos recentes sobre o culto melanésio do *cargo*[18]. A implantação política e econômica dos europeus e a ação missionária nos séculos XIX e XX provocaram nas populações da Papuásia um choque psicológico e uma espécie de questionamento de sua identidade, assim como o aumento das tensões muitas vezes bastante vivas entre os indígenas e os colonizadores. Daí o nascimento e o retorno periódico do mito do *cargo*: no dia da vingança e da salvação, um barco a vapor conduzido pelos ancestrais traria aos oprimidos fuzis e toda espécie de alimentos e de bens terrestres. As pessoas se preparavam para a vinda do navio-milagre em uma atmosfera de intensa excitação. Convulsões e tremores traziam como uma compensação aos fracassos e às frustrações da comunidade maltratada. Já não se tinha medo de violar os tabus da moral cotidiana mais ou menos impostos do exterior. A chegada do "barco do *cargo*" ia inaugurar o começo de um longo período de felicidade, o triunfo de uma outra moral e o estabelecimento da igualdade entre súditos do novo reino.

2. O SENTIMENTO DE INSEGURANÇA

Essas análises de fatos recentes ou atuais esclarecem retroativamente as violências milenaristas que se sucederam na Europa ocidental do século XII a meados do século XVI, e até mais além. O que se encontra por trás do tabelião Tanchelm († 1115), que é por um momento o senhor de Anvers, e nas cruzadas de "pobres" e de "pastorzinhos" que se põem em movimento por várias vezes entre 1096 e 1320, semeando o terror à sua passagem? Sobretudo, parece, um proletariado que precisamente os vocábulos *pobres* e *pastorzinhos* deixam adivinhar. Esses deserdados têm dupla proveniência. Quando são oriundos das cidades, em particular das dos Países Baixos, representam, no momento em que se desenvolvem a urbanização e a indústria têxtil, uma pletora de mão de obra constantemente ameaçada pelo desemprego e pela fome. Se são rurais, advinhamo-los encurralados na miséria pela rarefação das terras exploráveis, obrigados a tornar-se diaristas e por vezes mendigos. Assim, as estruturas nascentes de uma economia mais aberta do que a da era feudal já rejeitam — e expelirão para fora de si mesmas durante vários séculos — infelizes que não estão integrados nem à cidade que cresce nem ao universo rural, portanto pessoas sem estatutos, disponíveis para todos os sonhos, todas as violências, todas as desforras que profetas lhes propõem. Engrossados por soldados sem emprego, clérigos em situação irregular, nobres sem dinheiro e criminosos de toda laia, reunidos atrás de messias que se dizem por vezes portadores de uma *mensagem celeste*, proclamam a vinda iminente de um tempo de igualdade, massacram os judeus inimigos e sanguessugas dos cristãos, querem pela força reconduzir a Igreja à sua primitiva pobreza.

O que é verdade para as cruzadas populares o é também para os grupos de flagelantes, ao menos quando em 1349, sobretudo na Alemanha e nos Países Baixos, seu movimento desviou-se na direção da "busca do *millenium* militante e sanguinário". Estão desde então convencidos de que suas violências purificadoras e a morte dos ímpios desembocarão nos mil anos de felicidade prometidos pelo Apocalipse. Essa radicalização ideológica se explica por modificações sociais no seio de suas organizações. É com efeito o momento da defecção dos nobres e dos burgueses. Aos artesãos e aos camponeses que permanecem no movimento juntam-se, cada vez mais numerosos, vagabundos, foras da lei e clérigos em ruptura com a Igreja, que conferem uma configuração crescente de contrassociedade agressiva aos grupos de flagelantes. O mesmo fenômeno aparece ainda mais nitidamente por ocasião da guerra hussita (1419-34).

A pregação de João Huss é essencialmente religiosa: os abusos da Igreja o revoltam; recusa as indulgências para pseudocruzadas; desejaria padres dignos e pobres, a abolição da hierarquia eclesiástica de seu tempo, a comunhão sob as duas espécies, a Bíblia oferecida a todos (assim, empreende traduzi-la para o tcheco).[19] No entanto, no fim de sua vida, pregando entre os camponeses da Boêmia meridional, ele se torna mais veemente contra os abusos sociais e contra o Anticristo e seus servidores — entenda-se a Igreja hierárquica. Queimado em Constância em 1415 como herético (recusara-se especialmente a subscrever a condenação de Wyclif), torna-se um herói nacional. Ora, a indignação despertada por sua morte e pela de seu amigo Jerônimo de Praga propaga-se em uma população há muito tempo inquieta por razões econômicas. As desvalorizações monetárias e a alta dos preços enfraquecem o modesto poder de compra dos humildes. A exploração do mundo camponês aumenta pelo duplo movimento de corveias senhoriais mais pesadas do que no passado e de um fisco pontifical mais exigente. Os mais expoliados dos rurais afluem para as cidades, em particular para Praga, que atinge 35 mil habitantes por volta de

1400. Contar-se-iam então ali 40% de indigentes. Revelando-se insuficiente a oferta de contratação em canteiros de obra como o da catedral, a municipalidade vende aos milhares objetos que desafortunados da cidade precisaram empenhar para tomar de empréstimo o dinheiro necessário à sua subsistência.[20] Quem se ocupará do papel das dívidas nas angústias dos pobres?[21]

Contudo, a guerra hussita (1419-34) não é um simples episódio de luta de classes. Dos "Quatro Artigos" de 1420 que definem a oposição a Roma e ao rei Sigismundo, um único tem incidências sociais: a exigência de secularização dos bens da Igreja. Os três outros exigem a liberdade de pregar, a comunhão sob as duas espécies e a punição dos pecados mortais pelas autoridades civis. Há então nobres e burgueses hussitas — os "calistinos", assim chamados por causa da reivindicação do cálice para os leigos, são moderados, reformistas que acabarão por entender-se com o Concílio de Basileia e com Sigismundo. Mas, ao lado deles, surgem radicais que são no mais das vezes pobres, desenraizados e que tendem a cair no milenarismo. Desta vez ainda, insegurança econômica e psicológica, de um lado, e esperanças apocalípticas, do outro, encontram-se ligadas. É em 1419 que se forma essa ala hussita radical composta de camponeses indigentes, de criados, de trabalhadores assalariados, de fidalgos e burgueses empobrecidos[22] e de pregadores itinerantes. Eles se reúnem no campo em vastas peregrinações, tentam fazer sua junção com os pobres de Praga. A capital ficará finalmente nas mãos dos moderados e rejeitará seus elementos mais agitados. Mas na Boêmia meridional e ocidental a heresia se instala solidamente nas cinco cidades escolhidas por Deus. No momento — próximo — em que terminará o reino do Anticristo, é ali que Jesus descerá novamente à terra. Desde 1420, os radicais começam a erguer sobre o pico onde se elevava o castelo de Hradiste a fortaleza revolucionária de Tabor, que se tornará progressivamente uma cidade. Aqueles que constroem febrilmente as primeiras casas e as muralhas são sobretudo servos, camponeses, criados. Habitantes de aldeias vizinhas queimaram sua própria casa e cortaram assim todas as pontes atrás de si para esperar o retorno do Cristo rei na cidade santa. Os anos 1420-1 marcaram a etapa quiliasta da revolução taborita. Uns cinquenta padres, pequenos pregadores pobres, constituem então a elite no poder na nova Jerusalém, para onde confluem miseráveis da Alemanha, da Áustria, da Eslováquia e da Polônia. Em Tabor, a distinção entre clérigos e leigos desapareceu; a Igreja não é mais uma instituição; rejeitou-se a fé na presença real na eucaristia e abandonou-se a crença no purgatório, nos sacramentos, na prece aos santos e nas peregrinações. A propriedade privada foi abolida, assim como as dízimas e os encargos senhoriais. Prediz-se ao mesmo tempo a entrada próxima nos mil anos de felicididade. Então "os indigentes deixarão de ser oprimidos, os nobres serão queimados como palha no braseiro [...], todas as taxas e impostos serão abolidos, ninguém forçará ninguém a fazer o que quer que seja, pois todos serão iguais e irmãos".[23] Na própria Tabor, depois por toda parte onde os taboritas puserem os pés, as dores humanas desaparecerão, as mulheres darão à luz sem dor. A ida para a Boêmia de milenaristas originários do norte da França (*picards*) ou dos Países Baixos (*beghards* ou irmãos do Livre Espírito) certamente contribuiu para reforçar o quiliasmo dos taboritas mais radicais, entre os quais alguns teriam caído no adamismo, celebrando "festas de amor", praticando o nudismo ritual e exaltando a emancipação sexual.

Entretanto, o chefe militar dos taboritas, João Zizka, o cavaleiro caolho, não era quiliasta e ligava-se ao cálice. Considerando que as loucuras milenaristas enfraqueciam o campo da revolta, perseguiu e mandou queimar os adamitas. A partir daí, os taboritas sob seu comando — e depois de sua morte (1424), sob o do padre Prokop, o Grande — puseram os pés no chão e reintroduziram em suas fileiras certa hierarquia. Tabor tornou-se uma cidade, com um número crescente de artesãos. De todo modo, nessa república democrática os camponeses e os pobres podiam realmente participar da vida política e desempenhar um papel religioso: razão pela qual ela estava destinada à morte no contexto da época. Em 1434 os taboritas foram vencidos em Lipany pelos hussitas moderados e pelos católicos coligados; contudo sua resistência se prolongou até 1452.

O laço entre milenarismo e insegurança econômica e — portanto também psicológica — é reencontrado, um século após o quiliasmo taborita, nas motivações e na ação da Liga dos Eleitos, que, sob o impulso de Müntzer, interveio em 1525 na revolta dos camponeses alemães. Embora a derrota de Müntzer tenha sido também a dos camponeses, já que combateram juntos, não se deve confundir as reivindicações moderadas de uns com o programa incendiário do outro.[24] Os principais teatros da revolta foram a Alsácia, a Alemanha do oeste e do sul, onde Müntzer não exerceu, ao que parece, nenhuma influência. Além disso, os "rústicos", a despeito desse apelido pejorativo, não constituíam uma massa miserável que teria se rebelado por um impulso desesperado, brutal e irrefletido. Foram guiados por inúmeros magistrados municipais, que dispunham de certa experiência administrativa, e por padres partidários das ideias novas.[25] Os doze pontos principais de seu programa não eram utópicos. Reclamavam para as comunidades o direito de eleger e de destituir seus pastores, a redução ou a supressão das dízimas, taxas e corveias, o restabelecimento dos antigos usos de justiça, a liberdade de caçar, pescar e utilizar os bens comunais. Na realidade, um estrato social cuja posição econômica melhorara durante o período precedente estava agora inquieto diante da ascensão dos principados absolutistas no interior do império. Essa ascensão dos Estados significava, para a maioria dos camponeses, taxas novas, o direito romano em substituição aos costumes e a crescente ingerência da administração central nos negócios locais.

Mas correntes milenaristas, difundidas especialmente a partir da Boêmia, interferiram nessa revolta; e seus propagadores foram esses mesmos elementos social e psicologicamente frágeis que já encontramos nas cruzadas de "pastorzinhos", nos grupos de flagelantes e nos meios extremistas de Tabor. Era o lumpenproletariado de que falou Engels. Reunai, escreve ele, "elementos desclassificados da velha sociedade feudal e corporativa e elementos do proletariado não desenvolvidos ainda, apenas embrionários, da sociedade burguesa moderna em via de nascer".[26] Na região do Reno, entre 1500 e 1520 eclodiram diversas sublevações conhecidas sob o nome coletivo de *Bundschuh* (tamanco), que reuniram seguramente camponeses, mas também pobres das cidades, mendigos, mercenários errantes... Ora, o *Bundschuh* visava a uma revolução radical inspirada por sonhos apocalípticos, que um *Livro dos cem capítulos*, escrito no início do século XV por um revolucionário do alto Reno, nos faz conhecer: uma vez vencidos os exércitos do Anticristo e eliminados os blasfemadores, a justiça reinaria sobre a terra, e todos os homens seriam irmãos e iguais. As esperanças do *Bundschuh* permaneciam vivas no momento em que eclodiu a guerra dos camponeses em 1524 e estes puseram o tamanco em suas bandeiras. Por outro lado, a Turíngia e o sul da Saxônia, onde se situou a ação de Müntzer, havia muito tempo eram atravessados por agitações milenaristas explicadas pela proximidade da Boêmia e pela presença de minas de prata e cobre em Zwickau e em Mansfeld. Ondas de trabalhadores convergiam para essas minas, onde o excedente de mão de obra era crônico. Além disso, parece que a indústria têxtil nessas regiões tinha estado em crise. Foi frequentando os tecelões de Zwickau que Thomas Müntzer, um padre versado nas Escrituras e que de início seguira Lutero, converteu-se ao quiliasmo revolucionário. O fim do mundo corrompido está próximo, dizia ele, os eleitos devem sublevar-se para abater o Anticristo e os inimigos de Deus. "Cada um deve arrancar as ervas daninhas da vinha do Senhor [...]. Ora, os anjos que afiam sua foice para essa tarefa não são outros senão os devotados servidores do Senhor [...], pois os maus não têm nenhum direito de viver, a não ser enquanto os eleitos a isso os autorizam."[27] Uma vez destruídos os inimigos de Deus, os mil anos de felicidade e igualdade poderão começar. Os camponeses da Turíngia, revoltados que não tinham obtido a caução de Lutero, tiveram o apoio de Müntzer, que foi ao seu encontro com seus discípulos mais fanáticos. Foram vencidos juntos em 15 de maio de 1525 em Frankenhausen. Müntzer foi decapitado dez dias depois.

A explosão milenarista mais violenta do século XVI — e também a mais esclarecedora para nós — é a que triunfou momentaneamente em Münster em 1534-5. O papel desempenhado no decorrer dessa tragédia pelos elementos mais "deslocados" da sociedade da época aparece aqui em plena luz. Nessa cidade episcopal, as guildas tomaram o poder em 1532, expulsaram o bispo e instalaram a Reforma luterana. Mas, na mesma época, uma agitação anabatista sustentada por profecias sobre o *millenium* desenvolvia-se nos Países Baixos e na Vestfália. Essa propaganda tinha sucesso particularmente entre os miseráveis e os desenraizados de toda espécie. Expulsos um pouco em toda parte, esses anabatistas refluíram para Münster.

"Assim chegaram", escreve um contemporâneo, "holandeses, frísios e celerados de todas as origens, que jamais se haviam fixado em parte alguma: alcançaram Münster e ali se reuniram." Outros documentos falam de maneira semelhante sobre "fugitivos, exilados, criminosos e pessoas que, tendo dilapidado a fortuna de seus pais, não ganhavam nada por sua própria indústria [...]".[28]

Não se poderia sublinhar melhor o laço entre milenarismo revolucionário e população marginal, urbana ou rural. Em fevereiro de 1534, os anabatistas guiados por dois neerlandeses, Jean Matthys e Jan Beukels (João de Leiden) apoderaram-se da prefeitura e da direção da cidade onde o delírio profético foi durante mais de um ano realidade cotidiana. Católicos e luteranos foram expulsos como "ímpios" em meio a uma tempestade de neve. O resto da população se fez rebatizar. Todos os contratos, todas as cautelas de dívidas foram queimados. Constituíram-se depósitos de roupas, pertences de cama, mobiliário, utensílios e alimento geridos por sete "diáconos". A propriedade privada do dinheiro foi abolida. Alojamentos foram requisitados para numerosos imigrantes. Todos os livros, salvo a

Bíblia, foram proscritos e deles se fez uma fogueira diante da catedral: desforra de uma cultura oral sobre uma cultura escrita considerada opressora.

Desde fevereiro de 1534 o bispo de Münster começara as hostilidades contra a cidade rebelde e reunira tropas para um cerco. Este não fez mais do que reforçar tanto a exaltação e a tensão na cidade quanto o terror que seus novos chefes ali fizeram reinar. Tendo Jean Matthys sido morto no decorrer de uma surtida, João de Leiden, um filho natural que de início fora aprendiz de alfaiate, depois comerciante sem clientela, tornou-se o chefe da nova Jerusalém. A legislação sobre o trabalho transformou os artesãos em empregados públicos; a poligamia bíblica foi instaurada (com exclusivo benefício dos homens) e, enquanto a cidade repelia as tropas do bispo, João de Leiden se fez proclamar rei. Vestia-se com trajes suntuosos, cercava-se de uma corte, impondo à massa austeridade rigorosa. Sua guarda era composta de imigrados. Toda oposição era punida com a morte. Incansavelmente, dizia-se à população que o tempo das tribulações chegava a seu termo. Cristo ia voltar, estabelecer seu reino em Münster. Desse reino, o povo eleito partiria, armado do gládio de justiça, para estender o império de Deus até os extremos da terra. Mas, na noite de 24 de junho de 1535, os sitiantes lançaram um ataque surpresa e apoderaram-se da cidade esgotada. Todos os chefes anabatistas foram massacrados.

A ideologia milenarista, em particular em sua versão violenta, era uma resposta radicalmente tranquilizadora à angústia de pessoas que se sentiam rejeitadas pela sociedade e viviam no temor de perder toda identidade. Assim, procuravam refugiar-se no imaginário: o que lhes era permitido pelos sonhos apocalípticos a que o cirterciense calabrês Joaquim de Flora († 1202) dera um novo impulso. Homem de paz, esse santo religioso previra (para 1260) o começo de uma era do Espírito, no decorrer da qual a humanidade, doravante governada por monges, converter-se-ia à pobreza evangélica. Mas, ganhando uma coloração ao mesmo tempo revolucionária e antiascética, essa profecia tornou-se, no espírito dos quiliastas agressivos, o anúncio de uma nova idade de ouro que seria exatamente o inverso daquela na qual uma sociedade odiosa os obrigava a viver. Não haveria mais servidão, nem impostos, nem coações, nem propriedade privada, nem tristeza, nem dores. Um universo de miséria e de injustiça, mediante, é verdade, a travessia de um período trágico, poderia se metamorfosear em terra de felicidade. Esse mito do retorno a um paraíso terrestre constituía uma tranquilização uma vez que extraía das Escrituras dupla garantia. Pois não apenas era anunciado para um futuro próximo, mas realmente existira no momento da criação. Era preciso, é claro, não permanecer passivo à aproximação dos prazos apocalípticos. Os *eleitos* deviam apressar a hora da grande reviravolta e facilitar o advento do *millenium* rompendo os obstáculos que se opunham ainda a seu triunfo: e isso acabando com o poder dos ricos e da Igreja, queimando os castelos e os conventos, destruindo as imagens. Encarregados dessa missão vingadora e dessa obra purificadora, indivíduos que, isolados, não passavam de excluídos, doravante sentiam neles uma força invencível. Convencidos de constituir uma elite de *santos*, comunidades paracléticas, ilhotas de justiça no seio de um mundo corrompido, não podiam mais admitir hesitações nem discussões. Sua certeza e sua intransigência tornavam-se cortantes como o gládio, sobretudo se se encontravam ao abrigo das muralhas de uma cidade santa — Tabor ou Münster. Àqueles que se erguiam em seu caminho, não prometiam senão a morte. Eram os justos; os outros, culpados; e soara a hora do castigo dos inimigos de Deus. Essa tranquilização ideológica ora forçada por uma obediência, também ela tranquilizadora, a um chefe que ganhava traços de salvador e messias — Tanchelm, Müntzer ou João de Leiden. Creditado de poderes miraculosos, ele era o pai e por vezes mesmo um rei, com tudo que esse título outrora comportava de sacralização. Seus fiéis, que viviam eles próprios no despojamento, aceitavam então vê-lo suntuosamente vestido, cercado de uma corte e de um cerimonial monárquico —

foi especialmente o caso em Münster. Não viam contradição nesse contraste: não se devia honra e glória àquele que, magicamente, ia transformar a face da Terra e conduzir seu pequeno povo eleito à conquista do universo? Assim, não se pensava na derrisória relação das forças entre os soldados do *millenium* e seus incontáveis inimigos. Deus combatia com seus servidores. Depois, bruscamente, em Frankenhausen, em 15 de maio de 1525, ou em Münster, em 24 de junho de 1535, era o despertar, o choque contra uma realidade que guardara consistência e dureza. Então era a debandada. Mas nem por isso o mito estava morto.

Os milenarismos revolucionários não constituem senão uma série de casos-limites que permitem perceber com uma lente de aumento uma relação mais geral entre marginais e violências coletivas de outrora. Pois em muitas sedições entravam em cena, acompanhando dirigentes que eram frequentemente artesãos, pessoas mal inseridas na sociedade. As agitações urbanas dos séculos XIV-XVIII e especialmente as que marcaram em Paris o começo da Revolução Francesa teriam sido menos numerosas e menos sangrentas sem a presença nas cidades de uma importante população flutuante em busca de pão e de trabalho. Esses seres "deslocados"[29] que não tinham nada a perder desejavam sem dúvida, no mais profundo de si mesmos, um estatuto social graças ao qual já não seriam criaturas abandonadas. E toda ocasião lhes era boa para vingar-se dessa frustração.

A relação entre revoltas e sentimento de insegurança pode ainda ser esclarecida por uma nova perspectiva que agora ressaltará um elo frequente entre as violências coletivas e a apreensão maldefinida suscitada por uma vacância do poder — pode essa apreensão então atingir pessoas normalmente integradas à sociedade. No vazio deixado pela anulação da autoridade, vem alojar-se toda espécie de temores que remetem a uns tantos inimigos reais ou imaginários. Considerem-se, como primeiro exemplo, em 1358, os distúrbios revolucionários de

Paris e a Jaqueira.* No segundo plano psicológico desses movimentos, descobre-se a desordem provocada pela derrota de Poitiers (em 13 de setembro de 1356).

> Com o que [escreve Froissart] os nobres reinos foram duramente enfraquecidos, e em grande miséria e tribulação mergulhados [...]. Se os reinos da Inglaterra e os ingleses e seus aliados regozijaram-se com a captura do rei João de França, os reinos de França foram duramente perturbados e ultrajados; houve bastante razão, pois foi uma grande e aniquiladora desolação para todas as categorias de pessoas. E sentiram bem então os sábios homens do reino que grande calamidade daí nasceria; pois os reis, seus senhores, e toda a elite na boa cavalaria de França estavam mortos ou capturados e os três filhos do rei que haviam retornado, Carlos, Loeis e João, eram muito jovens de idade e de conselho; não tinham neles pequenos recursos, nenhum dos ditos filhos queria empreender o governo do dito reino.
>
> Com tudo isso, os cavaleiros e escudeiros que tinham retornado da batalha estavam tão feridos e desgostosos das conjurações que voltavam de má vontade para as boas cidades[30].

João, o Bom, cativo; os filhos do rei jovens demais para governar; os melhores cavaleiros mortos ou capturados: eis, de súbito, o vazio na existência cotidiana de cada um, o desabamento das proteções ordinárias. Tornando-se ansiosos, camponeses e citadinos sentem que devem eles próprios tomar em mãos seu destino e, em primeiro lugar, castigar os maus conselheiros do soberano e tantos nobres que, em vez de morrer em Poitiers, fugiram ou traíram. É apenas justo queimar seus castelos e lembrar-se dos rancores por longo tempo acumulados contra sua tirania.[31]

---

* Sublevação dos camponeses franceses contra os senhores. (N. T.)

O elo cronológico, se não constante ao menos frequente, entre vacância do poder e sedições destaca-se com evidência de uma lista mesmo sumária. A morte de Carlos V em 1380 e a elevação de Carlos VI, que só tinha doze anos, foram rapidamente seguidas de distúrbios urbanos dos quais os principais eclodiram em 1382 em Rouen ("o tumulto") e em Paris (rebelião das "maças").[32] O reinado do rei demente — e como tal incapaz de governar — foi ainda marcado em Paris pela Insurreição Cabochienne (1413). A grande revolta dos camponeses ingleses se produziu quatro anos apenas após a morte de Eduardo III, que faleceu em 1377, depois de um reinado de mais de cinquenta anos. Seu filho, o Príncipe Negro, o precedera de alguns meses na sepultura; então foi seu neto Ricardo quem o sucedeu. Tinha só catorze anos quando "essas pessoas más — os camponeses — começaram a erguer-se [...] como Lúcifer fez contra Deus".[33] A revolta da Boêmia coincidiu com a morte do rei Venceslau (1419); as guerras religiosas na França, com a vacância quase permanente do poder que começou com a morte inesperada de Henrique II e culminou com o assassinato de Henrique III. A inquietação durante o reinado deste foi continuamente sustentada por sua ausência de descendência. Inversamente, a abjuração de Henrique IV produziu um choque psicológico salutar: a França teve o sentimento de ter novamente um verdadeiro rei. Quanto à Fronda, produziu-se durante uma regência.

Foi sem dúvida no início da Revolução Francesa que se fizeram sentir mais nitidamente os efeitos psicológicos perturbadores de um vazio político. Retomemos brevemente o filme dos acontecimentos. Em maio de 1789, os Estados Gerais se reúnem por convocação de Luís XVI. Mas em 19 de junho o rei suspende suas sessões e, no dia 23, determina que só deliberem separadamente. No dia 27, volta atrás nessa decisão e aceita considerá-los doravante Assembleia Nacional. Na realidade, isso não passa de um ardil, já que ele reúne tropas e, em 11 de julho, demite Necker. Seis dias depois, chama-o de volta, ensinado que foi pelos acontecimentos de Paris. As tropas retornam então às suas casernas, para grande inquietação da classe abastada. Em 4 de agosto, a Assembleia Nacional vota a supressão (teórica) dos direitos feudais. Mas o rei recusa-se a referendar a decisão dos deputados. Conduzido a Paris em 6 de outubro pela multidão exaltada, aceita então os famosos decretos. Além disso, durante esses dez meses ardentes, os franceses, divididos entre imensas esperanças e vivas apreensões, assistiram à desagregação do exército, à fuga dos nobres mais em evidência, à substituição das paralisadas autoridades locais por novas municipalidades apressadamente formadas. A armadura estatal do Antigo Regime dissolveu-se; ao que se acrescentou a ameaça da bancarrota. Daí um sentimento profundo de insegurança em um país que se acreditou aberto aos saqueadores, aos complôs, aos exércitos estrangeiros. Era preciso urgentemente inventar os meios de uma autodefesa e eliminar os múltiplos inimigos cuja ação se temia. Tal foi o clima que permitiu a multiplicação e a difusão dos pavores locais conhecidos sob o nome de Grande Medo.[34] Poderíamos ainda basear a demonstração em exemplos mais recentes. As inúmeras agitações que a França conheceu em 1848 se explicam pela conjunção de uma agressão fiscal (imposto de 45 cêntimos) com a vacância da legitimidade (governo de uma assembleia provisória).[35]

O vazio de poder é um fenômeno ambíguo. Deixa livre o caminho de forças que permaneciam comprimidas enquanto a autoridade era sólida. Abre um período de permissividade. Desemboca na esperança, na liberdade, na permissão e na festa. Não secreta, portanto, apenas o medo. Libera também seu contrário. Como negar no entanto a carga de inquietação que encerra? Ele cria uma vertigem; é ruptura com uma continuidade; logo, com a segurança. É portador de amanhãs incertos que serão talvez melhores ou talvez piores que ontem. É gerador de uma ansiedade e de um enervamento que podem facilmente conduzir às agitações violentas.

3. MEDOS MAIS PRECISOS

O sentimento de insegurança, ao menos nas formas que acabamos de descrever, muitas vezes era mais vivido do que claramente consciente. Em compensação, certos medos mais precisos, e que nem sempre eram imaginários, frequentemente anunciavam as revoltas. Insurgindo-se por várias vezes contra os espanhóis desde o século XVI até o século XVIII (e muito mais repetidamente do que a historiografia oficial por longo tempo deixou adivinhar), os indígenas do México e do Peru sabiam-se ameaçados em sua identidade mais profunda pela cultura dos conquistadores e especialmente pelo batismo, pelo catecismo e pelas liturgias dos missionários europeus. Daí suas retiradas repetidas para as zonas montanhosas, seus ataques súbitos contra as aldeias de colonização e de cristianização, suas violências, no decorrer das rebeliões, contra os religiosos, as igrejas, os sinos, as imagens cristãs etc. No Peru e no México do século XVI, essas insurreições ganharam por vezes uma coloração milenarista muito reveladora do choque entre duas culturas: em um primeiro momento, o Deus dos cristãos vencera os deuses locais e os espanhóis, os indígenas. Mas "agora o mundo realizava seu retorno, Deus e os espanhóis seriam vencidos, desta vez, e todos os espanhóis mortos, suas cidades tragadas e o mar ia encher-se para afogá-los e abolir sua memória".[36] Eis agora no México, em pleno século XX, uma situação aparentemente inversa, onde o catolicismo é, desta vez, vítima da perseguição. Nos campos do centro do país ele foi reforçado no final do século XIX por um renascimento da pregação e tornou-se a própria substância da consciência popular em um momento em que os anticlericais das grandes cidades — burocratas, burgueses e militares — queriam destruir o clero, a Igreja e a fé. É ainda um combate entre duas culturas. Nos anos 1920, um deputado que exprime bem o radicalismo antirreligioso então no poder não teme afirmar:

[...] É preciso penetrar nas famílias, quebrar as estátuas e as imagens dos santos, pulverizar os rosários, despregar os crucifixos, confiscar as novenas e outras coisas, trancar as portas contra o padre, suprimir a liberdade de associação para que ninguém vá às igrejas conviver com os padres, suprimir a liberdade da imprensa para impedir a publicidade clerical, destruir a liberdade religiosa e afinal, nessa orgia de intolerância satisfeita, proclamar um artigo único: na República, só haverá garantia para aqueles que pensam como nós.[37]

Na lógica de tal programa, o presidente Calles (1924-8) decide em 1926 o fechamento das igrejas e a expulsão dos padres. Durante cinco meses os mais zelosos dos católicos mexicanos — essencialmente camponeses — tentam, à custa de penitências e de preces, obter do céu que abrande o coração do novo faraó. Mas ele permanece empedernido. Então, ameaçados de perder a alma e a despeito dos conselhos de prudência da hierarquia e do Vaticano, espontaneamente os *cristeros* sublevam-se, depois se organizam e, durante três anos, impedem a vitória das tropas governamentais.

Inevitavelmente, os medos legítimos que acabamos de evocar diante de perigos que eram muito reais foram reforçados por temores suscitados pela imaginação coletiva. Nas populações indígenas do Peru central, por volta de 1560, espalhou-se o rumor de que os brancos tinham chegado à América para matar os indígenas, dos quais utilizavam a gordura como medicamento. Os indígenas fugiam então de todo contato com os espanhóis e recusavam-se a servi-los.[38] Entre os Tarahumaras do México, que se revoltaram várias vezes contra os ocupantes, especialmente em 1697-8, os feiticeiros afirmavam que os sinos das igrejas atraíam as epidemias, que o batismo contaminava as crianças e que os missionários eram mágicos.[39] Quanto aos *cristeros*, no início da atroz repressão antirreligiosa, pensaram que o dia do Juízo chegara e que não estavam às voltas com "o exército do governo, mas com o do próprio Lúcifer".[40]

Voltemos agora à Europa e, recuando no tempo, descobriremos facilmente na origem de certas sedições outros medos muito fundados, mas também eles acompanhados de uma proliferação do imaginário. Durante vários séculos, as populações das pequenas cidades e das regiões descampadas temeram com justa razão o vaivém dos guerreiros, ainda que não fossem oficialmente inimigos. Na França, esse temor parece ter tomado corpo na época das grandes companhias e só declinou progressivamente a partir do momento em que Luís XIV e Louvois criaram casernas e impuseram ao exército disciplina mais estrita. Froissart, contando os acontecimentos do ano de 1357, relata assim as más ações desses soldados-bandidos na Île-de-France:

[...] [Eles] conquistaram e roubaram dia a dia todo o país entre o rio Loire e o rio Sena; por isso ninguém ousava ir entre Paris e Vendôme, nem entre Paris e Orleans, nem entre Paris e Montargies, nem ninguém da região ousava ali permanecer; antes todas as pessoas dos descampados tinham se refugiado em Paris ou em Orleans [...], e não permanecia praça, cidade nem fortaleza se não fosse muito bem guardada, que não estivesse agora toda roubada e perseguida [...]. E cavalgavam pelo país em bandos, aqui vinte, ali trinta, lá quarenta e não encontravam quem os desviasse nem combatesse para lhes causar dano.[41]

As grandes companhias grassaram também no século XIV na Normandia, no vale do Rhône e em Languedoc. Nesta última região, os bandidos lutavam seja por sua própria conta, seja a soldo de Jean d'Armagnac ou do conde de Foix, então em guerra. No decorrer dos anos 1360-80, a miséria tornou-se terrível nos campos do sudoeste, incessantemente percorridos por homens de armas ávidos de pilhagem. Já não havia segurança para o camponês, e o mercador já não se aventurava pelos caminhos. Viram-se então pobres pessoas abandonarem sua cabana: uns se refugiaram nas cidades fortes, os outros se reagruparam nos bosques e também se puseram a pilhar para viver. Estes eram os *Tuchins*, cujo nome remete à *touche* (isto é, fração de floresta), onde esses infelizes buscavam asilo.[42] Seu número e sua pilhagem foram sobretudo importantes por volta de 1380 no alto e no baixo Languedoc e em Auvergne.

Os testemunhos sobre os malefícios causados pela passagem e pelo alojamento dos homens de tropas são inúmeros ao longo dos séculos do Antigo Regime. Em 1557, Milão enviou a Filipe II um embaixador, que declarou ao rei:

> Esse Estado [o ducado de Milão] está em sua maior parte tão destruído e arruinado que já numerosas terras foram abandonadas [...]. Essa ruína provém de tudo que pesa sobre o Estado: tanto os impostos extraordinários [...] quanto o alojamento dos soldados. Estes são uma tal carga para as populações que é coisa inacreditável. E isso tanto mais que seu comportamento é sem piedade nem medida, cheio de crueldade e de cupidez. [Daí] a exasperação dos súditos, até mesmo seu extremo desespero. [Daí] a calamidade e a destruição de certas cidades [...], como Alexandria, Tortone, Vigevano com seus territórios, e da maior parte da região de Pádua, em particular a Lomellina, onde [...] inúmeros habitantes, após terem perdido o que os fazia viver, partiram e se dispersaram por outras regiões.[43]

Na segunda metade do século XIV, as guerras religiosas provocaram por várias vezes a ida de soldados estrangeiros à França: espanhóis, italianos e suíços do lado católico, suíços igualmente, ingleses e sobretudo alemães do lado protestante. Estes últimos, que foram vistos sucessivamente em 1562, 1567-9 e 1576, deixaram uma sinistra lembrança. Em 1576, João Casimiro, o filho do Eleitor palatino, não tendo recebido após a paz de Beaulieu as indenizações prometidas por Henrique III, permitiu que suas tropas pagassem a si mesmas por habitante. Elas tomaram de assalto aldeias que resistiam, e cometeram excessos terríveis. Além disso, durante esse longo período de lutas civis, os soldados franceses dos dois campos conduziram-se muitas vezes como salteadores. Em 1578, nos Estados do Languedoc, hostis aos protestantes, é verdade, era desolador ver

> [...] a terra coberta do sangue do pobre camponês, das pobres mulheres e crianças; as cidades e casas dos campos desertas, arruinadas e na maior parte queimadas e tudo isso após o edito de pacificação (de 1576) [...]. Não é pelos tártaros, pelos turcos nem pelos moscovitas, mas por aqueles que nasceram e foram alimentados no dito país e que professam a religião que se diz reformada.[44]

A Guerra dos Trinta Anos reavivou em grande parte da Europa o temor da passagem e do alojamento dos homens de guerra.

Em *As aventuras de Simplicissimus*, romance escrito por uma testemunha da Guerra dos Trinta Anos, um soldado declara: "O diabo carrega quem quer que se deixe levar pela piedade; ao diabo quem quer que não mate impiedosamente o camponês, quem quer que procure na guerra outra coisa que não seu proveito pessoal".

O herói de *Simplicissimus* conta como sua aldeia foi pilhada por uma tropa de soldados e como seus habitantes foram torturados:

> Puseram-se então a retirar da porca das pistolas as pederneiras, mas para substituí-las por polegares de camponeses e torturar os pobres miseráveis, como se se tratasse de queimar feiticeiras. Aliás, os soldados já haviam lançado ao forno um dos camponeses feito prisioneiro, e trabalhavam em esquentá-lo, embora ele ainda não houvesse confessado nada. A um outro, haviam atado em torno da cabeça uma corda que apertavam com um garrote, e a cada volta o sangue jorrava pela boca, pelo nariz e pelas orelhas [...]..[45]

O relato de Grimmelshausen é exagerado? Por certo, circularam rumores aterrorizantes que agravavam ainda mais uma realidade já sinistra. Além disso, a jactância e as ameaças dos soldados contribuíram sem dúvida para dar crédito à história das crianças postas no espeto, que reapareceu no momento da revolta do papel timbrado na Bretanha.[46] Mas — testemunhos entre muitos outros — documentos emanados do parlamento de Bordéus provam que, em 1649, camponeses de Barsac e de Macau foram expostos ao fogo.[47] Y.-M. Bercé, investigando com minúcia os malefícios dos homens de guerra no sudoeste francês ao longo do século XVII, é taxativo: viviam à custa das populações. Violavam as mulheres. Extorquiam dos habitantes, por meio do terror, a confissão do esconderijo de seu dinheiro, amarrando os homens, arrancando-lhes a barba, empurrando-os no fogo da lareira, atando-os a um poste para golpeá-los. Saqueavam as casas onde não encontravam bastante dinheiro, estripavam as barricas, estropiavam os animais domésticos, massacravam as aves de criação. Ao deixar um alojamento, levavam mobílias e roupas, louças e cobertas.[48] Ora, os oficiais não faziam nada para deter as pilhagens, que eram o melhor chamariz para o recrutamento.

Mesmas violências no norte da França quando os mercenários de Rosen, recrutados por Mazarino, foram enviados contra os espanhóis depois de 1648. Os habitantes das regiões de Guise, Bapaume, Saint-Quentin precisaram refugiar-se nos bosques, armar-se de forcados e foices, constituir "maquis". São Vicente de Paula queixou-se em vão a Mazarino das extorsões de Rosen. Mesmos excessos também por ocasião da Fronda em torno de Paris: mulheres violadas, camponeses espancados, igrejas saqueadas, vasos sagrados roubados, cereais não maduros cortados para alimentar os cavalos, vinhas arrancadas, rebanhos raptados. Triste crônica que se pode reconstituir graças às *Relations charitables* inspiradas na época pelos devotos da capital.[49]

A reputação dos soldados era tal que, ao anúncio de sua chegada para um acantonamento, as populações punham-se frequentemente em estado de alerta. Desobedecendo as ordens reais, elas podiam entrar em rebelião. Y.-M. Bercé estudou 42 dessas revoltas na Aquitânia dos anos 1590-1715. Ao se saber que os homens de guerra estavam nas proximidades, o toque a rebate soava em várias paróquias, e os trabalhos dos campos e os mercados eram interrompidos, sentinelas eram postadas nas encruzilhadas. As aldeias simples armavam barricadas de barris e de carroças. No pior dos casos, os camponeses entrincheiravam-se na igreja, último refúgio da comunidade rural. As cidades dotadas de muralhas fechavam suas portas, organizavam rondas sobre os muros, do alto dos quais arcabuzadas eram atiradas sobre as tropas que se aproximavam. Por vezes até as cidades organizavam expedições de dissuasão contra companhias que ainda estavam a certa distância. Assim fizeram Montmorillon e Périgueux em 1636, Mur-de-Barrez em 1651.[50] Y.-M. Bercé observa que essas rebeliões sobrevieram em 1638--40 e em 1649-53, isto é, no auge da Guerra dos Trinta Anos e durante a Fronda, períodos de grande insegurança que viram reaparecer velhas formas de autodefesa local que engajavam toda uma comunidade.[51] Além disso, elas se produziam sobretudo no fim do outono, quando os homens de guerra iam ocupar seus alojamentos de inverno, e na primavera, quando partiam novamente para as fronteiras.[52]

O temor da passagem dos guerreiros ia ao encontro daquele mais geral em relação a todas as categorias de errantes, muitas vezes confundidos com delinquentes. Logo falaremos do medo dos mendigos. Mas notemos desde já que os europeus tiveram durante vários séculos boas razões para associar mentalmente soldados a vagabundos. Errantes encontravam uma solução provisória para sua miséria aceitando as ofertas dos recrutadores. Por vezes, também eram alistados à força. Inversamente, soldados desmobilizados formavam frequentemente bandos de foras da lei que pilhavam para subsistir: foi assim na Itália após 1559;[53] no Franche-Comté em 1636-43, tendo os restos de um exército imperial em retirada se fragmentado em pequenos grupos de salteadores.[54] Se a guerra recomeçava, o banditismo podia adormecer momentaneamente em tal ou tal região, voltando os salteadores a ser soldados e partindo para as fronteiras — foi o que sucedeu na Itália em 1593 com a retomada das hostilidades entre turcos e os Habsburgo.[55] Por outras razões ainda, existiam múltiplas comunicações entre exércitos e grupos de vagabundos: inúmeros *rouleurs* ou *billardeurs* [andarilhos] desertavam uma vez recebida a recompensa, ainda que para se reengajar periodicamente.[56] Além disso, os exércitos arrastavam com eles filhos de militares, velhos soldados, fugitivos, assassinos, padres em ruptura com a Igreja e prostitutas.[57] Enfim, na Rússia do século XVII, na França de Luís XIV, em Portugal dos séculos XVIII e XIX, pessoas do campo, fugindo da conscrição, tornaram-se errantes obrigados a roubar para viver.[58] Assim, o Antigo Regime produziu, do século XIV ao XVIII, um universo marginal de soldados-salteadores, cuja sinistra reputação continuava viva quando eclodiu o Grande Medo de 1789 e a maior parte da França se pôs em estado de alerta para atacar fantasmas.

4. O TEMOR DE MORRER DE FOME

Uma outra grande apreensão de outrora, e muito justificada, era a de morrer de fome — "*a bello, peste, et fame libera nos, Domine*" —, uma apreensão que "se incorporava [...] às estações, ao escoamento dos meses, até mesmo dos dias"[59]. Em tempo de crise, provocava pânicos e desembocava em loucas acusações contra os pretensos açambarcadores.

Dentre os motivos que explicam a sorte da história de José (o filho de Jacó) no teatro alemão do século XVI, figura sem dúvida a situação alimentar do país e da época. Outrora o vizir do faraó preservara o Egito da fome; construíra e enchera celeiros no tempo da abundância e anulara assim os efeitos desastrosos dos anos posteriores de penúria. Fora, portanto, o modelo do "príncipe provedor".[60] Comentando a frase do pai-nosso: "O pão nosso de cada dia nos dai hoje", Lutero fazia observar igualmente em seu *Grande catecismo* que as insígnias de um soberano piedoso deveriam antes ser ornamentadas com um pão do que com um leão ou com uma coroa em forma de losango.

A alimentação, na Europa de outrora, era desequilibrada por excesso de farináceos, insuficiente em vitaminas e proteínas, e marcada pela alternância sobre a frugalidade e a comilança, não chegando esta última (que era rara) a exorcizar a obsessão da penúria em grande parte da população. No primeiro lugar entre as obras de misericórdia, a Igreja colocava, não sem razão, "alimentar os que têm fome".[61] Embora severas nas cidades, as crises de cereais eram ainda mais duramente sentidas nos campos, onde, como lembra P. Goubert, a maioria dos pequenos camponeses precisava comprar seu pão. Em certas províncias da França, 3/4 dos camponeses eram incapazes de alimentar a família com sua exploração agrícola.[62] Circunstância agravante: o consumo de carne diminuiu na Europa nos séculos XVI-XVIII em relação ao que era na Idade Média. Pois, com o crescimento demográfico, as culturas, globalmente, sobrepujaram a criação de animais e, com elas, a alimentação cerealista.[63] A tirania dos cereais significava que a hierarquia das qualidades do pão, do mais branco ao mais escuro, recobria a hierarquia social e que as colheitas ritmavam os cortejos fúnebres,[64] uma subalimentação ceifando os mal nutridos e abrindo a porta às epidemias.[65]

Em nossa sociedade ocidental de abundância, temos dificuldade em imaginar que há apenas algumas centenas de anos se podia morrer de fome em nossas cidades e em nossos campos. No entanto, são inúmeros os testemunhos a esse respeito. Examinemos alguns deles, que são apenas uma amostra no tempo e no espaço.

Na metade do século XV, o rei René descreve nestes termos a Carlos VII a situação em Anjou: "Assim, pela esterilidade e falta de bens que houve em vários anos passados e ainda há neste presente, a maioria daqueles que estão deitados na palha e que estão nus e descobertos, morrem, eles e suas famílias, como de fome".[66]

A crônica da abadia Saint-Cybard de Angoulême relata que durante o inverno de 1481-2, um pouco por toda parte, o "mundo morria de fome e não comia senão raízes de ervas e repolhos; nesse tempo, só se encontravam pobres pelos caminhos e salteadores pelos bosques [...]. O pobre povo comprava o farelo[67] e o mandava moer com aveia [...], os outros comiam a aveia toda pura; ainda assim não se podia encontrá-la".[68]

Em Roma, no momento da cruel penúria de 1590-1, um redator de folhas de notícias (*avvisi*) escreve: "Todos os dias fica-se sabendo que alguém morreu de fome". O papa Gregório XIV já não sai de seu palácio a fim de não escutar os clamores de seu povo. Mas, no decorrer de uma missa em São Pedro, os assistentes se põem a gritar e a pedir pão.[69] Eis aqui ainda a situação na Suíça em 1630, ano de colheita desastrosa: na região de Vaud, "os pobres estavam reduzidos a extremos lamentáveis, alguns morreram de fome, outros comeram feno e ervas dos campos. O mesmo acontecia nas montanhas e aldeias vizinhas de Genebra, que se serviam de farelo, de repolhos, de frutos do carvalho como alimentação".[70]

Voltemos a Anjou, desta vez no final do século XVII. Em março de 1683, habitantes do Craonnais foram a Angers mendigar pão, "com rostos pálidos e desfeitos, que provocavam igualmente medo e compaixão".[71] O diretor do seminário de Angers, Joseph Grandet, a quem se deve esse testemunho, decide então com alguns companheiros ir em socorro das paróquias mais miseráveis e são esperados por "milhares de pobres, ao longo das sebes, com rostos escuros, lívidos, diminuídos como esqueletos, a maioria apoiando-se em bastões e arrastando-se como podia para pedir um pedaço de pão".[72] Em 1694, nova penúria muito grave. Um cônego de Angers pode escrever: "A privação é tão grande que vários morrem de fome, mesmo nesta cidade de Angers".[73]

Durante essa mesma crise cerealista a situação não era melhor no norte do reino. Como prova, o diário deixado pelo padre de Rumegies:

> Durante esse tempo só se ouvia falar de ladrões, de pessoas mortas de fome [...]. [Um pobre homem] era viúvo; não se acreditava que fosse tão pobre quanto era; estava encarregado de três filhos. Ele ficou doente, ou antes, ficou extenuado

e fraco, sem que no entanto o padre fosse advertido, senão quando, num domingo [...], uma de suas irmãs veio dizer ao padre que seu irmão morria de fome, sem dizer outra coisa. O pastor deu um pão para que lhe levasse imediatamente; mas não se sabe se a irmã tinha ela própria necessidade dele, como parece; ela não o levou a ele e, no segundo toque de vésperas, o pobre morreu de fome. Não foi só esse que tão depressa morreu na falta de pão, mas vários outros, e aqui e nas outras aldeias, também morreram um pouco por vez, pois viu-se este ano uma grande mortalidade. Só em nossa paróquia morreram este ano mais pessoas do que as que morrem em vários anos [...]. Estávamos realmente cansados de estar no mundo.[74]

A esses testemunhos significativos, é preciso acrescentar relatos ainda mais terríveis do tempo da Guerra dos Trinta Anos e da Fronda. Um padre de Champagne conta que um dia um de seus paroquianos, um velho de 75 anos, entrou em seu presbitério para assar em seu fogo um pedaço de carne de cavalo morto de sarna havia quinze dias, infestado de vermes e lançado a um lamaçal fedorento.[75] Em Picardie, contemporâneos asseguram que homens comem terra e cascas, e "o que não ousaríamos dizer se não tivéssemos visto e que causa horror, eles comem os próprios braços e mãos e morrem no desespero".[76] Em tais condições, não nos espantemos de encontrar casos de canibalismo. Na Lorena, uma mulher foi condenada à morte por ter comido o filho. Em 1637, segundo um magistrado que fazia uma investigação em Borgonha, "[...] as carniças dos animais mortos eram procuradas; os caminhos estavam cobertos de pessoas, a maioria estendida de fraqueza e agonizando [...]. Enfim, chegou-se à carne humana".[77] Nos tratados dos casuístas descobre-se uma prova indireta de que a antropofagia não desaparecera nos séculos XVI e XVII.[78] Se esfaimados, para não perecer, consumiram a carne de um cadáver humano, conseguem a indulgência da maioria dos casuístas. Villalobos declara que, já que se está autorizado a tomar remédios cuja composição inclui carne humana, é permitido comê-la sob a forma de carne de açougue em caso de "necessidade extrema".[79]

Voltemos dos casos-limites a situações habituais em período de carestia do pão. Uma delas, típica, foi admiravelmente analisada por P. Goubert; eis em Beauvais, em 1693-4, um tecelão, sua mulher e suas três filhas, todas as quatro fiandeiras. A família ganha 108 *sols** (1296 deniers)** por semana e consome pelo menos setenta libras de pão. Com o pão preto a cinco deniers a libra, a vida está garantida. Com o pão a doze deniers (um *sol*), ela se torna mais difícil. Com o pão a 24 deniers, depois a trinta, 34 deniers — o que acontece em 1649, 1652, 1694 e 1710 —, é a miséria:

> Agravando-se a crise agrícola quase sempre (e com certeza em 1693) com uma crise manufatureira, o trabalho chega a faltar, e portanto o salário. As pessoas se privam; pode ser que se encontrem alguns tostões guardados para os maus dias; recorre-se ao penhor; começa-se a absorver alimentos repugnantes: pão de farelo, urtigas cozidas, sementes desenterradas, entranhas de gado recolhidas nas matanças; sob diversas formas, o "contágio" se espalha; depois do aperto, a miséria, a fome, as "febres perniciosas e mortíferas". A família é inscrita no posto dos pobres em dezembro de 1693. Em março de 1694, a filha mais nova morre; em maio, a mais velha e o pai. De uma família particularmente feliz, já que todos trabalhavam, ficam uma viúva e uma órfã. Por causa do preço do pão.[80]

Assim, em razão da debilidade dos rendimentos agrícolas e da relação precária entre produção e demografia,[81] uma estação demasiadamente úmida e uma colheita mirrada ameaçam realmente de morte parte da população: os indigentes de todas as origens, é claro, essas "bocas inúteis" que são expulsas das cida-

---

* Moeda de valor fixo, de prata ou, mais tarde, de cobre. (N. T.)
** Moeda cujo valor variou muito. (N. T.)

des quando a penúria se aproxima; mas também os pequenos camponeses que, nos anos ruins, nem sequer têm grão para a sementeira; os diaristas sem trabalho quando colheitas e vindimas são destruídas pelo granizo; e todos os biscateiros prontos para cair na mendicância quando o pão se torna muito caro e falta trabalho.[82] As cifras extraídas dos registros paroquiais confirmam a esse respeito os relatos dos contemporâneos. O exemplo de Beaugé (em Anjou) é esclarecedor: "No primeiro trimestre de 1694, no momento em que o preço do alqueire de fermento triplicou em relação a 1691, morrem 85 pessoas, contra 24 no trimestre correspondente de 1691, 33 no de 1692, vinte no de 1695: a correlação é evidente".[83] Em Beauvais, a penúria de 1693-4 "leva à sepultura" de 10 a 20% da população.[84] Esses cálculos, trágicos em sua aridez, testemunham por muitos outros. Na Europa pré-industrial, os anos de subalimentação aguda, com todas as sequelas desta (receptividade às epidemias, abortos etc.), por muito tempo anularam os ganhos demográficos conseguidos ao longo dos períodos de recuperação.

Todos aqueles que viviam comumente no limiar da pobreza — e eles eram numerosos — tinham razão, portanto, de ter medo quando o preço dos cereais encarecia. Daí rebeliões "frequentes e banais"[85] nos anos de carestia, e sobretudo nos meses de entressafra. Na origem imediata dessas rebeliões, duas espécies de acontecimentos: de um lado, transportes de cereais para fora da aldeia, da cidade ou da província; de outro, a raridade do pão nas padarias e os balcões vazios logo pela manhã porque a fornada fora levada às primeiras horas do dia pelas melhores casas. Então, a inquietação se produzia especialmente entre as mulheres, e passava-se de apreensões justificadas a medos excessivos e a condutas de violência. Espreitavam-se e pilhavam-se transportes de cereais nas estradas ou descarregavam--se à força barcas de comerciantes à sua passagem perto do cais da cidade. Arrombavam-se as portas dos padeiros, saqueavam--se seus estabelecimentos, que por vezes eram até incendiados. Nada de espantoso no fato de que penúrias agudas — aliadas, em muitas pessoas, a uma subalimentação crônica — tenham fomentado loucos terrores e provocado cóleras coletivas. Tratava-se de homens e mulheres acossados pela fome,[86] que procuravam imediatamente responsáveis de fisionomia humana para uma situação criada por causas anônimas e demasiadamente abstratas para eles: os imprevistos do clima, a debilidade dos rendimentos, a lentidão dos transportes. Os bodes expiatórios eram os padeiros, os moleiros, assim como os comerciantes de cereais e os açambarcadores acusados de rarefazer artificialmente os grãos para aumentar sua circulação e, se necessário, vendê-los mais longe com maior lucro. Por toda parte, em tempo de revolta frumentícia, gritava-se: "Os padeiros querem nos matar de fome!"; e por toda parte ameaçava-se "assá-los em seus fornos"; por toda parte os "monopolizadores" e os especuladores eram tratados como "avarentos", "usurários", "inimigos do bem público", "lobos ávidos". As populações superexcitadas faziam as autoridades participarem de suas angústias e de seus rancores. Intendentes, cortes de justiça, escabinos ordenavam confiscar os cereais das carretas, deter os barqueiros, vigiar os padeiros, revistar os celeiros, procurar os "monopolizadores".

A situação alimentar e demográfica melhorou no decorrer do século XVIII em certo número de províncias francesas. Mas o medo de faltar pão tinha atrás de si um passado tão longo! Além disso, no próprio ano em que Turgot decidia imprudentemente pela liberdade do comércio dos cereais (setembro de 1774), a colheita foi má. Volta-se imediatamente aos piores terrores de antigamente e às condutas violentas, cujo rito as multidões haviam elaborado havia muito tempo: depósitos de trigo e mercados pilhados ao redor de Paris, ataques a padarias em Paris e em Versalhes por bandos descontrolados. Para apagar esse incêndio — a "Guerra das Farinhas" — o ministro precisou reunir 25 mil soldados.[87] Alguns anos mais tarde, em razão das más colheitas de 1785, 1787 e 1788 e do terrível gelo do inverno de 1788-9, os franceses retornaram uma vez mais — e em grande escala — aos comportamentos mais tradicionais dos tempos de penúria. De maneira que, se houve então ação inovadora na camada burguesa da sociedade, viram-se mais do que nunca atitudes arcaicas na camada popular. Nunca, em todo caso, escreve G. Lefebvre, "os distúrbios frumentícios foram tão numerosos como durante a segunda quinzena de julho de 1789",[88] em particular nos arredores de Paris: comboios, granjas e abadias atacados por pessoas em busca de cereais; assassinatos de moleiros e de comerciantes de grãos; pânicos e preparação para o combate ao som do toque a rebate quando, no mercado de tal localidade, os comissários parisienses vinham buscar cereais etc. A agitação provocada em 1789 pela penúria e que deu origem ao mito do "pacto de fome" conduziu em muitos lugares à criação apressada de milícias locais e abriu caminho para o medo dos salteadores. Detalhe que supera a anedota e revela o quanto se temia a falta de pão: entre os revoltosos que conduziram em outubro Luís XVI e sua família de Versalhes a Paris contavam-se muitas mulheres que tinham ido antes de tudo procurar "o padeiro, a padeira e o moço de padaria". No decorrer da Revolução Francesa, o problema do "sustento" — um termo significativo — apresentou-se de forma aguda, e rebeliões da fome se produziram durante a primavera negra do ano III (1795) em Rouen, em Amiens e em Saint-Germain-en-Laye.[89]

5. O FISCO: UM ESPANTALHO

Os acontecimentos de 1789 não devem levar a uma generalização excessiva. Penúrias e sedições não estão forçosamente ligadas. Tomemos o caso da Inglaterra nos séculos XVI e XVII. Bom número de períodos que tiveram colheitas particularmente más — como os anos 1594-8 — não foram ali marcados por nenhuma revolta popular. Inversamente, a rebelião de Wyatt (1554) e a do norte do país em 1569 coincidiram com boas colheitas.[90] Em sua grande *Histoire des croquants*, Y.-M. Bercé dissocia igualmente o par fome-revolta. "As rebeliões frumentícias", escreve ele, "não são senão um modelo, e um dos menos frequentes, das violências coletivas [na França] do século XVII."[91] Que a miséria provocada pelas duas grandes desgraças cujos retornos periódicos estudamos — passagem dos homens de guerra e penúria — tenha, em mais de um caso, exacerbado a sensibilidade e a agressividade das populações, preparando psicologicamente o terreno para revoltas posteriores, a coisa é certa. Ocorre que as rebeliões antifiscais, de que é preciso falar agora, tinham muitas vezes maior amplitude e duração do que as perturbações frumentícias, tendo desempenhado um papel essencial na história rural e urbana da Europa de outrora e, além disso, a taxação ou a ameaça de novas taxas frequentemente serviu de detonador a movimentos sediciosos. Lembremos, por exemplo, que na Itália a revolta de Perúsia contra Paulo III em 1540, as de Palermo e de Nápoles em 1647 contra os espanhóis começaram por recusas de aumento de impostos. Consideremos contudo mais atentamente os casos inglês e francês, que são os mais bem conhecidos.

A sublevação dos trabalhadores ingleses em 1381 ganhou ao longo de seus desenvolvimentos uma coloração antissenhorial (vários castelos queimados; reivindicação da abolição da servidão); tingiu-se ao mesmo tempo de esperanças milenaristas com a famosa referência à idade de ouro atribuída ao pregador John Ball: "Quando Adão cavava e Eva fiava, onde estava o nobre?". No entanto, ela foi provocada pelas exigências fiscais do Parlamento: as *poll-taxes* de 1377 e 1379, capitações desigualmente divididas que, em certas aldeias, podiam exigir de um trabalhador braçal uma soma igual ao salário de três dias de trabalho, superior a qualquer imposto anterior.[92] Quando Henrique VIII, em 1513, quis instaurar novamente a capitação, essa tentativa acarretou distúrbios em Yorkshire.[93] No século XVII, a *excise*, taxa sobre a venda das mercadorias decidida no momento em que eclodia a guerra civil, suscitou uma série de rebeliões em 1646-7, e o governo aboliu-a sobre os produtos alimentícios.[94] Os historiadores britânicos observam que apesar dos distúrbios — essencialmente políticos e religiosos — que eclodiram sob Henrique VII e Eduardo VI em razão da luta contra o catolicismo e da colocação à venda dos mosteiros, que apesar mesmo da guerra civil dos anos 1642-8, a Inglaterra, nos séculos XVI e XVII, conheceu no total muito menos revoltas populares do que a França da mesma época. E a razão dessa diferença, para E. S. L. Davies, é esta: na Inglaterra, durante esse período, "as classes inferiores foram quase completamente isentas de impostos, em contraste gritante com o que se passava na França, onde o imposto foi a ocasião, se não a causa, de grande parte das revoltas do século XVII".[95]

Tratando-se da França, inúmeros exemplos, mesmo anteriores ao século XVII, servem de apoio a tal análise. Carlos V, às vésperas de sua morte (1380), decidira a abolição dos impostos indiretos a fim de aliviar seu povo oprimido. Mas logo precisou restabelecer os impostos imprudentemente suprimidos: seguiram-se as rebeliões urbanas de 1382.[96] A revolta das comunas de Guyeme em 1548 foi um protesto contra a extensão da gabela às províncias do sudoeste do reino — extensão revogada por Henrique II em 1549.[97] Ao longo do século XVII, graves rebeliões urbanas e rurais tiveram por origem, na França, a sobrecarga fiscal ou a ameaça de novas tributações: a dos miseráveis da baixa Normandia em 1639, por causa de um projeto de extensão da gabela a essa região, que dela estava isenta;[98] as de Rouen e de Caen no mesmo ano, em razão do novo edito das tinturas, devendo um visitante-provador controlar doravante as tinturas em cada cidade e burgo — visita acompanhada de uma taxa;[99] a dos camponeses do Angoumois e da Saintonge em 1636, a do Périgord em 1637-41 — "a maior sublevação camponesa da história da França com exceção da guerra da Vendeia",[100] as da Gasconha e do Rouergue em 1639-42: todas motivadas pelo aumento das derramas.

Na crônica das sublevações antifiscais tanto em Paris como na província, 1648, o primeiro ano da Fronda, merece uma menção especial. A exasperação contra o imposto, a indignação popular contra os coletores explicam a atitude dos parlamentos e a repercussão que esta encontrou na opinião. Reciprocamente, a oposição das assembleias soberanas às novas medidas fiscais (edito da toesa, edito da tarifa; renovação do tributo para conservação de cargo) estimulou múltiplas recusas coletivas das tributações. "Acreditou-se que com isso estaria acabado o terrorismo fiscal, o reino dos arrematantes de impostos e dos intendentes considerados como seus sequazes."[101] Embora a revolta de que a Bretanha foi palco em 1675 tenha tomado nos campos aspectos antissenhoriais, com ataques a vários castelos e o desejo — expresso no Código Camponês — de abolir os encargos dominiais tais como direito feudal sobre as searas, corveias etc., o ponto de partida da sedição em Rennes e em Nantes, todavia, foi ainda a hostilidade a novas taxas: imposto do papel timbrado, estampilha do estanho, tributação sobre a venda do tabaco. Além disso, correu o rumor de que a Bretanha ia ser submetida à gabela. Os camponeses, que deram continuidade à agitação urbana, não deixaram de atacar os escritórios de impostos das granjas e, se atacaram castelos, foi muitas vezes porque desconfiavam que os nobres que os habitavam — detentores de algum cargo régio — eram algum daqueles que ia introduzir a gabela na província.[102]

Antissenhorial sob certos aspectos, a revolta dos Boinas Vermelhas da Bretanha não era antinobiliária: desejavam que as moças nobres escolhessem maridos "de condição comum" e os enobrecessem.[103] Mais geralmente, as pesquisas recentes provam que sob o Antigo Regime a maior parte das sedições camponesas foi menos hostil aos nobres do que ao governo central, distante, anônimo, opressor, incessantemente inventando taxas. Na França, foi nos séculos XVI e XVII que a recusa violenta do fisco agressivo de um Estado cada vez mais burocrático e centralizador se manifestou mais frequentemente. E não foi raro, então, ver a burguesia nas cidades e os nobres no mundo rural fazer causa comum, ao menos durante certo tempo, com o povo miúdo revoltado.[104] De resto, nos campos, os nobres residiam ainda muitas vezes em seus castelos. Eram conhecidos; faziam figura de protetores naturais. Se em 1789 o campesinato se voltou contra os nobres, foi porque muitos haviam adquirido o hábito, no decorrer do século XVIII, de morar na cidade, e a população perdera o contato com eles.

As rebeliões antifiscais — em particular aquelas que eclodiram na França no século XVII — foram frequentemente gestos de desespero provocados por um excesso de miséria e pelo temor do agravamento de uma situação já insuportável. Em um caderno de queixas dos estados da Normandia datado de 1634, lemos:

> Senhor, trememos de horror diante das misérias do pobre camponês; vimos alguns deles, nos anos precedentes, precipitarem-se para a morte por desespero dos encargos que não podiam carregar, outros que eram retidos na vida antes pela paciência do que pelo prazer ou pelos meios de conservá-la, atrelados ao jugo da charrua, como os animais de arreio, laborar a terra, pastar a grama e viver das raízes que esse elemento parecia ter vergonha de negar-lhes, por ter sustentado seu nascimento, vários refugiados nos países estrangeiros ou províncias para esquivar-se a seus impostos, paróquias abandonadas. Nem por isso, contudo, nossas derramas diminuíram, mas aumentaram a ponto de ter tirado a camisa que restava para cobrir a nudez dos corpos e de ter impedido as mulheres, em vários lugares, pela confusão de sua própria vergonha, de encontrar-se nas igrejas e entre os cristãos. De maneira que esse pobre corpo, esgotado de toda sua substância, a pele colada sobre os ossos e coberta apenas de sua vergonha, não espera senão a misericórdia de Vossa Majestade.[105]

Súplica hiperbólica para comover um ministro? Sem dúvida; mas também evocação de uma realidade cotidiana da época, da qual encontraríamos mil outras descrições concordantes na Europa vítima da Guerra dos Trinta Anos. A entrada da França nesse conflito teve como resultado duplicar em alguns anos a carga fiscal suportada pelos camponeses franceses. "Pela primeira vez, as exigências régias ultrapassavam francamente as da Igreja e, ainda mais, as dos senhores."[106] Impostos indiretos e derramas progrediram ao mesmo tempo; daí as revoltas urbanas contra esses impostos que atingiam especialmente os artesãos e as revoltas rurais contra os aumentos das derramas que alcançavam sobretudo os camponeses, tendo contudo os projetos de extensão ou de agravamento da gabela a unanimidade das cidades e dos campos. A duplicação dos impostos significava, para pessoas que viviam presas ao limiar da miséria, uma ameaça de morte — rápida ou lenta — e explica a inquietação coletiva ao anúncio de novas medidas fiscais. O intendente Verthamont descreve a rebelião de Périgueux em 1635 como "uma doença de todos os povos daqui, um desgosto das sobrecargas, um aborrecimento que poderia degenerar em um completo frenesi de pilhagens, subversões e assassinatos, uma loucura, uma melancolia".[107] O desespero desdobrava-se em cólera diante dos procedimentos de cobrança — "insolências" que, em razão das urgentes necessidades do Estado, transformaram-se, na época da Guerra dos Trinta Anos, em terrorismo fiscal. A cobrança das derramas conduzia a coações individuais com apreensão do gado e dos móveis ou a coações comuns que se exerciam contra toda uma aldeia. A endemia das revoltas rurais obrigou à formação de um verdadeiro e odioso exército do imposto (os "fuzileiros das derramas"). Contudo, a paixão antifiscal e a psicose da gabela — frequentemente difundidas de uma região a outra pela gente das grandes estradas — voltavam-se particularmente contra os comissionados das granjas e seus oficiais públicos. Acusados de enriquecer depressa à custa do povo e do rei, os cobradores de impostos extraordinários ou gabeleiros eram os inimigos públicos das comunidades, "canibais" que era preciso punir, o antiego da boa consciência coletiva. Daí a liturgia da rebelião quando ela era dirigida contra o gabeleiro: o ataque de seu alojamento ou do albergue onde ele acabava de instalar-se, a "condução" pelas ruas do personagem escarnecido como um marido traído, em meio a uma espécie de algazarra, a condenação à morte do pérfido, de quem muitas vezes se dizia que se arrependia antes de morrer — lenda adequada para confirmar os revoltosos em sua legitimidade. Além disso, desde o começo a multidão se dirigira à prisão para libertar aqueles que a iniquidade dos homens de finanças ali lançara.

Em tal clima de efervescência e uma vez superado certo limiar de excitação, contava menos o imposto temido do que uma secular mitologia antifiscal, menos a realidade do recolhimento do que a imagem terrível que dele se fazia.

5. MEDO E SEDIÇÕES (II)

1. OS RUMORES

A imaginação coletiva trabalhava sobre toda espécie de rumores. Às vésperas da sublevação conhecida na Inglaterra do século XVI sob o nome de Peregrinação de Graças, boatos inquietantes e maldosos circularam de aldeia em aldeia: os visitadores dos mosteiros que o rei mandava fechar eram, dizia-se, homens corrompidos que se enriqueciam com despojos dos conventos.[1] Estava-se mais convencido ainda de que, com sua ação espoliadora, começava "a destruição da santa religião".[2] Notícias alarmantes precederam igualmente a rebelião da Cornualha em 1547-9: o novo *Prayer book*, acreditava-se, não mais autorizaria o batismo senão aos domingos.[3] Na realidade, ele aconselhava simplesmente que se agrupassem as cerimônias batismais no domingo a fim de que tivessem lugar na presença da comunidade dos fiéis. Mas estes acreditaram que os recém-nascidos doentes corriam doravante o risco de morrer sem batismo e de ser assim destinados ao inferno. Daí a inquietação das populações.

Impossível, ao menos tratando-se da civilização pré-industrial, separar rumores e sedições, quaisquer que tenham sido as dimensões cronológicas e geográficas destas. Na França de hoje, um alarme como o de Orléans em 1969 pode ser dominado a tempo e não desembocar na rebelião. Outrora, em compensação, era difícil interromper os rumores. Pois muito frequentemente obtinham crédito em todos os níveis da sociedade, inclusive nas esferas dirigentes. E, mesmo que esse não fosse o caso, as autoridades não dispunham nem de meios de informação (jornais, rádio, televisão), graças aos quais se pode tentar acalmar uma inquietação coletiva por meio de uma espécie de "clínica do rumor", nem de meios policiais suficientes para impedir os ajuntamentos e a autoexcitação da multidão. Alguns dos boatos que outrora criaram comoções nos parecem totalmente aberrantes. Mas não vimos, em 1953, o apresentador de uma cadeia de rádio americana provocar um pânico coletivo ao anunciar a chegada de marcianos em discos voadores?[4] O que importa aqui é o que a opinião, ou uma parte dela, acredita possível. Em 1768, o colégio dos oratorianos de Lyon é invadido pela multidão e saqueado. Acusam-se os religiosos de albergar um príncipe maneta. "Todas as noites", conta-se, "são detidas nas redondezas do colégio crianças às quais se corta um braço para experimentá-lo no pretenso príncipe." A rebelião faz 25 feridos.[5] Expliquemos psicologicamente esse acesso de cólera. Muitos não acreditavam impossível, outrora, essa extraordinária cirurgia. Por outro lado, desde a expulsão dos jesuítas, a desconfiança se mantivera na opinião em relação a seus sucessores, considerados capazes dos piores malefícios. Enfim, circulavam periodicamente, em Lyon como em outras partes, boatos de raptos de crianças: ora acusavam-se os boêmios e vagabundos, ora os oratorianos no caso presente, ora a polícia. A rebelião de Lyon pode então ser comparada àquela que ensanguentou Paris em maio de 1750 e no decorrer da qual houve morte de homens. Dizia-se que oficiais de polícia em traje civil rondavam os bairros de Paris e raptavam crianças de cinco a dez anos. Tendo uma delas gritado quando era lançada num fiacre — esse foi o rumor que se espalhou —, o povo se reuniu enfurecido. O advogado Edmond J.-F. Barbier conta:

> [...] Disse-se que o objetivo desses raptos de crianças era que havia um príncipe leproso, para cuja cura era preciso um banho ou banhos de sangue humano, e que, não o havendo mais puro do que o das crianças, tomavam-nas para sangrá-las dos quatro membros e para sacrificá-las, o que revolta ainda mais o povo. Não se sabe em que são baseadas essas histórias; esse remédio foi proposto no tempo de Constantino, imperador que não quis utilizá-lo. Mas aqui

não temos nenhum príncipe leproso, e, ainda que houvesse, jamais crianças de seus pais e mães. Pode-se ter dito a alguns oficiais de polícia que, se tenha necessidade de crianças para enviar ao Mississippi. Mas apesar disso não é de presumir-se que haja alguma ordem do ministro para aqui raptar crianças de seus pais e mães. Pode-se ter dito a alguns oficiais de polícia que, se encontrassem crianças sem pai nem mãe ou abandonadas, poderiam apreendê-las: [pode ser] que se lhes tenha prometido uma recompensa e que tenham abusado dessa ordem [...]. Aliás, não se compreende nada desse projeto: se é verdade que se tem necessidade de crianças dos dois sexos para estabelecimentos na América, há uma grande quantidade delas tanto nos enjeitados do *faubourg* Saint-Antoine quanto nos outros asilos.[6]

Um mês mais tarde, o rumor dos raptos de crianças circulava em Toulouse. É ainda o advogado Barbier quem nos informa:

Esse pavor teria alcançado as províncias. Diz-se que em Toulouse homens que vendiam bonecas quase foram mortos a pancadas, considerando-se que era um pretexto para pegar crianças, e admite-se, agora, que todos aqueles que foram mortos ou então maltratados nos tumultos de Paris, foram-no por engano ou suspeita [...].[7]

Essas três "comoções" remetem à convicção outrora amplamente difundida de que criminosos roubavam crianças. Quantas vezes não se amedrontaram as crianças desobedientes contando-lhes que bichos-papões chegariam para levá-las! Como prova, no começo mesmo do século XX, a iconografia moralizante das gravuras populares de Epinal. Esse medo, em dois dos casos evocados anteriormente, juntava-se, reforçando-a, a essa outra crença, de modo algum insensata para uma mentalidade mágica, de que, para curar um principezinho doente, é preciso sacrificar uma criança saudável e provocar assim uma transferência de saúde. No que concerne essas duas atitudes (o roubo de crianças, a cura através da saúde de outrem), a identidade variável dos bodes expiatórios aparece como secundária. Oratorianos, oficiais de polícia ou comerciantes de bonecas tinham confirmado por meio de gestos mal interpretados as apreensões persistentes do público. Novos testemunhos sobre estas: em 1769, a polícia precisou pedir aos padres de Paris que acalmassem seu rebanho, mais uma vez convencido de que suas crianças estavam em perigo;[8] e, em uma data tão tardia quanto 1823, podia-se ler no *Dictionnaire de police moderne*, de Alletz, no verbete "Alarme": "É proibido espalhar o alarme entre o povo, por meio de falsos rumores ou de falsas notícias que podem inquietá-lo ou assustá-lo, tais como o temor da penúria, o rapto de crianças" etc.[9]

Um outro tremor coletivo tenaz revelado, ao menos na França, pelos rumores e sedições de outrora é o do imposto sobre a vida. Esse mito parece ter atingido seu máximo de intensidade no século XVII e no começo do século XVIII, época de inflação galopante do fisco, ficando a opinião pública doravante persuadida de que, do Estado, tudo se podia temer. Mas ele estava profundamente vinculado à hostilidade de uma civilização essencialmente oral em relação às escritas de pagamento multiplicadas pela burocracia centralizadora e dada ao papelório. Foi em 1568 que se criou o imposto dito de controle dos autos, pagável por ocasião de produção na justiça de extratos de registros paroquiais. Renovado em 1654, foi agravado pela criação de cargos de escrivão em 1690 e, depois, de controladores dos autos em 1706. A inquietação nascida dessas decisões acumuladas desembocou por várias ocasiões em rumores intranquilizadores e em "comoções" populares a partir de um edito mal compreendido ou de um edital mal lido. "A cada filho que as mulheres vierem a ter doravante, terão de dar uma certa soma de dinheiro" — esse imposto mítico sobre os nascimentos provocou sedições em Villefranche-de-Rouergue em 1627, nas cidades de Guynne em 1635, em Montpellier em 1645, em Carcassonne em 1665, em Pau em 1657, em Aubenas em 1670, em Bayonne em 1706 e 1709, no Quercy em 1707. No tempo da

Fronda, o *Catéchisme des partisans* (1649) denunciou os homens de negócios "que outrora tinham sido ousados a ponto de propor ao Conselho estabelecer impostos sobre o batismo sagrado das crianças".[10] Imaginou-se igualmente que casamentos e enterros também iam ser taxados; vilipendiaram-se os cobradores de impostos que "se alimentam dos suspiros e se divertem com lágrimas". Também em Villefranche (1627), Pau (1682) e Bayonne (1709) acreditou-se em um imposto sobre a água das nascentes dos rios, "sobre cada cântaro de água que as mulheres tirassem da fonte".[11] Umas tantas formas do temor profundo de ver instituir um imposto sobre a vida.

Estando doravante assegurado que, na França dos séculos XVI-XVII, o fisco esteve na origem das revoltas mais numerosas e mais graves, basta abrir as crônicas da época para nelas localizar os rumores que serviram de detonadores para a cólera popular. A maior parte, nas regiões isentas de gabela, referia-se ao imposto sobre o sal, cuja intenção de generalizar era atribuída ao governo. Mas era tal a sinistra reputação dessa taxa que qualquer novidade fiscal era muitas vezes chamada de "gabela" pela opinião inquieta. Em Bordéus, em maio de 1635, espalhou-se o rumor de que "se queria estabelecer a gabela do sal na cidade". Fez-se igualmente correr pela cidade o boato de "que se queria cobrar dois escudos por tonel, cinco *sous* por cada pote e trinta outras mil falsidades"![12] A multidão atacou a prefeitura e massacrou "gabeleiros". O exemplo bordelês foi seguido no sudoeste, especialmente em Périgueux e em Agen. Em Périgueux, a desordem eclodiu, em junho, "com as notícias chegadas de Bordéus de que o rei queria impor uma contribuição sobre os hospedeiros e outras taxas vulgarmente chamadas de gabela".[13] Quanto à sedição de Agen, também de junho de 1635, "chegou com a suspeita de que se vinha estabelecer a gabela na cidade e de que havia muitos habitantes [...] que tomavam o partido dos gabeleiros".[14] Evidentemente, nem sempre esses rumores eram sem fundamento. Richelieu realmente pensou em suprimir na baixa Normandia o privilégio do *quart bouillon*, que dava às regiões que dele se beneficiavam o direito de produzir seu sal e de vendê-lo livremente, com exceção de pagar ao rei uma taxa igual a um quarto do valor produzido. Mas a revolta dos miseráveis de Avranchin eclodiu em julho de 1639, antes que qualquer texto oficial de estabelecimento da gabela tivesse sido publicado. Em suma, gritou-se antes de se sentir dor e sem dúvida se teve razão, já que, diante da extensão da sedição, o governo renunciou a seu projeto. Ocorre que, amadurecido numa espera inquieta e alimentado por toda uma mitologia antifiscal, um rumor basta para incendiar a pólvora; acreditou-se que Besnadière-Poupinel, tenente no presidial de Coutances, trazia o edito temido. A multidão condenou-o à morte e Avranchin entrou em insurreição.[15] Em 1675, se as desordens de Rennes e de Nantes provocaram uma sublevação dos camponeses da baixa Bretanha, foi porque na Cornualha correu a notícia de que um lugar-tenente do rei estava encarregado de introduzir a gabela nas dioceses de Vannes, Saint-Pol-de-Léon, Tréguier e Quimper. Bandos armados atacaram os "gabeleiros". O parlamento de Rennes precisou promulgar um edito declarando falsos e sem fundamentos os boatos relativos à gabela e tornando públicas penas contra aqueles que os propagassem.[16] Era tal, então, a ansiedade permanente criada pelo fisco que outrora bastava lançar um rumor de novo imposto para despertar "comoção" popular. Como em Cahors em 1658: tendo a corte dos impostos indiretos decidido o estabelecimento de um *compoix cabaliste* (registro que servia para estabelecer a base das tributações), "os comerciantes e os hospedeiros aliciaram o povo miúdo, dizendo e publicando por toda parte que era a gabela, e o povo miúdo era tolo o bastante para acreditar nisso".[17]

Um rumor nasce, portanto, sobre um fundo prévio de inquietações acumuladas e resulta de uma preparação mental criada pela convergência de várias ameaças ou de diversos infortúnios que somam seus efeitos. Em 24 de maio de 1524, Tryes é devastada pelo fogo. Outrora tais incêndios eram frequentes em cidades onde muitas casas eram de madeira. Mas as pessoas se convencem de que "gente desconhecida e disfarçada" se introduziu na cidade e fez crianças de doze a catorze anos nela atearem fogo. Vários desses meninos são enforcados. Mas é mais difícil descobrir os verdadeiros bota-fogos, aqueles que tinham comandado a operação, "pois todos os dias eles mudavam de trajes: algumas vezes estavam vestidos de comerciantes, outras vezes de aventureiros, depois de camponeses, algumas vezes não têm cabelos na cabeça e por vezes os têm, em suma, não se pode reconhecê-los".[18] O medo dos bota-fogos rapidamente alcança Paris, para onde é levado de Troyes um pai cujos filhos, garante-se, contribuíram para o incêndio e que a justiça executou. Na capital, correm múltiplos boatos: "A mistura para a queima" foi preparada em Nápoles; "A cidade de Paris e outras cidades do reino [estão] ameaçadas de queimar"; o incitador é o condestável de Bourbon.[19] Vinte e dois alemães são presos "sob suspeita" no *faubourg* Saint-Denis. "Interrogados", revelam-se inocentes. Mas a municipalidade ordena "aos comerciantes, burgueses e habitantes" que fiquem de vigia à noite: "O que continuou [...] pelo espaço de dois anos". O parlamento ordena ainda que se mantenham lanternas acesas diante das casas depois das nove horas da noite e que se tenha água permanentemente em "recipientes" na proximidade das portas. As fogueiras de são João e a festa de são Pedro e são Paulo são proibidas naquele ano. Vagabundos são presos e, acorrentados dois a dois, obrigam-nos a limpar as fossas da porta Saint--Honoré. Em tal clima de suspeita, nada de surpreendente se se acredita ver "portas e janelas marcadas de cruzes de santo André, negras, feitas à noite, por gente desconhecida".[20]

O que encontramos na origem dessa inquietação coletiva? Bem profundamente, sem dúvida o medo dos homens da guerra e dos vagabundos — vimos que a opinião pública os unia em uma mesma suspeita. Ora, um concurso de circunstâncias permite que esse temor volte à tona. A guerra recomeçou na Itália desde 1521 e foi marcada por uma série de derrotas. Além disso, acaba-se de saber da morte de Bayard. Ações militares difíceis desenrolaram-se também na Provença. Do norte do reino, os ingleses, aliados ao imperador, avançaram perigosamente para

Picardie e em 1523 chegaram a ameaçar Paris. A ponto de o bispo precisar proibir, nesse ano, que se tocassem os sinos no dia de Todos os Santos "a fim de que possamos ouvir algum eventual ruído mais facilmente".[21] A "traição" do duque de Bourbon (fevereiro de 1523) abalou a opinião. E quando se acreditou, no mês de julho, que Francisco I ia partir para a Itália (de fato, ele não ultrapassou Lyon), os parisienses tiveram o sentimento de serem abandonados. Acrescentemos ainda o aumento do "perigo luterano", o gelo do inverno de 1523-4, de maneira que a entressafra da primavera foi difícil, as procissões que haviam se multiplicado em Paris, ora por causa do tempo, ora por causa da guerra. Compreende-se que tal conjunção de acontecimentos inquietantes tenha traumatizado a opinião parisiense, que a tenha tornado crédula a todos os boatos alarmantes e que tenha despertado nela o medo dos vagabundos. Na véspera mesmo do incêndio de Troyes, o parlamento ordenara a todos os desocupados e pessoas "sem eira nem beira" que deixassem a cidade. Como não acreditar que havia bota-fogos entre eles?

O rumor pode tomar o aspecto de uma alegria insensata e de uma louca esperança — falamos da crença recorrente na abolição dos impostos. Porém, no mais das vezes, é espera de um infortúnio. Não é surpreendente, levando-se em conta o lugar ocupado no fundo do psiquismo coletivo pelo temor de novos impostos e pelo dos errantes, que muitos dos boatos provocadores de outrora tenham se relacionado com uma ou outra dessas apreensões permanentes. O Grande Medo na França de 1789 prova que, em um tempo de dissolução da autoridade, tais rumores puderam desempenhar um papel histórico fundamental. Mas, de maneira mais geral, a importância e a função dos rumores na civilização do Antigo Regime foram subestimadas. Sua eclosão, ou melhor, sua reaparição periódica era uma constante da vida dos povos; uma estrutura, como a própria revolta. O Grande Medo não fez portanto senão aumentar, em um plano quase nacional, uma realidade que conhecera nos séculos anteriores múltiplas ilustrações de dimensões desiguais no tempo e no espaço. A propagação de boatos alarmantes — sempre circulando através dos canais não institucionalizados[22] — marcava o momento em que a inquietude popular atingia seu paroxismo. O alerta do instinto de conservação por meio das ameaças persistentes contra a segurança ontológica de um grupo, as frustrações e ansiedades coletivas acumuladas conduziam — e não deixariam de conduzir novamente em casos semelhantes — a projeções alucinatórias.[23] O rumor aparece então como a confissão e a explicitação de uma angústia generalizada e, ao mesmo tempo, como o primeiro estágio do processo de desrecalque que vai — provisoriamente — livrar a multidão de seu medo. Ele é identificação de uma ameaça e clarificação de uma situação que se tornou insuportável. Pois, rejeitando toda incerteza, a população que aceita um rumor faz uma acusação. O inimigo público é desmascarado; e isso já é um alívio. Mesmo em sua versão otimista, o rumor aponta um ou mais culpados. Como durante a Fronda: os impostos iam desaparecer, e fora Mazarino quem impedira o rei de realizar esse gesto salutar. Essa projeção paranoica fazia reaparecer periodicamente, outrora, tipos ritualizados de bodes expiatórios — gabeleiros, provocadores de fomes, salteadores, heréticos. Graças a tais denominações (por trás das quais se colocam rostos), uma coletividade se posiciona como vítima[24] — o que efetivamente é, no mais das vezes — e justifica antecipadamente os atos de justiça expedita que não deixará de executar. Além disso, imputando ao acusado (ou aos acusados) toda espécie de crimes, vícios e negros desígnios, ela se purifica de suas próprias intenções turvas e transfere para outrem o que não quer reconhecer em si própria.

Escapando a qualquer controle crítico, o rumor tende a aumentar os poderes do inimigo desmascarado e a situá-lo no centro de uma trama de cumplicidades diabólicas. Quanto mais intenso for o medo coletivo, mais se estará inclinado a acreditar em vastas conjurações apoiadas em ramificações adversas. Não que a quinta-coluna seja um mito. Mas em qualquer tempo o temor que dela se teve ultrapassou os limites do real e do possível. Assim, um rumor é no mais das vezes a revelação de um complô, isto é, de uma traição. Os relatos de rebeliões antifiscais estão repletos de fórmulas tais como "conspiração da gabela", "conjuração do partido dos gabeleiros" ou do "partido da desgraça" que remetem claramente a uma maquinação de dimensão nacional da qual se conhecem, todavia, os agentes locais. Do mesmo modo que em 1524 acreditou-se em uma ação combinada dos bota-fogos e em 1776, por ocasião da "Guerra das Farinhas", em um complô dos provocadores de fome.

Os massacres do dia de são Bartolomeu em 1572 e dos dias seguintes em Paris e em várias cidades da França só se explicam psicologicamente pela certeza coletiva de um complô protestante. Em consequência do atentado frustrado contra Coligny, Catarina de Médicis fizera com que se decidisse pela execução de certo número de chefes huguenotes. Mas o governo não tinha a intenção de massacrar todos os reformados de Paris. Ora, o poder real foi ultrapassado pela rebelião parisiense, que, apesar dos apelos à calma por parte das autoridades, tomou de assalto as ruas da capital durante quase cinco dias com seu cortejo de atrocidades: vítimas desnudadas, arrastadas e lançadas ao Sena, mulheres grávidas estripadas, cestos cheios de crianças despejados no rio etc., gestos que se assemelham àqueles praticados no século XVI pelos tupinambás do Brasil contra os prisioneiros de guerra, à exceção apenas do canibalismo final.[25] Por que esse furor popular tal que "suas majestades mesmo [...] não podiam evitar o medo no Louvre"?[26] Jeanine Estèbe constata que os dois editos de pacificação de 1562 e 1570 tiveram como resultado comum o desencadear da violência popular nas cidades onde os católicos eram maioria. Estes acreditavam que doravante todas as insolências seriam permitidas a seus adversários, que, aproveitando-se das concessões do rei, iam esforçar-se em dominar o reino. Um padre de Provins, Haton, escreveu de maneira significativa: "A dita paz [de 1570] feita com o huguenote chefe e seus chefiados muito pareceu ser vantajosa para a liberdade huguenote, o que, na verdade, é [...]".[27]

Os editos de pacificação eram portanto sentidos pelos católicos como traições, já que se concediam privilégios a pessoas que a massa do povo via como rebeldes e heréticos. O casamento de Marguerite de Valois com o protestante Henrique de Navarra, celebrado em 18 de agosto, pareceu uma confirmação dessas apreensões: o que os huguenotes não poderiam pretender doravante? Por outro lado, é certo que, em consequência do atentado contra Coligny (22 de agosto), os protestantes desfizeram-se em palavras ameaçadoras: iam vingar-se. O dia 23, feriado, foi propício às reuniões de multidão nas igrejas. Os pregadores clamaram bem alto que os calvinistas queriam matar Henrique de Guise. Este fingiu sair da cidade, o que inquietou os parisienses, que talvez se acreditassem privados de seu defensor. À tarde, circulou um rumor alarmante: Montmorency, que diziam injustamente ser huguenote e que os parisienses detestavam, avançava com tropas para a capital: "Desde essa hora [dezesseis horas], correu por Paris um boato de que o rei enviara o marechal de Montmorency para fazê-lo vir a Paris com um grande número de cavalaria e de infantaria; de que portanto os parisienses tinham ocasião de precaver-se; mas esse boato era falso".[28]

Enfim, quando os responsáveis pela municipalidade foram convocados ao Louvre na noite de 23 para 24 e convidados a armar as milícias da cidade, foi — asseguraram-lhes — porque era preciso defender o rei, a prefeitura e Paris contra um complô protestante. A partir daí, quando o toque a rebate se pôs a soar, como a população, cujos nervos estavam à prova havia vários anos e que acabava de viver no pesado calor de agosto dias de ansiedade, não haveria de acreditar na realidade dessa conjuração? Massacrar os huguenotes tornava-se um ato de legítima defesa.

A obsessão dos complôs planou igualmente sobre a França nos primeiros anos da Revolução Francesa. G. Lefebvre escreveu com razão que o Grande Medo foi "uma gigantesca notícia falsa".[29] O conluio dos aristocratas e dos salteadores, no qual acreditaram todos os franceses, foi em todo caso um desses "mitos que fazem a história real".[30] Graças às penúrias que precederam o verão de 1789, reapareceu a convicção, já presente em 1776, de que ministros e autoridades locais haviam concluído um "pacto de fome" à custa do povo. Contudo, a reunião dos Estados Gerais suscitou imensa esperança. Mas sem tardar estes entraram em conflito com o governo. A opinião pública se convenceu, não sem motivo, de que os privilegiados rejeitaram as reformas e tentariam dissolver a nova Assembleia Nacional, retomar o controle do Estado e manter os camponeses subjugados. A partir de 15 de maio, correu o boato de que o governo reunia tropas ao redor de Paris. A demissão de Necker pareceu a confirmação dos temores mais sombrios. E é bem verdade que, sem a rebelião parisiense de 14 de julho, a assembleia estava perdida. Em todo caso, Paris, às vésperas da tomada da Bastilha, estava repleta de rumores alarmantes: os habitantes acreditavam na entrada iminente de soldados estrangeiros. Se pegaram em armas foi porque, como seus ancestrais de 1572, julgaram-se em estado de legítima defesa: atribuía-se ao marechal de Broglie a intenção de "ceifar Paris".

A vitória popular do 14 de julho não tranquilizou, pois marcou o começo da emigração. Essas partidas pareceram uma prova suplementar do "complô aristocrático". Tinha-se como certo que os emigrados carregavam ouro, com o que pagariam mercenários estrangeiros graças ao acordo dos soberanos da Europa. A França de repente sentiu-se ameaçada em todas as suas fronteiras. No final de julho, Bordéus esperava ver chegar 30 mil espanhóis; Briançon, 20 mil piemonteses; Uzerche, o conde D'Artois com 40 mil homens. No leste, assinalava-se a marcha de tropas imperiais. Na Bretanha, temia-se um desembarque inglês. Mas como os emigrados, ao amadurecerem seus projetos de retorno e de vingança, não teriam procurado cumplicidades na própria França? Então se desenvolveu, após o 14 de julho, a certeza de que os errantes tão temidos — e tão numerosos na época — eram recrutados pelos aristocratas de dentro e de fora. A "cabala infernal" jurara a perda do país apoiando-se nos "traidores internos". Estes, "execráveis instrumentos da tirania", iam tentar matar a França de fome e incendiar suas aldeias e seus campos. Não se surpreende, então, que o paroxismo do medo tenha ocorrido no momento da colheita. Pegando em armas para defender-se contra os salteadores, cidades e burgos confirmavam por isso mesmo a existência do complô e reforçavam a inquietação coletiva. Por certo, nem toda a França foi palco de rebeliões e de incêndios de castelos.[31] Mas toda a França tremeu.

"Tumultos homicidas" e "crimes de multidão" provocados pelo medo marcaram também na França o verão de 1792, que viveu especialmente os massacres parisienses de 2 e 3 de setembro. Mas estes não foram senão um episódio — o mais sangrento — de uma série de assassinatos perpetrados nos quatro cantos do país no clima de inquietude e de suspeita criado pela guerra, pelos primeiros reveses e pela certeza de que os inimigos do exterior tinham cúmplices no interior. Em Naves, no Ardèche, em 9 de julho, tendo sido aprisionados nove padres refratários, corre o rumor de que eles desapareceram, a multidão se dirige à prefeitura, descobre-os e abate-os a pancadas, salvo um que diz ter jurado a causa revolucionária.[32] Em Marselha, em 20 de julho, espalha-se o rumor de que um comerciante de tecidos organiza um complô contra os "patriotas". Conduzido à prisão, são encontrados com ele "cartuchos de um modelo particular". No dia seguinte, um tumulto força a entrada da prisão e o massacra. Mas, antes de morrer, ele denunciara dois mestres de armas, apontando-os como chefes do complô contrarrevolucionário. Eles são encarcerados. Ora, no dia 22, por volta das sete horas da manhã, "tendo o povo sido posto em fermentação, na véspera, pela descoberta feita à beira-mar de uma grande quantidade de botões amarelos em boças [sic] para fraques e túnicas, sobre os quais está impressa uma grande flor de lis branca", a prova da conjuração parece gritante. A multidão penetra na prisão e mata os dois mestres de armas. No final do mesmo mês de julho, os habitantes de Toulon ouvem dizer que um complô contrarrevolucionário está a ponto de eclodir: um forte será incendiado, os patriotas decapitados, um outro forte será entregue aos emissários do conde D'Artois. Considerando as autoridades demasiadamente timoratas, a multidão mata uma dúzia de pessoas, entre as quais o procurador-geral síndico e quatro membros do diretório do departamento, assim como o promotor público junto ao tribunal criminal.[33] Esses fatos e muitos outros que foram enumerados por P. Caron reconstituem os massacres de 2 e 3 de setembro em seu contexto nacional e provam que não foram nem premeditados, nem "organizados", mas resultaram todos de uma epidemia de medo.

Essa epidemia, repitamos, não era sem fundamento: os rumores mais delirantes que então circularam se explicam como sempre por uma longa preparação mental e pela tomada de consciência de uma situação perigosa (ao menos para aqueles que eram favoráveis à Revolução). O exército sofria reveses; em 11 de julho, a Assembleia Nacional declara "a pátria em perigo"; o manifesto de Brunswick, conhecido em Paris em 1º de agosto, realmente ameaçara a capital de uma "execução militar" de uma "subversão total"; a jornada de 10 de agosto fora sangrenta e o rancor dos "patriotas" só podia estar vivo contra aqueles que se suspeitava serem partidários do rei — padres refratários e aristocratas. Os parisienses, contudo, só se deram conta bastante tarde da proximidade dos exércitos estrangeiros, embora os prussianos houvessem tomado Longwy em 23 de agosto. Foi na noite de 1º para 2 de setembro que correu o boato, na capital, de que Verdun sitiada se rendera — rumor adiantado em algumas horas em relação à realidade. Dessa vez, o inimigo estava às portas! A comuna fez soar o toque a rebate e disparar o canhão de alarme, pediu aos parisienses que formassem um exército de 60 mil homens, prescreveu o desarmamento dos suspeitos. Foi nessa atmosfera de superexcitação que "chefes" — artesãos e federados —, com a aprovação de tumultos anônimos mais ou menos importantes, entraram nas prisões e procederam a julgamentos e execuções sumárias. Eles acreditavam em um "complô das prisões": enquanto os "patriotas" partiriam em combate no front, os prisioneiros deixados sem vigilância sairiam para a cidade e facilitariam a entrada e a ação dos inimigos. Essa convicção parecia ainda mais plausível pelo fato de várias prisões e diversos locais que faziam as vezes de prisão estarem situados no próprio coração de Paris: ilhotas de traição de uma cidade sitiada ou que corria o risco de sê-lo.

Entre as vítimas dos massacres, houve mais prisioneiros de direito comum do que "políticos". A proporção geral entre uns e outros teria sido, tomando-se a estimativa baixa (737 de um lado, 353 do outro), de 67,61% para os primeiros e 32,38% para os segundos, e considerando-se a estimativa alta (1003 e 392), de 71,9% para os primeiros e 28,1% para os segundos.[34] Impossível pretender, em consequência, que os de "direito comum" fossem mortos "além da conta" ou por "arrebatamento" e "embriaguez de ferocidade". A explicação é outra e está ligada ao medo visceral dos salteadores. As pessoas sem eira nem beira e sem moralidade, que tinham sido condenadas por culpas diversas, não deixariam de vender-se pela melhor oferta. Com a ajuda do ouro do clero e dos nobres, seriam preparadas para tornar-se a massa de manobra e os faz-tudo dos inimigos da nação. Era preciso, portanto, suprimi-los com urgência. Essa "justiça necessária do povo" despertou mais tarde horror e aversão. Mas no momento mesmo, muito pouco se falou disso em Paris, onde a preocupação primeira era com o avanço das tropas estrangeiras. Além disso, parece que a maioria dos parisienses acreditou no "complô das prisões".

2. AS MULHERES E OS PADRES NAS SEDIÇÕES; O ICONOCLASMO

Os trágicos acontecimentos do verão de 1792 convidam a insistir no papel das mulheres nas rebeliões e nos "crimes de multidão" de outrora. Com efeito, lendo nas entrelinhas os relatos de todas as tendências redigidos pelos contemporâneos dos massacres de setembro, adivinham-se as palavras inquietas das esposas e das mães, em casa ou na rua, à aproximação dos exércitos inimigos: Paris, desguarnecida pela partida dos homens válidos, vai ser abandonada aos traidores internos.

Segundo o relato de um padre, desde os dias 29-30 de agosto, "megeras" teriam gritado aos "esbirros", no decorrer de uma visita domiciliar do colégio de Navarra: "Coragem, meus amigos; é preciso matar sem piedade todos esses patifes aristocratas, todos esses ladrões que querem nos matar".

Em 2 de setembro, soldados dizem à multidão que olha a passagem de carros cheios de prisioneiros a caminho de Abbaye: "Sim, são vossos inimigos, os cúmplices daqueles que entregaram Verdun, aqueles que só esperam vossa partida para decapitar vossos filhos e vossas mulheres".

A sra. Roland fala da "repugnância" do "povo" em "abandonar seus lares deixando atrás de si lobos devoradores que, logo enfurecidos, lançar-se-iam sobre o que de mais caro ele teria abandonado".[35]

Essas frases são, no mais das vezes, pronunciadas por homens. Mas refletem claramente palavras femininas repetidas de lar em lar: esposas e filhos se verão sem defesa; sua vida está em perigo. Como não imaginar igualmente um papel determinante das mulheres por ocasião das rebeliões em Paris, Lyon e Toulouse ocorridas em meados do século XVIII quando dos pretensos raptos de crianças? Quem teme em primeiro lugar esses raptos senão as mães?

A partir daí, compreende-se melhor por que tão frequentemente as mulheres desempenhavam um papel motor nas "comoções" provocadas pela carestia e pela escassez de cereais. Elas defendiam, por uma espécie de reflexo biológico, a vida de seus filhos e a existência física de seu lar. "O elemento mais constante [das rebeliões frumentícias]", escreve Y.-M. Bercé, "é a presença de mulheres. Até nas emboscadas camponesas, à noite nas grandes estradas, havia mulheres armadas de pedras [...]. Lançam-se nos tumultos do pão caro sem outro programa que não a angústia do futuro e a justiça dos provocadores de fome."[36] Uma atitude repetida inúmeras vezes por ocasião dos distúrbios que marcaram os começos da Revolução Francesa.

O aumento dos impostos ameaçava reduzir à mendicidade e punha em risco a própria existência de uma parcela da população de uma cidade ou de uma província; assim, não é de surpreender que as mulheres abrissem caminho às rebeliões antifiscais por meio de explosões públicas. Em Cahors, em 1637, elas queimam publicamente o banco onde se sentam os eleitos na catedral, bem como os móveis de seu auditório.[37] Em Agen, em 1635, em Caen, em 1639, são elas que desencadeiam a rebelião — aqui investem contra um policial das gabelas, ali cercam o alojamento do cobrador das derramas.[38] Em Montpellier, em 1645, as donas de casa que fazem manifestações contra o fisco são conduzidas por uma virago que declara que é preciso ir para a morte ou exterminar os arrematantes de impostos que tiram o pão da boca de seus filhos.[39] Em Limoges, em 1705, o incêndio das casas dos gabeleiros é provocado por uma "multidão de mulheres, moças e crianças da escória do povo miúdo, não tendo seus maridos e pais aparecido de modo algum".[40] O medo da gabela parece ter sido, portanto, de início, uma obsessão feminina. Como prova, ainda esta anedota: num domingo de 1670, na pequena igreja de Lannes, nos Pireneus, o padre prepara-se para ler uma pastoral do bispo. "A maior parte do público que estava então na santa missa acreditou firmemente que ele queria tornar pública exatamente a gabela e que por esse meio estavam perdidos; o público e sobretudo as mulheres e moças que ali estavam começaram a gritar contra o dito padre."[41] Quanto ao mítico imposto sobre a vida, são as mulheres, em primeiro lugar e sobretudo, que creem nele. Em Montauban, em 1691, tendo um comissionado de finanças mandado afixar um edital anunciando a venda de novos cargos, "espalhou-se um boato entre o povo miúdo, e sobretudo entre as mulheres da mais baixa condição, de que se queria fazê-las pagar seis deniers a cada camisa que lavasssem, dez sols a cada menino que dessem à luz e cinco sols a cada menina".[42] Seguiu-se um começo de rebelião com a participação de duzentas ou trezentas donas de casa.

Múltiplas pesquisas ressaltaram, recentemente, a variedade dos movimentos sediciosos nos quais as mulheres tomaram parte na civilização pré-industrial. Assim, na Inglaterra do começo do século XVII, elas participaram amplamente das rebeliões contra as *enclosures* e pela manutenção dos bens comunais.[43] Não estiveram mais ausentes das agitações violentas ocasionadas pelas dissensões religiosas. Em Edimburgo, em 1637, a resistência ao *Prayer book* de Carlos I começou com uma ruidosa manifestação da "canalha das servas" em Saint Giles' Church. Elas interromperam a leitura do deão, lançaram tamboretes na direção do bispo e, tendo este se esquivado, apedrejaram portas e vitrais. Do mesmo modo Crespin e o autor da *Histoire ecclésiastique des Eglises réformées* atestam conjuntamente que mulheres participaram de todas as fúrias iconoclastas que destruíram as estátuas dos santos no século XVI na França e nos Países Baixos.[44] Deve-se dizer que elas "transferiam" então para o domínio religioso uma atividade sediciosa que exerciam mais frequentemente contra os açambarcadores e os agentes do fisco? A explicação fundamental me parece outra: as mulheres ficavam com medo antes dos homens, quer se tratasse de pão, impostos, *enclosures*, ladrões de crianças ou religião. Eram elas que primeiro percebiam a ameaça, acolhendo e difundindo os rumores; comunicavam a angústia a seu círculo e estimulavam por isso mesmo as decisões extremas. Ou melhor, incitavam-nas a tomar a iniciativa dos gestos irreparáveis — dos gestos que tranquilizavam, uma vez que deviam intimidar, ou mesmo aniquilar o adversário.

Com certeza, existe um militantismo feminino que contribuiu, por exemplo, para transmitir às gerações do século XIX a ideologia dos anos ardentes do final do século XVIII. Pensamos aqui, entre outras, na viúva Babeuf e na viúva Lebas.[45] Em nosso tempo, parece que mulheres são as verdadeiras inspiradoras do grupo Baader-Meinhof. Contudo, meu propósito aqui não é ressaltar ações contínuas, mas sim gestos espontâneos e precisos, que todavia se repetiram como constantes através das épocas, no decorrer de movimentos sediciosos não premeditados. Ora, trata-se de um comportamento que não desapareceu. L. Pliouchtch revela que, em 1967, em Prilouki, na Ucrânia, os milicianos torturaram e mataram um jovem operário, sem armas, preso por engano à saída de um baile. Alguns dias mais tarde, como o cortejo fúnebre passasse diante do posto policial, uma mulher gritou: "Abaixo os SS soviéticos!". Outras mulheres retomaram em coro esse slogan, depois os homens. A multidão se precipitou então para o interior das dependências da milícia, saqueou-as e moeu de pancadas os milicianos[46] — ilustração contemporânea da iniciativa feminina nos gestos de cólera coletiva.

Os "ritos da violência" nas sublevações de outrora são agora bem conhecidos e a pesquisa recente fez justiça às acusações e pseudodescrições dos ricos que representavam o povo revoltado como uma "turba enlouquecida", uma "besta de mil cabeças", um populacho desenfreado "sem ordem nem chefe" — qualificativos utilizados no século XVI por Guillaume Paradin para caracterizar as sedições de Lyon provocadas pela carestia dos cereais.[47] Descrevendo o carnaval sangrento de Romans em 1580, E. Le Roy-Ladurie viu ali uma espécie de psicodrama exemplar, de "tragédia-balé cujos atores representaram e dançaram sua revolta". A propósito desse "drama elisabetano", ele acentuou a recorrência dos fantasmas de antropofagia e do tema conexo da troca de mulheres.[48] Inútil reproduzir aqui o que já foi bem dito em outras partes. Em compensação, resta mostrar em que e por que a sedição era um remédio para o medo coletivo, sobretudo nessas jornadas ciclônicas onde intervinha por inteiro a situação de multidão e onde se operava o salto à violência com a esperança — e até a certeza — da salvação pela força. Em primeiro lugar, não há passagem à revolta que não seja acompanhada de rumores que a um só tempo impressionam e exaltam — clamor da multidão, e sobretudo toque a rebate e rufar de tambores. Sinal e prova de que se entrou em um tempo diverso daquele das ocupações habituais, eles convidam à superação das inércias, das monotonias e dos interditos que são o tecido cotidiano da vida. Por outro lado, uma coletividade adquire confiança só pelo fato de reunir-se. Daí a multiplicidade das "comoções" e sedições que explodem por ocasião das feiras, dos mercados, das festas dos padroeiros, das procissões ou simplesmente da missa dominical. Locais privilegiados de agrupamento, a igreja paroquial e seu átrio — ou o cemitério vizinho — constituem frequentemente os epicentros de onde se propagam os "furores" populares. Além disso, a igreja é geralmente uma construção sólida, algumas vezes fortificada: eventualmente, será um refúgio. De qualquer maneira, está no próprio coração da vida coletiva. Existe, todavia, um local diverso da casa de Deus onde as pessoas se encontram frequentemente: o cabaré. Assim, as notícias, verdadeiras ou falsas, propagam-se de albergue em albergue. Igreja paroquial e cabaré são, na sociedade de outrora, os dois polos onde se atam as redes de sociabilidade, sobretudo para as camadas humildes. Do ponto de vista enfocado aqui, são mais complementares um do outro do que faz crer o discurso clerical da época, sempre agressivo contra os cabarés.

A multidão não age sem chefes e só adquire segurança quando levada por eles.[49] Ora, quem são esses homens fortes que a um só tempo a fazem estremecer de medo mostrando-lhe os perigos que a ameaçam e a tranquilizam pelo engajamento na ação? Nas cidades, em geral, são artesãos, de maneira que, por trás da aparente incoerência das sedições urbanas, é preciso perceber a viva estrutura das corporações e das confrarias de ofícios. Mas, entre esses artesãos, da Insurreição Cabochienne de 1413 à Revolução Francesa, não nos surpreendamos de encontrar na primeira fila os estalajadeiros e os açougueiros.[50] A rebelião associa o vinho e o sangue: tem necessidade daquele que oferece de beber e daquele que provoca a morte. Mas, tanto no campo como na cidade, existem outros chefes cuja importância talvez não tenha sido suficientemente sublinhada: os homens de Igreja em contato com o povo. Porque pregam, são seus verdadeiros guias. Na Europa do Antigo Regime, aqueles que por excelência têm a multidão nas mãos fazem-na alternadamente tremer e esperar, chorar e cantar, obedecer ou revoltar-se: são aqueles que falam em nome de Deus.

Dizer que os padres e os pregadores católicos, de um lado, e os pregadores reformados, do outro, desempenharam um papel de primeiro plano nas guerras religiosas do século XVI parece banalidade. No entanto, a historiografia salientou sobretudo a ação dos governos e dos grandes, e não vemos suficientemente que Catarina de Médicis, Coligny, Guilherme, o Taciturno, mais seguiram do que comandaram os acontecimentos.[51] Aqueles que lançaram os cristãos uns contra os outros, em particular nas cidades, foram obscuros oradores fanatizados, militantes que trabalhavam em plena massa humana porque dispunham de um púlpito e, no plano local, organizavam com evidentes intenções agressivas cantos públicos de salmos ou procissões armadas. Um historiador do século passado escreveu com razão a propósito dos distúrbios da Provença no século XVI: "Não há sedições [...] nas quais não se vejam monges franciscanos, capuchinhos, carmelitas, dominicanos fazer as noções mais atrozes e dar os primeiros golpes nos massacres".[52] São muitos os fatos que corroboram essa afirmação. Em 1560, em Rouen, padres seguidos de seus paroquianos desfilam nas ruas para a procissão do Corpus Domini. Reformados que estão às janelas recusam-se a prestar honras ao santo sacramento. A multidão católica invade e saqueia suas casas.[53] Em Toulouse, em março de 1562, um cônego prega com ardor a quaresma, atacando alternadamente os protestantes e os magistrados suspeitos e anunciando os efeitos próximos da cólera divina.[54] Em Orange, em fevereiro de 1571, os sermões incendiários dos monges mendicantes têm como consequência onze dias de massacre dos huguenotes.[55] Em Orleans, onde em 25 de agosto de 1572 chega a notícia do dia de são Bartolomeu parisiense, a multidão católica é amotinada por "certo pregador do rei chamado Sorbin, ignorante e turbulento dentre todos os doutores da Igreja romana" e invade as casas dos protestantes.[56] Em Bordéus, em um sermão pronunciado no dia de são Miguel do mesmo ano (20 de setembro), o jesuíta E. Auger espanta-se de que a cidade ainda não tenha seguido o exemplo da capital. Acusa o governador de pusilânime, censura-o por "dormir com sua prostituta", anuncia a vinda do anjo exterminador. Esse sermão põe fogo na pólvora: a carnificina começa em 3 de outubro. Quantas vezes, no decorrer dos conflitos religiosos do século XVI, os "pregoeiros" católicos não taxaram de fraqueza os tribunais encarregados de castigar os "luteranos", não compararam Catarina de Médicis a Jezebel ou Henrique III a Acab porque permitiam a introdução de uma nova religião não menos perniciosa que a de Baal, e não tornaram o protestantismo responsável pelas desgraças — tal como a derrota de Saint-Quentin — que a cólera de Deus enviava à França![57]

Os pregadores reformados, evidentemente, não ficavam atrás, e sua responsabilidade nas "fúrias iconoclastas" e nas condenações à morte dos "idólatras" foi capital. Sua referência a esse respeito era o Deuteronômio (13:7-12):

Se teu irmão, filho de teu pai ou filho de tua mãe, teu filho, tua filha, a esposa que repousa em teu seio [...] procura seduzir-te secretamente, dizendo: "Vamos servir a outros deuses [...]", não consentirás em sua palavra, não o escutarás, teu olho será impiedoso [...]. Sim, deverás matá-lo, tua mão será a primeira contra ele para dar-lhe morte e a mão de todo o povo continuará a execução.

Efetivamente, em Rouen e em Gien em 1562, destruições de imagens foram perpetradas em consequência de pregações onde se lera o Deuteronômio.[58] Em Lyon, no mesmo ano, um pastor, de espada na mão, participou do saque da catedral de são João.[59] Os católicos não deixaram de salientar a relação entre pregação e iconoclasmo que aparece, entre outras, nesta carta destinada em setembro de 1566 por Margarida de Parma a Filipe II:

[Os pregadores] pensam que todas as coisas lhes são permitidas, destroem imagens, pregam nas igrejas, causam impedimentos aos católicos, fazem o que bem lhes parece para derrisão e contestação da justiça [...]; esses novos ministros, pregadores, destruidores de imagens e condutores dessas comoções mostram-se por toda parte.[60]

Nenhuma dúvida pode subsistir sobre o fato de que os demolidores de imagens que grassaram nos Países Baixos no decorrer do verão de 1566, tenham sido efetivamente fanatizados. Um dossiê estudado atualmente pela sra. Deyon e por A. Lottin destaca essa evidente sucessão dos sermões e das violências iconoclastas. Pois estas foram precedidas, de Valenciennes a Anvers, por uma pregação maciça, ao ar livre, às portas das cidades.[61] Essas "prédicas das sebes" começaram no final de junho e culminaram por volta de 10 de agosto — data do início das pilhagens —, eletrizando auditórios cada vez mais numerosos, que podiam chegar a 15 mil pessoas. Frequentemente os assistentes iam com suas armas, prontos a deixar-se arrastar pelo pregador a alguma ação explosiva. Um "discurso das comoções ocorridas entre o povo tumultuado na cidade de Enghien" relata:

> Que, no dia XXVII do dito mês de agosto de XVIº LXVI, pela manhã, se fez a primeira pregação no bairro de Enghien, no lugar chamado de Heerhouwt [...], por algum ministro acompanhado de grande número de pessoas de Audenarde, munidas de diversos instrumentos, como também vários de Enghien [...].
>
> Do mesmo modo, do Heerhouwt o povo da dita pregação com seu pregador ou ministro tinha vindo a Herrynes e à igreja de Chartrois, onde jantaram, e aqueles do claustro de Chartrois que administravam os bens e provisões ali estavam; e ao mesmo tempo saquearam a igreja do dito Herrynes e Chartrois, juntos rasgaram os livros de sua biblioteca.

Em outro documento da época, um pregador proveniente de Genebra e preso após o fim dos distúrbios, confessa que, entrando com um bando em uma igreja do Cateau-Cambrésis, "tomou uma pia de água benta de cobre, que arremessou ao chão. De lá foi a uma capela rasgar um gonfalão. Então, todos fizeram o mesmo e houve ali uma confusão".

Não há nada de surpreendente no fato de padres terem desempenhado papel determinante nos movimentos milenaristas que baseavam nas Escrituras seu projeto de revolução social. Eles eram numerosos em Tabor em 1420, e Müntzer fora monge agostiniano antes de formar a Liga dos Eleitos. É mais interessante observar que a "sublevação dos trabalhadores" ingleses em 1381, a despeito de várias reivindicações igualitaristas e comunizantes, tinha em vista objetivos concretos e imediatos que não eram forçosamente utópicos — abolição da servidão, partilha dos bens de Igreja entre as paróquias etc. Ora, um dos chefes da revolta foi um pregador errante, John Ball, que adquirira o hábito de arengar os camponeses "aos domingos depois da missa, quando todas as pessoas saíam do mosteiro". Então, "ele vinha ao claustro ou cemitério, e ali pregava e fazia o povo juntar-se em torno dele" [...] Assim conta Froissart em um texto que esclarece um panorama mais vasto que o da sublevação de 1381.

Os recentes estudos sobre os miseráveis e os vagabundos revelam com efeito a presença frequente dos padres, especialmente dos padres da paróquia, nas revoltas que atravessaram a França do século XVII. Na baixa Normandia, quatro padres tomaram parte ativa na insurreição contra os gabeleiros. Um deles, Morei, vigário de Saint-Saturnin, nas redondezas de Avranches, talvez tenha sido mesmo o verdadeiro chefe da rebelião.[62] Durante os distúrbios das comunas de Angoumois e Saintonge (1636), viram-se chegar a Blanzac "cerca de quatrocentos homens armados de arcabuzes e de piques distribuídos em doze ou quinze companhias conduzidas por seus padres, todos marchando em boa ordem ao som de alguns pífaros e violinos por falta de tambores".[63] Encontram-se padres igualmente entre os revoltosos do Périgord (1637-41): "Alguns padres", conta um contemporâneo, "estavam à frente dessa população". Um outro testemunho garante que "um padre se fazia notar grandemente na rebelião e sublevação da comuna de Périgord por causa da valentia de sua coragem e também por sua força". Padres e vigários solidários aos rebeldes deviam "banir o vício [...], exortar o povo cristão a preces e orações a Deus com proibições contra os blasfemadores e escandalosos que se voltarem contra a honra e a glória de Deus".[64]

Nos Pireneus, são ainda padres que conduzem as revoltas antifiscais do vale de Aran (1643), Soule (1661), Lavedan (1665 e 1695).[65] Em 1675, vários padres se colocam à frente dos camponeses bretões em cólera na região de Carhaix e de Gourin. Alguns serão condenados às galeras, entre os quais Jean Dollo de Carhaix, "comprovadamente chefe dos revoltados e tendo feito alguns habitantes dessa cidade assinarem um certificado de capitão dos revoltados preenchido com seu nome".[66] Em 1680, o intendente de Poitou escreve a Chamillard: "Não poderíeis compreender quanto esses padres fazem mal neste departamento",[67] pois pregam contra as derramas e as retiradas, escondem os móveis de seus paroquianos antes das apreensões e incitam à resistência. Integrados à comunidade paroquial, esses padres são naturalmente seus porta-vozes e seus chefes em período de efervescência. Assim, sua atitude difere — ao menos antes do século XVIII — da atitude dos missionários do interior. Estes — Eudes, Maunoir, Grignion de Montfort — por certo esbravejam contra os ricos e, por ocasião das revoltas, bancam os conciliadores. Contudo, mensageiros da hierarquia, recomendam a ordem e a submissão. "Suportai tudo sem murmurar": esse é, em um de seus cânticos,[68] o conselho de Grignion de Montfort, que escreve alhures: "Veem-se muitos pobres sofredores/ Mas poucos pobres pacientes".[69] E ainda: "ó maledicência atroz/ De falar mal dos reis".[70] Conhece-se, a partir dos trabalhos de R. Mousnier e de seus alunos, o papel dos nobres nas revoltas do século XVII; mas convinha também insistir no dos padres das paróquias. E valeria a pena, na continuidade de uma história longa das mentalidades que transcendesse os cortes cronológicos e ideológicos, estudar sistematicamente o lugar que tiveram nos acontecimentos revolucionários de 1789-99 os antigos padres e os edifícios do culto, mesmo tendo provisoriamente mudada a sua destinação original. Enfim, poder-se-ia ampliar à América a investigação sobre os laços entre revoltas e homens de Igreja. O México revelar-se-ia então um campo de estudo privilegiado: Hidalgo e Morelos, que dirigiram as primeiras sublevações com vistas à independência (1810-5), eram encarregados de paróquia e, além disso, conhecem-se ao menos seis padres "agraristas" que estiveram à frente de revoltas camponesas no México entre 1827 e 1894.[71] Outrora, o padre era o homem que dava segurança a uma paróquia, aquele que, em caso de dificuldades, indicava o caminho a seguir, ainda que fosse o da rebelião.

Já não é preciso demonstrar que o motim urbano (seguido ou não de uma rebelião mais longa) e a efervescência que marcava o início de uma revolta camponesa muitas vezes revestiam-se, na civilização de outrora, de um caráter festivo e báquico.[72] Encontravam-se ali a atmosfera e os ritos do carnaval, o tema da inversão social que as festas dos loucos medievais conheciam, o papel predominante dos jovens cujos agrupamentos, agora o sabemos, tinham na sociedade tradicional uma função de polícia dos costumes. Na alegria ruidosa afirmavam-se a unanimidade de uma consciência coletiva, a personalidade de uma comuna ou de um bairro, a solidariedade de um grupo que, por essa reação de autodefesa, afastava os pesadelos que o perseguiam. Essa libertação do medo era acompanhada de uma desvalorização súbita do adversário do qual já não se avaliava a força nem as possibilidades de reação posterior. Ocupava-se uma prefeitura, matavam-se gabeleiros, recusava-se o pagamento do imposto, rechaçava-se um regimento como se por trás dos homens e das instituições brutalmente escarnecidas não houvesse um Estado, forças armadas de reserva e a solidariedade entre os possuidores. No entanto, as execuções das vítimas nem sempre se faziam — longe disso — na anarquia que muito se descreveu. Muitas vezes a multidão, para apaziguar a culpa, condenava seu antigo reiterando condutas judiciárias cujo modelo permanecia vivo no fundo da consciência coletiva — procissões punitivas, julgamentos populares antes da condenação à morte, execuções públicas na praça principal ou, em todo caso, no lugar habitualmente previsto para isso. Por essa desforra dos silenciosos, a massa dos anônimos tomava as rédeas de seus negócios, ganhava coragem ao institucionalizar-se. Além disso, múltiplos relatos provam que as matanças eram raramente cegas e as pilhagens menos frequentes do que se acreditou. Uma população em cólera se tranquilizava através dessa espécie de disciplina interna mais ou menos conscientemente respeitada.

Em geral, a rebelião não se contentava em matar seus inimigos. Quantas vezes, durante a Revolução Francesa, não se fez desfilar nas ruas, na ponta dos piques, a cabeça das vítimas! Do mesmo modo, no dia de são Bartolomeu, Coligny morto foi castrado, decapitado, lançado ao Sena, depois içado e pendurado pelas pernas no patíbulo do Montfaucon; inúmeros protestantes, por ocasião do mesmo massacre, uma vez condenados à morte, foram desnudados, arrastados pelas ruas, empurrados no rio. Essas terríveis encenações podem ser comparadas aos autos de fé ou às fogueiras em que se queimava o boneco de um condenado por contumácia ou à atroz mascarada referida anteriormente, no decorrer da qual a municipalidade protestante de Basileia, em 1559, mandou desenterrar o cadáver do anabatista David Joris, morto pacificamente três anos antes sob o nome de Jean de Bruges. Arrebentou-se o caixão, tirou-se o defunto, que foi erguido contra um poste. Ao lado, colocaram-se os livros que ele escrevera e uma efígie do perigoso herético. Depois, foi queimado tudo.[73] Durante a Revolução Francesa, fanáticos tirarão igualmente os cadáveres reais de suas sepulturas de Saint-Denis e destruirão em Anet, o corpo ainda intacto de Diane de Poitiers. Essas liturgias macabras ajudam a compreender o iconoclasmo de todas as épocas. Em Saint-Gall, em 1529, todos os altares foram destruídos, as imagens quebradas a golpes de machado ou de martelo: "Encheram-se quarenta carroças com os despojos lançados fora da igreja", escreve um contemporâneo, "depois foi aceso um grande fogo e tudo foi consumido pelas chamas". O governador de Neuenbourg relatava no mesmo momento: "Eles destruíram todas as estátuas; furaram as telas dos quadros no lugar dos olhos ou do nariz dos santos personagens representados; até as imagens da Mãe de Deus foram tratadas dessa maneira".

Todos os testemunhos concordam: a multidão iconoclasta não procura pilhar, mas destruir. Quebram-se as imagens a golpes de machado ou de pique: retiram-se os quadros e sapateia-se sobre eles.[74] Em Ulm, em 1531, com cordas e correntes atrelam-se cavalos aos órgãos da catedral, e são arrancados para fora da igreja e reduzidos a um monte de madeira.[75] Leiamos também o relato do que se passou em Valenciennes em 1566:

> [Os huguenotes da cidade] entraram furiosamente nas igrejas, tanto das paróquias como das abadias, asilos, sem nenhuma exceção. E, chegando lá em grandes bandos, armados e munidos de bastões, atiraram abaixo os crucifixos e imagens dos santos, com muitas blasfêmias e muitas palavras infames, depois destruíram e quebraram as tribunas, órgãos, cercados das capelas, altares, assentos, fontes batismais, vitrais, depois queimaram os ornamentos das ditas igrejas, de tal modo que o ouro fundido dali fluía em várias igrejas [...]. Ainda rasgaram e depois queimaram as cortinas, toalhas, guardanapos e outros panos que servem ao ofício divino, queimaram e rasgaram todos os livros das igrejas, o que era uma grande pena e desolação de ver assim esses lugares consagrados e dedicados a Deus ficar em tal estado, profanados por esses maldosos libertinos e pessoas sem nenhuma razão, e uma grande mágoa para os católicos.[76]

O iconoclasmo é um ódio cego? Ou antes um rito coletivo de exorcismo? Vitrais, estátuas, pinturas, órgãos mesmo — ou ainda os cadáveres em suas respeitáveis sepulturas — representavam, para uma multidão em cólera, mais do que seres inanimados. Conservavam algo do poder tirânico, ou até diabólico, que a sedição se esforçava em destruir. Se se decapitava Luís XVI, deixando pacificamente dormir seus ancestrais em belos monumentos cercados de respeito, não se destruíra inteiramente a realeza. Essa permanecia de algum modo ameaçadora. Da mesma maneira, para os iconoclastas do século XVI, a idolatria romana e o poder clerical não tinham desaparecido se seus símbolos permaneciam de pé. Em compensação, a estátua mutilada, o rosto pintado do qual se furam os olhos, o cadáver transformado em fantoche ridículo são dessacralizados e despojados de seu poder mágico. Maltratando-os de todas as maneiras, a multidão provou a si mesma seu próprio poder e reduziu o inimigo à sua mercê: ele se tornou inofensivo e lastimável. Assim, uma fúria iconoclasta revela a profundidade de um medo coletivo e aparece como o último meio para conjurá-lo.

3. O MEDO DA SUBVERSÃO

Frequentemente as rebeliões acabavam depressa e muitas revoltas eram vencidas. Para os sediciosos desarmados, chegava então o momento da recaída no medo. Temia-se a repressão que podia efetivamente se revelar terrível — foi assim em 1525 após a derrota dos camponeses alemães e, em 1567, quando o duque de Alba se tornou governante dos Países Baixos. Ou, ainda, após o fracasso de um movimento antifiscal, podia-se temer, não sem razão, um retorno inflexível dos gabeleiros e um novo endurecimento do aparelho do Estado.

Em contrapartida, ficava entre os vencedores e as pessoas bem situadas a obsessão da multidão anônima e incontrolável, "terrível rebanho a ser governado", confessava um administrador normando em 1709,[77] e o temor da inversão das hierarquias. Testemunhos inesperados a esse respeito, o dos autores de "prognósticos" cujas sombrias previsões, incansavelmente repetidas, parecem refletir a inquietude permanente de todos aqueles que se agarravam à ordem estabelecida:

1518: Erguer-se-ão grandes disputas e adversidades [...] entre o povo comum e a nobreza.

1576: Este ano ver-se-á [o povo] exceder-se totalmente fora dos limites de seu dever e movimentar-se e erguer-se em grandes querelas contra seus superiores, dos quais vários serão punidos por justiça, contudo sua falta [...] grandemente diminuirá a autoridade dos oficiais públicos.

1590: Além disso haverá uma grande discórdia entre o povo, tanto em relação aos superiores como aos súditos, e mesmo o filho contra o pai, a mulher contra o marido e o servidor contra o mestre.

1602: É preciso temer [este ano] as iras, furores e sedições dos povos.[78]

O temor do povo anônimo muitas vezes precisava-se, tanto na cidade como no campo, no temor mais concreto dos mendigos. Com efeito, nas estradas e nas cidades da Europa do Antigo Regime, houve muitos outros vagabundos que não os subprodutos instáveis dos exércitos, estudados anteriormente. Mencionemos, por certo, a partir do século XV, os boêmios, também chamados de "sarracenos", "egípcios" ou "ciganos", que acolhiam em seus grupos diversos desclassificados não ciganos, "a juventude libertina de todas as nações", escrevia S. Münster em sua *Cosmografia*.[79] Marginais por seus costumes e hábitos, os boêmios causavam medo. Eram acusados de roubar crianças. Mas os errantes mais numerosos foram os "homens supérfluos" de outrora,[80] essas vítimas da evolução econômica já encontradas a propósito das violências milenaristas: foreiros excluídos pela ação metódica dos aglutinadores de terras; trabalhadores rurais no limite da sobrevivência em razão do crescimento demográfico e das frequentes penúrias; operários urbanos atingidos pelas recessões periódicas e pelo desemprego. Todos esses verdadeiros mendigos, aos quais, acreditava-se, acrescentavam-se muitos falsos enfermos e falsos indigentes, deambularam durante séculos da cidade para o campo e inversamente, aumentando seu número em tempo de crise: o que ocorreu às vésperas da Revolução Francesa.

Muitos testemunhos atestam o medo dos mendigos sentido na Europa a partir do tempo da peste negra por todos aqueles, ricos e menos ricos, que tinham o suficiente para viver e não se sentiam ameaçados pelo "deslocamento" e, portanto, pela dessocialização. E as pesquisas recentes sobre a vagabundagem revelam que os homens sem família aí predominavam, o que aumentava ainda mais o medo que despertavam e explica também que eles tenham procurado constituir-se em bandos.[81] Em 1363, o bispo de Paris deplora uma calamidade nova: as ruas da capital são invadidas por uma multidão inumerável de mendigos. A questão da vagabundagem retorna na grande Ordonnance Cabochienne de 1413. Sessenta anos mais tarde, um ato do parlamento de Paris decide que os vagabundos serão procurados e detidos para ser em seguida expulsos ou castigados segundo um procedimento expedito. Legislações desse tipo, que serão repetidas e agravadas doravante em toda a Europa, traduzem o duradouro sentimento de insegurança que oprimiu durante séculos os habitantes estáveis das cidades (e dos campos) diante do espetáculo dos *"caymans* e *caymandes"* que circulavam de uma província a outra.[82]

Em setembro de 1523, depois da "traição" do condestável de Bourbon e enquanto Francisco I estava doente em Lyon, Paris receou uma "comoção" dos mendigos.

Durante esses dias [conta N. Versoris] os maus soldados se recolheram em Paris em grande número, esperando de um dia para o outro a chegada dos inimigos para que, reunidos a eles, pudessem à vontade pilhar, destruir e devastar a cidade, de maneira que nesse tempo eram mais temidos os maus soldados da cidade que os inimigos.[83]

Na Inglaterra de Henrique VIII e de Eduardo VI, onde eclodiram numerosas revoltas, as autoridades acreditaram — erradamente — que os rebeldes eram sobretudo mendigos. Cranmer escreveu em 1549: "Os principais responsáveis por todos esses distúrbios são vadios e homens de má natureza que não possuem nada ou não possuem grande coisa por seu trabalho". E sir John Cheke declarava aos revoltados de Norfolk, em *The hurt of sedition* (1549), que sua ação "provocara uma balbúrdia popular, uma algazarra de vagabundos e um levante em massa de ladrões".[84]

Os vagabundos não passam de delinquentes e de sediciosos, é também o que afirma em 1659 um preboste-geral dos exércitos da Itália:

> Entre essa gente, vagabundos e egípcios, a vadiagem faz sua preparação para entrar nas bebedeiras, sem-vergonhices, jogos, blasfêmias, querelas e sedições [...]. As rodas e os patíbulos estão frequentemente carregados desses monstros que, recusando-se a obedecer o preceito divino de trabalhar para ganhar a vida com o suor de seu rosto, caem em pobrezas vergonhosas e daí cometem furtos, sacrilégios e assassinatos pavorosos.[85]

A errância dos "sem eira nem beira" e que "moram em toda parte" é portanto eminentemente suspeita na época, e a sociedade do tempo identifica marginalidade à criminalidade. Contudo, se em uma cidade os mendigos não constituem mais do que 3 ou 4% do número dos habitantes, a inquietação não será grande. Mas se transpõem o limite de 10%, então a população se alarma e corre o risco de cair em gestos de pânico.[86] Ora, na Europa dos séculos XVI-XVIII, essa proporção foi frequentemente ultrapassada. Daí um retrato falado extremamente malévolo dos vagabundos, progressivamente desenhado ao longo dos séculos pela imaginação coletiva. Eles são os "fortíssimos" e "incorrigíveis ladrões" que espreitam suas vítimas na sombra — isso em um tempo em que o roubo é considerado mais criminoso do que a rixa ou a vingança. São instrumentos apontados entre as mãos dos "inimigos do rei e do reino" — assim falam em 1524 os escabinos de Troyes e de Dijon. Muitos médicos acusam-nos de ser vetores da peste. Mas A. Paré vai mais longe ao catalogar entre as treze causas dos monstros a "astúcia dos malvados biltres da hospedagem", mendigos que iam de porta em porta. Na verdade, os próprios vagabundos são monstros, capazes de todos os crimes. A. Paré afirma com efeito:

> [...] Com certeza, tais ladrões, biltres e impostores, para viver em ociosidade, jamais querem aprender outra arte que não tal mendicância, que na verdade é uma escola de toda a maldade, pois tais personagens, poder-se-iam encontrar mais próprios para exercer caftinismos, para semear venenos pelas aldeias e cidades, para ser bota-fogos, para fazer traições e servir de espiões, para furtar, para viver de roubos e toda outra má prática? Pois além daqueles que se feriram a si mesmos e que cauterizaram e estigmatizaram seus corpos, ou que usaram ervas e drogas para tornar suas chagas e corpos mais horrendos, existem os que furtaram crianças pequenas, e lhes quebraram os braços e as pernas e furaram os olhos, cortaram a língua, apertaram e afundaram o peito, dizendo que o raio assim as ferira para (carregando-as no meio da multidão) ter pretexto de mendigar, e receber deniers.[87]

Esse texto pode ser comparado à abundante literatura que foi consagrada à indigência a partir do célebre *Liber vagatorum* (fim do século XV, começo do século XVI) e na qual se encontra, especialmente, o *Vagabondo* de Rafaele Frianoro (1621). "O vagabundo", escreve com justeza B. Geremek, "aí aparece sob os traços do velhaco, do impostor, do escroque, e o objetivo didático dessa literatura é mostrar claramente os instrumentos e as técnicas da trapaça. No segundo plano desse quadro, projeta-se o perigo social que esse mundo diferente constitui para a ordem estabelecida, para a sociedade organizada."[88] Fazendo eco ao temor sentido pelos possuidores, mas colocando-se do lado dos deserdados, o teólogo jansenista Godefroy Hermant escreveu, em 1676, com uma pena cuja ironia é singularmente moderna:

Os pobres são espectros horrendos que perturbam o repouso dos particulares, interrompem a alegria das famílias e arruinam a tranquilidade pública. É preciso fazer calar o clamor desses miseráveis que perseguem os pacíficos burgueses até em suas casas e se juntam em criminosos movimentos.[89]

Semelhante testemunho nos faz compreender por que, na maior parte das obras da época relativas aos mendigos e que não são de modo algum inspiradas pela caridade cristã de um Hermant, os vagabundos são representados como formadores de uma contrassociedade com jargão próprio e organização corporativa, autoridade monárquica no topo e língua misteriosa. Uma contrassociedade assim descrita não podia deixar de ser identificada como uma ameaça para a ordem estabelecida.

A legislação inglesa dos séculos XV-XVIII é, mais do que qualquer outra, reveladora desse medo da subversão pelos vagabundos o qual se apoderou das classes dirigentes.[90] O estatuto de 1531 previa que eles seriam perseguidos, transferidos aos tribunais do juiz de paz, fustigados até sangrar, depois reenviados ao lugar de seu nascimento ou para a localidade onde moraram durante mais de três meses. O ato de 1547, ainda mais duro, estipula que qualquer homem que fique três dias sem trabalhar será marcado com ferro em brasa, depois entregue como servo por dois anos seja ao denunciante, seja à sua comuna de origem, sendo a fuga punida da primeira vez com a escravidão perpétua, e da segunda vez com a morte. Os filhos dos vagabundos serão tomados como aprendizes, os meninos até 24 anos, as meninas até vinte anos, sem direito a nenhuma remuneração. O estatuto de 1547 é revogado três anos mais tarde; mas com isso não diminui a caçada aos vagabundos. Os anos de 1569-72, especialmente, marcam-se por campanhas de buscas dos mendigos, que são açoitados publicamente. Voluntários participam dessas sinistras batidas. Só em Devon, 74 vagabundos são condenados à morte em 1598. Na Inglaterra, assim como no continente, em suas lutas contra a mendicância as autoridades conjugam assistência e repressão, confinamento e expulsão, e o século XVII opta cada vez mais pelas casas de trabalho (e de correção) e pelos asilos gerais. Trata-se então de socializar à força marginais que por vezes preferem as galeras a essas lúgubres prisões.

A classe perigosa para as autoridades e para todos os possuidores de outrora é, então, prioritariamente a dos mendigos itinerantes, que, acredita-se, transportam com eles todos os pecados do mundo, inclusive a heresia, a libertinagem, a peste e a subversão. Mesmo isolados, frequentemente pedem a esmola "com insolência". Reunidos em bandos nos descampados — pois na sociedade rígida e estruturada do Antigo Regime o homem solitário dificilmente pode sobreviver —, atacam as granjas afastadas, roubam nos celeiros e nas estrebarias, pilham as igrejas, ameaçam furtar os camponeses e queimar suas casas. Nos campos, ainda mais do que nas cidades, o temor do incêndio por muito tempo acompanhou o do vagabundo-salteador,[91] e vemo-lo ressurgir por ocasião do Grande Medo. Assim, a despeito da formação de esmolarias urbanas a partir do século XVI, apesar da criação da jurisdição dos marechais (na França, sob Francisco I e Henrique II) e da vigilância de "caça-bandidos" às portas das cidades, apesar das draconianas leis inglesas no que diz respeito aos pobres, apesar dos confinamentos (intermitentes) de mendigos em toda a Europa do século XVIII, apesar da "beneficência" que se desenvolveu na época das Luzes, o problema dos errantes — frequentemente assimilados aos salteadores — permanece no final do Antigo Regime. Não se vê um bando chamado "do Forez" estender seu campo de ação, entre 1750 e 1773, a mais de cem localidades dessa província?[92]

Assim, está comumente difundida na França, às vésperas da Revolução, a opinião de que todo mendigo é um candidato ao crime. Um presidente do órgão dos pobres de Mamers escreve em março de 1789:

> A mendicância é a aprendizagem do crime: ela começa por fazer amar a ociosidade que será sempre o maior mal moral

e político: nesse estado, o mendigo sem princípios, ou pelo menos sem hábitos de honestidade, não resiste muito tempo à tentação do roubo. Em breve já não há outro freio às suas ideias de rapina senão o temor das penas devidas aos malfeitores, e depois de adquirir bastante habilidade a ponto de convencer-se de que escapará às buscas da justiça, torna-se ao menos rapinador jornaleiro e muitas vezes ladrão profissional. Entre os salteadores, há bem poucos que não se tenham transformado nisso por essa profissão funesta de que a mendicância é o primeiro passo e a indigência a primeira causa.[93]

Para compreender o Grande Medo, era preciso lembrar esse longo passado e esse pesado passivo. Se, na época, todo mundo acreditou nos salteadores, é que se tinha, com ou sem razão, o hábito de temê-los. Mas em 1789, por causa de uma vacância sem precedente do poder, esse temor ancestral ganhou extraordinárias dimensões. A crise econômica e a penúria tinham aumentado em todos os países o número dos errantes. Certo número deles procurava trabalho nas cidades, onde aumentava a população flutuante e multiplicavam os riscos de distúrbios. Luís XVI, no começo de julho, tomou esse perigo como pretexto para reunir tropas nas proximidades de Paris. Após o 14 de julho — acontecimento que, na época, despertou no país mais inquietação do que entusiasmo —, espalhou-se na França o boato de que as municipalidades, para evitar novas agitações, expulsavam os indesejáveis que iam agora espalhar-se por todo o país.[94] Desde então, acreditou-se ver salteadores por toda parte: dizia-se que estavam no bosque próximo; avançavam incendiando as colheitas e as casas; haviam se colocado a serviço dos aristocratas (como outrora a soldo dos inimigos de Francisco I); passavam as fronteiras à força; anunciavam e preparavam a chegada de exércitos estrangeiros. Encontravam-se assim conjugados em um mesmo alarme o laço que se estabelecia tradicionalmente entre soldados e salteadores, a sinistra lembrança deixada pelos mercenários desde o tempo das grandes companhias até o de Mazarino e a convicção de que os vagabundos estão disponíveis para todas as traições e para as piores subversões.

"Medos recíprocos", "ciclo infernal de medos": essas expressões não vêm espontaneamente ao espírito ao fim deste estudo sobre as sedições de todas as espécies que o Ocidente conheceu após a era feudal e antes da era da grande indústria? Para romper esse círculo maldito, era preciso que fossem reunidas muitas condições: uma alimentação mais abundante e mais regular, o escoamento da superpopulação rural, o emprego nas fábricas da mão de obra disponível, impostos mais justos, enquadramento administrativo mais sólido, sufrágio universal, forte organização sindical. Sob muitos aspectos, a Revolução Francesa foi ainda no plano popular uma manifestação dos medos antigos. E não teria desbloqueado o futuro nem securizado, no limite, a mentalidade coletiva se não tivesse sido progressivamente acompanhada por uma revolução econômica e técnica.

Segunda Parte
A CULTURA DIRIGENTE E O MEDO

6. "A ESPERA POR DEUS"

1. MEDOS ESCATOLÓGICOS E O NASCIMENTO DO MUNDO MODERNO

As explosões periódicas de medo suscitadas pelas pestes até meados do século XVIII, as frequentes revoltas amplamente provocadas — ora pelo temor dos soldados ou dos salteadores, ora pela ameaça da fome ou do fisco — escandiram, como vimos, uma longa história europeia que se estende do final do século XIII aos começos da era industrial. É preciso, todavia, individualizar no interior desse meio milênio uma sequência de maior angústia — de 1348 a 1660 — no decorrer da qual as desgraças se acumularam particularmente na Europa, aí despertando um abalo duradouro dos espíritos: a peste negra, que marca em 1348 o retorno ofensivo das epidemias mortais; as sublevações que se revezam de um país a outro do século XIV ao XVIII; a interminável Guerra dos Cem Anos; o avanço turco inquietante a partir das derrotas de Kossovo (1389) e Nicópolis (1396) e alarmante no século XVI; o Grande Cisma — "escândalo dos escândalos" —; as cruzadas contra os hussitas; a decadência moral do papado antes do reerguimento operado pela Reforma católica; a secessão protestante com todas as suas sequelas — excomunhões recíprocas, massacres e guerras. Atingidos por essas coincidências trágicas ou pela incessante sucessão das calamidades, os homens da época procuraram-lhes causas globais e integraram-nas em uma cadeia explicativa. Transpondo um novo patamar, desembocamos portanto agora no nível da reflexão — sobretudo teológica — que a época efetuou sobre seus próprios medos. Essa reflexão esteve ela própria na origem de novos medos mais vastos e mais enfeitiçantes do que aqueles identificados até aqui. Mas o milagre da civilização ocidental é que ela viveu todos esses medos sem se deixar paralisar por eles. Pois não se sublinhou suficientemente que houve ao mesmo tempo angústia e dinamismo — sendo este geralmente designado pelo termo *Renascença*. O medo suscitou seus antídotos — estudaremos isso em uma obra posterior.

A pesquisa histórica em grande parte varreu a lenda dos terrores do ano mil, fundada em textos pouco numerosos e posteriores aos pavores que pretendiam fazer reviver. "Durante todo o século X, um único personagem", escreveu Ed. Pognon, "atribuiu ao mundo regenerado por Cristo um termo de mil anos e nada permite afirmar que ele tenha assustado muita gente."[1] Em compensação, é "no final do século XV, nos triunfos do novo humanismo, que aparece a primeira descrição conhecida dos terrores do ano mil"[2] sob a pena do beneditino Trithemius (1462-1516), redator dos anais do convento de Hirschau. Trithemius era ele próprio um letrato desligado das rotinas da escolástica e que descrevia com condescendência as angústias de um período bárbaro. Mas terá sido por acaso que a lenda do medo do ano mil nasceu no começo dos tempos modernos? Não se atribuíram então aos contemporâneos de Oto III temores que eram mais autêntica e amplamente os dos europeus dos séculos XIV-XVI?

Certamente não se esperou esse período atormentado para temer a chegada do Anticristo e o fim do mundo. Aquela e este sempre foram considerados certezas pelos cristãos, e Santo Agostinho consagrou todo o livro XX de *A cidade de Deus* à demonstração de que esses dois prazos são inelutáveis — pois anunciados por inúmeros textos sagrados — embora não se possa de modo algum prever seu momento. Em todo o decorrer da Idade Média, a Igreja meditou sobre o fim da história humana tal como foi profetizada pelos diferentes textos apocalípticos. Lembremo-nos, entre outros testemunhos a esse respeito, dos cerca de vinte manuscritos espanhóis dos séculos X-XIII que conservaram o *Commentaires de l'apocalypse*, do monge Beatus de Liebana, que escreveu no final do século VIII.[3] O célebre *Apocalypse* de Saint-Sever (século XI), com seus monstros fantásticos é também um manuscrito ilustrado de *Commentaires* de Beatus.[4] Quantas magníficas igrejas francesas dos séculos XII e XIII — em Autun, em Conques, em Paris, em Chartres etc. — evocaram por sua vez a cena do Juízo Final! Esta forneceu igualmente o tema de vários poemas latinos compostos antes do período de nosso estudo por Commodiano de Gaza (século III), santo Hilário de Poitiers (IV), são Pedro Damião (XI), Pedro, o Diácono (XI), são Bernardo (XIII) etc.[5]

Contudo, há unanimidade entre os historiadores em considerar que se produziu na Europa, a partir do século XIV, um reforço e uma difusão mais ampla do temor dos derradeiros tempos. É nesse clima de pessimismo geral — físico e moral — sobre o futuro da humanidade que é preciso situar o "salve--se quem puder" lançado em 1508 pelo pregador Geiler, na catedral de Estrasburgo: "O melhor a fazer é manter-se em seu canto e enfiar a cabeça num buraco, apegando-se em seguir os mandamentos de Deus e em praticar o bem para ganhar a salvação eterna".[6] Para Geiler, não existia nenhuma esperança de que a humanidade se aperfeiçoasse; o fim de um mundo corrompido constituía doravante uma perspectiva próxima. No outono da Idade Média, escrevia Huizinga, o sentimento geral é que "a aniquilação universal se aproxima".[7] "Parece", observava E. Mâle, "que as ameaças do Apocalipse nunca preocuparam tanto as almas [...]. Os últimos anos do século XV e os primeiros anos do XVI indicam um dos momentos da história em que o Apocalipse apoderou-se mais fortemente da imaginação dos homens."[8] E. Delaruelle, evocando "o interminável Grande Cisma", notou que ele marcou "o reingresso em uma era apocalíptica".[9] Eis ainda outros juízos concordantes citados por H. Zarnt em *A espera de Deus*.[10] "É sem dúvida incontestável que a multidão daqueles que acreditam ter ouvido a trombeta do último dia jamais foi tão gigantesca como entre 1430 e 1530" (Stadelmann). "Homens do mundo clerical", lembra por seu lado A. Danet, "chegam até a organizar debates públicos sobre os sinais do fim dos tempos (por exemplo, em Colônia em

1479). Esperavam assim esclarecer e apaziguar os espíritos."[11]
Reina então "uma atmosfera de fim do mundo" (J. Lortz).
Consenso impressionante dos pesquisadores que precisávamos lembrar, mas sublinhando — o que muitas vezes se omite — que esses terrores, mais reais do que os do ano mil, transpuseram o corte artificialmente estabelecido entre Idade Média e Renascença. Eles foram contemporâneos do nascimento do mundo moderno.

Concretizemos por meio de uma comparação significativa essa ascensão e essa dramatização das esperas apocalípticas: em Salamanca, a "catedral velha" comporta um Juízo Final do século XII pintado sobre uma parede lateral e portanto visível de modo desigual para os fiéis. No centro do afresco encontra-se o Cristo em majestade, hierático, sereno e nimbado de glória. À sua direita e à sua esquerda, figuram naturalmente os eleitos e os condenados. Mas — fato bastante raro — embaixo do Salvador, o artista representou o limbo. No total, uma composição pouco traumatizante. Na "catedral nova" (séculos XV-XVI), que fica ao lado da precedente, encontra-se também um Juízo Final. Mas, desta vez, está pintado sobre a parede da abside e fica de frente para o público. Além disso, suas cenas são tratadas no interior de um formato maior do que os cinquenta pequenos quadros pouco legíveis situados abaixo e que contam em detalhe a vida de Jesus. Enfim, o limbo desapareceu. Paraíso e inferno dividem ao meio a totalidade do espaço pintado. No entanto, Cristo está voltado para os condenados e esboça um gesto de rejeição que anuncia o da Sistina.

2. DUAS LEITURAS DIFERENTES DAS PROFECIAS APOCALÍPTICAS

É importante estabelecer uma distinção metodológica entre duas interpretações diferentes dos textos proféticos relativos às últimas etapas da história humana, insistindo uma na promessa de mil anos de felicidade, a outra no Juízo Final. As origens do milenarismo são anteriores à era cristã e se enraízam nas esperanças messiânicas de Israel.[12] Isaías (54 e 55), Ezequiel (40-48), Daniel (2 e 7) e mais ainda as profecias pós-exílio anunciaram a chegada de um messias que inauguraria um período de prosperidade e paz. A noção de um reino intermediário, espécie de paraíso terrestre provisório intercalado entre o tempo atual e a eternidade, delimitou-se na literatura judaica através do livro dos Jubileus (22,27), das parábolas de Henoch (61-68) e do livro de Esdras (8,28...). Dos meios judeus, a crença no reino messiânico foi transmitida aos cristãos pelo Apocalipse de são João (XX). Nesse texto célebre, o apóstolo anuncia que o anjo de Deus acorrentará Satã por mil anos. Então, os justos ressuscitarão com Cristo e serão felizes sobre a terra durante esses mil anos. A mesma profecia reaparece, com algumas variações, na epístola de Barnabé (século II, XV, 4-9). São Justino, por volta de 150, santo Ireneu, por volta de 180, aderem totalmente ao milenarismo, que, no final do século II e no começo do século seguinte, tem ainda os favores de Lactâncio. Em compensação, Santo Agostinho, que de início aceitara as teses milenaristas, denuncia-as em *A cidade de Deus* (cap. XX). Mais ou menos subterrâneas durante algumas centenas de anos, vemo-las aflorar novamente por ocasião das revoltas sociorreligiosas — as de Tanchelm e de Eudes de l'Étoile — que eclodem na Europa do norte e do noroeste no século XI e no começo do século XII. Mas são as obras do calabrês Joaquim de Flora († 1202) que relançam o milenarismo. Segundo ele, o mundo, após ter vivido sob o reino do Pai (Antigo Testamento), depois sob o do Filho (Novo Testamento), em 1260 entrará no reino do Espírito. Então, os monges governarão o universo e a humanidade se converterá à pobreza evangélica. Será o sabá, a era de repouso e de paz. O universo terá se tornado um mosteiro povoado de santos que celebrarão a glória do Senhor, e esse reino durará até o Juízo Final.

Essas pregações, piedosas e pacíficas na origem, constituíram entretanto fermentos de contestação. Os franciscanos "espirituais" que se valiam de Joaquim de Flora opuseram-se à riqueza e ao poder da Igreja e foram perseguidos pela hierarquia. Na Alemanha, nasceu e perdurou a crença de que Frederico II ia ressuscitar. Vingador das injustiças, ele seria o "imperador dos últimos dias". Diferenciaram-se assim ao longo das eras duas correntes milenaristas distintas. Uma, na qual se presta comumente mais atenção, optou pela violência. Os flagelantes revolucionários do século XIV, os extremistas de Tabor em 1420, os exaltados que seguiram Müntzer em 1525, os anabatistas fanáticos que tomaram o poder em Münster em 1534 eram, como vimos,[13] milenaristas que queriam a ferro e fogo apressar a chegada do reino de felicidade e igualdade sobre a terra. Seguindo seu rasto, encontram-se no século XVII, na Inglaterra de Cromwell, os "homens da Quinta Monarquia" e os *diggers* (ou *terrassiers*) de Winstanley, também eles convencidos de que era preciso apressar a chegada da última era do mundo durante a qual os santos reinariam com o Cristo retornado. Existiu no entanto outra corrente milenarista, mais diretamente fiel ao espírito de Joaquim de Flora, e que excluía as soluções de força. Para aqueles que a ela se ligavam, logo chegaria o tempo em que Cristo seria durante mil anos o rei de uma terra regenerada da qual o mal e o pecado teriam desaparecido. Após essa sequência de santidade e de paz, ocorreria o Juízo Final. Estudos recentes[14] demonstraram, contrariamente ao que se acreditou por muito tempo, que na Inglaterra dos anos 1560-1660 e mesmo entre 1640 e 1660, essa escatologia religiosa e pacífica, que se assemelhava à da primitiva Igreja, teve mais crédito na opinião geral do que os projetos revolucionários dos "homens da Quinta Monarquia". Estes não constituíram senão uma minoria de ativistas. As duas correntes milenaristas não desapareceram da civilização ocidental com a restauração da monarquia na Inglaterra. Do lado das esperas pacíficas, ainda hoje adventistas e testemunhas de Jeová continuam a aguardar a hora em que começarão os mil anos de paz durante os quais Satã será acorrentado.[15] Por sua vez, no século XIX a Itália e o Brasil conheceram violências messiânicas.[16]

Mas uma outra leitura dos textos relativos às últimas sequências da história dos homens conduzia ao temor do Juízo Final. Numerosas passagens das Escrituras anunciam com efeito essa hora temível, encontrando-se a principal em são Mateus (24-25):

> Imediatamente após a aflição desses dias, o sol escurecerá, a lua perderá seu brilho, as estrelas cairão do céu e as potências celestes serão abaladas. E então aparecerá no céu o sinal do Filho do homem, e todas as raças da terra baterão no peito; e ver-se-á o Filho do homem vir sobre as nuvens do céu com poder e grande glória [...]. Ele colocará as ovelhas à sua direita e os bodes à sua esquerda. Então o rei dirá aos da direita: "Vinde, abençoados de meu Pai, recebei como herança o reino que vos foi preparado desde a fundação do mundo [...]". Então ele dirá aos da esquerda: "Ide para longe de mim, malditos, no fogo eterno que foi preparado para o diabo e para os seus anjos" [...].

Essas passagens do evangelista inspiraram, mais do que todas as outras, a iconografia do Juízo Final nos tímpanos dos séculos XII-XIII. Ora, elas são corroboradas não só por textos paralelos de são Marcos (XII e XIII) e de são Lucas (XII), mas também por Isaías (XXIV-XXVII), por Ezequiel (1º, VIII, XXI, XXXVII: neste capítulo, são anunciadas a reunião dos ossos secos e a ressurreição da carne), por Daniel (II, VII, XII), por numerosos salmos, especialmente o salmo 50 próximo do capítulo 25 de são Mateus, pela Primeira Epístola aos Coríntios (XV,52), pela Primeira a Timóteo (IV,13-17) e afinal, é claro, pelo Apocalipse, cujos elementos complexos e mesmo contraditórios associam a promessa do *millenium* à profecia de um Juízo Final que não seria precedido por nenhum tempo prévio de paz na terra com o Cristo retornado. Da confluência dessas profecias[17] e dessas imagens formou-se uma representação cada vez mais enriquecida e continuamente mais trágica, à medida que nos aproximamos do século XIV, do drama derradeiro da história humana. Seus principais componentes são: os anjos cujas trombetas anunciam à terra cataclismos terrificantes; a aparição, sobre um arco-íris, do Juiz sentado em um trono resplandescente, com a espada na boca, cercado de animais fantásticos, de querubins, dos apóstolos e dos 24 sábios; a ressurreição da carne; o livro da vida e da morte; a separação dos eleitos e dos condenados, os primeiros entrando de manto branco na deslumbrante Jerusalém celeste, os demais precipitados nos tormentos do inferno.

O que caracteriza a partir do século XIV a iconografia e a literatura consagradas ao Juízo Final é o destaque dado: a) à variedade e ao caráter apavorante das provas que se abaterão sobre a humanidade — os quinze sinais do fim do mundo que Beda, o Venerável, dizia ter lido em são Jerônimo; b) à severidade do Deus justiceiro — ele provocava medo em Lutero e na maior parte dos cristãos conscientes de sua geração; em um Juízo Final de Lucas de Leiden, ele delega a Satã o cuidado de guardar o livro em que são inscritas as ações humanas (Museu de Leiden); c) à atrocidade dos tormentos infernais, ao passo que no século XIII os artistas, no mais das vezes, nos detinham no limiar do lugar dos suplícios. Ora, com suas dominantes trágicas, "nas catedrais das grandes cidades assim como nas capelas das aldeias alpestres mais afastadas, esse tema impressionante do Juízo Final difundiu-se por toda parte"[18] no século XV e no século XVI. Pois às obras grandiosas de Albi, de Orvieto (Luca Signorelli) e da Sistina, às composições de R. van der Weyden (em Beaune), de J. van Eyck (Museu de Leningrado) e de Memling (em Gdansk), ao célebre *Apocalipse* gravado por Dürer, correspondem doravante, disseminadas por toda parte, representações do Juízo Final que por seu número atestam a dimensão desse medo. J. Fournée, estudando os vitrais da catedral de Coutances consagrados a esse tema (segunda metade do século XV), compara-os a outras obras realizadas na Normandia sobre o mesmo assunto: três são dos séculos XII-XIII, seis do século XIV, seis do século XV, dezesseis do século XVI e uma do começo do século XVII.[19]

As duas grandes visões escatológicas que acabamos de distinguir — a do *millenium* e a do Juízo Final — revestem, ao menos em suas formulações mais categóricas, significações bem diferentes. Uma pode ser qualificada de otimista, já que deixa perceber no horizonte um longo período de paz no decorrer do qual Satã será acorrentado no inferno. A outra é de coloração bem mais sombria. Certamente, o Juízo Final situa definitivamente os eleitos no paraíso; mas quem pode dizer com antecedência que estará entre as ovelhas à direita do Soberano Juiz? Este se mostra duro e severo. O último dia da humanidade é bem o da cólera: *dies irae*. Segunda distinção essencial: a concepção do *millenium* tendeu a tingir-se, no Ocidente assim como entre os adeptos melanésios do *cargo*, de uma coloração materialista, no limite pouco cristã, em particular entre os quiliastas revolucionários. Durante os mil anos do reino dos santos, sofrimento, doença, miséria, desigualdade, exploração do homem pelo homem terão desaparecido da terra. Será o retorno à idade de ouro — eterna aspiração humana — que alguns, em Tabor ou em Münster, imaginaram como um autêntico paraíso. Esses elementos concretos não estão ausentes do milenarismo moderado do padre Vieira, jesuíta português que, no século XVII, promete a seu soberano o império do mundo.[20] Portugal nesse tempo é com efeito atravessado por correntes messiânicas que se baseiam nas mensagens inspiradas (as trovas) de um sapateiro do século XVI e que foram difundidas pelos monges de Alcobaça. No tempo da ocupação espanhola (1580-1640), recusa-se a acreditar na morte do rei Sebastião, desaparecido[21] na batalha de Alcácer Quibir (1578). Ele retornará para restituir glória e liberdade a seu povo. A revolução anticastelhana de 1640 exalta as esperanças milenaristas. Doravante, e incansavelmente ao longo de sua carreira, Vieira (1608-97) prediz aos sucessivos reis de seu país um destino fora de série. Cometas, tempestades e inundações parecem-lhe anunciar a passagem ao *millenium*, no decorrer do qual o papa e o soberano de Portugal governarão juntos um mundo pacificado, os turcos tendo sido vencidos e os judeus conduzidos à verdadeira fé. Ora, esse reino será a um só tempo espiritual e temporal. Também ele criará um paraíso, para maior proveito de Lisboa e de Portugal. Dirigindo-se a João IV, assegura-lhe que esse império bem-aventurado será constituído "para o aumento da fé, para a glória da Igreja, para a honra da nação portuguesa, para o crescimento dos bens da fortuna e para maior abundância dos bens da graça".[22] Em um outro texto, Vieira, situando-se com antecedência no tempo abençoado que profetiza, admira o desígnio divino que escolheu Lisboa como capital da terra regenerada: "O céu, a terra e o mar concorrem, nesse admirável sítio, para a grandeza universal do império e para a harmonia, também universal, dos súditos". Lisboa é "o sítio mais proporcionado e mais apto à destinação que lhe escolheu o Supremo Arquiteto: a construção desse alto edifício [o império do mundo]".

[A cidade] espera entre seus dois promontórios, que são como dois braços abertos, não os tributos de que o suave jugo desse império terá libertado os povos, mas a voluntária obediência de todas as nações que descobrirão sua solidariedade, mesmo com as populações ainda desconhecidas hoje e que então terão perdido a injúria desse nome.[23]

Vieira anunciou o começo desse tempo de felicidade para 1670, 1679 e 1700.

Opondo-se a esses sonhos encantadores, a representação do Juízo Final dirigia os corações e as imaginações para preocupações bem diferentes. Aqui o acento recaía no destino eterno das almas, na culpabilidade pessoal, na necessidade de ter de preferência seguido ao longo dos dias o exemplo e o ensinamento de Jesus à busca da felicidade terrestre. Em suma, do ponto de vista da hierarquia eclesiástica, a espera do *millenium* estava carregada de múltiplos desvios possíveis, suspeitos aos olhos do magistério (Vieira teve contas a ajustar com o Santo Ofício), e ela acompanhou efetivamente inúmeras heresias, ao passo que a última prestação de contas se revelava um meio pedagógico eficaz nas mãos da Igreja para reconduzir os cristãos ao bom caminho. Portanto, não foi por acaso que a escatologia que anunciava a iminência do Juízo Final foi difundida sobretudo por aqueles dentre os homens de Igreja que estavam mais tomados pela preocupação pastoral. Isso é verdade especialmente para os grandes Reformadores protestantes.

As divergências entre milenaristas e profetas de um Juízo Final próximo provinham especialmente de interpretações diferentes das visões de Daniel (2 e 7) relacionadas ao Apocalipse. Daniel anunciara as quedas sucessivas de quatro impérios — geralmente identificados em seguida pelos teólogos como o dos assírios, o dos persas, o dos gregos e o dos romanos. Um quinto reino devia sucedê-los, erguido pelo Deus do céu — reino que jamais seria destruído e não passaria a nenhum outro povo. Seria preciso identificá-lo ao *millenium* de são João, durante o qual Satã permaneceria acorrentado? Nesse caso, o Juízo Final ficava retardado para além desses mil anos de paz. Devia-se, ao contrário, considerar que o nascimento de Cristo marcara o início do *millenium*? — já não correspondendo este exatamente a 1 milhar de anos? Se sim, este doravante estava no fim — como provas, as desgraças dos tempos — e o Império Romano, prolongado no Sacro Império Romano-Germânico, logo iria desaparecer. A ruína do mundo aproximava-se portanto a grandes passos.[24]

Por mais reais que tenham sido essas distinções — a ponto de polêmicas oporem na Inglaterra do século XVII partidários e adversários de um entreato de mil anos de felicidade antes do Juízo Final[25] —, não constituíram, no entanto, barreiras rígidas. Havia passagens de um esquema escatológico ao outro: o que bem mostrou D. Weinstein a propósito de Savonarola.[26] Na primeira parte de sua carreira, isto é, antes de 1492, o futuro guia de Florença partilha com muitos de seus contemporâneos a convicção de que o fim do mundo está próximo. Em uma *canzone* que data sem dúvida de 1472, ele escreve:

> [...] *Talvez mesmo tenha chegado esse tempo*
> *Que faz tremer o inferno — o Dia do Juízo.*[27]

No ano em que entra para a ordem dos dominicanos (1475), ele redige um curto opúsculo, *De contemplu mundi*, em que se lê esta frase: "Ô vós que sois cegos, julgai hoje vosso próprio caso, julgai vós mesmos se o fim dos tempos não chegou!"[28] Nos sermões pronunciados em Florença em 1490 e 1491, prediz que os inumeráveis vícios da Igreja anunciam a proximidade do Juízo Final, enunciando dez razões para crer nesse prazo próximo.[29] Mas após 1492 e sobretudo a partir de 1494, ele passa progressivamente para o milenarismo que os *fraticelli* haviam difundido em Florença desde o século XIII. Sem dúvida, ele profetiza em primeiro lugar a vinda de Carlos VIII, ameaçando a cidade do Arno e a Itália inteira com grandes tribulações, se ela não se converter. Mas, tornando-se o chefe espiritual de Florença, promete-lhe paz, felicidade e prosperidade se doravante ela for fiel a seu rei, Cristo. Ela será então a nova Jerusalém, cumulada de riquezas:

> Do mesmo modo que o mundo foi renovado pelo dilúvio, Deus envia suas tribulações para renovar sua Igreja para aqueles que estiverem na arca [...]. E eis o que diz nosso salmo: "Cantai um canto novo ao Senhor". Ó vós a quem Deus escolheu, ó vós que estais na arca [os florentinos], cantai um canto novo porque Deus quer renovar sua Igreja!
>
> Estejas segura, Florença, de que se teus cidadãos possuem as virtudes que descrevi, abençoada serás tu, pois logo te tornarás essa Jerusalém celeste.
>
> Anuncio estas boas novas à cidade de Florença: ela será mais gloriosa, mais rica, mais poderosa do que nunca. Em primeiro lugar, gloriosa aos olhos de Deus assim como aos dos homens, pois tu, Florença, tu serás a reforma de toda a Itália; em ti começará a renovação que brilhará em todas as direções, pois é aqui que se encontra o coração da Itália. Teus conselhos reformarão tudo à luz da graça que Deus te concederá. Em segundo lugar, Florença, tuas riquezas serão incontáveis e Deus multiplicará tudo a teu favor. Em terceiro lugar, estenderás teu império e gozarás assim do poder temporal e do poder espiritual [...].[30]

Savonarola reencontrava assim a concepção milenarista tradicional, a uma só vez otimista e orientada, ao menos parcialmente, para os bens terrenos.

Na prática, nem sempre é fácil decidir, neste ou naquele caso particular, se nos encontramos em presença de um milenarismo ou da crença em um fim do mundo próximo. Pois se a eternidade bem-aventurada posterior ao Juízo Final foi descrita em termos de "novos céus" e de "nova terra", essas expressões convêm igualmente bem ao reino dos santos do *millenium*. Além disso, a expressão "último tempo" pode aplicar-se tanto à véspera do Juízo quanto ao período anterior à entrada no *millenium*. É provável que essas confusões existissem às vezes no espírito daqueles que estavam tomados pela espera escatológica, por exemplo, Cristóvão Colombo. Ele teve a convicção de ter sido eleito por Deus para levar o cristianismo aos povos pagãos de além-mar. E escreveu em uma carta datada de 1500: "Fui eu que Deus escolheu para seu mensageiro, mostrando-me de que lado se encontravam o novo céu e a terra nova de que o Senhor falara pela boca de são João em seu Apocalipse e de que Isaías fizera menção anteriormente".[31]

A descoberta da América e de uma humanidade até então desconhecida foi igualmente interpretada pelos religiosos recentemente desembarcados no Novo Mundo como o sinal ou de que o reino dos santos estava próximo (assim o julgará Vieira no século XVII), ou então de que o fim dos tempos já não tardaria. Pois, entre os textos relativos a este, figuram duas passagens dos Evangelhos de são Marcos e de são Mateus que colocam a conversão dos gentios justamente antes da parúsia: "Pois é preciso em primeiro lugar que a Boa Nova seja proclamada a todas as nações" (Marcos, XIV,10); "Essa Boa Nova do Reino será proclamada no mundo inteiro em testemunho diante de todos os povos. E então virá o fim" (Mateus, XXIV,14).

Qualquer que tenha sido seu conteúdo exato, a espera escatológica que motivava o zelo de muitos missionários desembarcados na América não deixa nenhuma dúvida. Soara a hora da última colheita. Importava, então, alegre e rapidamente, fazer entrar a massa dos índios no recinto protetor da Igreja. Que nobre missão a da Espanha e de Portugal! Quando Jesus retornasse, essas duas nações poderiam apresentar-lhe milhões de novos convertidos que o Soberano Juiz colocaria à sua direita.

Las Casas contudo via os acontecimentos próximos sob cores mais sombrias. Para ele, tendo os espanhóis se conduzido como maus cristãos no ultramar e, tendo "transplantado a espada ao mesmo tempo que a cruz", era preciso esperar que Deus se vingasse de um povo tão infiel.[32] Mas a América não seria então o lugar onde se expandiria a Igreja dos últimos tempos? Assim, para o defensor dos indígenas, a esperança escatológica encontrava-se associada à convicção de que a Espanha seria castigada.

Os "novos céus" e a "nova terra", que, segundo são Pedro, um dia devem acolher a humanidade quando ela estiver liberta do pecado e do infortúnio, navegaram portanto de um esquema apocalíptico ao outro, isto é, do *millenium* à descrição dos dias posteriores ao Juízo Final. Se se crê nas *Conversas à mesa*, Lutero, para quem o fim do mundo era iminente, imaginava o universo regenerado pela eternidade como uma espécie de paraíso: concepção muito concreta e próxima da dos quiliastas:

> [...] A terra não será nua, árida e desolada após o Juízo Final, pois são Pedro disse que esperamos uma nova terra onde habita a justiça. Deus, que criará uma nova terra e novos céus, ali colocará cãezinhos cuja pele será de ouro e cujos pelos serão de pedras preciosas. Não haverá mais animais carnívoros, nem bichos venenosos como as serpentes e os sapos, que se tornaram maléficos e nocivos por causa dos pecados da terra. Esses animais não só deixarão de nos ser nocivos como se tornarão amáveis, bonitos e carinhosos, a fim de que possamos brincar com eles.[33]

A partir daí, a espera do Juízo Final podia ser associada a um sentimento de libertação. As *Conversas à mesa* trazem esta outra palavra do Reformador:

> Ó meu Deus! não adies tua vinda; espero o dia em que renascerá a primavera, quando o dia e a noite têm igual duração, e em que haverá uma belíssima aurora. Mas eis quais são meus pensamentos, e quero pregar a esse respeito. Bem pouco tempo após a aurora, virá uma nuvem negra e espessa e três raios se farão ver, e um trovão se fará ouvir, e o céu e a terra cairão na maior confusão. Louvado seja Deus que nos ensinou que devíamos suspirar por esse dia e esperá-lo com impaciência! Durante o papado, o mundo inteiro não pensava nisso senão com pavor, como testemunha o hino que se cantava na igreja: *Dies irae, dies illa*. Espero que esse dia não esteja distante, e que o vejamos em nossa vida.[34]

Alguns anos após a morte de Lutero, vemos Bullinger, sucessor de Zwínglio em Zurique, consolar os protestantes exilados longe de seu país de origem anunciando-lhes o fim próximo do mundo:

> E mesmo dedico e consagro esta obra [os *Cem sermões sobre o Apocalipse*] a todos vós que estais dispersos por diversos povos e reinos, que sois os únicos consagrados ao Senhor Jesus o Filho de Deus, esperando sua vinda em juízo, no qual finalmente seremos por certo libertados de todas as opressões; e então será feita indubitavelmente essa restauração esperada por todos os tempos e repleta de toda felicidade, tão clara e firmemente prometida e fielmente anunciada tanto pelos profetas como pelos apóstolos.[35]

Na poesia protestante alemã contemporânea, das desgraças da Guerra dos Trinta Anos, o fim do mundo e o Juízo Final são frequentemente evocados como a libertação à qual aspiram as almas piedosas.[36]

"Vem, Senhor Jesus, vem!", escreve em 1639 B. Derschow, teólogo de Königsberg. "Põe um termo neste mundo mau. Reúne tuas criaturas. Toma-nos em tuas benditas mãos. Leva-nos todos juntos para a luz e para a felicidade eternas no lugar de tua alegria."[37]

Na mesma época, teólogos ingleses exprimem uma aspiração idêntica. O puritano R. Baxter escreve em *The saints everlasting rest* (1650):

"Apressa, ó meu Salvador, o tempo de teu retorno; envia teus anjos e faz ressoar as terrificantes e alegres trombetas". Em outra parte volta a mesma esperança: "Ó dia abençoado [...], aproxima-se esse dia de alegria e de bênção? Sim, chega a grandes passos, aquele que vem virá, ele não tardará".[38]

Alguns anos antes, R. Sibbes afirmara: "Devemos considerar como uma graça o segundo retorno glorioso de Cristo".[39]

Assim, as duas esperas escatológicas podiam ser fontes de esperança. Mas é certo que foram mais frequentemente causas de medo e que a imaginação se voltou sobretudo para as desgraças que deviam preceder tanto o *millenium* como o Juízo Final — ele próprio particularmente temível. Quer se esperasse um ou outro, era raro que não se concedesse um lugar importante ao Anticristo. Para alguns, sua chegada à terra era iminente. Para outros, ele já nascera. Essa figura sinistra não pertence ao Apocalipse, ainda que, ao constituir-se na imaginação coletiva, tenha sido progressivamente associada à "Babilônia, a grande, covil de demônios" e à "besta escarlate" evocada pelo Livro das Revelações. Em compensação, o Anticristo, seja como personagem individual, seja como personagem coletivo, vem das epístolas de são João e da Segunda Epístola de são Paulo aos tessalonicenses. A cristandade jamais falara tanto do Anticristo como a partir do Grande Cisma. Viveu-se na obsessão do "homem ímpio, do ser perdido, do adversário, aquele que se erguerá abaixo de tudo aquilo que leva o nome de Deus ou recebe um culto, chegando até a sentar-se em pessoa no santuário de Deus, promovendo a si mesmo como Deus" — assim o descrevia com antecedência são Paulo aos tessalonicenses.[40] A pregação — em particular os sermões de são Vicente Férrer e de Manfredo de Vercelli —, a difusão da *Legenda áurea*, que, no capítulo do advento, anuncia quais serão as imposturas do inimigo de Deus, o teatro religioso, as múltiplas *Vida do Anticristo* propagadas pela imprensa nascente, a pintura[41] e a gravura, graças a Signorelli e a Dürer, popularizaram o temor desse poderoso inimigo de Deus e dos homens. Com a ajuda do anti-judaísmo, tal pregador e tal *Vida do mau Anticristo* acreditaram poder assegurar que ele provavelmente nasceria — ou que já nascera — de um "debochado judeu abominável" que conheceu carnalmente a própria filha.[42] Outros, cada vez mais numerosos à medida que se ampliavam as polêmicas religiosas, identificaram o Anticristo com o inimigo que combatiam. Para Wyclif, João Huss e Savonarola, foi o papa. Para a cúria romana, foi Savonarola, depois Lutero. Para os extremistas que seguiam Müntzer, o Anticristo tinha dois rostos: o de Lutero e o do papa. Para Lutero também ele tinha dois nomes: o papa e o turco. Como, nessas condições, não se temeria, mesmo que se esperasse um *millenium* próximo, a ação do ser demoníaco que multiplicaria na terra mentiras, crimes e sacrilégios? O futuro imediato era portanto muito sombrio diante dos homens que foram sucessivamente contemporâneos de João Huss e, depois, da Reforma.

3. OS MEIOS DE DIFUSÃO DOS MEDOS ESCATOLÓGICOS

Se a obsessão do Anticristo e o medo do fim do mundo — apreensões de origem clerical — atingiram a partir de meados do século XIV camadas da população provavelmente muito mais amplas do que no ano mil, isso se deve não só às desgraças da época, mas também, e talvez sobretudo, aos meios de difusão desses terrores escatológicos. Pois o período que se estende entre a morte de Carlos Magno e o começo do século XI também tinha proporcionado à Europa uma pesada colheita de calamidade. Mas "o Ocidente do século X, essa região de florestas, tribos, feitiçaria, régulos" — assim o descreve G. Duby[43] — era demasiadamente rural, demasiadamente fragmentado, demasiadamente pouco instruído para ser permeável a intensas correntes de propaganda. Ao contrário, quatrocentos anos mais tarde, ele urbanizou-se e ao mesmo tempo sua elite letrada ampliou-se. Pregadores agora podem sacudir com vigor multidões citadinas e fazê-las passar, no tempo de um sermão, do medo à esperança, do pecado à contrição. As grandes angústias escatológicas não teriam podido marcar profundamente a mentalidade coletiva, em particular nas cidades, sem as grandes pregações populares às quais são Vicente Férrer, especialmente, deu um novo estilo no começo do século XV. Monges mendicantes deslocam-se doravante de uma cidade a outra, por vezes detendo-se por muito tempo em uma delas para ali fazer uma série completa de sermões. Esses nômades do apostolado exortam antes de tudo à penitência, anunciando castigos próximos. Algumas vezes são acompanhados ao longo de seu périplo por "penitentes", antigos ouvintes de ontem que querem prolongar sua cura espiritual e realizam, em consequência, uma espécie de peregrinação de expiação. Retracemos brevemente o itinerário de são Vicente Férrer. Partindo de Avignon em 1399, prega em primeiro lugar na Provença, na Savoia, em Dauphiné, no Piemonte, talvez na Lombardia. De 1409 a 1415, percorre Castela, Aragão e a Catalunha. Em 1416, volta à França, passa por Toulouse, atravessa o maciço central, as regiões do Loire, a Normandia e termina seu apostolado na Bretanha, onde morre em Vannes em 1419. Em vinte anos no total, calculava E. Delaruelle, Vicente "sulcou um território grande como uma vez e meia a França e pôde portanto atingir de uma maneira ou de outra vários milhões de ouvintes".[44] Ainda que essa estimativa seja um pouco otimista, pois se tratava sobretudo de uma pregação urbana — e as cidades muitas vezes só tinham uma população modesta — avalia-se por esse itinerário o impacto que pôde ter sobre a sensibilidade e a imaginação coletivas um dominicano convencido da iminência do Juízo Final. Ora, ele não foi senão um dos inúmeros pregadores que comoveram as multidões da Europa a partir do começo do século XV. Retenhamos, entre aqueles que insistiram nos prazos escatológicos, Manfredo de Vercelli, são João de Capistrano, o irmão Richard, que se consagrou ao serviço de Joana d'Arc, e — cuidemos de não omiti-los — Wyclif, João Huss e Savonarola. Wyclif, apesar do tédio que exalam para nós suas homilias, pretendeu-se pregador popular, e sua ideia de fundar "os sacerdotes pobres" é uma iniciativa comparável às missões itinerantes dos religiosos mendicantes. Quanto a João Huss e a Savonarola, sabe-se da ascendência que conquistaram sobre as populações de Praga e de Florença.

O teatro religioso contribuiu por sua vez para difundir o temor ao Anticristo e ao Juízo Final, porque as representações tinham lugar diante de multidões consideráveis e mobilizavam um número importante de atores. Um *Ludus de Antichristo* escrito no século XII era correntemente representado nos países de língua germânica trezentos anos mais tarde. Em Xanten, fez-se uma representação com grande pompa e com a participação de vários milhares de atores: "O que impressionou ao mais alto grau os assistentes".[45] Os acasos da documentação dão a conhecer grandiosas encenações do Juízo Final em Munique em 1518 e em Lucerna em 1549.[46] Na Alemanha do século XVI, continuou-se a escrever dramas escatológicos, como a *Tragédia do Juízo Final* redigida em 1558 pelo "mestre cantor" Hans Sachs, que aderira à Reforma.[47] Além disso — no império, é verdade, muito mais do que na França[48] —, os mistérios da Paixão comportavam muitas vezes como final uma evocação do Juízo Final: por exemplo, em Friburgo em 1599.[49]

A imprensa e a gravura desempenharam evidentemente grande papel na sensibilização do público à espera dos últimos dias. Antoine Vérard, que por volta de 1500 era o grande especialista das edições ilustradas em língua francesa e atingia um público extenso, possuindo duas lojas em Paris, um depósito em Tours e comerciando com a Inglaterra, não deixou de fazer figurar em suas publicações uma *Art de bien vivre et de bien mourir*, à qual devemos prestar atenção.[50] Era uma edição que comportava ilustrações ao mesmo tempo simples e chocantes que representam os quinze sinais anunciadores do fim do mundo. Esse tema iconográfico teve então grande sucesso. Reencontramo-lo nas margens dos livros de horas ou nos vitrais (na catedral de Angers). Toda a Alemanha conheceu também os quinze sinais pelas gravuras em madeira de um livro célebre chamado *Der Entkrist*.[51] As prensas difundiram em numerosos exemplares e em diversas línguas não só a *Vida do Anticristo*, mas também as *Revelações* de santa Brígida da Suécia, a *Legenda áurea* (que nos interessa aqui pelas páginas que consagra ao advento),[52] assim como as previsões alarmistas dos astrólogos. Só o *Prognosticon*, do eremita alsaciano Jean de Lichtenberger, não foi impresso menos de dez vezes na Alemanha entre 1480 e 1490. Baseando-se em uma nociva conjunção de Saturno e de Júpiter em 1484 e em um eclipse do sol em 1485, ele previa guerras, ruínas e outras desgraças; uns tantos anúncios do fim do mundo.[53] Os múltiplos prognósticos publicados em consequência dessa obra associaram, como o fazia Lichtenberger, "temor saturniano" — pois considerava-se Saturno um planeta nefasto — a profecias escatológicas. Em 1521, Lutero escreveu um prefácio para a tradução alemã do *Prognosticon*.[54] Sondagens entre os livreiros permitem avaliar aqui ou ali a importância da literatura que trata da fase derradeira da história humana. Há o catálogo de livros publicado por Georg Draudius em Frankfurt em 1625. Sob as rubricas "Juízo Final", "ressurreição dos mortos", "despertar dos mortos", "eras do mundo", "Revelações de são João", "Profecias de Daniel", enumeram-se 89 títulos de obras editadas desde 1551, das quais 35 entre 1601 e 1625.[55]

Lutero — logo voltarei a isso — acreditava na proximidade do Juízo Final. Ora, a imprensa deu tal difusão a suas obras que ele é certamente um dos que mais contribuíram para generalizar as angústias escatológicas, ao menos nos países que optaram pelo protestantismo. Calculou-se que entre 1517 e 1525 foram vendidas mais de 2 mil edições dos escritos do Reformador redigidos nesse intervalo.[56] Ora, ele só estava no começo de sua carreira. O sucesso de sua tradução da Bíblia foi enorme. Durante sua vida, conhecem-se 84 impressões originais e 253 feitas a partir delas. Ora, a Bíblia de Wittenberg, cuja primeira edição data de 1522, comportava uma cópia ligeiramente modificada do *Apocalipse* gravado por Dürer em 1498. Já a Bíblia de Colônia (1480) e a de Nuremberg (1483) eram ilustradas com figurações do *Apocalipse* que Dürer certamente teve sob os olhos. Mas esse visionário de 27 anos deu tal verdade a esse "mundo de metal sonoro onde ressoa o casco dos cavalos e o choque das espadas" (E. Mâle) que todas as representações posteriores do *Apocalipse* realizadas na Alemanha no decorrer do século XVI foram daí por diante cópias da de Dürer,[57] a começar por aquelas publicadas, desde 1523, por Burgkmair, Scheifelin e Holbein.[58] Também na França logo se conheceram as gravuras de Dürer, já que desde 1507 algumas delas foram reproduzidas nas margens das *Heures à l'usage de Rome*. Mas foi a série completa das ilustrações da Bíblia de Wittenberg que imitaram as Bíblias francesas publicadas em Anvers em 1530 e em Lyon em 1541 e 1553. E. Mâle descobriu, além disso, outras provas da difusão na França do *Apocalipse* de Dürer e demonstrou que essa iconografia célebre inspirara os artistas que realizaram no decorrer do século XVI os vitrais de Saint-Martin-des-Vignes em Troyes, de Granville e Chavanges em Aube, de Ferté-Milon em Aisne e da capela real de Vincennes. Vê-se também na catedral de Limoges, no túmulo de Jean de Langeac († 1541) um baixo-relevo em que estão representados os quatro cavaleiros armados com o arco, a espada, a balança e o tridente.[59] Impossível não reconhecer aí a influência de Dürer. Existe do mesmo modo um elo evidente entre o artista alemão e o reformado Jean Duvet, que publicou em 1561 o mais vigoroso *Apocalipse* feito por um artista francês.

Assim, de todas as maneiras — pela pregação, pelo teatro religioso, pelos cantos de Igreja também, pela imprensa, pela gravura e por toda espécie de imagens —, os ocidentais do início da Idade Moderna viram-se cercados pelas ameaças apocalípticas. H. Wölfflin teve razão de escrever, a propósito das obras de Dürer: "O sentimento do fim do mundo estava então no espírito de todos".[60] No mesmo espírito, um bom conhecedor da Alemanha do século XVI, J. Lebeau, escreve:

> As profecias apocalípticas [...] eram [...] inteiramente familiares aos contemporâneos. Essa época, que foi marcada por tantas descobertas e conquistas, jamais teve, por assim dizer, o sentimento de que via despontar a aurora de um tempo novo. Obsedada pela ideia fixa do declínio, do pecado e do Juízo, teve, ao contrário, a certeza de que era o ponto de chegada da história.[61]

4. PRIMEIRO TEMPO FORTE DOS MEDOS ESCATOLÓGICOS: O FIM DO SÉCULO XIV E O COMEÇO DO XV

Múltiplos indícios permitem datar da segunda metade do século XIV essa ascensão da angústia escatológica. Sua difusão a esse nível da diacronia se explica pela coincidência ou pela rápida sucessão das desgraças que já enumeramos: instalação em Avignon de um papado cada vez mais administrativo e ávido de ganho, Grande Cisma (encontrando-se todo europeu, então, excomungado por aqueles dois papas a quem não obedecia), reaparecimento desastroso da peste, Guerra dos Cem Anos, avanço turco etc. Galienne Francastel observa: "Em toda a Europa do século XIV [...], a ilustração do Apocalipse é um grande tema em moda. Começando como tantos outros, na escultura monumental francesa [...], estende-se progressivamente à miniatura, ao retábulo e ao afresco. Atinge seu apogeu de difusão no século XIV [...]".[62] O surgimento dessa iconografia em Veneza situa-se em 1394.⁶³ Do mesmo modo, P. Braunstein aponta a novidade do tema do Juízo Final na arte alemã do começo do século XV.⁶⁴ E parece-me certo, levando-se em conta a ação dos pregadores, que o temor do fim do mundo prevaleceu amplamente na época sobre a esperança de um *millenium* de felicidade, que foi antes o apanágio de minorias ativistas.

João XXII, pontífice em Avignon de 1316 a 1334, inimigo de Luís da Baviera e dos franciscanos "espirituais", fustigado por Marsílio de Pádua no *Defensor pacis* e contra o qual se ergueu um antipapa de 1323 a 1330, já fora qualificado de Anticristo. Esse tipo de acusação volta com uma insistência nova no tempo do Grande Cisma (1378-1417), cada campo acusando o outro de ter o Anticristo como chefe. Seja, por exemplo, Mathias de Janos, cônego de Praga, de quem João Huss será discípulo. Ele desenvolve e dá a conhecer uma verdadeira tipologia do Anticristo, negativo, traço por traço, do Redentor e que não podia ser senão um mau pastor insinuado entre os cristãos, exercendo a autoridade religiosa suprema, gozando das riquezas da terra e utilizando impudentemente — e para o mal — os bens próprios a Jesus Cristo: as Escrituras e os sacramentos. Esse odioso hipócrita, essa mentira encarnada, esse veneno injetado pelo demônio no sangue da Igreja, era o papa fraudulento, Clemente VII, que ousara erguer-se contra Urbano VI, pontífice verdadeiro e apostólico.⁶⁵ João Huss por sua vez fala frequentemente do Anticristo, e de duas maneiras. Ora descreve-o em termos gerais como aquele que "aplana o caminho do mal", personagem supraterrestre, invisível, mas onipresente, lutando contra o bem e utilizando múltiplos servidores que são, por sua vez, outros tantos anticristos. Ora, ao contrário, fornece uma designação precisa. Trata-se então de João XXII, qualificado de *praecipuus Antechristus* do momento, porque "o furor, a infâmia e a vergonha do Anticristo irrompem nele".⁶⁶ Mas, graças às discórdias da Igreja, alguns espíritos categóricos foram mais longe. Em Praga mesmo, no final do século XIV e no começo do XV, Jakoubek e Nicolas de

Dresden haviam popularizado a ideia de que o Anticristo era o papa como tal.[67] Essa foi também a afirmação de Wyclif que, de início favorável a Urbano VI, acusou em seguida o papa de Roma de ser um Anticristo tal como seu adversário de Avignon. Um e outro, dizia ele, eram "como dois cães sobre um osso". A Igreja hierárquica tornara-se a sinagoga de Satã; a eleição papal era uma invenção diabólica; as excomunhões efetuadas por um papa e pelos bispos não eram senão censuras do Anticristo.[68]

Tais acusações lançadas e repetidas de uma ponta a outra do Ocidente — e cada vez mais frequentemente em língua vulgar — não podiam senão manter uma atmosfera de fim do mundo, reforçadas pelas pregações isentas de toda heresia de um Manfredo de Vercelli ou de um são Vicente Férrer. O primeiro, um dominicano que pregou em toda a Itália no começo do século XV, estava tão convencido da iminência do Juízo Final que levava as mulheres a separarem-se definitivamente dos maridos para encontrarem-se sem vínculo no advento do Senhor.[69] Ele teve um adversário na pessoa do franciscano são Bernardino de Siena, que também percorria a península esforçando-se em apaziguar os espíritos e que constatava com pavor: "Estamos invadidos até a náusea por profecias anunciando o advento do Anticristo, os sinais do Juízo próximo e a reforma da Igreja".[70] Mas, nesses tempos conturbados, para um pregador de sangue-frio, quantos exaltados! são Vicente Férrer, outro dominicano cujo zelo e influência mencionamos, anunciava incansavelmente que o Juízo Final teria lugar *"cito, bene cito ac valde breviter"* ("logo, sem tardar, em muito pouco tempo"). Tal era sua fórmula favorita. Em dez sermões, sete tinham como tema o Juízo Final.[71] Iluminado por uma visão que tivera em Avignon no início de seu apostolado, ele se convenceu de ser o anjo anunciado no capítulo XIV do Apocalipse, voando no meio do céu, levando o evangelho eterno a todas as nações e gritando em voz alta: "Temei a Deus e glorificai-o, pois eis aqui a hora de seu juízo". Milagres o confirmaram nessa missão, em particular o de Salamanca. Ele mal acaba de dizer à multidão: "Eu mesmo sou aquele anjo visto por são João", passa o cortejo fúnebre de uma mulher que ia ser enterrada. O profeta interpela a morta, ordena-lhe que se levante e que diga em voz alta se ele é o anjo do Apocalipse encarregado de anunciar o Juízo Final. A morta se ergue, proclama que ele é esse anjo, depois volta a ser cadáver.[72] Desse modo, o pregador podia declarar com segurança a seus ouvintes: "Quanto à própria vinda do Anticristo e ao fim do mundo próximo e em prazo muito breve, prego-os como certos e sem temor de erro, dignando-se o Senhor a confirmar minha palavra por meio de milagres".[73] E porque são Paulo, na Epístola aos Romanos (XI,25-32), prediz a conversão de Israel antes do fim dos tempos, são Vicente Férrer esforçava-se muito especialmente em atingir os judeus com seus sermões e em trazê-los para a comunidade da Igreja, mesmo que precisasse aconselhar aos cristãos que rompessem todo contato com aqueles que se obstinavam em seus erros.[74]

É necessário insistir no papel que os judeus parecem ter desempenhado na ascensão dos temores e das esperanças apocalípticas que viveram nessa época as populações ocidentais. Cada vez mais perseguidos a partir da peste negra, vítimas de pogroms, invejados pelo povo miúdo, apontados à vindita das multidões por pregadores fanáticos, eles chegaram a esperar a vinda próxima do Anticristo — o turco —, que vingaria Israel oprimido e faria das igrejas cristãs "estábulos para os animais".[75] Mas, por outro lado, certo número de judeus espanhóis se converteu sinceramente ao cristianismo e alguns se tornaram até membros influentes da Igreja. Nada de surpreendente no fato de que tenham levado com eles uma tradição messiânica profundamente enraizada na alma de seu povo, reforçando assim a atmosfera apocalíptica que se adensava então na Europa.[76]

5. SEGUNDO TEMPO FORTE: A ÉPOCA DA REFORMA

Ter-se-ia produzido um apaziguamento relativo dessas angústias no decorrer do século XV enquanto se extinguia a Guerra dos Cem Anos, afastavam-se as lembranças do exílio de Avignon e do Grande Cisma e acalmava-se a febre conciliar? Se sim, os novos progressos dos turcos, os pontificados escandalosos de Inocêncio VIII (1484-92) e de Alexandre VI (1492-1503) e a convicção difundida em toda parte de que a hierarquia eclesiástica chafurdava cada vez mais na corrupção teriam provocado, no final do século XV, um revigoramento — duradouro — das obsessões escatológicas.

Elas invadem, com efeito, a Itália da Renascença e encontram sua mais eloquente expressão nos sermões de Savonarola. Desaparecido o profeta, discípulos ou imitadores retomam, numa Florença inquieta e numa Itália a cada dia mais pervertida, os temas e os anúncios de sua pregação. No decorrer dos anos 1498-1515, o artesão Bernardino e os *unti* (os "ungidos") que o seguem, o frei franciscano Francesco de Montepulciano que atrai multidões imensas quando prega na catedral ou em Santa Croce, o filho de comerciante Francesco da Meleto prendem a atenção da cidade do lis predizendo-lhe perturbações próximas. Seguramente, algumas dessas profecias conservam o otimismo milenarista pelo qual Savonarola acabara por optar. Percebe-se seu eco em várias obras de Botticelli, em particular em uma crucificação pintada em 1502.[77] Florença está aí representada em três tempos — aqueles que Savonarola anunciara: à esquerda, a cidade sofre o castigo divino; no centro, figurada por Maria Madalena, arrepende-se aos pés da cruz; à direita, está banhada na luz da revelação enquanto Roma permanece no setor onde grassa a cólera do Soberano Juiz. O milenarismo (em sua versão mais espiritualista e joaquimista) irrompe mais ainda nas obras de Francesco da Meleto redigidas por volta de 1513. Os judeus, assegura ele, converter-se-ão em 1517. Então começará a última revelação dos mistérios das Escrituras, e o Altíssimo escolherá para realizá-la "um homem simples, para melhor provar sua magnificência". A Nova Era começará entre 1530 e 1540, ocorrendo, nesse intervalo, a conversão dos muçulmanos. Essa década marcará o fim do quinto estado da Igreja. No início do sexto, a trombeta tocará o advento do Messias, e a conversão universal "pela qual o mundo inteiro viverá sob um único pastor".[78]

Mas outras previsões contemporâneas das precedentes são muito mais sombrias. Frei Francesco, que prega o advento em 1513 em Santa Croce, suplica aos florentinos que ponham termo a suas discórdias, pois a vingança se aproxima:

> Haverá sangue por toda parte. Haverá sangue nas ruas, sangue no rio; as pessoas navegarão em ondas de sangue, lagos de sangue, rios de sangue [...]. Dois milhões de demônios estão soltos no céu [...] porque mais mal foi cometido ao longo destes últimos dezoito anos do que no decorrer dos 5 mil anteriores.[79]

Talvez Florença fosse poupada se se arrependesse; mas ela já não deve esperar novos profetas, a não ser falsas testemunhas de Cristo. Três sinais anunciarão a próxima vinda do Anticristo: a queda do rei da França, a de Frederico de Aragão e um novo cisma na Igreja com a instalação de um antipapa pelo imperador. Roma sofrerá os piores tormentos.

Mantendo a perturbação nos espíritos, comportando — explícita ou implicitamente — a crítica da hierarquia eclesiástica, essas previsões inquietaram as autoridades e especialmente os Médici agora no poder em Florença e em Roma, já que haviam voltado à primeira cidade em 1512 e haviam colocado na segunda um dos seus, Leão X, no trono pontifical, no ano seguinte. Em sua décima primeira sessão (em 19 de dezembro de 1516), o V Concílio de Latrão, dirigindo-se aos pregadores, proibiu-os de anunciar datas precisas para a chegada do Anticristo ou para o Juízo Final. No ano seguinte, o concílio provincial de Florença, reunido sob a presidência do arcebispo da cidade, um outro Médici (o futuro Clemente VII), reiterou essas proibições aplicando-as especialmente ao caso florentino. Mas D. Cantimori teve razão em mostrar que essas precauções só se dirigiam àqueles que antecipavam um calendário muito rigoroso dos prazos apocalípticos.[80] Pois no V Concílio de Latrão, muitos padres, a começar por Egídio de Viterbo, estavam convencidos de que a plenitude dos tempos era iminente, até mesmo começava a realizar-se. Mas se recusavam a acreditar em arriscadas previsões datadas.

O nascimento da Reforma Protestante será mal compreendido se não o situarmos na atmosfera de fim do mundo que reinava então na Europa e especialmente na Alemanha. Se Lutero e seus discípulos houvessem acreditado na sobrevivência da Igreja romana, se não tivessem se sentido acossados pela iminência do desfecho final, sem dúvida teriam sido menos intransigentes em relação ao papado; mas para eles nenhuma dúvida era possível: os papas da época eram encarnações sucessivas do Anticristo. Dando-lhes esse nome coletivo, não imaginavam utilizar um slogan publicitário, e sim identificar uma situação histórica precisa. Se o Anticristo reinava em Roma, a história humana aproximava-se de seu termo. Lutero foi possuído pela obsessão do último dia. O franciscano da Turíngia Jean Hilten em 1485 profetizava a ruína do papado para 1514-6, a destruição de Roma para 1524 e a do mundo para 1651. Ora, Lutero estava em Eisenach quando Hilten ali morreu por volta de 1500 e por vezes referiu-se a ele.[81] Em 1520, o Reformador exclama: "O último dia está às portas".[82] Em 1530, no momento em que se agrava a ameaça turca, ele afirma na epístola dedicatória que precede sua tradução do livro de Daniel: "Tudo está consumado, o Império Romano está no fim de seu curso e o turco no topo, a glória do papado está reduzida a nada e o mundo desmorona por todos os lados".[83] Reencontramos as mesmas advertências em seu *Prefácio ao Apocalipse*.[84] Quanto às *Conversas à mesa*, dão-

-nos inúmeros testemunhos sobre os pressentimentos escatológicos de Lutero:

> Um outro dia, o dr. Martinho disse muitas coisas referentes ao Juízo Final e ao fim do mundo, pois havia seis meses vinha sendo atormentado por sonhos horríveis e apavorantes a respeito do último dia. É possível, disse ele, que não esteja distante, e as Escrituras estão aí para no-lo fazer crer. O que resta de tempo ao mundo, se o comparamos aos tempos que já transcorreram, não é mais largo que a mão; é uma pequena maçã, a única que se prende ainda debilmente à árvore e que está prestes a cair. Os impérios entre os quais Daniel viu o mundo dividido, os babilônios, os persas, os gregos, os romanos não existem mais. O papa conservou alguns restos do Império Romano: é o último fecho do Apocalipse; ele vai romper-se. Ocorrem no céu muitos sinais que ali vemos muito bem e que anunciam que o fim do mundo não está distante. Na terra, ocupamo-nos com ardor em plantar, em construir, em acumular tesouros; todas as artes se desenvolvem, como se o mundo quisesse rejuvenescer-se e recomeçar. Espero que Deus ponha fim a tudo isso. [Então mestre Leonard disse:] Os matemáticos e os astrólogos pretendem que, no quadragésimo ano [1540], as conjunções dos planetas anunciem grandes acontecimentos. — Sim, respondeu mestre Martinho, isso pode durar alguns anos, mas nossos descendentes verão a realização das Escrituras, e talvez sejamos nós as suas testemunhas.[85]

Interrogado uma outra vez sobre o mesmo assunto, o Reformador respondeu: "O mundo não durará muito tempo; talvez ainda, se Deus o permitir, uma centena de anos".[86] A enorme popularidade de Lutero na Alemanha não deixou de reforçar a convicção, já amplamente difundida, de que o fim do mundo se aproximava. A pregação protestante retomou incansavelmente as advertências do dr. Martinho. Em 1562, um pastor dirigiu a seu rebanho um discurso muito significativo a esse respeito que, em suma, dizia: o que foi profetizado pelo novo Elias, pelo novo são Paulo deve necessariamente se realizar. Só os papistas, os ímpios e os sodomitas podem duvidar disso. O que significam tantos prodígios dos quais jamais se ouvira falar antes, senão que Jesus "virá muito proximamente para julgar e punir"?[87]

Sobre o papel desempenhado por Lutero na difusão da espera escatológica, há um testemunho indireto esclarecedor. Ele provém de um pregador católico, Georges Wizel, que foi também um autor de cânticos. Desde 1536, reprovou a pedagogia aterrorizante do Reformador:

> Lutero acreditou que, lançando o pavor nas almas, as atrairia mais facilmente para sua nova doutrina e foi por isso que falou tanto do Juízo Final e do advento do Anticristo [...]. Se o vento sopra, se a tempestade agita o mar, é o anúncio evidente do Juízo Final, do advento próximo de Jesus Cristo!
>
> Ora, tudo o que Lutero escreve é lido com avidez, é recebido com fé, com veneração, como mensagens trazidas por um enviado celeste.[88]

Contudo, a afirmação de G. Wizel é simplista. Evidentemente, Lutero não é o único responsável pela eclosão na Alemanha das angústias escatológicas. Pois Melanchthon, o *praeceptor germaniae*, não é menos categórico que o dr. Martinho. Ele fala dos "perigosos últimos dias", do "Cristo cujo retorno está agora ao alcance da mão" e que "vai voltar logo". "A santa Escritura", diz ele ainda, "nos fornece claramente esse consolo e essa advertência de que o último dia deve chegar logo, após a destruição do Império alemão."[89] Melanchthon exprime suas visões sobre o fim do mundo em dois prefácios, de 1532 e 1558, à *La chronique* de Jean Carion († 1537), astrólogo, historiógrafo e conselheiro na corte de Brandemburgo. Baseando-se nas profecias de Daniel e na sucessão das quatro monarquias, Carion considera, como Melanchthon, que a história humana chega a seu termo. A mesma opinião é formulada por Sleidan em seu célebre tratado de título significativo, *De quattuor summis imperiis* (1556):

> Visto, portanto, que estes tempos presentes são muito miseráveis e calamitosos, esse profeta [Daniel] deve ser ouvido cuidadosamente, o qual prega a nós outros que nascemos no fim do mundo, e é preciso contemplá-lo até o fundo, a fim de que nestes males presentes estejamos munidos como de uma muralha e solidificados de certas consolações contra as ondas e tempestades que nos ameaçam.[90]

Ora, a obra de Sleidan e *La chronique* de Carion constituíram manuais cuja difusão foi considerável na Alemanha e em outros países.[91] Do mesmo modo, as conjeturas do teólogo luterano A. Osiander *Sobre os últimos tempos e o fim do mundo* (1545) tiveram sucesso internacional.

Também fora da Alemanha o tempo da Reforma é acompanhado de um reforço dos temores e das esperanças apocalípticas. Lefèvre d'Etaples considera que se chegou aos "últimos tempos da fé", daquela fé em que as multidões se comprimem em torno do evangelho, como faziam no dia da multiplicação dos pães para escutar o Messias. "Pois eles tinham vindo de longe para ouvir sua palavra. Assim será no último tempo da fé, do qual estamos, como creio, muito próximos."[92] Em compensação, as obras de Calvino podem parecer menos penetradas por preocupações escatológicas. No entanto, também ele declara que a vinda de Cristo está doravante ao alcance da mão.[93] E, para Calvino, assim como para Lutero, o papa é o Anticristo e Roma a nova Babilônia. Recolocadas no contexto da época, essas fórmulas não têm ambiguidade. Significam que Calvino, em sua luta obstinada contra as superstições, considerava-se um dos profetas dos últimos dias. De resto, ele se encontrava em um ambiente em que adversários e amigos pensavam em termos de fim do mundo. Entre seus adversários, é preciso citar especialmente Michel Servet. Em sua *Restitutio christianismi*, o médico espanhol esforçava-se em provar, baseando-se no Apocalipse, que o combate entre o papa-Anticristo e a Grande Prostituta entrava em sua fase derradeira. O segundo advento de Cristo ia pôr termo a essa desolação do mundo e da Igreja que vinha desde que Constantino "se fizera monge" e que o papa Silvestre "se tornara rei de Roma". O fim do mundo pecador seria a "recuperação" do verdadeiro cristianismo.[94] Do lado dos amigos de Calvino, eis então Pierre Viret († 1571), que pregou na Suíça, depois no Languedoc. Em uma obra curiosa em forma de diálogos, *Le monde à l'empire et le monde démoniacle*, ele dizia ao leitor:

> O mundo chega a seu fim. [...]. É como um homem que prolonga a morte o quanto pode. Agora, portanto, provê a tua casa [...], renuncia à corrupção [...] e, tendo posto de lado em algum lugar tuas contemplações que te são tão desagradáveis, apressa-te em deixar este mundo. Pois outras piores calamidades ocorrerão do que as que vistes ocorrer.[95]

Bullinger († 1575), que governou durante longos anos a Igreja de Zurique, mesmo recusando-se a adiantar uma data, também considerava que a plenitude dos tempos estava quase realizada:

> Estimo que agora está bem claro pela muito evidente doutrina de Nosso Senhor Jesus Cristo, pelas respostas não ambíguas dos santíssimos profetas de Deus e pela evidente interpretação dos apóstolos de elite de Cristo, finalmente pela notória conferência das coisas (as quais em parte, segundo os testemunhos das histórias verdadeiras, já se cumpriram, em parte se cumprem diariamente sob nossos olhos) que as profecias dos últimos tempos já se cumpriram e, por isso, que o dia do Senhor está próximo [...].[96]

Assim, a Reforma Protestante foi oriunda, em certa medida, de uma profunda fermentação escatológica e, em seguida, contribuiu para aumentá-la. Parece-me que essa "espera de Deus" foi particularmente forte na Alemanha do século XVI, na qual, em clima de ansiedade, as conjunções de planetas em 1524 e 1525 criaram um pânico coletivo, alarmando Lutero e Dürer. Mas vimos que em outras partes também a inquietação foi grande. Se até hoje não se prestou a isso atenção suficiente, foi porque o demasiadamente vago e vasto termo *Renascença* continua, pelas imagens que veicula, a nos ocultar uma realidade que foi muitas vezes sombria. Pois foi em plena "Renascença" que Signorelli descreveu em Orvieto os malefícios do Anticristo (que tem os traços de Savonarola)[97] e Michelangelo pintou o dramático Juízo Final, da Sistina. Foi em plena "Renascença" que o V Concílio de Latrão e o Concílio de Florença tentaram frear a multiplicação das profecias apocalípticas na península. Na Espanha, o "pulular místico" que marcou a época de Cisneros († 1517) foi acompanhado de inúmeros anúncios escatológicos.[98] Na França, as imagens do Juízo Final invadiram as igrejas. E, ainda nesse país, pode-se considerar representativo de um sentimento amplamente difundido (ao menos entre os clérigos) o *Livre de l'estat et mutation des temps* publicado em 1550 por um cônego de Langres. Aí ele declarava: "Agora portanto digo que estamos no momento e nos aproximamos da futura renovação do mundo, ou de grande alteração ou de sua aniquilação [...]".[99]

Na Rússia, igualmente, o temor do fim do mundo parece ter aumentado nos séculos XV e XVI.[100] Adquiriu-se então o hábito de representar um Juízo Final na parede do fundo das igrejas. O fiel não podia deixar de perceber ali a balança do Juiz e o inferno em preto e vermelho, de onde surge uma serpente gigante. No outro extremo do universo cristão, pode-se ver ainda em nossos dias um Juízo Final que os monges agostinianos pintaram em afresco na segunda metade do século XVI nas paredes de seu convento de Cuitzeo, no México: ubiquidade de uma temível espera.

6. UM DEUS VINGADOR E UM MUNDO ENVELHECIDO

A extraordinária importância atribuída na época ao tema do Juízo Final e aos cataclismos que deviam precedê-lo (ou permitir a passagem ao *millenium*) explica-se por uma teologia do Deus terrível, reforçada pelas desgraças em cadeia que se abateram sobre o Ocidente a partir da peste negra. A ideia de que a divindade pune os homens culpados é sem dúvida tão velha quanto a civilização. Mas está particularmente presente no discurso religioso do Antigo Testamento. Os homens de Igreja, aguilhoados por acontecimentos trágicos, estiveram mais do que nunca inclinados a isolá-la nos textos sagrados e a apresentá-la às multidões inquietas como a explicação última que não se pode colocar em dúvida. De modo que a relação entre crime e castigo divino — já neste mundo — tornou-se uma evidência para a mentalidade ocidental. Quase não há tratados sobre a peste ou relatos de epidemias (como ainda a respeito da epidemia de Marselha em 1720) que não a destaquem. O arcebispo de Toledo, Carranza, e o cirurgião A. Paré utilizam-na igualmente para dar conta do aparecimento da sífilis.

> Há duas causas da sífilis [escreve o cirurgião francês] a primeira vem por uma qualidade, específica e oculta, a qual não está sujeita a nenhuma demonstração; pode-se contudo atribuí-la à ira de Deus, que permitiu que essa doença caísse sobre o gênero humano para refrear sua lascívia e desregrada concupiscência. A segunda é por ter companhia de homem ou de mulher que tenha a dita doença.[101]

Ao lado da peste, as fomes, as guerras, até mesmo a invasão dos lobos eram sempre interpretadas pela Igreja, e mais geralmente pelos guias da opinião, como punições divinas: flechas aceradas enviadas do Céu sobre uma humanidade pecadora. Foi assim que Savonarola apresentou aos florentinos os primeiros episódios das guerras da Itália. Textos, muito oficiais, de tratados de paz falam a mesma linguagem.

Lê-se no preâmbulo do tratado de Cateau-Cambrésis (1559): "[...] seja notório que, após tantas e tão duras guerras, com que aprouve a Deus [...] visitar e castigar os povos, reinos e súditos [de Henrique II e de Filipe II] [...], finalmente sua divina bondade dignou-se voltar seu olho de piedade para as pobres criaturas".[102] Do mesmo modo, o texto da paz de Ambroise, de 1563, que termina na França a primeira guerra religiosa, declara em seu preâmbulo: "[...] A malícia dos tempos quis, e Nosso Senhor também por seu juízo desconhecido (provocado, é preciso crê-lo, por nossas faltas e pecados), soltar a rédea dos tumultos [...]".[103]

Na época da grande repressão da feitiçaria (século XVI e começo do XVII), teólogos e juristas ensinaram que Deus utiliza demônios e feiticeiros como executantes de sua justiça.

"Assim como Deus", escreve Jean Bodin, "envia as pestes, as guerras e as fomes por intermédio dos espíritos malignos, executores de sua Justiça, assim faz ele com feiticeiros e principalmente quando o nome de Deus é blasfemado, como é hoje em toda parte, e com tal impunidade e licença que as crianças fazem disso ofício."[104]

É portanto da natureza de Deus, porque é justo, vingar-se. *O martelo das feiticeiras*, baseando-se em um texto temível de Santo Agostinho, explica que Deus autoriza o pecado porque conserva o poder de punir os homens "para vingar-se do mal e para a beleza do universo [...] a fim de que jamais a vergonha da falta seja sem a beleza da vingança".[105] Em toda a tragédia francesa de Jodelle a Corneille (mas poderíamos igualmente tomar exemplos em outras literaturas da época), volta com insistência o tema da vingança e especialmente o da vingança divina. Na época dos massacres das guerras religiosas, como não se teria imaginado Deus segundo o modelo do homem em cólera? Pôde-se escrever que "em grande parte, a noção de vingança celeste domina a tragédia didática — e, acrescentaria, a poesia — do reinado de Henrique IV".[106] Para Agrippa d'Aubigné, o

Justo Juiz proporciona e ajusta já neste mundo a punição ao crime (*Les tragiques*, VI, versos 1075-9):

> *O irritado contra Deus é atingido de cólera;*
> *Os glorificados de orgulho são abatidos de piolhos;*
> *Deus abate de pavor o fanfarrão temerário,*
> *De fogo o incendiário, de sangue o sanguinário.*

Tal opinião prevalece amplamente na época como o provam ainda — entre muitos testemunhos que se poderiam lançar neste dossiê — as *Histoires prodigieuses* de Pierre Boaistuau (1560). Esse erudito esforça-se, no entanto, em exercer o espírito crítico e recusa-se a crer que toda desgraça provém do pecado. Mas, tratando-se das criaturas monstruosas, não deixa de afirmar:

> É bem certo que no mais das vezes essas criaturas monstruosas procedem do juízo, justiça, castigo e maldição de Deus, o qual permite que os pais e mães produzam tais abominações no horror de seu pecado, porque eles se precipitam indiferentemente como animais brutos para onde seu apetite os guia sem observância de tempo, de lugar ou outras leis ordenadas pela natureza.[107]

Contudo, reina também a ideia de que Deus por muito tempo deu provas de paciência. Ele era o cordeiro pronto para o perdão. Pensava apenas na "ajuda" de sua Igreja, "e não na vingança" — assim se exprime ainda o poeta dos *Tragiques*.[108] Mas esse período agora está findo e, enquanto se anunciam "os últimos tempos e mais rudes dias/ Ele caminha para a vingança e não mais para o auxílio".[109] Já era esse o sentimento de Eustache Deschamps, contemporâneo entristecido do Grande Cisma, da Guerra dos Cem Anos e da loucura de Carlos VI: não via à sua volta senão luxúria, orgulho, cobiça, ausência de justiça e de temor a Deus. Uma situação tão escandalosa não podia mais durar:

> [...] *Chega o tempo em que o Deus da natureza,*
> *Que mais não pode sofrer coisa tal,*
> *Enviará a toda criatura*
> *Lágrimas de sangue e vingança cruel* [...].
> *Não espero mais que o Grande Juiz tolere,*
> *Mas destruirá toda coisa mortal*
> *E a cada um que faz injúria dará*
> *Lágrimas de sangue e vingança cruel.*[110]

Se Deus não se vingasse, seria ainda digno de seu augusto nome? Não seria ele um "títere"? Essa é a pergunta feita por Lutero em sua *Exortação à prece contra o turco*, redigida em 1541, em um momento em que a ameaça otomana sobre a Europa se fazia particularmente pesada. Para o Reformador, que raciocina como Eustache Deschamps, o mundo cristão acumulou tantos pecados (no pensamento de Lutero, trata-se sobretudo das superstições e idolatrias), desprezou tanto a divina palavra que o Todo-Poderoso não poderá doravante permanecer por muito tempo de braços cruzados diante de tanta insolência. Está em jogo a sua reputação. Pode-se então legitimamente conjeturar a próxima destruição de um mundo empedernido no pecado:

> Com o tempo, como [Deus] poderia tolerar isso? É preciso que em definitivo ele salve e proteja a verdade e a justiça, que castigue o mal e os maus, os blasfemadores venenosos e os tiranos. Senão, perderia sua divindade e, afinal, não seria mais considerado um Deus por ninguém se cada um fizesse sem tréguas aquilo que tem vontade e desprezasse sem pudor e tão vergonhosamente Deus, sua Palavra e seus mandamentos, como se ele fosse um louco ou um títere que não atribuísse nenhuma seriedade às suas ameaças e às suas ordens [...]. E em tal estado de coisas não tenho outro conforto nem outra esperança senão de que o último dia é iminente. Pois as coisas chegaram a um extremo tal que Deus não poderá tolerá-lo mais.[111]

Lutero vai ao encontro, assim, sem se dar conta, de uma concepção da honra (divina) que se assemelha àquela que, no plano humano, motivou os incontáveis duelos da Renascença. Há ofensas que Deus não pode deixar passar sem perder o prestígio. Tal documento nos reintroduz de maneira inesperada — como poderiam fazê-lo de outro modo as *Novelas* de Bandello, e as peças de Shakespeare — no interior de um universo da vingança muito pouco cristianizado em que o Deus de amor se encontra ele próprio preso na armadilha.

Sim, trata-se mesmo de uma armadilha. Pois aqueles que difundem os medos apocalípticos creem de boa-fé que é o Todo-Poderoso quem vai enfim fazer justiça. Mas não se dão conta de que são eles que aspiram a uma vingança de que Deus não será senão o executor. Esse processo psicológico, percebemo-lo com nitidez graças a um estudo de W. Frijhoff sobre as Províncias Unidas dos Países Baixos dos séculos XVII e XVIII.[112] Nessa república, muito menos tolerante religiosamente do que muitas vezes se diz, católicos e protestantes vivem então lado a lado em uma atmosfera de tensão e suspeita recíproca. Tal clima favorece a circulação de toda espécie de brochuras, panfletos e pasquins repletos das mais diversas previsões. W. Frijhoff enumerou 161 para o período 1540-1600, 563 para o conjunto do século XVII, 89 para o século XVIII. Uma categorização mais fina permite isolar as profecias apocalípticas no interior de cada período: quatro de 1540 a 1600, 119 de 1661 a 1700, treze de 1701 a 1800. Notar-se-á de passagem sua proliferação no século XVII: período de tensão máxima, nas Províncias Unidas, entre as duas fés rivais. Assim aparece com toda a clareza uma relação entre previsões — especialmente escatológicas — e presença, diante de uma comunidade, de uma outra comunidade hostil. Os cataclismos que se esperam atingirão o grupo contrário e desembocarão na vitória daquele a que se pertence. No caso, aqueles que espreitam — esperando-o — a vinda do Grande Dia são os católicos. Pois nesse Estado protestante eles só podem praticar seu culto de maneira semiclandestina; são oprimidos de diferentes modos, excluídos de muitos cargos públicos e do benefício da assistência. Aspiram então a uma vingança: ou aquela que o cataclismo final realizará, ou então simplesmente aquela de que determinado soberano, o rei da França ou o imperador — sempre um *deus ex machina* situado fora das fronteiras —, far-se-á o instrumento providencial. Ora, certas datas fora do comum do calendário parecem, em razão mesmo de sua singularidade, dever trazer esses desfechos sensacionais: por exemplo, a coincidência entre o Corpus Christi e o dia de são João Batista, que se produziu em 1666 — ano da besta do Apocalipse — e em 1734. Conhecemos, pelo diário de um padre católico, o que se passou em Goes, na Zelândia, à aproximação do 24 de junho de 1734. Almanaques vindos de Amsterdã profetizavam grandes desgraças para esse momento, considerando-se as conjunções planetárias. Os imigrantes temporários da Vestfália também anunciavam acontecimentos inauditos. Daí a inquietação dos protestantes de Goes. Nos dias que precedem a festa de são João, o magistrado ordena uma busca de armas nas casas dos católicos. Na noite de 22 para 23 de junho, o alarme aumenta e as autoridades decidem que as portas da cidade ficarão fechadas por dois dias. Ora, 23 é dia de feira. Os camponeses das redondezas que chegam com seus produtos não podem entrar e voltam para casa espalhando nos campos por que passam boatos alarmistas: um exército católico chega de Flandres, os escabinos de Goes serão massacrados, o templo da cidade será destruído por uma explosão (pólvora e "relojoaria" já estão preparadas); desde já se assegura que os católicos destruíram testamentos de protestantes. Desse modo, no campo, certo número de casas pertencentes a católicos é atacado por reformados em alarme. Mas, finalmente, o 24 de junho se passa sem se produzir a restauração católica anunciada, e a calma retorna, até o próximo alerta. Profecia e pânico estão portanto vinculados ao medo de outrem e à esperança de vingança de um grupo oprimido.

Com variantes, esse modelo explicativo pode ser generalizado. Aqueles que aspiram ao *millenium* e querem apressar seu advento, assim como aqueles que predizem o fim do mundo, têm em vista a destruição de um ou de vários inimigos. A coisa é evidente quando se trata dos taboritas, de Müntzer ou de João de Leiden. Mas é verdade também para são Vicente Férrer, Savonarola ou Lutero — e, na continuação do Reformador, para todos os profetas protestantes. Eles esperam, anunciam e desejam a destruição de um mundo pecador e empedernido contra o qual partiram em guerra e no qual reina o Anticristo — sendo este o papa, para Savonarola e Lutero. Assim, nas profecias cataclísmicas os homens exprimem sua esperança de vingança por intermédio de Deus.

Ligada a um segundo plano inconsciente de desforra, a profecia é além disso inseparável, ao menos na época de que tratamos, de certa maneira de representar o tempo. Essa representação é complexa e comporta elementos sob certos aspectos heterogêneos uns em relação aos outros, e a noção de ciclo interfere na de um vetor dirigido para a consumação dos séculos. O ciclo anual faz retornarem com data fixa condições que só se repetem uma vez por ano. Assim, é preciso não esquecer a fogueira de são João se se quer aproveitar as proteções que traz. Certas coincidências só têm lugar uma vez por século. Como o Corpus Christi em 24 de junho. Um encontro tão excepcional não pode deixar, em virtude da lei mágica de similaridade, de produzir acontecimentos também eles excepcionais e que são anunciados previamente. Contudo, essas previsões têm algo de reiterativo, pois se repetem sob uma forma ou outra a cada aproximação da coincidência entre as duas festas: o que se verificou nas Províncias Unidas em 1666 e em 1734. Esperavam-se igualmente fatos incomuns para a Páscoa quando sua celebração caía na primeira ou na última data possível (acarretando neste último caso a coincidência são João-Corpus Christi), momentos verdadeiramente críticos do ciclo anual.[113]

Mas a essa concepção circular se superpõe, especialmente nas camadas mais cultivadas da sociedade, uma noção pessimista do tempo. Para os europeus do começo da Idade Moderna, ele pouco se abre para as alegrias terrenas. Não incita aos projetos. Não se encaminha para um progresso material (ou espiritual) neste mundo. É, ao contrário, o velho ameaçador dos *Triunfos* de Petrarca. A Renascença assimilou-o progressivamente ao sinistro Saturno, o destruidor a uma só vez terrível e decrépito, que se apoia em muletas mas se arma da foice, devora uma criança e firma o pé sobre uma ampulheta. Esse demônio temível não é senão outra imagem da morte. Sem dúvida, "ele nutre", mas também "aniquila tudo o que existe".[114] No plano moral, é o revelador da verdade por ser quem desmascara os valores ilusórios. Volta-se então a seu poder destruidor, sobre o qual a Renascença insistiu incansavelmente, transmitindo essa passagem ao período barroco. Mas, se o tempo é constantemente representado como velho, é porque essa imagem é produzida por uma humanidade que se sabe e se sente velha. Para os cristãos dos séculos XIV-XVII parece evidente, independentemente mesmo dos signos anunciadores do fim do mundo apresentados pelos acontecimentos contemporâneos, que o essencial da história humana já passou. O tempo se aproxima de seu termo. Ora, os anos não trouxeram sabedoria à humanidade. Gerson a compara a um velho delirante tomado por toda espécie de fantasias, sonhos e ilusões e a considera perto de seu fim. Desse modo, ela sai diminuída fisicamente da prova dos séculos.[115]

Pierre Viret, na obra já citada, *Le monde à l'empire*..., afirma: "Quanto mais o mundo envelhece, mais a estatura e a idade dos homens diminui, e sua força corporal se debilita".[116] Esse texto não é isolado. Ao contrário, junta-se a uma visão muito amplamente difundida da cronologia que situava em alguma parte do passado uma espécie de idade de ouro e concebia a sucessão dos séculos como uma progressiva degenerescência moral — mas também física — do universo. Para Nicolas de Clamanges, que escrevia no começo do século XV, quando os padres faziam seu trabalho de pastor, tudo ia bem na terra, materialmente falando: "As cidades e aldeias eram mais povoadas; os estábulos estavam cheios de gado que se mantinha com força. As árvores pendiam de abundância de frutos, os campos estavam cobertos de trigo [...]. Os homens viviam longamente".[117]

Na apologética protestante francesa do século XVII, volta o tema do esgotamento da natureza e da degradação corporal da humanidade. Du Moulin assegura que ela diminui[118] e Pacard explica:

> Podemos também observar que as partes do ano não fazem mais seu dever, como se dissolvem, a terra se cansa, as montanhas não dão mais tanta abundância de metais, a idade do homem diminui dia a dia e não apenas a virtude e força da natureza, mas também a piedade e a honestidade; de tal modo que podemos dizer que o mundo está em seu declínio e aproxima-se de seu fim.[119]

Outros apologistas reformados da época — Pollot e Cappel especialmente — retomam essa lamentação. Ora, não é surpreendente que piedade e honestidade decresçam ao mesmo tempo que a força física. Envelhecer é apegar-se cada vez mais às coisas da terra e, portanto, perder de vista as do céu. Viret estabelece esse elo lógico:

> O mundo está em seu fim. E, portanto, já é como um homem que prolonga a morte o quanto pode. Por causa disso seu entendimento e seu coração estão inteiramente entretidos e entregues às coisas mortas, isto é, às coisas terrenas, que são como coisas mortas em comparação às coisas celestes [...], quanto mais os homens se aproximam de seu sepulcro, mais são cobiçosos dos bens terrenos que não são senão terra como eles. E desse modo, quanto menos deles têm necessidade, mais os desejam.[120]

Assim, à medida que a humanidade se distancia da juventude e da idade madura, "todas as virtudes envelhecem" ao mesmo tempo que ela e "todos os vícios ganham maior vigor", como se essa fosse a lei inelutável da decrepitude. Não nos espantemos, então, se "o século está mergulhado em trevas" e se "aqueles que o habitam não têm luz". Enfim, nos últimos tempos, esperemos as maiores desgraças, pois que a raça humana, tornada débil de corpo e de alma, será impotente diante delas: "[...] Outras calamidades ocorrerão que não as que viste ocorrer. Porque quanto mais o século se fizer mais fraco por velhice, tanto mais serão os males multiplicados sobre aqueles que nele habitam. Pois a verdade cada vez mais recua, e mentira se aproxima".[121]

Pierre Viret escreve em outra parte, no mesmo espírito: "Dei-me conta desse mundo que vejo como um velho edifício arruinado, do qual a areia, a argamassa e as pedras e sempre alguma pequena porção de muralha caem pouco a pouco. O que mais podemos nós esperar de tal edifício senão uma ruína súbita, até mesmo à hora em que nisso menos se pensará?"[122]

Tal era a concepção do tempo mais correntemente aceita pelos intelectuais da época. Como não teriam percebido uma correspondência não fortuita entre os sintomas — evidentes para eles — do envelhecimento da humanidade e os sinais anunciadores do fim do mundo profetizados pela Bíblia? Esses dois discursos sobre o destino global do universo se correspondiam e se reforçavam mutuamente. Porque o mundo era velho, tudo ia mal e logo iria ainda pior. E quando guerras, crimes, pestes e fomes acrescentavam-se à corrupção e às discórdias da Igreja, ao esfriamento da caridade, à multiplicação dos falsos profetas, ao surgimento — já efetivo ou iminente — do Anticristo, podia-se duvidar da morte próxima de um mundo a uma só vez decrépito e pecador? Ou ele ia dar lugar, após dramáticas convulsões, a um paraíso terrestre que duraria mil anos — era a esperança dos quiliastas, ou então — hipótese mais provável — ia desabar aos pés do Grande Justiceiro descido do céu para a suprema prestação de contas.

7. A ARITMÉTICA DAS PROFECIAS

Muitos daqueles que anunciavam o próximo fim dos tempos ou a iminência da passagem ao *millenium* baseavam-se nas cifras de que os textos bíblicos são pródigos. Daniel (2 e 7) anuncia que quatro impérios precederão aquele que "jamais será destruído" e que, sob o quarto soberano, os santos serão perseguidos durante "um tempo, tempos e um meio-tempo". Essa última cronologia reaparece no Apocalipse onde está dito (12) que a Mulher, mãe do Filho salvador, será perseguida pelo dragão e alimentada no deserto por "um tempo, tempos e um meio-tempo". Daniel assegura também (12I) que "a abominação da desolação durará 1290 dias". O Apocalipse anuncia, além disso, que os pagãos pisotearão a cidade santa "durante 42 meses" e que as duas testemunhas do Senhor profetizarão durante 1260 dias" (11). A Besta satânica tem por número 666 (13). Enfim, acorrentado na prisão do inferno, o demônio sairá de seu covil ao fim de "mil anos" (20). Teólogos, matemáticos e astrólogos trabalharam incansavelmente sobre esses dados numéricos que eram recolocados em um quadro cronológico global cujo esquema mais simples era este: o mundo vivera 2 mil anos entre a criação e a lei, depois outros 2 mil anos sob o reino da lei. O do Messias teria por sua vez uma duração de 2 mil anos.[123] Alguns, no entanto, como Cristóvão Colombo, chegavam a uma soma de 7 mil anos. Pois, aos seis dias da criação — base do cálculo anterior —, acrescentavam um sétimo correspondente ao descanso de Deus. Alguns, enfim, levavam a audácia ao ponto de ultrapassar um pouco a barreira dos 7 mil anos. Inúmeros contudo eram aqueles que, pondo em dúvida uma divisão demasiadamente igual entre as diferentes frações históricas, esforçavam-se em calcular mais finamente o tempo que transcorrera entre a aurora do mundo e o nascimento de Jesus. Segundo o *De Antichristo* de Malvenda, o leque dos cálculos — muito numerosos, esclarece ele — sobre esse espaço cronológico estendia-se de 6310 anos (estimativa excepcional) a 3760. Mercator chegava a 3928, Jansenius a 3970, Bellarmino a 3984.[124] A despeito desses pequenos desacordos, ninguém teria imaginado uma cronologia longa como a que se tornou familiar a nós. Ao contrário, encerrava-se a história da terra em uma duração breve e, levando-se em conta o tempo já decorrido, não se podia mais creditar doravante à humanidade um número considerável de anos por vir. Cristóvão Colombo, em 1501, raciocinava assim:

> Desde a criação do mundo ou de Adão até o advento de Nosso Senhor Jesus Cristo houve 5343 anos com 318 dias, segundo o cálculo do rei dom Afonso,[125] que parece ser o mais seguro [...]. Se a isso se acrescentam 1501, com um pouco menos, isso dá 6845 anos menos alguns meses. Por essa conta não faltam mais do que 155 anos até o cumprimento dos 7 mil anos, no curso dos quais [...] o mundo deverá acabar.[126]

Assim, uns tantos raciocínios e cálculos, umas tantas avaliações diferentes, mas todas pouco generosas, do tempo que resta transcorrer antes da entrada no *millenium* ou antes do fim do mundo. Nicolas de Cusa, no século XV, prevê o fim do mundo para o trigésimo quarto jubileu após Jesus Cristo, portanto para 1700. Lutero, como vimos, hesita, mas sob a perspectiva de um horizonte cronológico estreito: sua geração verá o cumprimento das Escrituras, ou então a seguinte. Ou, se Deus o permitir, talvez a humanidade tenha ainda cem anos pela frente? Ele não vai além.[127] Viret fornece, por sua vez, uma quantificação pesada de ameaças:

> O século perdeu sua juventude e o tempo declina para a velhice. O século foi dividido em doze partes, e as dez partes com a metade da décima parte [é preciso ler: a décima primeira] já passaram. Não resta mais do que aquilo que está após a metade da décima parte [ele quer dizer a décima primeira].[128]

Claramente, esse cálculo significa que 21/24 do tempo concedido à humanidade já passaram. Mais nitidamente, seu contemporâneo, o cônego de Langres, R. Roussat, que escreve em 1548, avalia em 243 anos a margem que separa "a data da compilação deste presente tratado" da "futura renovação deste mundo, ou de grandes alterações, ou de sua aniquilação".[129] Muito logicamente, ele convida os "senhores edificadores de palácios, torres, castelos e outros singulares e potentes edifícios" a levar em conta tal cálculo: para quê, doravante, erguer construções que, em tempo comum, teriam desafiado os séculos, mas não resistirão ao cataclismo final agora próximo? Para a humanidade, a estação de construir passou. É chegada a hora do arrependimento.

Eis aqui, entre muitas que se poderia ainda citar, outra previsão com cifras datadas de 1609 pelo senhor de Penières-Varin. Sua obra, *Advertissement à tous chrestiens sur le grand et espouventafle advenement de l'Antichrist et fin du monde*, é dedicada ao cardeal de Joyeuse, arcebispo de Rouen, primaz da Normandia e par de França, e aparece com as melhores autorizações eclesiásticas. Do mesmo modo que vários sofisticados calculadores de seu tempo, ele assegura que o dilúvio teve lugar no ano 1656 após a criação do mundo. Portanto, o início do reino do Anticristo ("esse miserável reino que cobrirá a terra de um mar de dores e de desolações") começará em 1656 após Jesus Cristo.[130] Mas seu nascimento se situará em 1626, pois existe uma necessária simetria entre a vida de Jesus e a de seu inimigo. Ainda por essa razão, seu império desabará em 1660; o fim do mundo propriamente dito acontecerá evidentemente em 1666, já que o número 666 é mencionado expressamente no Apocalipse.[131]

Mencionamos anteriormente, seguindo E. Labrouse,[132] o pavor provocado na Europa pelo eclipse solar de 1654, explicando esse pânico precisamente pela importância atribuída à data de 1656, especialmente pelos teólogos e prognosticadores protestantes. Com efeito, desse lado da barreira confessional a Bíblia hebraica é que era considerada canônica para o Antigo Testamento. Ora, ela anuncia o dilúvio para o ano 1656 da criação, ao passo que ele se encontra anunciado para 2242 ou

2262 se se adota a cronologia dos Setenta.[133]* Nos países e nos meios que optaram pela Reforma, inúmeros foram os opúsculos e os sermões que anunciaram para 1656 o dilúvio de fogo que ia consumir a terra. Os dois eclipses, de 1652 e 1654, acumulando seus efeitos, não podiam deixar de produzir um resultado tão assustador. Mas a espera angustiada dessa iminente catástrofe atravessou as fronteiras religiosas e políticas e, num país como a França, atingiu também meios católicos.

Em pleno século XVIII permaneciam portanto vivas na Europa a preocupação com o Anticristo e a espera do fim dos tempos (ou da passagem ao *millenium*). Para John Napier o principal interesse dos logaritmos, dos quais foi o inventor, era facilitar os cálculos relativos ao "número da Besta" indicado no Apocalipse.[134] Segundo ele, 1639 marcava o começo da desagregação do "império anticristão" — a Igreja romana. Os cinquenta ou sessenta anos seguintes veriam os formidáveis acontecimentos dos derradeiros tempos, situando-se o dia do Juízo Final em 1688 (baseando-se no Apocalipse), seja em 1700 (segundo Daniel).[135] Semelhantes cálculos eram correntes na Inglaterra e na América inglesa de antes de 1660. O pastor Thomas Parker anunciou o fim do mundo para 1649, o presbiteriano legitimista Ed. Hall para 1650 ("ou nos doze meses seguintes"), Th. Brightman e T. Goodwin — dois teólogos que contribuíram para popularizar para além da Mancha as profecias de Daniel e do Apocalipse — para 1690, 1695 ou 1700.[136] Assim, não só as previsões de Napier tiveram ampla difusão na Inglaterra da época, mas ainda outras pessoas eminentes interessaram-se então pelos prazos escatológicos. Entre elas, encontram-se, por exemplo, William Waller, futuro general dos exércitos do Parlamento, John Pym, um dos líderes deste, Cromwell, evidentemente, John Lilburne, o chefe dos "igualitários", Gerard Winstanley, inspirador da seita dos *diggers* (ou *terrassiers*), Henry Oldenbourg, secretário da Royal Society, e o

---

* Os setenta (ou setenta e dois) tradutores da Bíblia em grego. (N. T.)

próprio grande Isaac Newton:[137] lista não exaustiva e no entanto singularmente impressionante.

8. GEOGRAFIA DOS MEDOS ESCATOLÓGICOS

Na segunda metade do século XVI e na primeira parte do XVII, parece que o temor do Anticristo e das catástrofes que deviam acompanhar seu reino, anteriormente difundido por toda a cristandade, permaneceu mais forte em terra protestante do que em país católico. Mencionamos mais acima o catálogo do livreiro Georg Draudis editado em Frankfurt em 1625: das 89 obras escatológicas em alemão que ali figuram, uma única havia sido redigida por um católico; 68 eram devidas a autores luteranos, vinte a calvinistas.[138] Em 1610, o reformado Nicolas Vignier podia fazer uma lista de 28 autores protestantes, originários de dez países diferentes, que haviam proclamado que o Anticristo era o papa. Entre esses autores, um dos mais notáveis é sem dúvida L. Daneau, que publicou em Genebra, em 1576, um *Tractatus de Antichristo*, traduzido para o francês no ano seguinte. Essa obra é o resultado de várias décadas de reflexões protestantes sobre os textos escatológicos. Ele afirma categoricamente e com muitos argumentos que se pretendem racionais que o Anticristo já se manifestou na história, que seu reino começou no século XII e agora chega a seu fim. Trata-se evidentemente do papado, cuja ruína final se situará no decorrer do século XVII.[139] Na lista que organizou, Vignier, muito modestamente, não se incluiu. No entanto, havia escrito um volume de 692 páginas sobre *L'Antéchrist romain opposé à l'Antéchrist juif du cardinal Ballarmine.. et autres* (1604).[140] Mais conhecida do que esse livro é a não menos vasta obra de Duplessis-Mornay, *Le mystère d'iniquité, c'est-à-dire l'histoire de la papauté* (1611), que foi especialmente traduzido em inglês e conquistou para além da Mancha uma bela popularidade.[141]

O Anticristo é o papa, afirma Duplessis-Mornay:

É preciso que o chame pelo nome? Ele não fala o bastante por si mesmo? e não parece que Satã teve prazer, empenhando-se em fazer ver ao mundo uma obra-prima de sua habilidade [como punição] de nossa cegueira, em nos lançar este homem ao palco? Por quanto tempo, tão expressamente, tão claramente o Espírito de Deus soberano, pela boca de seus profetas e apóstolos, nos advertiu da vinda do Anticristo, de suas qualidades, de seus feitos, de seus comportamentos, de sua sede, de seu hábito e de sua conduta?[142]

Pode-se explicar facilmente a continuação, ou até mesmo a acentuação dos temores e das esperanças escatológicas na mentalidade protestante no final do século XVI e na primeira parte do século XVII. Na Alemanha, a Guerra dos Trinta Anos teria podido transformar-se — e por um momento transformou-se — em vantagem dos Habsburgo, cuja política e cujos exércitos ameaçavam evidentemente a Reforma. Na França, os protestantes, apenas parcialmente tranquilizados pelo Edito de Nantes, tinham motivo para temer a contraofensiva católica. Então, o protestantismo, na defensiva, agarrava-se mais do que nunca à acusação tradicional — o papa é o Anticristo — e à convicção de que o fim do mundo (ou para alguns a passagem ao *millenium*) daria um fim aos sucessos momentâneos do inimigo de Deus.

Também para além da Mancha, a religião oficial sentia-se cercada de perigos ao mesmo tempo do exterior (a *Invencível Armada*, de 1588) e do interior (a Conspiração da Pólvora, de 1605). Na Inglaterra dos anos 1560-1660, teria sido malvisto não identificar pontífice romano e Anticristo, Igreja católica e "Grande Prostituta". Um puritano inglês constatava, não sem ironia, em 1631: "Aquele que pode jurar que o papa é o Anticristo e que se deve comer carne na sexta-feira é protestante".[143] Na biblioteca que o erudito Lazarus Seaman deixou ao morrer (1676), cinquenta obras em 6630 eram livros sobre o Anticristo, a maior parte em latim, publicados entre 1570 e 1656.[144] O

350

protestantismo, implantando-se na Inglaterra e na Escócia, carregou com ele a literatura apocalíptica do continente e reforçou as inquietações escatológicas. Traduziu-se para o inglês a partir de 1548 as *Conjectures* de Osiander *Sur les derniers temps et la fin du monde* e a partir de 1561 *Les cent sermons sur l'Apocalypse*, de Bullinger. Esse clima de espera explica Latimer, escrevendo de sua prisão de Oxford, em 1555, aos "amigos sinceros da verdade divina", lhes ter anunciado o dia "em que nosso Cristo virá em sua glória: o que, estou certo, não tardará".[145]

Milenarismos radical e moderado e crença em um fim iminente do mundo somaram-se na Inglaterra do final do século XVI e da primeira metade do XVII para criar ali uma atmosfera saturada de escatologia. Porque até aqui insistimos sobretudo no milenarismo, talvez seja preciso sublinhar quão frequente foi o anúncio do último dia e do grande Juízo. Um soberano como Jaime I, autor de uma *Meditação* sobre o Apocalipse (1588), e poetas como W. Alexander, G. Wither, J. Doone e, é claro, J. Milton deram sua contribuição à literatura escatológica.[146] O *Doomsday*, de W. Alexander (1614), não contém menos de 1400 estrofes que descrevem com muitos detalhes as "doze horas" do dia do Juízo. Para esse poeta-homem de Estado — era amigo de Jaime I — os sinais prenunciadores da catástrofe final são claramente visíveis:

> Correm boatos de guerra, o Evangelho é pregado em toda parte, alguns judeus se convertem, o Anticristo se dá a conhecer, os diabos estão furiosos, o vício reina, o zelo esfria, a fé enfraquece, as estrelas caem. Toda espécie de pestes fizeram soar a última trombeta: e por meio de sinais prodigiosos vê-se claramente que eles anunciam a aproximação do Filho do homem.[147]

O discurso poético apoiava portanto as afirmações dos teólogos — Th. Adams, J. Mede, R. Maton, B. Duppa (um bispo) etc. — que falavam incessantemente do "último tempo", da "última hora", dos "últimos dias do último tempo". A comparação que Th. Adams estabelecia com o escoamento das estações é particularmente forte e reveladora:

> Eis-nos caídos na profundeza do inverno. A primavera passou; o verão teve sua estação; o outono deu seus frutos. Agora o inverno sacudiu e derrubou as folhas e não nos deixou senão árvores nuas, despojadas e estéreis. O último mês do grande ano do mundo chegou para nós. Estamos em pleno dezembro.[148]

Na época da guerra civil, a queda do trono e a multiplicação das seitas na Inglaterra pareceram a muitos teólogos pessimistas as provas definitivas de que o demônio estava solto e o retorno de Cristo já não podia tardar.[149]

Ao contrário do que se passava na Inglaterra e na Alemanha, é manifesto, a despeito dos revigoramentos de medo como o de 1654, que a Reforma Católica provocou um refluxo das angústias e das esperas apocalípticas. Uma vez que a propaganda protestante apontava incansavelmente o papa como o Anticristo e a Igreja romana como a "besta" do Apocalipse, a resposta do adversário não podia senão lançar a dúvida sobre essas afirmações demasiadamente peremptórias, ou até mesmo tornar ridículo um catastrofismo permanente que via em qualquer prodígio um sinal precursor do fim do mundo. O pregador católico Georges Wizel, anteriormente citado, deu desde 1536 o tom da réplica:

> Se os raios brilham com um clarão desusado na Silésia, está ali um milagre? O vento do norte desloca os telhados de uma cidade, é a prova de que o Senhor desce do céu e vem julgar-nos? Encontrou-se em uma floresta um monte de carvões acesos; a terra tremeu, o trovão estrondeou, uma nuvem muito espessa planou sobre a cidade; mas é raro que tais fatos se produzam? Em Breslau, uma torre desabou; vede que prodígio! Na Silésia, uma mulher não deu à luz

em condições normais, mas como ver em tal fato o sinal do advento do Senhor?[150]

Em suma, a propaganda protestante utilizou o quanto pôde contra a Igreja romana os diferentes textos apocalípticos das Escrituras, sob o risco de traumatizar ainda mais populações que já tinham bastante tendência a ver nos eclipses, nos cometas e nas conjunções astrais os sinais anunciadores de formidáveis desgraças. Em contrapartida, o catolicismo regenerado — aliás cada vez menos identificável com a religião do Anticristo — só podia acalmar medos que o adversário utilizava contra ele. Significativo da contraofensiva católica a esse respeito é o livro pitoresco, truculento e violento do ex-protestante Florimon de Raemond, intitulado *Antéchrist* (1597). Esse alto magistrado de boa nobreza sai em guerra contra as previsões fantasistas de seus adversários: "Todos os dias vemos escritos saírem da loja profetizando essa ruína papal, e de toda a papamania [palavras deles]. São pessoas que perderam tanto óleo sobre o Apocalipse e Daniel [...]. É ali que encontram a ruína infalível de seu Anticristo, o banimento do catolicismo da França, e mil outras fantasias".[151]

Para Fl. de Raemond, o Anticristo certamente virá, mas ainda não teria aparecido na terra. E, quando afinal ele se manifestar, os protestantes estarão entre suas primeiras vítimas; pois não o reconhecerão, já que o identificaram erradamente com o papado. Enganaram-se de Anticristo.

De Malvenda a Bossuet, os teólogos romanos esforçaram-se desse tempo em diante em mostrar, baseando-se nos evangelistas e no livro XX de *A cidade de Deus*, que nenhum cálculo permite conhecer antecipadamente a data do último advento.[152] Fato importante e revelador: a Itália, que na época da Renascença fora atormentada por grandes angústias escatológicas, esqueceu-as desde que a recuperação religiosa ali se fez sentir após o Concílio de Trento. Desse modo, a Igreja católica insistiu daí por diante muito mais no juízo particular do que no Juízo Final.

7. SATÃ

1. ASCENSÃO DO SATANISMO

A emergência da modernidade em nossa Europa ocidental foi acompanhada de um inacreditável medo do diabo. A Renascença herdava seguramente conceitos e imagens demoníacos que haviam se definido e multiplicado no decorrer da Idade Média. Mas conferiu-lhes uma coerência, um relevo e uma difusão jamais atingidos anteriormente.

Satã pouco aparecia na arte cristã primitiva, e os afrescos das catacumbas tinham-no ignorado. Uma de suas mais antigas figurações, nas paredes da igreja de Baouït no Egito (século VI), o representa sob os traços de um anjo, decaído, sem dúvida, e com unhas recurvas, mas sem feiúra e com um sorriso um pouco irônico. Irresistível sedutor nas páginas iluminadas da Bíblia de são Gregório de Nazianzeno (Biblioteca Nacional, entre os séculos VI e IX), herói abatido nas decorações de certas igrejas orientais da mesma época, Lúcifer, outrora criatura preferida de Deus, ainda não é um monstro repulsivo.[1]

Em compensação, os séculos XI e XII veem produzir-se, ao menos no Ocidente, a primeira grande "explosão diabólica" (J. Le Goff) ilustrando para nós o Satã de olhos vermelhos, de cabelos e asas de fogo do *Apocalypse*, de Saint-Sever, o diabo devorador de homens de Saint-Pierre-de-Chauvigny,[2] os demônios imensos de Autun, as criaturas infernais que, em Vézelay, Moissac ou Saint-Benoît-sur-Loire, tentam, possuem ou torturam os humanos. Assimilado pelo código feudal a um vassalo desleal, Satã faz então sua grande entrada em nossa civilização. Anteriormente abstrato e teológico, ei-lo que se concretiza e reveste nas paredes e nos capitéis das igrejas toda espécie de formas humanas e animais. Estabeleceu-se uma relação entre as esculturas de Vézelay e o *Elucidarium*, espécie de catecismo redigido no começo do século XII por um alemão pouco conhecido, por muito tempo chamado de Honorius d'Autun.[3] Ora, essa obra contém uma sistematização e uma vulgarização dos elementos demonológicos disseminados nos escritos cristãos desde os primeiros tempos da Igreja e, por outro lado, é a primeira a reunir de maneira coerente as penas do inferno.[4] Ao mesmo tempo sedutor e perseguidor, o Satã dos séculos XI e XII certamente assusta. No entanto, ele e seus acólitos são por vezes tão ridículos ou divertidos quanto terríveis; por isso, tornam-se progressivamente familiares. A hora do grande medo do diabo ainda não chegou. No século XIII, os nobres "Juízos Finais" das catedrais góticas colocam em seu justo lugar o inferno, seus suplícios e demônios. O essencial dos grandes tímpanos esculpidos é então reservado ao Cristo em majestade, à corte paradisíaca e à alegria serena dos eleitos. "Na arte toda teológica do século XIII", escrevia E. Mâle, "[não se encontra] nenhuma representação detalhada do inferno",[5] embora Santo Tomás de Aquino declare que não se deve entender de modo apenas simbólico o que se conta dos suplícios de além-túmulo.[6]

Mas a partir do século XIV as coisas mudam, a atmosfera se torna pesada na Europa e essa contração do diabólico conseguida pela idade clássica das catedrais dá lugar a uma progressiva invasão demoníaca. *A divina comédia* (cujo autor morreu em 1321) marca simbolicamente a passagem de uma época a outra e o momento a partir do qual a consciência religiosa da elite ocidental deixa por um longo período de resistir à convulsão do satanismo. Ela só se recuperará no século XVII. Essa obsessão ganha duas formas essenciais, ambas refletidas pela iconografia: um alucinante conjunto de imagens infernais e a ideia fixa das incontáveis armadilhas e tentações que o grande sedutor não cessa de inventar para perder os humanos. Bem antes de Dante haviam circulado na Europa relatos fantásticos concernentes aos tormentos do inferno.[7] Alguns chegavam do Oriente, como a *Visão de são Paulo*, que remonta pelo menos ao século IV.

Arrebatado para fora da terra, o apóstolo dos gentios chega às portas do império de Satã. Depois, ao longo de seu horrendo périplo, vê árvores de fogo em cujos galhos pecadores são enforcados, fornalhas, um rio onde os culpados são mais ou menos profundamente imersos segundo a natureza de seus vícios, enfim o poço do abismo que desprende densa fumaça e odor insuportável. Elementos da *Visão de são Paulo* encontram-se em lendas irlandesas, em particular na *Visão de Tungdal*, cujos horrores nada têm a invejar aos que se pôde ler depois em *A divina comédia*. Entre os espetáculos assustadores oferecidos por esse inferno nórdico, eis especialmente um lago de fogo e um lago de gelo, animais formidáveis que se alimentam das almas dos avarentos e das almas dos religiosos infiéis a seus votos, pântanos fumegantes cheios de sapos, serpentes e outros animais horrendos.

Os teólogos do século XIII haviam negado qualquer complacência a essas imagens de pesadelo. Ao contrário, durante a época seguinte, elas forçam as barreiras. Denys, o Cartuxo, célebre teólogo do século XV († 1471), redigindo um tratado dos quatro fins do homem (*Quatuor novissima*), nele introduz uma descrição que reproduz os relatos irlandeses e mais particularmente a *Visão de Tungdal*.[8] Nos anos imediatamente posteriores à peste negra, os suplícios do inferno aparecem com toda espécie de alucinantes precisões nas paredes do Campo Santo de Pisa e na capela Strozzi de Santa Maria Nova, em Florença. Aqui o artista (A. Orcagna ou um de seus alunos) seguiu de perto o texto de *A divina comédia*.[9] Um testemunho impressionante sobre essa "nova angústia" (G. Duby) é fornecido por um ciclo de afrescos pouco conhecido, porque decora a igreja de uma pequena cidade, San Gimignano. Trata-se do inferno (1396) de Taddeo di Bartolo, no centro do qual reina um Lúcifer bastante semelhante ao do Campo Santo de Pisa por suas dimensões gigantescas, sua cabeça de ogro, seus chifres, suas mãos poderosas que esmagam condenados ridiculamente pequenos. Nos diferentes compartimentos do horrendo reino, os demônios desenrolam os intestinos dos invejosos, fazem vomitar os avarentos, impedem os glutões de comer os pratos de uma mesa abundantemente servida, chicoteiam os adúlteros, cravam estacas em chamas no sexo das mulheres que foram levianas.

Na França, no começo do século XV, as *Très riches heures du duc de Berry* também mostram o interior do inferno com um detalhe extraído da *Visão de Tungdal*:[10] Lúcifer, gigante coroado que se alimenta das almas dos condenados, aspirando-as e repelindo-as alternadamente, deixando escapar chamas e fumaça de sua horrível boca. Em nosso país, é na metade do século XV que os suplícios do inferno entram na arte monumental. E. Mâle mostrou, a partir de exemplos precisos (cuja lista evidentemente não é exaustiva), que elementos extraídos da *Visão de são Paulo* e das lendas irlandesas ilustram curvas de abóbadas e pinturas em Saint-Maclou de Rouen, na catedral de Nantes e em igrejas da Normandia, da Borgonha e do Poitou.[11] Vem dessa dupla procedência certo número de detalhes apavorantes: os diabos forjadores que erguem pesados martelos sobre uma bigorna feita de corpos de homens e mulheres superpostos; a roda na qual são presos pecadores, os condenados deitados sobre uma grelha e regados com chumbo fundido, a árvore seca com seus enforcados vivos etc.

É contudo no universo inquietante de Hieronymus Bosch que os pesadelos infernais atingem sua maior violência. Nos *Juízo Final* de Viena[12] e de Bruges e no tríptico do Prado, cujos painéis representam respectivamente o paraíso terrestre, o jardim das delícias e o inferno, a loucura e a maldade diabólicas se desencadeiam com o sadismo mais monstruoso. No inferno de Viena, um demônio, cuja cabeça é a de um pássaro de bico longo, leva um condenado em seu cesto. Um outro carrega sobre o ombro um bastão no qual um condenado crivado por uma flecha está suspenso pelos pés e pelas mãos. Um condenado deverá girar eternamente a manivela de uma viela desmedida e um outro está crucificado a uma harpa gigante. Satã, com um turbante, tem olhos de fogo, boca de animal feroz, rabo e patas de rato. No lugar do ventre, aparecem as grelhas de um forno. Recebe seus hóspedes a uma porta cujo contorno é sublinhado por uma fileira de sapos. Os infernos de Bosch, por mais impressionantes que sejam, apesar de tudo integram-se em uma longa série de obras poderosas que a pintura flamenga, dos irmãos Van Eyck e Henri Bles, consagrou ao tema do Juízo Final e portanto — associação tornada obrigatória na época — à descrição detalhada do inferno; e essa produção artística toma lugar por sua vez em um conjunto mais vasto da pintura desse tempo que reúne o grandioso afresco de Michelangelo no fundo da Sistina e uma composição anônima portuguesa (começo do século XVI) onde se veem os demônios presidirem uma vez mais o castigo dos condenados.[13]

J. Baltrusaitis mostrou, através de comparações comprobatórias, que a iconografia demoníaca europeia dos séculos XIV--XVI se avolumara com elementos originários do Oriente que haviam reforçado seu aspecto assustador. A China enviou assim ao Ocidente hordas de diabos com asas de morcego e seios de mulher. Exportou dragões de asas membranosas, gigantes de grandes orelhas e com um único chifre na testa.[14] Quanto às *Tentações de santo Antão*, por meio das quais se pode abordar o segundo aspecto das imagens satânicas mencionado anteriormente, apresentam interessantes analogias com a investida feita pelo espírito do mal e pelas forças do inferno à Buda meditando ao pé de uma árvore. Como o eremita cristão, Çakyamuni é submetido a uma dupla série de provas, procurando umas amedrontá-lo, outras seduzi-lo. Ele precisa então resistir a gigantes disformes, a arremessos de projéteis, à noite, ao ruído e ao dilúvio, mas também a mulheres de seios nus que procuram perturbá-lo pelos 32 truques da magia feminina.[15] Essa cena, frequentemente representada na escultura e na pintura do Extremo Oriente, juntou-se no Ocidente ao relato de origem copta relacionado a santo Antão e vulgarizado entre nós pela *Legenda áurea*. Assim viu-se enriquecido o repertório das "tentações" que Bosch, Mandyn, Huys, Bles, Patinier, Brueghel etc. deleitaram-se em evocar com uma estonteante exuberância de detalhes burlescos e monstruosos. No grande tríptico de

Lisboa,[16] Bosch mostra o anacoreta assaltado por toda espécie de sortilégios demoníacos e vendo nascer diante dele mil formas alucinantes: jarras munidas de patas, mulher velha vestida com a casca de uma árvore morta e cujo corpo termina em aipo, velho repreendendo um macaco e um gnomo, mensageiro que utiliza patins de gelo para correr sobre a areia. Eis ainda uma feiticeira servindo um elixir a um sapo deitado em uma flor, uma jovem mulher nua atrás do tronco de uma árvore morta cujos galhos vestem grande tecido púrpura, uma mesa ricamente arrumada para um festim para o qual Antão é convidado por rapazes e moças. O prestidigitador diabólico exibe assim, diante do eremita impassível, todos os recursos de sua arte mágica: tenta aterrorizá-lo, fazê-lo enlouquecer, desviar-se para as alegrias fáceis da terra. Trabalho perdido. Santo Antão representa para Bosch a alma cristã que conserva sua serenidade em um mundo onde Satã recorre incessantemente a novas armadilhas.

As tentações de santo Antão seriam também chamadas de *Os tormentos de santo Antão*. Pois o Inimigo ao mesmo tempo tenta e atormenta os humanos. Aterroriza por meio de sonhos, apavora por meio de visões — desta maneira se exprimem os autores de *O martelo das feiticeiras*: "Sonhos durante o sono e visões durante a vigília".[17] Além disso, ele pode não só investir contra os bens terrestres e o próprio corpo, como também pode possuir um ser humano sem o seu consentimento, que desde então se encontra desdobrado. *O martelo das feiticeiras* relata assim a confissão de um padre possuído:

> Estou privado do uso da razão unicamente quando quero dedicar-me à oração ou visitar os lugares santos [...]. [Então o demônio] dispõe de todos os meus membros e órgãos — meu pescoço, minha língua, meus pulmões — para falar e gritar quando lhe apraz. Ouço, sem dúvida, as palavras que ele pronuncia por mim e por meus órgãos, mas não posso absolutamente resistir; e quando mais ardentemente eu gos-

taria de entregar-me a alguma oração, ele me assalta mais violentamente, soltando minha língua com mais força.[18]

Mas as tentações são afinal mais perigosas do que os tormentos. Daí a necessidade de prevenir os muito crédulos humanos contra a esperteza de Satã. Uma obra muito difundida na Alemanha do século XV intitulava-se precisamente *Das Teufels Netz* ("As armadilhas do diabo") e punha em cena um eremita que discute com Satã.[19] Este expõe os meios — muito numerosos — de que dispõe para corromper a humanidade. É a mesma preocupação moralizadora que inspira *O jardim das delícias*, de Hieronymus Bosch (no tríptico do Prado). Nesse falso paraíso terrestre, a fonte de juventude onde brincam belas mulheres brancas e negras, as frutas deliciosas, as flores, as cores tão delicadas e luminosas que fazem pensar em uma miniatura persa, criam uma atmosfera de encantamento. Mas a intrusão do burlesco, e até do obsceno, sugere que se trata de uma miragem demoníaca. Através de um tubo de vidro, um rosto estranho olha um rato sob a esfera de cristal em que dois apaixonados se acariciam. À esquerda da esfera, vela uma coruja, a ave de Satã; à direita, um homem nu mergulha no abismo. Além disso, esse painel central do tríptico é enquadrado de um lado pelo verdadeiro paraíso terrestre — o de Adão e Eva — irremediavelmente perdido e, do outro, pelo inferno, onde são punidos os desregrados das alegrias sensuais.

O "jardim das delícias" não é senão um outro nome do "paraíso", e em ambos se procura uma felicidade tão ilusória quanto a que se espera uma vez por ano nas festas do Carnaval. Por trás de todos esses mundos invertidos — universo de loucura — está Satã. No capítulo CVIII de *La nef des fous* (1594), Brant embarca loucos sem mapa nem bússola em busca dos paraísos bem-aventurados. É aceito previamente que irão de perigo em perigo para soçobrar finalmente em plena tempestade.[20] Todo mundo às avessas é uma mentira. Contudo, em *La nef* esse tema ainda é relativamente esporádico e limitado. Em compensação, domina *O exorcismo dos loucos* que o pregador Thomas Murner redige entre 1509 e 1512. Mais de um terço da obra é consagrado a esse motivo. Para Murner, seria preciso não ceder à tentação de reencontrar o paraíso terrestre. Mas os homens pecadores não cessam de perseguir essa quimera. Assim, o mundo entregue à loucura está inteiramente às avessas e é portanto mau por essência.[21] Daí, tanto em Murner como em Brant, a denúncia em bloco dos divertimentos carnavalescos, demoníacos por definição. O louco é presa de Satã. O carnaval é subversão e dissonância.

2. SATANISMO, FIM DO MUNDO E *MASS MEDIA* NA RENASCENÇA

Por toda parte presente, o medo desmedido do demônio, autor da loucura e ordenador dos paraísos artificiais, esteve associado na mentalidade comum à espera do fim do mundo estudada no capítulo anterior. O elo entre eles é sublinhado no texto de abertura de *O martelo das feiticeiras*. "Em meio às calamidades de um século que desmorona", [enquanto] "o mundo em seu ocaso desce para o seu declínio e a malícia dos homens aumenta", [o Inimigo] "sabe em sua raiva que só tem pouco tempo" à sua frente. Assim, "fez crescer no campo do Senhor uma perversão herética surpreendente", a das feiticeiras.[22] Brant, por seu lado, reúne em uma mesma síntese loucura, navegação sem bússola nem mapa, mundo às avessas e aproximação do Anticristo. Para ele também, a virulência de Satã só se explica pela iminência da catástrofe final. No capítulo CIII, ele exclama: "O tempo virá! Virá o tempo! O Anticristo, temo, já não está longe". "Aproximamo-nos bem depressa do Juízo Final."[23] Tal é também a concepção de Murner, para quem o mundo às avessas só será endireitado no dia agora próximo da parúsia.[24] Portanto, não foi por acaso que Lutero, por sua vez, foi possuído ao mesmo tempo pelo medo do diabo e pela certeza de que o cataclismo final estava então no horizonte. Como, acompanhando-o, a Alemanha protestante do século XIV e do começo do XVII não teria estremecido com esses dois terrores conjuntos?

O dr. Martinho, a cada vez que se chocava contra um obstáculo, combatia um adversário ou uma instituição, tinha a certeza de reencontrar o diabo. Folheando-se sua obra, percebe-se que Satã inventou o comércio do dinheiro, "imaginou a perversa fradalhada", deu ao culto divino "formas abomináveis" — entendam-se as cerimônias da Igreja romana. Foi ele que inspirou a Johann Eck (o principal adversário de Lutero na Alemanha) um "desejo irresistível de glória". É ele que "mente pela voz e pela pena" do papa. Ele também que reina em Mülhausen — a cidade de Müntzer — "onde não causa senão pilhagens, assassinatos e derramamentos de sangue". Desse modo, a luta contra os camponeses revoltados não é só um combate "contra a carne e o sangue, mas também contra os maus espíritos que estão nos ares [...]". Nesse "caso diabólico" (a revolta dos camponeses), o demônio "tinha em vista devastar inteiramente a Alemanha porque não tinha outro meio para criar obstáculo ao Evangelho".[25] Assim como Lutero, Melanchthon tinha pavor enorme do demônio e temia a cada instante vê-lo surgir diante dele.[26]

A polêmica confessional desencadeada por Lutero e seus discípulos sobre tais bases só fez aumentar o medo do diabo na Alemanha protestante, onde teólogos e pregadores convenceram-se de que, aproximando-se o fim do mundo, Satã lançava contra os evangélicos sua última ofensiva. Sob o papismo, escrevia em 1595 o superintendente André Celichius, os diabretes e os duendes tinham frequentemente atormentado os homens. "Mas agora ferozes carrascos saem todos os dias do abismo, de modo que os homens são tomados de pavor e de dor."[27] E acrescentava a respeito dos casos de possessão:

> Quase em toda parte, perto ou longe de nós, o número dos possuídos é tão considerável que se fica surpreso e afligido, e essa é talvez a verdadeira praga pela qual nosso Egito e todo o mundo caduco que o habita estão condenados a perecer.[28]

Os tormentos de santo Antão eram assim estendidos à Alemanha inteira. Nesse país, onde se desenvolve então a lenda de Fausto, os habitantes têm a convicção de que Lúcifer é rei. Sem dúvida não teriam eles experimentado tanto esse sentimento se o teatro e sobretudo a imprensa não houvessem difundido amplamente o medo e, ao mesmo tempo, o deleite mórbido do satanismo. Uma peça representada em 1539 põe em cena o papa Pammachius e seu conselheiro Pofírio evocando Satã, que os espectadores veem aparecer:

> Ele tem grandes chifres, seus cabelos são todos eriçados, seu rosto é horrendo, seus olhos são redondos e flamejantes, seu nariz é comprido, torto e recurvo, sua boca, desmesuradamente grande, inspira horror e pavor, seu corpo é inteiramente negro.

Em um *Julgamento de Salomão*, o diabo ridiculariza a água benta, o sal consagrado e a bênção que o papa dá aos fiéis. Uma "comédia" intitulada *O último dia do Juízo Final* mostra demônios saindo do abismo lançando grandes gritos. Arrastam os papistas para o inferno, depois voltam e põem-se à mesa. Em outra "comédia" representada em Tübingen em 1580, demônios, a pedido de Jesus, lançam ao inferno não apenas o papa, mas também Zwínglio, Karlstadt e Schwenckfeld: é evidentemente uma obra luterana. Sem dúvida, o teatro medieval representara muitas vezes o diabo e seus acólitos. Mas jamais o demoníaco invadira a cena a esse ponto, superando mesmo amplamente os dramas de polêmica confessional. O satanismo, com aspectos de grand-guignol, tornara-se o componente indispensável da maior parte das representações teatrais alemãs no final do século XVI. Um contemporâneo notou em 1561:

> Quando um autor dramático quer agradar ao público, é preciso necessariamente que lhe mostre muitos diabos; é preciso que esses diabos sejam horrendos, gritem, urrem, lancem

clamores alegres, saibam insultar e blasfemar e acabem por levar sua presa para o inferno, em meio a rugidos selvagens; é preciso que o alarido seja horrível. Eis aí o que mais atrai o público, o que mais lhe agrada.[29]

Espírito crítico e humor raros, na época, de um observador isolado, contrabalançados por numerosíssimos processos de feitiçaria.

O que foi dito anteriormente sobre a difusão das angústias apocalípticas graças à imprensa vale logicamente também para a ascensão do satanismo no século XVI. Ela não teria essa amplitude, na Alemanha especialmente, sem o multiplicador poderoso que foram o livro e folheto, por vezes enriquecidos de desenhos. O próprio sucesso das obras de Lutero deve ser lembrado aqui. O dr. Martinho comunicou seu medo do diabo a centenas e centenas de milhares de leitores.

De maneira bastante surpreendente — mas reveladora do pessimismo da época —, S. Brant, na versão alemã de sua *La nef des fous*, condenara sem equívoco a prensa de imprimir. O prólogo da obra declara, essencialmente, que a nova invenção difundiu a Bíblia, mas que nenhuma melhora moral daí resultou. O capítulo I põe em cena o falso erudito rodeado de livros inúteis e estudantes frustrados e arruinados que encontram refúgio nessa indústria. Em outra parte, é mencionado que a imprensa, inventada há pouco, entra em decadência como as outras profissões artesanais. Ela é novamente colocada em questão no capítulo consagrado ao Anticristo: foi ele quem sugeriu pôr em funcionamento essa diabólica máquina que espalha em profusão a mentira e a heresia.[30] Adaptando as palavras de Brant, não é exagerado afirmar que a imprensa foi uma "máquina diabólica", na medida em que fez conhecer melhor o rosto e os dons incrivelmente diversos do Inimigo dos homens. A se acreditar nos catálogos de incunábulos, entre os livros ilustrados mais frequentemente editados na França e na Alemanha antes de 1500, figura a história de Satã (o *Belial*) de Jacques de Teramo. Depois, na Alemanha protestante, a literatura demoníaca substituiu as vidas de santos, como prova este testemunho melancólico de um letrado de 1615:

> A vida dos santos que nos falava outrora do amor e da misericórdia divina, dos deveres da caridade cristã, que nos exortava a praticá-los, hoje já não é de moda e não tem mais prestígio como no passado junto aos bons e piedosos cristãos. Em compensação, todo mundo compra livros de magia, imagens ou rimas sobre as ciências ocultas e diabólicas.[31]

A imprensa difundiu o medo de Satã e de seus sequazes ao mesmo tempo por meio de pesados volumes e publicações populares. Entre os primeiros figura evidentemente em bom lugar o muito célebre *O martelo das feiticeiras*, do qual A. Danet localizou pelo menos 34 edições entre 1486 e 1669: o que significa que de 30 a 50 mil exemplares da obra foram postos em circulação na Europa pelos editores de Frankfurt e das cidades renanas (catorze edições), de Lyon (onze edições), de Nuremberg (quatro edições), de Veneza (três edições) e de Paris (duas edições).[32] Duas grandes ondas de difusão podem ser identificadas (1486-1520 e 1574-1621), correspondentes a duas campanhas de detecção e de repressão da feitiçaria separadas pela Reforma protestante e pela eclosão das guerras religiosas. No lote das grandes obras alemãs consagradas ao satanismo encontra-se ainda o *Teatro dos diabos*, sem nome de autor, que em 28 anos, teve três edições (1569, 1575 e 1587), e as *Instruções sobre a tirania e o poder do diabo*, de André Musculus, cujo sucesso foi ainda maior.[33] O *Teatro dos diabos* era uma coleção inicialmente de vinte (1569), depois de 24 (1575) e enfim de 33 livros (1587) consagrados à demonologia. Calculou-se[34] que, entre as primeiras edições e as reimpressões, um mínimo de 231 600 exemplares de obras relativas ao mundo demoníaco foi lançado no mercado alemão na segunda metade do século XVI, do qual cerca de 100 mil na década de 1560 e 63 mil na década de 1580. Ademais, a história de Fausto suscitou umas 24 edições nos doze últimos anos do século. Quanto às gazetas, brochuras e folhas volantes, foram incontáveis. Divulgadas por mascates, mágicos e exorcistas ambulantes, explicavam os sonhos, relatavam crimes e narrativas atrozes, ensinando a conhecer o futuro e a precaver-se das armadilhas diabólicas. Estavam repletas de histórias de possessão, de lobisomens e de aparições de Satã. Tal era no século XVI e no começo do XVII o pão cotidiano da Alemanha. André Musculus escrevia em 1561: "Em nenhum país do mundo o diabo exerce um poder mais tirânico do que na Alemanha".[35] De fato, é provável que o temor conjunto do fim do mundo e das investidas demoníacas fosse então mais difundido nesse país do que em qualquer outro da Europa.

Entretanto, o fenômeno foi evidentemente mais geral e é certo, por exemplo, que atingiu também a França. Aqui igualmente a imprensa teve larga parte de responsabilidade na difusão do medo do diabo e da atração mórbida pelo satanismo. Voltemos um pouco atrás. Em 1492, aparece uma obra que combina todos os relatos anteriores relativos aos suplícios infernais e lhes dá uma tipologia quase definitiva. Trata-se do *Traité des peines de l'enfer* que Vérard reúne à sua *Art de bien vivre et bien mourir* publicada anteriormente. Sem excesso de imaginação mas com método e clareza, o desenhista de Vérard, fazendo uma triagem no lote de representações inquietantes originárias de fontes orientais e irlandesas, liga a cada pecado capital a punição mais apropriada: os orgulhosos são atados a uma roda; os invejosos são mergulhados em um rio gelado; serpentes e sapos devoram o sexo dos luxuriosos etc. Ora, o livro de Vérard é logo imitado. Pois Guyot-Marchant, para conferir maior interesse a seu *Calendrier des bergers* (1ª ed., 1491), a ele acrescenta um capítulo consagrado aos suplícios do inferno, que resume o tratado de Vérard e reproduz sem pudor suas ilustrações. O *Calendrier des bergers* é imediatamente lido na França inteira e seu sucesso será duradouro. E. Mâle mostrou que ele inspirou diretamente os artistas que, no final do século XV, representaram os tormentos infernais no grande *Juízo Final* de Albi e nas marchetarias das estalas de Gaillon (começo do século XVI).[36]

Assim, contrariamente ao que acreditaram Stendhal e muitos outros depois dele, foi no começo da Idade Moderna e não na Idade Média que o inferno, seus habitantes e seus sequazes mais monopolizaram a imaginação dos homens do Ocidente. Dá testemunho disso para a França a lista dos libelos, tratados anônimos e obras assinadas dos séculos XVI-XVII relacionados à feitiçaria e ao universo demoníaco que Robert Mandrou fez figurar no começo de seu livro, *Magistrados e feiticeiras na França do século XVII*.[37] O autor desse trabalho notável não consultou menos de 340 deles: o que faz supor uma difusão de pelo menos 340 mil exemplares. É preciso sublinhar ainda que eles não constituem senão a parte manifesta de um iceberg muito mais vasto do qual nenhum historiador jamais poderá sem dúvida ter a medida exata.

No momento em que culminou na Europa o medo de Satã, isto é, na segunda metade do século XVI e no começo do XVII, importantes obras apareceram em diferentes países, fornecendo, com um luxo de detalhes e de explicações jamais atingido anteriormente, todos os esclarecimentos que uma opinião ávida desejava ter sobre a personalidade, os poderes e os rostos do Inimigo do gênero humano. Literatura realmente internacional, cuja cronologia e geografia podem ser adivinhadas pela breve amostragem a seguir, certamente muito incompleta, mas significativa, ficando entendido que um Jean Wier, que intercedeu pela indulgência em relação às feiticeiras, acreditava no entanto com todas as suas forças no poder de Lúcifer e de seus agentes:

Datas	Autores	Títulos das obras
1569	Jean Wier (alemão)	*De praestigiis daemonum*
1574 1579	Lambert Daneau (francês)	*De veneficis... dialogus* *Deux traitez nouveaux très utiles pour ce temps. Le premier touchant les sorciers...*
1580	Jean Bodin (francês)	*La démonomanie des sorciers*
1589	Pierre Binsfeld (alemão)	*Tractatus de confessionibus maleficorum et sagarum...*

1590	Pierre Crespet (francês)	*Deux livres de la hayne de Satan...*
1591	Henri Boguet (francês)	*Discours exécrable des sorciers...*
1595	Nicolas Remy (loreno)	*Demonolatriae libri tres*
1599	Pierre de Berulle (francês)	*Traité des énergumènes*
1603	Juan Maldonado (espanhol, mas tendo vivido sobretudo na França)	*Traité des anges et des démons*
1608	William Perkins (inglês)	*A discourse of the damned art of witchcraft*
1609	Fco.-Maria Guazzo (italiano)	*Compendium maleficorum*
1612	Pierre de Lancre (francês)	*Tableau de l'inconstance des mauvais anges et démons*
1622		*L'incrédulité et mescréance du sortilège plainement convaincue...*
1635	Benedict Carpzov (alemão)	*Practica rerum criminalium*
1647	Matthew Hopkins (inglês)	*The discovery of witches*

Além disso, a *A história trágica do doutor Fausto* de Marlowe é de 1581; *Macbeth*, de 1606; e as *Novelas exemplares*, de 1613. Ora, as feiticeiras e o universo demoníaco ocupam o primeiro plano da cena na peça de Shakespeare, assim como na novela de Cervantes intitulada "Cipião e Berganza". Todas essas obras são, por diferentes razões, produtos da cultura erudita da época. O que significa que o medo do diabo — com um pico entre 1575 e 1625 — tomou sobretudo os meios dirigentes do qual saíam teólogos, juristas, escritores e soberanos. Desse medo dão conta novamente as cifras de edições. A obra de Jean Bodin teve, em vinte anos, vinte edições em quatro línguas. A de Del Rio, publicada em Louvain em 1599, foi reeditada catorze vezes entre essa data e 1679 (e novamente em Veneza, em 1747). Em 1611, foi traduzida para o francês sob o título de *Les controverses et recherches magiques*.

3. O "PRÍNCIPE DESTE MUNDO"

Esquematizando, pode-se dizer que nessa época — e ainda muito tempo depois — coexistiram duas representações diferentes de Satã: uma popular, a outra elitista, sendo esta a mais trágica. Adivinha-se a primeira através dos depoimentos nos processos e das anedotas contadas por humanistas e por homens de Igreja. Algumas foram mencionadas anteriormente.[38] Na Lorena e no Jura, os documentos judiciários nos revelam que muitas vezes o diabo popular não é designado por um nome bíblico, mas se chama Robin, Pierasset, Greppin etc. Só no distrito de Ajoie (bispado de Basileia), nos anos de 1594--1617, eles dão a conhecer cerca de oitenta nomes de demônios. E não é raro constatar que a cor negra (característica de Satã) não lhes é atribuída. Por vezes, com efeito, são verdes, azuis ou amarelos: o que parece ligá-los a divindades muito antigas da floresta do Jura.[39] Somos então reconduzidos a um universo politeísta em que o diabo é uma divindade entre outras, suscetível de ser adulada e que pode ser benfazeja. Fazem-lhe oferendas, mesmo tendo que se desculpar desse gesto em seguida diante da Igreja oficial. Assim fazem ainda em nossos dias os mineiros de Potosí que rendem culto a Lúcifer, deus do subsolo, mas depois arrependem-se disso periodicamente no transcorrer de suntuosas procissões em honra da Virgem. O diabo popular pode ser também um personagem familiar, humano, muito menos temível do que assegura a Igreja e isso é tão verdade que se chega bem facilmente a enganá-lo. Assim ele aparece em inúmeros contos campestres;[40] assim também nas lembranças de infância do bretão P.-J. Hélias:

> O outro chifrudo [escreve esse autor] é o nome que damos ao diabo. Um diabo bastante particular. Não é o diabo comum representado nas mesas de comunhão que o padre Barnabé suspende por uma corda de um lado ao outro do coro, durante os retiros, para explicar o Juízo Final. Sabeis bem! Uma espécie de animal vermelho de rabo comprido,

encarniçado em picar o couro dos condenados ululantes. Não! É um diabo bem humano, com todo o ar de um bom bretão da baixa Bretanha que tivesse comido bem, de um judeu errante que arrastasse seus calções pelo país, entregue às tarefas nobres: concluir os casamentos, semear o júbilo nas refeições de bodas e nos serões, salgar o porco [...].

No catecismo, o senhor padre no-lo pinta como nosso inimigo fidagal, aquele que quer nossa perda e chega infalivelmente a seus fins se por um momento deixamos de ser vigilantes. "Quem está no espelho e que nunca se vê?", interroga o padre. E a nós cabe responder em coro: "O diabo!". Pois bem, o diabo em questão, nas histórias de avô, para ele nada jamais dá certo.[41]

A cultura popular assim se defendeu, não sem sucesso, contra a teologia aterrorizante dos intelectuais. Em compensação, durante longos séculos da história ocidental, as pessoas instruídas consideraram seu dever fazer os ignorantes conhecerem a verdadeira identidade do Maligno por meio de sermões, catecismos, obras de demonologia e de acusações. Já Santo Agostinho esforçara-se em demonstrar aos pagãos de seu tempo que não existem demônios bons (*A cidade de Deus*, livro IX). Desmascarar Satã foi um dos grandes empreendimentos da cultura erudita europeia no começo da Idade Moderna. Baseando-se em algumas obras essenciais que vão de *O martelo das feiticeiras* às *Controverses et recherches magiques* de Del Rio e ao *Traité des anges et de démons* de Maldonado, passando pelos escritos de Lutero, A. Paré e Bérulle, pode-se compor, física e moralmente, o retrato do diabo da Renascença e de seus acólitos, e dar a medida de seu imenso poder.

Todos os autores afirmam seguramente que "mesmo os diabos ajoelham-se diante de Deus"[42] e que não tentam nem martirizam os homens senão com a permissão do Todo-Poderoso; a esse respeito, o livro de Jó serve de prova e de constante referência. Além disso, eles não podem tudo. Del Rio — o autor que consultaremos mais assiduamente para estabelecer a longa ficha de identidade dos demônios — esclarece que lhes é impossível transformar um homem em mulher (ou inversamente), fazer aparecer "as almas dos mortos" ou "predizer de verdade o que deve livremente ocorrer".[43] Mas, ficando assim afastado o maniqueísmo no plano teórico, reaparece na prática, dado o grande destaque que o discurso religioso da época atribui ao Inimigo de Deus e a seus anjos, dada a longa lista das possibilidades que conservaram a despeito de sua queda. Contabilização significativa: no catecismo de Canisius, o nome de Satã é citado 67 vezes, o de Jesus 53 vezes. Em *O martelo das feiticeiras*, da mesma maneira, o diabo é mais frequentemente nomeado que Deus.

Satã e os demônios são corporais ou espirituais? Único em uma longa lista de teólogos, o grande tomista Cajetano — que Lutero encontrou em Augsburgo em 1518 — professa sua corporeidade, indo assim contra a doutrina de Santo Tomás e do IV Concílio de Latrão. Mas, no pensamento de Cajetano, trata-se de corpos simples e incorruptíveis, capazes de se mover sem ser detidos por obstáculos materiais.[44] Os outros autores, em compensação, são unânimes em pensar que os demônios, anjos decaídos, são seres espirituais. Mas a diferença entre as duas opiniões é tão importante? Santo Tomás, Suarez († 1617) e muitos outros especialistas concordam com Santo Agostinho ao dizer que, se os demônios foram condenados ao inferno, certo número deles sai dali para provar os homens. Vivem portanto no ar "tenebroso", em nossa proximidade imediata.[45] Calvino também fala das "potências do ar que são os diabos".[46]

Seres espirituais, mas nem por isso menos apavorantes. Às imagens que são dadas de Lúcifer nos "Juízos Finais" das igrejas, corresponde à descrição que Maldonado faz dele, plagiando o capítulo XL do livro de Jó, em que são evocados Behemoth e Leviatã:

> Um animal muito terrível, tanto pela grandeza desmedida de seu corpo como por sua crueldade [...], sua força está em

371

seus rins e sua virtude no umbigo de seu ventre; ele entesa a cauda como um cedro, os nervos de sua genitália são retorcidos, e seus ossos como canos e suas cartilagens como lâminas de ferro [...]. Em torno de seus dentes está o medo: seu corpo é como escudos de cobre, é apinhado de escamas que se comprimem umas contra as outras; está armado de todos os lados e não pode ser agarrado em nenhum lugar.[47]

Desde o pecado original, esse monstro devorador tornou-se o senhor da terra, que arrancou ao homem decaído. Bérulle explica:

> Vitorioso na liça do paraíso terrestre, Satã despojou Adão de seu domínio e atribuiu-se o poder e o império do mundo que estava destinado ao homem desde seu nascimento, do qual usa o título desde essa usurpação. E incessantemente ele o persegue por tentação, não deixando sua alma tranquila enquanto ela está nos limites do império que ele conquistou e usurpou de nós.
> Ele até mesmo invade seu próprio corpo algumas vezes, de modo que, como antes do pecado, incorporou-se na serpente, agora se incorpora dentro do homem.[48]

Daí as possessões.
Essa doutrina convida portanto a tomar ao pé da letra fórmulas tais como "príncipe deste mundo", "príncipe deste ar", que povoam as obras dos homens de Igreja quando eles tratam do demônio.[49] Lutero garante: "Somos prisioneiros do diabo como de nosso príncipe e deus".[50] Ele diz ainda: "Somos corpos e sujeitos ao diabo, e estrangeiros, hóspedes, no mundo no qual o diabo é o príncipe e o deus. O pão que comemos, a bebida que bebemos, as roupas que usamos, ainda mais o ar que respiramos e tudo o que pertence à nossa vida na carne é portanto seu império".[51]

Três quartos de século mais tarde, Maldonado assegura por sua vez: "Não há poder sobre a terra que seja comparado ao seu".[52] A partir daí, "quem pode resistir ao diabo e à carne? Nem sequer é possível que resistamos ao pecado mais insignificante". Lutero, que faz essa pergunta, retoma por sua vez o texto de Jó (40 e 41): o demônio, diz ele, "vê o ferro como se fosse palha e não teme nenhuma força sobre a terra".[53] Semelhante avaliação do poder de Satã convinha evidentemente à teologia da justificação pela fé postulada por um homem exangue confrontado ao poder perverso do Maligno. Assim, Calvino ensina que é loucura para o homem sozinho dar "combate ao diabo tão forte e tão grande batalhador".

> Com certeza aqueles que, confiando em si mesmos, preparam-se para batalhar contra ele não compreendem bem com que inimigo estão às voltas, nem quanto ele é forte e astucioso na guerra, nem como está bem armado de todos os lados. Imediatamente pedimos para ser libertados de seu poder como da boca de um leão furioso e esfaimado, estando prestes a ser imediatamente dilacerados e devorados por suas garras e por seus dentes.[54]

Entre o homem e Satã, há portanto "guerra perpétua e desde o nascimento do mundo".[55] Doutores católicos e protestantes concordam em pensar que o Inimigo esforça-se sem descanso em prejudicar sua infeliz vítima da terra. "Há três espécies de coisas", escreve Maldonado, "sobre as quais o diabo pode exercer seu poder: os bens do espírito, os do corpo e os externos."[56] Vale dizer que nada nem ninguém pode, em nosso universo, escapar à ação do mestre do inferno e de seus anjos malditos. Como assim? "É preciso saber", explica Del Rio, "que os demônios podem operar de três maneiras", seja "imediatamente por movimento local", seja mediatamente, "aplicando por verdadeira alteração as coisas ativas às passivas, que é a doutrina comum dos teólogos", seja "ofuscando os sentidos com suas ilusões".[57]

Quanto ao "movimento local", é verdade que os demônios são incapazes de perturbar a ordem do universo, de "mover um elemento inteiro de seu lugar ou de mudar ou impedir o curso dos céus". Mas, em contrapartida, os corpos inferiores, isto é, os do mundo sublunar, obedecem aos anjos e, portanto, também aos demônios. E, no interior desse espaço, "não há corpo tão grande nem tão vasto que os demônios não possam por algum impulso mover de seu lugar". Tal é esse "movimento local" graças ao qual "podem tão habilmente subtrair uma coisa aos olhos [e] tão subitamente colocar uma outra em seu lugar".

Eis agora em que consiste "a aplicação das coisas ativas às passivas". É ainda Del Rio quem fala:

> [...] Por alteração ou mutação das coisas, eles fazem muitas vezes maravilhas cujas causas são naturais, mas desconhecidas por nós. Pois eles veem as substâncias de todas as coisas naturais, conhecem suas particulares propriedades, e as estações mais cômodas para aplicá-las, e não ignoram enfim nenhuma espécie de artifício ou de indústria. Pelo que não é preciso surpreender-se muitas vezes se fazem várias coisas que só a operação da Natureza jamais fizera, se por uma artificial aplicação não a houvessem ajudado os demônios, servindo-se dos agentes naturais como de instrumentos e ferramentas [...]. Tais obras contudo jamais saem das fronteiras e limites da natureza.[58]

Uma vez estabelecidas essas bases teóricas, a lista dos poderes dos demônios não pode deixar de ser longa e inquietante. Sobre esse assunto, continuemos a ler a obra de Del Rio, pois ele reagrupa em um conjunto coerente os elementos de uma ciência demonológica que se desenvolvera no decorrer das eras e alcançara, por volta de 1600, sua maior amplitude. Seu texto fala indiferentemente dos feiticeiros ou dos diabos, delegando estes últimos seu poder àqueles que concluíram um pacto com Satã.

Os mágicos podem portanto fazer morrer o gado ou torná-lo doente por meio de pós, gorduras, olhadelas, palavras, toques de mão ou de vara. Eles incitam os demônios em forma de lobo que entram nos rebanhos e apriscos "para ali devastar e devorar o gado".[59]

Eles podem "despovoar um campo de colheitas e de frutos para fazê-los ir para um outro", e por meio de encantamentos apropriados destruir toda espécie de colheitas ou tornar os campos estéreis.[60] Podem, lançando ao ar certos pós que "o demônio lhes põe nas mãos", fazer nascer lagartas, locustas, gafanhotos, caracóis, ratos e outros bichos que minam e roem as ervas e os frutos, a menos que essas pestes dos campos e dos jardins "sejam inoculadas de corrupção e putrefação pelo próprio demônio".[61]

Podem queimar casas, tirar cativos da prisão, "fazer levantar os cercos diante das cidades, fazê-las ser tomadas de assalto, e causar as vitórias em batalhas campais", ou ainda "elevar os homens às honras e dignidades".[62]

O diabo é capaz de "cunhar e forjar moedas de ouro e de prata como quiser, até de [...] produzir a matéria delas". Conhece todos os tesouros do subsolo, todas as riquezas "submersas no mar", todas as minas de ouro e de prata, todos os esconderijos de pérolas e de pedras preciosas e "pode de tudo isso tomar o que lhe agrada sem que ninguém ouse ou possa resistir-lhe: como também pode, muito mais fina e secretamente do que qualquer homem, tirar moedas das bolsas e secar os saquinhos cheios de dinheiro".[63]

Existem demônios íncubos e súcubos, e do acasalamento de um incubo com uma mulher pode resultar um ser humano. Contudo, como *O martelo das feiticeiras*,[64] Del Rio assegura que, nesse caso, o verdadeiro pai não é o demônio, mas o homem do qual "substituiu a semente":[65] belo exemplo de realização do "movimento local".

Como os autores de *O martelo das feiticeiras* igualmente e como a maior parte dos demonólogos, Del Rio acredita que as feiticeiras podem ser realmente transportadas aos sabás aos quais não assistem apenas "por ilusão e fantasia de espírito". Elas fazem então a viagem "ora sobre um bode ou outro animal, ora sobre um bastão ou cabo de vassoura, ora sobre uma espécie de homem forjado ao ar pelo demônio".[66]

Uma questão então muito discutida era a da licantropia: as

potências infernais podem metamorfosear verdadeiramente homens em animais, especialmente em lobos? *O martelo das feiticeiras* e Del Rio respondem pela negativa. Em compensação, duas possibilidades podem encontrar-se. Ou o demônio, "por uma mistura e perturbação desigual dos [...] humores, e por uma excitação dos vapores próprios e convenientes à sua operação", fará de modo a que "o homem forje em seu espírito as imaginações que ele quiser enviar-lhe", ou então podemos nos encontrar na presença de verdadeiros lobos, mas possuídos pelo demônio, e nesse caso não esperemos ferir ou capturar tais animais.[67] A essas opiniões moderadas, opõe-se a de Jean Bodin, absolutamente categórica, que, baseando-se nos processos de vários licantropos, afirma:

> Ora, se confessamos que os homens têm o poder de fazer nascerem rosas de uma cerejeira; maçãs de um repolho e de transformar o ferro em aço e a aparência da prata em ouro, e de fazer mil espécies de pedras artificiais que rivalizam com as pedras naturais, deve-se achar estranho que Satã transforme a figura de um corpo no outro, visto o poder grande que Deus lhe dá neste mundo elementar?[68]

Essa mistura, atordoante para nós, de verdadeiro e de falso, essa lógica fundada em bases absurdas levam aqui a conferir ao Maligno um acréscimo de poder.

Del Rio, em questão de demonologia, é um espírito mais ponderado do que Bodin. Contudo, não terminou a enumeração das possibilidades satânicas. Pois, com a permissão de Deus, o demônio pode fazer velhos voltarem à sua primeira juventude — eis aí acreditada a história de Fausto;[69] pode "ajudar a memória" ou, ao contrário, "debilitá-la e enfraquecê-la muito, ou até perdê-la de todo".[70] "Esse mestre doutor pode [também] tornar o intelecto mais sutil e melhor, quanto às funções do espírito e do juízo, por meio de disposições mais cômodas do órgão: a saber, expulsando os mais espessos humores por movimento local, ou então depurando e multiplicando os espíritos sensitivos".[71]

Porém, no mais das vezes, é o contrário que se produz, comprazendo-se o demônio antes em "velar o entendimento humano, e por um adensamento de espíritos imbecis, impedir que veja claro naquilo que o toca".[72] Ele pode também provocar no homem êxtases ou arrebatamentos "entravando ou desentravando os sentidos externos".[73]

Tratando-se do futuro, Del Rio teve o cuidado de esclarecer, como vimos, que o demônio não pode prever com antecedência as ações livres dos homens. Contudo, o inimigo tem vasto conhecimento do futuro, pois adquiriu uma "experiência soberana" por meio de "diárias observações". Ele sabe as "faculdades das coisas naturais", suas forças e virtudes. Assim, por "conjeturas" pode predizer o que deve necessariamente ocorrer: eclipses, conjunções astrais etc. Além disso, pode "inclinar a vontade dos homens por meio do apetite sensitivo"; conhece "todos os seus temperamentos e suas afeições [...] e o que se segue comumente de uns e de outras". E portanto, ainda que seja o Mentiroso por definição, pode prever com verdade (mas é uma de suas maneiras de enganar)

> [...] o que devem fazer os homens e quando; ou então ainda que Deus punirá tal povo, que tal exército será destruído pelo gládio, pela fome ou pela pestilência, que fulano será morto por fulano, que tal príncipe será expulso de seu trono; pois ele pode coligir isso da diligência e fidelidade dos conjurados, e da negligência em precaver-se, ou de revelar tal empreendimento.[74]

De fato, Satã, de uma maneira ou de outra, conhece três quartos do futuro.

Eis agora o que diz respeito ao jogo apavorante do diabo e da morte. Pois o Maligno tem costume "algumas vezes" de "vestir" os corpos dos mortos e de "aparecer neles". Seu poder é particularmente grande sobre os cadáveres enterrados em terra não consagrada. Porém, mais geralmente, sua ação sobre os defuntos se explica pelo poder que lhe foi dado sobre o conjunto das "coisas corporais". Ele fará então de modo a que, se for o caso, cadáveres não apodreçam, que corações ou corpos inteiros resistam ao fogo durante algum tempo, que os cabelos e as unhas de falecidos continuem a crescer.[75]

Os demônios dispõem portanto de certa autoridade sobre os cadáveres. Mas — questão muito grave — podem eles "separar realmente a alma do corpo, isto é, para a morte"; em outras palavras, têm eles o poder de matar? Del Rio responde pela afirmativa: Asmodeu não estrangulou os sete maridos de Sara? Satã não fez morrerem todos os filhos de Jó? E "ele não mata grande número todos os dias por meio de malefícios e sortilégios"?[76] Argumentação idêntica em Maldonado. À questão de saber se os demônios podem matar os homens, "respondo que o podem", e cita novamente a sorte dos filhos de Jó e dos sete primeiros maridos de Sara[77]. Sessenta anos antes, Lutero ensinara no *Grande catecismo*:

> O diabo, já que não é apenas um mentiroso, mas também um assassino (cf. João 8:4), atenta incessantemente contra nossa própria vida e descarrega sua cólera em nós causando acidentes e danos corporais. Daí vem o fato de que a mais de um ele quebra o pescoço ou faz perder a razão; a alguns ele afoga na água e inúmeros são aqueles que leva ao suicídio e a muitas outras desgraças atrozes. É por isso que na terra não temos outra coisa a fazer senão implorar incessantemente contra esse principal inimigo. Pois se Deus não nos salvaguardasse não estaríamos, nem por uma hora, a salvo de seus golpes.[78]

O registro das ações diabólicas é portanto desmedidamente extenso, e não terminaríamos de elaborar essa lista. Nos textos citados anteriormente voltavam como uma litania, a respeito dos demônios ou dos feiticeiros, as palavras "eles podem [...], eles podem [...]". O que não podem eles? O atamento da agulheta, o desencadeamento súbito das tempestades,[79] o avanço destruidor das geleiras nos altos vales alpinos:[80] tudo isso é da competência de Satã.

4. AS "DECEPÇÕES"* DIABÓLICAS

"Adversário" sobre-humano, "sedutor", "ardiloso" e "enganador" — assim o define a Bíblia —, o diabo é um extraordinário ilusionista, um prestidigitador temível. A literatura teológica da época é inesgotável sobre esse tema e, pelos passes de mágica demoníacos, explica todos os surpreendentes conhecimentos de que não se pôde dar conta de outro modo. *O martelo das feiticeiras* disserta longamente sobre as "ilusões" pelas quais o mestre coadjuvante do universo e seus agentes zombam da fraqueza humana: "Os demônios, com efeito [...], que por sua força podem deslocar corpos, podem por esse movimento atingir as ideias e os humores, portanto também a função natural, quero dizer, a maneira pela qual certas coisas são vistas pelos sentidos e pela imaginação".[81]

Um homem, por exemplo, de repente se encontra sem pênis. Não há dúvida de que os demônios tenham efetivamente o poder — com a permissão de Deus — de retirar realmente o membro viril a uma de suas vítimas. Mas pode igualmente tratar-se de um malefício operado por uma feiticeira e, nesse caso, estamos em presença de uma "decepção", "fazendo o diabo subir à fantasia e à imaginação as formas e as ideias de um corpo liso, sem membro viril, de maneira a que os sentidos creiam que assim é na verdade das coisas".[82]

---

* O autor emprega a palavra *déception* que, no francês da época em estudo, significa "ação de enganar", sentido que também se encontra no *Dicionário contemporâneo da língua portuguesa*, de Caldas Aulete, no qual se lê: "decepção, s. f. engano, logro". (N. T.)

Então, "a decepção não provém do real, já que o pênis está em seu lugar, mas dos órgãos dos sentidos".[83] *O martelo das feiticeiras* não tem nenhuma dificuldade em explicar, por meio de "ilusões" desse gênero, fatos por outra parte espantosos: um homem que de uma hora para outra se transforma em animal, uma coisa clara que se torna escura, uma mulher velha subitamente rejuvenescida, "assim como após as lágrimas a luz parece diferente do que era antes".[84] A partir daí, parecem relativamente ociosas as discussões entre demonólogos[85] sobre os lobisomens e os transportes aos sabás, já que aquilo que Satã não realiza efetivamente, ele procura fazer com que pareça ter sido obra sua. O importante, então, é armar-se de orações para exorcizar e dissipar as "ilusões" do grande sedutor. Pois crer nessas "ilusões", ir ao sabá em imaginação, graças ao diabo, é pecar tão gravemente quanto ir lá de verdade.

Os quadros de H. Bosch são a ilustração pictórica da crença geral da época nos "jogos enganadores" do diabo. A multiplicidade e o inesgotável burlesco dos seres e dos objetos — sedutores ou horríveis — que Satã faz surgir no universo do pintor flamengo dão a medida de uma angústia coletiva: o homem, acreditava-se, depara continuamente com as armadilhas do inferno, e essas, mesmo "ilusórias", não são por isso menos perigosas. Pois confundem a fraqueza humana, desorientam os espíritos mais precavidos. Às composições inquietantes de H. Bosch corresponde um texto significativo de Lutero:

> Por intermédio de suas encantadoras [as feiticeiras], Satã pode prejudicar as crianças, cegando-as pela angústia do coração, enfraquecendo-as, fazendo desaparecer inteiramente uma criança e tomando o lugar da criança desaparecida no berço [...].
>
> O encantamento não é [...] nada mais que uma maquinação e um jogo enganador do diabo, seja no caso de ele arruinar um membro, como no de atingir o corpo [inteiro] ou então de raptá-lo. Ele também pode muito bem fazer isso aos velhos. Então não é espantoso que assim enfeitice crian-

ças. No entanto, tudo isso na verdade não passa de um jogo. Pois aquilo que desarranjou com seus malefícios, pelo que se diz, ele pode curar. Mas em geral ele cura fazendo parecer que a pessoa tenha recuperado o olho ou um outro membro ferido. Pois não havia ferimento, mas ele zombava dos sentidos daqueles que enfeitiçava ou daqueles que viam suas vítimas, a ponto de eles não pensarem em uma ilusão [...].

Tão grande é a astúcia de Satã e o poder que tem de divertir-se às nossas custas! O que há de surpreendente aí: um vidro [colorido] não muda as nossas sensações e as nossas cores? Ele zomba portanto muito facilmente do homem por meio de seus encantamentos: este último pensa ver então alguma coisa que contudo não vê, escutar uma voz, o trovão, uma flauta ou uma trombeta que no entanto ele não ouve.[86]

A convicção de que o demônio engana continuamente os homens com seus encantamentos atravessou toda a literatura teológica, ou até científica, da Renascença. Calvino ensina que Satã "fabrica ilusões com prodigiosas astúcias para desviar do céu os entendimentos e torná-los pesados neste mundo".[87] A. Paré intitula o capítulo XXIX de seu livro XIX de "Como os demônios podem nos decepcionar", e o seguinte de "As ilusões diabólicas". Del Rio confirma, no final do século XVI, que o demônio, "pai da mentira", pode recorrer "às ilusões e aos prestígios" para fazer crer que realiza prodígios acima de suas próprias forças.[88] Finalmente, como o homem, a uma só vez joguete e espectador das ações demoníacas, não ficaria na incerteza a seu respeito? Como distinguir o real da ilusão? Importa então o visível. Ora, "tudo o que se faz no mundo de uma maneira visível pode ser obra dos diabos". Assim falaram conjuntamente Santo Agostinho e Santo Tomás: discurso mil vezes repetido no começo da Idade Moderna.

Satã, os diabos: o discurso demonológico emprega indiferentemente o singular ou o plural. A ubiquidade da ação diabólica leva a postular não só o extraordinário poder de Lúcifer, mas também a existência de um exército de anjos do mal que obedecem docilmente a seu chefe como os anjos executam as ordens de Deus. Mesmo que o próprio Satã, como acreditam certos teólogos, resida no inferno, seus agentes habitam nosso universo (ai de nós!) ou pelo menos circulam — e circularão até o Juízo Final — entre terra e inferno.[89] Daí uma multiplicação da obra diabólica e uma especialização das competências criminais. Homens de Igreja, protestantes e católicos, ensinam aos alemães do século XVI que há demônios encarregados respectivamente dos calções, das blasfêmias, do casamento, da caça, da bebedeira, da usura, das finanças, da dança, da feitiçaria, da moda, da adulação, das mentiras, dos tribunais etc.[90] Em 1616, um secretário do duque da Baviera, em uma obra de ampla difusão e título significativo, *O império de Lúcifer*, dá a conhecer a geografia desse império. Uma primeira categoria de demônios vive no inferno; uma segunda no ar inferior — o nosso; uma terceira na terra e mais particularmente nas florestas; uma quarta nas águas do mar, dos rios e dos lagos; uma quinta no subsolo; e enfim uma sexta — os *lucifugi* — nas trevas, só se movendo na escuridão.[91] Assim, são propostos aos leitores, com uma imperturbável segurança, sistemas de classificação dos anjos maus. Mas quantos são eles? Alberto, o Grande, afirmara que seu número é conhecido apenas por Deus. Guillaume d'Auvergne declarara contudo que, já que estão por toda parte, são forçosamente muito numerosos.[92] Essa opinião reforçou-se mais tarde. Na *Jerusalém libertada*, Tasso, o grande poeta da Reforma Católica, evoca o exército furioso dos demônios que tenta impedir as cruzadas de tomar a cidade santa. Mas além disso, no século XVI, fornecem-se as precisões numéricas que anteriormente haviam sido prudentemente evitadas. Jean Wier, em seu *De praestigiis daemonum* (1564) calcula que eles são 7 409 127, sob as ordens de 79 príncipes, eles próprios subordinados a Lúcifer. Uma obra anônima publicada em 1581, *Le cabinet du roy de France*, chega a cifras da mesma ordem: 7 405 920 demônios distribuídos entre 72 príncipes, todos obedecendo evidentemente a Satã. Mas para outros autores eles são ainda mais numerosos, e Suarez, em seu tratado *De angelis*, emite a opinião de que cada homem é provavelmente duplicado, desde o momento de sua animação, por um demônio especialmente encarregado de tentá-lo durante toda sua vida.[93] Daí a necessidade correlativa de um anjo da guarda pessoal.

Um documento de meados do século XV[94] sintetiza de maneira esclarecedora o imenso medo que a cultura clerical teve então de Satã e de seus mensageiros. Trata-se do manual de exorcista — o *Livro de Egidius*, deão de Tournai — já mencionado em um capítulo precedente a respeito dos fantasmas. As perguntas a serem feitas ao demônio que perturba uma comunidade humana são espantosamente precisas e ingênuas. O exorcista, e por trás dele toda a Igreja, procura desvendar, graças a esse interrogatório, os mistérios do além, conhecer os meios de ação dos habitantes do inferno e os limites de seus poderes. O homem de Deus dirige-se a seu adversário com uma espécie de humildade: tem tanto a aprender com ele! Até lhe pede conselhos. Tal jogo é evidentemente perigoso. Assim, o exorcista, antes de entrar nisso, deve ter obtido a autorização do Ordinário, ter rezado devotamente "de coração contrito", e ter-se "armado do sinal da cruz":

Perguntas a fazer ao demônio...
   1. Qual é o teu nome?
   2. O que desejas e por que perturbas este lugar mais do que outros?
   3. Por que tomas diferentes aparências?
   4. E por que algumas de preferência a outras?
   5. Fazes isso para aterrorizar as pessoas daqui e os habitantes da cidade? Ou tendo em vista sua destruição? Ou para a sua instrução?
   6. Tens mais hostilidade em relação às pessoas desta cidade do que em relação a outras, ou menos ou a mesma?
   7. Atormentas os habitantes desta cidade mais do que os de outras cidades? E [em caso afirmativo] em razão de qual ou de quais pecados?

8. Atormentas mais os eclesiásticos do que os leigos, e em razão de quais pecados?

9. Os eclesiásticos e os leigos de um e do outro sexo desta cidade consentem mais em tuas sugestões e nas de teus semelhantes do que os das outras cidades, e em quais pecados?

10. Qual é o pecado com o qual tu e teus companheiros mais vos regozijais? E com qual boa obra mais vos entristeceis?

11. Por qual virtude os homens escapam melhor e mais facilmente à vossa tirania?

12. Quando tentais os homens na agonia, para qual pecado os solicitais mais particularmente?

13. Quando alguém morre, tu ou um outro espírito maligno estais presentes, mesmo se o agonizante for um santo?

14. Um bom anjo e santos o assistem, para defender esse justo na partida contra vossos perversos esforços?

15. Essas mistificações que acontecem de tempos em tempos pela ação dessas mulheres que chamamos de "fatais" [as feiticeiras] ou de uma outra maneira e que iludem a ignorância do vulgo são produzidas por um espírito maligno? Ou então, como? E existem tais mulheres, homens ou animais [diabólicos]? Ou um espírito não pode jamais se transformar assim?

16. Podemos obter de nosso Senhor Jesus que ele te afaste deste lugar a fim de que não possas prejudicar ninguém aqui e que te obrigue a fugir para onde não há seres humanos?

17. O que devemos fazer para que assim seja?

18. Como saberemos que nosso Senhor te afastou deste lugar e das outras habitações dos homens?

Realmente paradoxal essa majoração desmedida dos poderes do Maligno: um exorcista se dirige modestamente a ele para se informar dos métodos de Deus.

Jesus chamou Satã de "príncipe deste mundo",[95] disse "Não sou deste mundo [...]. O mundo me odeia", e advertiu igualmente seus discípulos: "Não sois do mundo [...]. O mundo vos odeia".[96] São Paulo foi ainda mais longe, chamando Satã de "o deus deste mundo".[97] Mas, ao longo das eras, os teólogos tenderam a dar à palavra *mundo* uma extensão de sentido que ela não tem na Escritura. Jesus e são Paulo não queriam designar a terra onde vivem os homens nem a humanidade inteira, mas o reino do mal, o mundo das trevas que luta contra a verdade e a vida. Só deste mundo é que Satã é rei. Assim também o evangelho de João fala do Verbo que ilumina "todo homem que vem a este mundo" e designa Jesus como "Aquele que devia vir a este mundo".[98] Mas os homens de Igreja fundiram os dois sentidos da palavra *mundo* e portanto estenderam à totalidade da criação o império do Maligno. Jamais essa confusão semântica, tão carregada de consequências, foi operada com menos espírito crítico do que no começo da Idade Moderna. A imprensa divulgou-a; o temor do fim do mundo aumentou sua credibilidade.

Assim, é preciso corrigir o que Burckhardt escreveu sobre a Renascença. Esta não foi a libertação do homem senão para alguns: Leonardo, Erasmo, Rabelais, Copérnico [...]; para a maior parte dos membros da elite europeia, ela foi um sentimento de fraqueza. A nova consciência de si foi também a consciência mais aguda de uma fragilidade expressa conjuntamente pela doutrina da justificação pela fé, pelas danças macabras e pelas mais belas poesias de Ronsard: fragilidade diante da tentação do pecado; fragilidade diante das forças da morte. Essa dupla insegurança, mais cruelmente sentida do que outrora, foi expressa e justificada pelo homem da Renascença pelo erguimento diante dele da imagem gigantesca de um Satã todo-poderoso e pela identificação da multidão das armadilhas e das artimanhas que ele e seus sequazes são capazes de inventar. As violências que ensanguentaram a Europa dos primeiros séculos da modernidade foram proporcionais ao temor que então se teve do diabo, de seus agentes e de seus estratagemas.

8. OS AGENTES DE SATÃ:
I. IDÓLATRAS E MUÇULMANOS

1. OS CULTOS AMERICANOS

Na época da Renascença, os ocidentais têm a surpresa de constatar que o império do diabo é muito mais vasto do que haviam imaginado antes de 1492. Os missionários e a elite católica em sua maioria aderem à tese expressa pelo padre Acosta: desde a chegada de Cristo e a expansão da verdadeira religião no Velho Mundo, Satã refugiou-se nas Índias, da qual fez um de seus baluartes. Por certo — como vimos no capítulo anterior e como veremos nos seguintes —, ele continua a grassar ferozmente em terra de cristandade. Mas ali, a Igreja vela e quem quer que saiba colocar-se ao abrigo de suas trincheiras espirituais pode repelir as investidas do Maligno. Na América, ao contrário, antes da chegada dos espanhóis, ele reinava como mestre absoluto.[1]

Os teólogos baseiam essa afirmação em uma imagem negra da idolatria. Esta é qualificada de "diabólica"; não é uma forma errônea da religião natural, mas "o começo e o fim de todos os males".[2] Essa tese anti-humanista, contrária ao otimismo religioso de Pico de la Mirandola e de Ficino, foi rejeitada, no século XVI, por alguns religiosos e pensadores iminentes. Para Vitoria, a idolatria dos indígenas é uma calamidade, não um pecado.[3] Também Las Casas considera que ela é mais uma doença do que um vício e, em sua *Apologética historia*, ele a esvazia de seu conteúdo imoral e demoníaco, mostrando que é consubstancial ao homem.[4] No final do século XVI, Montaigne toma categoricamente a defesa das civilizações pré-colombianas.[5] Mas é precisamente na época em que triunfa na América a política de extirpação radical da idolatria, a da "tábula rasa", a ponto de se tornarem suspeitos (nos anos 1570) os escritos do missionário franciscano Sahagun, que se esforçara em descrever, se não em compreender, os costumes e os ritos dos mexicanos.[6] Além disso, para exprimir o dogma cristão, doravante se evitaria utilizar termos extraídos dos idiomas indígenas ou traduzir textos sagrados nas línguas vulgares da América: Satã investiu demasiadamente nelas.[7]

No Peru, Francisco de Toledo, vice-rei de 1569 a 1581, torna-se nesse setor do Novo Mundo o campeão da luta contra a idolatria. Ele, os juristas e os teólogos redescobrem e reagrupam todos os argumentos inventados desde a descoberta da América para justificar a conquista de infiéis não submissos e a pilhagem de seus tesouros: os incas pecaram contra o verdadeiro Deus ao obrigarem as populações a adorar ídolos, fechando-lhes assim o caminho da salvação;[8] além disso, a idolatria é um pecado contra a natureza, pois é acompanhada necessariamente de antropofagia, sacrifícios humanos, sodomia e bestialidade.[9] Tais desvios, assegura Sarmiento de Gamboa, legitimam por si próprios a intervenção e a soberania dos reis da Espanha.[10] Quanto às riquezas que os indígenas ofereciam às suas divindades, eram na realidade consagradas aos demônios; devem portanto pertencer ao rei da Espanha. Pois o verdadeiro Deus não pôde aceitar "a oferenda e o sacrifício da idolatria" — assim argumenta um turiferário de Toledo.[11]

Essas justificações religiosas proporcionavam um reforço decisivo às razões outrora fornecidas por Aristóteles para reduzir à escravidão "aqueles cuja condição natural é a de obedecer aos outros". Em 1545, um humanista e cronista real, Sepúlveda, em seu diálogo *Democrates alter* "sobre as justas causas de guerra contra os índios", servira-se precisamente de Aristóteles para demonstrar a inferioridade natural dos indígenas, oposta à superioridade de seus conquistadores.

Compara agora [escreve Sepúlveda] "com a prudência, a inteligência, a grandeza de alma, a temperança, a humanidade e a religião desses homens [os espanhóis], esses sub-homens [os índios] nos quais mal se encontram traços de humanidade, que não só não têm nenhum saber, mas também não têm o uso nem o conhecimento da escrita, não conservam nenhum monumento histórico salvo uma vaga e obscura lembrança das coisas consignadas em certas pinturas, nenhuma lei escrita, mas certas leis e costumes bárbaros.[12]

Esses "costumes bárbaros" eram especialmente os sacrifícios humanos, que horrorizaram os europeus e lhes forneceram um pretexto cômodo para a escravização dos indígenas. Exceção em seu tempo, Las Casas, sem excluir a ideia de perversões esporádicas, esforçou-se em mostrar que os imoladores de vítimas humanas eram, no Novo Mundo, ínfimas minorias e, além disso, que esses sacrifícios sangrentos tinham um valor religioso. "Na Nova Espanha", lê-se em sua *Apologética historia*, "eles não as comiam de maneira sistemática, pelo que posso saber, mas apenas a carne das vítimas que sacrificavam como coisa sagrada, mais por religião do que por uma outra causa."[13]

Para Las Casas, sacrificar vítimas humanas constitui uma prática imemorial muito difundida que exprime a necessidade de oferecer à divindade o que se tem de mais precioso. Assim, via-se demonstrada a religiosidade fundamental dos indígenas.

Por certo, os sacrifícios humanos deviam ser doravante proibidos. Mas, por outro lado, haviam afirmado conjuntamente Vitoria e Las Casas, os infiéis e os idólatras têm o direito de praticar seus ritos tranquilamente, não podendo ninguém ser obrigado a crer no Deus dos cristãos. No final do século XVI, o padre Acosta mantém — teoricamente — essa tese, mas introduzindo-lhe graves corretivos: ela já não é aplicável em um país cuja evangelização começou, o que é o caso da América. Pois a idolatria constitui então um obstáculo à graça dos evangelhos e incita os neófitos a voltar a seus ritos passados. Impõem-se portanto nesse caso o dever de extirpação e o banimento de toda "superstição diabólica [...], usando-se, se necessário, do poder e da autoridade".[14] A rejeição do liberalismo lacasiano foi também favorecida pelo crescimento do mito de Santo Tomás. Acreditava-se saber na Europa, segundo o testemunho de Evangelhos apócrifos, que ele morrera na Índia. A conquista da América permitiu jogar com os dois sentidos geográficos da palavra *Índia*. Os missionários e seus superiores ensinaram, especialmente no século XVII, que Santo Tomás fora combater a idolatria no Peru e ali fora martirizado.[15] Razão suplementar para não mais tolerar agora a superstição assassina dos indígenas.

O discurso teológico contra a idolatria americana formava um conjunto coerente, uma vez admitido de saída que as religiões indígenas — oráculos, ritos, representações da divindade — são de origem demoníaca. Lopez de Gomara, que foi secretário de Cortez, assegura que os diabos falavam "com frequência e familiarmente" com os sacerdotes e chefes, apresentando-se a eles de mil maneiras, predizendo-lhes o futuro e ordenando-lhes oferecer sacrifícios humanos. Os indígenas, "não sabendo absolutamente que fossem diabos", obedeciam-nos e representavam-nos na forma como haviam se mostrado a eles.[16] Cabia então aos evangelizadores convencer os indígenas de que cada uma de suas divindades e o demônio eram uma mesma coisa. No Peru, eles destacaram Zupay, nome quíchua de um espírito que não era exclusivamente malévolo. Zupay, remodelado pelos colonizadores, tornou-se o equivalente ao diabo europeu.[17] Os espanhóis tiveram a convicção de tropeçar por toda parte, na América, no poder multiforme do Maligno, mas não desconfiaram de que era o seu próprio Lúcifer que haviam levado do Velho Mundo nos porões de seus navios. Ora, o diabo saído da Bíblia é por excelência enganador. Assim, os missionários não se deixaram impressionar pelas analogias que constataram entre os ritos e crenças indígenas e os do cristianismo: jejuns e abstinências, mosteiros femininos, cerimônias semelhantes ao batismo e à comunhão, certas formas de confissão, uma espécie de Trindade na religião peruana etc. Falaram de "paródias" e de "usurpações" demoníacas, salvo se se considerar que Deus, querendo preparar as populações da América para a verdadeira fé, deixara o diabo imaginar essas analogias.[18]

Tendo sido desmascarado Satã — ou Zupay —, os indígenas deveriam e deviam abandonar suas falsas divindades. Pois Deus pune os idólatras. Se ele retirou seu império do Inca, declara um pregador do século XVII, Avendaño, foi porque ele era idólatra; pela mesma razão tirou o seu a Montezuma. E se agora, diz ele a seus ouvintes indígenas, o país está despovoado não é por causa do trabalho forçado nem dos impostos: "Mas vossos pais, embora tenham recebido o santo batismo, não abandonaram os *huacas* e, às escondidas, continuaram a adorar o demônio. É por causa desse pecado de idolatria que os índios estão mortos, e não por excesso de trabalho, pois trabalhavam mais no tempo do Inca [...]".[19]

A idolatria indígena teve portanto costas largas: justificou a colonização e suas pilhagens, e explicou até a destruição demográfica das populações indígenas. Supremo passe de mágica do demônio ocidental: enganou seus mais ferozes adversários fornecendo-lhes em boa hora uma ideologia que os lavava de todos os seus crimes.

Com o diabo europeu, os missionários transportaram para a América seu inferno de chamas onde colocaram sem hesitação todos os indígenas que tinham vivido antes da chegada do cristianismo. O I Concílio de Lima (1551) recomendou aos padres que dissessem aos indígenas que "[...] como todos os seus ancestrais, todos os seus soberanos se encontram agora nessa morada de sofrimentos porque não conheceram Deus, não o adoraram, mas adoraram o sol, as pedras e outras criaturas".[20]

E o pregador Avendaño, já mencionado, interpela os indígenas nestes termos: "Dizei-me agora, meus filhos, de todos esses homens que nasceram nesta terra antes que os espanhóis aqui pregassem o santo Evangelho, quantos se salvaram? Quantos? Quantos foram para o céu? — Nenhum. — Quantos incas foram para o inferno? — Todos. — Quantas rainhas? — Todas. — Quantas princesas? — Todas. Pois adoraram o demônio nos *huacas*".[21]

Para ser mais convincentes, os missionários, como os padres Le Nobletz e Maunoir na Bretanha, apresentavam a seus ouvintes grandes quadros onde estavam representados o paraíso e o inferno. O primeiro acolhia os indígenas convertidos, o segundo seus ancestrais e aqueles que se obstinavam na idolatria. Assustadora aculturação! Traumatizou profundamente grupos humanos "nos quais todo o sistema religioso e sociocultural repousava nos laços de parentesco e no culto dos mortos".[22] Que essa aculturação tenha — ao menos de modo local (por exemplo, na região de Pazcuaro) — atingido seus objetivos, foi o que S. Gruzinski demonstrou brilhantemente graças a uma leitura ao mesmo tempo histórica e etnopsiquiátrica das "visões" de indígenas do México que os jesuítas citaram em seus relatórios dos anos 1580-1620.[23] O que provam esses delírios (de origem alcoólica ou psicótica), que se exprimem por meio das palavras e das imagens cristãs, é que a aculturação ultrapassou o estágio do consciente para penetrar nas profundezas do ser humano. Trata-se portanto de um teste muito mais revelador do que a adoção de influências culinárias, de vestuário ou rituais da religião dos conquistadores. Os delírios desses índios remetem aos sermões dos missionários. Cinquenta e sete "visões" em 99 comportam elementos demoníacos ou repressivos. O paraíso aparece duas vezes menos que o inferno, os eleitos estão três vezes menos presentes que os condenados. Além disso, o anjo da guarda é tão ameaçador quanto reconfortante, e os santos religiosos podem adquirir fisionomias de perseguidores. No total, apenas 35 "visões" em 99 não se revestem de uma tonalidade angustiante, ao passo que as outras exprimem uma religião dualista que enfatiza a ameaça e o castigo. Evidentemente, os visionários revivem cenas que lhes foram descritas não apenas do alto do púlpito, mas que foram tornadas sensíveis graças a uma técnica audiovisual — representações da crucificação, dos demônios e dos anjos; ostensão de crânios etc. Em caso de necessidade, os missionários arriscavam-se para melhor convencer seu público indígena. Como o agostiniano Antonio de Roa, que, no decorrer de suas pregações, submetia-se a toda espécie de maus tratos: humilhando-se por faltas fictícias, fazendo-se despir, ser espancado e ter resina de pinheiro vertida em suas chagas. Na sequência, punham-lhe às costas uma pesada cruz que transportava pisando em brasas. E isso periodicamente. Os neófitos não podiam ficar indiferentes a tais espetáculos. Os relatos jesuíticos notam que, no decorrer dos sermões, os indígenas culpabilizados punham-se a gritar, a suspirar, a soluçar; batiam a cabeça nas paredes e no chão. Essa atmosfera trágica aflorava novamente nos delírios dos indígenas evocados pelos relatórios dos missionários — delírios que retiravam do feiticeiro o monopólio exclusivo da comunicação com o além. Pois a confissão posterior que o visionário fazia ao padre permitia-lhe uma "leitura" cristã daquilo que vira e ouvira e ao mesmo tempo servia-lhe de rito salvador e apaziguante. A consolação vinha após o temor, e da mesma fonte. Percebe-se assim indiretamente, por documentação insólita e graças ao talento de um hábil pesquisador, como o discurso cristão tornava-se assimilável e aceitável para mentalidades indígenas a despeito dos obstáculos linguísticos e conceituais. E advinha-se como mitos e ritos cristãos podem substituir entre os índios os mitos e ritos do período pré-colonial. De todo modo, conscientemente, entre os homens de Igreja, a adesão ao cristianismo devia acarretar obrigatoriamente a renegação, por mais penosa que fosse, de todo um passado religioso.

A Igreja considerava tal ruptura necessária, já que se tratava de um combate entre Deus e Satã, entre os quais era preciso obrigatoriamente escolher. Ora, nessa luta feroz Deus intervinha por meio de milagres em favor dos cristãos. Sua honra estava em jogo e ele mostrava, em múltiplas ocasiões, que era mais forte que seu adversário. Assim, como não se converter?

[Fco. Lopez de Gomara explica:] A principal [causa] que mais induziu os habitantes desse país a deixar suas abominações foi o santo sacramento do altar, cuja presença emudecia o diabo, o qual anteriormente os incitava pela boca, atormentava e ameaçava erguer-se contra nossos homens e sacrificá-los a seu templo como estavam acostumados: coisa que abalava grandemente essas pobres pessoas. A representação da verdadeira cruz fazia o mesmo, como confessou o próprio diabo que, requisitado, por essa razão não compareceu mais. A virtude da água benta foi para isso de grande proveito, como também as boas preces de todo o povo espanhol, que se põe em boa devoção e faz do modo costumeiro procissões para suplicar à Majestade divina que envie água à sua necessidade, ou que a faça cessar, quando necessário, ou para acalmar as doenças de que eles ou seus animais estavam gravemente afligidos, obtinham o que pediam com grande admiração desse povo índio, o qual pensava aliás que essas desgraças e desastres lhes ocorreriam, segundo as promessas e ameaças que seus deuses lhes faziam por não quererem massacrar os poucos cristãos que estavam entre eles e por não quererem mais seguir sua doutrina, ensinamento e religião.[24]

Então é graças ao verdadeiro Deus que um punhado de espanhóis consegue implantar-se no México e difundir a religião cristã. No Peru, ele mostrou igualmente que era o mais forte. Como em Puquira, em 1568: um demônio (alojado em um templo) arruinava as colheitas e dizimava os rebanhos para punir a população por ter aceitado o batismo; chegam dois agostinianos que pedem ao céu um milagre, une os indígenas, faz com que eles amontoem lenha ao redor do templo e ateiem-lhe fogo. "Nesse momento o diabo saiu lançando gritos e urros apavorantes e abalando as montanhas, como se devesse revirar tudo de cabeça para baixo [...]. O templo e a pedra foram queimados até a base sem que restasse nenhum vestígio." Assim, "o partido dos cristãos estava vitorioso e triunfante, o da idolatria abatido, acossado".[25]

Sendo o demônio ao mesmo tempo o inspirador e o objeto das religiões indígenas, era evidentemente necessário destruir os templos, os objetos sacros e os arquivos do paganismo. Essas destruições começaram muito cedo e prosseguiram ainda em pleno século XVII. Desde 1525, o franciscano Martin de la Coruña aniquilou todos os templos e ídolos de Tzintzuntzan, a cidade santa de Michoacán.[26] Um outro franciscano, Pierre de Gand, declara em 1529 que sua grande ocupação com seus alunos consiste em destruir os edifícios e objetos religiosos indígenas. Em julho de 1531, Zumarraga, primeiro bispo do México, calcula que, desde o começo da conquista, destruíram-se na Nova Espanha mais de quinhentos templos e mais de 20 mil ídolos. O soldado Cieza de León, que percorre o Peru entre 1540 e 1550, constata que por toda parte os grandes santuários estão em ruínas. "Deus quis", escreve ele, "que essas pessoas ouvissem o santo Evangelho e que seus templos houvessem sido destruídos."[27]

Ele relata a propósito de Tamboblanco: "Os antigos templos que são chamados geralmente de *huacas* estão todos demolidos e profanados, os ídolos quebrados e o demônio expulso desses lugares [...]. Neles fincou-se a cruz". A propósito de Cajamarca: "Os templos e os *huacas* da região estão desfeitos, os ídolos quebrados". A propósito de Huamachuco: "Todos esses templos estão derrubados e seus ídolos destruídos; foram substituídos por uma cruz para expulsar o demônio".

No mesmo espírito, o I Concílio de Lima (1551) prevê processos de idolatria contra os *hechicheros* (caciques e sacerdotes índios). O II Concílio peruano — ainda em Lima, em 1567 — encarrega os padres de conceder aos índios, publicamente e diante de escrivão, um prazo de três dias para revelar seus *huacas* e seus ídolos. Uma vez localizados, seus adoradores deverão eles próprios demoli-los completamente, "revirando de ponta a ponta o terreno".[28]

Chegando ao Peru em 1570, o vice-rei Toledo decide acabar com a raça dos velhos sacerdotes indígenas que "arrebatam dos jovens a luz da verdadeira religião".[29] A política da "tábula rasa" foi portanto desde o início a linha de conduta espanhola na América. Contudo, durante a segunda metade do século XVI, a Igreja não se alarmou exageradamente com as sequelas do paganismo que subsistiam. Estando os indígenas batizados, adotariam progressivamente o estilo religioso cristão. Mas no começo do século XVI, especialmente no Peru, percebeu-se que os cultos ancestrais subsistiam mais ou menos clandestinamente. Então começaram em 1610 as campanhas de extirpação, cujos tempos fortes situaram-se em 1610-21, 1626, 1649-69. Nomearam-se "visitadores" encarregados de desentocar a idolatria, redigiram-se manuais do extirpador. O aparelho repressivo das visitações reproduziu o da Inquisição, que, na América, não tinha autoridade sobre os indígenas. O registro dos testemunhos, as confissões, a instrução e o desenrolar dos processos seguiam um procedimento análogo ao da Inquisição, excetuado o segredo. Por certo, a pena de morte estava excluída. Em compensação, uma prisão especial (a Casa de Santa Cruz) foi edificada em Lima para os pagãos impenitentes.

A realidade religiosa de hoje na América Latina demonstra à evidência o caráter superficial da cristianização autoritária conduzida outrora pelo poder colonial. No Brasil especialmente, cultos clandestinos subsistiram — e afloraram novamente — entre os indígenas e sobretudo entre os negros trazidos da África. Os escritores e os viajantes dos séculos XVI-XVIII não puderam deixar de assinalá-los. Ao lê-los, percebe-se que o dia pertencia aos brancos e a noite aos escravos. Posto o sol, os caminhos do Brasil se fechavam aos brancos, que se trancafiavam em suas vastas moradas por temor dos escravos. E estes aproveitavam a escuridão para reencontrar e exprimir uma sociabilidade que não podia moldar-se à forma do sistema colonial. Contudo, para praticar com a maior liberdade possível essas liturgias pagãs, os escravos recorreram aos símbolos católicos que exteriormente significavam sua integração à sociedade escravagista e, em profundidade, sua recusa coletiva dessa sociedade. E porque as palavras da língua portuguesa eram suspeitas aos seus olhos e veículos de uma dominação que recusavam, utilizavam poucas palavras em seus cultos, mas um gestual rico de significação. A dança, a música e uma intensa efervescência religiosa alienavam seu apego aos ritos de seus ancestrais e sua vontade de não deixar destruir seu universo cultural. No Brasil, os senhores acabaram por não mais tentar suprimir essas manifestações religiosas. Tendo um viajante do século XVIII parado uma noite na morada de um grande proprietário, este perguntou na manhã seguinte: "Como passastes a noite?". "Bem, quanto à acomodação", respondeu-lhe o convidado. "Mas não preguei o olho." E explicou por que: o alarido de cantos, castanholas, tamborins e outros instrumentos o mantivera constantemente desperto, e "gritos tão horríveis que lhe evocavam a confusão do inferno". Ao que o proprietário retrucou: "Para mim, não há nada melhor do que esse barulho para dormir despreocupado".[29 bis] Reconhecimento de um vasto fracasso.

Impõem-se comparações entre a política de extirpação da idolatria praticada na América no final do século XVI e na primeira metade do XVII e a agressividade que as autoridades demonstravam na Europa, no mesmo momento, no domínio religioso. Observa-se com efeito uma coincidência cronológica entre a grande caça às feiticeiras que ensanguentou o Velho Mundo e a luta sem trégua conduzida além do Atlântico contra o paganismo. De um lado e de outro perseguia-se o mesmo inimigo: Satã, e, evidentemente, servindo-se da mesma linguagem e das mesmas condenações. Os dignitários eclesiásticos convocados pelo vice-rei Toledo em 1570 decidiram que os feiticeiros indígenas batizados, e de fato apóstatas, deviam ser considerados heréticos[30] e poderiam ser punidos com a morte, assim como aqueles que se opusessem à evangelização. Do mesmo modo, os autores do sinistro *O martelo das feiticeiras* haviam desde o prefácio de sua obra indicado o objeto de sua incansável inquisição: "Uma perversão herética surpreendente [...], a heresia das feiticeiras", acrescentando que Satã, "o Velho Oriente", desde a chegada à terra do "Novo Oriente", Cristo, não cessa de infectar a Igreja "com a peste de diversas heresias".[31] Assim, perseguir os "feiticeiros" de um lado e de outro do Atlântico, aprisionar, caçar e queimar heréticos constituíam um único e mesmo combate contra traidores da Igreja. Mas nova coincidência: a grande campanha de extirpação da idolatria no Peru começou em 1610, alguns meses após o edito de Filipe III, que expulsava os mouros da Espanha (4 de abril de 1609). Essas duas agressões estiveram evidentemente ligadas por uma relação de causa e efeito, muito se assemelhando o caso dos mouriscos ao dos indígenas, já que uns e outros continuavam a praticar antigos cultos que deveriam ter abandonado depois do batismo. O mal estava tão profundamente enraizado entre os mouros que os remédios espirituais haviam se tornado inoperantes. Daí a expulsão. Era preciso, escrevia em 1621 o grande "extirpador" Arriaga, evitar no Peru a renovação de semelhante desastre e combater a idolatria enquanto era tempo. Tudo dependeria da intensidade e do poder dos meios de cura que se poriam em ação.[32] E depois — Arriaga não o dizia — como expulsar os indígenas? Então era preciso convertê-los.

Enfim, porque tudo se prende ao jogo demoníaco e porque Satã dispõe de inúmeras tropas para perseguir a Igreja, eis que a ameaça dos protestantes da Europa se fazia sentir na própria América: holandeses e ingleses ladeavam as costas do Chile e corriam o risco de entender-se, contra os espanhóis, com os araucanos idólatras. Essa coalizão diabólica não constituía um perigo para a Igreja — e para a Espanha — no Peru? Dos anos 1580 até a metade do século XVIII, essa "chantagem com o herético" foi frequentemente debatida na América católica. Sem dúvida exagerava-se a gravidade da ameaça. O importante para nós é que se tenha acreditado nela.

2. A AMEAÇA MUÇULMANA

Na América, a cristandade recentemente implantada marcava com sua agressividade o sentimento de insegurança que experimentava diante da idolatria. Mas mesmo na Europa ela se sabia em perigo: a onda turca deixaria um dia de arrebentar na direção do oeste? Os triunfos da "Renascença" e a dilatação ultramarina do Ocidente cristão ocultam muitas vezes esta realidade que coincidiu com as duas outras: a inquietação provocada pelos sucessos otomanos. Comparação significativa: entre 1480 e 1609, imprimiram-se em francês duas vezes mais livros sobre os turcos e a Turquia do que sobre as duas Américas.[33]

No século XVI, o mundo otomano começa às margens do Adriático e se expande por três continentes: de Buda a Bagdá, do Nilo à Crimeia, estendendo mesmo seu protetorado a grande parte da África do Norte. As derrotas cristãs em Kosovo (1389) e em Nicópolis (1396), a tomada de Constantinopla (1453), o fim do pequeno império grego de Trebizonda (1461), a tomada do Egito (1517), a ocupação de Belgrado (1521), o desastre infligido em Mohacs (1526) aos cavaleiros húngaros e a seu rei Luís, que ficou entre os mortos, a anexação metódica das ilhas do Egeu entre 1462 (Lesbos) e 1571 (Chipre) fizeram do sultão um augusto muçulmano. Ao mesmo tempo ele é o sucessor de Maomé, "o servidor das cidades santas". Na Europa, ele domina os Bálcãs e 2/3 da Hungria, Transilvânia, Moldávia e Valáquia lhe pagam tributo. Em 1480, uma força turca desembarcou em Otranto. Mesmo depois de Lepanto (1571), os corsários turcos e berberes continuaram a visitar as costas italianas. Lê-se no diário de viagem de Montaigne, que visitou a península em 1580-1:

> Os papas, e especialmente este [Gregório XIII, 1572-85] mandaram erguer nesta costa de mar [tirrena] grandes torres ou sentinelas, aproximadamente de milha em milha, para guarnecer o desembarque que os turcos aqui faziam, frequentemente, mesmo em tempo de vindimas e tomando gado e homens. Dessas torres, a um tiro de canhão, eles advertiam-se uns aos outros com tão grande rapidez que o seu alarme de súbito voou até Roma.[34]

Em 1453, a queda de Constantinopla provocara um choque psicológico no Ocidente. Aeneas Sylvius Piccolomini, o futuro Pio II, podia dizer melancolicamente:

No passado fomos feridos na Ásia e na África, isto é, em países estrangeiros. Mas agora somos atingidos na Europa, em nossa pátria, em casa. Objetar-se-á que já outrora os turcos passaram da Ásia para a Grécia, os mongóis mesmo se estabeleceram na Europa e os árabes ocuparam uma parte da Espanha após terem transposto o estreito de Gibraltar. Mas jamais havíamos perdido uma cidade ou uma praça comparável a Constantinopla.[35]

É um futuro papa quem assim fala. Na realidade, na Europa cristã, todo mundo teve medo dos turcos? F. Braudel destacou o quanto a conquista otomana nos Bálcãs fora facilitada por uma espécie de revolução social. "Uma sociedade senhorial, dura com os camponeses, foi surpreendida pelo choque e desmoronou por si mesma."[36] Violentos distúrbios agrários tinham por vezes precedido a chegada dos invasores. Ao menos no começo, seu regime foi menos pesado do que aquele que o precedera, exigindo os novos senhores — os *spahis* — mais encargos em dinheiro do que corveias. Foi mais tarde, com o tempo, que a situação camponesa voltou a ficar dura. Mas no século XV e no começo do XVI, inúmeros camponeses emigraram para os territórios controlados pelos turcos nos Bálcãs. Ali aparentemente encontravam condições de vida menos penosas do que nas regiões cristãs que abandonavam.[37] Além disso, no espaço cristão conquistado pelos turcos, o governo otomano "acabou por criar quadros em que os povos da península [Balcânica] tomaram lugar um a um para colaborar com o vencedor e, aqui ou ali, curiosamente reanimar os faustos do Império Bizantino".[38] A partir daí, como evitar as conversões ao Islã? Dentre 48 grão-vizires, de 1453 a 1623, pelo menos 33 foram renegados.[39] No leste asiático do império, os funcionários eram cada vez mais "renegados" progressivamente introduzidos na classe otomana dominante.[40] "Aos milhares" os cristãos — prisioneiros ou desertores — renegaram sua fé para passar ao Islã. Alguns, no final do século XVI e no começo do XVII, foram assunto da crônica: Occhiali, pescador calabrês, tornou-se "rei de Argel" sob o nome de Euldj Ali; Cicala, "renegado" siciliano, capturado criança no navio de seu pai, corsário cristão, e que foi almirante e depois ministro da Guerra do Sultão. Mas ao lado desses casos ilustres, quantos fatos mais obscuros, porém significativos, esparsos nas crônicas da época: epidemias de deserção nas guarnições espanholas dos presídios da África do Norte, número importante de renegados portugueses em Ormuz e na partida de Goa, fuga dos cristãos sicilianos em direção às costas berberes, expedição marroquina de 1591 para Tombuctu conduzida por renegados espanhóis.[41] Até os religiosos que são por vezes tomados pela vertigem da conversão ao Islã já que, em 1630, o padre Joseph será aconselhado a chamar de volta os capuchinhos disseminados no Levante "por medo de que se façam turcos".[42] Enfim, os técnicos cristãos ajudaram na modernização (parcial) do exército turco. Em 1573 um francês assegurava, exagerando, contudo, e esquecendo o papel dos judeus: "Os turcos adquiriram, através dos renegados, todas as superioridades cristãs".[43] Assim:

> [...] da Córsega, da Sardenha, da Sicília, da Calábria, de Gênova, de Veneza, da Espanha, de todos os pontos do mundo mediterrâneo, renegados foram para o Islã. No outro sentido, nada de análogo.
>
> Inconscientemente talvez, o turco abre suas portas e o cristão fecha as suas. A intolerância cristã, filha do número, não chama os homens; repele-os [...]. Tudo parte na direção do Islã, onde há lugar e proveitos.[44]

Peça inesperada a ser incorporada ao dossiê dos comportamentos "cristãos" em relação aos turcos, eis aqui um lamento veneziano composto por volta de 1570. Ele põe em cena dois pescadores que se queixam amargamente do governo de sua Sereníssima e chegam a desejar uma vitória dos otomanos sobre sua própria pátria:

"MARINO: Mas como Deus não quer que o reino do Tirano
[o senado]
Pese demasiadamente sobre o mundo, ele preparou
Para fazer justiça o turco e o grande sultão.
"VETTORE: Este toma o que eles tomaram
E lhes prepara guerras e sofrimentos
Para lhes pespegar um bom golpe na cabeça.
"MARINO: Então seremos seus irmãos muito queridos
E eles virão conosco, de traseiro nu, pegar
Caranguejos moles, lagostas, douradas.
"VETTORE: Eles não chamarão mais os pobres
De cornudos, de imbecis, de ladrões nem de cachorros
E não lhes lavarão mais os olhos com suas cusparadas".[45]

Palavras ácidas, por certo, e aspirações de deserdados à vingança. Mas o próprio governo veneziano não combate os turcos senão por intermitências quando suas possessões do Oriente são atacadas. De outro modo, prefere comerciar. Se no entanto um conflito não pôde ser evitado, negocia desde que possível. Vêmo-lo bem em 1540, depois novamente em 1573, dezoito meses após Lepanto, quando Veneza, abandonando duas "santas ligas" sucessivas, faz a cada vez uma paz separada com a Porta. Em Roma e na Espanha, denuncia-se a "traição". Mas a Sereníssima conhece em primeiro lugar seu interesse. Além disso, toda espécie de laços a unem há muito tempo ao mundo otomano fora dos períodos de guerra. Gentile Bellini, pintor oficial dos doges, é enviado pela senhoria em 1479 para junto de Maomé II, de quem faz o retrato e que o agradece atribuindo-lhe um título de nobreza. Porque as influências orientais são amplamente acolhidas em Veneza, Carpaccio, pintando o martírio de santo Estêvão, faz de Jerusalém uma cidade faustosa, onde circulam personagens de turbantes, e em 1547 aparece na cidade da laguna a primeira tradução italiana do Corão.

São Francisco I e seus sucessores entenderam-se com os turcos para tentar atacar os Habsburgo pela retaguarda — não tinham realmente medo do perigo otomano e, consequentemente, não tinham consciência de "trair" a cristandade. A constante desunião desta diante dos avanços dos infiéis revela, no plano das mentalidades, que mesmo nas classes dirigentes não se partilhavam senão intermitentemente as angústias do papado. Lembremo-nos, na segunda metade do século XV, dos esforços infrutíferos de Nicolau V, Calixto II, Pio II, Sexto IV etc. em promover uma cruzada coerente e poderosa. No congresso de Mântua convocado com esse objetivo em 1459, Pio II declara tristemente:

> Dormimos um sono profundo [...]. Fazemos a guerra entre nós e deixamos os turcos livres para agir à vontade. Pelos motivos mais fúteis, os cristãos correm para as armas e se entregam a sangrentas batalhas; e, quando se trata de combater os turcos que lançam a blasfêmia à face de nosso Deus, que destroem nossas igrejas, que não querem nada menos do que aniquilar o nome cristão, ninguém consente sequer em erguer a mão. Na verdade, todos os cristãos de nossos dias esquivaram-se, todos se tornaram servidores inúteis.[46]

Pio II morreu cinco anos mais tarde em Ancona, desencorajado: esperava os contingentes cruzados que não vinham. Alguns anos antes — em 1456 —, a universidade de Paris, protegendo-se atrás da Pragmática Sanção, opusera-se à cobrança na França do dízimo para a cruzada e o duque de Borgonha guardara para si as somas recolhidas em seus Estados nessa ocasião.[47] Atitude significativa também é a do clero espanhol em 1519: Leão X e Carlos V acabavam de concluir um acordo ofensivo contra os turcos conforme o projeto de cruzada cristã decidido pelo V Concílio de Latrão. Esse tratado previa, como de hábito em semelhante caso, o levantamento de dízimos. O clero da Espanha recusou unanimemente pagá-los, já que no momento a cristandade não estava sendo atacada. Roma colocou o país em interdito; depois, a pedido de Carlos V, revogou essa punição.[48] Foi só mais tarde, no século XVI, que o medo dos muçulmanos apoderou-se dos espanhóis.

Longa é a lista dos casos de não assistência às nações cristãs ameaçadas pelos turcos. Por duas vezes nas dietas de Spira e de Nuremberg, em 1523 e 1524, delegados húngaros imploraram a ajuda militar do império. A cada vez, os alemães responderam por uma denegação, ao menos de imediato.[49] Ora, Belgrado caíra em 1521, e em 1526 foi o desastre de Mohacs. É verdade, em contrapartida, que os franceses contribuíram em 1664 para a vitória de São Gotardo, e os poloneses de Jean Sobieski para a retirada do cerco de Viena em 1683. É verdade também que a Europa se sentiu — um pouco — tocada pela longa resistência veneziana em Cândia (1665-9) e fez alguns gestos. Contudo, os 6 mil franceses enviados bem tardiamente por Luís XIV (em 1669) foram reembarcados quase imediatamente, quando mais se tinha necessidade deles. Por diferentes caminhos historiográficos, vamos ao encontro portanto do diagnóstico de M. P. Gilmore: na Europa, foram indiferentes ao perigo turco todos aqueles que não estavam diretamente ameaçados por ele.[50]

Quem então sentiu essa ameaça? No plano local, populações que estavam em contato com a violência muçulmana; no plano geral, em primeiro lugar e sobretudo, os homens de Igreja para quem a religião cristã estava em perigo.

Os pontos quentes do confronto no final do século XV e em todo o decorrer do século XVI se situaram nas costas italianas, nas fronteiras, e até no interior do império e no sul da Espanha. Nesses três setores, o medo dos maometanos — turcos ou berberes — foi vivido nas diferentes camadas da sociedade. A tomada de Otranto em 1480 foi acompanhada pelo massacre de vários milhares de cristãos em condições abomináveis. Sem dúvida existe uma relação entre esses horrores e a insistência nova de certas escolas de pintura, especialmente a de Siena, no *Martírio dos santos inocentes*.[51] A lembrança dessa carnificina, reavivada pelas contínuas incursões dos navios inimigos, explica que no século XVI se tenha febrilmente equipado as costas sicilianas e napolitanas com torres e fortalezas.

Na Hungria, o avanço turco provocou o pânico. Após a derrota de Mohacs, boa parte da população de Bude (cidade de 8 mil habitantes) fugiu. Os camponeses da planície tentavam esconder seus filhos quando os otomanos chegavam a uma aldeia. Na parte do país ocupada pelos invasores, de 5 a 10% dos habitantes teriam perecido.[52] Assegurava-se na Alemanha que o sultão, após a vitória de Mohacs, mandara cravar diante de sua tenda 2 mil cabeças à guisa de troféus e que 80 mil prisioneiros haviam sido massacrados.[53] Em Viena, esperava-se com terror a chegada dos bárbaros. Quando os turcos "homicidas e incendiários" entraram em Linz em 1529 [...], os habitantes de Estrasburgo apavoraram-se. No império, relatos e imagens dramáticas alimentavam o medo. As gravuras de E. Schoen (1530) mostravam mercados turcos onde se vendiam prisioneiras cristãs nuas, e crianças empaladas ou cortadas em dois pelos soldados do sultão.[54] As apreensões alemãs explicam que, a despeito das desconfianças recíprocas, dos regateios e dos atrasos, de um jeito ou de outro os príncipes do império, católicos e protestantes, forneceram a seu soberano os recursos financeiros e militares de que precisava para enfrentar o perigo turco.

Na Alemanha, o infiel está nas fronteiras. Mas na Espanha ele está nos próprios muros da cidade cristã, prestes a pactuar com os berberes que chegam de improviso. No entanto, no século XVI, todos os muçulmanos da Espanha tornaram-se, em princípio, cristãos. Em 1499, os mouros de Granada tinham sido convertidos por ordem governamental. A medida estendera-se em seguida ao conjunto de Castela, depois aos países da coroa de Aragão (1526). Mas, nestes últimos, os cristãos-velhos haviam se antecipado à decisão real e batizado à força, por massas inteiras, seus compatriotas muçulmanos.[55] De fato, os convertidos conservam sua língua e sua arte de viver (costumes, banhos muçulmanos, casas enclausuradas), celebram seu culto clandestinamente, recusam-se a comer toucinho, a beber vinho, a casar-se com cristãos ou cristãs. E, quando piratas berberes de Argel, de Tetuão ou de Salé desembarcam, levando suas razias até bem longe no interior, eles os ajudam, pilham e matam com eles. Em 23 de agosto de 1565, quatrocentos berberes com bandeiras e tambores chegam até Orjiva (vertente sul da Serra Nevada). Acolhidos de braços abertos pelos mouriscos, destroem as casas dos cristãos, investem contra a igreja, pisoteiam o santo sacramento e reembarcam dois dias depois, levando quinze cativos. Em setembro do ano seguinte, 350 piratas de Teutão chegam a Tabernas (no norte de Almeria), semeando o pânico entre cristãos, mas recebidos como irmãos pelos mouriscos. Matam os padres e os estalajadeiros e voltam para o mar com 44 cativos. Seiscentos voluntários seguem seus passos e emigram para a África do Norte.[56] Na região de Almeria, os mouriscos constituem então 90% da população, não ficando os cristãos em segurança senão ao abrigo das muralhas urbanas; na região de Málaga, contam-se 50% de mouriscos. Mais ao norte, estes representam quase um terço dos habitantes da região valenciana: 31 715 fogos, em 1609, contra 65 016 dos cristãos-velhos.[57] Por toda parte onde os dois povos estão misturados, reina uma situação colonial: os mouriscos são relegados aos arredores das cidades e às terras ruins do planalto. Como ódio e medo recíprocos não oporiam essas duas sociedades imbricadas uma na outra: a vitoriosa e a vencida?

À medida que se firmou no Mediterrâneo o domínio naval dos turcos e dos berberes, o temor do perigo otomano aumentou na Espanha no decorrer do século XVI. Ele está no auge quando eclode, no Natal de 1568, a guerra de Granada, "guerra religiosa", "guerra de civilizações inimigas",[58] que sacode todo o reino. Na verdade, o governo de Madri esperava essa sublevação. Sabendo da conivência entre mouriscos e muçulmanos do exterior, ele acredita remediar o mal obrigando os primeiros a vestirem-se como espanhóis e a falar castelhano, depois deportando-os para o interior. Essas decisões tomadas desde 1566 explicam a revolta de 1568. Sete meses antes da eclosão da revolta, o embaixador da França as transmite a seu rei e explica lucidamente seu motivo, o medo:

> A respeito, Senhor, do alarme de Granada sobre o qual vos escrevi, não foi outra coisa senão um medo que tiveram dos mouriscos naturais do país; os quais, porque se verificou, tinham entendimento com o rei de Argel [...]. Esse rei (da Espanha) quer por boas e grandes considerações que eles se vistam à espanhola [...] e quer mais, que falem espanhol e não algaravia. Fala-se em retirar toda a dita geração fora do dito reino e transportá-la para a Galícia e para as montanhas, tão afastados uns dos outros que não possam conspirar aqui perto com os mouros, e em seu lugar recolocar galegos e montanheses [...].[59]

A revolta eclode em consequência de rixas entre mouriscos e cristãos-velhos. O Albaicin, a Granada indígena, não se move. Mas a sublevação se propaga na serra Nevada e dura quase dois anos. Os revoltosos, no auge do combate, são pelo menos 150 mil, dos quais 45 mil armados. Berberes — 4 mil talvez? — combatem em suas fileiras. Entretanto, em janeiro de 1570, Euldj Ali apodera-se de Túnis e em julho os turcos desembarcam em Chipre: provas evidentes da conivência entre todos os muçulmanos do circuito mediterrânico. Para os espanhóis, o inimigo está então ao mesmo tempo fora e dentro, um e múltiplo. Para reduzir a rebelião de Serra Nevada (e impedir que se alastrasse para a região valenciana), é preciso enviar um chefe de guerra — dom Juan da Áustria — e convocar tropas de Nápoles e da Lombardia. Quando o fogo se extingue, as autoridades empreendem a deportação para Castela de cerca de 70 ou 80 mil mouriscos: os das terras baixas que forneciam víveres aos revoltosos.[60] A operação é efetuada em novembro em meio ao vento, à chuva e à neve. Vinte mil deportados morreriam no caminho. Em sentido inverso, chegam cristãos-velhos para colonizar as melhores terras do antigo reino de Granada.

Será que não se deslocou o problema sem resolvê-lo? Eis agora mouriscos no próprio coração da Espanha: em Toledo especialmente. Quanto àqueles, numerosos, que vivem em Sevilha, não estão prontos a facilitar eventuais incursões inglesas? Em Valência, há as mesmas inquietações. De modo que a vitória de Lepanto (1571), por mais importante que tenha sido no Mediterrâneo, não fez desaparecer na Espanha o medo do perigo muçulmano. O mourisco permanece inassimilável, pois está ligado a um mundo infiel, hostil ao nome cristão. O atestado dessa confissão de impotência é a grande expulsão de 1609-14: cerca de 275 mil indivíduos dos mais ou menos 8 milhões de habitantes que a Espanha contava[61] — 3,4% da população. Como se a França atual de repente se privasse de 1 800 000 pessoas. Era preciso nada menos do que isso para não ter mais medo em casa.

Mas, fora das zonas de contato localizadas acima, os ocidentais, no começo da Idade Moderna, não temeram verdadeiramente o perigo muçulmano; não o bastante, em todo caso, segundo o gosto dos homens de Igreja. Eis-nos portanto, quando se deixam as fronteiras inflamadas, diante do caso exemplar de um medo vindo de cima, que os responsáveis pela religião se esforçam em inculcar em populações no mais das vezes reticentes. O sentimento de que a cristandade estava sitiada, são eles sobretudo que o experimentam. Existiu mesmo, em todo o decorrer do século XVI — e ainda depois — uma sensível defasagem de tom, na cultura escrita, entre dois discursos relativos aos turcos. Geógrafos, historiadores, viajantes, políticos e moralistas esforçam-se em compreender o adversário, admiram as leis e o exército do Império Otomano. O irenista Guillaume Postei (que é também um grande orientalista) não é portanto o único a apresentar uma descrição leal e objetiva do mundo turco. O historiador Paolo Giovio escreve que "Suleimã está inclinado para a religião e para a liberalidade".[62] Na *Cosmografia* de Münster, lê-se que os "turcos são grandes executores de justiça".⁶³ O naturalista e médico Pierre Belon afirma que os muçulmanos são pessoas "pacíficas em todos os seus assuntos".⁶⁴ O espanhol Laguna, ao dedicar a Filipe II sua *Viagem à Turquia* (1557), parece, no texto preliminar, ceder à paixão antiotomana de seus compatriotas. Mas logo se revela que, comparando a Turquia à Espanha, o autor louva a primeira e fustiga a segunda.⁶⁵ Quanto a Bodin, a Montaigne e a Charron, admiram em comum a disciplina do exército turco, a sobriedade de seus soldados e concluem que a "república" que alcança tantas vitórias não pode ser senão "bem ordenada".⁶⁶

Por certo, algumas dessas análises sem paixão e dessas descrições objetivas puderam contribuir para reforçar o medo aos otomanos. Para Montaigne, "o mais forte Estado que se apresenta ao mundo no momento é o dos turcos".⁶⁷ E cabe a Charron exagerar: "O maior e mais poderoso Estado e império que existe agora no mundo é o do Grande Senhor que, como um leão, se faz temer por toda a terra e recear por todos os príncipes e monarcas do mundo".⁶⁸ No entanto, se a Igreja insistiu tanto no perigo turco, foi aparentemente porque sentia a inércia das populações — e isso talvez mesmo na Europa central ameaçada, onde toda uma parte da Hungria manifestou duradoura hostilidade em relação aos Habsburgo. Na metade do século XV, Calixto III, assustado com os sucessos de Maomé II, ordenou que a cristandade inteira recitasse cotidianamente o ângelus para implorar ao céu contra a ameaça otomana. Na Alemanha, por ordem de Carlos V, as populações católicas e protestantes ouviram soar todos os dias, ao meio-dia, o "sino dos turcos", que lhes lembrava a permanência do perigo.⁶⁹ Em 1571, Pio V instituiu um jubileu solene e preces públicas a fim de implorar a proteção divina para a frota que ia encontrar a do sultão. Ele próprio sujeitara-se a severas penitências. Informado da notícia de Lepanto, criou imediatamente uma festa de Nossa Senhora das Vitórias, que Gregório XIII fez então celebrar, sob o nome de festa do Rosário, a cada primeiro domingo de outubro, em todas as igrejas providas de um altar do rosário.⁷⁰ Lepanto marcou assim uma data importante na difusão do culto mariano. Além disso, desde 1572, apareceram inúmeras *epinicies* (cantos de vitória), compostas sobretudo nas universidades jesuítas. Quadros representaram a Virgem vitoriosa sobre o turco; ostensórios barrocos exaltaram a cruz triunfante do crescente.[71] Após a libertação de Viena em 1683, o estandarte tomado ao grão-vizir foi enviado a Inocêncio XI e suspenso acima do pórtico principal de São Pedro. Tendo a vitória sido alcançada no trigésimo dia depois da Assunção, o papa estendeu à Igreja universal uma festa de ação de graças em honra do santo nome de Maria, a ser celebrada dessa data em diante sempre nesse dia.[72] Nas regiões da Alemanha que o avanço turco de 1683 ameaçara, cantos religiosos, quadros, peregrinações, suntuosos santuários barrocos exprimiram o alívio e a alegria da Igreja.

Quem não vê, consequentemente, o papel essencial desempenhado pelo clero no longo combate contra os turcos? As crueldades dos infiéis são constantemente descritas nos sermões e figuram nas sequências das missas *contra turcos*. São compostas orações nas quais se suplica a Deus que salve a cristandade da invasão pagã. O avanço otomano é citado pelos pregadores ao lado dos outros flagelos — epidemias, fome, fogo, inundações. Com base em Daniel e em Ezequiel, anuncia-se o fim próximo do mundo pelas mãos dos turcos. E, já que o Corão está traduzido em latim, os teólogos põem todo o empenho em criticar as doutrinas do Islã.[73] Não nos surpreendamos, portanto, de encontrar membros do clero, sobretudo religiosos, nos diversos fronts da luta contra o turco. No momento em que Jean Hunyadi defende vitoriosamente Belgrado em 1456, o franciscano italiano João de Capistrano é a alma da resistência.[74] Proclamando uma nova cruzada em 1463, Pio II despacha para toda a Europa pregadores, sobretudo franciscanos, para comover as multidões.[75] Em Mohacs, perecem dois arcebispos e cinco bispos.[76] No tempo de Pio V, capuchinhos são os capelães da frota cristã. Por ocasião do cerco de Viena em 1683, Marco d'Aviano, ainda um capuchinho, torna-

-se célebre na cidade por seus sermões sobre a penitência. E, na França, o que encontramos no século XVII entre os exaltados que ainda sonham com cruzadas? O padre Joseph — sempre um capuchinho —, sustentáculo das "milícias cristãs" de Charles de Gonzague e autor de uma tardia *Turciade*. As duas frações mais atuantes da Igreja católica renovada — jesuítas e capuchinhos — parecem ter sido também os inimigos mais zelosos do infiel.

No século XVI, os escritos de Erasmo e de Lutero ilustram bem o papel que os homens de Igreja mais conscientes desempenharam diante do perigo turco e da representação que dele faziam. Por certo, ambos pertenciam ao império diretamente ameaçado pelas vitórias do sultão. Essa carteira de identidade certamente explica em parte sua atitude diante desse perigo. Porém, mais ainda, eles desejavam, cada um com seu estilo próprio, ser guias para os cristãos de seu tempo. Cabia-lhes portanto em primeiro lugar alertar uma opinião sempre prestes a entorpecer-se e a esquecer o dever de solidariedade.

> Raça bárbara, de uma obscura origem [escreve Erasmo em 1530], com quantos massacres [os turcos] não afligiram o povo cristão? Que tratamento selvagem não usaram eles contra nós? Quantas cidades, quantas ilhas, quantas províncias não foram arrancadas à soberania cristã? [...] E já a situação parece ter adquirido tal aspecto que, se a direita de Deus não nos protege, ela parece prenunciar uma pronta ocupação de todo o resto do mundo cristão [...], pois, além do fato de que devemos considerar essas desgraças como sendo comuns a todos em virtude da comunidade de nossa religião, é de se temer que na realidade se tornem para todos nosso quinhão comum. Quando queima a parede da casa vizinha, vossos próprios bens estão em perigo, mas, com mais forte razão, é a cidade inteira que está em perigo quando o incêndio atinge qualquer moradia. É preciso então enviar socorro.[77]

Também Lutero, em 1539, quando os infiéis "se dirigem para a Alemanha pela Polônia", surpreende-se com a placidez de seus compatriotas. "É uma grande desgraça que permaneçamos na segurança, vendo-o [o turco] como um inimigo comum, tal como o seria o rei da França ou o rei da Inglaterra."[78]

A explicação constante que sustenta o discurso teológico quando ele trata do perigo otomano é a de que este é o justo castigo merecido pelos pecados da cristandade. Erasmo afirma que Deus "envia os turcos contra nós como outrora enviou contra os egípcios as rãs, os mosquitos e os gafanhotos [...]. É a nossos vícios que eles devem sua vitória".[79] E Lutero o confirma em sua *Exortação à prece contra o turco*: "Em suma, é quase como antes do dilúvio (Gênesis 6): Deus olhou a terra e eis que ela estava corrompida; pois toda carne corrompera seu caminho sobre a terra".[80] O mesmo raciocínio conduz senhores de Berna a proibir em 1543 "todas as danças, tanto de bodas como outras [...] em conjunto todas as canções frívolas [...] e toda algazarra, gritos e urros [...]", em razão das recentes vitórias turcas: "Fatos [...] muito perigosos, que o Senhor nos envia por causa de nossos pecados".[81] Esse leitmotiv terá vida longa. No sexto livro do tratado *De veritate religionis christanae*, de Grotius (1627) — uma obra que teve numerosas reedições em diversas línguas —, as vitórias dos turcos são sempre apresentadas como um castigo de Deus.[82] Essa leitura dos acontecimentos, que não era apenas protestante, permanecia familiar aos cristãos da época.

Assim, Erasmo e Lutero dão como principal instrução aos cristãos ameaçados pelos turcos emendar-se.

"Se", escreve o primeiro, "desejamos ter êxito em nossa empresa de livrar nossa garganta do aperto turco, ser-nos-á necessário, antes de expulsar a raça execrável dos turcos, extirpar de nossos corações a avareza, a ambição, o amor da dominação, a boa consciência, o espírito de deboche, o amor da volúpia, a fraude, a cólera, o ódio, a inveja [...]."[83] O segundo compara os cristãos do século XVI aos habitantes de Nínive e, dirigindo-se aos pastores, diz-lhes: "[...] Pregadores, exortemos com zelo [...] primeiramente o povo ao arrependimento".[84]

Contudo, a despeito da comunidade do diagnóstico — e do remédio pelo arrependimento —, Erasmo e Lutero se separam sobre vários outros pontos. Lutero, quando fala dos turcos, associa-lhes quase sempre o papa e o diabo, e até "o mundo e a carne".[85] Para ele, existe uma aliança objetiva entre uns e outros — complô satânico que ataca o mundo cristão enfraquecido e pecador, ao mesmo tempo por meio dos exércitos otomanos, da idolatria romana e de toda espécie de tentações corruptoras. Se alguém teve o sentimento de que a cristandade era uma cidade sitiada, foi Lutero — e sitiada pelas forças desenfreadas do inferno. Assim, ele chegou à conclusão paradoxal, expressa em vários escritos de 1529, 1539, 1541, de que só as armas espirituais têm possibilidade de ser eficazes, pois que não se trata de combater homens mas demônios:

> E se vós vos puserdes em campanha, agora, contra o turco, estejais absolutamente certos, e não duvideis, de que não lutais contra seres de carne e osso, em outras palavras homens [...]. Ao contrário, estejais certos de que lutais contra um grande exército de diabos [...]. Assim, não confieis em vossa lança, em vossa espada, em vosso arcabuz, em vossa força ou em vosso número, pois os diabos não se importam com isso [...]. Contra os diabos, é preciso que tenhamos anjos junto de nós; é o que advirá se nos humilharmos, se suplicarmos a Deus e se tivermos confiança em sua Palavra.[86]

Erasmo jamais foi invadido pelas angústias obsidionais de Lutero. Contudo, a escalada do perigo turco levou-o a modificar seu pacifismo integral do começo e a aceitar, nesse caso particular, a necessidade de uma guerra defensiva, após ter evidentemente esgotado todas as possibilidades de negociações e ter tomado a resolução de comportar-se como cristão, mesmo em relação a inimigos tão temíveis. Seu tratado *De bello Turcis inferendo* (1530) exprime essa posição ao mesmo tempo nuançada e realista da qual está ausente a visão escatológica de

Lutero.[87] Ele o redige precisamente para responder a um escrito de Lutero, *Von Kriege wider die Turcken* (1529). Erasmo mantinha relações epistolares com humanistas da Áustria, da Hungria e da Polônia e ficou vivamente impressionado com a derrota de Mohacs e com o sítio de Viena em 1529. Além disso, o círculo de Carlos V lhe pedira sem dúvida que reagisse publicamente contra o derrotismo de Lutero. O debate entre os dois homens a respeito dos turcos é em todo caso revelador para nós, pois destaca os meios — sobretudo intelectuais e religiosos — mais sensibilizados para a ameaça otomana, além de colocar face a face um Erasmo muito inquieto, mas que conserva a cabeça fria, e um Lutero no qual a angústia chega ao pânico: se a cidade cristã é atacada por Satã, só Deus pode defendê-la.

9. OS AGENTES DE SATÃ
II. O JUDEU, MAL ABSOLUTO

1. AS DUAS FONTES DO ANTIJUDAÍSMO

No momento em que Lutero confessava seu imenso medo do perigo turco, enfurecia-se também contra os judeus que, em um primeiro tempo, esperara conquistar para o Evangelho. A simultaneidade das duas denúncias não era fortuita. Ao contrário, ela esclarece uma situação histórica. Na Europa ocidental, o antijudaísmo mais coerente e mais doutrinal se manifestou durante o período em que a Igreja, percebendo inimigos por toda parte, sentiu-se presa entre os fogos cruzados de agressões convergentes. De modo que, no começo da Idade Moderna, o temor aos judeus se manifestou sobretudo no plano religioso. Foi a cultura no poder que parece tê-lo então alimentado.

Tal afirmação não visa simplificar um fenômeno complexo. Outrora, assim como no tempo de Hitler, o antijudaísmo teve dois componentes que muitas vezes se somaram: de um lado, a hostilidade experimentada por uma coletividade — ou por uma parte desta — em relação a uma minoria empreendedora, considerada inassimilável e capaz de ultrapassar um limiar tolerável no plano do número ou do êxito, ou nos dois ao mesmo tempo; e, do outro, o medo sentido por doutrinários que identificam o judeu com o mal absoluto e o perseguem com seu ódio implacável mesmo quando ele foi repelido para fora das fronteiras. Mas afirmar que o discurso ideológico não foi senão a expressão teórica — uma superestrutura — dos sentimentos populares e de uma situação econômica e social seria limitar e empobrecer a realidade. Do mesmo modo que o racismo hitlerista deu ao antissemitismo alemão do começo do século XX uma agressividade e uma dimensão novas, assim também o temor ao judeu — verdadeiro "racismo religioso" — experimentado pela Igreja militante entre os séculos XIV e XVII, numa psicose de cerco um pouco comparável, não só exacerbou, legitimou e generalizou os sentimentos hostis em relação aos judeus das coletividades locais, mas ainda provocou fenômenos de rejeição que, sem essa incitação ideológica, sem dúvida não se teriam produzido. Reencontra-se então um juízo já enunciado por H. C. Lea quando ele escrevia no começo de sua monumental *History of the Inquisition of Spain*: "Não é exagerado dizer que a Igreja foi a principal ou mesmo a única responsável pela multidão de sevícias sofridas pelos judeus no decorrer da Idade Média".[1] E acrescentarei esta emenda: mais ainda durante a Renascença.

No entanto, por muito tempo a historiografia só teve olhos para as manifestações do antijudaísmo popular. E é verdade que este existiu, principalmente nas cidades (mas com episódios sangrentos no mais das vezes anteriores ao século XVI). Os pogroms que acompanharam a peste negra na Alemanha e na Catalunha e as violências de que os judeus foram vítimas em Paris e no resto da França com o advento de Carlos VI (1380) revelam, no plano local, os ressentimentos de uma população — ou antes de uma fração desta — em relação aos israelitas. Usurários ferozes, sanguessugas dos pobres, envenenadores das águas bebidas pelos cristãos: assim os imaginam frequentemente os burgueses e o povo miúdo urbano no final da Idade Média. Eles são a própria imagem do "outro", do estrangeiro incompreensível e obstinado em uma religião, dos comportamentos, de um estilo de vida diferente daqueles da comunidade que os recebe. Essa estranheza suspeita e tenaz aponta-os como bodes expiatórios em tempos de crise. Inversamente, muitas vezes aconteceu — por exemplo na Espanha e na Alemanha no decorrer da peste negra, mas também na Boêmia no século XVI e na Polônia no século XVII — que soberanos e nobres tomassem a defesa dos judeus contra a cólera popular. Do mesmo modo, os papas tiveram por muito tempo uma atitude de compreensão em relação a eles.

Por outro lado, como não observar que invejas e razões de queixas econômicas e financeiras motivaram, em mais de um caso, ações antijudaicas pontuais nas quais as acusações de ordem religiosa não serviam senão de pretexto? Como em Veneza no final do século XIV. Após a desgastante guerra de Chioggia (1378-81), era preciso ajudar os cidadãos da Sereníssima a pagar os empréstimos forçados, reanimar as transações, atrair dinheiro novo. Em 1382, o Senado autorizou os penhoristas, judeus essencialmente, a instalarem-se na cidade. Mas, doze anos mais tarde, anulou essa permissão. Pois "toda a riqueza mobiliária dos venezianos corria o risco de fugir para as casas" dos israelitas. Estes eram acusados, além disso, de recusar empréstimo a qualquer um que não pudesse depositar como penhor ouro, prata ou pedras preciosas.[2] De fato, a expulsão não foi realmente aplicada e uma importante colônia judia se manteve em Veneza. A primeira sublevação anticonverso da Espanha, a de Toledo em 1449, desencadeada na origem por um anônimo comerciante de odres, teve por motivo inicial um brusco aumento de impostos tornado necessário pela guerra contra Aragão. O furor popular acusou alguns ricos comerciantes judeus convertidos ao cristianismo — conversos — de serem os instigadores desse imposto.[3] Em Praga, no século XVI, os artesãos (em particular os peleteiros) e uma boa parte da rica burguesia várias vezes demandaram a expulsão da importante colônia israelita instalada na cidade. Ela era acusada de exportar dinheiro para fora da Boêmia, de emprestar a taxas usurárias e de haver tentado em várias ocasiões incendiar a cidade.[4] Mais geralmente, a ascensão dos comerciantes cristãos na economia ocidental a partir do século XII teve como resultado o aumento da agressividade dos recém-chegados ao comércio contra o tráfico judeu tradicional, que tentaram ora suprimir, ora restringir a limites continuamente mais estreitos. Enfim, evidentes razões financeiras explicam bom número de taxações, de anulações de créditos, expulsões — estas por vezes seguidas de readmissões custosas — de que foram vítimas no decorrer da Idade Média as comunidades israelitas, verdadeiras "esponjas de dinheiro". As dificuldades das tesourarias reais contribuíram grandemente para a expulsão dos judeus da Inglaterra em 1290 e da França em 1394.

Mas em contrapartida dos fatos lembrados acima (e que não é o caso de subestimar) — pogroms populares, antijudaísmo dos comerciantes e artesãos por motivos sobretudo econômicos —, outras verdades históricas devem ser ao mesmo tempo ressaltadas: a) as relações entre cristãos e judeus, antes do tempo dos pogroms, não haviam sido sempre más; b) o fator religioso desempenhou papel importante nessa degradação; daí a afirmação no máximo excessiva de J.-P. Sartre: "Foram os cristãos que criaram o judeu ao provocar uma interrupção brusca de sua assimilação";[5] c) no século XVI, esse fator religioso tornou-se o elemento motor, a característica dominante do antijudaísmo ocidental. O judeu foi então uma das faces do diabo.

Antes do século XI, quase não se encontra traço no Ocidente de um antijudaísmo popular. Em compensação, os judeus se beneficiaram na Europa carolíngia de uma situação privilegiada: daí a multiplicação de suas comunidades, geralmente dotadas de ampla autonomia. Nas modestas condições econômicas da alta Idade Média, eles assumiram até o século XII boa parte do comércio internacional. Sua sorte invejável explica que conversões bastante rumorosas ao judaísmo tenham então sido produzidas.[6] Protegidos por títulos outorgados, os israelitas eram homens livres, falando a mesma língua que a população local, usando os mesmos trajes, autorizados a se deslocar a cavalo com armas e a prestar juramento na justiça. Estavam portanto praticamente integrados à sociedade local. A partir das cruzadas, sua situação no Ocidente se deteriorou, salvo na

Espanha, onde o agravamento se produziu mais tarde. Mas subsistiram, por tempo mais ou menos longo aqui ou ali, vestígios das condições favoráveis de que haviam se beneficiado anteriormente. Se o IV Concílio de Latrão (1215) ordenou aos judeus que se vestissem com trajes diferentes dos usados pelos cristãos, foi exatamente porque a coisa ainda não se tornara habitual.[7] Se na França, de 1215 a 1370, doze concílios e nove decretos reais prescreveram aos israelitas o uso do círculo amarelo, foi também porque as autoridades tiveram dificuldade em incorporar aos costumes essa segregação de vestuário. A Alemanha não a aplicou senão frouxamente. Além disso, ainda que desde 1236 os judeus do império não fossem mais considerados homens livres, mas "servos da câmara imperial", as autoridades continuavam a dar força de lei à tradição talmúdica que deserdava os jovens israelitas que abjuravam a religião de seus ancestrais.[8] A ruptura no interior de uma civilização que permanecera por muito tempo comum operara-se, portanto, lentamente. Quando a tensão já era viva entre judeus e cristãos, nos séculos XII e XIII, influências recíprocas ocorreram entre os aristotelismos e os misticismos que se desenvolveram no espaço cultural de cada uma das duas confissões.[9] Ainda na época da Renascença, Pico de La Mirandola frequentou assiduamente os eruditos judeus, ao passo que cristãos de alta posição, especialmente os papas, continuavam a se fazer cuidar por médicos pertencentes ao povo deicida.

O país que, nos séculos XVI e XVII, se tornou mais intolerante em relação aos judeus, a Espanha, foi o que, anteriormente, melhor os acolhera. No final do século XIII, eles eram ali perto de 300 mil e viviam misturados à população. Cristãos e israelitas convidavam-se à mesa uns dos outros. Iam aos mesmos banhos públicos e muitas vezes nos mesmos dias, a despeito de certas interdições pouco respeitadas. Cristãos assistiam às circuncisões e judeus aos batismos. Em Nova Castela, era de uso chamar cantoras judias assalariadas para os enterros cristãos. "Infiéis" misturados ao "fiéis" participavam das cerimônias nas igrejas e, inversamente, cristãos espanhóis iam ouvir os sermões dos rabinos. O costume das devoções em comum subsistia ainda em pleno século XV, já que em 1449, para conjurar uma peste que desolava Andaluzia, os judeus de Sevilha, com o acordo do arcebispo, organizaram uma procissão com os rolos da Torá que se seguiu imediatamente à do santo sacramento. A Espanha do século XII contava agricultores judeus e mesmo colônias agrícolas israelitas. Mas a maior parte da "nação judia" já vivia e continuou a viver nas cidades, dividindo-se entre artesãos e ricos burgueses. Estes haviam se tornado os financistas dos reis. Elite urbana, os judeus espanhóis constituíam também uma elite intelectual que traduziu em castelhano e deu a conhecer aos letrados cristãos a ciência e a filosofia árabes.[10] Essa superioridade explica o papel importante desempenhado pelos conversos no século XV e ainda no XVI na vida cultural da Espanha.[11] Tal era, na Idade Média, a Espanha das "três religiões", um país tolerante porque não homogêneo. Mas a ascensão — tardia — de uma burguesia e de um artesanato cristãos, a tomada de consciência religiosa que acabou por criar a conquista, as responsabilidades missionárias que a descoberta da América deu à Espanha, os progressos do Islã transformaram uma terra acolhedora em um país fechado, intransigente, xenófobo.

Na outra ponta da Europa, também a Polônia foi por muito tempo, isto é, até meados do século XVII, um espaço amplamente aberto aos judeus. Estes afluíram em consequência das diversas expulsões decretadas mais a oeste. País tardiamente atingido pelo cristianismo e pelo desenvolvimento econômico, a Polônia repetiu a história do Ocidente com uma defasagem de vários séculos. Daí um período feliz para os judeus que tinham ido instalar-se ali, no começo da Idade Moderna, ao serem perseguidos nas terras de cristandade. Desde o século XV, eles seriam cerca de 100 mil e mais tarde esse número aumentou. Em 1565, o tribuno pontifical na Polônia surpreendia-se com o estatuto insólito dos judeus poloneses:

Nessas regiões, encontram-se massas de judeus que não são desprezados como em outras partes. Não vivem na submissão e não estão reduzidos aos ofícios vis. Possuem terras, ocupam-se do comércio, estudam a medicina e a astronomia. Possuem grandes riquezas e não são apenas contados entre as boas pessoas, mas por vezes as dominam. Não usam nenhum sinal distintivo, e lhes é permitido até mesmo portar armas. Em suma, dispõem de todos os direitos do cidadão.[12]

Testemunho significativo. Com efeito, os israelitas que vivem na Polônia (muito descentralizada) da Renascença, o "século de ouro", não são confinados em guetos. Como na Espanha do século XII, são os banqueiros dos reis e da nobreza. Arrendam os impostos e as alfândegas, exploram minas e florestas, são por vezes proprietários de domínios importantes, até de aldeias inteiras. Muitos são intendentes dos senhores poloneses. Enfim, formam nas cidades boa parte da classe dos artesãos e comerciantes.[13] O país está então coberto por uma florescência de sinagogas; algumas delas são obras de arte. A partir do final do século XVI, os judeus gozam na Polônia de ampla autonomia administrativa, sem precedente em outras partes. O *Vaad* ou "Conselho dos Quatro Países" (Grande Polônia, Pequena Polônia, Podólia e Volínia), agrupando representantes de cada *kahal* (comunidade), reúne-se todos os anos por ocasião da feira de Lublin. Todas as comunidades israelitas do país aceitam suas decisões.[14] O governo polonês favorecera a criação desse conselho que facilitava o recolhimento dos impostos sobre a nação judia e que foi mantido até 1765. Nessa data, a situação dos israelitas poloneses se deteriorara muito. Em 1648, os cossacos de Chmielnitzki (de confissão ortodoxa) revoltaram-se contra os senhores poloneses e seus intendentes judeus. Massacraram e pilharam tudo à sua passagem. Seguiu-se uma dupla invasão da Polônia pelos russos e pelos suecos. O exemplo das violências antijudias dado pelos cossacos de Chmielnitzki marcou uma ruptura na história dos israelitas da Polônia. Dessa data em diante a população lhes foi hostil.

Fernand Braudel destacou justamente a evidente correlação entre os movimentos da conjuntura econômica e demográfica e as perseguições, os massacres, as expulsões e as conversões forçadas que são o martirológio da história judia.[15] Os "pequenos pastores" que, por volta de 1320, teriam exterminado 140 (?) comunidades israelitas no sul da França eram sobretudo camponeses expulsos do norte do país por uma sucessão de fomes. Os massacres dos anos 1348-9, particularmente na Alemanha, foram consequência da peste negra. A expulsão dos judeus da Espanha (1492) situou-se em um período de longa recessão começada com o reinado de Fernando e Isabel e que prosseguiu até 1509, talvez mesmo 1520. Do mesmo modo, as medidas antijudias tomadas por Veneza em 1559-73 devem ser situadas em um período econômico morno (1559-75) que culminou com a guerra contra os turcos (1570-3). Mas essas aproximações levantam por sua vez uma pergunta: por que os judeus são esses perpétuos bodes expiatórios? Somos então remetidos novamente a um problema de mentalidade e, no presente caso, à ação de um discurso teológico sobre os espíritos.

No Ocidente carolíngio, na Espanha das "três religiões", na Polônia do "século de ouro" onde reinou a tolerância religiosa, não houve verdadeiro antijudaísmo. Em compensação, foi por acaso que este acompanhou os ímpetos de exaltação cristã e que as violências contra os israelitas tiveram lugar muitas vezes nas épocas de Páscoa, permanecendo verdade, contudo, que o papado desaprovou ou refreou por muito tempo a escalada dos sentimentos antijudeus? Mesmo que algumas febres antijudias se tenham produzido por volta do ano mil, foi a I cruzada que marcou o corte decisivo e inaugurou os grandes massacres de israelitas: na Renânia, em Rouen e sem dúvida em outras partes da França. "Era injusto", clamavam certos cruzados, "deixar viver em sua pátria inimigos de Cristo", ao passo que eles próprios pegavam em armas para expulsar os infiéis.[16] Esse raciocínio anônimo foi retomado pelo abade Pierre de Cluny no tempo da II cruzada, em 1146: "Para que ir até o fim do mundo XVII combater os sarracenos, quando deixamos permanecer entre nós outros infiéis mil vezes mais culpados em relação a Cristo do que os maometanos".[17] Com a II cruzada aparecem pela primeira vez as acusações de assassinato ritual de uma criança cristã e de profanação da hóstia, verdadeiro crime de deicídio.[18] Durante a peste negra certo número de pogroms foi perpetrado na Renânia pelos flagelantes, bandos de penitentes místicos logo combatidos pela Igreja, mas que se tomavam por cristãos de elite. Além disso, as próprias autoridades religiosas não haviam anteriormente sugerido que os judeus podiam ser envenenadores? Desde 1267 os Concílios de Breslau e de Viena tinham proibido os cristãos de comprar víveres dos israelitas por temor de que estes, "que consideram os cristãos como seus inimigos, os envenenem perfidamente".[19] Interdições análogas parecem ter sido decretadas no começo do século XIV no cantão de Vaud e na França.[20] Enfim, a longa crise da Igreja iniciada com o Grande Cisma, e alimentada pelas guerras hussitas, o avanço turco e finalmente a secessão protestante engendraram nos meios eclesiásticos endurecimentos doutrinais e maior medo do perigo judeu. Daí a multiplicação dos escritos antijudaicos, os confinamentos, as expulsões, até mesmo na Espanha, a recusa de deixar os próprios conversos em postos de responsabilidade. Os judeus haviam se tornado, por razões essencialmente religiosas, inimigos internos. Outra correlação essencial, aliás ligada à precedente: entre os séculos XIII e XVII, uma vontade crescente de cristianizar foi acompanhada de uma denúncia continuamente mais vigorosa do "povo deicida". É bem verdade, como escreveu J. Isaac, que a catequese difundiu o antijudaísmo e o "desprezo por Israel".[21]

A partir daí, revela-se a insuficiência de uma historiografia que não perceberia no antijudaísmo senão uma inveja de caráter econômico e na perseguição dos israelitas apenas um meio cômodo de apropriar-se de seus bens. Tais motivações por certo intervieram localmente em um momento ou em outro. Mas muitas vezes a Inquisição espanhola prendeu judeus ou conversos que não eram ricos e para os quais precisava pagar a alimentação na prisão:[22] e isso provam, por exemplo, os arquivos tão bem conservados de Cuenca. Tratando-se da mesma época, explicar-se-ão os processos das feiticeiras — de que logo trataremos — exclusivamente pela cobiça das casas ou dos campos que podiam ter? Seria derrisório. Na verdade, a perseguição das feiticeiras ajuda a compreender a dos judeus e vice-versa. Nos dois casos, foram perseguidos, e a intenção era impossibilitar os agentes de Satã de causar maiores danos.

2. PAPEL DO TEATRO RELIGIOSO, DOS PREGADORES E DOS NEÓFITOS

O teatro religioso foi, ao menos nas cidades, um dos grandes meios da catequese antijudaica. Mistérios e moralidades, sobretudo nos séculos XIV e XV, dão aos espectadores múltiplas ocasiões de detestar os judeus ou de zombar deles. Entre os mistérios, os dramas de Cristo são os que põem mais frequentemente em causa os israelitas. Com efeito, estes têm papéis de primeiro plano nas seguintes cenas: 1º) o debate entre Jesus criança e os doutores; 2º) a expulsão dos mercadores do Templo; 3º) a tentação de Jesus pelos fariseus; 4º) o conselho dos judeus que decide a morte de Cristo; 5º) a traição de Judas; 6º) a detenção de Jesus; 7º) Jesus diante do grande sacerdote; 8º) os sofrimentos de Jesus na prisão; 9º) o conselho dos judeus na manhã de sexta-feira; 10º) a flagelação e a coroa de espinhos; 11º) o caminho do calvário e a crucificação; 12º) as tentativas dos judeus para impedir a ressurreição.[23] Alternadamente são ressaltadas a cegueira, a maldade e a covardia dos israelitas: eles se perdem nos meandros da casuística talmúdica, cumulam Jesus de golpes e de injúrias. Evidentemente, são afligidos por todas as taras físicas e morais e invectivados da pior maneira. São "mais cruéis que lobos", "mais dilacerantes que o escorpião", "mais orgulhosos que um leão velho", "mais raivosos que cachorros loucos". São "maus e ímpios", "libertinos", "ignóbil e perversa progênie" e, para dizer tudo, "diabos do inferno": assim se exprime o *Mystère de la passion* de Arnoul Gréban (antes de 1452). Após ter visto tais cenas e ouvido tais acusações, os assistentes eram evidentemente tentados, ao sair do espetáculo, a maltratar os judeus de sua cidade, se estes ainda não houvessem sido expulsos. Em 1338, as autoridades de Friburgo proibiram a representação de certas cenas antijudias. Em Frankfurt, em 1469, protegeram casas israelitas durante a representação de um mistério.[24]

No teatro sacro, os dramas de Cristo (dos quais as obras de um Hieronymus Bosch oferecem transcrição pictórica) não são os únicos a atacar os judeus. *Autos da destruição de Jerusalém* destacam a vingança do Senhor punindo o povo deicida. *Autos do Anticristo* mostram os judeus esperando o falso Messias que restabelecerá, acreditam eles, o antigo esplendor de Israel. *Autos do Juízo Final* colocam todos os judeus no inferno. *Alegorias da morte* fazem o mesmo. Os dramas hagiográficos também concedem amplo espaço ao antijudaísmo. No *Mistério da Assunção de... Maria* (impresso em Paris por volta de 1518), quatro judeus ousam tocar o caixão da Virgem e são subitamente atingidos pela cegueira. Dois deles aceitam o batismo e ficam curados. Os dois outros se obstinam e matam um ao outro. Essa cena, que remonta aos Apócrifos e fora popularizada pela *Legenda áurea*, diversificou-se em muitas variantes, entre outras esta: o cortejo fúnebre da Virgem, precedido por são João levando a palma do paraíso, é perturbado pelo atentado do sacerdote judeu Jephonias, que tenta virar o caixão da Mãe do Salvador. O arcanjo Miguel corta com um golpe de espada suas mãos sacrílegas, que permanecem presas ao caixão. O judeu maneta implora o perdão da Virgem e, graças à intercessão de são Pedro, suas mãos dessecadas se tornam vivas novamente e voltam a unir-se aos tocos.[25] Outras versões da mesma história põem em causa não um único judeu, mas vários. Esses relatos popularizados pelo teatro dos Mistérios são reencontrados na iconografia. Assim, um retábulo de origem flamenga do final do século XV ou do começo do XVI que orna o altar-mor da capela de Kerdevot em Ergué-Gaberic (perto de Quimper) representa o milagre realizado pela Virgem por ocasião de seus funerais e as mãos cortadas que se ressoldam.[26] Quanto aos mistérios consagrados ao padre Teófilo, mostram-no, uma vez destituído de suas funções, concluindo um pacto com o diabo por intermédio de um judeu (ou de vários, algumas vezes). Mas o arrependimento o salva. Levada por sua vez ao teatro, a *Lenda de são Silvestre* põe em cena o santo discutindo com doze "fariseus" que abatem um touro só com a força do Shem Hamephoras. O santo o ressuscita graças a um sinal da cruz. Essa "disputa" é um caso particular de um gênero frequentemente levado ao teatro entre os séculos XIII e XVII: o das controvérsias entre judeus e cristãos. Por vezes muito teóricas e abstratas, essas "discussões" que não se desenrolavam diante de nenhum árbitro, contrariamente aos outros debates da época, eram quase sempre ocasião de violentas invectivas contra os rabinos e seus discípulos.

As comédias só ridicularizaram os judeus tardiamente: a partir do século XV e sobretudo do XVI. Então se multiplicam as caricaturas do usurário israelita. O antijudaísmo passou então do teatro religioso ao teatro profano. O odioso e rancoroso Shylock só foi possível — e só se tornou verossímil para os espectadores — em razão de todas as injúrias que os mistérios haviam lançado anteriormente sobre o povo maldito.

Quando Chaucer redigiu, por volta de 1386, o "Conto da prioresa", quase cem anos haviam transcorrido desde a expulsão dos judeus da Inglaterra, e, quando Shakespeare escreveu e fez representar *O mercador de Veneza*, três séculos haviam se passado desde 1290. Os mistérios foram no mais das vezes representados na França diante de assistentes que jamais tinham visto israelitas. Embora estes houvessem praticamente desaparecido da maior parte dos Países Baixos desde a peste negra, um cântico flamengo do século XV continua a chamar às armas contra eles: "No tempo em que Deus terminara sua tarefa, foi traído por Judas e vendido aos judeus, esses falsos irmãos [...]. Que Deus *os tome* a todos execráveis e os disperse pelo mundo inteiro [...]. Com justo motivo, queremos castigá-los; serão esmagados; contra os judeus, eu grito: 'Às armas!'".[27]

Um século mais tarde, Ronsard lamenta que Tito não os tenha aniquilado a todos:

> *Não amo nada os judeus, eles puseram na cruz*
> *Esse Cristo, esse Messias que nossos pecados apaga,*
> *[...] Filho de Vespasiano, grande Tito, devias,*
> *Destruindo sua cidade, destruir sua raça*
> *Sem lhes dar tempo, nem momento nem espaço*
> *De procurar em outra parte outros diversos lugares.*[28]

Desse modo, uma cultura "cristã" tem medo de um inimigo que está no mais das vezes ausente, mas assim mesmo vivo. Por mais distante que esteja, continua a ameaçar. É odiado porque o temem. E como não seria temido, já que matou um Deus?

O discurso teológico alimentou portanto poderosa e conscientemente o antijudaísmo. Generalizou o ódio aos judeus, que por muito tempo não fora senão pontual e local. Um papel essencial nesse processo de criação de uma mentalidade nova[29] foi desempenhado por pregadores itinerantes — portanto, sobretudo os monges mendicantes — e mais geralmente pelos membros do clero mais conscientes de suas responsabilidades pastorais. Desde o século XIII, mas sobretudo a partir do Grande Cisma, o dinamismo "cristão" foi acompanhado pelo medo deste eterno fantasma: Israel.

Informações dispersas no tempo e no espaço, mas concordantes, esclarecem a ação direta ou indireta dos homens de Igreja nas "comoções" antijudias. Por exemplo, na Espanha: na quinta-feira santa de 1331, em Gerona, cerca de trinta clérigos e escolares conduzidos por cônegos irrompem na *aljama* (o bairro judeu) e tentam atear-lhe fogo.[30] Em Cervera, onde um pogrom eclodira por ocasião da peste negra em 1348, a comunidade israelita pedira às autoridades, dois anos antes, o afastamento de um franciscano que amotinava a população por meio de seus sermões antijudeus.[31] Em junho de 1348, Pedro IV de Aragão ordena aos vigários episcopais e ao capítulo catedral de Barcelona que acalmem (*totaliter conquiescant*) os pregadores que investem contra os israelitas.³² Quarenta e três anos mais tarde, na época do Grande Cisma, pogroms em cadeia ensanguentam a Espanha. Desde 1378, o arcediago de Sevilha, Martinez de Ecija, antigo confessor da rainha-mãe, esbraveja contra os judeus a despeito das ordens do rei.

Novo profeta, ele declara : "[...] Não me posso impedir de pregar e de dizer dos judeus o que deles disse meu Senhor Jesus Cristo nos Evangelhos". Ele afirma também: "Um cristão que maltratasse ou matasse um judeu não causaria nenhum desprazer ao rei ou à rainha, muito pelo contrário".³³

Em 1391, aproveitando-se da morte de João I de Castela e do arcebispo de Sevilha, ele aumenta nessa cidade suas violências verbais. Em 6 de junho, a multidão invade o bairro judeu: seus habitantes podem escolher a conversão ou a morte. De Sevilha, o incêndio ganha a Espanha inteira. Em Valência, a multidão ataca a *aljama* aos gritos de: "Martinez chega! Aos judeus, a morte ou a água benta". Em Saragoça, o principal agitador é o sobrinho do arcediago. Uma testemunha cristã observa: as pessoas se lançavam sobre as *aljamas* "como se partissem XVII para uma guerra santa comandada pelo rei". Logo a Sicília, terra aragonesa, é por sua vez o palco de violências antijudias.³⁴ Ao contrário, o dominicano francês Vicente Férrer, que percorre a Espanha (e parte da Europa ocidental) no começo do século XV, acompanhado de flagelantes, é hostil a qualquer violência física contra os judeus e a todo batismo forçado. Mas, convencido de que o Anticristo já nasceu e de que a conversão dos israelitas deve preceder o Juízo Final, procura apressá-la. Entrando em sinagogas, ele desejaria ver os assistentes rejeitarem imediatamente a Torá e aceitarem a cruz. Apoiado pelas autoridades civis, obriga as comunidades judias a escutar seus sermões, "sob pena de mil florins".³⁵ Temendo que os recém-convertidos fossem desviados novamente da verdadeira fé por seus antigos correligionários, Vicente Férrer está na origem, em 1412, dos primeiros guetos espanhóis e de toda uma legislação antijudia. Para os israelitas espanhóis da época, ele é um "flagelo". Quando o veem chegar a uma cidade, muitas vezes fogem às pressas. E não sem razão, pois os cristãos, simplificando e deformando a mensagem do zeloso dominicano, aí veem um convite para passar à ação. Em setembro de 1412, o rei Fernando é informado de que depois da passagem de "mestre Vicente" por Alcaniz, os cristãos, tomados de um "falso zelo", proíbem os judeus até da compra dos produtos de primeira necessidade e ameaçam sua segurança nas ruas.[36] Três anos mais tarde, o rei escreve às autoridades de Saragoça:

> Soubemos que em razão das pregações de mestre Vicente e em particular porque ele declara excomungados aqueles que continuam a frequentar os judeus, alguns inconsideradamente tentam e cometem diversas más ações e tramam complôs contra os israelitas e a *aljama* dessa cidade. Nós vos pedimos para tomar toda medida para que os ditos judeus e a *aljama* não sofram dano nem violência, especialmente durante a semana santa.[37]

Esse texto resplandece quando se sabe que Fernando era um admirador de Vicente Férrer.

Roteiro característico é o da rebelião de Lisboa em abril de 1506 (na época da Páscoa): no decorrer de uma cerimônia na igreja de são Domingos, o povo de súbito grita "milagre" à visão de um crucifixo que se põe a resplandecer. Mas um homem na assistência emite uma dúvida: tratar-se-ia apenas de um reflexo. Imediatamente chamado de "cristão-novo", é condenado à morte e queimado. Depois dois dominicanos, brandindo crucifixos, saem da igreja e excitam a multidão aos gritos de "Heresia! Heresia!". Durante três dias, a rebelião se desencadeia na capital, provocando cerca de duas mil mortes — um dos raros pogroms do século XVI. O rei estava então no Alentejo. Voltando a Lisboa, pune a cidade e ordena condenar à morte os dois religiosos fomentadores dos distúrbios. Mas eles não foram executados, tendo sem dúvida fugido. Trinta e seis anos depois, são reencontrados vivos.[38]

Na verdade, as autoridades protetoras dos judeus conduziam um combate de retaguarda. Pois a ofensiva dos religiosos se desenrolaria doravante em dois fronts: o das multidões, pela pregação; o dos meios mais instruídos, por intermédio de obras doutrinais, suscetíveis além disso de fornecer argumentos aos pregadores. Na Espanha, duas obras com títulos significativos contribuíram para reforçar o ódio aos israelitas: o *Pugio fidei* ("O punhal da fé"), do dominicano Raymond Martini (fim do século XIII) e o *Fortalicium fidei* ("A fortaleza da fé"), do franciscano Alphonso de Spina (por volta de 1460). O primeiro desses livros parece ter sido a principal fonte da teoria, tão amplamente difundida em seguida, segundo a qual os judeus são os homens devotados de Satã.[39] O segundo tratado, de que se conhecem ao menos oito reedições em 58 anos (1471-1529), das quais três em Lyon, pode ser comparado em seu domínio ao *Malleus maleficarum*. De saída, seu autor declara que desejou fornecer a seus leitores, sob um formato cômodo, "armas contra os inimigos de Cristo". Segue-se um catálogo numerado e cronológico dos males dos judeus: "Seu quinto crime famoso teve lugar em Pforzheim em 1267 [...]"; "seu sétimo [...]", em Viena em 1420. Assassinatos rituais e atos de feitiçaria constituem o essencial dessa "negra enumeração". Do Talmud, é dito que contém "múltiplas frivolidades, abominações e heresias que vão não só contra a lei evangélica, mas também contra a essência da divindade, contra a Escritura e contra a própria natureza: razões pelas quais os judeus deveriam ser punidos". Finalmente, a perspectiva escatológica não está ausente do *Fortalicium*: quando surgir o Anticristo, os judeus se reunirão em torno dele e o adorarão como seu deus. Portanto, é preciso não hesitar em convertê-los à força e, sobretudo, em batizar seus filhos.[40]

Também na Itália, o país do Ocidente que assim mesmo permanecerá menos hostil aos judeus na época da Renascença, os monges mendicantes esforçam-se com sucesso crescente em impor ao papado e às autoridades civis seu programa de luta contra os israelitas: expulsá-los, se possível; na falta disso, obrigá-los ao uso de um sinal distintivo e separá-los ao máximo dos cristãos. Os franciscanos fazem, além disso, campanha para a criação de montepios que fariam concorrência aos judeus em seu próprio terreno, emprestando contra penhor sem juros. Sua incansável pregação dá origem na Itália a uns trinta montepios entre 1462 (o de Perúsia) e 1496 (os de Treviso, Údine, Pisa e Florença).[41] Os arautos do antijudaísmo na península chamam-se então João de Capistrano e Bernardino de Feltre, dois franciscanos. O primeiro (1386-1456) profetiza a chegada do Anticristo e o fim do mundo. Sempre em atividade, na Itália e na Europa central, ele luta alternadamente contra os *fraticelli*, os hussitas, os turcos e os judeus. Esse inquisidor nato, perseguido pelos prazos apocalípticos, é o representante típico de uma mentalidade obsidional. Na Silésia, em 1453-4, põe em cena processos de assassinatos rituais que terminam em autos de fé de israelitas. Ele consegue até, por algum tempo, fazer revogar os privilégios dos judeus da Polônia.

Bernardino de Feltre entra na história judia em 1475. Pregando a quaresma em Trento, cidade até então acolhedora para os israelitas, "ladra" — a expressão é dele — contra os usurários judeus e anuncia a seus ouvintes que um acontecimento extraordinário sobrevirá antes da Páscoa. Previne-os também contra os crimes rituais que os judeus têm costume de perpetrar contra crianças à aproximação da Paixão. Ora, na terça-feira da Semana Santa, um menino de 28 meses, Simon, desaparece e depois é encontrado afogado. Todos os judeus da cidade são detidos. Nove deles, submetidos à tortura, confessam-se culpados e são executados. Os outros são expulsos. Por mais que Sexto IV declarasse em uma encíclica que faltaram provas à acusação e proibisse venerar o pequeno morto, a corrente popular posta em movimento e enquadrada pelos monges mendicantes é demasiadamente forte. Toda a Itália da região de Pádua se comove. Sermões e imagens espalham a história de Simon de Trento, que será beatificado em 1582. Em Veneza, em Ferrara, em Reggio, em Módena, em Pavia as autoridades precisam impor silêncio aos pregadores. Rebeliões antijudias eclodem, nos anos seguintes, em Brescia, em Pavia, em Mântua, em Florença, algumas provocadas pelos sermões do próprio Bernardino de Feltre.

Ele não é afinal senão o retrato exemplar do religioso zeloso mas cego pelos perigos que se acumulam então contra a cristandade. Seu mestre fora Bernardino de Siena, de temperamento muito mais moderado e iniciador do culto ao Sagrado Coração. Mas ele também detestava os judeus por duas razões: seus usurários, dizia ele, "extorquem dos cristãos seus bens terrestres"; seus médicos "procuram retirar-lhes a vida e a saúde". Está então na lógica das coisas que um monge, chegando ao poder na Itália do século XV, ali tome medidas contra os israelitas: o que faz Savonarola em uma cidade onde até então eles haviam sido protegidos. Acusa-os de terem acumulado em sessenta anos um lucro de 50 milhões de florins (!) e faz decidir sua expulsão. Eles voltarão na bagagem dos Médici.[42]

Também no império, a ação antijudaica dos homens de Igreja mais compenetrados de sua missão e dos humanistas mais preocupados em regenerar a Igreja aparece com clareza. O veemente franciscano Geiler, S. Brant, B. Rhenanus, C. Celtes, Erasmo[43] são unanimemente hostis aos judeus: povo usurário, vadio, odioso, que "perturba a sociedade do gênero humano" (C. Celtes). Estimulados pelo convertido Pfefferkorn, os dominicanos de Colônia (em 1510) propõem queimar todos os livros hebreus. O humanista Reuchin, ao contrário, defende a literatura hebraica e sugere destruir só as obras injuriosas ao Evangelho. Nem por isso ele é favorável aos judeus: "Todos os dias eles ultrajam, maculam e blasfemam Deus, na pessoa de seu Filho, o verdadeiro Messias Jesus Cristo. Chamam-no de pecador, de feiticeiro, de enforcado. Chamam de *haria*; de fúria, a santa Virgem Maria. Chamam de heréticos os apóstolos e os discípulos. E a nós, cristãos, consideram-nos como estúpidos pagãos".[44]

É nesse contexto que intervém Lutero. No começo de sua carreira de Reformador, acalenta a esperança de convertê-los. O tratado *Jesus Cristo nasceu judeu*, que publica em 1523, está repleto de consideração e de amabilidades em relação a eles.[45] Foi o papismo, com suas idolatrias e seus escândalos, que os afastou da verdadeira fé. A Igreja, ao confiná-los na usura, ao acusá-los de "utilizar o sangue cristão para eliminar seu mau odor" e de "não sei quais outras baboseiras", impediu-os de viver e de trabalhar conosco. "Se queremos ajudá-los, é a lei do amor cristão que devemos aplicar-lhes, e não a lei papista." Mas logo Lutero mudou de lado. Os judeus não se convertiam. Melhor, ficava-se sabendo que reformados da Boêmia pretendiam festejar o sabá e fazer-se circuncidar. Enfim, justificação pela fé e judaísmo são alérgicos um ao outro. Em 1543, o dr. Martinho publicou um panfleto de umas duzentas páginas *Contra os judeus e suas mentiras*, imediatamente seguido de outro escrito ainda mais violento, *Shem Hamephoras*. Esses dois textos obscenos são verdadeiramente histéricos.

> Cristo [escreve o Reformador] não tem inimigos mais venenosos, mais encarniçados, mais amargos que os judeus. [Aquele] que se deixa roubar, pilhar, macular e maldizer por eles só tem mesmo que [...] rastejar no seu traseiro, adorar esse santuário [e] glorificar-se em seguida de ter sido misericordioso [...]: do que será recompensado por Cristo no dia do Juízo Final com o fogo eterno do inferno. [Quando Judas enforcou-se,] os judeus talvez tenham enviado seus servidores, com pratos de prata e jarros de ouro, para recolher sua urina com os outros tesouros, e em seguida comeram e beberam essa merda, e desse modo adquiriram olhos tão penetrantes que descobrem nas Escrituras glosas que ali não encontraram nem Mateus nem o próprio Isaías [...]. Quando Deus e os anjos ouvem peidar um judeu, quantas gargalhadas e quantas cabriolas![46]

Quais são as razões de tantos sarcasmos? Lutero exprime seguramente a inveja dos artesãos e dos burgueses da Alemanha em relação aos israelitas, usurários, parasitas, estrangeiros, "que nada deveriam possuir [...], mas se tornaram nossos patrões em nosso próprio país". Mas seus rancores são sobretudo religiosos: "Nenhum povo é tão duro de converter quanto os judeus".⁴⁷ "Eis mil e quinhentos anos que estão exilados e perseguidos; entretanto, recusam-se a fazer penitência." Nação errante, passando de um cativeiro a outro, eles despertam a sombria admiração de Lutero, que só explica essa maldição por um justo castigo divino: "Observai tudo o que os judeus sofreram desde cerca de mil e quinhentos anos, e bem pior lhes acontecerá no inferno [...]. É preciso que eles nos digam por que [...] são um povo rejeitado por Deus, sem rei, sem profetas, sem templo; não podem dar outras razões para isso senão seus pecados [...]". "A cólera de Deus jamais se manifestou com mais fragor do que sobre esse povo."

Já que os judeus detestam o verdadeiro Deus, são "filhos do diabo" e autores de toda espécie de "feitiçarias". Através deles, Lutero reencontra seu grande inimigo: Satã, inspirador do papa e general dos turcos. Eis-nos portanto mais do que nunca no coração dessa mentalidade obsidional que foi tão difundida nos meios da Igreja no começo da Idade Moderna. A cidade cristã é assaltada por Lúcifer de todos os lados. As zombarias antijudias de Lutero, a exemplo das cruzadas armadas contra os turcos, não podem grande coisa contra as forças do mal: "Ó Senhor! sou demasiadamente pequeno para zombar de semelhantes diabos. Eu bem gostaria de fazê-lo, mas eles são bem mais fortes do que eu em zombaria, e têm um deus que se tornou mestre na arte da zombaria, chama-se o diabo e o mau espírito [...]".⁴⁸

Mas curiosamente Lutero não preconiza contra os judeus a mesma arma que contra os turcos: a oração. Sem dúvida porque se trata, como as feiticeiras e os papistas, de inimigos situados no interior da cristandade. Contra eles, a maneira forte se impõe:

> Seria preciso, para fazer desaparecer essa doutrina de blasfêmia, atear fogo em todas as suas sinagogas e, se delas restasse alguma coisa após o incêndio, recobri-la de areia e de lama a fim de que não se pudesse mais ver a menor telha e a menor pedra de seus templos [...]. Que se proíbam os judeus entre nós e em nosso solo, sob pena de morte, de louvar a Deus, de orar, de ensinar, de cantar.⁴⁹

Lutero forneceu aos nazistas argumentos e programas de ação. Mas durante sua vida o tratado *Contra os judeus e suas mentiras* e o *Shem Hamephoras* (que Hitler recolocou em circulação com milhões de exemplares) só tiveram respectivamente duas e três edições. Os reformadores suíços desaprovaram sua violência. Nos séculos XVII e XVIII, foi nas Províncias Unidas e na Inglaterra, países protestantes, que comunidades israelitas puderam reencontrar, no interior do espaço cristão, um estatuto de tolerância. A atitude de Lutero nem por isso deixa de permitir analisar com uma lente de aumento o estado de espírito de muitos homens de Igreja no século XVI. É então que o antijudaísmo se instala no trono pontifical com Paulo IV (1555--9) e Pio V (1566-72). O primeiro, quando era cardeal, sugerira a Paulo III a criação do Santo Ofício (1542); o segundo, antes de ser papa, fora um grande inquisidor. A seus pontificados remontam o encerramento dos judeus do Estado pontifical nos guetos de Roma e de Ancona e a redução da colônia judia das margens do Tibre ao estado miserável que foi o seu até o século XIX. Agentes por excelência do papado, também os jesuítas se destacam na Europa da época por sua hostilidade em relação aos judeus. Em Praga, em 1561, um deles, Jindrich Blyssen, no decorrer de sermões veementes, pede sua expulsão da cidade.[50] O mais célebre pregador polonês do final do século XVI é o jesuíta Pedro Scarza, que propaga a biografia miraculosa do pequeno Simon de Trento e aparece como acusador público em um processo de profanação de hóstia.[51]

O aspecto teológico do antijudaísmo na época da Renascença é ainda sublinhado pelo papel que desempenham então certos recém-convertidos. Acontece-lhes justificar sua passagem para o cristianismo por meio de acusações lançadas contra sua antiga fé e contra aqueles que a ela permanecem fiéis. Em 1392, escreve-se a Henrique de Castela que judeus de Burgos já não ousam retornar a suas casas da *aljama* por medo de que certos cristãos-novos "os persigam e lhes façam muito mal". Os mesmos fatos se repetem em Perpignan em 1394.[52] Em 1413, Bento XIII, organizando o grandioso "debate" de Tortosa que, acredita ele, provocará a abjuração em bloco de todos os judeus, confia ao converso Josué de Lorca a alta missão de defender o cristianismo contra catorze rabinos. Um dos batizados de Tortosa, o jurista Pedro de la Caballeria, redigirá em 1450 um tratado de título significativo, *Zelus Christi contra Judaeos, Sarracenos et infideles*. Dezoito anos antes dessa publicação, um outro renegado, Pablo de Santa Maria, compusera contra sua antiga religião uma obra muito violenta, o *Scrutinium scripturarum*. Outrora primeiro rabino de Burgos, tornando-se em seguida bispo dessa cidade, dom Pablo mostra os judeus fortificados em suas crenças por seus sucessos na Espanha: daí sua recusa em acreditar no Messias. Longe de lamentar o papel desempenhado por seus ancestrais na condenação à morte de Jesus, eles continuam a blasfemar: crime que se acrescenta a seus homicídios, adultérios, roubos e mentiras cotidianas. Dom Pablo se regozija com os massacres de 1391, que vingaram o sangue de Cristo e permitiram a inúmeros judeus descobrir seus erros e a eles renunciar.[53] No final do século, os conversos são os primeiros a exigir o estabelecimento da Inquisição na Espanha. Ameaçados pelas interdições que os estatutos de pureza de sangue — logo se tratará disso — começam a fazer pesar sobre os cristãos-novos, estes desejam a denúncia e o castigo dos falsos convertidos. Seu zelo é portanto duplicado aqui por um temor preciso. Ao longo de toda a história europeia, a ação dos neófitos foi nefasta para as comunidades judias. É a israelitas convertidos que os duques de Savoia, em 1417 e em 1466, confiam a tarefa de procurar e destruir em seus estados os livros hebreus.[54] Renegado também o alemão Pfefferkorn, que, em 1516, reclama a interdição da usura, a obrigação para os judeus de assistir aos sermões nas igrejas e a supressão do Talmud, provocando o célebre debate com Reuchlin. Apóstata ainda o pregador italiano Paolo Medici, originário de Livorno: em 1697, ele publica uma brochura onde reaparece a acusação do "assassinato ritual". Durante quarenta anos, percorre a Itália bradando contra o judaísmo.[55]

3. AS ACUSAÇÕES DE PROFANAÇÕES E DE ASSASSINATOS RITUAIS

Dois motivos de queixa principais alimentaram o antijudaísmo de outrora: a acusação de usura, vinda do povo miúdo e dos meios comerciantes, e a de deicídio, inventada e incansavelmente repetida pelos meios de Igreja, que admitiram como evidência a responsabilidade coletiva do povo que crucificara Jesus. Já nitidamente formulada por Tertuliano, Orígenes e pelos Doutores do século IV,[56] essa denúncia teológica amplificou-se continuamente desde as cruzadas até o século XVII (inclusive), invadindo o teatro, a iconografia, os sermões e inúmeros catecismos. Forneceu ao antijudaísmo econômico, cujas manifestações eram frequentemente locais e espontâneas, uma justificação teórica, ainda que fosse só pela ênfase nos trinta denários da traição. Foi coerente, sistemática, doutrinal e fez aparecerem como lógicas as perseguições sucessivas de que os judeus eram vítimas no tempo e no espaço. Povo maldito — e que desejara sua maldição no momento da condenação de Jesus —, estava destinado ao castigo. Obstinado em seu pecado, continuava a acrescentar a seu crime inicial o do caráter empedernido. Merecia portanto as punições em cadeia que sofria e que só terminariam no fim dos tempos, e especialmente essas expulsões contínuas de um lugar a outro que deram origem à lenda do "judeu errante".

Nação deicida, os judeus continuam a querer matar Jesus. É por isso que transpassam as hóstias e espalham no chão o santo líquido do cálice. Surgida na época da II cruzada, a convicção de que os "matadores de Deus" hostilizam as espécies consagradas resultou pela primeira vez em um episódio sangrento em Belitz, perto de Berlim, em 1243: vários judeus e judias foram queimados porque haviam sido acusados de ter cometido esse delito.[57] Em 1290, ocorre em Paris o milagre das Promissórias, excelente exemplo de um relato que vai tornar-se um estereótipo: uma pobre mulher sem dinheiro deixa-se convencer pelo emprestador judeu Jonathas a conservar uma hóstia e a entregá-la a ele. Ela comunga em Saint-Merry, recolhe as santas espécies e as leva a Jonathas. Este golpeia e transpassa a hóstia, que se põe a sangrar. Sua família se converte, mas, quanto a ele, permanece obstinado. Preso, é executado. Na casa do milagre, logo se ergue uma capela e religiosos se instalam ao lado dela, desenvolvendo o culto do santo sacramento. Oito anos mais tarde, eclodem sangrentos incidentes na Francônia. A propósito de um caso de hóstia profanada, um habitante de Röttingen amotina a população. Todos os judeus da cidade são massacrados. O bando dos matadores vagueia em seguida de cidade em cidade na Baviera e na Francônia, executando todos os judeus que não se convertem. Nunca antes os israelitas de toda uma região tinham sido considerados responsáveis pelo "crime" imputado a um só. Foi o primeiro "genocídio" de judeus na Europa cristã.[58] Assassinatos coletivos de judeus, consecutivos a supostas profanações de hóstias, eclodiram ainda em Deggendorf, na Baviera, em 1337-8, em Segóvia em 1417, em Berlim em 1510. Nessa última cidade, a acusação levou à execução de 38 israelitas e foi seguida da expulsão dos judeus de Brandemburgo.

Nessas explosões de violência, o papel da Igreja é por vezes difícil de precisar. Em compensação, permanece certo que a acusação de profanação de hóstia acompanhou cada vez mais o desenvolvimento do culto do santo sacramento, como já fora o caso em Paris em 1290. Em Bruxelas, em outubro de 1369, descobriu-se um roubo de hóstias em uma capela.[59] Acusaram-se os judeus de tê-las depois lacerado na sexta-feira da Semana Santa do ano seguinte. Mas elas teriam sangrado e o delito teria sido descoberto. Daí, condenações à morte, procissões expiatórias, a expulsão dos judeus, um novo brilho dado então na cidade à celebração do Corpus Christi, a criação de um oratório no lugar da sinagoga em que as hóstias haviam sido apunhaladas, a construção, para conservar estas hóstias, de uma capela votiva a Santa Gudula e uma bula — tardia (1436) — de Eugênio IV atestando ao mesmo tempo o crime e sua descoberta. Como a peste devastasse Bruxelas em 1530, os habitantes invocaram o "santo sacramento do milagre" e a epidemia cessou. Pelo que se agradeceu ao céu por meio de uma procissão que doravante se desenrolaria em julho e seria mantida durante quatro séculos. Em todos os Países Baixos, do século XVI ao XIX, vitrais, pinturas, gravuras e tapeçarias ilustraram a história da devoção de Bruxelas — exemplo típico da difusão do antijudaísmo pelos clérigos. Uma confirmação dessa responsabilidade pode ser pedida à Itália do século XV. Esse país — teremos a ocasião de mencionar novamente — resistiu mais do que outros ao antijudaísmo e ao medo das feiticeiras. Ali não se mataram judeus, ou se matou pouco, em consequência de profanação de hóstias. Mas a mais notável representação artística desse sacrilégio se encontra em Urbino e foi pintada por Paolo Uccello (1397-1475). Os painéis sucessivos de seu *Milagre da hóstia* mostram um emprestador israelita comprando a hóstia de uma mulher endividada, seus vãos esforços para queimá-la, as miraculosas manifestações do pão consagrado que se põe a sangrar, a chegada dos soldados e o suplício do culpado. Ora, esse ciclo foi executado em 1468 a pedido da confraria local do santo sacramento.[60]

Para a Igreja militante, que no começo da Idade Moderna busca aumentar seu domínio profundo sobre as populações, o judaísmo dirige contra o cristianismo uma guerra perpétua e as profanações de hóstia são um dos gestos belicosos a que se apega. Jean Molinet, cônego de Valenciennes, conta em seu relato de 1493 o seguinte fato:[61] um padre de Ivry, Jean Langlois, "notável confessor", viveu algum tempo em Avignon, terra pontifical onde os judeus são autorizados a residir. Estes conseguem "seduzi-lo". Fazem-no prometer "renegar" a fé cristã e "destruir" publicamente o corpo de Nosso Senhor. O que ele fará, para maior notoriedade, na Notre-Dame de Paris, isto é, na catedral de uma cidade em que a fé é mais bem defendida que em qualquer outra parte graças à Faculdade de Teologia, "a mais recomendada do mundo". Pois, "se pudesse corromper os desse lugar, o resto seria convertido facilmente". Bela homenagem prestada à Sorbonne e ao papel de muralha desempenhado pelo saber teológico contra todos os ataques de que a Igreja de então se acreditava objeto. Não tendo conseguido perpetrar seu delito no dia de Corpus Christi — observar-se-á mais uma vez o elo entre essa celebração e o sacrilégio — Langlois, já no dia seguinte, arranca a hóstia e o cálice das mãos de um padre que celebra em uma capela de Notre-Dame e lança ao chão as santas espécies. Ele é preso. Declara que não é um "frenético", que agiu com propósito deliberado, não crê na Trindade e espera o mesmo Messias que os judeus. O austero e célebre Standonck, chamado como reforço, não consegue "reconduzi-lo das trevas à verdadeira luz". Langlois tem a língua cortada, depois é queimado vivo. Como se o antijudaísmo fosse então necessário à apologética: na falta de condenar verdadeiros judeus (já não estão em Paris há cem anos), a Igreja faz surgir neojudeus dos quais sai vitoriosa

Os fatos que acabamos de lembrar não são senão alguns elementos de um pesado dossiê. As acusações de profanação de hóstias aparecem na Polônia nos anos 1450 em consequência, sem dúvida, das pregações de João de Capistrano.[62] Na França, alimentam o teatro sacro, fornecendo-lhe o tema doravante estereotipado do *Mistério da santa hóstia*, em que se vê mais uma vez um usurário judeu subornar sua devedora cristã que lhe entrega uma hóstia consagrada. "Vontade me toma de crucificá-la, lançar ao fogo e perseguir, e ao chão lançar, esmagar, bater e apedrejar." Ela sangra, mas permanece inteira. A mulher e os filhos do judeu se convertem diante desse espetáculo. Mas ele se obstina. Na fogueira, reclama seu Talmud e invoca o diabo.[63] Na antiga colegiada Saint-Trémeur em Carhaix, três painéis de madeira do final do século XVI parecem ter sido inspirados por esse mistério. O painel da esquerda mostra um judeu subornando uma mulher para comprar-lhe a hóstia. No da direita o judeu transpassa a hóstia com um punhal, depois a finca na ponta de uma lança e a chicoteia. Mas no centro os doutores da Igreja asseguram o triunfo do santo sacramento.[64]

Pôde-se enumerar, durante a Idade Média, mais de cem casos de profanações de hóstias[65] e mais de 150 processos de assassinatos rituais.[66] Essas cifras, seguramente inferiores à realidade, revelam contudo a dimensão de um medo. De um único medo, pois os dois delitos incriminados são as variantes de um mesmo crime. O cristão, geralmente uma criança, supostamente condenado à morte pelos judeus (durante o período da Paixão), é a própria imagem de Jesus. Razão pela qual essa execução é frequentemente imaginada como uma crucificação.[67] Além disso, os assassinos do Salvador não podem senão persistir no desejo de matar aqueles que creem nele. O que há de surpreendente então se eles envenenam as fontes? E como não haveria perigo para um cristão em confiar sua vida a um médico judeu? Tudo tem coerência nessa terrível análise psicológica do inimigo israelita. Ele é "assassino ou filho de assassino [...]. Como tal é que ele é tabu" (J-P. Sartre).[68] Em todo caso, desde o século XII, a acusação de assassinato ritual está em foco.[69] É formulada em 1144 na Inglaterra a propósito de um aprendiz assassinado cujo corpo é encontrado em um bosque perto de Norwich na quinta-feira da Semana Santa. Reaparece três anos mais tarde em Wurtzburgo por ocasião da pregação da II cruzada: a descoberta do cadáver de um cristão no Main provoca o massacre de vários judeus. A partir de então o temor do assassinato ritual obseda os espíritos. Conduz a processos — em Blois em 1171 (38 condenações à morte), em Bray-sur-Seine em 1191 (uma centena de vítimas)[70] — e, na Alemanha do século XIII, a vários casos sangrentos. Por mais que Frederico II, por meio de uma bula de ouro de 1236, inocente os judeus da odiosa acusação, a convicção está agora muito profundamente ancorada nas mentalidades. Em Berna, em 1294, ela acarreta a expulsão da comunidade israelita — em cuja memória a municipalidade protestante fará erguer no século XVI um monumento de nome significativo: o poço do devorador de crianças (*Kinderfressenbrunnen*). Em Messina, em 1347, judeus acusados de crime ritual são executados.[71] Em 1462-70, a Baviera é comovida por um caso da mesma ordem, que eclode em

Endingen e dá origem a uma das mais célebres peças do teatro alemão da época, o *Endinger Judenspiel*.[72] Segue-se pouco depois — em 1475 — a morte do pequeno Simon de Trento, que desencadeia no norte da Itália um vento de pânico atiçado pelos pregadores. Desde o ano seguinte Bernardino de Feltre reapresenta em Reggio o roteiro de Trento, advertindo os pais para que vigiem bem seus filhos à aproximação do tempo da Paixão. Acusações de assassinato ritual logo alimentam a crônica entre 1478 e 1492 em Mântua, Arena, Portobufollè (perto de Treviso), Verona, Viadana (perto de Mântua), Vicenza e Fano. Em vários casos elas resultam em condenações à morte.[73] A Espanha, onde a intolerância aumenta na época, não lhes fica atrás. O *Fortalicium fidei* contém entre outras uma lista dos delitos rituais imputados aos judeus aqui e ali. Tal catálogo, acompanhado de testemunhos que se pretendem autênticos, não pode senão reforçar o antijudaísmo crescente da opinião espanhola. Em 1490, seis judeus e cinco conversos de La Guardia, perto de Toledo, são acusados de magia negra: teriam crucificado uma criança cristã, dilacerado sua carne "da mesma maneira, com a mesma animosidade e a mesma crueldade como o fizeram [seus] antepassados com Nosso Redentor Jesus Cristo", e misturado seu coração com uma hóstia consagrada.[74] Dessa mistura, os conjurados esperavam a destruição da religião cristã. Torturados, todos os acusados, salvo um, confessam. Mas a criança não tem nome nem rosto; nenhuma testemunha apontou seu desaparecimento, e seu corpo não é encontrado. Paródia de processo. Mas doravante a Espanha vai venerar a "santa criança de La Guardia", assim como a Itália e a Alemanha na mesma época organizam o culto de Simon de Trento.

Papas como Inocêncio IV e Gregório X no século XIII, Eugênio IV no século XV, Clemente XIII no século XVIII[75] combateram a crença nos assassinatos rituais cometidos pelos judeus. Mas não puderam frear processos e violências senão numa débil medida. Os elementos motores da Igreja, especialmente os pregadores e os teólogos, estavam convencidos dos negros desígnios da Sinagoga. Para eles, esta era uma anti-

-Igreja, uma oficina do diabo. Todo israelita era um feiticeiro em potencial. No começo do século XVIII, é na própria catedral de Sandomierz — a Polônia se convertera então ao antijudaísmo — que se localiza um grande quadro representando o assassinato ritual de uma criança cristã.

4. CONVERTER; ISOLAR; EXPULSAR

Existia contudo um meio de arrancar os descendentes de Judas ao domínio de Satã: convertê-los. Os mais zelosos homens de Igreja basearam grandes esperanças nessa medicação ligada a uma vitrine mágica atribuída ao batismo. A água batismal expulsava o demônio da alma do judeu, que de súbito deixava de causar medo e tornava-se inofensivo. Essa concepção ingênua era compartilhada pelas multidões homicidas. Como prova, os poucos fatos seguintes escolhidos de uma longa série, em que um analista de Wurtzburgo relata a propósito das cruzadas de 1096: "Uma multidão inumerável vinda de todas as regiões e de todas as nações ia em armas para Jerusalém e obrigava os judeus a se fazer batizar, massacrando em massa aqueles que a isso se recusavam".[76] Em Valência, em 1391, a multidão ataca a *aljama* aos gritos de "Aos judeus, a morte ou a água benta". Um pouco mais tarde, os edis de Perpignan escrevem a João I de Aragão: "Que os judeus se façam cristãos, e todo tumulto terá fim".[77] No ano seguinte, na Sicília, a comunidade israelita de monte San Giuliano é convidada a se fazer batizar sob a ameaça das espadas. Aqueles que recusam são mortos.[78] Em Lisboa, em 1497, às vésperas da Páscoa, crianças são arrancadas de suas famílias e conduzidas às fontes batismais. Algumas semanas depois, seus pais são obrigados por sua vez a seguir o mesmo caminho. O bispo do Algarve, que desaprovou esses procedimentos, contou mais tarde: "Vi as pessoas arrastadas pelos cabelos às fontes batismais. Vi de perto pais de família, a cabeça coberta em sinal de luto, conduzir seus filhos ao batismo, protestando e tomando Deus como testemunha de que queriam morrer juntos na lei de Moisés. Coisas mais terríveis ainda foram feitas então aos judeus, que vi com meus próprios olhos".[79]

Lamento excepcional! Em todo caso, para a opinião pública da época não se tratava de uma farsa sacrílega, mas de um exorcismo do qual se esperava súbita conversão. Assim, o resultado importava mais do que os meios utilizados. A decisão de expulsão tomada pelos Reis Católicos em 1492 produziu cerca de 50 mil abjurações de última hora (pense-se nos dramas que uma partida forçada acarretaria).

Um batismo precedido por uma instrução cristã era evidentemente mais desejável que a administração inopinada do sacramento. Daí a ideia de forçar os israelitas a assistir sermões na Igreja de sua localidade ou mesmo na sinagoga requisitada para esse fim. A prática parece remontar ao século XIII e ter nascido do zelo apostólico dos monges mendicantes. No começo do século XV, vê-se Vicente Férrer empregá-la em grande escala: ele transforma autoritariamente as sinagogas em igrejas, obriga os judeus a escutá-lo sob pena de multa. Na época, creditaram-lhe várias dezenas de milhares de conversões. Em 1434, o Concílio de Basileia generaliza o método e declara que os judeus devem ser obrigados, para sua edificação, a ouvir as pregações cristãs.[80] É também o que pede em 1516 o convertido Pfefferkorn. Com toda a evidência, as inércias locais foram obstáculo à realização desse programa, que no entanto foi realmente posto em prática na época da Reforma Católica nos Estados da Igreja. Uma bula de 1577, completada sete anos mais tarde, decidiu com efeito que os judeus de Roma e do Estado pontifical deveriam doravante enviar certo número deles, por ocasião de festas cuja lista era definida, para ouvir sermões destinados a convertê-los. Em 1581, Montaigne pôde escutar em Roma uma dessas homílias incendiárias geralmente pronunciadas por convertidos e muito frequentemente em hebraico. As despesas eram debitadas das comunidades israelitas.[81] Por mais brutais que fossem, esses métodos subentendiam naqueles que os utilizavam uma espécie de otimismo. Para eles, os judeus eram espiritualmente recuperáveis. Do mesmo modo, inúmeros mistérios medievais — dramas hagiográficos, representações de milagres, "debates" entre a Igreja e a Sinagoga — comportavam abjurações de israelitas tocados pela graça. O confronto de Tortosa (1413-4) é a ilustração mais brilhante de uma mentalidade que acreditava possível a conversão do povo outrora eleito e pedia apenas para recebê-lo sem restrição no seio da Igreja. Para tal resultado, quais meios não teriam sido empregados? Bento XIII intimou os rabinos mais instruídos de Aragão a medir-se com o converso Josué de Lorca. Discussões eruditas se desenrolaram diante de mil ou 2 mil espectadores, alguns vindos de muito longe. À saída de cada certame, visitantes judeus (estavam a serviço encomendado?) declaravam-se convencidos e pediam o batismo. De janeiro de 1413 a novembro de 1414, "o ano da apostasia", 3 mil neófitos desfilaram nos batistérios de Tortosa.[82] Sucesso impressionante, e no entanto limitado. Mas o que fazer dos demais judeus?

Isolá-los ao máximo, a fim de que não contaminem os cristãos e não incitem os novos convertidos a voltar a seus antigos erros. A essa razão maior, acrescentavam-se outras considerando: proteger os cristãos da magia negra dos judeus; não fazer passar o santo sacramento diante do olhar irônico de seus inimigos etc.[83] A política do apartheid ganha forma verdadeiramente no final do século XII e no século XIII, especialmente com as decisões dos III e IV Concílios de Latrão (1179 e 1215). Este último declara querer pôr um termo às relações entre cristãos e judeus (ou sarracenos) e vice-versa.[84] A fim de que cessem "tais enormidades", os judeus deverão doravante usar trajes diferentes, não coabitar com os cristãos, não se mostrar nas ruas durante a Semana Santa, e não mais ocupar funções públicas — todas prescrições que, de início, a tolerante Espanha da época só observará com reticência, mas que serão cada vez mais aplicadas em outras partes. Na França, estatutos sinodais do século XIII proíbem os cristãos de empregar judeus como criados, de partilhar refeições com eles e de encontrá-los nos banhos públicos.[85] Em termos mais gerais, dezessete concílios, dentre os quarenta que se reúnem no reino entre 1195 e 1279, decretam cânones antijudeus.[86] Sempre na França, aflora novamente a antiga disposição muçulmana que impunha aos judeus uma insígnia especial: de 1215 a 1370, doze concílios e nove decretos reais obrigam-nos ao uso de um círculo amarelo,[87] que se torna também progressivamente obrigatório na Itália e na Espanha, ao passo que a Alemanha escolhe o chapéu cônico, amarelo ou vermelho. Reconhecível na rua e na iconografia por causa do círculo ou do chapéu, submetido a taxas infamantes como se devesse perpetuamente comprar o direito de viver, não podendo prestar juramento senão em posturas humilhantes, pendurado pelos pés quando condenado à morte, o judeu aparece cada vez mais para as populações do final da Idade Média como um estrangeiro incompreensível e inassimilável. Por certo, ele tem seus próprios costumes, seu estilo de vida, sua religião. Mas a Igreja, e o Estado impelido por ela, ao isolá-lo de maneira crescente, contribuíram para reforçar sua alteridade e assim seu caráter inquietante.

O Concílio de Basileia, em 1434, decreta que os judeus não serão mais admitidos nas universidades e não deverão mais cuidar da saúde dos cristãos. Desde o século XIII, concílios e pregadores proibiam incansavelmente os cristãos de apelar aos médicos israelitas. Essa interdição não foi respeitada por muitos reis, papas e particulares, antes e depois de 1434. Resta a suspeita lançada sobre a medicina judia, de procurar matar o corpo e sobretudo a alma dos cristãos: "Antes estar doente, se tal é a vontade divina, que ficar curado com a ajuda do diabo, por meios proibidos. Fazer apelo aos médicos judeus é incubar serpentes no próprio seio, é criar lobos em nossa casa". Assim exclama em 1652 o clero de Frankfurt. E os pastores de Halle o superam, cinco anos mais tarde: "Antes morrer em Cristo que ser curado por doutor judeu e Satã".[88]

A medicina judia é uma magia.

A legislação do Concílio de Basileia[89] marcou época na história do antijudaísmo, uma vez que reuniu interdições diversas decretadas aqui ou ali e acrescentou-lhes novas: proibição aos cristãos de ter relações regulares com judeus, de recorrer a eles como médicos, criados ou amas de leite, de morar nas mesmas casas; proibição aos judeus de construir novas sinagogas, de empregar trabalhadores cristãos, de se instalar sem permissão em novos locais, de ocupar funções públicas, de emprestar a juros e mesmo de estudar o Talmud.

Essas medidas, que só serão aplicadas desigualmente segundo os tempos e os lugares, haviam sido exigidas pela delegação espanhola e constituíam uma espécie de justificação *a posteriori* dos *pogroms* de 1391, da ação de Vicente Férrer e do "debate" de Tortosa. Vicente Férrer estava com efeito na origem do "estatuto de Valladolid" adotado em 1412 pelas autoridades de Castela contra a comunidade israelita dessa cidade, onde ela era particularmente poderosa. Às medidas que acabamos de enumerar, para os judeus dessa cidade acrescentava-se a obrigação de morar doravante em um *barrio* reservado. No ano seguinte os dominicanos de San Pablo cederam-lhes um terreno por ata registrada em tabelião. Os judeus ali se amontoaram progressivamente ao longo de oito ruas e em torno de duas praças. O *barrio* era fechado por muros e só comunicava com o exterior por uma única porta trancada a cadeado todas as noites. A chave era entregue ao corregedor ao cair do dia.[90] Havia muito tempo os judeus tinham o hábito de viver agrupados no interior de uma cidade. Mas pela primeira vez um bairro israelita ganha fisionomia de prisão. Tais confinamentos são em seguida decididos no Piemonte — em Vercelli e Nóvero — em 1448,[91] depois em 1516 em Veneza, de onde parece ter vindo o termo *ghetto*.

A Sereníssima hesitava havia muito tempo sobre a atitude a adotar em relação aos judeus. Não aplicara realmente a expulsão de 1394 e, no começo do século XVI, uma importante colônia judia mantinha-se na cidade apesar das queixas dos pregadores e da hostilidade de uma parcela da administração. Em 1516, o governo, procurando conciliar negócios e religião, decide pela criação de um bairro reservado, o *Ghetto Nuovo*. Como o que fora instituído pelo edito de Valladolid, ele será fechado à noite e suas portas serão vigiadas por guardas cristãos. Em 1541, os judeus levantinos são concentrados por sua vez em um bairro adjacente que toma o nome de *Ghetto Vecchio*. A eles se acrescentará um terceiro, o *Nuovissimo*, em 1633: no total três ilhotas insalubres onde as casas podiam atingir sete andares e onde a ocupação humana era a mais densa de toda a cidade.[92]

Em meados do século XVI, o exemplo alcança Roma, onde até então os papas haviam protegido a colônia israelita — condescendência que se aliava contudo, de maneira bastante contraditória, a sentimentos mais hostis. Pois pelo menos desde 1312 os judeus de Roma deviam pagar uma taxa especial destinada a financiar o carnaval. Esse tributo foi estendido por Martinho V, em 1421, a todas as comunidades israelitas do Estado pontifical. Por outro lado, por volta de 1466-9 instala-se o costume de organizar corridas em Roma durante o Carnaval. Os seis *palii* fazem correr sucessivamente os judeus, os asnos, os jovens, as crianças, os búfalos e os sexagenários. Por certo, o israelitas estão ali em boa companhia. Mas no começo do século XVI, sabe-se que eles correm "descalços" e vestidos apenas com uma túnica de fustão, que seria cada vez mais encurtada. De fato, estão quase nus, sendo intenção dos organizadores ridicularizá-los. O que se apreende ainda melhor por comparação: no século XV, em Ferrara, o *palio* de são Jorge, patrono da cidade, é corrido por prostitutas e judeus nus; em Pádua igualmente, de 1517 a 1560, são atestados *palii* corridos por asnos, prostitutas e judeus durante a festa de santa Marina.[93] Dessas atitudes ambíguas eis ainda uma prova: sob o complacente e tolerante Leão X, Rafael, representando *O triunfo de Davi* (1519) sobre as paredes das *loggie* do Vaticano, faz figurar de maneira evidentemente pejorativa o Escorpião, símbolo tradicional da Sinagoga, sobre o estandarte do povo judeu.[94]

Mas na metade do século XVI, a ambiguidade cessa. Em 1553, a Inquisição romana faz queimar publicamente o Talmud — o que é aprovado solenemente por Júlio III na bula *Cum sicut nuper*. Considerado repleto de injúrias e de blasfêmias em relação à religião cristã — e, além disso, um obstáculo à conversão dos israelitas —, o Talmud será doravante objeto de incansáveis perseguições das autoridades romanas. Em 1557, a Inquisição proíbe os judeus de terem outros livros religiosos que não a Bíblia. A partir de 1559, o Talmud figurará no índex.⁹⁵ Aquele que em 1553 dirigira a ofensiva inquisitorial contra o Talmud em 1555 torna-se o papa Paulo IV. Esse rude personagem associa estreitamente reforma da Igreja e antijudaísmo: no que ele encarna e conduz ao poder a linha dura do catolicismo — a que os pregadores sempre defenderam. Menos de dois meses após sua eleição, sai a sinistra bula *Cum nimis absurdum*:

> É por demais absurdo e inconveniente que os judeus, condenados por Deus a uma eterna escravidão por causa de seu pecado, possam, sob o pretexto de que são tratados com amor pelos cristãos e autorizados a viver no meio deles, ser ingratos a ponto de insultá-los ao invés de agradecê-los e bastante audaciosos para se erigir em senhores ali onde devem ser súditos. Informaram-nos de que em Roma e em outras partes eles levam a insolência a ponto de habitar entre os cristãos na vizinhança das igrejas sem usar sinal distintivo, de que alugam casas nas ruas mais elegantes e ao redor das praças nas cidades, aldeias e localidades onde vivem, adquirem e possuem bens imóveis, mantêm criadas e amas de leite cristãs assim como outros criados assalariados e cometem diversas outras más ações para sua vergonha e em desprezo do nome cristão [...].⁹⁶

Medidas draconianas decorrem dessas considerações sem apelo: em Roma e nas outras cidades do Estado pontifical, os judeus deverão no futuro morar separados dos cristãos em um bairro ou ao menos em uma rua com uma única entrada e saída. Só haverá uma sinagoga por cidade. Os israelitas não terão imóveis no exterior dos guetos e venderão aqueles em seu poder que estão fora das zonas reservadas a eles. Usarão chapéus amarelos. Não terão mais criados cristãos. Não trabalharão nos dias de festa dos cristãos. Não terão relações estreitas com eles e evitarão ligar-se a eles por contrato. Não utilizarão em seus livros comerciais senão o italiano e o latim. Não poderão vender antes de dezoito meses os penhores sobre os quais terão emprestado dinheiro. Não farão o comércio do trigo nem o de nenhum produto necessário à alimentação humana. Não se farão chamar de "senhores" por cristãos pobres.

Publicado esse texto, o confinamento dos judeus começa imediatamente em Roma, em Bolonha e em outras partes, assim como devem liquidar a preço baixo os bens que possuem no conjunto do Estado eclesiástico.[97] Segue-se um período de calmaria com Pio IV. Mas Pio V volta à carga. Não ousando expulsar todos os israelitas do território pontifical, em 1569 decide, em razão de suas "feitiçarias, magias e adivinhações", não mais tolerá-los senão nos dois guetos de Roma e de Ancona.[98] É o fim das comunidades hebraicas de Camerino, Fano, Orvieto, Spoleto, Ravena, Terracino, Perúsia, Viterbo etc.[99] O gueto de Roma fica doravante sobrecarregado, empobrecido. Deve ainda manter com seus denários a *Casa dei catecumenii* fundada alguns anos antes por Santo Inácio de Loyola para acolher os candidatos ao batismo. Pio V morre (em 1572), seus sucessores serão menos rigorosos em relação aos judeus. Mas o gueto de Roma ficará atolado em sua miséria até Pio IX. Incentivados por pregadores e bispos, guetos nascem um pouco em toda parte nas regiões italianas das quais os israelitas não foram expulsos: em Alexandria (1566), no ducado de Urbino (1570), em Florença (1570), Siena (1571), Verona (1599), Pádua (1602), Mântua (1610), Casale (1612). Outros ainda surgirão mais tarde: em Módena (1638), Gorizia (1648), Reggio (1669-71), Turim (1679).[100]

Os guetos não constituíam evidentemente uma solução para o problema que os judeus representavam para as autoridades cristãs: era um mau acordo. Muitas vezes a segregação não era efetiva, ao menos durante o dia. Como impedir em uma mesma cidade um mínimo de contato entre os dois elementos da população? Assim, a partir do final do século XIII, recorrera-se, em diversos países ou cidades, ao meio radical da expulsão. Ela fora decidida pela Inglaterra em 1290, pela França e pelo Palatinado em 1394, pela Áustria em 1420, por Friburgo e Zurique em 1424, por Colônia em 1426, pela Saxônia em 1432 e no decorrer do século XV por inúmeras cidades germânicas. A inveja dos artesãos e da burguesia e o temor da usura judia tinham motivado muitas dessas rejeições. Contudo, elas eram frequentemente acompanhadas de considerandos religiosos. A decisão francesa de 1394 foi tomada por um soberano que era "movido pela piedade" e temia a "má influência dos judeus sobre os cristãos".[101] A de Colônia invocou "a honra de Deus e da santa Virgem".[102] Em todo caso, as razões religiosas — isto é, o medo ao mais alto grau da influência nefasta dos judeus sobre os cristãos e sobre os novos convertidos — desempenharam papel determinante nas expulsões decididas por Fernando e Isabel para a Espanha e a Sicília em 1492, pelo rei de Portugal em 1497, por Carlos VII e Luís XII para a Provença em 1495 e 1506, por Carlos V para o Reino de Nápoles em 1541, por Pio V em 1569 para os judeus do Estado pontifical que não se reunissem nos guetos de Roma e de Ancona. No rasto da Reforma Católica, a república de Gênova expulsou os israelitas em 1567, Luca em 1572, o milanês em 1591 etc.[103] O edito espanhol de 1492, que serviu de modelo aos que se seguiram, exprimira com clareza o medo ideológico sentido pelos soberanos e seus conselheiros eclesiásticos:

> [...] Fomos informados pelos inquisidores, e por outras pessoas, de que o comércio dos judeus com os cristãos acarreta os piores males. Os judeus se esforçam ao máximo em seduzir os [novos] cristãos e seus filhos, fazendo-os conservar os livros de orações judias, advertindo-os dos dias de festas judias, fornecendo-lhes pão ázimo na Páscoa, instruindo-os sobre os alimentos proibidos, e convencendo-os a seguir a lei de Moisés. Em consequência, nossa santa fé católica vê-se aviltada e humilhada. Chegamos então à conclusão de que o único meio eficaz para pôr fim a esses males consiste na ruptura definitiva de toda relação entre judeus e cristãos, e isso não pode ser alcançado senão pela sua expulsão de nosso reino.[104]

Era bem este o objetivo: não mais tolerar quinta-coluna no interior da cidade cristã.

5. UMA NOVA AMEAÇA: OS CONVERTIDOS

No entanto, o inimigo que se acreditava ter expulso reaparecia sob uma outra forma, dissimulada atrás da máscara do convertido. Este realmente se tornara cristão? Não há dúvida de que muitos judeus batizados sob ameaça voltavam mais ou menos clandestinamente a seus antigos ritos (nesse caso, eram relapsos) ou ao menos, embora aceitassem suas novas crenças, continuavam a não comer toucinho e a utilizar as fórmulas culinárias de seus ancestrais. Tornavam-se desde então suspeitos de heresia: inimigos tanto mais perigosos quanto mais se camuflavam. Diante de um perigo tão urgente, Isabel e Fernando obtiveram do papa em 1478 a bula instituindo a Inquisição, que começou a funcionar dois anos mais tarde em Sevilha. O fervoroso e implacável Torquemada — um dominicano cristão-novo — foi nomeado seu responsável para toda a Espanha. A despeito dos conselhos de moderação de Roma, os tribunais da fé trabalharam com um zelo que aterrorizou. Durante um expurgo de sete anos (1480-7), 5 mil conversos sevilhanos acusados de haverem judaizado deixaram-se "reconciliar" após as penas e humilhações habituais. Setecentos relapsos foram queimados. A vez de Toledo chegou em 1486. Em quatro anos houve ali 4850 "reconciliações" e duzentas condenações à morte. Em Aragão as violências da Inquisição — em particular em Valência, Teruel e Saragoça — provocaram reações populares hostis ao novo tribunal. No total, Torquemada teria feito queimar cerca de 2 mil vítimas, a maioria conversos.[105] Quando veio o decreto de expulsão de 1492, muitos judeus se refugiaram em Portugal, onde uma decisão de rejeição foi igualmente tomada em 1497. Foi então que se produziram as cenas, evocadas anteriormente, de pessoas arrastadas pelos cabelos às fontes batismais. Esses cristãos-novos naturalmente se rejudaizaram logo que puderam. Então Portugal também obteve do papa sua própria Inquisição, que foi criada em 1536. Ela não "celebrou" menos de 105 autos de fé entre novembro de 1538 e abril de 1609.[106] Alguns marranos portugueses se refugiaram na Itália e especialmente em Ancona, onde Paulo III lhes concedeu salvo-condutos. Sobrevém a elevação de Paulo IV. A Inquisição se abate sobre Ancona em 1556. Vinte e dois homens e uma mulher foram queimados como relapsos, 27 foram "reconciliados", trinta acusados haviam escapado da prisão antes do processo.[107] Essas perseguições sucessivas no Ocidente do século XVI explicam os judeus terem então buscado refúgio no Império Otomano e na Polônia, país que lhes permaneceu aberto até o "grande dilúvio" de 1648.

Na história cristã do antijudaísmo europeu, podem-se distinguir duas faces e também duas mentalidades. Em um primeiro momento considerou-se que o batismo apagava no convertido todas as taras do povo deicida. Mais tarde, na prática, colocou-se em dúvida essa virtude do batismo e considerou-se que o judeu conservava, mesmo tornando-se cristão, a herança dos pecados de Israel. Nesse momento o antijudaísmo tornava-se racial, sem deixar de ser teológico. A hostilidade aos conversos se explica em certa medida pelas cifras. Em Valência, no decorrer dos excessos de 1391, 7 mil e talvez 11 mil judeus teriam se convertido para escapar à morte.[108] Atribui-se a são Vicente Férrer a conversão de cerca de 35 mil judeus (e 8 mil muçulmanos). No mesmo momento, outras abjurações dificilmente enumeráveis se produziam em outras partes na Espanha. Enfim, o decreto de expulsão de 1492 teria tido como consequência o batismo de 50 mil pessoas e o êxodo de 185 mil, das quais 20 mil teriam perecido nas estradas do exílio. Vivendo os conversos, como seus predecessores israelitas, essencialmente nas cidades e sendo estas então pouco povoadas, deu-se novamente o fenômeno quantitativo de "limite" que certamente já contribuíra para o nascimento do antijudaísmo espanhol. Além disso, os novos convertidos, graças à liberdade de ação que lhes concedia o batismo, ocuparam as primeiras posições mais ainda do que na época em que praticavam sua antiga religião. Transpuseram então, qualitativamente desta vez, um "limite" perigoso de êxito, sendo mais do que nunca os conselheiros dos príncipes, os patrões do comércio e os arrematantes de impostos. Aliaram-se por casamento aos cristãos-velhos, e os mais zelosos deles logo ocuparam postos eminentes na hierarquia eclesiástica e nas ordens religiosas, sendo certo, com efeito, que nem todas as conversões foram de *pro forma*. Assim, a abjuração abrira para os cristãos-novos carreiras mais brilhantes do que aquelas a que podiam pretender anteriormente.

As frustrações e as invejas dos cristãos-velhos, mescladas a uma hostilidade antiga contra os judeus, coletores de impostos, explicam a primeira sublevação anticonversos da Espanha: a de Toledo em 1449.[109] Pela primeira vez na Espanha, um corpo municipal, encontrando base no "direito canônico e no direito civil" e na enumeração de toda espécie de crimes e heresias cometidos pelos cristãos-novos, decide que estes serão doravante considerados indignos de ocupar cargos privados ou públicos em Toledo e em sua jurisdição. Assim nasce o primeiro, em data, dos estatutos espanhóis de "pureza de sangue".[110]

Como sempre no decorrer do período que consideramos, as inquitudes dos particulares são retomadas pelo discurso teológico, que, enunciado em uma atmosfera obsidional, dá uma dimensão nacional, e até internacional, ao que não era de início senão pontual e local. É então no mais alto nível cultural que se entabula, após os incidentes de Toledo, o debate entre adversários e partidários dos estatutos de "pureza de sangue". Desde 1449, são redigidas várias obras de protesto contra os segregadores de Toledo. O tratado de Alonso Diaz de Montalvo,[111] dirigido a João II, censura os cristãos intolerantes em relação aos convertidos por destruírem a unidade da Igreja. Cristo é nossa paz; ele reconciliou judeus e gentios. Rejeitar os conversos é fazer obra cismática, até mesmo herética. Os revoltosos de Toledo foram "lobos de Cristo". Por trás do biombo da religião, cobiçavam bens materiais. De um fôlego mais amplo é o *Defensorium unitatis christianae* (igualmente de 1449), de um converso, dom Alonso de Cartagena, bispo de Burgos e filho desse dom Pablo de Santa Maria que, uma vez batizado, escreveu o *Scrutinium scripturarum* e foi também bispo de Burgos. A humanidade teve uma origem única em Adão e essa unidade foi reconstituída no novo Adão,

Jesus. Deus atribuiu uma missão particular ao povo judeu antes de Cristo e fez nascer o Salvador entre os israelitas para que ele realizasse a fusão destes com os gentios. Os judeus que se convertem ao cristianismo são como prisioneiros de guerra libertados que voltam para casa. A duração de seu cativeiro não importa. Ao perseguir seus irmãos conversos, os cristãos-velhos de Toledo agiram como cismáticos. E quem autoriza o cisma e nega a unidade da Igreja é herético.[112] Por sua vez, o papa Nicolau V, sempre em 1449, lançou o anátema contra o estatuto anticonverso de Toledo — uma bula cujo alcance em seguida se tentou minimizar ou contestar a autenticidade.

No *Scrutinium scripturarum*, dom Pablo de Santa Maria aconselhara, dezessete anos antes do caso de Toledo, uma tática aos cristãos-novos ameaçados: abater os empedernidos para proteger os convertidos. A mesma linha de conduta é adotada nos anos 1460 pelo superior geral dos hieronimitas, Alonso de Oropesa, a quem os franciscanos, em uma espécie de carta pública, pedem ajuda e conselho para lutar contra a intrusão crescente dos cristãos-novos no interior das ordens religiosas. O *Lumen ad revelationem gentium* de Oropesa é uma resposta importuna a esse pedido incômodo, pois sua ordem conta muitos conversos. Como Pablo de Santa Maria, ele distingue então em seguida judeus e cristãos-novos. Os primeiros são mais perigosos que os gentios, os heréticos e os cismáticos. Mas os cristãos-velhos destroem a fé e a unidade da Igreja ao suspeitar de qualquer homem de raça judia que se fez batizar. É preciso portanto proteger os conversos contra seus antigos correligionários: o que significa isolar estes últimos ou obrigá-los a abraçar o cristianismo, se possível "com amor" ou, se necessário, "com castigos".[113] Combate de retaguarda com uma arma agora enfraquecida: a virtude mágica do batismo. Arma enfraquecida? Reveladoras a esse respeito a atitude e as contradições de Alonso de Espina. Por certo, o *Fortalicium* recomenda os batismos forçados. No entanto, a obra incendiária desse franciscano de choque não é apenas um catálogo dos crimes cometidos por aqueles que continuam a obedecer às prescrições mosaicas. Ela levanta também a lista das iniquidades recentemente perpetradas na Espanha por novos convertidos — negação da Trindade, celebração clandestina da Festa dos Tabernáculos, continuação do rito da circuncisão etc.[114] Os judeus — conversos ou não — são uma nação depravada, e os cristãos-novos herdaram o espírito do mal de seus antepassados. Não se deve portanto distinguir, como reclamava Pablo de Santa Maria, entre "judeus fiéis" (aqueles que veem em Jesus o Messias prometido pelo Antigo Testamento) e "judeus infiéis" (aqueles que rejeitam Cristo), mas entre "judeus secretos" (os conversos) e "judeus públicos" (os obstinados). Eis-nos no coração de um racismo teológico que explica em profundidade o temor de ver a cidade cristã submersa, destruída por dentro, por seus inimigos de sempre, tornados mais perigosos do que no passado graças a uma camuflagem.

Logo daremos os pontos de referência que permitem acompanhar no tempo e no espaço espanhóis da Renascença a difusão dos estatutos de "pureza de sangue". Mas em primeiro lugar penetremos, para além do século XV, na argumentação dos anticonversos. A mentalidade de sitiados aí está mais do que nunca ativa. Por exemplo, nas cartas e nos escritos diversos do arcebispo de Toledo, Siliceo, que em 1547 consegue impor a exclusão dos cristãos-novos do capítulo de sua catedral.[115] Siliceo vê surgir no horizonte o espectro da "Nova Sinagoga". Os judeus, batizados ou não, permanecem um povo inconstante, sempre espreitado pela infidelidade e pela traição. Do mesmo modo, são Paulo recusava-se a admitir neófitos de sua raça às funções episcopais. Deve-se imitar essa prudência para a qual convidam múltiplas más ações e conjurações de que se tornaram culpados os conversos da Espanha. Muitos judeus só se tornaram cristãos por medo: querem vingar-se. Uma nova "Reconquista" da Espanha se impõe contra um grupo que se infiltra no clero. "Nessa Igreja", escreve ele, "mal se encontra um que não seja dos seus, e a Igreja espanhola inteira, ou em sua maior parte, é governada por eles." Siliceo deseja, além disso, que um decreto proíba os conversos de praticar a medicina, a cirurgia e a farmácia — pois procuram matar os cristãos-velhos — e que sejam impedidos de entrar pelo casamento na família destes últimos. Duas precauções valem mais que uma.

Tendo o estatuto da Igreja de Toledo encontrado resistências, em 1575 ele é defendido por um cordovês de família nobre, Simancas, que ambicionava talvez uma cadeira de arcebispo.[116] Sua *Defensio statuti toletani* retoma as acusações clássicas, mas com uma insistência particular na "perfídia judia" no tempo de Jesus. Do nascimento à morte do Salvador, todos os elementos — estrelas, mar, sol — reconheceram sua divindade. Mas os judeus condenaram-no à morte e continuam a crucificá-lo a cada dia. Além disso, a ambição excessiva é uma característica desse povo pérfido. Assim, os conversos esforçam-se não só em apoderar-se dos benefícios eclesiásticos, mas também em fazer deles bens hereditários. A prova de que sua conversão é frequentemente simulada está em que não querem entregar-se a nenhum trabalho manual; seu objetivo secreto é despojar os cristãos-velhos de suas riquezas. A solidariedade que os cristãos-novos manifestam entre si não deixa de ser, também ela, suspeita. Eles parecem um rebanho de porcos em que, quando um grunhe, todos os outros se põem também a grunhir e se juntam flanco contra flanco para se proteger mutuamente. No entanto, Simancas reconhece que existem conversos sinceros. Desde que aceitem esse purgatório terrestre, essa hibernação social. Virá o dia em que, tendo o tempo feito sua obra, os cristãos-novos poderão afinal ser admitidos a todos os postos.

Mesmo essa abertura desaparece da pequena obra rancorosa redigida por volta de 1674 pelo franciscano Francisco de Torrejoncillo, a *Centinela contra judios, puesta en la torre de la Iglesia de Dios*.[117] Um título significativo: a Igreja tem necessidade de sentinelas que velem pelo perigo judeu. Mas quem desconfiaria, à leitura de tal enunciado, de que os israelitas foram expulsos da Espanha duzentos anos antes? No fundo, Torrejoncillo não estabelece diferenças verdadeiras entre judeus e conversos. A longa lista dos crimes dos primeiros (aí incluído o seu papel na peste de 1348) basta-lhe para culpar os segundos.

Os cristãos-novos evitam recitar o pai-nosso. Não creem na Trindade. Herdaram de seus ancestrais um ódio invencível ao cristianismo. E basta a qualquer um, para ser por ele infectado, que só sua mãe seja judia ou não tenha tido senão 1/4, ou mesmo 1/8 apenas, de sangue judeu.

Como conciliar um antissemitismo tão radical com a teologia do batismo? Como ficaria a eficácia do sacramento? Sua capacidade de criar um "homem novo"? Não faltaram respostas: os cristãos-novos não são punidos em razão de sua origem "depravada", e sim porque a experiência prova que são frequentemente apóstatas (Simancas); apesar do batismo, as inclinações más se transmitem fisicamente dos pais aos filhos pelos "humores" (Castejon y Fonseca); Santo Tomás garante que os descendentes dos pecadores escapam às punições "espirituais" merecidas por seus ancestrais, mas podem ter que suportar sanções "temporais" por causa da infidelidade de seus predecessores (Porreño). Pode-se justificar tudo quando a letra esquece o espírito e quando se tem medo. Algumas balizas significativas permitem acompanhar com o olhar a maré montante da intolerância espanhola em relação aos conversos. E a esse respeito uma breve cronologia é mais marcante do que longas explicações:[118]

1467: em consequência de uma sublevação dos cristãos-novos, recolocação em vigor, em Toledo, do estatuto municipal de 1449.

1474: rebelião sangrenta contra os conversos em Córdoba e em várias localidades da Andaluzia; os cristãos-novos são excluídos de toda função pública em Córdoba.

1482: a corporação dos maçons de Toledo proíbe seus membros de comunicarem seus segredos a pessoas de ascendência judia.

1486: os hieronimitas (que compreendiam um certo número de conversos) decidem após anos de hesitação: *a*) enquanto a Inquisição prosseguir sua tarefa, ninguém da descendência dos neófitos até a quarta geração poderá ser recebido na ordem; *b*) os cristãos-novos já membros da ordem não terão acesso a nenhum cargo e não serão admitidos ao sacramento da ordem.

Quem quer que contrarie essas disposições será excomungado. Renegando a bula de Nicolau V, Alexandre VI — um espanhol — aprova em 1495 essas disposições, que se tornariam exemplares.

1489: Guipúzcoa, temendo um refluxo dos cristãos-novos para o país basco, proíbe todo converso de instalar-se na província e de ali casar-se.

1496: primeiras medidas de um convento dominicano — o de Ávila — contra os cristãos-novos.

1497 (no mais tardar): *Statutum contra Hebraeos* (de fato contra os judeus convertidos) do colégio San Antonio de Sigüenza.

1515: o capítulo da catedral de Sevilha adota um estatuto de "pureza de sangue" e se fecha aos filhos dos judeus-cristãos "heréticos", o que é aprovado por Leão X, em 1516; Clemente VII estende a proibição aos "netos dos heréticos" (1532) e Paulo III aos bisnetos (1546).

1519: estatuto anticonverso do colégio San Ildefonso d'Alcalã criado por Cisneros, que não estipulara nenhuma discriminação desse gênero.[119]

1522: proibição a toda pessoa judia de se graduar pelas universidades de Salamanca, Valladolid e Toledo.

1525: o papa autoriza os franciscanos a excluir dos cargos e dignidades da ordem os descendentes de judeus e a não admitir conversos entre eles.

1530: o capítulo da catedral de Córdoba adota um estatuto de "pureza de sangue", ratificado por Roma apenas em 1555.

1531: os dominicanos de Toledo são autorizados por Roma a excluir de suas fileiras os cristãos-novos.

1547: o capítulo da catedral de Toledo, a Igreja primacial da Espanha, por instâncias do arcebispo Siliceo, não admitirá mais os canonicatos sem averiguação da origem étnica. Após controvérsias e hesitações, as aprovações oficiais chegam: de Paulo IV em 1555, de Filipe II em 1556.

1593: em sua quinta congregação geral, a Companhia de Jesus exclui os cristãos de origem judia. No entanto, Inácio de Loyola († 1556) não partilhara, parece, as prevenções de seus compatriotas em matéria de "pureza de sangue" e vários de seus colaboradores imediatos, especialmente Lainez e Polanco, eram de origem judia.

Tendo o regulamento adotado em 1547 pelo capítulo da catedral de Toledo feito jurisprudência e consagrado oficialmente a exigência de *limpieza* na península, doravante a Espanha viverá durante muito tempo sob o reino dos estatutos de pureza de sangue que o século XVII não conseguirá modificar sensivelmente. Tinha-se assim definido um dogma e criado um mito ligados a dois valores espanhóis essenciais: a religião e a honra. A tensão, a ansiedade e a obsessão que suscitaram de maneira quase permanente em todas as camadas de sociedade foram as contrapartidas de um orgulho e de uma identidade conquistados a esse preço. A Espanha tinha consciência de ser a fortaleza da boa doutrina, a rocha contra a qual se rompiam heresias e todos os assaltos do mal. Sua nobreza, diante do universo, estava ligada à sua excelência teológica.[120] Tudo se passou como se um país que só tardiamente tomara consciência de si mesmo tivesse necessidade desse negativo — o judeu — para descobrir-se, e este uma vez expulso ou convertido, vira-se na necessidade de reinventá-lo. Sem o que sua coesão interna ter-se-ia encontrado ameaçada. Poderosa mas exposta, a Espanha só resistia a seus múltiplos inimigos conferindo a si mesma um fator de integração que a ajudava a definir sua personalidade. Ora, "antes dos nacionalismos forjados pelo século XIX, os povos não se sentiam realmente ligados senão em um sentimento de vinculação religiosa".[121] Para tornar-se ou "voltar a ser Europa", a Espanha se fez "cristandade militante".[122]

Mas por que a cristandade militante da época devia ser antijudia? Essa intolerância acaso não seria a resposta a uma outra intolerância? Com seu talento habitual e grande profundidade, F. Braudel faz observar que a atitude judia na época da Renascença não era de modo algum "pacífica" e acolhedora. Ao contrário, a "civilização" judia mostrou-se então "ativa, pronta ao proselitismo e ao combate". O gueto não foi "apenas o símbolo da prisão onde os judeus foram encerrados, mas também a cidadela para onde se retiraram por si mesmos para defender suas crenças e a continuidade do Talmud". A intolerância judia teria sido, no limiar do século XVI, "maior do que a dos cristãos".[123] Observações de peso de um historiador que não é animado por nenhum sentimento antissemita. Contudo, impõem-se nuanças: por que a aceitação das comunidades judias no interior da Europa carolíngia, da Espanha das "três religiões", e da Polônia do século XVI, e a hostilidade posterior em relação a elas? E como as segregações sucessivas não teriam reforçado a coesão e a singularidade do grupo rejeitado? Qual intolerância foi primeiro? "O que há de surpreendente se esses minoritários se conduziram de acordo com a representação que se tinha deles?"[124] Outra pergunta que duplica o efeito das precedentes: se os judeus tinham sido completamente expulsos de um país — França, Países Baixos ou Inglaterra — e nem sequer constituíam grupos importantes de convertidos, por que esse ódio duradouro dos ausentes, pessoas que não se viam realmente há duzentos ou trezentos anos? Já não intervinham então nem a noção de "limite", que certamente contou na Espanha, nem as diferentes categorias de inveja a que podiam dar origem uma comunidade influente por sua riqueza e por sua cultura? É importante então mergulhar nas profundezas do psiquismo coletivo.

Estabeleceu-se uma relação entre temor dos fantasmas e antissemitismo. "Se o medo dos fantasmas", escreve R. Loewenstein, "parece uma coisa inata justificada em certa medida pela vida psíquica da humanidade, o que há de estranho no fato de que se tenha manifestado com essa intensidade no que diz respeito a essa nação [judia] morta e apesar de tudo viva?"[125] Uma outra abordagem do antijudaísmo de outrora explica-o pela noção de conflito edipiano. O judeu teria representado para o mundo cristão o símbolo do "mau pai" oposto ao Deus filho a que se refere a Igreja. A hostilidade a Israel decaído teria assim marcado o conflito entre os filhos depositários de uma mensagem de caridade e os ancestrais que permanecem fiéis à lei de Talião imposta por Deus pai.[126] Integro aqui essas tentativas de explicação na medida, e tão somente na medida, em que vão ao encontro de uma tese central do presente livro ao dirigirem uma e outra o olhar para as reações da Igreja militante. Pois não era a cultura clerical que podia, mais que qualquer outra, temer os eternos deicidas — fantasmas malditos — ou a ameaça de um Deus pai rigoroso? Na época da Renascença — em sentido amplo — foram os cristãos mais "motivados" que, via de regra, tiveram mais medo — e mais conscientemente medo — dos judeus. Ao mesmo tempo, tinham medo da idolatria, dos turcos, dos mouriscos — outros conversos — e de todos os inimigos que, sob a ordem de Satã, atacavam conjuntamente a cidadela cristã. Somos levados então, superando as explicações particulares, a reinserir o antijudaísmo dos séculos XIV-XVI em um conjunto e a recolocar a atitude em relação aos judeus em uma série homogênea de comportamentos. Não era só a Espanha cristã que se acreditava em perigo, mas toda a Igreja docente que se sentia então em posição de fragilidade e de incerteza, temendo ao mesmo tempo Deus e o diabo, o Pai justiceiro e todas as encarnações do mal — portanto, o judeu.

Antes do século XIV, tinha havido antijudaísmos: locais, diversos e espontâneos. Em seguida, eles deram lugar progressivamente a um antijudaísmo unificado, teorizado, generalizado, clericalizado.

10. OS AGENTES DE SATÃ
III. A MULHER

1. UMA ACUSAÇÃO DE LONGA DATA

No começo da Idade Moderna, na Europa ocidental, antijudaísmo e caça às feiticeiras coincidiram. Não foi por acaso. Do mesmo modo que o judeu, a mulher foi então identificada como um perigoso agente de Satã; e não apenas por homens de Igreja, mas igualmente por juízes leigos. Esse diagnóstico tem uma longa história, mas foi formulado com uma malevolência particular — e sobretudo difundido como nunca anteriormente, graças à imprensa — por uma época em que no entanto a arte, a literatura, a vida da corte e a teologia protestante pareciam levar a certo destaque da mulher. Precisamos esclarecer essa situação complexa e, além disso, acompanhar, a partir de um novo exemplo, a transformação pela cultura dirigente de um medo espontâneo em um medo refletido.

A atitude masculina em relação ao "segundo sexo" sempre foi contraditória, oscilando da atração à repulsão, da admiração à hostilidade. O judaísmo bíblico e o classicismo grego exprimiram alternadamente esses sentimentos opostos. Da idade da pedra, que nos deixou muito mais representações femininas do que masculinas, até a época romântica, de certa maneira a mulher foi exaltada. De início deusa da fecundidade, "mãe de seios fiéis" e imagem da natureza inesgotável, com Atena torna-se a divina sabedoria, com a Virgem Maria o canal de toda graça e o sorriso da bondade suprema. Inspirando os poetas, de Dante a Lamartine, "o eterno feminino", escrevia Goethe, "nos arrebata para o alto". São João Crisóstomo, criança e mau aluno, rezava um dia diante de uma estátua da Virgem. Esta animou-se e disse: "João, vem beijar meus lábios e serás cumulado de saber [...]. Não tenhas medo". O menino hesitou, depois apoiou os lábios sobre os de Nossa Senhora. Esse único beijo o encheu de uma imensa sabedoria e do conhecimento de todas as artes.[1]

Essa veneração do homem pela mulher foi contrabalançada ao longo das eras pelo medo que ele sentiu do outro sexo, particularmente nas sociedades de estruturas patriarcais. Um medo cujo estudo por muito tempo se negligenciou e que a própria psicanálise subestimou até época recente. No entanto, a hostilidade recíproca que opõe os dois componentes da humanidade parece ter sempre existido e "traz todas, as marcas de um impulso inconsciente".[2] De modo que o êxito de um casal depende, ao menos em nosso tempo, da descoberta desse dado profundo e, em todo caso, da aceitação lúcida — por parte de cada um dos parceiros — da heterogeneidade, da complementaridade e da liberdade do outro.

As raízes do medo da mulher no homem são mais numerosas e complexas do que pensara Freud, que o reduzia ao temor da castração, ela mesma consequência do desejo feminino de possuir um pênis. Essa inveja do pênis não é sem dúvida senão um conceito sem fundamento introduzido subrepticiamente na teoria psicanalítica por um tenaz apego à superioridade masculina. Em compensação, Freud notava com razão que na sexualidade feminina "tudo é obscuro [...] e bastante difícil de estudar de maneira analítica".[3] Simone de Beauvoir reconhece que "o sexo feminino é misterioso para a própria mulher, oculto, atormentado [...]. É em grande parte porque a mulher não se reconhece nele que não reconhece como seus os seus desejos".[4] Para o homem, a maternidade permanecerá provavelmente sempre um mistério profundo, e Karen Horney sugeriu com verossimilhança que o medo que a mulher inspira ao outro sexo prende-se especialmente a esse mistério, fonte de tantos tabus, terrores e ritos, que a religa, muito mais estreitamente que seu companheiro, à grande obra da natureza[5] e faz dela "o santuário do estranho".[6] Daí os destinos diferentes e no entanto solidários dos dois parceiros da aventura humana: o elemento materno representa a natureza e o elemento paterno a história. Assim,

463

as mães são sempre e por toda parte as mesmas, e os pais são muito mais condicionados pela cultura à qual pertencem.[7] Porque mais próxima da natureza e mais bem informada de seus segredos, a mulher sempre foi creditada, nas civilizações tradicionais, do poder não só de profetizar, mas também de curar ou de prejudicar por meio de misteriosas receitas. Em contrapartida, e de alguma maneira para valorizar-se, o homem definiu-se como apolíneo e racional por oposição à mulher dionisíaca e instintiva, mais invadida que ele pela obscuridade, pelo inconsciente e pelo sonho. Em razão de suas raízes profundas, a incompreensão entre os dois sexos pode ser descoberta em todos os níveis. A mulher permanece para o homem um constante enigma: ele não sabe o que ela quer — constatação feita especialmente por Freud. Ela o deseja herói e entretanto procura retê-lo em casa, pronta a desprezá-lo se ele obedece. Ela é para ele eterna contradição viva, ao menos enquanto ele não compreendeu que ela é simultaneamente desejo do homem e aspiração à estabilidade: duas condições necessárias para que se realize a obra criadora de que está encarregada.

Mistério da maternidade, porém mais amplamente ainda mistério da fisiologia feminina ligada às lunações. Atraído pela mulher, o outro sexo é do mesmo modo repelido pelo fluxo menstrual, pelos odores, pelas secreções de sua parceira, pelo líquido amniótico, pelas expulsões do parto. Conhece-se a constatação humilhada de Santo Agostinho: *"Inter urinam et faeces nascimur"*. Essa repulsão e outras semelhantes engendraram ao longo das eras e de um extremo ao outro do planeta múltiplas interdições. A mulher que tinha suas regras era tida como perigosa e impura. Corria o risco de ser portadora de toda espécie de males. Então, era preciso afastá-la. Essa impureza nociva era estendida à própria parturiente, de modo que ela precisava ser, após o nascimento, reconciliada com a sociedade por meio de um rito purificador. Apesar disso, em muitas civilizações, considerou-se a mulher um ser fundamentalmente maculado, que era afastado de certos cultos, a quem muitas funções sacerdotais eram recusadas e que era, em geral, proibida de tocar em armas. A repulsa em relação ao "segundo sexo" era reforçada pelo espetáculo da decrepitude de um ser mais próximo da matéria que o homem e portanto mais rápida e mais visivelmente "perecível" do que aquele que pretende encarnar o espírito. Daí a permanência e a antiguidade do tema iconográfico e literário da mulher aparentemente graciosa, mas cujo dorso, os seios ou o ventre são já podridão. Moralizado, esse tema tornou-se cristão, mas a alemã *Frau* Holle, a dinamarquesa Ellefruwen e a sueca Skogsnufva — três representações da "mulher que convida", mas cujo corpo pulula de vermes — são de origem pré-cristã.[8] Para a mentalidade masculina o arsenal dos perfumes femininos não constituiu uma camuflagem da corrupção latente, ou já presente, da parceira?

Essa ambiguidade fundamental da mulher que dá a vida e anuncia a morte foi sentida ao longo dos séculos, e especialmente expressa pelo culto das deusas-mães. A terra mãe é o ventre que nutre, mas também o reino dos mortos sob o solo ou na água profunda. É cálice de vida e de morte. É como essas urnas cretenses que continham a água, o vinho e o cereal e também as cinzas dos defuntos.

Ela "tem uma face de trevas", escreve Simone de Beauvoir, "é o caos de onde tudo se originou e para onde tudo deve um dia retornar [...]. É noite nas entranhas da terra. Essa noite onde o homem é ameaçado de abismar-se, e que é o avesso da fecundidade, o apavora".[9]

Não é por acaso que em muitas civilizações os cuidados dos mortos e os rituais funerários cabem às mulheres. Elas eram consideradas muito mais ligadas do que os homens ao ciclo — o eterno retorno — que arrasta todos os seres da vida para a morte e da morte para a vida. Elas criam, mas também destroem. Daí os nomes incontáveis das deusas da morte. Daí as múltiplas lendas e representações de monstros fêmeas. "A mãe ogra [Medeia é uma delas] é um personagem tão universal e tão antigo quanto o próprio canibalismo, tão antigo quanto a humanidade."[10] Inversamente, os ogros masculinos são raros. Por trás das acusações feitas nos séculos XV-XVII contra tantas feiticeiras que teriam matado crianças para oferecê-las a Satã encontrava-se, no inconsciente, esse temor sem idade do demônio fêmea assassino de recém-nascidos. A deusa hindu Kali, mãe do mundo, é sem dúvida a representação mais grandiosa que os homens forjaram da mulher a uma só vez destruidora e criadora. Bela e sedenta de sangue, ela é a deusa "perigosa" a quem é preciso sacrificar todos os anos milhares de animais. É o princípio materno cego que impulsiona o ciclo da renovação. Ela provoca a explosão da vida. Mas ao mesmo tempo espalha cegamente as pestes, a fome, as guerras, a poeira e o calor opressivo.[11] À sanguinária Kali correspondiam de certa maneira, nas mentalidades helênicas, as Amazonas "devoradoras" de carne humana, as Parcas que cortavam o fio da vida, as Erínias "assustadoras", "loucas" e "vingadoras", tão terríveis que os gregos não ousavam pronunciar seu nome. A *Dulle Griet*, "Margot, a furiosa", de Brueghel, não exprime por sua vez o temor masculino diante do cego arrebatamento feminino?[12]

O medo masculino da mulher vai portanto além do temor da castração identificado por Freud. Mas o diagnóstico desse nem por isso é errôneo, com a condição contudo de desprendê-lo do suposto desejo feminino de possuir um pênis que a psicanálise em seu início postulara sem prova suficiente. Dossiês clínicos, mitologia e história confirmam, com efeito, o medo da castração no homem. Contaram-se mais de trezentas versões do mito da *vagina dentata* entre os indígenas da América do Norte, mito que se reencontra na Índia, por vezes com uma variante igualmente significativa: a vagina não tem dentes, mas está cheia de serpentes. O medo da castração se exprime ao longo de um capítulo inteiro de *O martelo das feiticeiras*: "As feiticeiras podem iludir até fazer crer que o membro viril é retirado ou separado do corpo?"[13] A resposta é: sim, sendo garantido, além disso, que os demônios podem realmente subtrair o pênis de alguém. Essa pergunta e essa resposta, que se encontram na maior parte dos tratados de demonologia da

Renascença, desdobram-se na época em afirmações categóricas sobre o atamento da agulheta — verdadeiro equivalente da castração, já que a vítima se via, momentânea ou definitivamente, privada de sua potência viril.[14]

No inconsciente do homem, a mulher desperta a inquietude, não só porque ela é o juiz de sua sexualidade, mas também porque ele a imagina de bom grado insaciável, comparável a um fogo que é preciso alimentar incessantemente, devoradora como o louva-a-deus. Ele teme o canibalismo sexual de sua parceira, assimilada por um conto do Mali a uma enorme cabaça que, ao rolar, devora todas as coisas à sua passagem.[15] Ou ainda ele imagina Eva como um oceano no qual seu frágil navio flutua com precariedade, como um sorvedouro que o aspira, um lago profundo, um poço sem fundo. O vazio é a manifestação fêmea da perdição. Assim, é preciso resistir aos turvos apelos de Circe e de Lorelei. Pois, de qualquer maneira, o homem jamais é vencedor no duelo sexual. A mulher lhe é "fatal". Impede-o de ser ele mesmo, de realizar sua espiritualidade, de encontrar o caminho de sua salvação. Esposa ou amante, é carcereira do homem. Este deve, pelo menos, às vésperas ou no caminho de grandes empreendimentos, resistir às seduções femininas. Assim fazem Ulisses e Quetzalcoátl. Sucumbir ao fascínio de Circe é perder a identidade. Da Índia à América, dos poemas homéricos aos severos tratados da Reforma Católica reencontra-se esse tema do homem perdido porque se abandonou à mulher.

Um homem ser amigo de uma mulher foi, por muito tempo, considerado impossível. Tudo se passa, escreve Marie-Odile Métral, "como se [a amizade] fosse uma invenção dos homens para dominar seu velho medo da mulher". A ligação amistosa aparece então como um meio de "neutralizar a magia feminina, efeito do poder da mulher sobre a vida e de sua conivência com a natureza". A partir daí, "sujeitar a mulher é dominar o caráter perigoso que se atribui à sua impureza fundamental e à sua força misteriosa".[16]

Mal magnífico, prazer funesto, venenosa e enganadora, a mulher foi acusada pelo outro sexo de ter introduzido na terra o pecado, a desgraça e a morte. Pandora grega ou Eva judaica, ela cometeu a falta original ao abrir a urna que continha todos os males ou ao comer o fruto proibido. O homem procurou um responsável para o sofrimento, para o malogro, para o desaparecimento do paraíso terrestre, e encontrou a mulher. Como não temer um ser que nunca é tão perigoso como quando sorri? A caverna sexual tornou-se a fossa viscosa do inferno.

Assim, o medo da mulher não é uma invenção dos ascetas cristãos. Mas é verdade que o cristianismo muito cedo o integrou e em seguida agitou esse espantalho até o limiar do século XX. Vale dizer que o antifeminismo agressivo que destacaremos mais particularmente durante o período dos séculos XIV-XVIII não era uma novidade no discurso teológico. Esta era uma justa leitura do Evangelho? Ao contrário, encontra-se nos textos que dão a conhecer o ensinamento de Jesus "um sopro de caridade que se estende tanto às mulheres quanto aos leprosos" (Simone de Beauvoir),[17] e sobretudo a exigência revolucionária de uma igualdade fundamental entre o homem e a mulher. Aos fariseus que lhe perguntam se é permitido repudiar sua mulher por qualquer motivo, Jesus responde: "Não lestes que o Criador, desde a origem, os fez homem e mulher e disse: 'Assim então o homem deixará seu pai e sua mãe para ligar-se à sua mulher e os dois farão uma só carne?' Assim eles não são mais duas, mas uma só carne" (Mateus XIX,1-9, e Marcos X,1-9). A atitude de Jesus em relação às mulheres foi a tal ponto inovadora que chocou até seus discípulos. Se as mulheres judias não tinham nenhuma participação na atividade dos rabinos e eram excluídas do culto do Templo, Jesus de bom grado cerca-se de mulheres, conversa com elas, considera-as pessoas inteiras, sobretudo quando são desprezadas (a samaritana, a pecadora pública). Ele associa mulheres à sua atividade de pregação: "Os doze", escreve são Lucas, "acompanhavam-no assim como algumas mulheres que tinham sido curadas de espíritos maus e de doenças: Maria, apelidada de Madalena [...], Joana, mulher do Chouza, intendente de Herodes, Suzana e várias outras que os assistiam com seus bens" (Lucas VIII,1-4). Ao passo que todos os discípulos, exceto João, abandonam o Senhor no dia de sua morte, mulheres permanecem, fiéis, ao pé da cruz. Serão as primeiras testemunhas da ressurreição: ponto sobre o qual concordam os quatro Evangelhos.[18] Mas, desde o início e especialmente com são Paulo, a Igreja teve dificuldade em passar da teoria à prática. A igualdade preconizada pelo Evangelho cedeu diante dos obstáculos de fato, oriundos do contexto cultural no qual o cristianismo se difundiu.[19] Agiram conjuntamente contra "o anúncio contestador da igual dignidade"[20] dos dois cônjuges as estruturas patriarcais dos judeus e dos greco-romanos e uma longa tradição intelectual que, do pitagorismo ao estoicismo, passando por Platão, gabava-se do desapego à realidade terrena e exibia igual desprezo pelo trabalho manual e pela carne (*"Tota mulier in utero"*). São Paulo, que está na origem das ambiguidades do cristianismo em relação ao problema feminino, por certo proclamou o universalismo evangélico ("Não há nem judeu nem grego [...], nem escravo nem homem livre, nem homem nem mulher: pois todos vós não sois senão um em Cristo Jesus" [Epístola aos gálatas III,8]). Mas filho e aluno de fariseu ao mesmo tempo que cidadão romano, ele contribuiu para situar a mulher cristã em uma posição de subordinação simultaneamente na Igreja e no casamento. Exigiu que tivesse a cabeça velada nas assembleias de oração e, lembrando o segundo relato da criação (Gênesis II,21-24), escreveu: "Não foi o homem, evidentemente, que foi criado para a mulher, mas a mulher para o homem" (I Coríntios XI,9) — palavras parcialmente desmentidas pelo contexto — mas deste a tradição cristã esqueceu de se lembrar. Quanto à célebre alegoria conjugal, tornou-se o fundamento "do dogma da subordinação incondicionada da mulher ao homem" e contribuiu para "sacramentar uma situação cultural antifeminista".[21] Lembremos seus termos: "Que as mulheres sejam submissas a seu marido como ao Senhor; com efeito, o marido é chefe [= cabeça] de sua mulher, como Cristo é chefe da Igreja, ele, o Salvador do corpo. Ora, a Igreja se submete a Cristo; as mulheres devem portanto, e da mesma maneira, submeter-se, em tudo, a seus maridos" (Efésios v, 22-24).

Duas passagens do *corpus* pauliniano desempenharam papel importante na exclusão das mulheres do ministério presbiterial-episcopal. Em primeiro lugar, I Coríntios XIV, 34-35: "Que as mulheres se calem nas assembleias, pois não lhes é permitido tomar a palavra; que se mantenham na submissão como a própria lei o diz". A segunda passagem (I Timóteo II, 11-14) é igualmente categórica — Santo Tomás se baseará nela — e declara: "Eu não permito à mulher ensinar e governar o homem". A maioria dos exegetas pensa agora que esses textos são interpolações. Por outro lado, são Paulo manifestou várias vezes seu reconhecimento em relação às mulheres cuja atividade apostólica secundava a sua. Seguramente ele não era um misógino. De todo modo, compactuou com o androcentrismo de seu tempo.[22]

Acentuaram ainda a marginalização da mulher na cultura cristã, a fim de se constituir à espera do fim do mundo, por muito tempo considerado próximo, a exaltação da virgindade e da castidade e a interpretação masculinizante do relato da queda no Gênesis (III,1-7). A partir daí, não nos surpreendamos de encontrar sob a pena dos primeiros escritores cristãos e dos Doutores da Igreja traços antifeministas solidamente fundamentados. Tertuliano, dirigindo-se à mulher, diz-lhe: "[...] Tu deverias usar sempre o luto, estar coberta de andrajos e mergulhada na penitência, a fim de compensar a culpa de ter trazido a perdição ao gênero humano [...]. Mulher, tu és a porta do diabo. Foste tu que tocastes a árvore de Satã e que, em primeiro lugar, violastes a lei divina".[23]

A agressividade de Tertuliano e sua austeridade excessiva camuflavam uma verdadeira aversão pelos mistérios da natureza e da maternidade. No *De monogamia*, ele evoca com repulsa as náuseas das mulheres grávidas, os seios pendentes e as crianças que berram. De certa maneira, o espírito de Tertuliano é reencontrado em santo Ambrósio, que também denigre o casamento. É verdade que, ao exaltar a virgindade, ele propõe um tipo de feminismo inédito destinado a uma longa carreira: não sendo o casamento senão um último recurso, não trazendo a maternidade senão dores e aborrecimentos, mais vale deles desviar-se e optar pela virgindade, estado sublime e quase divino.[24] Para são Jerônimo, o casamento é um dom do pecado. Escrevendo a uma moça, a quem aconselha que permaneça virgem, ele trata com desprezo o mandamento bíblico: "Crescei, multiplicai e enchei a terra".

> Ousas depreciar o casamento que foi abençoado por Deus?, direis. Preferir-lhe a virgindade não é de modo algum depreciar o casamento [...]. Ninguém compara um mal a um bem. Que as mulheres casadas tenham orgulho de tomar lugar atrás das virgens. "Crescei, multiplicai e enchei a terra" (Gênesis 1: 28). Que cresça e se multiplique aquele que quer encher a terra. A ti, tua coorte está nos céus. "Crescei e multiplicai [...]": esse mandamento foi proferido após o paraíso, após a nudez e as folhas de figueira que anunciavam os loucos abraços do casamento.[25]

A sexualidade é o pecado por excelência: essa equação pesou fortemente na história cristã. O casamento que se acostuma às volúpias — sendo estas comparadas ao "pus" por Metódio de Olimpo — opõe-se à contemplação das coisas divinas. Ao contrário, "a virgindade", escreve Marie-Odile Métral, "integridade física, purificação da alma e consagração a Deus [...], é retorno à origem [e] à imortalidade das quais atesta a realidade"[26]. Sendo o desejo considerado turvo, mau e insaciável, uma série de relações se estabelece por muito tempo desde o tempo dos Doutores da Igreja, o que Marie-Odile Métral apresenta da seguinte maneira:[27]

$$\frac{\text{casamento}}{\text{virgindade}} = \frac{\text{segundas núpcias}}{\text{viuvez}} = \frac{\text{animalidade}}{\text{divindade}} = \frac{\text{perversidade}}{\text{santidade}}$$

Nos meios de Igreja, tem-se doravante como verdade evidente que "virgindade e castidade preenchem e povoam os assentos do paraíso" — formulação do século XVI. Mas, exaltando a virgindade feminina, a teologia não deixou de continuar teorizando a misoginia fundamental da cultura que inconscientemente adotara. Contudo, como conciliar esse antifeminismo com o ensinamento evangélico sobre a igual dignidade do homem e da mulher? Santo Agostinho consegue isso graças a uma surpreendente distinção: todo ser humano, declara ele, tem uma alma espiritual assexuada e um corpo sexuado. No indivíduo masculino, o corpo reflete a alma, o que não é o caso da mulher. O homem é portanto plenamente imagem de Deus, mas não a mulher, que só o é por sua alma e cujo corpo constitui um obstáculo permanente ao exercício de sua razão. Inferior ao homem, a mulher deve então ser-lhe submissa.[28]

Essa doutrina, posteriormente agravada em textos falsamente atribuídos ao próprio santo Agostinho e a santo Ambrósio, passou com estes para o famoso *Decreto* de Graciano (por volta de 1140-50), que se tornou até o começo do século XX a principal fonte oficiosa do direito da Igreja[29] e no qual se pode ler: "Essa imagem de Deus está no homem [= Adão], criado único, fonte de todos os outros humanos, tendo recebido de Deus o poder de governar, como seu substituto, porque é a imagem de um Deus único. É por isso que a mulher não foi feita à imagem de Deus". Graciano endossa em seguida o texto do pseudo Ambrósio: "Não foi sem motivo que a mulher foi criada, não da mesma terra de que foi feito Adão, mas de uma costela de Adão [...]. Foi por isso que Deus não criou no começo um homem e uma mulher, nem dois homens nem duas mulheres; mas primeiro o homem, em seguida a mulher a partir dele".[30]

Portanto, santo Tomás de Aquino não inovou ao ensinar por sua vez que a mulher foi criada mais imperfeita que o homem, mesmo quanto à sua alma, e que deve obedecer-lhe "porque naturalmente no homem abundam mais o discernimento e a razão".[31] Mas aos argumentos teológicos ele acrescentou, para equilibrar, o peso da ciência aristotélica: só o homem desempenha papel positivo na geração, sendo a mulher apenas receptáculo. Não há verdadeiramente senão um único sexo, o masculino. A mulher é um macho deficiente. Portanto, não é espantoso que, ser débil, marcado pela *imbecillitas* de sua natureza — um clichê mil vezes repetido na literatura religiosa e jurídica —, a mulher tenha cedido às seduções do tentador. Assim, ela deve permanecer sob tutela.[32] "A mulher tem necessidade do macho não só para gerar, como entre os outros animais, mas até mesmo para governar-se, pois o macho é mais perfeito por sua razão e mais forte em virtude."[33]

Santo Tomás de Aquino esforçou-se contudo em dessacralizar as proibições relativas ao sangue menstrual, adotando a esse respeito, no interior, é claro, do sistema aristotélico, uma atitude que se poderia qualificar de científica. Para ele, as regras são o resíduo do sangue produzido em último lugar pela digestão; ele serve para fabricar o corpo do filho: Maria não constituiu de outro modo o de Jesus.[34] Mas tabus provenientes do fundo das eras não se deixam abater facilmente pelo raciocínio. Numerosos autores eclesiásticos (Isidoro de Sevilha, Rufino de Bolonha etc.) e os canonistas glosadores do *Decreto* de Graciano afirmaram, ao longo de toda a Idade Média, o caráter impuro do sangue menstrual, referindo-se muitas vezes explicitamente à *História natural* de Plínio. Segundo eles, esse sangue carregado de malefícios impedia a germinação das plantas, fazendo morrer a vegetação, corroía o ferro, provocava a raiva nos cães. Penitenciais proibiram a mulher que estivesse menstruada de comungar, e até de entrar na Igreja. Daí, por extensão, as mulheres serem proibidas de servirem à missa, tocarem os vasos sagrados, terem acesso às funções rituais.[35]

Assim, a Idade Média "cristã", em uma medida bastante ampla, somou, racionalizou e aumentou as queixas misóginas recebidas das tradições de que era a herdeira. Além disso, a cultura encontrava-se agora, em vastíssima medida, nas mãos de clérigos celibatários que não podiam senão exaltar a virgindade e enfurecer-se contra a tentadora de quem temiam as seduções.

Foi bem o medo da mulher que ditou à literatura monástica esses anátemas periodicamente lançados contra os atrativos falaciosos e demoníacos da cúmplice preferida de Satã.

Odon, abade de Cluny (século X): "A beleza física não vai além da pele. Se os homens vissem o que está sob a pele, a visão das mulheres lhes viraria o estômago. Quando nem sequer podemos tocar com a ponta do dedo um cuspe ou esterco, como podemos desejar abraçar esse saco de excrementos?"[36]

Marborde, bispo de Rennes e depois monge em Angers (século XI):

> Dentre as incontáveis armadilhas que nosso inimigo ardiloso armou através de todas as colinas e planícies do mundo, a pior é aquela que quase ninguém pode evitar é a mulher, funesta cepa de desgraça, muda de todos os vícios, que engendrou no mundo inteiro os mais numerosos escândalos [...]. A mulher, doce mal, ao mesmo tempo favo de cera e veneno, que com um gládio untado de mel corta o coração até dos sábios.[37]

Os monges, naturalmente para justificar a si mesmos, tratavam de desviar os outros do casamento. Assim faz Roger de Caen no século XI:

> Acredita-me, irmão, todos os maridos são infelizes [...]. Aquele que tem uma esposa feia, dela se desinteressa e a odeia; se é bela, ele tem um terrível medo dos galantes [...]. Beleza e virtude são incompatíveis [...]. Tal mulher dá a seu esposo ternos abraços e lhe concede doces beijos, e destila o veneno no silêncio de seu coração! A mulher não tem medo de nada; acredita que tudo é permitido.[38]

É o mesmo discurso injusto e odioso fundado em uma oposição simplista entre o branco e o negro — sendo o branco o universo do homem e o negro o da mulher —, expresso por inúmeras esculturas medievais: em Charlieu e em Moissac, a mulher enlaçada por uma serpente e cujo sexo é devorado por um enorme sapo; na catedral de Rouen a dança de Herodíades; na catedral de Auxerre, a jovem que cavalga um bode: quatro exemplos entre mil.

Não caiamos por nossa vez no simplismo. A Idade Média exaltou cada vez mais Maria e consagrou-lhe imortais obras de arte; e, por outro lado, inventou o amor cortês que reabilitou a atração física, colocou a mulher sobre um pedestal a ponto de fazer dela a suserana do homem apaixonado e o modelo de todas as perfeições. O culto mariano e a literatura dos trovadores tiveram prolongamentos importantes e talvez tenham contribuído a longo prazo para a promoção da mulher. Mas a longo prazo apenas. Pois na Idade Média não foram interpretados e utilizados como uma espécie de colocação à parte, fora de alcance, de personagens femininos excepcionais, de modo algum representativos de seu sexo? A exaltação da Virgem Maria teve como contrapartida a desvalorização da sexualidade. Quanto à literatura cortês, não chega, mesmo na Occitanie, sua terra de eleição, a mudar as estruturas sociais.[39] Além disso, continha em si mesma uma evidente contradição. Por certo o *fin'amors* (o amor puro) concedia a iniciativa às damas e constituía uma espécie de triunfo sobre uma misoginia quase universal, sem por isso negar a sexualidade. O *asag* — isto é, o "pôr à prova", com nudez de parceiros, abraços, carícias e toques, mas recusa do orgasmo masculino — constituía afinal uma técnica erótica e um elogio do prazer[40] que rompiam com o naturalismo vulgar e hostil à mulher do segundo *Roman de la rose*. Mas, se o amor cortês sublimava e mesmo divinizava tal ou qual mulher excepcional e uma feminilidade ideal, em contrapartida abandonava à própria sorte a imensa maioria das pessoas do "segundo sexo". Daí as palinódias do clérigo André Le Chapelain, que, no *De amore* (por volta de 1185), após dois livros em que canta os méritos da dama e a submissão do amante, lança-se em seguida em uma furiosa diatribe contra os vícios femininos. Daí ainda — ao passar do amor cortês ao amor platônico — o estranho paradoxo de um Petrarca apaixonado por Laura, angélica e irreal, mas alérgico aos cuidados cotidianos do casamento e hostil à mulher real, considerada diabólica:

> A mulher [...] é um verdadeiro diabo, uma inimiga da paz, uma fonte de impaciência, uma ocasião de disputas das quais o homem deve manter-se afastado se quer gozar a tranquilidade [...]. Que se casem, aqueles que encontram atrativo na companhia de uma esposa, nos abraços noturnos, nos ganidos das crianças e nos tormentos da insônia [...]. Por nós, se está em nosso poder, perpetuaremos nosso nome pelo talento e não pelo casamento, por livros e não por filhos, com o concurso da virtude e não com o de uma mulher.[41]

Bela confissão de egoísmo misógino que prova, no caso do "primeiro homem moderno" de nossa civilização, o fraco impacto do amor cortês sobre a cultura dirigente ainda dominada pelos clérigos.

2. A DIABOLIZAÇÃO DA MULHER

É precisamente na época de Petrarca que o medo da mulher aumenta ao menos em uma parcela da elite ocidental. Assim, convém lembrar um dos temas dominantes do presente livro: ao mesmo tempo que se adicionam pestes, cismas, guerras e temor do fim do mundo — uma situação que se instala por três séculos —, os mais zelosos dos cristãos tomam consciência dos múltiplos perigos que ameaçam a Igreja. O que se chamou de "escalada da exasperação e do excesso" foi na realidade a constituição de uma mentalidade obsidional. Os perigos identificáveis eram diversos, externos e internos. Mas Satã estava por trás de cada um deles. Nessa atmosfera carregada de tempestades, pregadores, teólogos e inquisidores desejam mobilizar todas as energias contra a ofensiva demoníaca. Além disso, mais do que nunca querem dar o exemplo. Sua denúncia do complô satânico é acompanhada de um doloroso esforço por mais rigor pessoal. Nessas condições, pode-se legitimamente presumir, à luz da psicologia das profundezas, que uma libido mais do que nunca reprimida transformou-se neles em agressividade.[42] Seres sexualmente frustrados que não podiam deixar de conhecer tentações projetaram em outrem o que não queriam identificar em si mesmos. Colocaram diante deles bodes expiatórios que podiam desprezar e acusar em seu lugar.

Com a entrada em cena das ordens mendicantes, no século XIII, a pregação adquiriu na Europa importância extraordinária, cuja amplitude agora temos certa dificuldade de avaliar. E seu impacto aumentou ainda mais a partir das duas Reformas, protestante e católica. Embora a maior parte dos sermões de outrora esteja perdida, aqueles que nos restam deixam adivinhar bem que foram frequentemente os veículos e os multiplicadores de uma misoginia com base teológica: a mulher é um ser predestinado ao mal. Assim, jamais tomaremos precauções suficientes contra ela. Se não a ocupamos com sãs tarefas, em que não pensará ela? Escutemos pregar são Bernardino de Siena:

> É preciso varrer a casa? — Sim. — Sim. Faze-a varrê-la. É preciso lavar de novo as tigelas? Faze-a lavá-las. É preciso peneirar? Faze-a peneirar, faze-a então peneirar. É preciso lavar a roupa? Faze-a lavá-la em casa. — Mas há a criada! — Que haja a criada. Deixa fazer a ela [a esposa], não por necessidade de que seja ela que o faça, mas para dar-lhe exercício. Faze-a vigiar as crianças, lavar os cueiros e tudo. Se tu não a habituas a fazer tudo, ela se tornará um bom pedacinho de carne. Não lhe deixes comodidades, eu te digo. Enquanto a mantiveres atenta, ela não permanecerá à janela, e não lhe passará pela cabeça ora uma coisa, ora outra.[43]

Nas obras do pregador alsaciano Thomas Murner, principalmente em *Conjuração dos loucos* e em *Confraria dos diabretes* — ambas de 1512 —, o homem certamente não é poupado, mas a mulher é ainda mais vilipendiada.[44] Em primeiro lugar, ela é um "diabo doméstico": à esposa dominadora é preciso portanto não hesitar em aplicar surras — não se diz que ela tem sete vidas? Em seguida, é comumente infiel, vaidosa, viciosa e coquete. É o chamariz de que Satã se serve para atrair o outro sexo ao inferno: tal foi durante séculos um dos temas inesgotáveis dos sermões. Como provas, entre mil outras, estas poucas acusações lançadas por três pregadores célebres dos séculos XV e XVI: Ménot, Maillard e Glapion. "A beleza na mulher é causa de muitos males", afirma Ménot, que, aliás sem originalidade, brada contra a moda:

> Para se fazer ver pelo mundo [a mulher que não se contenta com trajes que convém a seu estado] terá toda espécie de vãos ornamentos: grandes mangas, a cabeça ataviada, o peito descoberto até o ventre com um *fichu* leve, através do qual se pode ver o que não deveria ser visto por ninguém [...]. É [...] em tal libertinagem de trajes que ela passa, o livro de horas sob o braço, diante de uma casa onde há uma dezena de homens que a olham com um olho de cobiça. Pois bem, não há um só desses homens que por causa dela não caia no pecado mortal.[45]

Para Maillard, a cauda dos longos vestidos "acaba de fazer a mulher se parecer com um animal, pois que ela já se lhe assemelha por sua conduta". E "os ricos colares, as correntes de ouro bem atadas a seu colo" assinalam "que o diabo a tem e a arrasta com ele, atada e acorrentada". As damas de seu tempo, acrescenta ele, gostam de ler "livros obscenos que falam dos amores desonestos e da volúpia, ao invés de ler no grande livro da consciência e da devoção". Enfim, suas "línguas [...] tagarelas causam grandes males".[46] Quanto a Glapion, confessor de Carlos V, recusa-se levar em consideração o testemunho de Maria Madalena sobre a ressurreição de Jesus: "Pois a mulher, entre todas as criaturas, é variável e mutável, pelo que não poderia provar suficientemente contra os inimigos de nossa fé"[47] — transposição no plano teológico da sentença dos juristas: "As mulheres — diante dos tribunais — são sempre menos críveis que os homens".[48]

Ao longo dos séculos, as litanias antifeministas recitadas pelos pregadores quase só terão variações na forma. No século XVII, Jean Eudes, célebre missionário do interior, ataca um dia, seguindo são Jerônimo, as "amazonas do diabo que se armam do pés à cabeça para fazer guerra à castidade, e que por seus cabelos frisados com tanto artifício, por seu refinamento, pela nudez de seus braços, de seus ombros e de seus colos, matam essa princesa celeste nas almas que massacram, também com a sua em primeiro lugar".[49]

No começo do século XVIII, Grignion de Montfort "declara guerra" a todas as mulheres coquetes e vaidosas, provedoras do inferno:

> *Mulheres belas, rostos formosos*
> *Como vossos encantos são cruéis!*
> *Como vossas belezas infiéis*
> *Fazem perecer criminosos!*
>
> *Pagareis por essas almas*
> *Que fizestes pecar*
> *Que vossas práticas infames*
> *Fizeram afinal cambalear.*
>
> *Enquanto estiver na terra,*
> *Ídolos de vaidade,*
> *Eu vos declaro a guerra,*
> *Armado da verdade.*[50]

Lembremos que se trata aqui de cânticos compostos para o uso dos fiéis e que, no pensamento de seu autor, constituíam igualmente sermões. Estes exprimiram de mil maneiras ao longo dos séculos o medo duradouro que esses clérigos consagrados à castidade experimentavam diante do outro sexo. Para não sucumbir aos seus encantos, incansavelmente o declararam perigoso e diabólico. Esse diagnóstico levava a extraordinárias inverdades e a uma indulgência singular em relação aos homens. Como testemunho, este trecho de um panegírico de Henrique IV pronunciado em 1776 em La Flèche pelo superior do colégio:

> Deploremos aqui, senhores, a triste sorte dos reis em vista dos artifícios funestos de que Henrique IV foi vítima. Um sexo perigoso esquece as mais santas leis do recato e da modéstia, acrescenta aos seus encantos naturais os recursos de sua arte diabólica, ataca sem pudor, trafica sua virtude, e disputa a humilhante vantagem de enfraquecer nosso herói e de corromper seu coração.[51]

Assim, o sermão, meio eficaz de cristianização a partir do século XIII, difundiu sem descanso e tentou fazer penetrar nas mentalidades o medo da mulher. O que na alta Idade Média era discurso monástico tornou-se em seguida, pela ampliação progressiva das audiências, advertência inquieta para uso de toda a Igreja discente que foi convidada a confundir vida dos clérigos e vida dos leigos, sexualidade e pecado, Eva e Satã.

Naturalmente, os pregadores não faziam senão explorar e distribuir amplamente com a ajuda do jogo oratório uma doutrina estabelecida havia muito tempo por doutas obras. Mas estas, por sua vez, conquistaram um novo prestígio graças à imprensa que contribuiu para oprimir a mulher ao mesmo tempo em que reforçava o ódio ao judeu e o temor do fim do mundo. Por exemplo, o *De planctu ecclesiae* redigido por volta de 1330 a pedido de João XXII pelo franciscano Alvaro Pelayo, então *grand pénitencies** na corte de Avignon. Essa obra, esquecida em nossos dias, merece ser exumada das bibliotecas.[52] Foi impressa em Ulm a partir de 1474, reeditada em Lyon em 1517 e em Veneza em 1560 — indicações cronológicas e geográficas que deixam adivinhar uma audiência relativamente importante, ao menos no mundo dos clérigos encarregados de dirigir as consciências. Ora, pode-se ler em sua segunda parte um longo catálogo dos 102 "vícios e más ações" da mulher. A esse respeito, assemelha-se muito, por sua estrutura e pelo paralelismo das intenções, ao *Fortalicium fidei* dirigido contra os judeus. Tudo o que *O martelo das feiticeiras* conterá de mais misógino é explicitado no *De planctu...* com muitas referências ao Eclesiástico, ao *Livro dos provérbios*, a são Paulo e aos Doutores da Igreja. Essas citações se tornam incendiárias porque são descoladas de seu contexto e extraídas arbitrariamente de maneira favorável a um antifeminismo virulento. Encontramo-nos aqui diante daquele que é talvez o documento maior da hostilidade clerical à mulher. Mas esse apelo à guerra santa contra a aliada do diabo só é compreendido se reinserido no meio que o lançou: o das ordens mendicantes preocupadas com a cristianização e inquietas com a decadência do corpo eclesial.

O livro I trata de maneira pouco original da constituição da Igreja. Mas o segundo expõe de modo patético a miséria da cristandade. É no interior dessa longa queixa que se situa, no artigo XLV — o mais extenso do volume — a litania das censuras endereçadas às filhas de Eva. Ora o franciscano põe em questão "as mulheres" ou "mulheres", ora "certas mulheres", ora mais categoricamente "a mulher", e é contra esta como tal que ele instrui o processo sem que a acusada jamais seja assistida por um advogado. Desde o início, fica entendido que ela partilha "todos os vícios" do homem. Mas, além disso, tem os

---

* Cardeal que preside a Penitenciária Apostólica, tribunal eclesiástico de Roma. (N. E.)

481

seus próprios, nitidamente diagnosticados pela Escritura: "N⁰ 1: Suas palavras são melífluas [...]; nº 2: Ela é enganadora [...]; nº 13: Está cheia de malícia. Toda malícia e toda perversidade vêm dela (Eclesiástico 25) [...]; nº 44: É faladora, sobretudo na igreja [...]; nº 81: Muitas vezes tomadas de delírio, elas matam seus filhos [...]; nº 102: Algumas são incorrigíveis [...]".

A despeito de suas intenções metódicas, esse catálogo contém repetições e carece de coerência interna. Mais vale portanto reagrupar em sete pontos os argumentos principais de um requisitório que amalgama, à revelia mesmo de seu autor, acusações teológicas, medo imemorial da mulher, autoritarismo das sociedades patriarcais e orgulho do clérigo macho.

a) Queixa primeira, ao menos ao nível da consciência clara: Eva foi o "começo" e a "mãe do pecado". Ela significa para seus infelizes descendentes "a expulsão do paraíso terrestre". A mulher é então doravante "a arma do diabo", "a corrupção de toda lei", a fonte de toda perdição. Ela é "uma fossa profunda", "um poço estreito". "Ela mata aqueles a quem enganou"; "a flecha de seu olhar transpassa os mais valorosos". Seu coração é "a rede do caçador". É "uma morte amarga" e por ela fomos todos condenados ao trespasse (introdução e nᵒˢ 6, 7 e 16).

b) Ela atrai os homens por meio de chamarizes mentirosos a fim de melhor arrastá-los para o abismo da sensualidade. Ora, "não há nenhuma imundície para a qual a luxúria não conduza". Para melhor enganar, ela se pinta, se maquia, chega até a colocar na cabeça a cabeleira dos mortos. Fundamentalmente cortesã, gosta de frequentar as danças que acendem o desejo. Transforma "o bem em mal", "a natureza em seu contrário", especialmente no domínio sexual. "Ela se acasala com os animais", coloca-se sobre o homem no ato de amor (vício que teria provocado o dilúvio), ou, "contra a pureza e a santidade do casamento", aceita unir-se a seu marido à maneira dos animais. Umas desposam um parente próximo ou seu padrinho, outras são concubinas de padres ou de leigos. Algumas têm relações sexuais muito cedo após um parto ou no período das regras (nᵒˢ 5, 23, 24, 25, 26, 27, 31, 32, 43, 45, 70).

c) Mulheres são "adivinhas ímpias" e lançam mau-olhado. Algumas, "muito criminosas", "servindo-se de encantamentos, de malefícios e da arte de Zabulão", impedem a procriação. Provocam a esterilidade com ervas e composições mágicas. "Frequentemente [notar-se-á a insistência nesse advérbio] sufocam, por falta de precaução, os filhos pequenos deitados [com elas] em sua cama. Frequentemente, elas os matam, tomadas de delírio. Algumas vezes, são as colaboradoras do adultério: seja porque entregam virgens à libertinagem, seja porque se arranjam para fazer abortar uma moça que se abandonou à fornicação." (n°s 43, 79, 80, 81)

d) A acusação mais longamente desenvolvida — ela constitui o número 8 do artigo — é assim formulada: "A mulher é ministro de idolatria". Pois "torna o homem iníquo e o faz cometer apostasia"; no que é comparável ao vinho que provoca o mesmo resultado. Quando nos abandonamos à paixão da carne, erguemos um templo a um ídolo e abandonamos o verdadeiro Deus por divindades diabólicas. Assim fez Salomão, que não teve menos de setenta esposas — "elas foram quase como rainhas" — e trezentas concubinas. No tempo de seus desregramentos, ele sacrificou aos ídolos que elas adoravam: Astarte, Thamuz, Moloch etc. É o seu mau exemplo que seguem os cristãos quando se acasalam com judias ou muçulmanas (n°s 21, 22).

e) Pode-se reagrupar em uma quinta rubrica uma série de censuras dispersas ao longo das 102 contas desse negro rosário: a mulher é "insensata", "lamurienta", "inconstante", "tagarela", "ignorante", "quer tudo ao mesmo tempo". É "briguenta" e "colérica". Não existe "cólera mais forte que a sua". É "invejosa". É por isso que o Eclesiástico (XXVI) diz: "É mágoa e dor que uma mulher inveja de outra. E tudo isso é o flagelo da língua". É levada para o vinho (*ebriesa*), que suporta mal. Ora, é um espetáculo vergonhoso o de uma mulher embriagada, e que não se pode dissimular (n°s 5, 8, 13, 14, 17, 18).

f) O marido deve desconfiar de sua esposa. Por vezes ela o abandona ou então "lhe traz um herdeiro concebido de um estranho", ou ainda lhe envenena a vida com suas suspeitas e com seu ciúme. Algumas agem contra a vontade do cônjuge e dão esmola para além do que ele permitiria. Outras, "tomadas de uma inspiração fantástica, querem adotar o traje de viúva, a despeito do marido a quem recusam a copulação carnal". Deixe-se à mulher toda a liberdade do casal, e ela será tirânica: "Se não caminha segundo teu comando (*ad manum tuam*), ela te envergonhará diante de teus inimigos". "Ela despreza o homem, então é preciso não lhe dar autoridade." De qualquer modo, como impedir que ela manifeste "um ódio quase natural" aos filhos e filhas de um primeiro casamento, a seus genros e noras? (n⁰ˢ 5, 11, 12, 15, 16, 20, 34, 77, 78)

g) Ao mesmo tempo orgulhosas e impuras, as mulheres perturbam a vida da Igreja. Falam durante os ofícios e assistem a eles de cabeça descoberta, apesar das recomendações de são Paulo. Ora, elas deveriam cobrir os cabelos "em sinal de submissão e de vergonha pelo pecado que a mulher, em primeiro lugar, introduziu no mundo". Monjas tocam e maculam os panos sacros ou querem incensar o altar. "Elas se mantêm no interior dos gradis do coro e ali pretendem servir aos padres." "Leem e pregam do alto do púlpito", como se para isso tivessem autoridade. Algumas recebem ordens que lhes são proibidas ou coabitam com clérigos. Outras vivem como cônegas regulares — estatuto que a Igreja não aprovou — e concedem a bênção solene e episcopal (n⁰ˢ 44, 57, 58, 59, 61, 65, 68, 73, 74). Anotemos de passagem esse temor de um religioso de ver mulheres se apoderarem da função clerical. Durante séculos, ele obsedou os homens de Igreja que temeram, pelo artifício dessa intrusão, o desmoronamento de todo um sistema. Com 250 anos de distância, o jesuíta Del Rio faz eco a Pelayo e fala com indignação de uma "certa religiosa, a qual se fazia de padre e comungava o povo com hóstias que ela consagrava":[53] atos monstruosos cuja repetição não teria deixado de arruinar de ponta a ponta a grandiosa construção eclesiástica. Mas voltemos a Pelayo. Chegando ao número 102 de sua litania, o franciscano espanhol conclui que as mulheres, sob um exterior de humildade, escondem um temperamento orgulhoso e incorrigível, no que se assemelham aos judeus.

Dessa análise, ressalta evidentemente que, por seu tom e por seu conteúdo, as acusações e imprecações de Alvaro Pelayo remetem em ampla medida a toda uma literatura misógina anterior em que se encontram reunidos poemas monásticos e o segundo *Roman de la rose*. Mas, ao mesmo tempo, elas marcam a passagem a uma nova etapa do antifeminismo clerical. Para melhor apreendê-lo, leiamos novamente trechos de um *De contemptu feminae* (em versos) redigido no século XII por um monge de Cluny, Bernard de Morlas, cuja obra poética se divide, aliás, entre o louvor a Maria, o desprezo pelo mundo e a descrição terrificante do Juízo Final:

A mulher ignóbil, a mulher pérfida, a mulher vil
Macula o que é puro, rumina coisas ímpias, estraga as ações [...].
A mulher é fera, seus pecados são como a areia.
Não vou entretanto caluniar as boas a quem devo abençoar [...].
Que a má mulher seja agora meu escrito, que seja meu discurso
[...]
Toda mulher se regozija de pensar no pecado e de vivê-lo.
Nenhuma, por certo, é boa, se acontece no entanto que alguma
[*seja boa.*
A mulher boa é coisa má, e quase não há nenhuma boa.
A mulher é coisa má, coisa malmente carnal, carne toda inteira.
Dedicada a perder, e nascida para enganar, perita em enganar,
Abismo inaudito, a pior das víboras, bela podridão,
Atalho escorregadio [...], coruja horrível, porta pública, doce ve-
[*neno [...],*
Ela se mostra inimiga daqueles que a amam, e se mostra amiga
[*de seus inimigos [...].*
Ela não exclui nada, concebe de seu pai e de seu neto.
Turbilhão de sexualidade, instrumento do abismo, boca dos vícios [...].
Enquanto as colheitas forem dadas aos cultivadores e confiadas
[*aos campos,*

Essa leoa rugirá, essa fera maltratará, oposta à lei.
Ela é o delírio supremo, e o inimigo íntimo, o flagelo íntimo [...].
Por suas astúcias uma só é mais hábil que todos [...].
Uma loba não é mais má, pois sua violência é menor,

Nem uma serpente, nem um leão [...].
A mulher é uma feroz serpente por seu coração, por seu rosto ou
[*por seus atos.*

Uma chama muito poderosa rasteja em seu seio como um veneno.
A mulher má se pinta e se enfeita com seus pecados,
Ela se disfarça, ela se falsifica, ela se transforma, se modifica e se
[*tinge* [...].

Enganadora por seu brilho, ardente no crime, crime ela própria
[...].
O quanto pode, ela se compraz em ser nociva [...].
Mulher fétida, ardente em enganar, flamejante de delírio,
Destruição primeira, pior das partes, ladra do pudor.
Ela arranca seus próprios rebentos do ventre [...].
Ela trucida sua progenitura, abandona-a, mata-a, num encadea-
[*mento funesto.*

Mulher víbora, não ser humano, mas fera selvagem, e infiel a si
[*mesma.*
Ela é assassina da criança e, bem mais, da sua em primeiro lugar,
Mais feroz que a áspide e mais furiosa que as furiosas [...].
Mulher pérfida, mulher fétida, mulher infecta.
Ela é o trono de Satã; o pudor está a seu cargo; foge dela, leitor.[54]

À leitura dessas invectivas acabrunhantes, vê-se quanto Alvaro Pelayo, sob certos aspectos, é pouco original. No negro poema de Bernard de Morlas, encontram-se já os elementos estereotipados retomados pelo franciscano espanhol: a passagem da acusação contra a mulher má ao descrédito lançado contra todas as mulheres; as queixas contra a perfídia, o logro, a violência do outro sexo; contra a luxúria desenfreada da mulher, sua arte de se maquiar e de se pintar, os instintos criminosos que a levam aos abortos provocados e aos infanticídios. Filha mais velha de Satã, ela é um "abismo" de perdição. Mas esse discurso misógino, que era banal no mundo monástico, é retocado e agravado por Alvaro Pelayo de várias maneiras. Em primeiro lugar — e isso é o essencial — ele fornece muitos textos bíblicos como apoio de cada afirmação, que assim se encontra fundada em direito. Em seguida, demonstra com amplitude nova que a mulher é ministro de idolatria — vimos a importância que atribuiu a esse tema —, que o marido deve controlar sua esposa e enfim que o elemento feminino procura perturbar a vida cotidiana da Igreja. A partir daí aparecem os objetivos dessas advertências. Alvaro Pelayo não dá somente conselhos a monges. Pregador e confessor, dirige-se ao conjunto dos fiéis — clero secular e leigos reunidos. Seu desígnio reveste-se então de uma universalidade que não tinham os dos beneditinos e cistercianos do período anterior. Ele está, quanto ao público visado, muito mais próximo de Jean de Meung que de Bernard de Morlas. Mas, às acusações misóginas do segundo *Roman de la rose*, acrescenta o suporte de um sólido fundamento teológico e as preocupações da pastoral.

O antifeminismo virulento de Alvaro Pelayo e de seus semelhantes, caminhando através dos múltiplos canais do discurso oral e escrito da época, não podia deixar de desembocar na justificação da caça às feiticeiras. Do mesmo modo, encontramo-lo no coração das argumentações maniqueístas de *O martelo das feiticeiras*. Este, segundo a feliz fórmula de A. Danet, é composto por um redator que tem "o medo na barriga" e se sente cercado por uma desordem satânica. As palavras cuja raiz é *mal* — mal, mal-aventurado, mau, maléfico, malefício — retornam incessantemente sob sua pena: até trinta vezes em uma mesma página.[55] Ele vê catástrofes por toda parte, adultérios e atamentos de agulhetas continuamente multiplicados. Esse tempo do pecado é o da mulher. Esta, entretanto, por vezes é vista com misericórdia pelos seus olhos — não é preciso explicar o anúncio feito à Maria? Ele se recusa então a "desprezar um sexo no qual Deus, para nossa confusão, sempre fez obras poderosas".[56] Evoca Judite, Débora e Ester, Gisela da Hungria e Clotilde. Baseia-se no Eclesiástico, nos Provérbios e em são Paulo para "fazer o elogio das mulheres boas" e proclamar feliz o esposo cuja companheira é excelente.[57] Débeis contrapartidas, entretanto, em um pesado dossiê que, no mais das vezes, oprime o ramo feminino da humanidade, representado como culpado face a um ramo masculino considerado vítima.[58] Para o redator de *O martelo das feiticeiras* "a experiência ensina" que a perfídia (de feitiçaria) se encontra mais frequentemente entre as mulheres do que entre os homens.[59] Importa então explicar essa desproporção. Ora, as explicações abundam, fornecidas por toda a literatura sacra, ela mesma ampliada por contribuições provenientes da antiguidade pagã. Cícero, Terêncio e Sêneca, o Eclesiástico, são João Crisóstomo e Lactâncio são mobilizados para denunciar a malícia da mulher:

> Toda malícia não é nada perto de uma malícia de mulher [...]. A mulher, o que é ela senão a inimiga da amizade, a pena inelutável, o mal necessário, a tentação natural, a calamidade desejável, o perigo doméstico, o flagelo deleitável, o mal por natureza pintado de cores claras? [...] Uma mulher que chora é uma mentira [...]. Uma mulher que pensa sozinha pensa para mal.[60]

Segue-se a enunciação estereotipada das fraquezas maiores da mulher: é crédula, impressionável, tagarela, inconstante "no ser e na ação", "deficiente em suas forças de alma e de corpo", semelhante à criança "pela leviandade do pensamento", mais carnal do que o homem ("percebe-se isso por suas múltiplas torpezas"). "Por natureza, ela tem uma fé mais fraca [...]. *Femina* vem de *Fe* e *minus*, pois sempre tem e conserva menos fé." Tem "afeições e paixões desordenadas" que se desencadeiam na inveja e na vingança, os dois principais móveis da feitiçaria. É mentirosa por natureza, não só em sua linguagem, mas também em "seu andar, em seu porte e em sua atitude".

O martelo das feiticeiras conclui com Catão de Utica: "Se não houvesse a malícia das mulheres, mesmo não dizendo nada das feiticeiras, o mundo estaria liberto de incontáveis perigos".[61] A mulher é uma "quimera [...]. Seu aspecto é belo; seu contato fétido, sua companhia mortal".[62] É "mais amarga que a morte, isto é, que o diabo cujo nome é a morte segundo o Apocalipse".[63]

Uma diabolização da mulher — que se encontra, lado a lado com a sexualidade, desonrada —: eis o resultado a que chegam em um "clima dramatizado"[64] tantas reflexões clericais sobre o perigo que representa então para os homens de Igreja — e para a Igreja inteira que eles anexam — o eterno feminino.

3. O DISCURSO OFICIAL SOBRE A MULHER NO FINAL DO SÉCULO XVI E NO COMEÇO DO SÉCULO XVII

A) O DISCURSO DOS TEÓLOGOS

A ação antifeminista de *O martelo das feiticeiras*, cuja ampla difusão[65] acentuamos mais acima, viu-se reforçada no final do século XVI e no começo do século XVII por um discurso eclesiástico de múltiplas facetas. E de início os teólogos demonólogos não deixaram de repetir *O martelo das feiticeiras*. Del Rio assegura que "quanto ao sexo, o das mulheres é mais suspeito", que ele é "imbecil" e "repleto de paixões vorazes e veementes". Dominadas por sua imaginação, "não estando tão bem providas [quanto os homens] de razão nem de prudência, elas se deixam facilmente "decepcionar" pelo demônio. O erudito jesuíta constata que as cartas sacras mencionam muito pouco "profetisas de Deus", ao passo que as dos ídolos foram legião entre os gentios. Além disso, "a volúpia, o luxo e a avareza" são os defeitos comuns das mulheres, que de bom grado são "andejas, vagabundas, faladoras, briguentas e cúpidas de elogios".[66]

No plano de uma civilização, as afirmações dos demonólogos dominicanos ou jesuítas eram talvez menos perigosas para o "segundo sexo" que as dos casuístas, que, por intermédio dos confessores, tinham impacto considerável sobre as mentalidades cotidianas. Baseando-se no Antigo Testamento, Benedicti ensina em sua *Suma dos pecados* que "a mulher [destaquemos esse singular coletivo] queima ao olhar [...], isto é, ela se queima e queima os outros". Mais adiante, ele acrescenta:

[...] Os antigos sábios nos ensinaram que todas e quantas vezes o homem fala por muito tempo com a mulher ele causa sua ruína e se desvia da contemplação das coisas celestes e finalmente cai no inferno. Eis aí os perigos que há em ter demasiado prazer em tagarelar, rir e mexericar com a mulher, seja boa ou má. E creio que é isso que pretende concluir o paradoxo do Eclesiástico que diz que "a iniquidade do homem é melhor do que a mulher de bem"[67]

Significativa das generalizações acusadoras por que os teólogos e moralistas de então se deixam constante — e inconscientemente — levar, é a leitura que Benedicti propõe da palavra MVLIER. Advertindo contra a "mulher dissoluta", afirma que ela "arrasta atrás de si" toda espécie de infortúnios expressos pelas seis letras da palavra: "M: a mulher má é o mal dos males; V: a vaidade das vaidades; L: a luxúria das luxúrias; I: a ira das iras; E [alusão às Erínias]: a fúria das fúrias; R: a ruína dos reinos".[68] Em princípio, não se trata aqui senão da "mulher má", mas se o uso aplicou a palavra *mulier* ao conjunto do outro sexo, não foi porque este é globalmente perigoso?

Mas deixemos as pesadas obras dos casuístas pelas bagatelas dos manuais de confessores e, em particular, pelas célebres *Instruções aos confessores* de são Carlos Borromeu,[69] que a Igreja pós-tridentina reeditou incansavelmente, durante vários séculos, em todas as dioceses da catolicidade. Então veremos ao vivo como a autoridade eclesiástica difundiu ao nível mais amplo o medo pânico da mulher e o dogma de sua fundamental inferioridade. Lembremos contudo, como contraponto, que uma visitação canônica efetuada na Baviera na época do Concílio de Trento revelou que ali apenas 3 ou 4% dos padres não viviam em concubinato.[70] Diante de tal flagelo, uma sociedade religiosa de dominância masculina — e que pretendia conservar esse privilégio — só podia reagir de forma desmedida. Satã introduzira-se no lugar. Para são Carlos Borromeu, o confessor não saberia tomar precauções em demasia com as penitentes. Não as receberá se elas se apresentarem com "cabelos frisados, rostos pintados e rebocados, brincos ou outros semelhantes ornamentos cheios de vaidade".[71] Rejeitará igualmente aquelas que usarem rendas, bordados e tecidos de ouro e exigirá de todas que compareçam ao santo tribunal de rosto coberto "com decência, por um véu que não seja notavelmente transparente, feito de crepe, de linho, de lã, ou pelo menos de algum tecido de seda de uma cor modesta".[72] Salvo autorização maduramente ponderada de um superior, um padre de menos de trinta anos não confessará as mulheres.[73] Quanto aos confessionários que lhes são destinados — indispensável segregação — "que estejam em um local descoberto da igreja", devendo a confissão das mulheres ser feita apenas durante o dia.[74] Assim, para a Igreja católica de então, o padre é um ser constantemente em perigo, e seu grande inimigo é a mulher. A esse respeito, ele não é vigiado — e não se vigia — jamais suficientemente.

As *Instruções aos confessores* de são Carlos foram difundidas na França por ordem das assembleias do clero: daí a multiplicidade das edições que nossas bibliotecas conservam. Em todas as que consultei, as instruções do arcebispo são reforçadas em anexo pela carta que são Francisco Xavier escreveu ao padre Gaspard Barzé, encarregado da missão de Ormuz. Sem dúvida é preciso ler esse documento lembrando que ele traça uma linha de conduta para um religioso encarregado de evangelizar um desses países do Oriente em que o ciúme masculino é um

491

traço de civilização. Mas os leitores europeus desse texto operariam sempre essa correção? Além disso, é evidente que o apóstolo das Índias, ao mesmo tempo vítima e agente de uma longa tradição antifeminista, desliza constantemente do particular (o Oriente) para o geral. Ele aconselha na verdade um comportamento global do padre em relação à mulher ao desferir duas pesadas afirmações: a) a religião que importa é a dos homens; b) em um conflito conjugal, o confessor jamais reconhecerá o erro do marido diante de sua esposa:

> E pelo fato de que a leviandade de seu espírito [das mulheres] e de seu humor dá comumente muito trabalho aos confessores, uma das melhores precauções que quanto a isso se pode tomar é cultivar mais as almas dos maridos, que são cristãos, do que as de suas mulheres: pois tendo a natureza dado mais peso e firmeza ao espírito do homem, há bem mais proveito em instruí-los, considerando mesmo que a boa ordem das famílias e a piedade das mulheres depende comumente da virtude dos homens [...].
>
> Não reconhecei jamais o erro do marido na presença de sua mulher, ainda que seja ele o mais culpado do mundo; mas, dissimulando enquanto ela ali está, tomai-o de lado e incitai-o a uma boa confissão. É aí que o fareis ver suas obrigações para a paz e concórdia mútua, precavendo-vos no entanto de mostrar-vos demasiadamente partidário da mulher [...]. De outro modo, se repreenderdes o marido diante de sua mulher [como elas são naturalmente zombeteiras e pouco discretas], ela não deixará de espicaçá-lo e de censurar-lhe a falta que repreendestes nele [...], de tal maneira que o marido não ficará senão mais despeitado e a mulher insolente. Por mim [em semelhante caso] [...], mostraria às mulheres o respeito que devem a seus maridos e lhes apresentaria as grandes penas que Deus prepara para a imodéstia e arrogância daquelas que se esquecem de um dever tão santo e legítimo: aquele de que cabe a elas digerir e sofrer pacientemente todos os aborrecimentos, dos quais

não se devem queixar senão na falta de uma devida submissão de espírito. Da mesma forma, esses aborrecimentos só surgirão por sua própria indiscrição e desobediência.[75]

Essas linhas foram lidas a partir do final do século XVI por milhares e milhares de confessores, que desempenharam o papel de diretores de consciência de dezenas de milhões de lares. Vê-se o desprezo pela mulher que elas veiculavam — desprezo que camuflava o medo de um ser misterioso e inquietante diante do qual devia intervir a solidariedade masculina, isto é, a conivência do padre e do marido.

B) A CIÊNCIA MÉDICA

Ao lado dos homens de Igreja, outras pessoas de peso — os médicos — afirmaram a inferioridade estrutural da mulher. Herdeiros a esse respeito de concepções antigas, mas retomando-as à sua conta, difundiram-nas amplamente, graças à imprensa, nos diversos setores da cultura dirigente.

A esse respeito, levanta-se incidentalmente a questão de saber como é preciso interpretar o que o monge e médico Rabelais escreveu sobre o "segundo sexo", especialmente no *Terceiro livro dos fatos e ditos heroicos do bom Pantagruel*. Pretendeu ele tomar posição na "Polêmica das mulheres"? Esta começou cedo no século e, desde 1503, Symphorien Champier publicara sua *Nef des dames vertueuses*. Em sentido inverso, em 1513 Tiraqueau publicou a primeira edição de seu *De legibus connubialibus*, que é uma obra violenta contra as mulheres. Contudo a "Polêmica", em sentido próprio, situa-se em torno dos anos 1340-1560. Em 1541-2, aparecem *L'amie de cour*, de La Borderie — livro hostil à mulher — e *La parfaite amie*, de Antoine Heroet, que, ao contrário, faz sua apologia. Em 1544 é que aparece *La délie, objet de plus haute vertu*, de Maurice Scève. O *Terceiro livro* de Rabelais é de 1546. Em 1555, François de Billon, que publica seu *Fort inexpugnable de l'honneur du sexe féminin*, considera o autor de *Pantagruel* e de *Gargantua* um inimigo e um denegridor da mulher. Daí a ideia de que o *Terceiro livro* seria uma tomada de posição na "Polêmica" e, mais precisamente, uma resposta à *La parfaite amie*, de Heroet.

Mas então por que Rabelais não nomeia Heroet uma vez que, entre seus inimigos, não se constrange de nomear Calvino, por exemplo? Para V.-L. Saulnier, é certo que o *Terceiro livro* tem, de certa maneira, seu lugar no grande debate que opôs, no século XVI, os "corteses" e os "satíricos" e que ele é um requisitório contra a mulher, como a *Délie* é uma apologia do amor.[76] Mas, "nem mais nem menos", V.-L. Saulnier contesta que Rabelais tenha pretendido escrever um livro especialmente sobre a mulher e o casamento. "Dominando o problema particular do casamento, o objetivo geral [da obra] é o de uma averiguação, portanto de uma meditação sobre o bom conselho." Sobre uma questão determinada — aqui o casamento —, Pantagruel e Panurgo decidem consultar as pessoas de posição, os que são chamados de sábios e que têm a reputação de ser homens de saber: o teólogo Hippotadeu, o médico Rondibilis, o filósofo Trouillogan, o enigmático Raminagrobis etc. Homens de boa vontade, os pantagruelistas precisam constatar que nenhum dos conselheiros sabe aconselhar: abdicam. Os sábios deste mundo são falsos sábios. O *Terceiro livro* é também um "elogio da loucura".

Qual é então a opinião de Rabelais sobre a mulher? Seguramente a obra está recheada de episódios libertinos, e o tom é muitas vezes zombeteiro. À primeira vista, a mulher aparece como lasciva, desobediente, indiscreta e curiosa. Mas o *Terceiro livro* é dedicado a Margarida de Navarra, e Rondibilis, havendo oportunidade, louva as "mulheres sérias". Além disso, Rabelais não pensa que a mulher tenha sido criada apenas para a "perpetuação da espécie humana". Ela o foi também para o "social deleite do homem", para o "consolo doméstico e a manutenção da casa". A mulher é menos viciosa do que frágil ("Ó grande fragilidade do sexo feminino", cap. XVIII). Por isso tem necessidade de proteção e, em primeiro lugar, de boa educação e bons pais. Daí o conselho de escolher uma esposa "oriunda de gente de bem, instruída em virtudes e honestidade, não tendo convivido nem frequentado senão companhia de bons costumes". Rabelais é, além disso, muito duro, no capítulo XLVIII, contra os corruptores de moças. Quando elas se tornam esposas, cabe aos maridos zelar por sua "pudicícia e virtude". Mas não de maneira tirânica. Panurgo aconselha, em primeiro lugar, acariciar a mulher à saciedade para que ela não tenha vontade de ir a outra parte. É verdade, por outro lado, que as mulheres são curiosas; desejam o fruto proibido. Mostrar-se ciumento e tirânico é se preparar para ser traído.

É bem certo, em compensação, que Rabelais recusa certa afetação preciosista posta em moda pelos italianos e que condena os apaixonados tolhidos que "se acomodam em torno" da mulher e negligenciam por causa dela "a afeição que o homem deve a Deus [...], os serviços que deve naturalmente à sua pátria, à república, a seus amigos [...], a seus estudos" (cap. XXXV). Àqueles que fazem de Rabelais um misógino empedernido, vale a pena opor a seguinte passagem extraída do *Philogame ou Amy des nopces*, um elogio do casamento publicado em 1578 por François Tillier. Este aí parafraseia pura e simplesmente o capítulo XXXV do *Terceiro livro* , aliás citando suas fontes:

> Quando esse douto Rabelais põe em destaque seu sábio-louco Panurgo, que interroga um filósofo sobre se deve casar-se ou não, ele lhe responde nem um nem outro e todos os dois ao mesmo tempo. Isto é, é preciso ter uma mulher como se não se tivesse nenhuma; tê-la, digo, tal como Deus a pôs no mundo para a ajuda e sociedade, e não tê-la é não se apoltronar em torno dela, não se enferrujar na negligência, da qual nasce um amortecimento da afeição que se deve dirigir a Deus, não colocar a seus pés a vontade que se tem de socorrer seu país, de ter mão forte na república, de manter os amigos, não deixar seus estudos e negócios, para divertir-se sempre na caça à mulher.[77]

Resumamos em uma palavra a posição de Rabelais em relação à mulher: indulgência e até mesmo gentileza, vá lá. Devoção, não. Ela tem necessidade de ser mantida na coleira e não deve desviar o homem das nobres tarefas que lhe são reservadas.

Em um outro contexto, Jean Wier, médico do duque de Clèves, teve o mérito, em uma obra célebre, *Histoires, disputes et discours des illusions et impostures des diables*, de também ele pleitear a indulgência em relação às mulheres, em particular as feiticeiras. Pois, diante do diabo, "o sexo feminino [...] é inconstante em razão de sua compleição". Baseando-se sucessivamente em são Pedro, são João Crisóstomo, são Jerônimo, Quintiliano, Valério Máximo, Fulgêncio e Aristóteles, para terminar com Platão, ele repete incansavelmente que a mulher é de temperamento "melancólico", "débil, frágil e mole", que sua natureza é "imbecil" e "enferma". "Pelo que Platão parece duvidar, bem civilmente, a respeito de em qual número deve colocar as mulheres, se no número dos humanos ou no número dos animais." Assim, pode-se punir as mulheres tão severamente quanto os homens?[78]

Mas por que o segundo sexo é "enfermo"? Ambroise Paré, que não é um antifeminista virulento, explica isso e ao esposo aconselha a ternura em relação à sua companheira. Mas não é fácil libertar-se do peso da ciência aristotélica, segundo a qual o quente vale mais que o frio e o seco mais que o úmido. Ora, para Ambroise Paré, assim como para a imensa maioria de seus colegas, "a mulher tem sempre menos calor do que o homem [...]. As partes espermáticas desta são mais frias, e mais moles e menos secas que as do homem".[79] Suas ações naturais não são portanto "tão perfeitas nela como no homem".[80] Se os órgãos sexuais da mulher são internos, contrariamente aos do homem, isso se deve à "imbecilidade" de sua natureza "que não pôde expelir e lançar fora as ditas partes, como no homem".[81] Tratando da procriação, o cirurgião de Laval assegura que "a semente mais quente e mais seca engendra o macho e a mais fria e úmida a fêmea".[82] E porque — desdobramento do raciocínio — "a umidade é de menor eficácia que a secura [...], a fêmea é formada mais tarde que o macho". Daí se segue que Deus insufla a alma no quadragésimo dia para o menino e apenas no quinquagésimo para a menina.[83] A experiência não prova que "a criança macho é mais excelente e perfeita que a fêmea"? Com efeito, a mulher grávida de um filho "é mais disposta e robusta em toda a sua gravidez, e de cor mais vermelha, o olhar alegre, vivo, a pele mais limpa e mais clara do que a de uma menina" e tem melhor apetite. Além disso, carrega mais habitualmente seu filho à direita, o lado nobre. "Suas partes direitas são [então] mais hábeis para todos os movimentos", seu "olho destro é mais móvel", seu "mamilo direito aumenta mais".[84] Por mais evidentes que sejam os privilégios naturais do macho, é Deus, contudo, que decide o sexo da criança e "parece-me", conclui Ambroise Paré, "que os maridos não são sensatos em encolerizar-se contra suas mulheres e companheiras por terem feito meninas".[85] Laurent Joubert, "conselheiro e médico ordinário do rei [Henrique III], doutor regente, chanceler e juiz da universidade de medicina de Montpellier", leva mais longe que Ambroise Paré as explicações em matéria de geração. Aliás, discorda dele quanto aos papéis respectivos da semente e da matriz, mas não se liberta das noções tidas como fundamentais de calor e de frio, de seco e de úmido. Embora dedicando seu livro sobre os *Erreurs populaires* (1578) à rainha Margarida, então esposa do futuro Henrique IV, ele não deixa de afirmar que o "macho é mais digno, excelente e perfeito que a fêmea [...]", a qual "é como uma imperfeição, quando não se pode fazer melhor":

> Pois a Natureza pretende fazer sempre sua obra perfeita e acabada: mas se a matéria não é própria para isso, ela faz o mais próximo do perfeito que pode. Então, se a matéria para isso não é bastante própria e conveniente para formar um filho, faz com ela uma fêmea, que é [como diz Aristóteles] um macho mutilado e imperfeito. Assim, portanto, deseja-se por esse instinto natural mais filhos do que filhas, ainda que tudo seja bom.[86]

Apesar dessa emenda ao mesmo tempo necessária e pouco convincente, Laurent Joubert quer explicar a seus leitores como procriar meninos de preferência a meninas. Seu raciocínio é o seguinte:[87] a semente é "por si indiferente" e "será convertida em corpo masculino ou feminino segundo a disposição da matriz e do sangue menstrual". A matriz é a partir daí comparável a um campo. Uma terra demasiadamente úmida converte os grãos de trigo ou de cevada em joio ou em aveia estéril. Do mesmo modo, uma semente masculina, embora apta a formar um macho, "degenera frequentemente em fêmea pela frieza e umidade da matriz [...] e pela demasiadamente grande abundância do sangue menstrual, cru e indigesto". Daí se segue que uma procriação operada no momento em que a mulher está a ponto de "ter suas flores" arrisca-se muito a engendrar uma menina ("pois então a matriz está muito úmida do humor que paira em torno dela como uma lagoa"). Inversamente, ter-se-á mais possibilidade de obter um menino se o ato sexual tem lugar logo após o fim das regras, quando a matriz se tornou "seca e mais quente".

Tal é a mulher para os mais ilustres médicos da Renascença: um "macho mutilado e imperfeito", "uma imperfeição, quando não se pode fazer melhor". Ela é como o joio e a aveia estéril em relação ao trigo e a cevada. Assim a fez a natureza que a estabeleceu em um estatuto de inferioridade física... e moral. A ciência médica da época não faz portanto senão repetir Aristóteles revisto e corrigido por Santo Tomás de Aquino. Ora, pode-se adivinhar a audiência de um Laurent Joubert quando se sabe que a Biblioteca Nacional conserva nada menos que doze edições de seu livro sobre os *Erreurs populaires* publicadas entre 1578 e 1608.[88]

C) A AUTORIDADE DOS JURISTAS

Teólogos e médicos, apoiando-se uns aos outros para desvalorizar a mulher, forneciam conjuntamente seus argumentos complementares e peremptórios aos juristas — a terceira grande autoridade da época. De modo que a reconstituição do discurso oficial sobre o "segundo sexo" na época da Renascença seria incompleta se dela se subtraísse o componente jurídico. Com grande reforço de citações extraídas de Aristóteles, Plínio e Quintiliano, das leis antigas e das obras teológicas, os jurisconsultos afirmam a categórica e estrutural inferioridade das mulheres. Tiraqueau, amigo de Rabelais, é inesgotável sobre o assunto. Elas são, diz ele, menos providas de razão que os homens.[89] Portanto, não se pode confiar nelas.[90] São faladoras, sobretudo as prostitutas e as velhas. Contam os segredos: "É mais forte que elas" (*vel invitae*). Ciumentas, são então capazes dos piores delitos, como matar o marido e o filho que tiveram dele. Mais frágeis que os homens diante das tentações, devem fugir da companhia das pessoas de má vida, das conversas lascivas, dos jogos públicos, das pinturas obscenas. Convém-lhes ser sóbrias "para permanecer pudicas", evitar a ociosidade e sobretudo calar-se (*mulieres maxime decet silentium et taciturnitas*). As sentenças de Tiraqueau concernentes às mulheres são um longo catálogo de interdições de toda espécie, das quais algumas são a retomada de velhos tabus: não lhes será permitido ensinar na igreja nem entrar nos campos. Elas se absterão de fazer amor quando amamentarem e durante suas regras. E, além disso — eis-nos enfim no terreno jurídico — exigir-se-á um juramento daquelas que são chamadas a assumir responsabilidade; não assinarão contrato nem farão doação sem o consentimento de seus próximos; e lhes é proibido fazer testamento sem o acordo do cônjuge etc. Teórico da incapacidade da mulher casada, em seu tempo A. Tiraqueau foi denominado "legislador matrimonial". Seu *De legibus connubialibus* teve quatro edições durante sua vida e dezessete após sua morte.[91]

Um outro jurisconsulto, B. Chasseneuz, comentando no século XVI os costumes de Borgonha, declara que "a mulher é um animal mutável, variável, inconstante, leviano, incapaz de guardar um segredo".[92] Daí a sucessão masculina ao trono da França. O conselheiro de Estado Le Bret declara a esse respeito em 1632: "A exclusão das filhas e dos machos saídos das filhas é conforme à lei da natureza que, tendo criado a mulher imperfeita, fraca e débil, tanto do corpo como do espírito, submeteu-a ao poder do homem".[93] E Richelieu aprova e encarece com referência à Escritura:

> É preciso reconhecer que, como uma mulher perdeu o mundo, nada é mais capaz de prejudicar os Estados que esse sexo, quando, ganhando domínio sobre aqueles que os governam, ele os faz muitas vezes mover-se como bem lhe parece e mal, em consequência, sendo os melhores pensamentos das mulheres quase sempre maus naquelas que se conduzem por suas paixões comumente fazem papel de razão em seu espírito [...].[94]

Texto significativo escolhido entre mil do mesmo teor que a cultura dirigente europeia produziu da Espanha à Rússia e da Idade Média ao século XIX. Contudo, é evidentemente entre os demonólogos leigos, a esse respeito primos próximos dos inquisidores, que se encontra, fora do espaço eclesiástico, o juízo mais pessimista sobre a mulher. Eles precisam, com efeito, explicar por que os tribunais veem desfilar dez feiticeiras para um feiticeiro. Nicolas Rémy, juiz loreno, não fica surpreendido com tal proporção, pois "esse sexo é muito mais inclinado a se deixar enganar pelo demônio".[95] Pierre de Lancre, conselheiro no parlamento de Bordéus e que foi no começo do século XVII o carrasco do Labourd, não fica mais surpreso com o fato de que "de preferência as mulheres são feiticeiras, e em maior número do que os homens", pois:

> É um sexo frágil, que considera e toma frequentemente as sugestões demoníacas por divinas [...]. E mais, elas abundam em paixões vorazes e veementes, além de serem ordinariamente de natureza úmida e viscosa. Ora, como o úmido se excita facilmente e recebe diversas impressões e figuras, elas não cessam seus movimentos senão com dificuldade e bem tarde, e os homens mantêm menos obstinadamente suas imaginações.[96]

Polivalência nefasta do úmido que o homem de outrora dirige continuamente contra a mulher: um excesso de umidade na matriz leva a engendrar meninas que, demasiadamente viscosas por natureza, dão livre curso a uma imaginação de que Satã logo se apodera.

A "fragilidade" das mulheres não impede Rémy e Lancre de enviar muitas delas à fogueira. Mas Jean Bodin se recusa a acreditar nessa fragilidade; e nesse ponto se aproxima dos mais virulentos adversários do "segundo sexo" entre os homens de Igreja. Polemizando contra Jean Wier, considerado por demais indulgente, ele declara:

> Que se leiam os livros de todos aqueles que escreveram sobre feiticeiros e encontrar-se-ão cinquenta mulheres feiticeiras, ou então demoníacas, para um homem [...]. O que ocorre não pela fragilidade do sexo, em minha opinião: pois vemos uma obstinação indomável na maioria [...]. Haveria mais evidência em dizer que foi a força da cupidez bestial que reduziu a mulher à miséria por gozar desses apetites ou por vingança. E parece que por essa razão Platão colocou a mulher entre o homem e o animal bruto. Pois veem-se as partes viscerais maiores nas mulheres do que nos homens, que não têm uma cupidez tão violenta; e, ao contrário, as cabeças dos homens são muito maiores e em consequência, eles têm mais cérebro e prudência que as mulheres.[97]

Apoiando-se nessas constatações que qualquer um pode fazer, com base não só em Platão mas também em Plínio, em Quintiliano e nos provérbios hebreus, Jean Bodin repete após tantos outros os sete defeitos essenciais que levam a mulher à feitiçaria: sua credulidade, sua curiosidade, sua natureza mais impressionável que a do homem, sua maldade maior, sua presteza em vingar-se, a facilidade com que se desespera e, afinal, sua tagarelice. Diagnóstico, como se vê, altamente motivado e pronunciado em plena caça às feiticeiras por um magistrado muito ouvido que é sucessivamente advogado no parlamento de

Paris, relator no palácio do duque de Anjou, deputado do Vermandois nos Estados Gerais de 1576, lugar-tenente geral, depois procurador do rei no bailio de Laon. Em seus ditos peremptórios confluem as asserções de três altas ciências: a teologia, a medicina e o direito.

Sendo essa a natureza da mulher — mais má ou, no mínimo, mais leviana que o homem — uma lógica milenar, mas que por diversos aspectos se torna mais dura ainda no começo da Idade Moderna, situa juridicamente o "segundo sexo" em uma condição inferior. Na França, é no século XIV que se fixa a lei fundamental que pretende que a coroa não se transmita nem às mulheres, nem pelas mulheres. Uma regra geral na Europa do Antigo Regime proíbe-lhes o acesso às funções públicas. "A mulher", ensina no século XIV o jurisconsulto Boutillier, frequentemente editado duzentos anos mais tarde, "não pode nem deve de modo algum ser juiz, pois ao juiz cabe enorme constância e discrição, e a mulher, por sua própria natureza, delas não está provida".[98] "Igualmente, são privadas as mulheres [de ser advogados em corte] em razão de sua impetuosidade."[99] Em Namur, um decreto urbano de 1687 proíbe as professoras primárias de ensinar os meninos: seria "indecente".[100] Alguns tribunais admitem que o testemunho de um homem vale pelo de duas mulheres.[101] E tal é também o sentimento de Jean Bodin, que cita a esse respeito a legislação veneziana (e a do Oriente), assegurando que, como testemunhas, as mulheres são "sempre menos confiáveis que os homens". Contudo, em caso de extrema necessidade, isto é, de investigação sobre a feitiçaria, é preciso também receber "as pessoas infames de fato e de direito [as mulheres] em testemunho".[102] Por toda Europa de outrora a mulher casada está "em poder do marido", ao menos "após consumado o casamento",[103] e lhe deve respeito e obediência,[104] pesando o dever de coabitação mais sobre ela do que sobre seu cônjuge. "Muito deve mulher séria sofrer e padecer antes que se ponha fora da companhia de seu marido".[105] Essa sentença de Philippe de Beaumanoir no *Coutume de Beauvaisis* (século XIII) continuava aceita no século XVII.

Segundo seu temperamento — e seu maior ou menor medo do outro sexo — os juristas da Renascença se dividem quanto à punição merecida por uma mulher culpada (ou assim considerada). Uns optam por uma indulgência desdenhosa inspirada pelas mesmas razões que a defesa do médico Wier em favor das feiticeiras. A insuficiência de razão e a "imbecilidade" de um ser imperfeito por natureza constituem, aos seus olhos, circunstâncias atenuantes. Tal é a opinião maduramente refletida de Tiraqueau:

> O homem que comete a fornicação ou o adultério peca mais gravemente que a mulher, tendo em vista o fato de que o homem possui mais razão que a mulher [...].
> Portanto, minha opinião é esta: tendo os homens mais razão que as mulheres, graças à qual podem mais vigorosamente que elas resistir às incitações do vício e, como dizem os teólogos, às tentações, é justo que as mulheres sejam punidas com mais clemência. O que não significa não as punir absolutamente como se fossem animais brutos totalmente privados de razão. Pois as mulheres possuem um certo grau de razão [*cum foeminae aliquid rationis habeant*].[106]

No começo do século XVII, o jurisconsulto italiano Farinacci também aconselha apreciar com maior benignidade a culpa das mulheres, sobretudo quando se trata de uma infração "contrária ao direito positivo, mas não ao direito divino ou humano ou ao das pessoas".[107] Mais amplamente, o direito romano — e aqui reencontramos Tiraqueau — pretendia que a mulher fosse menos severamente punida que o homem em caso de incesto (salvo em linha direta), de sacrilégio e de adultério.[108]

Ao contrário, o temível Jean Bodin não descobre para a mulher culpada nenhuma circunstância atenuante, já que não crê na "fragilidade" de um sexo que lhe parece, ao inverso, "na maioria" marcado por uma "obstinação indomável" e pela "força da cupidez bestial". Para ele, assim como para os autores de *O martelo das feiticeiras*, a mulher é "a flecha de Satã" e a "sentinela do inferno".

Mas é talvez em Pierre de Lancre que a recusa das circunstâncias atenuantes é mais nítida. De um lado, ele reconhece que as mulheres são "um sexo frágil que reputa e considera frequentemente as sugestões demoníacas como divinas" e que elas "forjam vários sonhos que acreditam verdadeiros, segundo esse dito comum de que as velhas sonham o que querem". Mas, em outra parte, declara sem hesitar:

> A verdade é que a velhice não é uma causa idônea para diminuir a pena de delitos tão execráveis que elas se acostumaram a cometer. E além disso é uma ficção dizer que todas as feiticeiras são velhas, pois entre uma infinidade que vimos durante nossa comissão na região de Labourd, havia quase tanto jovens quanto velhas. Pois as velhas instruem as jovens [...].[109]

Estaríamos errados certamente se avaliássemos a posição da mulher na sociedade da Renascença apenas pelas indicações negativas agrupadas no presente dossiê. Na realidade, cruzaram-se duas linhas de evolução, das quais uma era favorável e a outra desfavorável ao "segundo sexo". Encontraremos em uma obra posterior a corrente feminista,[110] cuja audácia, contudo, é preciso sublinhar desde já, considerando-se os obstáculos que encontrava. Além disso, em certa medida pelo menos, a prática temperava a estrita teoria. Na França, por exemplo, ainda que as mulheres não pudessem reinar sozinhas, contrariamente ao que aceitavam os ingleses, regentes ou favoritas reais exerceram verdadeiro poder. Do mesmo modo, em todas as grandes cidades da Europa, as esposas de comerciantes por vezes tiveram participação ativa nos negócios. Enfim, a jurisprudência nem sempre se modificou, entre os séculos XIV e XVII, em um sentido uniformemente desfavorável à mulher.[111] O direito de punição marital, inscrito nos costumes medievais, tendeu a desaparecer. A separação de corpos, raramente concedida à esposa durante a Idade Média, pouco depois tornou-se mais frequente. Ao mesmo tempo, melhorou a proteção dos interesses financeiros da mulher casada. Assim, para garantir os créditos desta contra seu cônjuge, a jurisprudência costumeira francesa criou no século XVII uma hipoteca legal onerando os imóveis do marido e os bens adquiridos. Nos séculos XVI e XVII, se os bens dotais[112] da viúva perderam sua primazia, ao contrário a comunidade dos bens entre cônjuges se aperfeiçoou. Em caso de falecimento do marido, cada vez mais a esposa passou a ser a guardiã ou tutora dos filhos.

Uma vez anotados esses corretivos, permanece verdade que o renascimento do direito romano, a escalada do absolutismo e do "modelo" monárquico (com seus corolários no plano familiar) e a ação conjunta — e que nunca fora tão forte — dos três discursos "oficiais" apoiando-se mutuamente agravaram no começo da Idade Moderna a incapacidade jurídica da mulher casada: o que foi observado por historiadores, juristas e sociólogos. Essa incapacidade, preconizada especialmente na França do século XVI por André Tiraqueau e Charles du Moulin, é doravante admitida pelo conjunto dos redatores de costumes. Aumenta o controle do marido sobre os atos jurídicos de sua esposa: esses, salvo raras exceções, devem ser autorizados pelo cônjuge. A mulher casada não pode mais substituir o marido ausente ou incapaz.

> Para agir corretamente, é preciso (neste último caso) a autoridade supletiva da justiça. Ela é considerada como incapaz em si e identificada com um menor. Quando seu marido não pode reforçar sua capacidade, precisa da ajuda do poder público. Do mesmo modo, se ela se compromete sem a autorização do marido, não só seu compromisso não obriga a comunidade, o que é normal, mas é absolutamente nulo e não obriga a ela própria.[113]

F. Olivier-Martin, redator dessas linhas, bem observara na conclusão de sua *Histoire du droit français* essa deterioração, a partir da Renascença, do estatuto jurídico da mulher casada. Na Idade Média, a autoridade marital, ligada ao regime de comunhão de bens, visava assegurar a disciplina do casal dando a última palavra ao marido. No final do Antigo Regime, ela se tornou uma instituição de ordem pública, independente do arranjo matrimonial adotado. Antigamente, o marido era "mestre e senhor da comunhão", na era clássica ele se tornou "mestre e senhor de sua mulher".[114] Arnolphe exprimia bem o direito da época quando pretendia que a esposa olhasse seu cônjuge "como seu marido, seu chefe, seu senhor e seu mestre".[115]

Assim, e a despeito da indiscutível escalada de uma corrente feminista na Europa do século XIV, agora já não se pode mais subscrever a opinião de J. Burckhardt, que afirmava: "Para compreender a sociedade na época da Renascença naquilo que tem de elevado, é essencial saber que a mulher era considerada a igual do homem".[116] O grande historiador suíço foi iludido por alguns casos italianos retirados de seu contexto e não notou que a promoção da mulher se produziu na época apesar das autoridades no poder e da ideologia oficial. Ela resultou de uma contestação cujo ganho de causa não era tão evidente. Julguemo-lo antes por dois textos fornecidos pela Inglaterra elisabetana. O primeiro é extraído do *De republica anglorum* (1583) de Thomas Smyth, obra consagrada à sociedade e às instituições inglesas.

Ao lembrar que os servos "não podem ter nem autoridade nem jurisdição sobre os homens livres, pois não são senão o instrumento, a propriedade e a posse de outrem", Thomas Smyth encadeia imediatamente e situa as mulheres na mesma categoria, pois "a natureza criou-as para que cuidem do lar e alimentem sua família e seus filhos, e não para que ocupem funções em uma cidade ou em uma comunidade nacional — assim como não criou para isso as crianças de pouca idade".[117]

Tais sendo os princípios, eis aqui o vivido cotidiano — a educação de uma menina — tal como Lady Grey o descrevia ao humanista Robert Ascham († 1568):

Quando estou na presença de meu pai ou de minha mãe, que eu fale, me cale, caminhe, fique sentada ou em pé, coma, beba, costure, brinque, dance ou faça qualquer outra coisa, devo por assim dizer fazê-lo de maneira tão ponderada, grave e comedida, sim, de maneira tão perfeita quanto Deus criando o mundo, sem o que sou severamente repreendida, cruelmente ameaçada, e por vezes beliscada, arranhada, espancada e maltratada de muitas outras maneiras das quais não falaria em razão do respeito que lhes devo — em suma, tão injustamente punida que creio estar no inferno.[118]

Onde está a igualdade dos sexos percebida por Burckhardt? Muitas pesadas tradições e afirmações peremptórias esforçavam-se então em impedir a emancipação da mulher.

Não se deve portanto avaliar a situação concreta da mulher na época da Renascença a partir de algumas soberanas ou de algumas escritoras pertencentes ao "segundo sexo". Umas e outras não foram mais que "álibis"[119] que ocultaram a historiadores apressados a condição real da imensa maioria das mulheres da época. A promoção de algumas delas não significou absolutamente uma emancipação global.

4. UMA PRODUÇÃO LITERÁRIA FREQUENTEMENTE HOSTIL À MULHER

Convém agora remontar por um instante o curso do tempo para lembrar a insistência da literatura dos séculos XIII-XV, na França por exemplo, em sublinhar os defeitos femininos e vilipendiar o casamento. Ora, estamos aqui na esfera de uma cultura erudita que extrai uma parte ao menos de sua substância do "discurso oficial" das autoridades da época tal como acabamos de reconstituí-lo, especialmente em sua argumentação teológica. A segunda parte do *Roman de la rose* é, como se sabe, uma desmistificação do amor cortês e do amor simplesmente. Está claro, não é preciso privar-se do prazer sexual, declara Jean de Meun por intermédio de Raison e de Genius. Mas esse deleite legítimo não é senão uma astúcia da natureza para que fique assegurada a perenidade da espécie humana. Todo o resto é só ingenuidade de um lado, logro do outro. Eis aí por certo uma moral pouco cristã, mas que está acompanhada de um antifeminismo próximo daquele que logo será exibido por Alvaro Pelayo. Ami afirma, com efeito, que as mulheres são volúveis e mais difíceis de segurar que uma enguia pega no Sena pela cauda. No entanto, as virtuosas são excluídas desse requisitório: restrição que não passa de uma brincadeira, pois Ami retoma imediatamente, confessando que, assim como Salomão, não encontrou uma sequer e que, "se tiverdes uma, não a deixeis escapar!"[120] O mesmo estado de espírito se encontra nas *Lamentations de Mahieu* escritas por volta de 1290 por um clérigo que desposara uma megera. Para ele também a mulher é briguenta, curiosa, desobediente, invejosa, ávida, luxuriosa, cúpida, hipócrita, supersticiosa, indiscreta e cruel.[121]

Mais característico para nós é talvez o caso de Eustache Deschamps, alternadamente homem de guerra, diplomata e bailio. Esse contemporâneo da Guerra dos Cem Anos e do Grande Cisma — morreu em 1406 — é o representante sem gênio de uma geração mergulhada no pessimismo. Repete incansavelmente que a Igreja está "aflita", "deplorável" e "desolada". O mundo tornou-se "tão mau que é preciso que Deus o puna".[122] Ele "vai de mal a pior".[123] "Cobiça reina com Vã Glória,/ Deslealdade, Inveja e Traição."[124] "Guerra dia a dia avança [...]/ Por isso se pode perceber/ Que o mundo se aproxima de seu fim."[125] Por essa espera de um Juízo Final iminente, Eustache Deschamps junta-se aos pregadores alarmistas de seu tempo e, como os mais lógicos deles — pensemos em Manfred de Vercelli —, desaconselha o casamento: "Quem se casa está mal da cabeça".[126] Sem dúvida, sua obra contém baladas amorosas. Mas sua atitude fundamental diante da mulher é marcada por uma hostilidade global. De modo que qualquer homem desejoso de ser feliz no casamento deve fazer-se cego e surdo e eliminar toda indiscrição: "Quem bem viver quer no casamento,/ Cego seja e surdo sem nada ouvir,/ E se guarde bem de sua mulher inquirir".[127] A última obra — inacabada — do poeta é um esgotante *Miroir du mariage* (em 12 mil versos) no qual Livre Querer, a despeito de

Desejo, Loucura, Servidão e Dissimulação, é levado para o lado do celibato — o "casamento espiritual" — por Repertório de Ciência.[128] Este, que fala em nome de Eustache Deschamps, mostra "como o casamento [para o homem, entenda-se] não é senão tormento, qualquer mulher e de qualquer condição, que se tome".[129] Ele se baseia nos "antigos filósofos" para assegurar que "beleza de mulher é começo de raiva e perversão de homem"[130] e que "por mulher se perde todo senso e entendimento", ainda que a "causa de amor" seja "honesta"[131] — fortes argumentos, aos quais se rende Livre Querer.

O episódio para nós mais revelador do *Miroir du mariage* é o número XXXI, intitulado "Aqui se fala dos ardores desordenados e impudicícia das mulheres".[132] Repertório de Ciência aí conta o seguinte apólogo: "Um filósofo chamado Secons lera nos livros que nenhuma mulher é casta. Quis verificar tão negra asserção. Tendo deixado há muito tempo a casa de sua mãe que ficara viúva, volta a ela disfarçado de peregrino. Acolhido mas não reconhecido pela criada, promete à patroa desta "grande prazer, alegria e divertimento" se ela o acolher em seu leito. Além disso, ele lhe oferecerá "bom dinheiro vivo" e irá embora no dia seguinte sem mais dar notícias. Era todo benefício e toda segurança para a velha mulher que, ao ouvir tais promessas, "Excitou-se do fogo de luxúria/ E cobiçou por sua natureza/ Ter o ouro que se lhe prometia".[133] O falso peregrino revela então sua identidade, e a mãe cai morta de vergonha.

Assim, um antifeminismo descontrolado conseguia arrastar na lama o conjunto do "segundo sexo". O sinistro apólogo de Eustache Deschamps nos ajuda a ler com uma lente de aumento a abundante literatura das obras hostis à mulher que, das *Quinze joyes du mariage* à *Mégère apprivoisée*, inundaram a Europa no começo da Idade Moderna. A título de amostragem significativa, eis aqui, a partir de uma tradução francesa do começo do século XVI, um trecho do *Remédio de amor* do humanista Eneas Silvio Piccolomini, que iria tornar-se o papa Pio II (1458-64). O texto abaixo remete às afirmações de um outro humanista do século XV, Battista Mantovano, que era, é verdade, um religioso:

> *Mantovano diz que o gênero feminino*
> *É servil, desprezível, cheio de veneno:*
> *Cruel e orgulhoso, repleto de traição,*
> *Sem fé, sem lei, sem moderação, sem razão*
> *Desprezando direito, justiça e equidade...*
> *[Mulher é] inconstante, móvel, vagabunda,*
> *Inapta, vã, avarenta, indigna,*
> *Suspeitosa, fingida, ameaçadora,*
> *Briguenta, faladora, cúpida,*
> *Impaciente, invejosa, mentirosa,*
> *Leviana em crer, bebedora, onerosa,*
> *Temerária, mordaz, enganadora,*
> *Caftina, devoradora, feiticeira,*
> *Ambiciosa e supersticiosa,*
> *Petulante, inculta, perniciosa,*
> *Frágil, litigiosa, ativa.*
> *Despeitada e muito vingativa,*
> *Cheia de adulação e de mau humor,*
> *Entregue a cólera e a ódio,*
> *Cheia de fingimento e simulação,*
> *Para se vingar exigindo dilação,*
> *Impetuosa, ingrata, muito cruel,*
> *Audaciosa e maligna, rebelde [...]*.[134]

Essas invectivas, comparadas às 102 acusações de Alvaro Pelayo, demonstram que as litanias misóginas haviam se tornado um discurso estereotipado, uma maneira habitual de falar da mulher.

Foi por acaso que, na Alemanha luterana dos anos 1560--1620, atormentado pela espera dos prazos apocalípticos, o ódio à mulher atingiu uma espécie de pico, e especialmente por causa da imprensa? J. Janssen outrora reuniu a esse respeito um dossiê impressionante, do qual eis aqui algumas peças importantes. Em 1565, um autor de sucesso, Adam Schubert, em livro de título significativo, *O diabo doméstico*, encoraja os maridos a usarem o bastão contra a esposa, sobretudo se esta é um verdadeiro demônio, uma mulher-homem (*Sieman*). No final da obra Sieman é morta por seu marido, e assim as coisas ficam bem. "Esse pequeno livro", conclui Schubert, "foi composto com o objetivo de inclinar as mulheres à obediência." Em 1609, um pregador de Zwickau publica um pesado volume, o *Malus mulier*, sobre a "sede de dominação que devora a maldosa mulher". Seguem-se duas reedições — em 1612 e 1614 — e logo um novo tratado do mesmo autor sobre a *Imperiosis mulier*, em cuja introdução se pode ler: "Favorecida por um bom vento, minha sátira entrou a todo pano em todos os países; penetrou em toda parte, seus ditos espirituosos transformaram-se em provérbios".

"Bom vento" — precisemos com efeito o sentido dessa expressão a partir das reações indignadas de dois pastores que se comovem com a fúria dos ataques contra a mulher. O primeiro, em uma prédica publicada em 1593, queixa-se nestes termos:

> É evidente que há bem mais autores que difamam as mulheres e crivam-nas de insultos do que se os encontra para delas dizer um pouco de bem. A bordo dos navios, nos albergues, nos cabarés, por toda parte espalham-se pequenas brochuras que divulgam em todos os lugares a injúria contra as mulheres e essas leituras servem de passatempo aos ociosos [...]. E o homem do povo, à força de ouvir e de ler essas coisas, está exasperado contra as mulheres, e quando fica sabendo que uma delas está condenada a perecer na fogueira, exclama: É bem feito!, pois a mulher é mais maldosa, mais ardilosa que demônios.[135]

Em 1617, o segundo de nossos pregadores fala no mesmo sentido:

> [...] As mulheres são [...] objeto de um ódio singular; uma multidão de escritores empenha-se em difundir contra o sexo feminino as mais negras calúnias. O casamento é ultrajado, contra ele é feita uma guerra aberta [...]. Dão-se ouvidos de bom grado a tudo o que se escreve contra elas [as

mulheres], as pessoas se deleitam com isso e esses pequenos livros e essas rimas burlescas encontram grande venda; são disputados nas lojas dos livreiros.[136]

Assim, as pessoas que sabiam ler na Alemanha de então — portanto uma estreita minoria — disputavam a literatura antifeminista que era ao mesmo tempo maliciosa, ou até obscena: influência inesperada da imprensa, cujo destino temos muita tendência a ligar ao de um humanismo etéreo.

Voltando agora à França — mas a experiência seria igualmente válida em outra parte — pode-se tentar penetrar no antifeminismo coletivo por um outro ângulo. Para isso basta abrir as coletâneas de provérbios. A seu respeito, impõe-se uma observação que se aplica também às brochuras alemãs de divulgação. Tanto as coletâneas quanto as brochuras refletem incontestavelmente sentimentos populares. Mas são ao mesmo tempo produtos da cultura erudita. Os clérigos (em sentido amplo), quando compõem listas de provérbios, operam uma triagem nas máximas dos gregos e dos romanos, leem com certa chave os livros do Antigo Testamento e, deitando por escrito os ditados cotidianos, estão livres para formulá-los à sua vontade e para agravar-lhes a virulência. De qualquer modo, é certo que as coletâneas de provérbios, ainda uma vez graças à imprensa, multiplicam-se na época da Renascença. E elas também, no mais das vezes, falam mal da mulher. Reunindo sentenças vindas de diferentes horizontes, reforçando sua circulação entre o público, aumentam com isso a violência da misoginia coletiva.

Um pesquisador atualmente às voltas com esse material a uma só vez polimorfo e fugidio calcula que, em dez provérbios franceses dos séculos XV-XVII relativos à mulher, sete em média lhe são hostis[137]. Aqueles que lhe são favoráveis destacam as virtudes da esposa boa dona de casa, dando a entender, aliás, que tal pérola é rara: "De boas armas está armado quem com boa mulher está casado".[138] "Mulher boa vale uma coroa."[139] "Mulher prudente e sensata é o ornamento do lar."[140] "Quem tem mulher de bem vive muito tempo bem."[141] Tal não é, contudo, a nota dominante. A transição para a longa litania dos ditados misóginos pode ser fornecida por esta sentença: "Se a mulher vale, vale um império. Se não, não há no mundo animal pior".[142] Ora, "mau ano e mulher sem razão não faltam em muita estação".[143] O marido precavido zelará portanto em ter o comando em sua casa: "Não suportes por nada que tua mulher ponha o pé sobre o teu. Pois amanhã o ignóbil animal desejaria pô-lo sobre tua cabeça".[144] Mas é possível realmente se fazer obedecer por sua esposa? "O que a mulher quer, Deus quer."[145] "O que uma mulher quer está escrito no céu."[146] Na vida de casal, o homem terá de qualquer maneira necessidade do bastão: "Bom cavalo, mau cavalo quer a espora. Boa mulher, má mulher quer o bastão".[147] Então é preciso casar-se? E. Deschamps, assim como vários provérbios, desaconselham-no formalmente: "Quem tem mulher para ser vigiada não tem jornada assegurada". "Quem tem mulher está perdido."[148] "Quem tem mulher, tem briga."[149] "Quem mantém mulher e dívidas, morrerá na pobreza."[150] "Guarde-se de mulher desposar quem quer em paz repousar."[151]

Os defeitos femininos justificam, nas coletâneas de ditados, essas advertências desencantadas. A mulher é desperdiçadora: "Tudo o que o instruído labora, louca mulher devora".[152] "As mulheres só amam os rubis."[153] Além disso, o luxo do vestuário muitas vezes esconde — ou revela — a feiúra da alma: "Mulher de rico traje enfeitada a estrume é comparada. De verde disfarçada, a descoberto surge a porcariada".[154] Quanto à beleza, é suspeita e perigosa: "Beleza de mulher não enriquece homem".[155] "Bela mulher, má cabeça. Boa mula, má besta."[156] "Dize uma só vez a uma mulher que é bela, o diabo lho repetirá dez vezes."[157] Ela cansa o homem à força de chorar. Mas suas lágrimas não são sinceras. "A toda hora cão mija e mulher chora."[158] "Mulher ri quando pode e chora quando quer."[159] "Choro de mulher, lágrimas de crocodilo."[160] Daí a acusação de duplicidade lançada contra ela: "Mulher se queixa, mulher se lamenta. Mulher fica doente quando quer".[161] "Mulheres são anjos na igreja, diabos em casa e macacos na cama."[162]

Em uma época em que, de alto a baixo da sociedade, exalta-se mas também se teme ao extremo o poder da palavra (pensemos na maledicência que macula a honra, no interesse pela retórica, na ação dos pregadores), as pessoas inquietam-se vivamente com a tagarelice feminina que os homens devem esforçar-se em controlar. "Duas mulheres fazem uma assembleia, três um grande cacarejo, quatro são pleno mercado."[163] "Mulher por sua vez deve falar quando a galinha vai urinar."[164] "Não digas à tua mulher o que calar queres."[165] "Uma mulher só cala o que não sabe."[166] Daí o desprezo que se demonstra por ela: "Grande milagre se uma mulher morre sem fazer loucura"[167]. "Mulher é um barco a vela que muda e se move com o vento."[168] "Mulher sozinha é nada."[169] "O cérebro da mulher é feito de óleo de macaco e de queijo de raposa."[170]

O desprezo é frequentemente duplicado por verdadeira hostilidade em relação a um ser considerado enganador, irrecuperável e maléfico. A esse respeito, os provérbios retomam, sob a forma de acusações lapidares, o discurso dos celibatários (masculinos) da Igreja. "Coração de mulher engana o mundo, pois nele tudo é malícia."[171] "Mulher e vinho têm seu veneno."[172] "Mulher é mãe de todo dano. Dela vem todo mal e todo engano."[173] "O olho da mulher é uma aranha."[174] "Uma boa mulher, uma boa mula, uma boa cabra são três animais maldosos."[175] "Mulheres são muito ardilosas, e por natureza perigosas."[176] Assim, a temível sabedoria das sentenças estabelece um elo entre o elemento feminino e o mundo infernal: "Mulher sabe arte antes do diabo".[177] "Mulher mais comumente adivinha do que ouve a palavra divina."[178] Ora, quantas adivinhas de aldeia pereceram na época nas fogueiras! Então, por que o homem lamentaria a morte de sua esposa? Esse falecimento não é um favor que Deus faz ao marido? "Luto de mulher morta dura até a porta."[179] "Deus ama o homem quando lhe tira a mulher com quem já não sabe mais o que fazer."[180] Esse último ditado se encontra também sob forma mais categórica e mais geral: "A quem Deus quer ajudar morre-lhe a mulher".[181]

5. UMA ICONOGRAFIA FREQUENTEMENTE MALÉVOLA

Elementos e confirmações, se se ousa dizer, desse atroz requisitório são reencontrados nas estampas do século XVI. Seguindo a sra. Sara F. Matthews-Grieco,[182] estudaremos aqui, por exemplo, aquelas que foram então gravadas na França. Tal produção é por certo ambivalente, ou melhor, hesitante, apresentando da mulher uma imagem alternadamente favorável e desfavorável, de modo que uma desmente a outra. Assim, a dona de casa é valorizada, como em certos provérbios, ao mesmo tempo como companheira afetuosa do marido e como mãe dos herdeiros deste. A maternidade, em tal representação de Adão e Eva, é proposta como uma espécie de equivalente feminino do trabalho masculino: Eva dá o seio a um bebê enquanto Adão cava; ou então repousa, fatigada, ao lado de duas crianças, enquanto seu marido cultiva a terra. Outras estampas que põem em cena os casais ceifeiro-apanhadora ou pastor-tosquiadora destacam a ajuda que as mulheres podem proporcionar aos homens nas tarefas agrícolas. Ilustrações dos livros de horas e alegorias dos doze meses se comprazem em evocar as mulheres reunindo e transportando os cortes de videiras feitos pelos homens, ordenhando as vacas, vindimando, levando comida aos lavradores, ajudando o homem a matar o porco ou preparando a massa com que ele fará o pão. Na estampa, a mulher é ainda aquela que fia e que tece; a que tira água da fonte; a que cozinha; a que cuida dos doentes e dá aos mortos os últimos cuidados corporais. Mas todas essas ocupações conferem-lhe um papel menor e à sombra do homem. No entanto — sendo as alegorias medievais substituídas pela iconografia arcaizante — a forma feminina, mais plástica que a silhueta masculina, é utilizada preferencialmente para personificar abstrações: a Castidade, a Verdade, a Caridade, a Natureza, a Majestade, a Religião, a Sabedoria, a Força, até mesmo os "Nove Cavaleiros"; ou ainda as Quatro Virtudes cardeais, os Quatro Elementos e as Quatro Partes do mundo. Valorização da mulher? Parcialmente, sem dúvida, mas apenas parcialmente. Pois a maior parte dessas alegorias, como Minerva (ou as Amazonas) é, assim como a Virgem Maria, uma espécie de anti-Eva, seres que não realizam a totalidade de sua vocação feminina e são situados acima ou ao menos fora de seu sexo. Desse modo, não acreditemos com muita rapidez que o gosto pelas imagens greco-romanas revolucionou os hábitos mentais e modificou de ponta a ponta os valores e as crenças. Temas reaparecem sob outra roupagem. Entre a dama com o licorne e Diana caçadora ao lado de seu cervo há continuidade; Eva e Pandora desempenham o mesmo papel, desencadeando com sua curiosidade condenável uma torrente de desgraças sobre a humanidade. O julgamento de Páris não é muitas vezes nada além de outra versão do mito de Eva estendendo a maçã a Adão. A nudez do primeiro casal no jardim do Éden, assim como os amores de Marte e Vênus, de Júpiter e Calisto, exprime o desejo, em um universo em que a sensualidade ainda não fora condenada; o gozo em um paraíso terrestre — ou pré-cristão — onde ela ainda era permitida. Mas esse jardim das delícias, provisoriamente recriado, afinal não passa de ilusão. Ilusória é também a evocação de uma mulher que seria a uma só vez erótica e sem pecado.

Doravante ela é uma armadilha. Por certo é a imagem da paz, mas igualmente desvia o homem de sua vocação militar ou intelectual. Soldados colhem frutos de uma macieira cujo tronco e o rosto são os de uma mulher e em seguida adormecem em vez de combater. Xantipa impede Sócrates de filosofar; uma cortesã transforma Aristóteles em besta de carga. Eis-nos então novamente impelidos para o lado da misoginia que, segundo a sra. S. Matthews-Grieco, a partir de 1560 teria se agravado por um bom meio século na estampa francesa. Observação penetrante: quando figuras femininas personificam nobres abstrações, jamais estão vestidas à moda do século XVI, no mais das vezes estão nuas ou vestidas com togas flutuantes à antiga e por vezes colocadas sobre um pedestal ou cercadas por uma paisagem idílica. Quando, ao contrário, encarnam alegorias nefastas, usam então o traje da época e estão inseridas no cenário cotidiano. Assim, a mulher virtuosa é repelida do real, ao passo que a mulher má é nele introduzida de pleno direito. Seja agora a personificação dos pecados capitais. Léon Davent — em 1547 — os representa acorrentados à cintura da Justiça. Dois são encarnados por homens (a gula e a ira), mas os cincos outros por mulheres (orgulho, cupidez, inveja, luxúria e preguiça). Em uma estampa popular parisiense da segunda metade do século XVI, apenas a avareza é figurada no masculino (um homem contando seu ouro). Os seis demais vícios são atribuídos ao outro sexo. A gula é uma mulher que, sentada à mesa, vomita; a luxúria é Vênus acompanhada por um amor; a preguiça é simbolizada por uma mulher dormindo sobre a palha perto de um asno; a ira pela assassina de uma criança — e atrás dela arde uma cidade —; o orgulho por uma aristocrata ricamente adornada olhando-se num espelho, com um pavão a seu lado; a inveja por uma velha feia e nua, mordida por serpentes. No segundo plano, o artista retratou o diabo e evocou o Juízo Final.

Inspiradas pelas fábulas antigas ou pelo Apocalipse, as estampas referem-se incansavelmente ao poder sedutor da mulher, que conduz os homens à perdição. Aqui, um homem jovem deve escolher entre o vício e a virtude, o primeiro representado por uma cortesã vestida na última moda e sentada sobre um pavão, a segunda por um anjo simplesmente vestido com uma toga flutuante e coroado por uma auréola. Ali — é o tema da "Bela sentada sobre a Besta", tratado especialmente por Etienne Delaune — "o mundo que, pelos prazeres que faz gozar, arrasta o homem para o abismo", é personificado por uma mulher sentada sobre uma besta de sete cabeças. Sorridente, coroada, vestida de maneira exótica, com o colo desnudo, ela segura no alto a taça dos prazeres; e o demônio, que a espera nas chamas de um precipício, lhe faz sinal para se aproximar. Instrumento de perdição, a mulher é Medeia, cuja história marcou particularmente o talento dos gravadores do século XVI: ela, que seduziu Jasão, ferveu drogas para Esão e finalmente matou seus próprios filhos. Ela é igualmente Circe, que transformou em porcos os companheiros de Ulisses.

A história de Medeia é duplamente significativa, já que exprime ao mesmo tempo a sedução e a violência femininas. Dessa violência, os homens do século XVI têm medo: como prova, sempre a iconografia. Diana é uma virgem inatacável; mas sua virgindade é inquietante e selvagem, encarnando uma natureza rebelde. Acteão, que viu a deusa banhar-se nua, é transformado em cervo e devorado pelos cães. Margot, a furiosa (*Dulle Griet*), no célebre quadro de Brueghel,[183] é sem dúvida a encarnação da mulher intratável e dominadora. Margot e suas loucas companheiras lutam contra os homens aos quais por muito tempo obedeceram. Libertando-se, destroem tudo. Tendo um incêndio ao fundo, a megera aturdida e armada de um gládio dirige-se para o inferno, seguida de um exército de viragos em delírio.

O furor feminino é frequentemente de base erótica. Uma gravura de 1557 zomba dos maridos que não são suficientemente viris. Quatro mulheres de idades e níveis sociais diferentes punem severamente homens sem calças "pela frente e por trás a fim de violar sua natureza mais orgulhosa". Um outro tema burlesco, já conhecido na Itália no século XV, é tratado na França e em Flandres — especialmente durante a segunda metade do século XVI — sob o título de "a amorosa coorte e as calças": mulheres travam uma batalha feroz pela posse de um par de calções cuja braguilha acusa a forma do membro viril. Uma inscrição convida as combatentes a terem maior recato: "Trata com moderação, amorosa coorte,/ Esse membro; pois não é pé, cabeça, ombro ou mão/ Por que batalhais com tal força,/ Mas o pai germinal do todo o gênero humano". Contudo, a violência feminina ultrapassa esse estágio sexual. A raiva de Margot mergulha suas raízes na sede de dominação de um sexo que suporta mal as leis do casamento e se revela subversivo por natureza. Daí a insistência com que as estampas, sobretudo na segunda metade do século XVI, retomando a lição dos tumultos, representam as cenas de família e repreendem os maridos "complacentes" que deixam à esposa o comando da casa. Trata-se ainda de uma "luta pelas calças", mas dessa vez entre o homem e a mulher. Esta enfia as calças do marido, que usa saia, ocupa a roca ou está ajoelhado diante de sua companheira megera, ou é espancado por ela. Variantes dessa sátira aparecem também na abundante iconografia do "mundo às avessas". Pois a subversão feminina é uma das causas da inversão das hierarquias. Como tudo não estaria de cabeça para baixo quando Filis cavalga Aristóteles e a mulher usa a espada enquanto seu esposo demasiadamente pacífico se ocupa em fiar? A insubmissão do "segundo sexo" fornece ainda a chave da fábula conhecida sob o nome "Bigorna e Cara de Pão-Duro". Esse apólogo já figura no *Clerk's tale* de Chaucer e tem um vivo sucesso na França na época da Renascença. Ilustra, por exemplo, um teto do castelo de Plessis-Bourré em Anjou e a galeria do castelo de Villeneuve-Lembron em Auvergne. A Bigorna, "que não vive senão de homens bons", é um monstro muito gordo, e a Cara de Pão-Duro, "que não vive senão de boas mulheres", é magra como um esqueleto. A Bigorna é mesmo muito bem nutrida, pois inúmeros são os homens que se deixam devorar para escapar às suas mulheres ralhadoras. A Cara de Pão-Duro se queixa, ao contrário, da raridade das esposas obedientes. Assim, as mulheres são pecado e revolta, especialmente se pertencem ao grupo social inferior. Em *Branle des folles*, xilogravura anônima por volta de 1560, quinze mulheres representando outros tantos defeitos dançam em roda, cada uma usando um chapéu com orelhas de asno na cabeça ou pendurado no pescoço. No centro, uma diretora do bailado, em pé sobre um pedestal, toca trombeta. Cinco das dançarinas usam roupas distintas, mas as dez outras pertencem manifestamente ao povo miúdo, rural ou urbano, como se a perversidade feminina aumentasse à medida que se desce a escala social: indicação a ser comparada aos inúmeros processos intentados contra as infelizes feiticeiras de aldeia e ao papel desempenhado pelo "segundo sexo" nas sedições de outrora.

Além disso, importa sublinhar outra correlação. Frequentemente a mulher velha e feia é apresentada como a encarnação do vício e a aliada privilegiada de Satã. Na época da Renascença ela desperta verdadeiro medo. De modo que um tema literário e iconográfico que era apenas fugidio na Idade Média torna-se invasor no começo da Idade Moderna, sob as influências conjugadas da Antiguidade mais bem conhecida, das obras de Boccaccio e de *A celestina* de Fernando de Rojas (1499). A Renascença e o período barroco deixaram, especialmente sob a pena de poetas pertencentes à casta aristocrática — Ronsard, Du Bellay, Agrippa d'Aubigné, Sigogne, Saint-Amant etc. —, um retrato ignóbil da mulher velha e feia, no mais das vezes representada como uma carcaça esquelética, "Respirante múmia/ Da qual se conhece a anatomia/ Através de um couro transparente" (Sigogne). Tem, além disso, os dentes "ulcerados e negros", "o olho remelento" e "o nariz ranhento" (Catin de Ronsard). De sua boca empalidecida, sai "XVII um odor infecto/ Que faz espirrar os gatos" (Maynard). Saint-Amant fala de Perrette "de quem a boca cheira mais forte/ Do que alguma velha emplastro".[184] Vale dizer que a mulher velha é a imagem da morte. Seus olhos são trevas; é um "esqueleto de pele e osso [...]/ Retrato vivo da morte, retrato morto da vida [...]/ Carniça sem cores, despojo da sepultura,/ Carcaça desenterrada, atacada por um corvo". Assim a descreve Sigogne com todo o descomedimento barroco, que vê nesse "seco pedaço de madeira" e nessa "triste ordenação de ossos" um "fantasma [...] que faz temer o temor, e dá medo ao medo".[185]

Uma época que redescobria com deleite a beleza do jovem corpo feminino ter sentido repulsa pelo espetáculo da decrepitude não tem nada de surpreendente. O que realmente merece atenção é o que se escondia por trás do medo da mulher velha e feia. Em um tempo em que o neoplatonismo em moda ensinava que beleza é igual a bondade, acreditou-se logicamente — e esquecendo as esgotantes servidões da maternidade — que decadência física significava malignidade. Sem dúvida, na iconografia algumas vezes a virtude é simbolizada por uma velha.

Como em uma edição ilustrada da *La nef des fous* de Brant e em uma sequência de seis estampas murais de confecção parisiense intitulada *O verdadeiro espelho da vida humana...* (segunda metade do século XVI).[186] A Castidade é aí figurada por uma mulher velha e feia que segura um ramo de palmeira. Seu carro puxado por dois licornes esmaga Cupido. Mas essa não é a regra habitual. A sra. S. Matthews-Grieco calculou — contagem provisória — que, em trezentas alegorias, mal e mal se encontra uma que confira à mulher velha um papel positivo. Em geral esta simboliza, segundo as necessidades, o inverno, a esterilidade, a fome, a quaresma, a inveja (associação muito frequente), a alcoviteira e evidentemente a feiticeira.

Tratando-se desse último tema, às evocações de Manuel Deutsch, Baldung Grien, Dürer e muitos outros artistas menos conhecidos correspondem as imprecações de Ronsard, Du Bellay e Agrippa d'Aubigné, elas próprias inspiradas por uma poesia da Antiguidade doravante mais bem conhecida. Em uma ode de 1550, Ronsard se enfurece contra Denise, "velha feiticeira" de Vendômois, que os carrascos chicotearam seminua, mas que, infelizmente, não executaram. Que possa morrer logo! E que "seus ossos infamados,/ Privados de sepultura,/ Sejam dos corvos famintos alimento,/ E dos cães esfaimados". Essa "Medeia" de aldeia sabe a receita dos filtros de amor, tira sortes, frequenta os cemitérios, aterroriza animais e pessoas. As forças más da natureza obedecem-na:

> *Só ao bafejar de teu hálito*
> *Os cães assustados, pela planície,*
> *Aguçam seus latidos;*
>
> *Os rios para o alto recuam,*
> *Os lobos seguindo teu rastro uivam*
> *Tua sombra pelos bosques.*[187]

Mesmo pavor em Du Bellay, que, por sua vez, cobre uma velha mulher de injúrias e de negras queixas. Trata-a de "feiticeira e caftina", "Górgona", "velha enfeitiçadora" e, retomando os temas mais comuns da literatura demonológica, precisa:

> *Por ti as vinhas estão geladas,*
> *Por ti as planícies têm granizo,*
> *Por ti as árvores gemem.*
>
> *Por ti os lavradores lamentam*
> *Seu trigo perdido, e por ti choram*
> *Os pastores seus rebanhos que morrem.*[188]

Assim, uma poesia que se pretende humanista nos reconduz às piores acusações dos inquisidores. As Górgonas emergem novamente e são agora identificadas como os sinistros agentes do inferno.

Estava na lógica das coisas que uma época que tanto temeu o Juízo Final, o diabo e seus sequazes, redimensione o medo milenar do "segundo sexo". A despeito de uma reabilitação que se esboça à margem das afirmações oficiais e de que trataremos em um outro volume, mais do que nunca uma civilização acusa a mulher. A cultura da época, inquieta e ainda mal firmada, busca reforçar o controle desse ser demasiadamente próximo de uma natureza da qual Satã é "o príncipe e o deus". Para a maioria dos homens da Renascença, a mulher é no mínimo suspeita e no mais das vezes perigosa. Forneceram-nos dela menos um retrato real do que uma imagem mítica. A ideia de que a mulher não é nem melhor nem pior do que o homem parece ter sido estranha aos dirigentes da cultura escrita.

11. UM ENIGMA HISTÓRICO: A GRANDE REPRESSÃO DA FEITIÇARIA
I. O DOSSIÊ

1. A ESCALADA DE UM MEDO

Tendo o medo da mulher — metade subversiva da humanidade — culminado no Ocidente no começo da Idade Moderna, entre os teólogos e os juízes, nada de espantoso se a caça às feiticeiras ganhou então uma violência atordoante. É necessário evocar essa crise aqui, mas no interior de um quadro preciso, isto é, vinculando-a às outras formas de medo já comentadas. Não se trata portanto de reescrever uma história dos processos de feitiçaria,[1] mas de esclarecê-los recolocando-os em um contexto global que, só ele, permite situá-los em seu justo lugar ao relacioná-los a uma religião e a uma cultura que se sentiram ameaçadas.

Os imperadores cristãos do século IV, depois Justiniano no Oriente, Childerico III, Carlos Magno e Carlos, o Calvo, no Ocidente haviam ameaçado de punições severas aqueles que se entregassem às práticas mágicas. Ao mesmo tempo, os concílios censuravam incansavelmente os "mágicos".[2] Contudo, a Igreja da alta Idade Média no conjunto pleiteara pela clemência e pela prudência em relação aos culpados. A estes, mais valia deixar a vida "a fim de que fizessem penitência" — carta de Leão VII a um arcebispo alemão—; e era preciso evitar perseguir mulheres inocentes sob pretexto de tempestades e epidemias — carta de Gregório III ao rei da Dinamarca.[3] Além disso, um guia das visitações episcopais redigido por volta de 906 a pedido do arcebispo de Trèves — o célebre *Canon episcopi* — denunciava como ilusória a velha crença nas cavalgadas noturnas nas quais certas mulheres acreditavam participar por ordem de Dina. Dar crédito a tais miragens era seguramente se deixar enganar por Satã. No entanto, já que se tratava de ilusão, não era o caso de punir.[4] Assim, diante das massas que permaneciam amplamente pagãs e de uma lei civil teoricamente draconiana a respeito da magia, a autoridade religiosa, durante a alta Idade Média, dera provas de um relativo espírito crítico e, em todo caso, de pragmatismo.

Sua atitude modificou-se a partir do final do século XII sob o efeito de duas causas interligadas: de um lado, a afirmação da heresia com os valdenses e os albigenses; do outro, uma vontade crescente de cristianização que os pregadores oriundos das ordens mendicantes exprimiram e atualizaram. A escalada da inquietude clerical aparece nos debates do IV Concílio de Latrão, que tornou obrigatórias a confissão e a comunhão anuais, reforçou a segregação dos judeus e obrigou os bispos, sob pena de deposição, a perseguir e punir os heréticos de suas dioceses.[5] Depois, enquanto os cátaros eram vencidos no sul da França,[6] em 1231 Gregório IX nomeava o primeiro inquisidor oficial da Alemanha, Conrad de Marburgo, um fanático de assombrosa austeridade que, durante um ano e meio, aterrorizou Erfurt, Marburgo e o vale do Reno, até seu assassinato em julho de 1233. Então as fogueiras foram interrompidas. Mas, a pedido dele, o papa publicara sucessivamente duas bulas (em 1232 e 1233) que enumeravam todos os crimes cometidos pela seita contra a qual lutava Conrad. Tratava-se — acreditavam o inquisidor e seu pontífice — de uma sociedade secreta em que os noviços beijavam o traseiro de um sapo e o de um gato preto, rendiam homenagem a um homem pálido, magro e frio como gelo. Em suas assembleias diabólicas, adorava-se Lúcifer, as pessoas entregavam-se aos piores desregramentos sexuais e, na Páscoa, recebia-se o corpo do Salvador para cuspi-lo em seguida nas imundícies.[7] Eis aí desenhada a tipologia daquilo que logo se chamará de "sabá", e claramente situada, diante do cristianismo, uma antirreligião ameaçadora. No entanto, os sucessores de Gregório IX hesitaram antes de dar novo impulso à caça às seitas demoníacas. Em 1275, Alexandre IV rejeitou os pedidos de dominicanos que lhe solicitavam um poder de inquisição contra a feitiçaria, só o concedendo se esta se encontrasse manifestamente ligada à heresia.[8] Combate de retaguarda! — a apreensão diante do poder do demônio aumentava.

Na matéria, Santo Tomás de Aquino inovou muito pouco. Ultrapassou contudo em vários pontos a reserva do *Canon episcopi*, ao afirmar especialmente que os demônios podem impedir o ato carnal ou ainda, sob a forma de *incubi* e de *succubi*, ter relações sexuais com os humanos.[9] Mas o doutor angélico insistiu antes na adivinhação, ocupando-se apenas episodicamente dos malefícios. Em compensação, capital foi a intervenção de João XXII, que fora precedida por retumbantes processos que provavam, todos, uma escalada da obsessão satânica. De 1307 a 1314, desenrolou-se o dos Templários, que confessaram — sob tortura — ter renegado Cristo e cuspido na cruz. No mesmo momento um bispo de Troyes era acusado de ter matado por magia a rainha da França e envenenado a mãe desta. Ele foi colocado fora de suspeita, mas Enguerrand de Marigny, antigo guarda do tesouro de Filipe, o Belo, foi enforcado em Montfaucon, em 1315, por ter tentado obter a morte do rei com a ajuda de mágicos e de bonecos de cera. Enfim, em 1317, a condessa d'Artois, Mahaut, foi acusada por sua vez de ter mandado fabricar filtros e venenos por uma feiticeira de Hesdin. Fora contudo inocentada.[10] Foi nessa atmosfera turva e porque ouvia falar de práticas mágicas na corte de Avignon que João XXII, após consulta de bispos, superiores de ordens e teólogos, redigiu a bula *Super illius specula* (1326).[11] Sendo a feitiçaria doravante assimilada a uma heresia, os inquisidores recebiam habilitação para persegui-la. Pois os mágicos, adorando o diabo e assinando um pacto com ele, ou mantendo demônios a seu serviço em espelhos, anéis ou frascos, voltavam as costas à verdadeira fé. Mereciam portanto a sorte dos heréticos. Os cristãos tinham oito dias para renunciar a Satã, abandonar as práticas mágicas e queimar os livros que delas tratam. Desse modo estavam doravante formuladas temíveis equações: malefícios = feitiçaria diabólica = heresia. Encontrava-se fechado o triângulo no interior do qual logo iriam acender-se inúmeras fogueiras.

Na sequência do século XIV, a intervenção da Inquisição contra a feitiçaria torna-se mais precisa em termos práticos e teóricos. Em processos intentados contra feiticeiras de Toulouse no decorrer dos anos 1330-40, aparece pela primeira vez a palavra *sabá*. Habituados a combater o dualismo cátaro, os inquisidores do Languedoc colocam diante de si, graças às confissões obtidas sob tortura, uma anti-Igreja, noturna, que adora Satã encarnado em um bode, renega Cristo, profana a hóstia e a paz dos cemitérios e se entrega a libertinagens execráveis. As reuniões diabólicas identificadas no século XIII por Conrad de Marburgo levam agora esse nome odioso: *sabá*".[12] Alguns anos mais tarde — em 1376 — Nicolau Eymerich, que fora durante doze anos como inquisidor-geral em Aragão, registra por escrito o resultado de sua experiência e a codifica para uso de seus colegas: é o *Directorium inquisitorum*, manual a ser comparado ao *Fortalicium fidei* do feroz antissemita Alfonso de Spina. Eymerich concede que ler as linhas da mão e tirar a sorte não constituem gestos heréticos. Em compensação, há heresia desde que os demônios estejam de algum modo implicados. Se se lhes presta homenagem — no sabá ou em outra parte — há culto de *latria*; se são tomados como intercessores junto de Deus, há culto de *dulia*. É ainda ser herético invocar os poderes do inferno (mesmo sem *latria* nem *dulia*) com a ajuda de figuras mágicas, ou colocando uma criança em um círculo, ou lendo fórmulas em um livro.[13] Agora tudo está acertado para a grande caça aos feiticeiros e às feiticeiras, doravante confundidos com os valdenses e os cátaros: as autorizações foram dadas, o procedimento foi regulado, os crimes estão catalogados. Além disso, a confusão crescente entre heresia e feitiçaria faz com que os supostos culpados possam ser indiferentemente perseguidos, segundo os tempos e os lugares, pelos tribunais de Igreja ou pelos tribunais leigos.

No final do século XIV, depois ao longo do século XV, aumentam os processos de feitiçaria e os tratados que a condenam, com uma interação de uns sobre os outros. Pois as obras teóricas impulsionam as perseguições, mas inversamente são alimentadas pela experiência dos juízes. Contabilizaram-se na Europa — cifras não exaustivas, certamente — doze processos de feitiçaria conduzidos pelos tribunais de Inquisição entre 1320 e 1420 contra 34 entre 1421 e 1486 (data da publicação de *O martelo das feiticeiras*); e 24 intentados diante dos tribunais leigos de 1320 a 1420 contra 120 entre 1420 e 1486.[14] Em 1387, 67 feiticeiros e feiticeiras são condenados à fogueira em Carcassone "por magia, ou por crimes, relacionados às diversas heresias dos valdenses, beguinos e albigenses". Em 1410, assinalam-se processos em Veneza e novamente em Carcassone; em 1412, em Toulouse e ainda em Carcassone. Núcleos de feitiçaria são detectados pelas autoridades na diocese de Sion em 1428, no Delfinado por volta de 1440 e mais geralmente nos Alpes franceses e suíços. Os culpados são frequentemente qualificados de "hereges" ou "valdenses", e ao mesmo tempo acusados de ir pelo ar ao encontro do diabo. No Jura, constata-se também um aumento do número dos processos após 1430.[15] Depois, em 1453 e 1459, intervêm na França duas ações jurídicas sensacionais. A primeira, em Evreux, é dirigida contra um doutor em teologia, Guillaume Adeline, acusado ao mesmo tempo de pregar contra a realidade do sabá e de ter concluído um pacto com Satã. Condenado à prisão perpétua, ele morre quatro anos mais tarde em sua prisão. Depois, em 1459, começa o processo dos "valdenses" de Arras, tendo dois suspeitos declarado, sob tortura, ter encontrado personalidades da cidade no sabá. A investigação é conduzida pelo inquisidor da cidade e sobretudo por dois dominicanos convencidos de que um cristão em três é feiticeiro. Os 32 acusados, dos quais dezoito serão queimados, depois de tortura confessam terem participado do sabá e declaram verídica a descrição que dele fazem os juízes segundo seus testemunhos.[16] Mas no momento de morrer os condenados se retratam. Em junho de 1491, todos os acusados são reabilitados. Remorsos tardios, que logo deixarão de causar embaraço, pois o medo dos feiticeiros cresce entre os juízes eclesiásticos e leigos. No final do século XV, a alta Alemanha de um lado e a diocese de Côme do outro são o palco de uma caçada ativa aos sequazes de Satã.

Ao mesmo tempo, multiplicam-se os escritos incendiários que incitam à repressão. Enumeraram-se treze tratados sobre a feitiçaria entre 1320 e 1420 contra 28 entre o *Formicarius*

(1435-7) de Jean Nider, prior dos dominicanos de Basileia, e *O martelo das feiticeiras* (1486).[17] O *Formicarius* ("O formigueiro") expõe as perseguições conduzidas na Suíça pelo inquisidor Pierre de Berne e as conclusões que delas se pode tirar: feiticeiros e feiticeiras lançam malefícios, provocam as tempestades, destroem as plantações, adoram Lúcifer e vão pelo ar aos sabás. As mulheres mágicas se especializam na fabricação dos filtros de amor, nos raptos de crianças e na antropofagia. Todos e todas fazem parte de uma seita demoníaca em que se renega Deus. O *Formicarius* é a primeira obra demonológica a insistir no papel das mulheres na feitiçaria:[18] um tema que, cinquenta anos mais tarde, *O martelo das feiticeiras* desenvolveria até a obsessão.

O martelo das feiticeiras fora precedido pela célebre bula de Inocêncio VIII, *Summis desiderantes affectibus* (1484), pela qual um papa da Renascença, de má vida e muito pouco preocupado com a religião, incitava os prelados alemães a reforçar a repressão da feitiçaria. Esse texto é na realidade o eco dos fantasmas dos inquisidores germânicos que, na época, viam por toda parte malefícios, renegações do batismo, demônios íncubos e súcubos. Os autores de *O martelo das feiticeiras* colocaram a bula pontifical no cabeçalho de sua obra. Esta foi frequentemente isolada, sem razão, na literatura demonológica, como apenas um dos elos de uma cadeia infernal. Ela tem silêncios e meias lacunas, não diz nada do sabá e não fornece senão poucos detalhes sobre o pacto com Satã, a marca diabólica e as atividades coletivas das feiticeiras. Mas contribuiu mais que nenhuma outra antes dela para identificar a magia popular como forma de heresia, acrescentando assim um crime civil a um crime religioso e incitando os tribunais leigos à repressão. Por outro lado, anteriormente nunca se dissera com tanta clareza que a seita diabólica é essencialmente constituída de mulheres. E o caráter sistemático do livro, sua metodologia da investigação e do processo fizeram dele um instrumento de trabalho de primeira ordem para seus usuários. Tornou-se por excelência a obra de referência dos juízes na matéria; daí seu sucesso: catorze edições entre 1487 e 1520, mais do que as teve qualquer outra obra anterior ou posterior de demonologia.[19]

Durante todo o século XVI e a primeira metade do século XVII processos e execuções de feiticeiros e feiticeiras multiplicaram-se em diferentes cantos da Europa ocidental e central, atingindo a loucura persecutória seu paroxismo entre 1560 e 1630. Em Douai, os processos de feitiçaria se distribuíram cronologicamente assim:[20] século XV, oito; primeira metade do XVI, treze; segunda metade do XVI, 23; primeira metade do XVII, dezesseis; segunda metade do XVII, três; XVIII, um. Para o conjunto dos prebostados alemães e valãos de Luxemburgo, conservam-se traços de 224 processos de feitiçaria entre 1606 e 1631 e de apenas sete entre 1632 e 1650[21] Pode-se tentar, como já fizeram W. Monter[22] e R. Muchembled,[23] reagrupar algumas cifras certas ou prováveis concernentes às vítimas desses processos em vários setores da Europa que foram objeto de estudos rigorosos. Tal quadro não é senão a soma de dados parciais. Mas ele precisa a cronologia, fornece ordens de grandeza e põe em evidência os pontos altos da epidemia:

Regiões	Datas	Total das execuções conhecidas
Sudoeste da Alemanha (atual Bade-Wurtemberg)[24]	1560-1670	3229
Inglaterra (*Home Circuit*: Sussex, Surrey, Hertford, Kent, Essex): *Assize Courts*[25]	1560-1700	109
Escócia[26]	1590-1680	4400 (?)
Genebra[27]	1537-1662	132
Cantão de Vaud[28]	1537-1630	90
Cantões de Zurique, Soleure e Lucerna[29]	1533-1720	387
Cantão de Neuchâtel e bispado de Basileia[30]	1570-1670	> 500
Parlamento de Franche-Comté[31]	1599-1668	62
Lorena[32]	1576-1606	> 2000
Luxemburgo[33]	1606-50	> 355
Condado de Namur[34]	1500-1645	149
Atual departamento do Norte[35]	1371-1783	161
Ilhas Anglo-Normandas[36]	1562-1736	144
Labourd (país basco francês)[37]	1609	várias centenas
Nova Castela[38]	1540-1685	0

Por mais limitadas que sejam, essas cifras têm a vantagem, por um lado, de corrigir avaliações fantásticas ou excessivas (Michelet falara de quinhentos feiticeiros queimados em três meses em Genebra, em 1513,[39] e recentemente H. Trevor-Roper afirmou que 150 fogueiras ali tinham sido acesas nos sessenta anos que se seguiram à chegada de Calvino);[40] e, por outro, de destacar a violência da perseguição entre 1560 e 1630. Esta, durante a primeira metade do século XVI, ficara relativamente limitada, atingindo sobretudo as regiões dos Alpes e dos Pireneus. Após 1550 e durante cerca de um século, ela foi particularmente intensa na Suíça, no sul da Alemanha (católica e protestante), em Franche-Comté, na Lorena, em Luxemburgo e nos Países Baixos — em suma, ao longo de uma grande dorsal sudeste-noroeste. Na Inglaterra, e mais particularmente em Essex, a caça aos feiticeiros e feiticeiras foi sobretudo violenta sob o reinado de Elizabeth, a despeito de um pânico assassino mais tardio, mas bastante breve, em 1645.[41] A repressão foi igualmente muito dura na Escócia a partir do momento em que a Reforma ali triunfou (1560). No sul da França, no Labourd, as investigações implacáveis do juiz De Lancre no final do reinado de Henrique IV resultaram em várias centenas de fogueiras. Algumas foram acesas também na mesma época no país basco espanhol.[42] No outro extremo da Europa, a onda repressiva alcançou, no final do século XVI, a Dinamarca e a Transilvânia.[43] Tomou de assalto a Suécia nos anos 1660.[44] Atingiu a Polônia quando ela perdia o fôlego no Ocidente, isto é, durante a segunda metade do século XVII e no XVIII, ao mesmo tempo que invasões e pestes assolavam o país e que ele resvalava no antissemitismo. Na França e na Alemanha, mais tarde em Massachusetts, a obsessão da feitiçaria foi acompanhada ou se prolongou por fenômenos históricos qualificados de "possessões diabólicas" e que, após escândalos sensacionais, desembocaram na execução em Aix em 1611, em Loudun em 1634, em Louviers em 1647 de quatro padres reconhecidos culpados de ter enfeitiçado religiosas que eram suas penitentes.[45] Em Salém, terra puritana, as infelizes vítimas enforcadas em 1692 haviam sido igualmente apontadas por moças que sofreram crises de convulsões como as responsáveis por sua possessão pelo Maligno.[46] Algumas raras execuções de feiticeiros ou feiticeiras ainda tiveram lugar no século XVIII no Ocidente, mas "os processos de Salém foram os últimos a propósito dos quais toda uma comunidade acreditou que sua existência estivesse ameaçada pelos malefícios da feitiçaria".[47]

Antes desse tardio retorno ao bom senso, verdadeiros massacres haviam se produzido em certos lugares que pareceram às autoridades particularmente infectados pelo veneno demoníaco. Na pequena cidade alemã de Wiesensteig, 63 mulheres foram queimadas só no ano de 1562. Em Obermarchtal, modesta região rural de setecentos habitantes, 43 mulheres e onze homens pereceram na fogueira em 1586-8, ou seja, 7% da população.[48] Nas 22 aldeias do arcebispado de Trèves, 386 feiticeiras foram queimadas entre 1587 e 1593.[49] No principado eclesiástico de Wurtzburgo, houve novecentas execuções nos oito anos entre 1623 e 1631.[50] Em Oppenau, em Wurtemberg, uma localidade de 650 habitantes, cinquenta pessoas em menos de nove meses foram queimadas em oito fogueiras coletivas.[51] Quanto à missão confiada a De Lancre em 1609 no país basco, não durou senão alguns meses e resultou no entanto em várias centenas de execuções.[52] A Inglaterra foi em geral prudente na caça aos feiticeiros e às feiticeiras. Contudo, em 1645, ano febril em Essex, os *Assizes* [tribunais] locais fizeram acusações a 36 suspeitos e executaram dezenove deles.[53]

2. UMA LEGISLAÇÃO DE INQUIETUDE

Esses processos e essas condenações à morte evidentemente não teriam sido possíveis sem a incitação repetida das autoridades religiosas e civis. A bula *Summis disederantes* de 1448, que foi chamada de "o canto de guerra do inferno", foi com efeito seguida de vários textos pontificais que iam no mesmo sentido. Em 1500, Alexandre VI escreve ao prior de Klosterneuburgo e ao inquisidor *Institoris* para informar-se dos progressos da feitiçaria na Boêmia e na Morávia.[54] Em 1513, Júlio II ordena ao inquisidor de Cremona que puna aqueles que adoram Satã e utilizam a hóstia com um fim maléfico. Em 1521, Leão X protesta, com ameaça de excomunhão e de interdito, junto ao senado de Veneza, que se opõe à ação dos inquisidores de Brescia e de Bérgamo contra os feiticeiros. Assim agem os papas da brilhante Renascença italiana. Por sua vez, Adriano VI ordena aos inquisidores de Cremona e de Côme que persigam a feitiçaria com severidade. Seu sucessor Clemente VII transmite instruções análogas ao governador de Bolonha e ao capítulo de Sion. Como não ficar impressionado com a repetição dessas injunções e com a obsessão satânica que elas subentendem? Quanto aos textos tristemente célebres de João XXII e de Inocêncio VIII, são solenemente retomados e confirmados por bulas de 1585 e 1623. A essas instruções gerais de Roma fazem eco, no plano local, decisões conciliares. E. Brouette calculou que, nas dioceses de Colônia, Trèves, Cambrai, Malines, Tournai, Anvers, Namur, Metz e Liège, dezessete concílios realizados entre 1536 e 1643 haviam exigido a repressão à feitiçaria. Do lado protestante, as excomunhões sinodais atingiam igualmente os feiticeiros. Nas Províncias Unidas, quinze sínodos escalonados de 1580 a 1620 dirigiram condenação contra eles e os excomungaram. Do mesmo modo fizeram na França os sínodos de Montauban (1594), Montpellier (1598) e La Rochelle (1607).

Mas o poder civil mais do que apoiou a Igreja na luta contra a seita satânica. A obsessão demoníaca, sob todas as suas formas, permitiu ao absolutismo reforçar-se. Inversamente, a consolidação do Estado na época da Renascença proporcionou uma dimensão nova à caça aos feiticeiros e às feiticeiras. Os governos foram marcados por uma tendência crescente de anexar ou ao menos controlar os processos religiosos e de punir as infrações contra a religião. Mais do que nunca, a Igreja se confundiu com o Estado, aliás em benefício deste. Mas a urgência do perigo fez com que ela não pudesse ou não quisesse opor-se a essa anexação. A criação da Inquisição espanhola em 1478 é só uma das muitas ilustrações desse fenômeno de fagocitose. Detalhe revelador: quando Carlos V instituiu em 1522 uma Inquisição de Estado nos Países Baixos, escolheu um leigo, Francisco van der Hulst, membro do Conselho de Brabante, para dirigir a busca "daqueles que estariam infectados pelo veneno da heresia".[55] Dois doutores em teologia lhe eram adjuntos, mas apenas a título de peritos. Mais tarde, o imperador precisou destituir Van der Hulst e compor com Roma, mas o papa jamais pôde impor-lhe o inquisidor de sua escolha. O absolutismo que se firmava e a repressão da feitiçaria, reagindo um sobre o outro, tiveram como resultado comum a transformação do procedimento criminal. A Idade Média permitia a livre defesa do acusado e pouco havia empregado a tortura nos processos civis. Na época da Renascença, a justiça de Estado adotou o procedimento inquisitorial. Na França o decreto de Villers-Cotterêts (1539) e nos Países Baixos os decretos criminais de Filipe II (1570) — para não citar senão dois exemplos comprobatórios — endureceram o direito penal, generalizaram o emprego da tortura, entravaram a defesa do suspeito, reforçaram o caráter arbitrário do procedimento. Uma instrução escrita e secreta substituiu o debate oral e público: o que deixava sem defesa indivíduos muitas vezes iletrados colocados diante de juízes com domínio da escrita e com conhecimento exclusivo do conteúdo do dossiê. A "intimidação" tornou-se a ideia mestra do novo procedimento. Enfim, se na Idade Média um processo era em geral considerado um assunto entre pessoas privadas, no começo da Idade Moderna ele se transformou em um conflito entre a sociedade e o indivíduo; daí a severidade, ou até mesmo a atrocidade, de sentenças que se pretendiam exemplares.[56]

Um breve estudo da legislação leiga no império, nos Países Baixos e na Inglaterra, permite verificar a dureza crescente do Estado em relação à feitiçaria, no século XVI e no começo do século XVII. No império, a *Nemesis carolina*, "monumento de justiça criminal", publicada por Carlos V em 1532, consagra três passagens à feitiçaria. O capítulo XLIV trata dos encantamentos e daqueles que utilizam livros, amuletos, fórmulas estranhas e objetos suspeitos ou têm atitudes desusadas: poder-se-á prendê-los e submetê-los a tortura. O capítulo LII refere-se aos interrogatórios: será preciso procurar saber quando e como os feiticeiros procedem, se se servem de pó envenenado ou de sachês mágicos, se frequentam o sabá e se concluíram um pacto com o diabo. O capítulo CIX, lembrando que o direito romano (isto é, o Código de Justiça) destinava ao fogo os mágicos, ordena puni-los a partir do momento em que prejudiquem o próximo.[57]

"Se alguém", lê-se na *Nemesis*, "causou algum dano a outrem por sortilégio ou malefício, será punido com a morte, e mesmo condenado à fogueira. Se alguém praticou a feitiçaria sem prejudicar a outrem, não será preciso puni-lo senão na medida em que pecou, e essa punição será deixada à apreciação do juiz". (art. CIX)[58]

Assim como Inocêncio VIII fizera em 1484 em um texto eclesiástico, o imperador por sua vez reconhece, em um documento legislativo leigo, a realidade das práticas mágicas e delas fornece uma enumeração que não pode senão dar voga à sua existência e aumentar na opinião pública a obsessão pelas maquinações diabólicas. Contudo, na Alemanha, o arsenal repressivo reforça-se ainda mais na segunda metade do século XVI. As *Constitutiones saxonicae* de 1572 decretam que toda feiticeira deverá ser queimada só pelo fato de ter concluído um pacto com o diabo, "ainda que não tenha feito mal com sua arte".[59] A mesma medida é tomada dez anos mais tarde pelo eleitor palatino e logo por diversos príncipes e cidades da Alemanha que remanejam sua legislação nesse sentido.[60]

Nos Países Baixos, teoricamente terra de império, Carlos V não ousara aplicar a *Nemesis carolina*. Entretanto, no condado de Namur, por exemplo, os tribunais leigos, entre 1505 e 1570, enviaram à fogueira 58 pessoas acusadas de feitiçaria.[61] Abusos eram frequentemente cometidos pelas jurisdições rurais, e contra isso a legislação real se esforçou em lutar por meio da ordenação criminal de 1570.[62] Essa deplora especialmente certas prisões e execuções efetuadas "mesmo sem causas legítimas [...] para grande desprezo da justiça e de nossas ditas ordenações". Ela regulamenta então minuciosamente a tortura. Mas, em sentido contrário, seu artigo LX ordena aos magistrados perseguir com vigilância feiticeiros e adivinhos e puni-los com as penas mais severas.[63] Nesse setor da Europa, o texto legislativo essencial é no entanto o de 20 de julho de 1592, que abandona toda prudência na repressão.

A introdução reconstitui a atmosfera dramática na qual vivem os conselheiros de Filipe II:

> [...] Entre outros grandes pecados, desgraças e abominações que esse miserável tempo nos traz a cada dia para ruína e confusão do mundo, as seitas dos diversos malefícios, feitiçarias, imposturas, ilusões, prestígios e impiedades são certamente os verdadeiros instrumentos do diabo que, depois das heresias, apostasias e ateísmos, avançam diariamente sua fronteira para diante.

Segue-se, como na bula de 1484 e na *Nemesis carolina*, mas com mais detalhes do que nesta última, uma lista das "incontáveis imposturas de sortilégios, encantamentos, imprecações, venefícios e outros semelhantes malefícios e abominações" cometidos pelos mágicos. O leque vai da astrologia à adivinhação pelas linhas da mão, dos filtros de amor ao atamento de agulheta, das "invenções supersticiosas e condenáveis" para "perturbar o ar, enfeitiçar e encantar as pessoas" às curas "sobrenaturais" e pretensamente "miraculosas" dos homens e do gado. Todas essas práticas são detestáveis e diabólicas, mesmo quando, para provocar essas curas, utilizam-se a água benta, a efígie da cruz ou textos das Santas Escrituras. Essas precisões não são dadas, contudo, senão para a informação dos juízes. Autoridades e pregadores evitarão, em público, entrar nos detalhes desses horrores a fim de não excitar a curiosidade do povo ou mesmo informar-lhe como essas "impiedades" são cometidas. Em compensação, o rei espera que

[...] aqueles de justiça tanto eclesiástica quanto secular farão seus deveres de investigar e proceder respectivamente contra todos aqueles que usarem praticamente ou consentirem em tais malefícios para puni-los em corte espiritual segundo os cânones e bulas apostólicos e em corte secular pelas leis civis e ordenações [...], [e] recomendamos a todos os nossos conselheiros, oficiais e justiceiros e a nossos vassalos fazer semelhantes informações e castigos exemplares segundo as leis divinas e humanas.

A ordenação será dirigida às autoridades competentes de "todas as cidades [e] aldeias" dos Países Baixos que terão

[...] olho e bom olhar para tudo diligentemente investigar e informar desses abusos e crimes a fim de descobrir aqueles que por eles serão responsabilizados e culpados para castigá-los e especialmente investigar contra aqueles ou aquelas que podem ser os mais informados de ser adivinhos, enfeitiçadores, feiticeiros, valdenses ou notados de semelhantes malefícios e crimes; e se sabem de alguns, que procedam rigorosamente contra eles por todas as penas e castigos severos e exemplares em conformidade com as ditas leis divinas e humanas sem a isso faltar, sob pena de ser comparados aos faltosos; portanto, que cada um disso se guarde se quer evitar a indignação de Deus e a nossa.[64]

Ressaltam desse documento várias evidências. O vocabulário da ordenação desliza constantemente do jurídico ao religioso e persegue a magia antes de tudo como um pecado, comparável à heresia e ao ateísmo. A ênfase recai menos sobre o dano ocasionado ao próximo — essa ainda era a dominante da bula *Summis desiderantes* — do que sobre o fato de entregar-se a práticas proibidas, porque elas subentendem a intervenção de "espíritos malignos". Os juízes são instados à severidade e o governo não tolerará seu esmorecimento. A delação é encorajada, já que as autoridades se informarão dos "mais infamados de serem adivinhos, enfeitiçadores, valdenses etc." e "se sabem de alguns, que procedam rigorosamente contra eles".

Com algumas atenuações de detalhes (por exemplo, a reprovação de práticas tais como o banho das feiticeiras), o decreto de 1592 foi repetido por Filipe II em 1595 e em 1606 pelos arquiduques.[65]

Nas ilhas Britânicas, assim como no continente, a legislação contra a feitiçaria foi reforçada, ou até instituída, na segunda metade do século XVI e no começo do XVII. "A revolução calvinista", observa H. R. Trevor-Roper, "levou para a Escócia em 1563 a primeira lei contra a feitiçaria, inaugurando um século de terror."[66] O primeiro estatuto inglês condenando-a data de 1542, e foi agravado em 1563 por um *Act* contra as conjurações, encantamentos e feitiçarias".[67] O governo estava com efeito preocupado com a multiplicação de atividades pérfidas que tomavam a forma de falsas profecias, previsões astrológicas e conjurações diversas. O *Act* declarava crime a invocação dos espíritos malignos para qualquer fim que fosse, mesmo sem intenção de provocar um malefício. Contudo, escalonava as penas em função da gravidade dos casos. O crime só era capital se os feitiços, encantamentos e malefícios houvessem provocado morte humana. Se a vítima estava ilesa, ou só fora ferida, ou se só um animal fora morto, o culpado seria punido com um ano de prisão e com quatro exposições no pelourinho. A reincidência, em compensação, acarretava a morte. Do mesmo modo, previa-se uma pena reduzida no caso das práticas mágicas que tendiam a procurar tesouros, reencontrar objetos perdidos ou provocar amores condenáveis, sendo a reincidência sancionada com a prisão perpétua e o confisco dos bens. Essa relativa clemência era, na época, um recuo em relação às exigências dos teólogos da Inglaterra elizabetana, que desejavam a morte de todos os mágicos, mesmo dos dedicados à magia branca. O estatuto de 1604, mais rigoroso, adotou as normas continentes. A. Macfarlane ressaltou no quadro logo adiante os agravamentos trazidos pelo *Act* de 1604 em relação ao de 1563:[68]

A despeito desse rigor aumentado, a tortura (salvo durante o pânico de 1645 em Essex) parece ter sido pouco utilizada na Inglaterra onde, por outro lado, os condenados eram enforcados e não queimados.

3. CRONOLOGIA, GEOGRAFIA E SOCIOLOGIA DA REPRESSÃO

A cronologia, a geografia e a sociologia da caça aos feiticeiros e às feiticeiras foram precisadas por trabalhos recentes que põem em destaque a complexidade do fenômeno. Existe uma correlação cronológica global entre o período das guerras religiosas na Europa (1560-1648) e aquele em que mágicos e mágicas foram mais freneticamente perseguidos. Mas é preciso afirmar com H. R. Trevor-Roper que "essa recrudescência da epidemia de feitiçaria por volta de 1560 [esteve] diretamente ligada ao retorno das guerras religiosas"?[69] Com efeito, esse historiador declara: "A geografia o mostra: toda crise importante se encontra situada em uma zona fronteiriça em que o combate religioso não é intelectual [...]".[70] Vários estudos locais desmentem parcialmente essa asserção. Situado em plena zona limítrofe entre as duas confissões rivais, o cantão suíço de Neuchâtel foi no entanto poupado pelas guerras religiosas. Mas conheceu entre 1610 e 1670 um número significativo de processos de feitiçaria.[71] No bispado de Basileia, a parte protestante, contornada pelo vaivém dos soldados, foi atingida entre 1600 e 1610 por grande vaga repressiva. Em compensação, o setor noroeste, católico, viu abrandar-se o número dos processos nos anos 1620, no momento em que começou a ocupação militar, à qual se acrescentaram epidemias e fomes.[72] E. W. Monter, a quem se devem esses dados, constata uma derrocada semelhante da repressão em Franche-Comté e em Baden-Württemberg a partir do momento em que esses dois territórios pendem para a guerra. Em Genebra, o mesmo historiador observa que os caçadores de feiticeiros e feiticeiras fazem uma pausa durante o período de conflito agudo com a católica

Savoia (1588-94).[73] À mesma conclusão chega a sra. Dupont-Bouchat a respeito de Luxemburgo: ali a luta contra a magia cessa praticamente após 1631; as calamidades que se abatem "sobre o ducado nos anos seguintes (especialmente com a entrada da França na Guerra dos Trinta Anos) parecem pôr um ponto final na repressão".[74] R. Muchembled observa igualmente que no norte da França os dois principais focos de perseguição, em 1590-1600 e em 1610-20, situaram-se em um período de paz.[75] O estudo dos processos de feitiçaria na alçada do parlamento de Paris também põe em destaque um período de severidade máxima nos últimos anos do século XVI, quando se acalmam as guerras religiosas.[76] Dessas monografias esclarecedoras concluamos que, se globalmente as guerras religiosas e a sequência mais dramática da luta contra a feitiçaria coincidiram, no plano local verifica-se frequentemente uma relação de inversa proporcionalidade entre operações militares e acusações aos mágicos. A contradição entre os dois fatos é mais que uma aparência?

Delitos	primeira condenação		segunda condenação	
	1563	1604	1563	1604
Uso da magia para procurar tesouros ou achar objetos perdidos.	1 ano de prisão	1 ano de prisão	prisão perpétua	morte
Uso da magia resultando em dano à saúde ou aos bens de outrem.	1 ano de prisão	morte	morte	morte
Uso da magia resultando na morte de outrem.	morte	morte	morte	morte
Mortos desenterrados (tendo em vista operações mágicas).		morte		morte
Ajuda pedida aos espíritos malignos.	morte	morte	morte	morte
Intenção de: — prejudicar a saúde ou os bens de outrem pela magia.	1 ano de prisão	1 ano de prisão	prisão perpétua	morte
— causar a morte de outrem pela magia.	1 ano de prisão	1 ano de prisão	prisão perpétua	morte
— induzir uma pessoa por magia a um amor desonesto.	1 ano de prisão	1 ano de prisão	prisão perpétua	morte

A geografia das fogueiras mostra que a Itália central e meridional quase não as acendeu (embora ali também se instruíssem processos de feitiçaria)[77] e que a Inquisição se revelou clemente, inclusive no país basco,[78] no momento mesmo em que a loucura persecutória se desencadeava na França, nos Países Baixos, na Alemanha e na Escócia. É certo que a repressão foi particularmente ativa em certas regiões de montanha, começando nos Pireneus, continuando em seguida nos Alpes e desembocando mais tarde na Escócia. Mas como avaliar essa correlação? H. R. Trevor-Roper escreve de maneira categórica: "As grandes caças às feiticeiras na Europa tiveram por centros os Alpes e seus arredores, o Jura e os Vosges, assim como os Pireneus e seus prolongamentos na França e na Espanha".[79] Essa nova afirmação (que aliás sugere o estabelecimento de um elo entre feitiçaria e albigenses) demanda nuanças comparáveis àquelas de que necessitava a correlação esquematicamente instituída entre guerra religiosa e repressão do magismo. O mundo ortodoxo não condenou à morte os feiticeiros. Ora, ele compreendia a totalidade dos Bálcãs, uma perfeita zona de montanha. Os "valdenses" de Arras no século XV e inúmeros processos de feitiçaria na França, na Inglaterra e nos Países Baixos puseram em causa gente das planícies. Em compensação — e aí está o ponto essencial a esse respeito —, é verdade que as vítimas da repressão — à exceção dos "valdenses" de Arras e de alguns outros — foram em geral camponeses. Assim, entre 1565 e 1640, a grande maioria das apelações ao parlamento de Paris por condenações motivadas pela feitiçaria provém do meio rural e "mais da metade (57%), de pessoas ligadas à terra".[80] Desse modo, não devemos deter-nos aqui na feiticeira urbana da Espanha (*A celestina* de F. de Rojas) ou da Itália, que, como diz Burckhardt, "exerce um ofício, [...] quer ganhar dinheiro" e é essencialmente "uma agente de prazer".[81] As religiosas possuídas — seus conventos ficavam na cidade — que foram assunto da crônica na França do século XVII, também são marginais em relação a nosso propósito. Seu comportamento histórico esclarece, por certo, a demonologia dos homens de

Igreja, mas é pouco significativo em relação às acusações de malefícios que se ouviam comumente, sobretudo nos campos.

Sobre a dominante rural da feitiçaria, os processos genebrinos são por sua vez esclarecedores ao não colocarem forçosamente em causa pessoas da própria cidade. E. William Monter percebeu, ao contrário, que as aldeias submetidas à autoridade de Genebra, que formavam menos de um sétimo da população da república, estiveram na origem da metade dos processos.[82] Essa estimativa sublinha bem a origem sobretudo camponesa das pessoas incriminadas de feitiçaria. É fácil adivinhar que elas apresentavam por toda parte um atraso cultural considerável em relação às exigências e aos modelos de pensamento das elites urbanas. E por vezes até, como por exemplo no Labourd, não falavam a mesma língua que seus juízes. Essas defasagens, com certeza, mostram-se na época particularmente nefastas aos montanheses (de Lambert Daneau a Pierre Bayle, a Savoia manteve, no nível das pessoas instruídas, uma sólida reputação de país de feiticeiros). Mas parece também — e esta ideia não contradiz a anterior — que a perseguição foi muito ativa nas zonas florestais e, mais geralmente, naquelas que, em pequena ou em grande escala, eram marginais em relação aos centros de decisão (é ainda o caso do Labourd) e nas quais o Estado absolutista em via de afirmação queria fazer-se mais bem obedecido.

Outra constatação indiscutível: a luta contra a feitiçaria atingiu ao mesmo tempo países católicos e países protestantes. Houve entretanto maior severidade em uns do que em outros? W. Monter desinchou as cifras de execuções tidas como aceitas na Genebra de Calvino e de seus sucessores imediatos. As autoridades locais não queimaram 150 pessoas[83] nos sessenta anos que começam com a chegada de Calvino (1537), mas 132 entre 1537 e 1662, estando incluídas nessa soma as condenações à morte de "cevadores" e outros "fomentadores de peste" pronunciadas em uma atmosfera de pânico por ocasião das epidemias de 1545, 1567-78, 1571 e 1615.[84] Quanto ao sudoeste da Alemanha, de 1560 a 1670, E. Midelfort pôde estabelecer a seguinte contagem a partir dos processos:[85]

Anos	Regiões protestantes			Regiões católicas		
	Processos	Execuções	% execuções processos	Processos	Execuções	% execuções processos
1560--1600	49	218	4,5	150	896	6
1601--70	114	402	3,5	167	1437	8,6

Nesse setor da Europa, a repressão foi incontestavelmente mais severa nas regiões católicas. E, por outro lado, ela aí se agravou no século XVII, ao passo que se tornou menos rigorosa em região protestante. Também na Alsácia a perseguição católica parece ter sido mais dura que a dos protestantes.[86] Pode-se ainda asseverar que a Inglaterra perseguiu menos violentamente a feitiçaria do que os Países Baixos ou a Lorena. Mas não se poderia generalizar essas constatações locais. No Jura estudado por E. W. Monter, magistrados católicos e protestantes julgaram e condenaram mais ou menos da mesma maneira.[87] Mas os da católica Friburgo foram muito mais indulgentes do que os do calvinista cantão de Vaud, o que ressalta da seguinte comparação:[88]

Lugar	Datas	Acusados	Executados	Banidos	% dos executados
Região de Vaud	1537-1630	102	90	6	90
Friburgo	1607-83	162	53	25	33

Por outro lado, a Escócia presbiteriana puniu sem piedade os "sequazes do diabo", ao passo que o Estado pontifical escapou à obsessão da feitiçaria e a Inquisição espanhola foi surpreendentemente moderada em suas condenações nesse domínio.[89] Enfim, não só protestantes e católicos tiveram os respectivos teóricos da caça aos feiticeiros (como o calvinista Daneau, o rei da Escócia Jaime VI — mais tarde Jaime I da Inglaterra —, o luterano Carpzov), como também eles se influenciaram reciprocamente a esse respeito. O católico Binsfield cita os protestantes Erastus e Daneau; o holandês Voetius e o alemão Carpzov referem-se a *O martelo das feiticeiras* e a Del Rio. A *Demonomanie* de Jean Bodin é traduzida em latim por um calvinista holandês.[90]

No plano da sociologia, é impossível hoje aderir à opinião de Michelet e ver na feitiçaria uma rebelde impelida a uma recusa global da Igreja e da sociedade pela miséria e pelo "desespero".[91] Muito apressadamente redigida, a obra do historiador romântico é a esse respeito desmentida pelas pesquisas recentes. Em Essex, se parece certo que a maior parte das pessoas acusadas de feitiçaria pertencia a uma camada social mais modesta do que suas "vítimas", em compensação não eram necessariamente as mais pobres da aldeia. "Nenhuma conexão", observa H. Macfarlane, "pode ser estabelecida entre pobreza e acusações."[92] No Jura, E. W. Monter constata que nem todas as vítimas dos processos de feitiçaria são "pobres, marginais ou discordantes". Algumas delas pertencem à burguesia de Neuchâtel e de Porretruy. Nos setores rurais, várias são oriundas do mundo das notabilidades, sendo esposas ou de um "lugar-tenente", ou de um "castelão", ou ainda de um "magistrado".[93] No norte da França atual, o caso dos "valdenses" de Arras, que começou em 1459, permanece um caso aberrante tanto por seu caráter urbano quanto pelo nível social elevado dos incriminados. Mas a investigação de R. Muchembled sobre a feitiçaria no Cambraisis vai ao encontro das conclusões de Macfarlane: em regra geral as feiticeiras eram mais pobres que suas "vítimas"; "o que não significa que as primeiras tenham sido necessariamente as mais deserdadas da aldeia". O estudo da sra. Dupont-Bouchat sobre o ducado de Luxemburgo desemboca também em uma sociologia relativizada. Seguramente, fora das regiões de Luxemburgo e, em menor medida, de Bitburgo, a grande maioria dos incriminados é de gente pobre, e os confiscos de bens consecutivos às execuções não proporcionam, nos melhores casos, senão produtos derrisórios.[94] Muitas vezes mesmo os documentos relatam: "Não se pôde recuperar nada devido à pobreza da dita executada". Em compensação, em Bitburgo e mais ainda em Luxemburgo, a repressão inculpou ao mesmo tempo pobres e pessoas importantes — magistrados, escabinos, ricos fabricantes de tecidos. "Nenhuma categoria social parece ter sido poupada."[95] Na alçada do parlamento de Paris, no final do século XVI e no começo do XVII, a maior parte dos condenados por feitiçaria que recorre à apelação é de pessoas de condição humilde. Mas "outros, a julgar pelas multas que lhes são infligidas, e que aliás afirmam que estão ali porque se cobiçam os seus bens, estão longe de ser pobres".[96] Essas retificações baseadas em minuciosas investigações afastam evidentemente as visões demasiadamente simplistas de Michelet. Os acusados eram sobretudo pobres. Mas entre os incriminados houve suficientemente pessoas menos desprovidas — algumas eram mesmo abastadas — para que se possa identificar a suposta feitiçaria com uma revolta social.

Merece igualmente ser relativizada a fórmula cômoda, mas um pouco rápida, de "caça às feiticeiras". Por certo, pelas razões desenvolvidas no capítulo precedente, as mulheres foram as mais numerosas vítimas da repressão. Mas também houve homens. De uma região a outra, a distribuição por sexo das vítimas dos processos variou sensivelmente. Entre 1606 e 1650, nos prebostados alemães de Luxemburgo, 31% de homens e 69% de mulheres foram levados à justiça por feitiçaria, mas nos prebostados valões apenas 13% de homens e 87% de mulheres.[97] Porcentagens estabelecidas nas outras regiões de perseguição, no estado atual das pesquisas e em relação ao número total dos processos, dão 5% de homens no bispado de Basileia, 8% no condado de Namur e em Essex, 14% no principado de Montbéliard, 18% no cantão de Soleure, no sudoeste da Alemanha e no atual departamento francês do Norte, 19% no cantão de Neuchâtel, 24% em Genebra e em Franche-Comté, 29% em Toledo, 32% em Cuenca, 36% no cantão de Friburgo e mesmo 42% no de Vaud.[98] Sem dúvida, pode-se reter 18-20% como cifra média, sendo verdade que em Arras no século XV, assim como em Luxemburgo no XVII, a repressão da feitiçaria fazia de ordinário proporcionalmente mais vítimas masculinas na cidade que no campo. Em suma, os homens foram mais numerosos entre os incriminados do que o acreditaram os contemporâneos e do que por muito se afirmou. De todo modo, o elemento feminino forneceu — e de longe — o maior contingente de vítimas.

É muitas vezes difícil conhecer com exatidão a idade dos acusados. No entanto, E. W. Monter calculou, a partir de 195 amostras (entre as quais 155 mulheres) escolhidas nos processos suíços, ingleses e franceses, uma idade média de 60 anos:[99] vê-se assim confirmado o estereótipo da velha feiticeira tal como a época o imaginou de alto a baixo da sociedade.[100] Enfim, quanto à situação familiar das mulheres incriminadas, uma estatística baseada em 582 casos (na Suíça, em Montbéliard, em Toul, em Essex em 1545) registra 37% de viúvas, 14% celibatárias e 49% casadas.[101] Ressalta desses números a super-representação das viúvas. Isso se deve sem dúvida ao fato de que, como acabamos de dizer, as acusações de feitiçaria visavam sobretudo às mulheres velhas, entre as quais muitas eram viúvas.

É preciso obrigatoriamente estabelecer um elo, em especial tratando-se das mulheres, entre acusação de feitiçaria e desvios sexuais? A resposta a essa pergunta deve ser vista com reservas em função do resultado das pesquisas locais. As que se referem à Inglaterra e à Lorena não convidam a afirmar essa relação. Os documentos relativos a Essex quanto ao período de 1560-1670 mostram que, em 25 casos de incesto, um único está associado a uma suspeita de feitiçaria.[102] Do mesmo modo, em 43 pessoas presumidamente feiticeiras descritas com muitos detalhes nos *pamphlets* de Essex, apenas cinco são apresentadas como tendo uma vida sexual irregular. Aliás geralmente não parece estreito — na Inglaterra — o elo entre acusação de feitiçaria e criminalidade em sentido amplo. Ao contrário, na região de Luxemburgo dos anos 1590-1630 estudada pela sra. Dupont-Bouchat, a feiticeira, na mentalidade coletiva, é no mais das vezes uma "galinha", uma "puta" e uma "debochada", ou ainda uma "ladra" e uma "mentirosa", sempre uma pessoa de "má reputação e fama".[103] De todo modo, contudo, tanto em Luxemburgo quanto na Inglaterra, na Lorena e na Suíça, a acusação popular visa menos a um desvio sexual ou a roubos do que o poder excepcional de pessoas facilmente vistas como perigosas, ou mesmo "maldosas" — elas provocam doenças ou matam; desencadeiam tempestades e lançam feitiços sobre os homens, os animais e os campos.

Antes de terminar a constituição deste dossiê sobre a feitiçaria, importa ainda responder a algumas perguntas. E, em primeiro lugar, em relação ao número de processos, qual era a proporção das sentenças de morte? Vimos que importantes diferenças tinham existido a esse respeito de uma região a outra, por exemplo entre o cantão de Vaud e o de Friburgo. Mas, como regra geral, uma defasagem sensível existiu — felizmente! — entre o número dos processos e o das execuções. Combinando os resultados de várias pesquisas já comentadas nas páginas precedentes, pode-se constituir a estatística a seguir, evidentemente incompleta, mas ainda assim reveladora.[104]

Regiões[105]	Datas	% das execuções em relação ao número dos incriminados
República de Genebra	1537-1662	27,7
Cantões de Zurique, Soleure e Lucerna	1533-1720	44
Cantão de Neuchâtel	1568-1677	67,5
Parlamento de Franche-Comté	1599-1668	62
Luxemburgo	1606-50	64
Condado de Namur	1509-1646	54
Ilhas Anglo-Normandas	1562-1736	66
Essex	1560-1675	25
Departamento do Norte (na França)	1371-1783	49

Essas médias, calculadas sobre períodos bastante longos, dissimulam inevitavelmente breves conjunturas de louca inquietação e extrema severidade. Por exemplo, em Genebra, por ocasião da epidemia de 1545, 43 "fomentadores de peste" foram julgados, dos quais 39 foram executados.[106] Em Chillon, no

Léman, 27 pessoas acusadas de feitiçaria foram queimadas em quatro meses, no ano de 1613.[107] Em Ellwangen (sudoeste da Alemanha), mais de trezentos condenados pereceram em quarenta fogueiras em 1611-3.[108] Em 1645, em Essex, então atingido por uma onda persecutória, 36 suspeitas foram aprisionadas; dezenove foram sentenciadas à morte pelos *Assizes*; nove morreram nos calabouços; seis ainda estavam na prisão em 1648; só uma havia sido absolvida.[109] Mas essas multiplicações súbitas de condenações à morte não devem fazer esquecer a longa continuidade da repressão. Genebra, durante o período que vai de 1573 a 1662, conhecia entre um e quatro processos de feitiçaria por ano.[110] Ao lado dos momentos de pânico, havia — também grave — a monótona recorrência de uma obsessão. O que é confirmado por vezes pela localização dos incriminados. No Jura, assim como em Essex nos séculos XVI-XVII, trata-se mais de endemia do que de epidemia. O bailiado de Ajoie (bispado de Basileia) estabeleceu 144 processos de feitiçaria escalonados de 1590 a 1622. Eles afetaram 24 localidades das 28 do bailiado.[111] A vizinha senhoria de Valangin (condado de Neuchâtel) deixou 45 processos nos anos 1607-67, que puseram em causa dezesseis das dezoito aldeias desse distrito.[112] Essa distribuição relativamente ampla ressalta também a pesquisa de A. Macfarlane sobre Essex, onde as 503 incriminações por feitiçaria do período 1560-1680 espalharam-se por 108 das 426 aldeias do condado.[113]

Era então frequentemente uma região inteira que se via presa — ou que se lançava — nas redes dos sinistros caçadores. A repressão, longe de ser sempre espetacular, revestiu muitas vezes, no interior de certos limites de tempo e espaço, aspectos de continuidade e de extensão, sem chamar a atenção dos contemporâneos — e dos pesquisadores — por rumores particulares. Daí uma dedução que parece impor-se: os pânicos e as epidemias de feitiçaria não teriam eclodido sem a existência de um fundo endêmico de medo dos malefícios. Mas este viu-se reativado por circunstâncias que puseram em causa tanto populações quanto juízes.

12. UM ENIGMA HISTÓRICO: A GRANDE REPRESSÃO DA FEITIÇARIA
II. ENSAIO DE INTERPRETAÇÃO

1. FEITIÇARIA E CULTOS DE FERTILIDADE

Tendo *grosso modo* reunido as peças do dossiê relativo à repressão da feitiçaria na Europa do começo da Idade Moderna, eis-nos agora levados a raciocinar sobre elas e a tentar explicar essa crise — e esse medo. Duas tentações alternadamente seduziram os pesquisadores: uma convidando a resolver esse grande enigma histórico por meio dos comportamentos populares, a outra pelo dos juízes. Quanto a mim, gostaria de propor, fugindo a toda apreciação sistemática e unívoca de um fenômeno tão complexo, uma leitura sintética, que dê conta a uma só vez dos dois níveis culturais e de sua interação.[1]

Na primeira parte do século XIX, erudito alemães, K. E. Jarcke e F. J. Mone — católicos hostis à Revolução Francesa e que acreditavam ver por toda parte temíveis sociedades secretas — identificaram a feitiçaria de outrora com uma vasta conspiração contra a Igreja.[2] Foi o mesmo ponto de vista, mas desta vez exposto com uma calorosa simpatia, que Michelet defendeu em *A feiticeira*. Para o historiador romântico, o cristianismo vitorioso matara a aristocracia do Olimpo, mas não "a multidão dos deuses indígenas, a população dos deuses ainda na posse da imensidão dos campos, dos bosques, dos montes, das fontes". E não só esses deuses continuavam a "habitar o coração dos carvalhos, as águas rumorosas e profundas", como, ainda mais, ocultavam-se na casa. A mulher os mantinha vivos no coração do lar.[3] Excedendo essas premissas fecundas a título de hipótese, mas apresentadas muito peremptoriamente, Michelet afirmou a existência dos sabás. Ali os servos se vingavam de uma ordem social e religiosa opressiva, zombando do clero e dos nobres, renegando Jesus, celebrando missas negras, desafiando a moral oficial, dançando ao redor de um altar erguido em honra de Lúcifer, "o eterno Exilado", "o velho Proscrito injustamente expulso do céu", "o Mestre que faz germinar as plantas". Baco por seus chifres e pelo bode que estava junto dele, Satã era também Pã e Príapo por seus atributos viris. Sua sacerdotisa, "a noiva do diabo", representante de todas as servas esmagadas pela sociedade da época, Michelet a via como uma Medeia de "olhar profundo, trágico e febril com grandes ondas de serpentes descendo ao acaso", entenda-se "uma torrente negra de indomáveis cabelos".[4] Assembleias rituais de camponeses, assegura Michelet, já existiam nos séculos XII-XIII, mas foi no século XIV que elas ganharam esse aspecto de desafio à ordem estabelecida no momento em que Igreja e nobreza se tornavam objeto de crescente descrédito.

A voga de que Michelet voltou a gozar atualmente devolveu crédito à sua concepção do sabá. Na França, vários historiadores de talento parecem crer no pacto diabólico — meio de salvamento de uma cultura mágica e animista que se recusava a abdicar[5] — ou nas reuniões camponesas de caráter demoníaco. Elas teriam constituído uma "revolta imaginária e fantástica", uma evasão, graças ao mito diabólico, para fora das opressões do presente.[6] Uma etnóloga do CNRS [Centre National de la Recherche Scientifique], que viveu trinta meses nos arvoredos normandos a fim de explorar a feitiçaria, volta por sua vez a Michelet. Polemizando com Robert Mandrou, que nega a realidade do sabá, Jeanne Favret sustenta a existência indiscutível deste. A verdade da feitiçaria europeia, pensa ela, foi representar *em outra parte* aquilo cuja expressão a Igreja proibia: "O sabá é a representação que os exilados da sociedade medieval dão a si mesmos de sua libertação em um espaço definido pela proscrição [...]".[7]

A afirmação comum a K. E. Jarcke, a F. J. Mone e a Michelet segundo a qual os cultos pagãos teriam sobrevivido em plena cristandade recebeu há cerca de oitenta anos a adesão maciça de pesquisadores — etnógrafos ou ligados à etnografia. Decisiva a esse respeito foi a influência de *O ramo de ouro* (*The golden bough*)

— primeira edição em 1890 — de J. Frazer, que, como escreve N. Cohn, "lançou o culto aos cultos de fertilidade".[8] Sua obra marcou a da egiptóloga Margaret Murray, que, abandonando seu terreno privilegiado de pesquisa, publicou em 1921 *The witch-cult in western Europe*,[9] depois uma obra de etnologia comparada, *The god of the witches* (1931). A tese central dessas duas obras é que, até o século XVII, a Europa conservou o velho culto de Dianus ou Janus, divindade com chifres e duas faces e que, simbolizando o ciclo das estações e da vegetação, supostamente morria e renascia. Thomas Becket, Joana d'Arc e Gilles de Rais constituíram suas representações na esfera nacional: daí sua morte ritual necessária à ressurreição do deus. Este era representado por um personagem chifrudo que os juízes e teólogos tomaram por Lúcifer. Esse culto sem idade fora preservado por uma etnia de pequena altura repelida pelas invasões sucessivas, mas que manteve contato com as populações: estas os chamaram de fadas e anões. As assembleias rituais eram de duas ordens: os "divertimentos" semanais que agrupavam treze participantes e os "sabás" de dimensões mais amplas. A disciplina era muito rígida. Para M. Murray, "a única explicação para o número imenso dos feiticeiros arrastados diante dos tribunais e condenados à morte na Europa ocidental é que estamos na presença de uma religião que estava difundida por todo o contingente e cujos membros se encontravam em todas as camadas da sociedade, da mais elevada à mais baixa".[10] A ofensiva cristã dos séculos XVI-XVII desmantelou essa religião milenar.

Contemporâneas das obras de M. Murray foram as de um católico fanático, M. Summers, cujas conclusões iam ao encontro das de K. E. Jarcke e F. J. Mone, mas coincidiam também com algumas das asserções da erudita egiptóloga. *The history of witchcraft and demonology* (1926) e *The geography of withcraft* (1927) — republicadas recentemente[11] — asseguram com efeito, assim como os livros de Murray, ter existido outrora uma organização de feiticeiras que celebrava sabás e haver, no decorrer dessas liturgias, um homem que personificava a divindade adorada — Satã, no caso. Em compensação, ali onde M. Murray não descobria senão ritos de origem pré-cristã, da alçada de estudos puramente científicos, M. Summers detectava, com base nos demonólogos de outrora, vasta conspiração diabólica contra Deus e a sociedade. Tendo-se voltado "durante trinta anos" para essa sequência monstruosa da história humana, ele anunciava nestes termos seu grande projeto:

> Esforcei-me em mostrar a feiticeira tal como era realmente: a saber, uma debochada e uma parasita; a recitante de um credo repugnante e obsceno; uma praticante dos venenos, da chantagem e de outros crimes; o membro de uma poderosa organização secreta hostil à Igreja e ao Estado; uma blasfemadora em palavras e em atos; um ser que dominava os aldeões pelo terror e pela superstição, explorava sua credulidade e por vezes fingia curar; uma impudica; uma abortadora; a negra conselheira nas cortes das damas lascivas e de seus amantes adúlteros; a provedora do vício e de todas as corrupções, enriquecendo-se do lixo e das imundas paixões da época.[12]

Apesar das reedições sucessivas de seus livros, M. Summers quase já não convence. Mas a ideia de que feiticeiros e feiticeiras formavam grupos estruturados cuja coerência se afirmava nos ritos coletivos volta regularmente à tona: como no livro do finlandês A. Runeberg, *Witches, demons and fertility magic* (1947), que, com nuanças e retificações, situa-se nas pegadas dos trabalhos de J. Frazer e de M. Murray. Para A. Runeberg, as assembleias chamadas de sabás pelos teólogos realmente existiram e não resultaram de alucinações nem de uma sugestão criada pelos interrogatórios dos perseguidores. Mágicos, formando verdadeiras associações, tinham herdado de um passado longínquo as fórmulas e as liturgias (noturnas) capazes de proporcionar a fertilidade e prejudicar os inimigos. A. Runeberg observou, aliás, que todas as palavras que significam "feiticeiro" e "feitiçaria" nas línguas europeias têm alguma relação com a fertilidade. A Igreja, no final da Idade Média, tomou a iniciativa de punir esse paganismo persistente, ao mesmo tempo em que declarava guerra aos cátaros. Perseguidos pelo mesmo poder, mágicos e cátaros fundiram-se em uma seita que esqueceu os ritos de fertilidade e se pôs a adorar Satã. Mas por trás das deformações dessa última fase o pesquisador reencontra cultos e segredos primitivos que visavam a tornar a natureza benevolente e fecunda.

A obra de E. Rose, *A razor for a goat* (1962), constitui, sob muitos aspectos, uma crítica das teses de M. Murray, das quais no entanto permanece tributária. E. Rose rejeita toda permanência dos ritos de fertilidade, mas remontando à idade das cavernas, afirma a continuidade no tempo das associações de feiticeiros e feiticeiras, que se tornaram secretas no tempo da repressão cristã. Seu deus, meio homem, meio animal, tornou-se progressivamente Satã, e as danças dionisíacas das Bacantes e das Mênades se transformaram em sabás frenéticos, cujos participantes, graças ao conhecimento de certas plantas, caíam em estados patológicos. Com a perseguição dos séculos XVI-XVII, os grupos locais precisaram constituir-se em organizações mais vastas e mais sólidas, embora subterrâneas. Uma delas teria sido — e sob esse aspecto E. Rose une-se a M. Murray e a M. Summers — a "Grande Convenção" da Escócia, à frente da qual nos anos 1590 estaria Francis Stewart, o conde de Bothwell, que procurou por meios mágicos matar Jaime VI.

O livro de J. Russell, *Witchcraft in the Middle Age* (1972), marca, por seu lado, a retomada modernizada das teses de Michelet, corrigidas ou completadas por elementos extraídos de M. Murray e A. Reneberg: ritos milenares e liturgias ordenadas tendo em vista a fertilidade, com danças, banquetes e desrecalques eróticos, transformaram-se em sabás sob a pressão da sociedade cristã. Desde o século IX e, com mais forte razão, no século XIII, na época das perseguições de Conrad de Marburgo, existiam seitas de "feiticeiros heréticos" adoradores do demônio. Mais tarde, elas se reuniram não mais em porões, mas em campos afastados. Por certo, as feiticeiras não se dirigiam em vassouras às assembleias noturnas — isso não passava de ilusão criada por drogas. Mas é verdade que renegavam a Igreja, beijavam o traseiro do homem ou do animal que simbolizava o diabo, entregavam-se a orgias e ao canibalismo. Rebelião contra o conformismo social e religioso, esses grupos niilistas foram o produto de uma civilização cristã opressiva e, especialmente, da Inquisição.

Os fatos realmente localizados pelas pesquisas de etno-história permitem que se formulem as vastas generalizações e as categóricas afirmações que acabamos de apresentar? J. Russell, por exemplo, apoia-se muito justamente na obra estimada de C. Ginzburg, *Os andarilhos do bem*.[13] Baseado em documentos da Inquisição do Friuli, escalonados de 1575 a 1650, esse trabalho pioneiro efetivamente revelou a sobrevivência de cultos de fertilidade após mil anos de cristianismo oficial. Os *benandanti* eram homens e mulheres nascidos com a membrana amniótica, que conservavam suspensa ao pescoço, como um amuleto. Nas mudanças de estação, imaginavam sair à noite — enquanto aparentemente dormiam — armados de funchos e em grupos ordenados para combater os feiticeiros, também eles organizados e armados de sorgos. Dessa batalha ritual dependiam, afirmavam eles, colheitas e searas. A Inquisição, sem utilizar a tortura, acabou por convencer os *benandanti* de assistiam aos sabás e que eram eles próprios feiticeiros, mas sem puni-los como tais: na Itália, por volta de 1650, já não se condenavam os feiticeiros. C. Ginzburg esforçou-se em recolocar os *benandanti* do Friuli em um conjunto folclórico mais amplo, aproximando seus ritos dos combates simbólicos entre Inverno e Primavera, Inverno e Verão; estabelecendo uma conexão entre *benandanti* e xamãs, em razão de seu sono extático e de suas supostas viagens na noite a fim de garantir a fertilidade dos campos; lembrando a duradoura crença nas procissões noturnas dos mortos e no cortejo feminino de uma divindade da fecundidade chamada ora de Diana, ora de Herodíades, ora de Hoda, ora de Perchta.[14] O *Canon episcopi* e em seguida inúmeras outras autoridades até o século XVI — Burchard de Worms, João de Salisbury, Vincent de Beauvais, Jacques de Voragine, Jean Nider,

Martin d'Arles — atestam a persistência em toda a Europa dessa lenda[15] que sem dúvida contribuiu para a criação do mito do sabá.

Em um sentido mais amplo, a manutenção, no universo cristão e até uma época tardia, de ritos, condutas religiosas e crenças herdadas do paganismo parece confirmar-se a cada dia à medida que a pesquisa alcança o humilde nível do vivido cotidiano. As investigações dos etno-historiadores italianos — G. Bonomo, E. de Martino, L. Lombardi Satriani, G. De Rosa e do próprio C. Ginzburg — sobre o folclore da península, em particular o do Mezzogiorno, destacaram a sobrevivência, através das formas sincréticas e sob exteriores cristãos, de ritos báquicos pré-cristãos e resíduos pagãos.[16] A esse respeito, os documentos são abundantes. Em pleno século XVII, missionários jesuítas descobrem no sul da Itália camponeses que acreditam na existência de cem deuses e outros na de mil.[17] Cem anos mais tarde, Benedito XIV vê-se no dever de proibir, no Estado pontifical, os cortejos de pessoas nuas que continuam a festejar as "lupercais" (1742) e as danças, jogos e máscaras das "bacanais" (1748). Pois, passada a Terça-feira Gorda, pessoas se permitem entrar nas igrejas, mascaradas e fantasiadas, e ali receber as cinzas nesse estado.[18] Em Biscaye e no Guipuzcoa, J. Baroja observou a longa sobrevivência de um laço entre os antigos locais do culto pagão — grutas, fontes e dolmens — e a duradoura crença, nessas regiões, até uma época recente, "em uma presidenta das feiticeiras dita Mari, espécie de deusa das montanhas que vive nos altos picos das *sierras* [...] e que é chamada de a Dama ou a Mestra".[19] Na Bretanha, no começo do século XVII, o padre Le Nobletz descobriu com espanto pessoas que prestavam culto à lua e às fontes: "Era nesses mesmos lugares [a baixa Bretanha] um costume aceito ajoelhar-se diante da lua nova e dizer a oração dominical em sua honra; um outro era o de fazer no primeiro dia do ano uma espécie de sacrifício às fontes públicas, oferecendo cada um um pedaço de pão coberto com manteiga à de sua aldeia".[20]

Ritos idênticos são assinalados por K. Thomas nas ilhas Britânicas no começo da Idade Moderna.[21] Um autor inglês do século XV fica desolado ao constatar que "pessoas prestam um culto ao culto, à lua e às estrelas". De fato, em 1453, um açougueiro e um lavrador de Stanton (Hertfordshire) são perseguidos por terem afirmado que não existe outra divindade que não o sol e a lua. No século XVII, quando o puritano Richard Baxter chega à sua paróquia de Kidderminster, descobre que, entre suas ovelhas, várias são ignorantes "a ponto de crer que Cristo é o sol [...] e o Espírito Santo a lua". W. Camden relata, ainda no século XVII, que os "selvagens irlandeses" — como os bretões evangelizados por Le Nobletz — ajoelham-se diante da lua nova e recitam o pai-nosso em sua honra, rito atestado em Yorkshire na mesma época. Em Londres, em 1641, uma seita de "saturnianos" e de "junianos" presta um culto às divindades planetárias.

No Luxemburgo dos anos 1590-1630, onde grassa uma dura perseguição da feitiçaria, mantém-se — deformada, é verdade — a lembrança de Diana, popularizada sob o nome de "Gene". Ainda no século XVIII, inúmeras estátuas da deusa subsistiriam no ducado. Da mistura que resultou dos sucessivos aluviões religiosos, dá testemunho em 1626 a estranha oração recitada diante de seus juízes por uma mulher da província acusada de feitiçaria. Nesse poema ritmado, que foi transcrito pela sra. Dupont-Bouchat, trata-se alternadamente (um pouco como nos cultos afro-brasileiros de hoje) de Cristo e da cruz, de são João e do diabo, de árvores, de folhas e de campos floridos, de Maria e de deusas chamadas "Enegias" (Eumênides?).[22] A essas indicações dispersas, é preciso acrescentar as que dizem respeito aos diabos populares e as quais mencionamos anteriormente. Muitas vezes eles não são o Satã da Igreja, mas divindades familiares tão úteis quanto nocivas e que os camponeses procuram tornar propícias.[23]

Todos esses fatos espalhados no tempo e no espaço, e dos quais as pesquisas superficiais não deixarão de alongar a lista, esclarecem em certa medida o juízo de Freud, que afirma: "Os povos cristãos são mal batizados. Sob um fino verniz de cristianismo, permaneceram o que eram seus ancestrais, bárbaros politeístas".[24] Diagnóstico sumário, por certo, mas que o historiador da Europa dos séculos XV-XVII não pode recusar com um traço de caneta e que é confirmado ainda, ao menos no plano local, por um olhar mesmo rápido sobre a Lucânia do começo do século XX.[25]

Mas cristianização incompleta, sobrevivência de um politeísmo de fato e restos das religiões antigas nem por isso significam cultos coerentes de fertilidade, manutenção de um paganismo consciente de si mesmo, ou organizações clandestinas de liturgias anticristãs. A única certeza fornecida pela documentação atualmente examinada é a de um sincretismo religioso que, em particular nos campos, por muito tempo sobrepôs crenças alimentadas pela Igreja a um fundo mais antigo. Mas as populações se consideravam cristãs e não tinham o sentimento de aderir a uma religião condenada pela Igreja. E devem ter sido muito surpreendidas pela aculturação intensiva conduzida na Europa pelos missionários das duas Reformas, que, eles sim, viram paganismo por toda parte. Esse era há muito tempo um espelho partido, um universo rompido. Certamente subsistiu em nomes deformados de divindades e sob a forma de mentalidades e comportamentos mágicos, mas sem um panteão minimamente organizado, nem sacerdotes (ou sacerdotisas), nem corpo de doutrina. Era talvez vivido, mas não era pensado nem desejado. Então os sabás existiram?

Com inúmeros historiadores — especialmente R. Mandrou, H. R. Trevor-Roper, K. Thomas, N. Cohn — inclino-me para a negativa.[26] Todos os autores que sustentam a continuidade, ao longo da Idade Média, de um culto pagão coerente (o qual teria tardiamente revestido aspectos satânicos) baseiam-se, como Michelet, em documentos muito posteriores aos dos séculos XVI e XVII — obras dos demonólogos e relatos de processos. E, por outro lado, não explicam como nem por que organizações rituais que permaneceram subterrâneas durante mil anos reapareceram em seguida. É surpreendente que inquisidores especializados do século XIV — tais como Bernard Gui e Nicolau Eymerich — não tenham mencionado as seitas luciferianas em um momento em que teriam estado em plena atividade. Além disso, M. Murray e aqueles que a seguiram — mesmo criticando essa continuidade no detalhe — imprimiram sensíveis mutilações nos documentos ingleses e escoceses dos séculos XVI--XVII que utilizaram. Nos relatos de processos, eles apagaram os detalhes inverossímeis para conservar apenas aqueles que davam certa coerência às reuniões dos pretensos sabás. Ora, se se reconstitui essa documentação em sua integralidade, por que eliminar os voos em vassouras para as assembleias noturnas ou as transformações em sapos e manter a adoração do bode e o canibalismo? E mais: por que rejeitar como lendário os assassinatos rituais outrora atribuídos aos judeus e declará-los autênticos quando se trata de feiticeiras? Em suma, toda uma escola histórica recusou-se, nesse caso, à crítica rigorosa da documentação. Esta — livros de demonologia e relatos de processos contendo as confissões dos incriminados — provém toda da cultura dirigente. Deve-se acreditar piamente no imaginário proveniente de seu medo? Por certo — logo insistiremos nesse ponto — pessoas de outrora utilizaram, sem nenhuma dúvida possível, procedimentos mágicos para prejudicar outrem. Mas, em tais casos, os documentos que nos restam põem em causa indivíduos muito mais do que grupos. Mesmo na África do século XX parece difícil estabelecer a existência de grupos organizados de "feiticeiros noturnos" nos quais as populações, no entanto, acreditam firmemente.[27]

2. NO NÍVEL POPULAR: O MAGISMO

Assim, a etno-história silencia sobre os sabás e não revela, na Europa do começo da Idade Moderna, nem cultos de fecundidade organizados, nem sociedades secretas satânicas, nem conspiração coerente contra a Igreja. Em compensação, ela destaca com evidência — a ponto de já não ser necessário insistir muito sobre esse aspecto — a longa permanência de uma mentalidade mágica e a crença amplamente difundida no poder excepcional de certas pessoas capazes de adoecer outra ou matá-la, destruir ou impedir o amor, prejudicar o gado e as lavouras. A leitura atenta dos processos de feitiçaria permite muito frequentemente distinguir duas categorias bem diferentes de acusações feitas contra os incriminados. As que vêm da população local mencionam apenas malefícios; ao contrário, as formuladas pelos juízes giraram cada vez mais em torno do pacto e da marca diabólica, do sabá e das liturgias demoníacas e, portanto, do crime de "lesa-majestade divina".[28] A cultura dirigente integrou assim em um sistema demonológico o tema carnavalesco do mundo às avessas e dos fatos aberrantes de que pouco se duvidava e que, de alto a baixo da sociedade, as pessoas se recusavam a tomar como naturais — uma criança que morre após ameaça dirigida aos pais, uma pessoa que fica doente em consequência de contato com outra considerada suspeita, a tempestade súbita que devasta um campo mas deixa intacto o do vizinho. O que mudava em função do nível cultural era a interpretação de tais acontecimentos. Para as pessoas simples, especialmente nos campos, eles resultavam do *mana* — esse termo polinésio que designa uma força misteriosa se aplica bem aqui — de que se beneficiavam certos indivíduos. Mas, para os juízes e teólogos, o que não parecia natural logicamente não podia explicar-se senão por intervenção supra-humana. Por trás dos malefícios, ocultava-se o poder do inferno que as confissões de pacto satânico e de participação no sabá permitiam afinal fazer sair da sombra. Para o senso comum — cito aqui, a partir de K. Thomas, um inglês contemporâneo de Elizabeth — "não era considerado feiticeiro senão aquele de quem se pensava que tinha querer e poder de prejudicar aos homens e aos animais".[29] Ao contrário, os homens do poder — Estado e religião apoiando-se mutuamente — amalgamaram em um mesmo conjunto magia branca e magia negra, adivinhações e malefícios, fórmulas que curam e fórmulas que matam, uns e outros não podendo agir senão pela força do demônio.

Entre muitos documentos que mantêm a mesma linguagem, um *Confessionnal* redigido em bretão no começo do século XVII é revelador dessa confusão no plano teológico entre práticas benfazejas, ritos do dia de são João, adivinhações, malefícios e pactos com o diabo:

> Qualquer um que junte ervas, fora da noite da festa de são João, dizendo orações ou conjurações de qualquer espécie [...] peca mortalmente. Invocar e nomear o diabo [...] para adivinhar ou para qualquer outra coisa é pecado mortal. Ter familiaridade com o Inimigo ou fazer um acordo com ele ou um pacto qualquer é pecado mortal. Acreditar nos sonhos pondo fé neles, com orações, para saber as coisas por vir, ou ocultas, é pecado mortal [...]. Observar as adivinhações que se fazem com "arte" e inteligência vindas do Inimigo, pelo canto ou pelo voo dos pássaros ou pelo andar dos animais, como faziam os antigos, é pecado mortal. Enfeitiçar ou conjurar uma coisa qualquer para adivinhar ou cuidar das doenças, como é [o caso] ao girar o tamis para adivinhar coisas perdidas, curar com vime membros quebrados ou deslocados ou para outras coisas semelhantes é pecado mortal [...]. Qualquer um que ate a agulheta para colocar mal e malícia entre esposos, além de pecar mortalmente, não pode ser absolvido se antes não desata [...]. Fazer alguma coisa com versículos de salmos para encontrar coisas perdidas, ou para enganar mulheres e moças, ou obter seu amor e desposá-las, peca mortalmente [...]. Qualquer um que queira cuidar da dor de dente por meio de um cravo invocado em nome de Deus peca mortalmente.[30]

Nesse documento exemplar, são portanto identificadas como feitiçaria e caracterizadas como pecado mortal mesmo as receitas de cura e de adivinhação que eram acompanhadas da recitação de salmos ou de invocações a Deus, em outras palavras, qualquer conduta que tendesse a provocar resultados extraordinários sem a aprovação da Igreja e da medicina oficial.

Do mesmo modo, juízes de Lorena declararam a indiciados que "essa arte de adivinhar não procedia de outra parte que não do Espírito Maligno", que era "obra diabólica" e que "todas essas superstições não passavam de uma verdadeira feitiçaria forjada na loja do diabo".[31] Do mesmo modo o clero inglês, antes e mais ainda após a ruptura com Roma, declarou guerra aos adivinhos e curandeiros "em quem muitos loucos", dizia Thomas More, "têm mais confiança do que em Deus" e que "contam muito mais discípulos do que os maiores teólogos" — afirmação de um nobre em 1680.[32]

A distinção entre as duas concepções — popular e elitista — e interessantes comparações com as sociedades africanas[33] ajudam a compreender melhor a função do feiticeiro (e/ou da feiticeira) na civilização europeia tradicional. Graças a ele (ou a ela) as desgraças insólitas que atingem os indivíduos (pois para as calamidades coletivas pensava-se antes na cólera de Deus) encontravam uma explicação. Elas tinham por origem tal pessoa da aldeia considerada malévola por causa de seu comportamento estranho, de suas anomalias físicas ou de má reputação, muitas vezes herdada da mãe ou de uma parenta. Ela tinha — acreditava-se — um poder excepcional, "mau olhado" ou "mau sopro", e conhecia funestas receitas. Mas nem por isso se atribuíam a ela relações particulares com qualquer Satã. Era, por si mesma, causa de morte, doença, impotência sexual. Ser nefasto era ao mesmo tempo inveja e vingança, com capacidade de passar do sentimento ao ato. Na estrutura de uma sociedade que ainda permanecia amplamente no estágio mágico, tal pessoa era necessária portanto como bode expiatório, sendo aliás verdade que certos indivíduos realmente procuraram desempenhar esse papel nefasto de enfeitiçador. São aplicáveis aqui as análises apresentadas por R. Luneau e L.-V. Thomas a propósito dos Nawdeba do Togo:

> Em primeiro lugar, a feitiçaria torna-se um instrumento de *liberação das pulsões*. Os conflitos inevitáveis em uma coletividade em que predominam as relações interpessoais coti-

dianas se resolvem diretamente na/pela violência ou por via institucional (justiça). Se, em caso de recalque sistemático, as tensões não chegam a exprimir-se, uma derivação para o imaginário torna-se inevitável. Daí a anti-instituição, ou instituição às avessas da feitiçaria, da qual os conflitos se investem para exprimir-se em relações simbólicas por meio das acusações. Essas, que não são, contrariamente a uma opinião muitas vezes sustentada, nem arbitrárias nem indiferentes, intervêm em certas ocasiões, a propósito de certas relações sociais, no discurso. As acusações de feitiçaria ajudam indiscutivelmente a descarregar uma agressividade reprimida por um tempo demasiadamente longo, uma tensão muito duradouramente contida; sua função catártica não deixa nenhuma dúvida. Assim deslocadas, representadas, as oposições tendem, nem sempre chegando a isso, a se resolver no plano da afetividade: o grupo precisa necessariamente escolher um bode expiatório sobre o qual vai polarizar-se a agressividade. Essa descarga emocional, ou ab-reação, acarreta por eficácia simbólica a abolição dos conflitos. Mais uma vez, reencontramos o papel da *violência organizadora*: o feiticeiro se torna uma vítima sacrificial [às avessas], já que sobrecarregada do mal que habita o acusador [...]. Contrapeso anômico, a feitiçaria oferece a válvula que permite o desrecalque liberador sob a forma de uma violência ao mesmo tempo espontânea mas estreitamente regrada: não importa quem pode ser acusado, não importa como.[34]

Em seu estudo sobre a feitiçaria togolesa, os dois etnólogos explicam em seguida como esta preenche uma *função de explicação* ao dar conta da singularidade do acontecimento maléfico e uma *função homogeneizante* ao declarar suspeitas toda conduta e toda pessoa que se afastem da norma. O que é verdade para a África do começo do século XX parece ter sido também para a Europa rural do começo da Idade Moderna.

Em sociedades desse tipo é necessário colocar diante do poder de morte do feiticeiro ou da feiticeira aquele ou aquela que descobre o tirador de sorte, que desenfeitiça, que cura, que acha os objetos perdidos. Que um possa enfeitiçar e um outro desenfeitiçar, "isso dá ao drama existencial do [universo] mágico o caráter de um combate em que será vitoriosa a presença mais forte. De modo que [...] toda a comunidade é arrastada nessa luta, para ela vendo-se impelida por uma necessidade à qual não pode subtrair-se".[35] Daí o lugar considerável que todas as pesquisas sobre a feitiçaria ocidental agora atribuem aos adivinhos-curandeiros, cuja habilidade, também ela misteriosa, associava uma medicina e uma farmacopeia empíricas a piedosas fórmulas extraídas da Igreja. K. Thomas pensa que na Inglaterra pelo menos a passagem à Reforma e a rejeição das preces aos santos curandeiros deram momentaneamente um acréscimo de audiência a esses benéficos mágicos que se tornaram mais do que nunca o recurso dos aldeões inquietos. A partir daí explicam-se a irritação e os anátemas do clero que viu neles temíveis concorrentes. Contudo, a diabolização da magia branca pela cultura dirigente grassou igualmente em país católico. Por certo, aí também ela resultou de uma concorrência. Mas se pode perguntar se em todas as regiões ela não foi, além disso, sugerida aos homens de Igreja e de lei pelos comportamentos dos próprios aldeões. A sociedade de outrora secretava tanto o feiticeiro quanto o adivinho-curandeiro. Mas aconteceu de uma pessoa ser chamada, por bem ou por mal, a desempenhar sucessivamente os dois papéis. Em razão dos poderes excepcionais que se atribuíam a ela, era alternadamente temida e cortejada pela aldeia, solicitada ora para prejudicar, ora para curar, ora para enfeitiçar, ora para desfazer os feitiços. Ou, ainda, aquela que por muito tempo operara curas via-se acusada em caso de fracasso. Em um sentido amplo, G. Condominas escreve a esse respeito: "Acontece [...] que o mágico utilize para mau fim os dons que possui e que se torne feiticeiro. Além disso, o mágico de uma comunidade não é frequentemente tido como feiticeiro pelos membros da comunidade vizinha? Tanto é verdade que o estrangeiro é muitas vezes o inimigo".[36] Essa ambiguidade de posição não pôde senão favorecer o diagnóstico sumariamente negativo que confundiu em uma mesma reprovação condutas opostas por seus objetivos, mas cercadas do mesmo mistério e por vezes praticadas pelas mesmas pessoas.

Eis-nos em todo caso reintroduzidos nessa civilização do "face a face" definida por K. Thomas e A. Macfarlane e que evocamos anteriormente.[37] Inútil, em consequência, insistir novamente sobre o papel essencial que a hostilidade entre vizinhos desempenhou nas acusações de feitiçaria. Estas, na medida em que provinham da própria população, sob a forma de denúncias de malefícios, foram um meio de exprimir de maneira aceitável — para outrem e para si — profundas animosidades no interior das aldeias.[38]

Na Inglaterra, e também na região de Cambraisis dos séculos XVI e XVII, como regra geral, os acusadores pertencem a um nível social superior ao de suas vítimas.[39] Sem dúvida, é fácil atribuir culpa a um mais pobre, cujas possibilidades de defesa são reduzidas. Mas sobretudo, pensam conjuntamente K. Thomas e A. Macfarlane, de maneira quase constante suspeitou-se que certas pessoas deserdadas ou em dificuldades quisessem vingar-se por algum serviço que lhes fora recusado. Formula-se então a pergunta capital: por que, em certo momento da história europeia, as denúncias de malefícios foram subitamente muito numerosas? K. Thomas e A. Macfarlane constataram que na Inglaterra a iniciativa da caça aos feiticeiros e feiticeiras foi tomada menos pelos juízes e homens de Igreja que pelos próprios aldeões. A partir daí, eles foram levados a buscar as causas dessa crise no interior de um mundo rural em via de mutação. Os *enclosures* ali se multiplicavam; a tradicional economia do "domínio feudal" dava lugar a especulações agrícolas mais modernas; os ricos tornavam-se mais ricos e os pobres mais pobres, e o número destes últimos aumentava. Nas estruturas anteriores, as pessoas abastadas ajudavam os deserdados e lhes permitiam subsistir. Ao contrário, nas novas estruturas em via de instalar-se, o individualismo ganhou terreno e instituições mais ou menos anônimas de socorro aos desafortunados substituíram os atos de caridade tradicional. Daí as recusas cada vez mais numerosas de ajuda em dinheiro e em gêneros a pessoas na miséria, que desde então podiam ser tentadas a vingar-se. Mas sobretudo aqueles que recusavam auxílio experimentavam um complexo de culpa que transformavam em ressentimento contra os que pediam esmolas. Se uma desgraça acontecia a alguém que assim ficara insensível ao apelo do próximo, ele pensava automaticamente que um malefício fora lançado contra ele pela pessoa que em vão lhe pedira ajuda. Tal teria sido, ao nível do aldeão, o mecanismo psicológico profundo responsável pelas perseguições. Ao que seria preciso acrescentar, para a Inglaterra, o impacto da própria Reforma, que rejeitou em bloco todas as receitas de uma magia cristianizada (água benta, invocações aos santos curandeiros etc.), mas, asseguram K. Thomas e A. Macfarlane, aumentou desmedidamente os poderes do demônio. De modo que homens de Igreja e fiéis experimentaram a tentação conjunta de atribuir todas as desgraças às forças demoníacas. Diante delas, as populações teriam se sentido mais despojadas do que anteriormente. Todas essas razões explicariam também por que os processos de feitiçaria fizeram mais vítimas entre as mulheres que entre os homens. Pois o elemento feminino é por excelência aquele que permanece ligado às tradições. Ora, estas viam-se ao mesmo tempo reviradas pela revolução religiosa e pelas transformações econômicas e sociais.

As deduções dos dois historiadores ingleses são aplicáveis ao continente europeu? A perseguição aos feiticeiros e feiticeiras grassou tanto em certos países católicos (França, Países Baixos, sudoeste da Alemanha) quanto nas regiões protestantes. E vimos anteriormente que, tanto de um lado como do outro da barreira confessional, teólogos e juízes insistiram então, com um luxo inaudito de detalhes, sobre os poderes de Satã. Por outro lado, as vítimas da repressão nem sempre foram pobres. Enfim, processos por feitiçaria se desenrolaram na

Suíça, em Labourd, Lorena, Franche-Comté, Luxemburgo, portanto, em regiões economicamente atrasadas onde não se produziam as transformações socioeconômicas identificadas na Inglaterra. As explicações inglesas não são então aplicáveis, sem modificação, ao resto da Europa. Em compensação, metodologicamente elas têm a vantagem de atrair a atenção dos historiadores para o nível popular — menos para aí encontrar cultos satânicos e liturgias anticristãs do que para buscar nas denúncias de malefícios razões peculiares aos próprios aldeões.

Ora, de maneira bastante geral, na Europa do começo da Idade Moderna as populações deviam estar mais ansiosas, portanto mais desconfiadas que antes. E por que essa ansiedade e esse sentimento maior de insegurança? Por que esse pessimismo ampliado, justamente observado por J.-C. Baroja, que lembra o elo em outras civilizações entre feitiçaria e concepção pessimista da existência?[40] Os camponeses da época sofreram ao mesmo tempo inflação galopante, severas penúrias, rarefação das terras devido ao crescimento demográfico, desemprego estrutural tendo por consequência a vagabundagem e, enfim, distúrbios nascidos dos conflitos religiosos.

A respeito destes últimos, sem dúvida se constata que muitas vezes, no plano local, guerras religiosas e processos de feitiçaria não coincidiram. Mas, de maneira mais geral, boa parte da Europa ocidental e central — aquela precisamente onde os autores de malefícios foram perseguidos — foi afetada pelas incertezas religiosas. Foi por acaso que a Itália e a Espanha, que melhor e mais rapidamente resistiram ao assalto protestante, foram menos atravessadas pelo medo dos feiticeiros e das feiticeiras? Fora desses dois países, os conflitos religiosos não puderam senão aumentar o sentimento global de insegurança. A esse respeito, agiu um fator pouco ressaltado até o presente, mas que, em minha opinião, teve relevância: o do enquadramento mais ou menos sólido pelo clero. A crise da feitiçaria produziu-se em uma cristandade em que o absentismo dos bispos e dos padres ganhara proporções inquietantes, em que muitos párocos estavam desacreditados e em que o nascimento da Reforma aumentou, durante certo tempo, as incertezas. Na Alemanha de meados do século XVI, alguns padres rurais celebravam em um domingo a missa romana e, no outro, o culto segundo Lutero. Sentindo-se mais entregues a si mesmas, as populações europeias teriam com isso experimentado um acréscimo de inquietude.

É portanto impossível, para apreender em sua complexidade a grande perseguição da feitiçaria na Europa, não estudar de muito perto o comportamento dos camponeses. Eles estavam mergulhados em uma civilização mágica. Frequentemente, conheciam mal o cristianismo e o misturavam inconscientemente a práticas pagãs provenientes do fundo das eras. Acreditavam no poder maléfico de alguns deles; não é muito duvidoso que um ou outro pudesse acreditar possuir esse poder excepcional e que procurasse servir-se dele por motivos de vingança. Além disso, foram submetidos, no começo da Idade Moderna, a uma série de provações que aumentaram seu pessimismo. Estas se produziram em um momento em que se enfraqueceu o enquadramento paroquial — ao menos nos campos —, mas também em um tempo em que o clero certamente difundiu no nível rural a demonologia da cultura erudita. Assim se explica que fragmentos desse discurso tenham sido assimilados mesmo pelos camponeses e que, por outro lado, na Inglaterra aldeões tenham eles próprios feito denúncias às autoridades ou, como em Luxemburgo, participado das investigações oficiais. Em suma, os processos de feitiçaria, ali onde se produziram, refletiram indiscutivelmente profunda desordem do mundo rural. Qualquer que tenha sido a responsabilidade dos homens de Igreja e de lei, sobre a qual logo vamos insistir, a caça às feiticeiras não teria se produzido sem um mínimo de consenso local, sem certa forma de sustentação ou de cumplicidade popular. É portanto metodologicamente necessário, no estudo dos múltiplos fatores que se somaram para provocar essa enigmática sequência da história europeia, não se ater a um único nível social e cultural: o da elite ou o do mundo rural. Importa, ao contrário, esclarecê-los alternadamente um e outro e restabelecer suas constantes relações recíprocas.

3. NO NÍVEL DOS JUÍZES: A DEMONOLOGIA

Em 1609, Henrique IV, dando mandado ao presidente do parlamento de Bordéus e ao conselheiro De Lancre para irem processar "feiticeiros e feiticeiras" do Labourd, escrevia-lhes:

> [...] Os aldeões e habitantes de nossa região de Labourd nos mandaram dizer e advertir que já há quatro anos encontrou-se na dita região um tão grande número de feiticeiros e feiticeiras que ela está quase infectada em todos os lugares, do que recebem tal aflição que serão obrigados a abandonar suas casas e a região, se não lhes forem providos prontamente meios para preservá-los de tais e tão frequentes malefícios.[41]

Aparece bem nesse caso uma "exigência" local dirigida às autoridades, embora seja difícil determinar quem são realmente esses "aldeões" que pedem ajuda contra os malefícios. Mas está claro que, mesmo quando as acusações vinham de baixo, era preciso juízes — civis ou eclesiásticos — para acolhê-las, declará-las admissíveis e autenticá-las pela condenação dos incriminados. Além disso, é evidente que em diversos períodos e em inúmeras regiões a perseguição das feiticeiras resultou da própria iniciativa dos homens de Igreja e de Lei. Esse fato ressalta, por exemplo, da pesquisa conduzida pela sra. Dupont-Bouchat no Luxemburgo dos anos 1590-1630. Nesse ducado e mais geralmente nos Países Baixos, o poder político dirigiu questionários aos prebostes incitando-os a provocar denúncias e a investigar os casos de malefícios.[42] Além disso, nessa região, mas sem dúvida também em outras partes, os carrascos foram verdadeiros batedores das feiticeiras a serviço de uma justiça inquieta. Não se pode portanto negar uma relação de causa e efeito entre as obsessões dos inquisidores de todas as categorias e certas ondas de execuções de feiticeiros, feiticeiras e outros sequazes de Satã. Os juízes frequentemente criaram os culpados. Isso foi verdade para Conrad de Marburgo em 1231-2 e para N. Rémy, que condenou ao fogo de 2 a 3 mil feiticeiras entre 1576 e 1606[43] e para os príncipes-bispos de Fulda, Trèves, Wurtzburgo e Bamberg, que foram, no final do século XVI e no começo do XVII, infatigáveis inimigos da corja demoníaca.[44] Nos Alpes da Lombardia, se uma busca sistemática dos sequazes do diabo produziu-se no final do século XVI e no começo do XVII, foi porque Milão teve então dois arcebispos particularmente zelosos: Carlos e Frederico Borromeu.[45] Do mesmo modo ainda, durante a epidemia de feitiçaria de 1645 em Essex, dois caçadores de feiticeiras, J. Stearne e sobretudo M. Hopkins, desempenharam papel de primeiro plano, ainda que tivessem a impressão de corresponder aos votos de certos habitantes.[46] Contrariamente às tradições inglesas, esses dois inquisidores empregaram a tortura — método infalível para obter confissões.

De maneira mais geral, como negar que a tortura ou sua ameaça multiplicaram o número dos pretensos culpados? O testemunho do jesuíta F. Spee, em sua célebre *Cautio criminalis* (1631), é formal a esse respeito: "A tortura enche nossa terra da Alemanha de feiticeiras e ali faz surgir uma maldade inaudita, e não apenas na Alemanha, mas em toda nação que a use. Se nem todos nós confessamos ser feiticeiros, é que não fomos torturados".[47]

Nossa época — ai de nós! — está mais bem armada que outras para operar a crítica das confissões. Com a tortura, pode-se fazer confessar tudo. É verdade que, na Inglaterra dos séculos XVI-XVII, ela foi menos utilizada que no continente. Mas a fome e a privação de sono são também torturas capazes de romper qualquer resistência. Ao que se acrescentava a defasagem cultural entre juiz e incriminado. Intimidado, compreendendo por vezes mal as perguntas que lhe eram feitas, este tendia a aquiescer às interrogações que lhe eram dirigidas. No entanto, na Inglaterra por exemplo, pessoas foram por si mesmas encontrar os juízes para acusar-se. Outras confessaram espontaneamente um comércio espantoso com espíritos malignos. Outras ainda, negando a evidência, obstinaram-se em confessar crimes que não haviam cometido. Como é preciso interpretar tais confissões? A resposta varia sem dúvida em cada caso. Um terá mergulhado em um estado de depressão aguda — na época, falava-se de "melancolia". Outro terá procurado publicidade de mau gosto. Um outro ainda, que alimentava secretamente uma sombria hostilidade contra vizinhos, terá buscado libertar-se ao exprimi-la.[48] Mas essas confissões espontâneas só eram aceitas pelos juízes se fossem liberadas e traduzidas na linguagem que lhes era familiar, a da demonologia — uma linguagem que a pregação semanal com certeza tornou progressivamente familiar à opinião. De maneira comprobatória, J.-C. Baroja fornece a esse respeito o testemunho de um inquisidor esclarecido, Alonso de Salazar y Frias, que, nos anos 1610, tentou desmistificar a feitiçaria do país basco. Em suas *Memórias*, Salazar assinala a importância capital da sugestão coletiva devida aos sermões. Em Olagüe, perto de Pamplona, foi — diz ele — após as pregações de um religioso que as pessoas caíram na mais cega credulidade. Em outra parte, foram as precisões contidas no edito de graça de 1611 que desencadearam entre os jovens confissões sobre os *aquelarres* (assembleias noturnas) e sobre os voos para o sabá.[49] Assim, somos novamente remetidos ao universo dos teólogos e dos juízes.

Uns e outros exprimiram seu medo da subversão com a ajuda de um estereótipo havia muito tempo constituído. Já os primeiros cristãos, quando formavam pequenas minorias cujas crenças e comportamentos pareciam negar os valores da civilização greco-romana, foram acusados de conspiração. Seus inimigos representaram suas reuniões eucarísticas como orgias incestuosas em que se matavam e se comiam crianças e nas quais se adorava um asno.[50] Depois, tendo o cristianismo chegado ao poder, acusações do mesmo tipo foram sucessivamente transferidas aos montanistas da Frígia (no século IV), aos paulistas da Armênia (no século VIII), aos bogomilos da Trácia (no século XI). No Ocidente, essas difamações, combinadas a uma demonização (sendo os heréticos perseguidos automaticamente denunciados como adoradores de Satã), atuaram desde 1022 contra piedosos cônegos de Orléans, depois, alternadamente, contra as vítimas de Conrad de Marburgo, contra os cátaros, contra os valdenses e contra os *fraticelli*. Quanto mais um grupo dissidente se pretendia austero, mais se acumulavam sobre ele as acusações excessivas (adoração coletiva do diabo no decorrer de liturgias noturnas, infanticídios, canibalismo, sexualidade desenfreada). Vimos também que os judeus, detestados e temidos, foram objeto de semelhantes acusações.[51] Do mesmo modo ainda, no século XVI, os conventículos dos huguenotes na França deram lugar muitas vezes, da parte de seus adversários católicos, às piores interpretações. Em suma, para as autoridades, o herético não podia ser senão um dissidente da mais negra espécie. Ora, viram-se feiticeiros e feiticeiras cada vez mais como heréticos. Foram aplicadas a eles então as acusações estereotipadas fornecidas por uma tradição milenar.

Pode-se apreender, graças a duas documentações diferentes mas convergentes, como pessoas do povo chegavam a confessar, ao longo dos interrogatórios, com ou sem tortura, tudo o que desejavam seus juízes ou confessores: transporte ao sabá, assembleias diabólicas, orgias sexuais etc.

Estamos em fevereiro de 1657 em Sugny, Luxemburgo.[52] Certa Pierrete Petit, supostamente feiticeira, é interrogada. É questionada em primeiro lugar sobre malefícios: ela "fez secar" a vaca de Henry Tellier? Soprou sua respiração na boca da mulher Bailly que morreria por causa disso? Quis matar sua vizinha Isabelle Mergny dando-lhe alho-poró e torta? Ela nega. Dois dias mais tarde, o interrogatório recomeça com novos esforços:

"[...] ART. 15: Que, tendo a dita prisioneira sido espancada pelo falecido Nicolas Pierret seu marido, fugiu para seu feno, no paiol?

"RESPOSTA: Sim.

"ART. 16: Onde o diabo foi encontrá-la e lhe disse que

se casasse com ele e que lhe daria os meios de viver em boa situação?

"RESPOSTA: Sim.

"ART. 17: Que ela se casou com o diabo e que ao mesmo tempo deitou-se com ele?

"RESPOSTA: Não sabe mais se o diabo deitou-se com ela dessa vez mas tem memória de ter tratado com ele de outras vezes, e que então ele chegava quando deixava de persignar-se.

"ART. 18: Que nome tinha o diabo e como se fazia chamar?

"RESPOSTA: Belzebu.

"ART. 19: Em que locais e lugares foi ela dançar com os diabos? Nomear os lugares, saber se foi nos Hatrelles, na Goutelle, no Pré du Foux, Soffa e outros locais.

"RESPOSTA: Esteve nesses quatro lugares.

"ART. 20: Que ela terá de denominar as pessoas que reconheceu nas ditas danças dos Hatrelles e Goutelle, e se notou que Jeannette Huart, mulher de Jean Robeau, a grande Manson Huart sua irmã, Catherine Robert, mulher Husson Jadin e Jenne Jadin, sua cunhada, ali estavam?

"RESPOSTA: Reconheceu nessas danças na Goutelle Jeannette Huart, mulher de Jean Robeau; Manson Huart sua irmã; Catherine Robert, mulher Husson Jadin e Jenne Jadin, sua cunhada que ali dançavam, e mais duas pessoas de Pussemange, de quem não soube os nomes. Foi durante a última estação. Ela não sabe mesmo se as duas últimas eram de Pussemange, mas elas se viravam para aquele lado [...].

"ART. 24: Que ela tenha de declarar os outros locais e lugares onde costumam ir dançar à noite e aqueles e aquelas que reconheceu por terem a isso assistido, em quaisquer locais e lugares que sejam?

"RESPOSTA: Não se lembra mais de outra coisa [...].

"ART. 33: Ela terá de declarar quais outras pessoas, sejam homens, mulheres ou crianças, envenenou?

"RESPOSTA: Não se lembra mais [...]".

A propósito de tal documento, impõe-se o comentário pertinente da sra. Dupont-Bouchat: se a pergunta do juiz é precisa, a acusada responde por "sim" ou retoma quase textualmente os próprios termos da pergunta. Em compensação, se lhe pedem que acrescente um esclarecimento, ela declara não se lembrar mais de nada.

O ajuste preciso das respostas às perguntas, a adesão quase automática da indiciada às acusações lançadas contra ela pelos juízes e, por outro lado, sua ausência de memória quando se trata de dar uma resposta mais pessoal, permitem apreender muito concretamente uma das fases capitais da elaboração do mito demonológico e sabático. Por certo os aldeões ouviram falar do diabo pelo padre, na igreja. A feiticeira declara espontaneamente que o diabo vem visitá-la quando deixa de persignar-se. Seu demônio tem um nome erudito: Belzebu. Mas, de resto, o essencial de suas respostas lhe é sugerido pelos juízes.

Eis agora outro tipo de documento que esclarece o anterior: é o "diretório do confessor" que o padre Maunoir, missionário na Bretanha de 1640 a 1683, redigiu por volta de 1650 e ao qual deu o título significativo de *A montanha*.[53] Pois acreditou que a "montanha" bretã estava povoada de feiticeiros, formando uma organização ou "cabala", e constituía um lugar privilegiado para os sabás. Ele a identificou como uma imensa "sinagoga". Na Bretanha, os processos de feitiçaria foram pouco numerosos. Quando Maunoir empreendeu sua cruzada, as fogueiras na França estavam em vias de extinguir-se. Desse modo, o papel dos missionários era o de converter, não o de punir. Daí o método que o infatigável jesuíta lhes aconselhou para provocar as confissões e romper o "encantamento do silêncio" pelo qual Satã tenta impedir de falar àqueles que concluíram um pacto com ele. "Esse pacto é tão diabólico", escreve Maunoir em seu *Journal latin*, "que os penitentes não podem tomar a decisão de confessar-se sinceramente; então, é preciso que o confessor os ajude com eficácia".[54] O erro seria fiar-se nas confissões anódinas. Pois "é de experiência que esse gênero de penitentes [os feiticeiros] não confessam por si mesmos nenhum dos pecados enormes que cometem se o confessor não os ajuda".[55]

O missionário poderá deduzir de vários indícios a suposta culpa da pessoa de quem ouve a confissão: se ela habita uma região onde se fala de feitiçaria e de malefícios; se sabe mal seu catecismo; se não possui rosário; se usa amuletos supersticiosos. Contudo, "não sendo essas marcas completamente seguras [...], pode-se interrogar todo mundo".[56] Por certo, Maunoir recomenda a discrição, mas ao mesmo tempo recomenda não hesitar em chocar ou desagradar o penitente; pois se só se interrogasse com base em graves suspeitas, "far-se-iam ainda mais confissões más do que se fazem". Na prática, o confessor está convencido de que a feitiçaria está por toda parte, de que todo penitente é suspeito e de que cada confissão dá a oportunidade de um novo combate entre a Igreja e Satã. Como sair vitorioso de tal certame, para maior benefício da vítima do diabo? Tal é o problema do missionário que tratará seu parceiro como um incriminado a quem é preciso arrancar a confissão. O missionário é o comissário de Deus chamado a instruir centenas de dossiês de feitiçaria.

Para esclarecê-los, existem boas receitas e, em primeiro lugar, de modo algum cansar-se de interrogar. Pois tal penitente que terá começado a confessar "se interromperá, protestando que não quer dizer certas coisas. É então que é preciso que o confessor se reanime em zelo". Ou, ainda, o suposto culpado, que de início parecia calar-se, dirá "alguma coisa de comum" ou de "diferente daquilo que se pergunta". Então "é preciso renovar interiormente a conjuração" e aprofundar incansavelmente as questões.[57]

Mas como interrogar? Maunoir o explica nas partes II e III de *A montanha*, indicando ao mesmo tempo o objetivo a ser alcançado. Pois muitos dos acusados do tribunal da penitência, na baixa Bretanha, participaram, segundo o missionário, do "mistério de iniquidade". Concluíram um pacto com Satã, adoraram um demônio ungulado, participaram de sabás marcados por orgias e excessos sexuais. Tais são as confissões a serem obtidas, muitas vezes graças a uma abordagem oblíqua. Pois é preciso interrogar "progressivamente", "tratar de entrar, não obstante os obstáculos do demônio, na consciência do penitente" e é bom que este "não se dê conta [de início] do que se quer perguntar-lhe". Daí a imprecisão voluntária das perguntas nas quais abundam palavras veladas tais como "alguém", "alguma coisa", "um certo" etc. Não se revelaria portanto senão em fim de interrogatório que se tratava do diabo e do sabá. Mas "induzir docemente" significa também fornecer ao acusado aparências de desculpas: "Parece-vos que estivestes alguma vez à noite em uma grande assembleia? Esse vilão — entenda-se Satã — ali estava como que sentado em glória? [...] Quanto a vós, estáveis talvez como que aturdido, fora de vós mesmos; não sabíeis bem o que fazíeis; fazíeis como os outros". A confissão será então facilitada ao confundir vigília e sonho. Se se acredita que os penitentes não dizem tudo, "poder-se-á atraí-los suavemente — ainda o método insinuante — abrindo-lhes caminho ao dizer-lhes que os outros o faziam, que era em aparência e em espírito que aquilo se dava, que estavam aturdidos e como que adormecidos [...]". Contudo, o pensamento profundo do confessor é este: "[...] É provável que isso seja real, embora eles nem sempre estejam certos disso em razão de sua embriaguez". E também no "sonho" há "operação do demônio" e "pecado do homem".

Por outro lado, no espírito de Maunoir, assim como no dos autores de *O martelo das feiticeiras*, existe um elo estreito entre faltas sexuais e abandono a Satã. É pela "porta da impureza" que se entra mais facilmente na seita infernal. A partir daí, perguntas sobre as "noitadas" bretãs — banquetes e danças noturnas —, sobre as "más companhias" e sobre os pecados da carne permitem dirigir insensivelmente o interrogatório para o sabá. "Fostes algumas vezes em vossa juventude brincar com crianças? Elas faziam coisas desonestas? Ali se encontrava um

— Satã evidentemente — mais malicioso que os outros? Não o conhecíeis?" Se a resposta é afirmativa, se seguirá esta outra pergunta: "De que lado era isso?" O confessor pensa, é claro, em alguma charneca afastada propícia aos delitos e às assembleias diabólicas. Além disso, que penitente não seria levado a responder sim à seguinte interrogação: "Tendes algumas vezes maus pensamentos e más representações? [...] Há alguma coisa que vos diz para fazer assim mesmo?". Evocando as "noitadas" — que camponês bretão delas não participara ou não sonhara ali estar? — o confessor está igualmente certo de uma resposta positiva: "Era um banquete onde se comia pão branco, açúcar, capões [...] Havia muita gente, todos comiam bem, beberam tanto quanto quiseram e depois dançaram?".

De aquiescência em aquiescência, o incriminado do confessionário envereda à sua revelia pelo sombrio caminho ao fim do qual de súbito descobrirá Satã e o sabá. A retirada lhe é barrada. Pois a avalanche das perguntas lhe tira a possibilidade de retratar-se. Além disso, as questões formuladas de modo afirmativo comportam já a resposta. Abalado, condicionado, cercado de todos os lados, ele se encontra diante de alguém que parece saber mais do que ele sobre ele próprio. Três conselhos convergentes de Maunoir esclarecem essa tática maduramente refletida: "Se [o penitente] responde de" maneira brusca que dá alguma suspeita ao confessor, é preciso tratar de atacá-lo de um outro lado". "Não [lhe] deixeis muito tempo para refletir" e dizei-lhe: "Sei mais do que pensais".

Para o confessor nenhuma dúvida é possível: esse companheiro suspeito que arrastou sua vítima para fora do bom caminho, esse mestre de cerimônias que presidia banquetes e danças no coração da charneca era Satã. E portanto devia ter pés ungulados. Esse é o sinal infalível pelo qual o reconhecemos. Daí as perguntas insistentes e ardilosas sobre os pés daquele que é evidentemente Lúcifer: "Se eles dizem que não viram os pés, é preciso perguntar-lhes se gostariam de tê-los semelhantes, e se respondem que não, é preciso rebater assim: 'Pois bem, então como eram, já que os vossos não são iguais?' [...]".

Outro interrogatório do mesmo tipo: "Como seus pés eram feitos? Vistes suas meias e seus sapatos?". Se ele diz que não, prossegui: "Então vistes seus pés, como eram eles? Como os de um homem ou como de um animal? Dizei-me a verdade! Gostaríeis de ter pés como aqueles?"

Se o penitente admite enfim esse detalhe — essencial para o homem de Deus, pois o camponês que não conhece as obras de demonologia sem dúvida não apreende sua importância — então tudo fica claro. O confessor teve razão de prosseguir sem descanso seu interrogatório. Ao acusado, doravante esclarecido sobre si mesmo, não resta mais do que confessar sua falta e abjurar a seita diabólica para voltar ao espaço tranquilizador da Igreja. O que há de surpreendente se, munidos de tal método de investigação, Maunoir e seus companheiros descobriram por toda parte na Bretanha feiticeiros e feiticeiras?

4. UM PERIGO IMINENTE

Coloca-se então o seguinte problema — muito interessante e fundamental do ponto de vista historiográfico: por que, no patamar da cultura dirigente, essa obsessão pela feitiçaria que as autoridades do período anterior não tinham conhecido? Por que — retomo aqui os termos de H. R. Trevor-Roper — os séculos da Renascença e das Reformas foram "menos científicos que a era das Trevas e da alta Idade Média"?[58]

H. R. Trevor-Roper pôs em causa a formação aristotélica dos homens de Igreja e de justiça. No século XVI, diz ele, o clero e os magistrados eram racionalistas. Acreditavam em um universo racional, aristotélico, e da exata similitude das confissões das feiticeiras eles deduziam a verdade objetiva de suas afirmações. Os dominicanos, que foram os grandes responsáveis pela loucura persecutória, eram apaixonados por Aristóteles por causa de seu mestre de pensamento, Santo Tomás de Aquino. Construíram um sistema demonológico maniqueísta que tinha sua lógica interna, mas que passava ao lado de uma realidade complexa.[59] Ao contrário, o neoplatonismo oriundo de Florença, porque destacava a magia "natural" e o conceito de "natureza", indicou o caminho da verdadeira ciência.[60]

Esses argumentos e essa visão historiográfica global pouco convenceram os historiadores. De um lado, o próprio H. R. Trevor-Roper reconhecia que aristotélicos, assim como Nifo, Pomponazzi e mais geralmente os "paduanos", se recusaram a ver na feitiçaria uma intervenção demoníaca.[61] Do outro, ainda que neoplatônicos tais como Agrippa, Cardan, Paracelso e Van Helmont permanecessem céticos em relação à demonologia oficial, como negar os aspectos irracionais do neoplatonismo, que foi a corrente cultural dominante da Renascença? Ele privilegiou magia natural, astrologia e alquimia, povoou o universo de "demônios", expressão que não se pretendia forçosamente pejorativa. Mas Santo Agostinho ensinara que todos os demônios são maus. A partir daí, a difusão do neoplatonismo nos meios eclesiásticos não pôde senão reforçar a convicção de que Satã está por toda parte e que seu poder é enorme.[62]

Questão mais ampla: o humanismo não desenvolveu a crença da elite nos malefícios e nas liturgias das feiticeiras? Um melhor conhecimento dos escritores da Antiguidade e a imprensa fizeram com que as obras de Horácio, Ovídio, Petrônio, Apuleio se tornassem de leitura corrente. Ora, elas contêm inúmeras descrições de feiticeiras, de feitiços, e ritos mágicos e evocações do mundo às avessas das bacanais. Essas obras antigas, que se tornaram disponíveis para os letrados e foram lidas muitas vezes através da chave cristã da época, devem ter aumentado a obsessão e a credibilidade do mundo demoníaco ao nível da cultura dirigente.[63]

Tratando-se da promoção intelectual do setor cultivado na sociedade da Renascença, outra consideração talvez mereça atenção, ao menos a título de hipótese: o acúmulo das leituras e dos conhecimentos não alargou o fosso entre cultura erudita e cultura popular? O retorno ao latim clássico, o acesso redescoberto ou ampliado à mitologia, à iconografia, à filosofia greco-romanas não criaram um isolamento crescente dos letrados em meio a um mundo para o qual a linguagem erudita era inacessível? A partir daí, antes dos triunfos intelectuais do período seguinte, antes da multiplicação dos colégios que difundiram seu saber, a cultura escrita não se sentiu frágil, ao tomar a medida do universo rural e oral que a circundava?[64] Em caso afirmativo — no que acredito — essa tomada de consciência teria sido um componente da mentalidade obsidional que o presente ensaio procura trazer à luz. De qualquer maneira, a distância ampliada entre as duas culturas parece ter reforçado a repulsa da elite pelos incompreensíveis comportamentos de uma massa camponesa que se lhe tornava cada vez mais estranha. Essa alteridade engendrou agressividade e, a esse respeito, vamos ao encontro das análises de Th. Szasz.[65] Existe uma necessidade humana de validar a si mesmo como bom e normal e de invalidar outrem como mau e anormal. Os processos de feitiçaria foram uma autodefesa da ética dominante contra uma prática coletiva que a julgava em contrário e que serviu de bode expiatório.

E portanto vão perguntar se foram antes os juízes leigos ou antes os homens de Igreja os grandes responsáveis pela caça às feiticeiras. Na verdade, foram uns e outros, como defensores de um mesmo poder, como detentores de um mesmo saber, como usuários de uma mesma linguagem. Não eram eles oriundos dos mesmos meios sociais e familiares? Não tinham recebido a mesma instrução? Não eram os dois pilares da cristandade? É significativo que o jesuíta Del Rio, teórico eclesiástico da demonologia, tenha sido em primeiro lugar um jurista civil, procurador-geral no Conselho de Brabante.[66] Juízes e teólogos, que citaram abundantemente uns aos outros, tiveram o sentimento de continuar sem trégua o mesmo combate. M. Hopkins, o "visitador-geral das feiticeiras" de Essex, não parece ter sido motivado por razões especialmente religiosas. Várias de suas vítimas pertenciam ao clero, e ele teve como adversários ardentes puritanos. Mas estava convencido de ter prestado um serviço público ao afastar da coletividade um perigo urgente.[67] Os juízes consideraram que tinham uma "missão divina".[68] Na luta comum contra a feitiçaria, os homens de Igreja forneceram a ideologia, e o poder leigo a arma da repressão. Mas, em um tempo de simbiose estreita entre poder civil e religioso, o Estado jogou nos dois quadros e empregou uma linguagem de Igreja. De maneira reveladora, Filipe II, na grande ordenação publicada em Bruxelas em 1592, declarou guerra contra os "grandes pecados" desse "miserável tempo", a saber: "Malefícios, feitiçarias, imposturas, ilusões, prestígios e impiedades". Invocando ao mesmo tempo os "cânones eclesiásticos" e as "leis civis", encarregou das perseguições tanto a justiça leiga como a dos bispos ("ordenando portanto os ditos bispos a seus oficiais e promotores que façam todos os deveres a eles possíveis").[69] Em suma, a Igreja e o Estado enfrentaram um inimigo — Satã — "que se serve dos homens como dos cavalos de carga, e após tê-los feito suar de fadiga neste mundo, não tem nada para refrescá-los no outro senão um tanque de fogo e de enxofre que não se extinguirá jamais".[70]

Eis-nos então, por uma nova abordagem, diante do medo sentido pela cultura dirigente. Os responsáveis por essa tiveram a duradoura convicção de que a feitiçaria se tornava invasora, de que os malefícios se multiplicavam, de que a seita dos sequazes do diabo ganhava proporções gigantescas. O poder — civil e religioso — encontrava-se sitiado. A esse respeito, os testemunhos são legião, e não podemos citá-los todos. Mas é preciso lembrar alguns deles para melhor reconstituir a mentalidade obsidional daqueles que tinham a missão de defender a sociedade. Sob diferentes formas, repetiu-se mil vezes, de meados do século XVI a meados do século XVII, a afirmação de que feiticeiros e feiticeiras são legião. Por ocasião do processo dos "valdenses" de Arras, os inquisidores declaram que a cristandade está povoada de feiticeiros (e alguns deles são até bispos e cardeais) e que um terço dos cristãos nominais é de feiticeiros camuflados.[71] A bula *Summis disiderentes* de 1484 e *O martelo das feitice-*

ras, afastando-se dessas generalizações sumárias, precisam em compensação que o perigo está começando a ganhar amplitude. "Recentemente", escreve o papa, "chegou aos nossos ouvidos, não sem nos causar grande pesar, que [...] muitas pessoas de um e do outro sexo [na Alemanha], esquecidas de sua própria salvação, e desviando-se da fé católica, entregaram-se aos demônios íncubos e súcubos [...]".[72] Quanto aos autores de *martelo das feiticeiras*, afirmam que a malícia dos homens aumenta e que o Inimigo faz agora "crescer no campo do Senhor uma perversão herética surpreendente".[73]

Essas confissões de medo multiplicaram-se novamente no momento da grande loucura persecutória entre a metade do século XVI e a metade do século XVII, sendo certo, além disso, para os demonólogos, que os participantes dos sabás são sempre muito numerosos. Para Jean Bodin, se os feiticeiros pululam, é por punição de Deus contra os homens que nunca blasfemaram tanto: "E do mesmo modo que Deus envia as pestes, guerras e fomes por intermédio dos espíritos malignos, assim faz ele com os feiticeiros, e principalmente quando o nome de Deus é blasfemado, como é agora por toda parte, e com tal impunidade e licença que as crianças disso fazem ofício".[74]

Alguns anos mais tarde, N. Rémy refere-se precisamente a J. Bodin para afirmar que a França, sob Carlos IX, contou "muitos milhares de pessoas infectadas" pela lepra demoníaca. Todos aqueles, acrescenta ele, que assistiram a sabás confessam "com uma só voz" que a afluência a eles é "muito grande". Uma das acusadas citadas por N. Rémy declara, por exemplo, que na primeira noite em que para ali se dirigiu não contou menos de quinhentos participantes.[75] H. Boguet, grande leitor do *Malleus* e de J. Bodin, é por sua vez categórico: "Os feiticeiros andam por toda parte aos milhares, multiplicando-se na terra, assim como as lagartas em nossos jardins. O que é uma vergonha para os magistrados, aos quais cabe o castigo dos crimes e delitos".[76] E os juízes de Dôle confirmam nos anos 1628-30: "O mal vai crescendo a cada dia e essa desgraçada corja vai pululando por todos os lados".[77]

Tratando-se da França, um testemunho mais tardio corrobora esse diagnóstico estereotipado. Em seu *Journal latin*, redigido a partir de 1671, Maunoir escreveu: "Em trezentos padres que quiseram seriamente usar desse método [o "diretório dos confessores"], não há um que não reconheça a multiplicação daqueles que se tornam culpados desse crime horrível [a feitiçaria]".[78]

A mesma constatação — a feitiçaria ganha terreno — não deixou de aparecer nos textos oficiais eclesiásticos e civis, porém com referência à heresia, fonte de todas as perversidades. Em 1581, o concílio provincial da Normandia constata "como quase todas as heresias caíram na feitiçaria, e sob o domínio de Satã; assim, temos ocasião de nos condoer do que vemos: neste reino e em vários outros lugares, a magia com força pulular e multiplicar".[79]

Do mesmo modo, a ordenação de Filipe II para os Países Baixos, datada de 20 de julho de 1592, relaciona as "desgraças e abominações que este miserável tempo nos traz a cada dia" — aqui a feitiçaria — com "tantas heresias e falsas doutrinas e apostasias pululantes por toda parte".[80]

"Multiplicação", "pululância" dos feiticeiros: tal foi também a impressão conjunta de eclesiásticos e de magistrados ingleses. Para o bispo Jewel, que escreve em 1559, durante o reinado anterior — o de Maria Tudor —, "o número dos mágicos e feiticeiros tornou-se enorme por toda parte [...]. Essa espécie de gente [...] no espaço dos últimos anos aumentou espantosamente".[81] Em 1602, o Lord Chief Justice Anderson declara: "O país está cheio de feiticeiros. Eles abundam em todas as regiões". Sem uma rápida ação defensiva, "dentro em pouco eles terão devastado o país inteiro". Mais tarde, em 1650, o bispo Hall esclarece: anteriormente um feiticeiro era uma raridade. "Agora descobrem-se centenas deles em um único condado. Se a notícia não está errada, em uma aldeia do norte de catorze casas, encontrou-se o mesmo número de membros dessa espécie condenada." No tempo das inquisições de M. Hopkins, um contemporâneo assegura que na Inglaterra de sua época se prenderam mais feiticeiros e feiticeiras do que em qualquer outro período da história desde a criação.

Diante de um perigo tão urgente, a justiça precisa ser pronta e severa. Escutemos de preferência J. Bodin. Quando se trata de feitiçaria, escreve ele, "é preciso aplicar os cautérios e ferros em brasa e cortar [na sociedade] as partes putrefatas".[82] E em primeiro lugar, dada a gravidade do mal, "além dos juízes ordinários, é necessário estabelecer comissários para esse fim, pelo menos um ou dois em cada governo". Para a busca dos feiticeiros, utilizar-se-á a delação, "costume louvável" da Escócia e de Milão, onde caixas de donativos nas igrejas recebem papéis em que cada um pode indicar o nome de um feiticeiro e "o caso por ele cometido". É preciso também prometer a impunidade ou ao menos um alívio de pena ao réu que acusar um cúmplice. "E se por esse meio não se tiver êxito é preciso tomar as filhas das feiticeiras." Pois frequentemente as mães as instruíram e "levaram às assembleias". A elas também será prometida a impunidade. Se pessoas presas e suspeitas de ser feiticeiros ou feiticeiras não confessam nada, é preciso "fazê-las mudar de roupas" ou colocá-las nuas e "mandar raspar-lhes todo o pelo". Pois muitas usam "drogas de taciturnidade" escondidas no corpo. Privá-las delas as tornará sem força. Nem sempre é necessário submeter os acusados à tortura, mas é bom impressioná-los com os preparativos — assim se fez com Joana d'Arc:

> É preciso, antes de submeter à tortura, ter o aspecto de preparar instrumentos em bom número, e cordas em quantidade e servidores para obrigá-los a confessar, e mantê-los algum tempo nesse pavor e nesse enfraquecimento. É também conveniente, antes de fazer entrar o acusado no quarto da tortura, fazer alguém gritar um grito apavorante, como se estivesse sendo obrigado a confessar e que se diga ao acusado que é a tortura que se aplica, abalá-lo por esse meio e arrancar a verdade.

Convém também utilizar "carneiros": "Espiões combinados e bem engenhosos que se dizem prisioneiros por caso semelhante ao do feiticeiro acusado, e por esse meio tirar sua confissão".

Mas sobre quais provas assentar uma acusação de feitiçaria, independentemente da confissão voluntária do indiciado? Há em primeiro lugar "a verdade do fato notório": se a feiticeira traz com ela sapos, hóstias, imagens de cera; se se encontra nela ou em sua casa o pacto demoníaco; "se ela fala com o diabo, e o diabo, ainda que esteja invisível, lhe responde"; se ela "fascina e ofusca os olhos, ou encanta com palavras". Mas, na falta dessas evidências, que crédito atribuir aos testemunhos? J. Bodin adianta aqui uma pesada sentença: "Não é preciso procurar grande número de testemunhos em coisas tão detestáveis, e que se fazem à noite, ou em cavernas e lugares secretos". Então, três testemunhos "irrepreensíveis" bastam "para assentar julgamento [...] até a morte exclusivamente". E, para os casos que merecem a pena capital, basta para submeter um acusado à tortura, "uma testemunha, homem de bem e irrepreensível, sem qualquer suspeita, cujo depoimento seja acompanhado de razão ou de sentido". Embora o testemunho das mulheres seja menos aceitável que o dos homens, em matéria de feitiçaria é preciso aceitar "as pessoas infames de fato e de direito em testemunho [...], desde que haja várias concorrendo com indícios: de outro modo, não se deve esperar que algum dia essa impiedade tão execrável seja punida". Mas se devem aceitar os testemunhos dos cúmplices dos feiticeiros e feiticeiras? Por certo, para os outros crimes, eles não constituem prova. Em compensação, "os cúmplices feiticeiros acusando e atestando contra seus cúmplices são prova suficiente para ser procedida a condenação". Enfim, que confiança, nessa matéria, atribuir ao rumor público? "Quando se trata de feiticeiros", responde J. Bodin, "o boato comum é quase infalível."

No caso dos acusados que confessam, que valor atribuir às suas confissões quando estas contêm "coisas estranhas"? Alguns juízes pensam então que são "fábulas"; "os outros temem que tais pessoas desesperadas não procurem senão morrer". J. Bodin dá sem dificuldade a solução: se não se retivessem as confissões de ações contra a natureza, não se deveria punir os sodomitas "que confessam o pecado contra a natureza". Contra a natureza não significa impossível. Igualmente, veem-se frequentemente "ações das inteligências" e das "obras de Deus" que vão contra o curso ordinário das coisas. "Não se devem medir portanto as ações dos espíritos e demônios pelos efeitos de natureza": seria "argumento sofista e capcioso." Daí a conclusão lógica: "Digo então que a confissão dos feiticeiros de serem transportados [ao sabá] é possível e verdadeira, e, mais ainda, que os feiticeiros, com a ajuda e invocação dos espíritos malignos, matam os homens e os animais".

Assim raciocina Jean Bodin no quarto livro de sua *Démonomanie* quando trata da "inquisição dos feiticeiros". Uma afirmação global resume bem seu pensamento e seu medo: "Ora, é preciso que o julgamento desse crime tão detestável seja tratado extraordinariamente, e diferentemente dos outros crimes. E quem pretendesse conservar a ordem de direito e procedimentos ordinários, perverteria todo direito humano e divino".

Para perigo urgente, procedimento de exceção.

Tais foram, nos séculos da Renascença e das duas Reformas religiosas, as obsessões de pessoas que pertenciam à elite e detinham o poder. Pois é preciso dizer novamente, com H. R. Trevor-Roper e R. Mandrou,[83] que essas personalidades tomadas de pânico não eram qualquer uma. Isso não é verdade apenas para J. Bodin, autor da célebre *Response à M. de Malestroit*, um dos criadores do direito moderno e da ciência histórica. Jaime I tivera como preceptor o humanista George Buchanan e se gabava de conhecer literatura e teologia. N. Rémy participou da redação do manual dos costumes da Lorena publicado em 1596, entregou-se à historiografia e viu-se encarregado por seu duque de missões diplomáticas. H. Boguet, familiarizado com autores clássicos, assinou um estudo latino sobre o direito costumeiro da Borgonha e foi também historiador nas horas vagas. Pierre de Lancre, grande erudito, foi um poeta de talento. Conhecia o italiano e, diz-se, apreciava muito a dança e a vida em sociedade. Del Rio foi saudado por seu amigo Juste Lipse como "um milagre da época"; praticava nove línguas e preparou, aos dezenove anos, uma edição de Sêneca onde não citava menos de 1100 autoridades. Poderíamos prolongar esse quadro de homenagens..., surpreendente para nós, exceto se recolocarmos essa elite no clima de medo que foi o seu.

CONCLUSÃO
HERESIA E ORDEM MORAL

1. O UNIVERSO DA HERESIA

Agora chegou o momento de sublinhar a coerência dos medos da elite reconstituindo a solidariedade dos elementos que uma análise metódica nos conduziu forçosamente a separar uns dos outros. Desde o século XIV — com pestes, penúrias, revoltas, avanço turco, o Grande Cisma somando a tudo isso seus efeitos traumatizantes —, uma cultura de "cristandade" se sente ameaçada. Essa angústia atinge seu apogeu no momento em que a secessão protestante provoca uma ruptura aparentemente sem remédio. Os dirigentes da Igreja e do Estado encontram-se mais do que nunca diante da urgente necessidade de identificar o inimigo. Evidentemente, é Satã que conduz com fúria seu derradeiro grande combate antes do fim do mundo. Nesse supremo ataque, ele utiliza todos os meios e todas as camuflagens. É ele que faz os turcos avançarem; é ele que inspira os cultos pagãos da América; é ele que habita o coração dos judeus; é ele que perverte os heréticos; é ele que, graças às tentações femininas e a uma sexualidade há muito tempo considerada culpada, procura desviar de seus deveres os defensores da ordem; é ele que, por meio de feiticeiros e sobretudo por intermédio de feiticeiras, perturba a vida cotidiana enfeitiçando homens, animais e colheitas. Não há por que surpreender-se se esses ataques se produzem ao mesmo tempo. Soou a hora da ofensiva demoníaca generalizada, sendo evidente que o inimigo não está apenas nas fronteiras, mas na praça, e que é preciso ser ainda mais vigilante dentro do que fora.

Na prática, contudo, foi preciso estabelecer prioridades que variaram segundo os tempos e os lugares. Na Espanha do século XVI e do começo do XVII, urge expulsar os judeus e os mouros e vigiar os conversos. Assim, as pessoas não se inquietam excessivamente com feiticeiras. Em compensação, em muitos países da Europa ocidental e central em que não há essas preocupações, perseguem-se ora os heréticos — aqui protestantes e ali católicos —, ora as feiticeiras. E parece — sem que isso no entanto seja uma regra — que, quando se combatem uns, esquecem-se um pouco os outros.

Existem inúmeras contraprovas dessas afirmações. Na geografia do medo, tal como aparece num mapa da Europa renascentista, dois países escapam mais dos temores que, em outras partes, torturam os homens do poder: a Itália e a Polônia. É verdade que — como mostramos mais acima[1] — ao menos parte da elite italiana ouviu soarem as trombetas do Juízo Final. A península foi, também ela, percorrida por pregadores hostis aos judeus: daí a criação de guetos, até mesmo certas expulsões. Mas, no total, esse país talvez mais pagão que seus vizinhos (essa era a opinião de Erasmo), ou mais bem controlado pela Igreja, parece ter sido menos atormentado do que outros pelos perigos de então, recuperando-se mais cedo. Em todo caso, a Itália foi o país menos antissemita do Ocidente, aquele que menos queimou heréticos e feiticeiras, aquele que em primeiro lugar promulgou um texto oficial moderando as perseguições contra os pretensos sequazes de Satã — a instrução pontifical *Pro formandis processibus in causis strigum* (1657).[2] É bem a prova de que um elo estreito unia esses medos entre si, ou melhor, de que os medos eram apenas as diversas manifestações de uma mesma obsessão. O caso da Polônia do "século de ouro" é, sob muitos aspectos, semelhante. Nesse país tolerante, que ignora as guerras religiosas e não condena os heréticos, os israelitas gozam de estatuto privilegiado e quase não se perseguem as feiticeiras. Mas tudo mudará após 1648. Com as guerras e as epidemias, o antijudaísmo e a repressão da feitiçaria se desenvolverão.

É então o medo que explica a ação persecutória em todas as direções, conduzidas pelo poder político-religioso, na maior parte dos países da Europa no começo da Idade Moderna. Foi preciso em seguida chegar aos totalitarismos de direita e de esquerda do século XX para reencontrar — em escala bem maior! — obsessões comparáveis no escalão dos corpos dirigentes e inquisições de mesmo tipo no nível dos perseguidos.

Outrora, esses perseguidos eram chamados de "heréticos". Para autoridades políticas e religiosas vigorosamente centralizadoras, a diversidade publicamente manifesta — afastada em relação à norma — pareceu a conduta condenável por excelência, a fonte de todas as desordens. Sem dúvida, a heresia, de certa maneira, triunfou ao menos parcialmente no século XVI com a Reforma Protestante. Mas é verdade, ao mesmo tempo, que esse século conheceu a extensão máxima na Europa de outrora tanto do medo da heresia quanto das medidas tomadas contra os culpados de desvio — resultado de uma evolução que se definira e acelerara desde a revelação no final do século XII do perigo cátaro. À medida que desgraças e inquietações se multiplicavam no Ocidente, a obsessão do herético aumentava.

Em consequência, não é de surpreender que os manuais de inquisidores se multiplicaram do século XIV ao XVI e que os especialistas da polícia religiosa procederam a uma exploração meticulosa do mundo da heresia. O livro de Nicolau Eymerich é exemplar a esse respeito. Aí se encontra, interrompida na data de 1376, a lista de todos os heréticos nomeados no direito canônico e no direito civil, ou seja, 96 categorias de desviados. Alguns destes são bem conhecidos — gnósticos, arianos, pelagianos, cátaros. Outros, ao contrário, parecem-nos tirados de uma estranha nomenclatura de zoologia — borboritas, hidraparastatos, tascodrogitas, batracitos, entacristos, apotacitos, sacóforos etc.[3] Ao que se acrescenta uma enumeração de "heréticos famosos" condenados pelos núncios do papa, na cúria romana ou em outras partes, especialmente beguinos e *fratricelli*.[4] O que essa lista impressionante deixa adivinhar é a inquietação do redator e do meio ao qual ele pertence. A cristandade entrou em uma fase de crise aguda, de modo que não pode mais dispensar inquisidores — peças mestras de um sistema. Dessa maneira, estes se afastarão o menos possível do campo de sua atividade, especialmente para ir a Roma. Pois — frase reveladora de uma grande inquietude — "A Igreja tem muito a perder com a ausência dos inquisidores de suas regiões e nada a ganhar com sua presença em Roma. Quando o inquisidor se afasta da região que lhe foi confiada, as heresias e os erros que combatem ali renascem".[5]

Esse conselho é retomado pelos autores de *O martelo das feiticeiras*. Que os inquisidores, escrevem eles, desencorajem os apelos ao papa, que eles próprios raramente viajem a Roma — e, se assim mesmo precisarem lá ir, "que se arranjem para voltar o mais rápido possível" —; senão os heréticos "reerguerão a cabeça, crescerão em desprezo e em maldade" e "semearão mais audaciosamente heresias".[6]

Existe uma lógica interna da suspeita. Em uma situação de estado de sítio — no caso, a ofensiva demoníaca que duplica sua violência antes dos prazos apocalípticos —, o poder político-religioso, que se sente frágil, é levado a uma superdramatização e multiplica à vontade o número de seus inimigos de dentro e de fora. De maneira significativa, o *Fortalicium fidei* intitula-se "A fortaleza da fé: contra os heréticos, os judeus, os maometanos e os demônios". No espaço católico, a secessão protestante não fará senão levar a seu paroxismo o medo da subversão da fé, já muito vivo anteriormente, e a tendência a integrar ao universo da heresia todas as categorias de suspeitos. Constata-se, com efeito, que judeus, muçulmanos e idólatras domiciliados em territórios dependentes de um príncipe cristão foram progressivamente assimilados a heréticos e, portanto, eram puníveis como tais. O *Fortalicium fidei* diz do Talmud, entre outras coisas, que contém "múltiplas vaidades, abominações e heresias". Convertidos pela força das coisas, os israelitas dos países ibéricos tornam-se suspeitos de heresia a partir do momento em que parecem voltar à sua antiga crença. Um exemplo entre milhares: em 1644, na Bahia, um "cristão-novo" é condenado pela Inquisição com os seguintes considerandos: "Sendo batizado, ele é obrigado a fazer e a crer em tudo o que faz e ensina a Santa Madre Igreja de Roma. Ora, ele faz o contrário, vivendo à parte de nossa santa fé católica".[7]

Na Espanha, a outra minoria inquietante, a dos muçulmanos, também foi conduzida à força ao cristianismo por meio de decisões governamentais. Mas o batismo não teve o efeito esperado: os corações dos mouros permaneceram empedernidos. Desde então, tornaram-se os piores heréticos. Exprime, entre outros, o licenciado em teologia Pedro Aznar Cardona em uma obra de 1612, justificando sua expulsão:

> Eles eram o veneno e a sarna e as ervas daninhas no campo da Espanha, os zorrilhos devoradores, as serpentes, os escorpiões, os sapos, as aranhas, as víboras venenosas cuja mordida cruel feria e matava muita gente. Eles eram os gaviões salteadores e as aves de rapina que vivem de causar a morte. Eram os lobos entre as ovelhas, os zangões na colmeia, os corvos entre as pombas, os cães na Igreja, os ciganos entre os israelitas e, finalmente, os heréticos entre os católicos.[8]

Assim, para os dirigentes da Espanha do "século de ouro", falsos convertidos e protestantes devem ser colocados no mesmo plano: inimigos igualmente temíveis, já que recusam conformar-se à fé e aos ritos oficiais. No decorrer do auto de fé de 1560 em Múrcia, os 48 penitenciados distribuem-se assim: 22 por judaísmo, doze por maometanismo, cinco por luteranismo, mais sete por poligamia e dois por blasfêmias.[9] Francisco de Quevedo, em seu *Sueno del Juicio Final* (1608), coloca Maomé no inferno em companhia de Judas e do "maldito Lutero".[10] Alguns católicos espanhóis particularmente vigilantes temem mesmo um conluio entre protestantismo e religião islâmica. Efetivamente, alguns cristãos-novos de origem muçulmana se convertem à Reforma por ódio à Inquisição: prova da solidariedade entre todos os adversários da ortodoxia.

O comportamento da Igreja e dos Estados ibéricos em relação aos idólatras da América recém-integrados ao espaço cristão foi semelhante ao adotado face aos judeus e aos muçulmanos. Eram batizados apressadamente. Depois, perseguiam-se como heréticos aqueles que pareciam conservar a fé de seus ancestrais. Assinalamo-lo mais acima:[11] o vice-rei Toledo, chegando ao Peru em 1570, faz os dignitários eclesiásticos de Cuzco decidirem que os feiticeiros indígenas batizados, e depois tornado apóstatas, seriam considerados heréticos e punidos com a morte. A política de "extirpação" da idolatria conduzida na América pelas autoridades espanholas no final do século XVI e no começo do XVII não é, a partir daí, senão uma variante da praticada na Europa em relação aos heréticos tradicionais. O aparelho repressivo das visitações de "extirpação" reproduz o da Inquisição, que, além-Atlântico, não tem autoridade sobre os indígenas, e uma prisão especial de Lima recebe os batizados que se revelam pagãos impenitentes. Enfim, do mesmo modo que alguns na Espanha temeram um conluio entre muçulmanos e protestantes, na América temeu-se uma aliança entre anglo--holandeses e idólatras indígenas. Daí a necessidade de converter estes últimos. Heresia e idolatria não eram dois peões intercambiáveis no jogo de Satã? Nos comentários que F. Pena acrescenta em 1578 ao *Manual dos inquisidores* de Nicolau Eymerich, é significativo ver caracterizados confusamente como heréticos aqueles que se fazem circuncidar ou passam para o Islã, "aqueles que sacrificam aos ídolos [...], aqueles que frequentam os heréticos, os judeus e os sarracenos" etc.[12]

Nessa lista figuram igualmente "os que adoram ou veneram os diabos".[13] Perigosos por excelência, os feiticeiros e as feiticeiras deviam ser também logicamente categorizados como heréticos: foram-no desde 1326 bela bula *Super illius specula*, que declara a Inquisição competente a respeito deles.[14] Meio século mais tarde, Nicolau Eymerich explicitou como e por que os mágicos caem na heresia, mesmo quando não invocam Satã nem os demônios:

> Há [também] heresia — e consequentemente necessidade de intervenção do inquisidor —, em todos esses sortilégios que se utilizam comumente para reencontrar coisas desaparecidas e que comportam a utilização de candeias bentas ou

água benta, ou a recitação de versículos da Escritura, ou do Credo, ou do pai-nosso etc. Isso decorre do fato de que, se se tratasse de adivinhação pura e simples, não seria necessário recorrer ao sagrado.[15]

Assim, todo sagrado não oficial é considerado demoníaco, e tudo o que é demoníaco é herético, não sendo o contrário menos verdadeiro: toda heresia e todo herético são demoníacos. Os séculos XIV-XVI viveram sob essas temíveis equações. A assimilação entre feitiçaria e heresia tornara-se, como lembramos, tão evidente no espírito dos inquisidores que no Languedoc, na Suíça, em Artois, acusados de feitiçaria foram qualificados de "albigenses", de "beguinos", de "valdenses" e de "hereges". Quanto a *O martelo das feiticeiras*, reforçou a identificação da feitiçaria como heresia insistindo em três pontos: a) é herético não crer na existência dos feiticeiros;[16] b) nestes últimos tempos da história humana, a feitiçaria constitui uma "perversão herética surpreendente"; ela se desencadeia com uma violência nova;[17] c) depois do pecado de Lúcifer, o pecado das feiticeiras "ultrapassa todos os outros", sendo a heresia por excelência, isto é, "apostasia" e "traição" da fé: razão pela qual as feiticeiras são mais perigosas e culpadas que os judeus e os pagãos.[18]

Doravante, ao menos no continente, tribunais eclesiásticos e leigos punirão a feitiçaria antes de tudo por causa de seu aspecto de traição em relação a Deus. De maneira reveladora, Jean Bodin, em sua *Demonomanie*, detalhando os quinze crimes dos quais feiticeiros e feiticeiras se tornam culpados, enumera em primeiro lugar as nove "impiedades" que eles cometem "contra Deus e sua honra" e, apenas em segunda posição, as seis categorias de "injúrias feitas aos homens".[19] Ora, o maior perigo possível para a sociedade é deixar em liberdade aqueles que cometem o crime de "lesa-majestade divina". Pois é sobre a coletividade que Deus se vinga dos atentados à sua honra. Daí a necessidade de punir os culpados. "Os juízes", declara J. Bodin, "devem vingar com todo rigor [o crime de feitiçaria] a fim de fazer cessar a ira de Deus."[20]

Um poder, ao mesmo tempo religioso e civil, cada vez mais anexionista e centralizador, que, de maneira crescente, teme os desvios; uma atmosfera de fim do mundo, conjugada aliás à certeza de que Deus se vinga por meio de punições coletivas das traições de seu povo — tais são os elementos que explicam, no essencial, a obsessão da heresia que atormentou a elite ocidental no começo da Idade Moderna. Todo adversário se tornava um herético e todo herético um agente do Anticristo ou o próprio Anticristo. Veja-se o caso de Savonarola: em sua bula de excomunhão de 13 de maio de 1497, Alexandre VI declarou-o "suspeito de heresia, por causa de sua insubmissão".[21] E depois da morte do profeta de Florença, Marcílio Ficino, enfurecendo-se contra ele, não temeu escrever: "[...] Não se trata de um simples mortal, trata-se de um demônio, dos mais ardilosos e nem mesmo de um demônio único, mas de um bando diabólico [...]. Esse Anticristo possuía uma astúcia incomparável para simular a virtude e dissimular o vício com uma constância perfeita [...]".[22]

Assim, todo "membro apodrecido", para retomar uma outra expressão empregada por Alexandre VI contra Savonarola, via-se acusado de desvio doutrinal, isto é, de heresia. Essa passagem, ou melhor, essa escalada na acusação permitia todas as condenações. Que Wyclif, Huss e Lutero tenham sido declarados heréticos, compreende-se, no rigor dos termos, uma vez que se revelava uma distância entre suas posições doutrinais e as da Igreja oficial. Mais revelador, em compensação, é o fato de que o Concílio de Constância tenha condenado Pedro de Luna (Bento XIII). Como era preciso encontrar uma justificativa teórica para essa condenação, o concílio arguiu que ele era "discordante da fé", já que "destruía a unidade da santa Igreja católica".[23] Da mesma maneira, em 1512 o V Concílio de Latrão qualificou os ex-cardeais (*olim cardinales*) com sede em Pisa de "cismáticos e heréticos" e, além disso, de "filhos da danação".[24]

2. O PAROXISMO DE UM MEDO

A revolta protestante provocou naturalmente na Igreja católica um aumento de aversão pela heresia, considerada o mal supremo. Um livro é revelador a esse respeito. Trata-se do *Catalogus haereticorum*, publicado em 1522 pelo dominicano Bernard de Luxembourg.[25] Essa surpreendente enciclopédia, dedicada ao arcebispo de Colônia, compara em primeiro lugar os heréticos a animais impuros e enganadores, especialmente aos lobos,[26] depois a árvores de outono, tornadas estéreis porque cortadas das raízes da caridade.[27] A cidade dos heréticos, diz ele ainda, é uma cidade "inútil", e as pedras com que foi construída cairão no abismo.[28] É preciso fugir do herético que não obedeceu a duas reprimendas sucessivas, pois ele é "subversivo" (*subversus*).[29] Não se deve comunicar nem negociar com ele, nem lhe dar asilo.[30] É com razão que a Igreja o persegue e o pune, e é preciso arrancar "esse vício pestífero" a fim de aterrorizar os outros.[31] Deus não permite que os heréticos vivam, em razão da gravidade de seu crime. Aqueles que se consegue prender devem ser mortos tanto e mais que os "incendiários" e os "falsários".[32] Após esse preâmbulo, nosso inquisidor classifica metodicamente os adversários da fé por ordem alfabética. Já Nicolau Eymerich, como vimos, enumerava 96 categorias de adversários. Com Bernard de Luxembourg, contemporâneo de Lutero, chega-se a uma soma espantosa de 432 heresiarcas ou categorias de heréticos passados ou presentes. Entre eles figuram em boa posição, ao lado de Judas, "primeiro dos heréticos", os *fraticelli*, os flagelantes, os hussitas e naturalmente os luteranos, depois também os "mágicos", os judeus, os marranos e os muçulmanos.[33] Mas isso não é tudo, pois essas 432 categorias são, por sua vez, seguidas de 26 heresias não etiquetadas (*additio de haeresibus innominatis*).[34] O livro termina — a urgência o impõe — com vinte páginas (um oitavo da obra) consagradas a Lutero e a seus discípulos, e menos de duas páginas tratam da defesa contra o turco (e ainda assim para combater a esse respeito o derrotismo de Lutero).[35] Reencontra-se aqui esse elemento constitutivo de toda mentalidade obsidional: o traidor de dentro é pior que o inimigo de fora. É preciso tirá-lo de seu esconderijo, eliminá-lo prioritariamente e nenhum castigo é bastante duro para ele. Assim se explicarão mais tarde, em outro contexto, os massacres de setembro de 1792. Robert Bellarmin afirma: "Judeus e muçulmanos são os inimigos declarados do cristianismo; eles não procuram, como os heréticos, introduzir seus erros sob um disfarce evangélico. Os mais simples fiéis podem discernir os pontos que os separam da verdade cristã. Em compensação, só homens de doutrina podem discernir a heresia".[36]

Um cântico tcheco por volta de 1600 exprime-se no mesmo sentido:

"Abri portanto os olhos, cristãos de todas as regiões, e sobretudo, vós tchecos, morávios e habitantes das regiões vizinhas. Eis que um maldoso hóspede surgiu em vossas paragens; sua crueldade é bem conhecida; ele faz pairar a cólera sobre as almas.

"A heresia multiplicou-se. Ela perecera no entanto com os antigos heresiarcas, e jamais se vira semelhante fato no passado [...].

"Ela infesta a multidão dos cristãos; fomenta guerras e combates e com esse fim combina armadilhas e redes [...].

"Defender-vos contra os turcos, empurrar esses incrédulos para fora do país, eis o que é muito louvável [...].

"Disso é preciso dar graças aos poderosos deste mundo. Mas como fazem pouco caso da santa Igreja!

"Eles aturam nesse país os piores assassinos, execráveis facciosos da lei. Quem poderia enumerá-los? [...]

"Quando os pagãos matam o corpo, não arruinam em nada a alma. Os heréticos matam os dois.

"Que se ponha fim a seus progressos. Que não haja mais que uma cristandade.

"Que se honre a Deus em uma única fé!"[37]

No Ocidente, o medo da heresia e dos heréticos atingiu então seu paroxismo no século XVI e no começo do XVII. Contagem reveladora: nos autos do Concílio de Trento, a fórmula "que seja anátema", excomunhão lançada contra quem quer que rejeite uma ou outra das afirmações doutrinais elaboradas pelos padres da assembleia, volta 126 vezes (contra apenas dezoito por ocasião do Vaticano I e zero quando do Vaticano II).

A instituição da censura preventiva um pouco em toda parte[38] e a compilação dos índices de livros proibidos inscrevem-se no mesmo contexto de inquietação diante da escalada da heresia e de sua crescente difusão pela imprensa. Já em 1546 e 1550, a universidade de Louvain publicara catálogos de livros proibidos. Depois Roma mandou imprimir sucessivamente os de Paulo IV (1559) e de Pio IV (1564), sendo criada em 1571 a congregação do índex. A Espanha, sempre ciosa de sua independência, faz questão de ter seus próprios índices, sensivelmente diferentes dos de Roma. Essas listas negras válidas para todo o país aparecerem a partir de 1559 e foram reforçadas em 1583. A inflação, de um índice ao outro, do número das obras rejeitadas é para nós reveladora de um medo obsessional da heresia que se ia agravando.

A lista de 1583 [escreve J.-M. de Bujanda] contém quase cinco vezes mais títulos [do que a de 1559]. As obras latinas condenadas aumentam de trezentas para 1800 [...]; as obras alemãs e flamengas sobem de onze para 220; os volumes em francês que eram em número de dois passam para 93, os livros italianos, que não tinham seção na lista de Valdès (1559), são em número de 71; seis títulos portugueses são acrescentados aos doze já existentes; e, enfim, ao invés de 170 livros castelhanos, contam-se 207.[39]

A nova rigidez doutrinal foi acompanhada na Igreja católica pela rejeição, igualmente nova, da diversidade. A respeito dos ritos e línguas da missa e dos sacramentos, o IV Concílio de

Latrão (1215) tomara a seguinte decisão, válida apenas, é verdade, para as igrejas orientais, mas ponto de partida possível de uma liberalização mais ampla:

> Já que, em inúmeras regiões, no interior de uma mesma cidade e de uma mesma diocese estão misturados povos de línguas diferentes que têm a mesma fé, mas hábitos e ritos diversos, recomendamos especialmente que os pontífices dessas dioceses e cidades escolham homens capazes que, para essas pessoas, celebrarão os ofícios divinos e administrarão os sacramentos segundo a diversidade dos ritos e das línguas, instruindo-as pela palavra e pelo exemplo.[40]

Inversamente, o Concílio de Trento considerou desde então intoleráveis as diversidades litúrgicas que sempre haviam existido anteriormente e que encontravam sua justificação no costume. A utilização do livro impresso facilitou nesse domínio a luta contra os usos locais e a ação da Santa Sé para definir a liturgia por via autoritária. Nesse contexto é que é preciso compreender a principal inovação de Trento em matéria sacramental, a saber, a obrigação, sob pena de invalidade, de não contrair matrimônio senão em presença de um padre.[41]

No plano das mentalidades, esses quadros rígidos e as classificações doutrinais acompanhadas de ameaças de anátemas representavam sem dúvida uma tranquilização. A. Danet evoca justamente o "fantasma" materno que agia no inconsciente dos eclesiásticos como resposta ao seu medo.[42] As definições teológicas e as regulamentações religiosas multiplicadas no começo da Idade Moderna foram como muralhas que delimitaram e protegeram um espaço ameaçado. No interior, graças à obediência, era a paz tranquilizante de uma igreja maternal, cheia de misericórdia e piedade, que fornecia seguramente os meios de salvação. No exterior, ao contrário — e agora se sabia por onde passava a fronteira — reinavam a desordem satânica, as trevas, o inconfessável, e estendia-se o imenso país da perdição. Assim, os homens de Igreja tiveram constantemente a tendência de assimilar, em particular às custas das feiticeiras, "depravação herética" e "perversão dos costumes". Fora do recinto vigiado, o pior era possível, para não dizer certo. E introduzir na cidade protegida por barricadas, doravante fechada por fortes muralhas, a novidade e a diversidade teológica ou ética não podia ser senão perigoso. Já que toda a doutrina fora definida e a moral codificada, a verdade e a segurança residiam na dócil aceitação dos ensinamentos proclamados. Daí essa suprema admoestação do oficial a Lutero por ocasião da dieta de Worms (1521): "Depõe ali tua consciência, irmão Martinho, a única coisa sem perigo é a submissão à autoridade estabelecida".[43]

Por outro lado, era essencial para os juízes e para todos os homens do poder levar os heréticos a confessar seu crime. Pois a confissão justificava o processo intentado aos "malcheirosos da fé" e, ao mesmo tempo, reconduzia os culpados ao seio do espaço fechado que haviam deixado por arrombamento. Talvez fossem condenados e queimados — episódio secundário ao preço da eternidade. O importante era que sua alma retornasse ao porto que não é atingido pelas tempestades. A confissão, e portanto o arrependimento, devolviam paz e segurança aos desviados, consolidando a Igreja e fechando a brecha feita no muro protetor. Mas, se os apelos ao arrependimento não eram ouvidos pelos culpados, se pregação, confissão ou exorcismos não conseguiam recuperar aqueles que eram atraídos para os caminhos desviados, então o fogo se tornava o *ultimum refugium*, a "última oportunidade" da Igreja. O *negotium fidei* dos inquisidores conduzia logicamente a essa eliminação dos "alienados" voluntários, graças à qual o espaço religioso se encontrava ao mesmo tempo purificado.

Nas considerações precedentes, situamo-nos no interior do domínio católico antes e depois da Reforma Protestante. Esta fez triunfar em parte da Europa a discordância na fé, assim como a ruptura com a comunhão hierárquica. Além disso, ela pôs em circulação as noções subversivas de "livre exame" e de "sacerdócio universal" que podiam fazer de cada cristão o juiz de sua fé. A lógica dessas tomadas de posição deveria conduzir a uma desvalorização da heresia e a um abrandamento da atitude do Estado diante das diversidades doutrinais. Efetivamente, heterodoxos do protestantismo — Franck, Schwenckfeld, Weigel, Castellion, para só citar alguns nomes — levam até aí as primeiras intuições luteranas. Quanto a Lutero, que no começo de sua carreira encontra-se numa desconfortável posição defensiva, mesmo mantendo intacta a noção de heresia, defende de início a tolerância em relação aos heréticos.

"Se queres extirpar a heresia", escrevia ele em 1523, "deves saber como fazer para arrancá-la antes de tudo do coração e como levar os homens a desviar-se dela por um movimento profundo da vontade. Pela força não terás êxito, mas tu a reforçarás [...]. Pois se, pela força, se queimassem todos os judeus e os heréticos, por esse meio não se convenceria nem se converteria um só deles."[44]

Mas, após as violências de Th. Muntzer e a guerra dos camponeses e enquanto príncipes e cidades aderem em grande número à Reforma, eis que Lutero muda de tom, em virtude de uma outra lógica contrária à primeira: o protestantismo é retorno à Escritura, expulsão das "novidades" — tanto as "superstições" romanas quanto o "sacramentarismo" de Zwínglio. Inversamente, "a maldade do mundo" se manifesta ao mesmo tempo pela "idolatria e pela heresia".[45] O Estado não precisa tolerar essas aberrações satânicas. O Reformador considera então necessária a intervenção da autoridade civil para fazer cessar as "abominações" tais como a missa. Sob ameaça, o capítulo da colegiada de Wittemberg deve interromper, no Natal de 1524, a celebração da missa. Dois anos mais tarde, Lutero escreve ao novo eleitor da Saxônia, João: "Em um lugar, não deve haver senão uma única espécie de pregação". Em 1527, ele pede ao eleitor que organize "visitas eclesiásticas" em seu território. Doravante, nos Estados luteranos, o Estado controlará a organização da Igreja, suprimirá os desvios religiosos, zelará pela pregação do Evangelho. Os "espiritualistas místicos alemães", decepcionados por Lutero, encontram-se então em condições de censurá-lo, assim como aos outros Reformadores da época, por ter substituído o papado romano por "um papado novo", por "um mapa de papel" (a Bíblia).[46] Para Schwenckfeld, Lutero "nos fez sair do Egito e nos conduziu no deserto através do mar Vermelho, mas nos deixou lá, errando ao acaso, e esforçando-se em nos persuadir de que já estávamos na Terra Prometida".[47] Um pouco mais tarde, Weigel critica o "papa de Wittemberg" por ter organizado uma nova escravidão e por perseguir os inspirados.[48]

A execução em Genebra do antitrinitário Michel Servet (1553) e as polêmicas que opõem então alguns espíritos irenistas como Castellion aos defensores da ortodoxia reformada (Calvino, Th. de Bèze etc.) dão a medida do medo que estes experimentam diante da heresia.

Castellion escrevera, em 1551, em seu prefácio da tradução latina da Bíblia: "Oh! em que tempo estamos nós? [...] Seremos sanguinários e assassinos pelo zelo que temos em Cristo que, a fim de que o sangue dos outros não fosse derramado, derramou o seu. Por zelo de Cristo, arrancaremos o joio, Cristo que, a fim de que o trigo não fosse arrancado, ordenou que o joio fosse deixado até a colheita".[49]

No *Tratado dos heréticos*, Castellion relativiza a noção de heresia: "Vemos que quase não há nenhuma dentre todas as seitas (que hoje são incontáveis) que não tenha as outras como heréticas: de modo que, se nesta cidade ou região és considerado verdadeiro fiel, na próxima serás considerado herético".[50]

Em suma, "consideramos heréticos todos aqueles que não estão de acordo conosco em nossa opinião". A essas declarações laxistas que atomizam e subjetivizam a heresia, correspondem as afirmações peremptórias de Calvino e de Th. de Bèze, que mantêm, ao contrário, seu estatuto objetivo e contam com o Estado para fazê-lo respeitado. Alguns meses após a execução de Servet, Calvino publica uma assustadora *Declaração para manter a verdadeira fé*, em que se lê:

> Nossos misericordiosos, que encontram tão grande prazer em deixar as heresias impunes [...] desejariam, de medo que a Igreja de Deus seja difamada por demasiado rigor, que se desse voga a todos os erros [...]. Ora, Deus não quer de modo algum que se poupem mesmo as cidades, nem os povos, até demolir as muralhas a exterminar a memória dos habitantes, e frustar [*sic*] tudo em sinal da maior detestação, de medo que a infecção se estenda mais longe.[51]

Para T. de Bèze, que, ainda em 1554, polemiza contra Castellion a propósito de Servet, a heresia é "o maior e mais ultrajante" dos crimes, e é uma crueldade extrema deixar agirem os "lobos" que querem "devorar todo o rebanho de Jesus Cristo". São "monstros disfarçados de homens". Desde então se impõe a ação do braço secular:

> A tirania é um mal menor do que ter uma licença tal que cada uma faça à sua fantasia, e mais vale ter um tirano, até bem cruel, do que absolutamente não ter príncipe nenhum, ou ter um sob o qual seja permitido a cada um fazer tudo o que quer [...]. Aqueles que não querem absolutamente que o magistrado se imiscua nos assuntos da religião, e principalmente na punição dos heréticos, desprezam a Palavra de Deus expressa [...] e maquinam uma ruína e destruição extrema da Igreja.[52]

Assim, nos séculos XVI e XVII, o poder reformado reage diante do desvio doutrinal exatamente como o poder católico. Um e outro veem nele o perigo supremo que é preciso destruir pelo gládio. R. Bellarmin ensina a esse respeito, como teria podido fazê-lo Calvino: "Essa liberdade de crer é mortal para a Igreja; ela destrói sua unidade feita da unidade da fé. Os príncipes não devem portanto de maneira nenhuma, se querem ser fiéis ao seu dever, conceder essa liberdade".[53]

As diferenças teológicas de um lado e do outro da barreira confessional dissimularam por muito tempo a similitude desses comportamentos. E por trás dessa similitude, camuflava-se um medo único: o medo experimentado por um poder político-religioso que temia de maneira crescente todas as diversidades. Inútil, a partir daí, insistir longamente nas perseguições sofridas pelos católicos (e pelos anabatistas) na maior parte dos países protestantes: foram simétricas àquelas que atingiram os reformados nas regiões que permaneceram fiéis a Roma. Um texto de 1574 — ainda de Th. de Bèze — ilustra essa teoria e essa prática da intolerância que foram tão comuns na época: o príncipe "deve redigir e manter bons editos contra aqueles que só por obstinação desejarão resistir ao estabelecimento da verdadeira religião, como vemos em nosso tempo ter sido praticado na Inglaterra, Dinamarca, Suécia, Escócia, uma boa parte da Alemanha e da Suíça, contra o papado, por anabatistas e outros heréticos".[54]

3. UMA CIVILIZAÇÃO DA BLASFÊMIA

Essa luta sem trégua contra inimigos claramente identificados não pode ser separada da que foi conduzida ao mesmo tempo contra todo um conjunto de comportamentos considerados repreensíveis, suspeitos ou inquietantes. As autoridades civis e religiosas decidiram disciplinar uma sociedade renitente que lhes pareceu viver à margem das normas proclamadas. O vivido lhes parecia demasiadamente diferente do prescrito.[55] Entre os dois, existia um fosso que importava preencher.

C. Ginzburg, seguindo M. Bakhtin, considera que antes de Rabelais e Brueghel a circulação entre cultura erudita e cultura das massas operou-se nos dois sentidos. Daí em diante, produziu-se um corte que pôs fim a fecundas trocas subterrâneas.

> O período seguinte [escreve ele] foi ao contrário marcado seja por uma distinção continuamente mais rígida entre cultura das classes dominantes e cultura artesanal e rural, seja

pela doutrinação de sentido único das massas populares. Pode-se situar a cesura cronológica entre essas duas épocas durante a segunda metade do século XVI, em significativa coincidência com o agravamento das diferenças sociais sob o impulso da alta dos preços.[56]

Integro aqui essa explicação — sem contudo adotá-la inteiramente — porque ela sublinha, como eu mesmo faço, a nova e crescente vontade de acumulação que tomou as elites. Tratou-se então de uma "normalização", uma vez que se procurou, pela força, fazer entrar no quadro religioso e moral de uma cristandade austera populações muito frequentemente refratárias a essa ordem rigorosa.

Reveladora dessa "normalização" vigilante é a luta contra as blasfêmias. Esse é um assunto em processo de estudo[57] que aqui tratarei apenas de passagem para marcar sua importância em um contexto histórico preciso. Múltiplos documentos — cartas de remição, editos, processos diante dos tribunais leigos e eclesiásticos, manuais de confessores, obras de casuístas etc. — provam que os europeus do começo da Idade Moderna praguejavam e blasfemavam enormemente. Além disso, os contemporâneos — lembremo-nos de um texto de J. Bodin citado anteriormente[58] — tiveram a impressão de que esse pecado se tornava cada vez mais frequente. Em um tempo em que a instabilidade psíquica era grande, os indivíduos passavam constantemente em sua vida social de um extremo ao outro e da violência ao arrependimento.[59] Daí sua prontidão, nos momentos de cólera, em renegar Deus, a Virgem e os santos. Mas se pode também perguntar, contrariamente à opinião expressa conjuntamente, com dois séculos de distância, por Montesquieu, Huizinga e S. Bonnet,[60] se pragas e blasfêmias não exprimiam uma cristianização superficial, uma simpatia pela heresia, até mesmo uma adesão secreta ao ateísmo. Tal era, em todo caso, o sentimento dos autores da grande ordenação inglesa de 1648 contra as blasfêmias. Em seu espírito, tratava-se de atingir e de punir pessoas que negavam a imortalidade da alma, duvidavam das Escrituras, rejeitavam Cristo e o Espírito Santo, e até recusavam a existência de Deus.[61] Foram todos esses perigos conjugados que as autoridades da Europa da época perceberam por trás das palavras injuriosas para a religião, suscetíveis além disso de constituir um grave indício de feitiçaria: elas significavam um desvio contra o qual a Igreja e o Estado deviam juntos proteger a sociedade, ainda que não fosse senão em razão da possível vingança da ira de Deus.

Assim, uma lei de janeiro de 1416 promulgada em Portugal por João I assegura que: "Desde algum tempo certas pessoas, por seus pecados, caíram ou caem no gravíssimo pecado de heresia, dizendo, crendo e afirmando coisas que vão contra Nosso Senhor Deus e a santa madre Igreja sem temer os grandes castigos eternos e temporais previstos pelo direito comum e por nossas leis". Onze anos mais tarde, o rei volta à necessidade de uma estrita punição dos blasfemadores, pois eles atraem sobre o mundo "fomes", "pestes" e "tremores de terra".[62]

Na França, são Luís não deixou de punir os blasfemadores. Sua legislação foi constantemente retomada mais tarde, em particular sob Luís XIV (1666), mas com uma insistência significativa no final do século XV e no decorrer do XVI em textos assinados sucessivamente por Carlos VII (1460), Carlos VIII (1490), Luís XII (1510) e Francisco I (1524, 1535 e 1544). Consideradas como atentatórias à majestade divina, as palavras blasfematórias foram punidas — na França e em outras partes — com multas cada vez mais pesadas à medida que se renovavam as reincidências e com penas corporais (podendo chegar à língua cortada) quando o culpado perseverava em seus comportamentos sacrílegos.[63]

Casuístas e confessores dos séculos XVI-XVII consideraram com unanimidade que os dois grandes pecados mais frequentemente cometidos por seus contemporâneos eram a luxúria e a blasfêmia (sendo o roubo certamente muito difundido, mas menos grave). Esse era bem o caso na Espanha de Carlos V e de Filipe II. O catálogo — incompleto — do tribunal da Inquisição de Toledo, informa-nos B. Benassar, reconhece 644 processos por blasfêmias só durante o século XVI, com seiscentas condenações. Mas, evidentemente, muitos blasfemadores não eram citados na justiça, na falta de testemunhos denunciadores.[64]

Sobre a gravidade que a blasfêmia revestia aos olhos das próprias autoridades civis, o caso veneziano é revelador. Em 29 de agosto de 1500, cartas recebidas em Veneza anunciam que os turcos ocuparam Modon. Imediatamente é adotada uma lei agravando as penas contra os blasfemadores e os sodomitas. Em agosto de 1537, Corfu é sitiada; em setembro, Malvasia está em má situação. Em 20 de dezembro, o Conselho dos Dez cria uma magistratura especial, *Gli esecutori contro la bestemmia*. Os culpados desse crime passarão doravante diante de dois tribunais: o da Igreja (Inquisição) e o do Estado. Em fevereiro de 1695, um terremoto abala Veneza. Em 10 de março, publica-se um novo edito contra os blasfemadores. Assim, para os dirigentes, a blasfêmia é mais que uma reação de cólera. Desafio a Deus, ela atrai sua justa vingança sobre a coletividade. Em Veneza, assim como em Módena, os processos contra os blasfemadores parecem ter sido sobretudo numerosos entre meados do século XVI e meados do XVII, ou seja, no momento da mais viva ação da Reforma Católica. Em Módena, que conservou a esse respeito rica documentação, a virada se situa por volta de 1570. Antes, a Inquisição local pouco se ocupa de blasfêmias. Depois, e por um século, estas encabeçam as peças de acusação.

Os delitos, assim como as leis e os aparelhos de repressão enumerados acima, foram-nos fornecidos sobretudo pelos países católicos. Mas a blasfêmia grassou igualmente em país protestante, onde foi perseguida com o mesmo vigor. Calvino tentou fazer passar em Genebra uma legislação contra os blasfemadores e os "libertinos". Mas precisou compor com as resistências locais.[65] Na Alemanha, os pastores e teólogos luteranos do século XVI tiveram o sentimento — paralelo ao sentido na França por J. Bodin — de que jamais se blasfemara tanto como em seu tempo.

J. Andrae escrevia em 1568:

> Um vício execrável, desconhecido antigamente a esse grau, implantou-se entre nós: é a blasfêmia pela qual o nome do Senhor é ultrajado da maneira mais odiosa [...]. E essa hedionda blasfêmia reina em todas as condições: mulheres, velhos, jovens, até crianças [mesma reflexão, como vimos, em J. Bodin] que mal podem falar, todos a têm nos lábios, o que jamais se vira no tempo de nossos pais.[66]

Constatação idêntica, trinta anos mais tarde, da parte de J. G. Sigwart, professor em Tübingen:

> Outrora não se ouvia blasfemar senão a mais vil soldadesca. Mas [...] hoje [esse vício] tornou-se tão comum que não reina apenas em tal ou tal corporação, tal casa, tal aldeia, cidade ou país, mas quase invadiu o mundo inteiro. Já não são só os homens que praguejam, são as mulheres; não são mais apenas os velhos, mas os jovens; o senhor e o servidor, a patroa e a criada; as crianças pequenas que ainda não sabem suas orações praguejam tão bem que por vezes superam os mais velhos nessa arte execrável [...].[67]

Um superintendente de circunscrição eclesiástica, A. Musculus, contava, nessas condições, com uma punição exemplar da Alemanha:

> O novo pecado de hoje que, desde o começo do mundo e ainda nesta hora, não é tão habitual nos outros países cristãos como o é entre nós, bem merece que Deus nos visite, e nos castigue de uma maneira terrível; sem dúvida nenhuma Deus transformará um dia a Alemanha em uma caldeira fervente, onde serão lançados todos os ímpios, e isso porque a autoridade não terá reprimido nem vingado o terrível insulto feito a Deus pela blasfêmia.[68]

Assim, em grande parte da Europa do século XVI, observadores inquietos tiveram a impressão de ser confrontados com uma civilização da blasfêmia e de que feiticeiros e blasfemadores haviam se multiplicado ao mesmo tempo: indícios conjuntos de uma mesma ofensiva satânica e perigos solidários que importava combater sem trégua. Daí a insistência dos homens de Igreja quanto à necessidade de uma dura "polícia da religião". A expressão é de Calvino, que escreveu no final de *A instituição da religião cristã*:

> O policiamento não diz respeito apenas a que os homens comam, bebam e sejam apoiados em sua vida [...], mas [também] a que a idolatria, as blasfêmias contra o nome de Deus e sua verdade, e outros escândalos da religião não tomem publicamente a dianteira e sejam semeados entre o povo".[69]

Assim se explica especialmente que a Igreja e o Estado tenham por toda parte e indefinidamente repetido (mas, aparentemente, com muito pouco sucesso) a proibição dos jogos de azar. Sem dúvida foi em parte por causa das perdas de dinheiro que deles podiam resultar para pessoas sem fortuna e em parte também em razão das rixas que provocavam. Mas, sobretudo, eles davam ocasião a blasfêmias — nisso residia seu maior perigo.

4. UM PROJETO DE SOCIEDADE

Jamais a "polícia cristã" se fez tão pesada na Europa quanto uma vez estabilizadas as duas Reformas — Protestante e Católica —, sendo claro, no entanto, que o grande processo de "normalização" evocado aqui já se pusera progressivamente em marcha no decorrer de uma longa pré-reforma. Consideremos agora a luta contra as festas "pagãs". Elas constituíram outro grande capítulo da ação tenaz e multiforme para cristianizar a vida cotidiana por via autoritária e operar de maneira radical a necessária separação — necessária aos olhos da elite no poder — entre sagrado e profano. Essa ação, assim como a ação contra a blasfêmia, foi inseparável do combate conduzido ao mesmo tempo contra a feitiçaria e todos os inimigos declarados ou encobertos do nome cristão. Satã introduzira-se nos divertimentos, pervertera-os, paganizara-os, servindo-se deles além disso para confundir as hierarquias e perturbar a ordem social. Uma denúncia se impunha. As festas dos Loucos e do Inocente desapareceram progressivamente no século XVI, não subsistindo mais além senão como vestígios arcaicos. Pois aqueles que nelas preenchiam funções de paródia "profanavam os sacramentos e as dignidades eclesiásticas [e] zombavam das coisas sacramentais" — assim se exprimia já em 1444 a Faculdade de Teologia de Paris.[70] A Festa das Tochas, no primeiro domingo da quaresma, foi proibida um pouco em toda parte. Pois, declarava uma adição de 1683 às *Constituitions du diocese d'Annecy*, essas "superstições [...] não são senão um resto vergonhoso do paganismo".[71] O *calendimaggio* foi igualmente proibido na Lombardia de são Carlos Borromeu em nome da "decência" e porque ali se confundiam o sagrado e o profano.

> Fomos informados [escreveu o austero arcebispo] de um mau costume que se observa em toda a província de Milão no primeiro dia do mês de maio, em que se celebra a festa de são Tiago e são Filipe, apóstolos, de cortar árvores recém-floridas e levá-las como em espetáculo pelas cidades e pelos campos a fim de plantá-las nas ruas e diante das casas como uma forma de brincadeira e de triunfo pueril.
>
> Achamos que a coisa era de consequência e de tal natureza que se devia olhá-la como uma fonte envenenada e um viveiro de vários males. Pois há pessoas ali que, para ter esse divertimento ridículo, negligenciam assistir ao sacrifício da missa em dia de festa e no mais das vezes cortam árvores nos estabelecimentos de outrem, principalmente nas terras ou nos bosques da Igreja, o que não fazem senão com furto e mesmo com violência e por injuriosas vias de fato. Daí ocorrer grande número de pecados como as querelas, as disputas, as censuras, os ódios, as inimizades

e algumas vezes os espancamentos e os assassinatos. Esses espetáculos são comumente acompanhados de clamores da populaça que ali se diverte e do grande ruído dos instrumentos de guerra, do som dos tambores e das trombetas; o que perturba grandemente os divinos ofícios e os sermões. Em seguida as pessoas se põem a beber e a devassidão atrai as bebedeiras, as palavras sujas, as folias impudentes e desonestas, as seduções e os incentivos às obras da carne com uma infinidade de semelhantes desordens que desonram o nome e a religião de Jesus Cristo.

[Então é dada ordem ao clero de exortar "poderosamente" as populações] representando-lhes o grande pecado com os erros e os danos que fazem a seus corpos e suas almas pela observância desse costume pernicioso que ainda se prende às superstições do paganismo; que ele lhes ensine a passar esse dia em exercícios de piedade, a fazer preces e procissões, a cantar hinos e salmos [...], ao invés de se ocuparem com essas bobagens de que fazem um espetáculo, em plantar essas árvores nas ruas com uma efusão de falsa alegria e de clamores profanos.[72]

Documento exemplar e de grande alcance na época: aí se encontram com efeito, alternadamente condenados, os vestígios do "paganismo", a contaminação do sagrado por um profano invasor, os ruídos, os clamores e as libertinagens próprias dos divertimentos báquicos das multidões não controladas, e se exalta a festa cristã recolhida, ordenada, meditativa e acompanhada de oração que terá rompido com as "corrupções", "vaidades", "bobagens" e "folias" em que se compraz a "populaça". Ampliemos a afirmação: entre o domingo religioso tal como o sonhou são Carlos Borromeu e o dos puritanos ingleses havia muito mais semelhanças que diferenças.

Compreende-se melhor, a partir daí, que as fogueiras de são João tenham sido objeto da hostilidade ou ao menos da suspeita comum das autoridades católicas e protestantes. Calvino as suprimiu em Genebra, considerando-as "não apenas uma superstição, mas uma pura feitiçaria" introduzida pelo diabo[73] Em país católico, os bispos que não ousaram proibir as fogueiras de são João esforçaram-se — como Bossuet em Meaux — em fazê-las estreitametne controladas pelos eclesiásticos do lugar,[74] pois assim seriam despaganizadas.

A suspeita das Igrejas se dirigiu igualmente para as algazarras. No estado atual da pesquisa, consta que, na França do Antigo Regime (aí se acrescentando Avignon), ao menos 42 estatutos sinodais redigidos entre 1321 e 1743 em 28 dioceses diferentes condenaram as algazarras. As interdições foram repetidas com particular insistência na segunda metade do século XVI e no XVII (23 em 42).[75] A Igreja, autorizando as segundas núpcias, entendia que estas não fossem contestadas por uma opinião hostil a certos segundos casamentos marcados por grande diferença de idade entre os esposos. Com efeito, por temor das algazarras, alguns preferiam viver em concubinato a se casar. Mas, cada vez mais, outros motivos de interdição surgiram. Entendeu-se suprimir essa ocasião de "alarido, tumulto e ruídos escandalosos". "Insolências", "indecências", desordens festivas tornaram-se como tais repreensíveis aos olhos das autoridades religiosas, católicas ou protestantes.[76] Desde então, esse enquadramento da festa valeu tanto para o primeiro casamento como para os demais. Como prova, estes trechos de estatutos sinodais citados por A. Burguière:

> Os curas não tolerarão oboés, violinos ou outros instrumentos semelhantes na igreja, por ocasião dos casamentos [Beauvais, 1699].
>
> Queremos que [o casamento] seja despojado em nossa diocese dessa pompa e desse aparato profano que os pagãos costumavam nele empregar: e, com esse fim, proibimos conduzir os futuros esposos à igreja ao som de violinos, seja para o noivado, seja para o casamento, e mesmo de tocar os sinos nos noivados, como também tudo o que se chama de boas-vindas, girândolas e outros aparatos que lembram o espírito do paganismo [Laon, 1696].[77]

A despaganização e a clericalização das festas cristãs significaram ainda — e entre outras coisas — purificação dos cantos de Natal, interdição de dançar nas igrejas e nos cemitérios e de introduzir animais nos santuários, supressão dos festins de confrarias, especialmente por ocasião dos reinados (eleição do rei ou da rainha de uma confraria)[78] etc. Os documentos a esse respeito são inúmeros. Alguns falarão por todos os outros.

"Os padres advertirão cuidadosamente", ordena são Francisco de Sales em 1617, "que não se cantem nas igrejas certos natais repletos de palavras indignas, profanas e contrárias à piedade e reverência devida aos locais e coisas sagradas, como também que não se acrescentem aos salmos que se cantam na solenidade da natividade de Nosso Senhor certas palavras ridículas e cheias de blasfêmia."[79]

Sobre o mesmo assunto (e também a propósito dos batismos), eis as queixas, seguidas de proibições, do arcebispo de Avignon en 1669: "[...] Nas festas de Natal e nos batismos, cometem-se vários escândalos e irreverências na dita igreja [de Pujant], a saber, que nas festas de Natal se vai cantar impiedosamente canções de Natal que dão motivo ao mundo de escandalizar-se [...]; nos batismos, toca-se tambor até a porta da igreja".[80]

O controle das confrarias tornou-se por toda parte vigilante. "Os ditos padres", exigem as constituições sinodais de Rouen em 1618, "garantirão que os estatutos daquelas [as confrarias] que tenham sido aprovadas sejam observados sem permitir que ali se cometa qualquer abuso, nem tolerando que ali se façam danças ou banquetes às custas das confrarias, nem que os confrades realizem seu conselho e tratem de seus assuntos na igreja."[81] Os estatutos sinodais de Avranches em 1600 decretam:

> Proibimos expressamente aos irmãos das confrarias e a todas as outras pessoas de realizar seu conselho ou tratar de seus assuntos dentro da igreja. Queremos que todo o serviço que eles forem fazer pelas igrejas não seja feito ou condu-

zido por outro padre que não o cura da paróquia, ou outro comissionado por ele ou de seu consentimento. Proibimos os banquetes e bebedeiras que ali se fizeram no passado e, em suma, tudo o que ali se faz que não convém em nada à caridade de Deus e do próximo, e excomungamos todos aqueles que por uma obstinação pretendam continuar em tais abusos. Tudo o que restar das coletas e contribuições dos irmãos após o serviço divino feito, que seja empregado em oração para os mortos, nos reparos e ornamentos da igreja e outras obras de piedade.[82]

Um arcebispo de Avignon, na segunda metade do século XVII, inspecionando sua diocese, ali constata um uso desolador: na segunda-feira de Pentecostes, confrarias, sob o pretexto de levar pão à igreja, nela penetravam "em grupo e em bando com tambores, bandeiras, estandartes e outros instrumentos", chegando a licença "até essa irreverência de fazer entrar os asnos e outros animais na dita igreja".[83] A interdição seguiu-se a tal constatação. Um questionário estabelecido em 1687 por J.-N. Colbert, coadjutor do arcebispo de Rouen, resume e simboliza essa vontade clerical de doravante enquadrar severamente os ritos festivos:

> Não se passa nada na noite de Natal, na véspera dos mortos nem em outros tempos que seja indiscreto? [art. 104]. Não se entra [nas igrejas] com cães de caça, pássaros e armas de fogo? [art. 105]. Não se fazem jogos no cemitério? [art. 106]. Ali não se fazem danças? [art. 112].
> Não se fazem festins de confrarias nos dias dos padroeiros? [art. 114]. Na celebração dos casamentos, não se passa nada de contrário ao respeito devido a esse sacramento? [art. 134]. As segundas núpcias não são desonradas por tumultos, gritos e arruaças ridículas? [art. 135].[84]

Embora a legislação civil tenha continuado a tolerar em vários países as fogueiras de são João e o carnaval (ao qual a

Igreja tridentina tentou opor as "Quarenta Horas"), no entanto, a partir do século XVI poder eclesiástico e poder civil apoiaram-se mutuamente para melhor vigiar a conduta religiosa e moral das populações. Na França, por exemplo, ordenações severas e repetidas, seguindo as de Orléans (1560) e de Blois (1579), fazem do rei mais do que nunca o protetor da Igreja. A realeza se empenha inteiramente em "estender a mão" à religião. Legisla sobre a interdição das atividades servis e mecânicas aos domingos e festas obrigatórias, fazendo transferir para o dia seguinte as feiras e os mercados. Zela pelo fechamento dos cabarés durante os ofícios; para que nesse momento não se jogue boliche ou pela; para que ajuntamentos indiscretos não se sigam à missa na praça da igreja ou no cemitério. Combate as danças públicas, os jogos de azar, os banquetes de confrarias, as festas dos padroeiros demasiadamente ruidosas, as devoções suspeitas. Vigia as "recreações perigosas" e censura o teatro. Apoia os bispos que procuram diminuir os dias feriados — ocasiões de escândalos e de bebedeiras. Impõe uma ordem às procissões. E, finalmente, a partir de Luís XIV, submete à autorização as peregrinações ao estrangeiro, pretextos de vagabundagem, de desordens, da fuga para fora do reino da mão de obra e do dinheiro. Por certo, entre o prescrito e o vivido uma margem subsistiu e resistências populares não deixaram de contrariar as intenções do poder. No entanto, essa perfeita concordância entre as duas legislações — civil e eclesiástica — e a conjunção de uma centralização agressiva com o dinamismo conquistador das Reformas religiosas criaram em torno das populações uma rede cerrada de proibições, muito mais rigorosa do que no passado.

Dois textos significativos, retidos entre mil, mais uma vez nos ajudarão a fazer reviver a nova atmosfera de "ordem moral" que se abateu sobre a Europa nos séculos XVI e XVII. Eis em primeiro lugar em que termos o calvinista L. Daneau fala da dança. Através de sua diatribe, adivinha-se o sentimento de todo o corpo pastoral reformado e a ideia global que faz da religião:

Ela [a dança] incita à volúpia, o que é incompatível com a religião, pois todos os ramos da vocação cristã não nos falam senão de abstinência, de mortificação e as danças cortam todos esses laços e dão liberdade à carne para eximi-la de tais temores e cuidados e para abrir-lhe uma plena sala de prazeres para ali expandir-se em todas as suas asas [...].

Entre tantas faltas que se encontram juntas na dança, o cúmulo do mal é que os homens ali estão misturados às mulheres com inconvenientes tão grandes e tão certos testemunhos de devassidão e cobiças que não se pode ter dúvida de que a dança seja a própria invenção de Satã [...].[85]

O segundo documento é extraído dos estatutos sinodais da diocese de Evreux promulgados em 1576. Tratando, entre outras, da disciplina na igreja, eles exigem que cessem as desordens que ali são habituais, que os fiéis não ocupem no coro os lugares reservados ao clero e sobretudo que três pessoas vigilantes controlem permanentemente o comportamento dos assistentes no decorrer dos ofícios:

Devendo a igreja ser a casa de Deus e da oração e portanto um lugar sagrado, não podemos deixar de ficar tocados [é o bispo quem fala] pela irreverência do povo que ali não se comporta diferentemente de qualquer lugar em que se trate de negócios. Sabendo que exortações e advertências têm pouco poder em relação ao povo se não há alguém em pessoa para repreender e continuamente combater sua impudência, decidimos o que se segue: o cura ou seu vigário, com o acordo dos guardas da igreja, padres da paróquia, nobres, juízes se os há, escolherá três pessoas, uma entre os padres, a segunda na confraria da Caridade — se existir uma — ou na população, a terceira igualmente entre os fiéis. Eles serão de boa reputação e homens de idade de maneira a que os outros respeitem seus cabelos brancos e deverão aceitar a escolha que deles se terá feito em nome da santa obediência a Deus, ao bispo e ao seu próprio cura. Serão chamados de porteiros — *ostiarii* — da igreja em razão do ofício que lhes impomos.

Com efeito, nos dias de festa eles observarão e anotarão os nomes dos padres e paroquianos ausentes dos ofícios, investigarão por que e se eles não estão a passar o tempo no cabaré, nos jogos ou em outras ocupações seculares. No interior da igreja, zelarão para que cada um esteja no seu lugar e para que — atitude depravada e ambiciosa — pessoas do povo não ocupem as primeiras cadeiras ao lado do altar diante dos padres, atrás dos quais convém que todos se sentem, na posição própria à sua qualidade e condição. A esse respeito, os *ostiarii* terão autoridade para fazer cessar, na igreja, as habituais disputas e desacordos de precedência.

Além disso, observarão a atitude dos assistentes, como se comportam, do menor ao maior, se têm a cabeça descoberta, se ajoelham no momento oportuno, se participam do ofício com os ouvidos e com a alma, se se empenham na oração. Com reverência e modéstia, os *ostiarii* farão observações aos contraventores e os reconduzirão ao seu dever. E não permitirão sem boa razão que os fiéis saiam da igreja antes do fim da liturgia.

Para uma melhor eficácia de tal encargo, decidimos que por revezamento um dos três se manterá no coro, um outro fora do coro e o terceiro na extremidade da igreja a fim de que possam ver e inspecionar todos os assistentes [...].[86]

À leitura desses estatutos sinodais, como não evocar, do outro lado da fronteira confessional, as célebres *Ordenações eclesiásticas* redigidas por Calvino em 1541 para o uso de Genebra? Os doze decanos do consistório aí recebem a missão de "vigiar a vida de cada um, de admoestar amavelmente aqueles que [vissem] falhar e levar vida desordenada e, onde fosse o caso, fazer relato à companhia [...] encarregada de fazer as correções fraternais". Os decanos serão assistidos por *dizeniers* encarregados precisamente de vigiar seus concidadãos nos diferentes bairros da cidade, "decidido [...] que os *dizeniers* vão de casa em casa ordenar que venham ao sermão".[87] Alguns anos antes, o luterano Urbano Rhegius, feroz adversário dos anabatistas, escrevera a Filipe de Hesse: "Cabe aos pregadores incitar as pessoas à prédica por meio de boas palavras e das exortações; mas cabe à autoridade civil empregar a força [se necessário], para conduzir as pessoas à prédica ou desviá-las do erro [...]".[88]

Nunca antes o *compelle intrare* fora aplicado na Europa ocidental e central com tanto vigor e sobretudo com tanto método como na época das duas Reformas religiosas. Vigilância, esquadrinhamento, enquadramento: termos que exprimem em nossa linguagem moderna os meios empregados para tornar as populações de então mais cristãs, mais morais, mais dóceis. Assim, é preciso relacionar ao conjunto das medidas evocadas anteriormente aquelas que tenderam ao confinamento dos loucos e dos pobres. Tendo a pesquisa recente esclarecido amplamente esses dois aspectos de uma transformação social e mental, não voltaremos a isso nesta síntese final senão para acentuar a estreita solidariedade dos comportamentos elitistas diante de todas as situações aberrantes e perigosas.

Dissemos, com Foucault, que a loucura se tornara, senão para Erasmo, ao menos para muitos espíritos cultivados de seu tempo uma verdadeira obsessão. Ligada à tentação, ao pecado, aos pesadelos, à morte, ela então tomou forma de perigo público. Assim, convinha dominá-la colocando-a fora de circuito, atrás das altas muralhas de estabelecimentos correcionais. No século XVII, em Paris ou em Bicêtre, os loucos serão colocados entre os "bons pobres" (na Salpêtrière, no bairro da Madeleine) ou entre os "maus pobres" (na Correção ou nas Remissões).[89] Afirmando-se como necessidade de ordem, a modernidade européia dessacralizou a loucura. Na Idade Média, o louco e o pobre eram como peregrinos de Deus.[90] Durante o período seguinte, apareceram como seres decaídos, suspeitos e inquietantes, que perturbavam a paz pública. Convém então, como fez M. Foucault, não separar o caso dos pobres do dos loucos.

Outrora imagem de Cristo, a partir do século XIV o pobre se torna um ser que provoca medo. Os crescimentos demográficos, a alta dos preços, a pauperização salarial, o desemprego crescente, a monopolização das terras, a passagem dos homens de guerra acumulam nas cidades ou lançam nas estradas contingentes continuamente mais densos de "vagabundos agressivos, desprovidos de terra e de salário", em desocupação sazonal ou permanente. Eles são, desde então, acusados de todos os pecados capitais. Considerados ociosos, eis-los acusados de transportar consigo a peste e a heresia. Por certo, tem-se o cuidado de distinguir "bons" e "maus" pobres. Mas a mentalidade coletiva associa doravante mendigos, rixas e cabarés — testemunham as obras de Bellange, Callot e dos caravaggescos. Ela se inquieta com a linguagem misteriosa — a gíria — usada pelos frequentadores dos "pátios dos milagres" e se pergunta a que estranho governo eles obedecem. Toma como certo — e é aliás provável — que os vagabundos levam uma vida de pagãos, não fazem batizar seus filhos, raramente se aproximam dos sacramentos, preferem o concubinato ao casamento. Esses "libertinos", que se situam fora de qualquer regra, não conhecem razão nem religião.[91] Daí a necessidade de conduzi-los a elas.[92] "Doravante", escreve M. Foucault, "a miséria não é mais considerada (como na época de são Francisco de Assis) em uma dialética da humilhação e da glória, mas em uma certa relação da desordem com a ordem que a encerra na culpabilidade [...]. Ela é uma falta contra o bom andamento do Estado."[93] E, acrescentaria eu, contra a disciplina cristã. A luta contra a mendicância é portanto um dos capítulos de uma história global: a do enquadramento político-religioso de uma sociedade considerada, nas altas esferas, anárquica e renitente.

Economistas, magistrados e homens piedosos falaram a mesma linguagem a respeito dos pobres e conjugaram seus esforços para enfrentar o perigo que representavam. Em primeiro lugar — elementar necessidade de esclarecimento estatístico — tentou-se em numerosas cidades do Ocidente, no século XVI, recensear e registrar os mendigos.[94] Esse preliminar permitiria em seguida, graças a uma taxa urbana e à ação de "agências dos pobres" e de "esmolas gerais", alimentar os inválidos, dar trabalho aos saudáveis, colocar as crianças em aprendizagem, expulsar os "malandros" e proibir a mendicância. Esse primeiro tipo de organização administrativa da caridade encontra sua expressão mais acabada na grande lei inglesa de 1598, que permaneceu em vigor até 1834 e cuja aplicação estava confiada aos *overseers of the poor*. Uma taxa estabelecida no nível paroquial devia fornecer os fundos de ajuda aos pobres; a recusa de pagá-la acarretava a apreensão e a venda dos bens e até a prisão dos recalcitrantes. A mendicância era proibida. Os pobres idosos ou inválidos eram socorridos, os filhos dos ex-mendigos colocados como aprendizes até os 24 anos para os rapazes e os 21 para as moças. Os pobres válidos deviam, em princípio, receber trabalho e os *overseers* formar com essa finalidade estoques de cânhamo, lã, fio, ferro etc. Essa legislação se acrescentava à dos *Acts* anteriores, que obrigavam os pobres sem domicílio a retornar ao lugar de seu nascimento sob ameaça de sanções rigorosas — golilha, pelourinho, chicote, marca com ferro em brasa, desorelhamento, pena de morte em caso de reincidência — e proibiam alojar os sem eira nem beira.[95]

Um aperfeiçoamento desse sistema consistiu em separar os mendigos do resto da sociedade, portanto em confiná-los: uma solução descoberta simultaneamente no final do século XVI pelos papas da Reforma Católica e pelos magistrados das Províncias Unidas protestantes. Em Roma,[96] Pio V teria tido, em 1569, a ideia de concentrar os pobres em quatro bairros da cidade e de mandar distribuir-lhes alimento. Seu sucessor Gregório XIII decide em 1581 reunir todos os mendigos doentes ou estropiados de sua capital em um antigo convento. Mas o local é inadequado, e a confraria encarregada de sua gestão está malpreparada para sua tarefa. Endividada, ela capitula. Então Sexto V, com o estilo metódico que lhe é próprio, manda construir um asilo capaz de receber 2 mil pessoas. Os pobres são ali reunidos em 1587, tornando-se toda mendicância proibida nas ruas. Os inválidos são mantidos no asilo, completamente tosados e vestidos de cinza; uma alimentação conveniente lhes é assegurada. As meninas aprendem a costurar; os meninos a ler, a escrever e a exercer um ofício. Os mendigos de passagem por Roma podem beneficiar-se de três refeições no asilo; então devem tomar novamente a estrada. As penúrias que se seguem à morte de Sexto V (1590) tornam, no entanto, as autoridades incapazes de manter essa instituição.

Mas nesse final do século XVI Amsterdã tem uma *Spinhuis* ("casa onde se fia"), que alberga mendigos, prostitutas e esposas que os maridos internam por má conduta.[97] Por outro lado, um *Rasphuis* impõe a seus pensionistas raspar pau-brasil: daí seu nome. A fórmula faz escola. Em 1621, Bruxelas é dotada de um *Tuchthuys* onde os pobres fabricam tecidos. Na França, o primeiro asilo geral destinado ao encerramento dos pobres é criado em Lyon em 1614. Depois cartas patentes de 1622 e o Código Michaud em 1629 prescrevem — com pouco sucesso, é verdade — confinar os mendigos das cidades: o que o asilo geral criado em 1656 se esforça em realizar para Paris.[98] Seis anos mais tarde, um edito ordena o estabelecimento de um asilo geral em "todas as cidades e grandes burgos" do reino. A maior difusão desses estabelecimentos se situará na França nos anos 1680. Na Inglaterra, casas de correção, municipais ou de condado — os *bridewels* — existiam desde o final do século XVI. Mas cem anos depois aparecem as *workhouses*, casas de trabalho municipais que têm sua instituição generalizada por um *Act* de Jorge I em 1722. A internação dos pobres nas *workhouses* não é obrigatória, mas aquele que se recusa a nelas entrar fica privado dos auxílios paroquiais distribuídos pelos *overseers*, permanecendo a mendicância proibida. Do mesmo modo, "casas de correção" (*Zuchthäusern*) para os "sem trabalho" são abertas em Hamburgo em 1620, em Basileia em 1667, em Breslau em 1668, em Frankfurt e em Spandau em 1684, em Königsberg em 1691. Elas se multiplicarão no norte da Europa no decorrer do século XVIII.[99]

Não foi por acaso que a fórmula do confinamento dos pobres nasceu durante o período mais ativo das duas Reformas religiosas. Sem dúvida, os aspectos higiênicos, políticos e econômicos dessa luta contra a vagabundagem são evidentes:

trata-se de sanear as cidades nelas diminuindo os vetores de contágio, de reduzir o bando dos amotinadores potenciais, de remediar o desemprego, de utilizar na produção e nas "obras públicas" uma mão de obra disponível. Porém, mais ainda, trata-se de uma obra de alcance moral e religioso. Estando a pobreza agora destituída de sua nobreza de outrora e tendo o pessimismo se tornado obrigatório em relação aos pobres, já não é uma questão de ver nos mendigos enviados de Deus, "como se", escreve Vivès no *De subventione pauperum* (1526), "Cristo reconhecesse como seus pobres tão afastados de seus costumes e da santidade de vida que ele nos ensinou".[100] Ao contrário, assegura um arcebispo de Tours em 1670, eles são "a escória e o rebotalho da República, não tanto por suas misérias corporais, das quais se deve ter compaixão, quanto pelas espirituais que provocam horror".[101] A ociosidade dos preguiçosos e os pecados que se seguem chamam a cólera de Deus: ele arrisca-se a punir os Estados que os toleram. O edito de 1656, criando o asilo geral de Paris, declara a esse respeito: "A libertinagem dos mendigos chegou até o excesso por um infeliz abandono a todos os tipos de crimes, atraindo a maldição de Deus sobre os Estados, quando eles ficam impunes".[102]

Um século antes, Calvino ensinara que não querer trabalhar é tentar o Eterno e "testar além da medida o poder de Deus".[103] Para os ociosos voluntários a casa de detenção constitui portanto um justo e necessário "castigo"; e para todos os ex-mendigos que ali estão reclusos ela é um meio de redenção. Assim, não pode dispensar "postes, golilhas, prisões e calabouços", como prevê o artigo XII do edito que institui o asilo geral de Paris.[104] Além disso, precisa o regulamento desse asilo: "Nós os faremos trabalhar [os pensionistas] o tempo mais longo possível e nas obras mais rudes que suas forças e os locais onde estiverem puderem permitir".[105]

Sendo a ociosidade mãe de todos os vícios, as terapêuticas que a combatem não poderiam ser exageradas e são ao mesmo tempo educação e penitência. No *Rasphuis* de Amsterdã, o pobre que se recusasse a trabalhar era encerrado em um porão que se enchia lentamente de água. Ele só escapava do afogamento bombeando sem descanso. Esperava-se assim dar-lhe o gosto pelo trabalho.[106]

Às rudes tarefas educadoras ou salvadoras, importava acrescentar o ensinamento religioso. Os pobres deviam ser conduzidos ou reconduzidos para o interior do espaço cristão por meio de intensiva catequese e de existência monacal. Com efeito, é a uma vida conventual ritmada por uma exata prática que são obrigados os mendigos internados, sendo a finalidade a "de dar ordem ao [seu] alimento espiritual", como diziam os reitores da Caridade de Lyon.[107] Nos asilos gerais, capelães são encarregados de ensinar o catecismo aos adolescentes e aos adultos. Os regulamentos definem as missas, confissões e comunhões que serão obrigatórias e a alternância do trabalho e da oração. Em país protestante, objetivos e métodos são os mesmos. No *Zuchthaus* de Hamburgo, um diretor zela para que "todos aqueles que estão na casa cumpram seus deveres e estejam instruídos a respeito deles". Na *workhouse* de Plymouth, um *schoolmaster* "piedoso, sóbrio e discreto" preside as orações da manhã e da noite. Nos dias de festa e aos sábados à tarde ele se dirige aos internos e os instrui sobre os "elementos fundamentais da religião protestante".[108]

É provável que em país católico os objetivos religiosos das casas de internação fossem mais vigorosamente afirmados do que em terra protestante. M. Foucault, que sugere essa nuança, cita como base um sermão revelador de são Vicente de Paula ao qual nosso propósito também deve dar lugar: "O fim principal pelo qual se permitiu que se tenham recolhido aqui pessoas fora da confusão deste grande mundo e feito entrar nesta solidão [o asilo geral] na qualidade de pensionistas, não era senão para contê-los da escravidão do pecado, de ser eternamente condenados e dar-lhes o meio de gozar de um perfeito contentamento nesta vida e na outra [...]".[109]

De fato, na França, os meios devotos e especialmente a Companhia do Santo Sacramento à qual são Vicente estava ligado contribuíram, mais talvez do que as autoridades civis, para a criação e multiplicação das casas de confinamento. Vários membros influentes da companhia trabalharam para a formação da casa de Paris. Além disso, as seções locais dessa sociedade piedosa estiveram na origem da criação de um asilo geral em Orléans, em Marselha, em Angoulême. No final do século, apoiaram a ação de três jesuítas (entre os quais o padre Guévarre, autor de uma brochura intitulada *La mendicité abolie*) que percorreram a França criando asilos gerais segundo um método chamado "à capuchinho". Organizava-se uma missão, ali insistia-se sobre a necessidade de encerrar os pobres, arrecadavam-se donativos durante três dias. O produto dessa coleta permitia a arrancada da instituição, cuja manutenção era em seguida assegurada por legados e doações.[110]

A criação dos asilos gerais (onde pobres e loucos se encontravam frequentemente misturados), dos *Zuchthäusern* e das *workhouses* é para nós reveladora de um vasto desígnio de enquadramento de uma sociedade que, por seus feiticeiros, heréticos, vagabundos e loucos, mas também por suas festas "pagãs" e blasfêmias repetidas evadia-se constantemente das normas prescritas. Um processo geral de cristianização, de moralização e de unificação, desmedidamente ampliado a partir das duas Reformas, tendeu a disciplinar doravante populações que tinham vivido até então em uma espécie de liberdade "selvagem". Esse alinhamento geral, que explicamos por um grande medo cultural, permite-nos agora compreender melhor tanto as causas como o fim da caça aos feiticeiros e às feiticeiras para a qual é preciso voltar por um instante, no quadro de uma explicação global.

Localmente, a interrupção da perseguição pôde ser provocada por uma grave desorganização da existência cotidiana: como em Luxemburgo e no bispado de Basileia submetidos às extorsões da soldadesca durante a Guerra dos Trinta Anos. A justiça ali se viu paralisada, e os habitantes puseram-se a temer os homens de armas e os vagabundos mais do que a feitiçaria.

Mudara-se de inquietação. Por outro lado, é possível — mas a documentação permite verificá-lo? — que as revoltas rurais dos séculos XVI-XVII tenham servido de derivativo, aqui ou ali, para uma agressividade camponesa que de outro modo se dirigiria contra os autores de malefícios. De qualquer maneira, impossível não sublinhar a coincidência cronológica, na escala europeia, entre o tempo das revoltas e o da obsessão da feitiçaria. Os dois fenômenos remetem conjuntamente à mesma falta de segurança ontológica sentida por uma sociedade inquieta. A partir daí, em um plano geral, e não se levando em conta inevitáveis casos particulares mais ou menos aberrantes, pode-se pensar que a repressão da feitiçaria cedeu quando o medo diminuiu nos diferentes níveis da escala social. E esse abrandamento, visto de perto, produziu-se antes das grandes mudanças da legislação, antes dos grandes melhoramentos médicos, antes do triunfo da ciência. Certamente simplificando, mas com a preocupação de não considerar apenas o povo rural ou apenas a elite urbana, poder-se-ia dizer que a perseguição adormeceu quando o camponês teve menos medo dos enfeitiçadores e os homens do poder menos medo de Satã, tendo os dois temores abrandado mais ou menos ao mesmo tempo.

Na camada camponesa, o desabamento da alta dos preços após a explosão do século XVI e a estagnação demográfica do século XVII trouxeram sem dúvida um relativo alívio material. Mas agiram ao mesmo tempo os efeitos tranquilizadores de um mais estrito enquadramento pela Igreja e pelo Estado. A "ordem moral", por mais constrangedora que fosse, diminuiu provavelmente as tensões no interior das aldeias e reprimiu as tentações de desvio. O habitante dos campos (e, com mais forte razão, o das cidades) deve ter-se sentido mais bem protegido que antes, mais a cargo da autoridade civil e sobretudo do poder eclesiástico. Minha hipótese é portanto que um mais estrito controle da vida cotidiana por um Estado mais bem armado e por uma religião mais exigente diminuíram em certa medida o temor dos malefícios. A partir de 1650 mais ou menos, a aculturação intensiva conduzida pelas duas Reformas, cada uma no terreno respectivo, já obtivera sensíveis efeitos. O culto se modificara e se espiritualizara, a oração se intensificara, os pastores eram mais respeitados e mais respeitáveis. Satã recuara; seu poder e o de seus pretensos adeptos se esfacelara. O homem de Deus, em país católico como em terra protestante, era mais do que outrora o conselheiro da população. Feiticeiros e adivinhos foram marginalizados.

Ao mesmo tempo, a cultura dirigente se descontraía. Com Montaigne e Malebranche, ela empreendia a crítica da imaginação. Médicos descreviam melancolia, possessões e obsessões demoníacas como doenças mentais.[111] Desde Galileu e Descartes, progredia a ideia de que o mundo obedece a leis racionais.[112] R. Mandrou e K. Thomas certamente tiveram razão em destacar essa gradual transformação da ferramenta mental nos meios esclarecidos. Mas a isso se acrescentaram outros elementos que contribuíram para fazer recuar a uma só vez o medo do diabo e o de uma cultura selvagem e perigosa. O tão temido fim do mundo continuava não chegando. O perigo turco decrescia. Ao fim de guerras esgotantes e pela força das coisas, as pessoas se habituavam aos heréticos e, ainda que se continuasse a combatê-los no interior das fronteiras, atavam-se com os do exterior relações diplomáticas e por vezes faziam-se alianças com eles. Mais geralmente, cansou-se de procurar os inimigos de Deus: molas demasiadamente tensas acabam por desgastar-se. Após 1650, as duas Reformas perderam o fôlego. Desse modo, podiam elas doravante permitir-se uma velocidade de cruzeiro. Sabia-se nas altas esferas que as autoridades civis e religiosas tinham melhor controle da situação do que outrora. O catecismo fazia recuar o "paganismo". Enfim, uma cultura que na época do humanismo se sentira frágil e ambígua, ganhava agora estrutura e base graças aos colégios que lhe asseguravam a filtragem ideológica e a difusão. Ela já não precisava temer o assalto de forças incontroladas. Satã não era negado, mas era progressivamente dominado.

Nada de surpreendente, em consequência, se temor do Juízo Final e dos turcos, processos de feitiçaria, guerras religiosas, antijudaísmo se extenuaram ao mesmo tempo, na segunda metade do século XVII: houvera erro parcial de diagnóstico e o medo fora maior do que a ameaça. A ofensiva generalizada do Inimigo, prelúdio do fim dos tempos, não se produzira e mais ninguém podia dizer quando teria lugar. Uma cristandade, que se acreditara sitiada, desmobilizava-se.

NOTAS

INTRODUÇÃO

1. Montaigne, *Journal de voyage*, ed. M. Rat., Paris, pp. 47-8.
2. Reed. de 1957, p. 61.
3. L. Febvre, "Pour l'histoire d'un sentiment: le besoin de sécurité", em *Annales, ESC*, 1956, p. 244. Cf. também R. Mandrou, "Pour une histoire de la sensibilité", em idem, 1959, pp. 581-8. O pequeno livro de J. Palou, *La peur dans l'histoire*, Paris, 1958, refere-se essencialmente ao período posterior a 1789.
4. G. Delpierre, *La peur et l'être*, Toulouse, 1974, p. 7.
5. Froissart, *Chroniques*, ed. S. Luce, Paris, 1869, I, p. 2.
6. A. de La Sale, *Jehan de Saintré*, ed. J. Misrah e Ch. A. Knudson, Genebra, 1965, pp. 29-30. Para tudo o que se segue, cf. meu artigo "Le discours sur le courage et sur la peur à l'époque de Renaissance", *Revista de História*, São Paulo, n. 100, 1974, pp. 147-60.
7. Livro IV, canto LII.
8. As informações referentes à edição no século XVI em L. Febvre e H.-J. Martin, *L'apparition du livre*, Paris, 1958, pp. 429-32.
9. Cf. *Collection des chroniques nationales françaises*, ed. J.-A. Bucheron, Paris, 1826 e ss., II, pp. 17-8.
10. Idem, XLII, p. XXXV.
11. Ed. G. Doutrepont e O. Dodogne, Bruxelas, 1935-1937, I, p. 207.
12. *La très joyeuse, plaisante et recreative hystoire du bon chevalier sans paour et sans reproche, composée par le Loyal Serviteur*, ed. M. Petitot, Paris, 1820, 1ª série, XVI, 2, pp. 133-4.
13. Commynes, *Mémoires*, ed. Calmette, 3 vol., Paris, 1924-1925, I, pp. 23-6. Cf. J. Dufournet, *La destruction des mythes dans les mémoires de Commynes*, Genebra, 1966, p. 614.
14. *La très joyeuse... histoire du bon chevalier...*, 1, p. 307.
15. Montaigne, "De la peur", *Essais*, ed. A. Thibaudet, Paris, 1965, I, cap. XVII, p. 106.
16. Idem, II, cap. XXVII ("Couardise, mère de la cruauté"), p. 357.
17. La Bruyère, "Des grands", *Les caractères, ed.* R. Garapon, Paris, 1962, pp. 266-7.

18. Cervantes, *Dom Quichotte*, trad. L. Viardot, Paris, s. d., I, cap. XVIII, p. 126.

19. Tirso de Molina, *L'abuseur de Séville don Juan*, trad. P. Guenoun, Paris, 1968, ato III, p. 159.

20. *L'ordre de chevalerie* (1510), publicado em P. Allut, *Etude historique et bibliographie sur S. Champier*, Lyon, 1899, pp. 75-6.

21. T. More, *L'utopie*, ed. V. Stouvenel, Paris, 1945, p. 75.

22. "L'expiation", *Les châtiments*.

23. Rabelais, *Quart livre*, Paris, 1952, cap. XIX, p. 617 (La Pléiade).

24. Shakespeare, *Henry IV*, Garnier, 1961, II, parte I (ato V, cena I), pp. 244-5.

25. Cf. a esse respeito, A. Jouanna, "La notion d'honneur au XVIe siècle", *Revue d'histoire moderne et contemporaine*, out.-dez. 1968, pp. 598-623.

26. Commynes, *Mémoires*, ed. Calmette, I, pp. 32-3.

27. Montaigne, *Essais*, I, cap. XVIII, p. 107.

28. Idem, I, cap. XVIII, p. 107.

29. J. Burckhardt, *La civilization de la Renaissance en Italie*, ed. H. Schmitt e R. Klein, Paris, 1966, I, pp. 54-5.

30. Commynes, *Mémoires*, VI, p. 316.

31. Idem, pp. 288-91, 322.

32. Idem, p. 316.

33. Cf. especialmente P. Murray-Kendall, *Louis XI*, 1975, pp. 430-5.

34. Montaigne, *Essais*, II, cap. XI, p. 54.

35. E. Delannoy, "La peur au combat", *Problèmes*, abr.-maio 1961, p. 72.

36. Idem, ibidem. Cf. também J. Dollard, *Fear in battle*, Yale, 1943.

37. Cf. M. Bellet, *La peur ou la foi*, Paris, 1967.

38. Citado em F. Gambiez, "La peur et la panique dans l'histoire", em *Mémoires et communications de la commission française d'histoire militaire*, I, jun. 1970, p. 98.

39. Entrevista do guia Fernand Parreau, de Servoz.

40. G. Delpierre, *La peur et l'être*, p. 27.

41. Idem, p. 8.

42. M. Oraison, "Peur et religion", em *Problèmes*, abr.-maio 1961, p. 36. Cf. também, do mesmo autor, *Dépasser la peur*, Paris, 1972.

43. J.-P. Sartre, *Le sursis*, Paris, 1945, p. 56.

44. C. Odier, *L'angoisse et la pensée magique*, Neuchâtel-Paris, 1947, p. 236.

45. P. Diel, "L'origine et les formes de la peur", em *Problèmes*, abr.-maio 1961, p. 106.

46. G. Delpierre, *L'être et la peur*, p. 17.

47. R. Caillois, "Les masques de la peur chez les insectes", em *Problèmes*, abr.-maio 1961, p. 25.

48. G. Delpierre, *L'être et la peur*, p. 75.

49. G. de Maupassant, *Oeuvres complètes: contes de la bécasse*, 1908, p. 75.

50. Descartes, *Les passions de l'âme*, ed. P. Mesnard, s.d., I, art. 174 e 176, pp. 115-6.

51. G. Simenon, *Oeuvres complètes*, I, *Le roman de l'homme*, 1967, p. 32.

52. G. Soustelle, "La 'maladie de la frayeur' chez les indiens du Mexique", *Gazette médicale de France*, 5 jul. 1972, pp. 4252-4.

53. J.-B. Thiers, *Traité des superstitions qui regardent les sacrements*, Avignon, 1777, I, pp. 333, 337.

54. M. Oraison, "Peur et religion", em *Problèmes*, abr.-maio 1961, p. 38.

55. G. Delpierre, *La peur et l'être*, p. 130.

56. M.-A. Sèchehaye, *Journal d'une schizophrène*, Paris, 1969, especialmente p. 19.

57. Idem, p. 21.

58. E. Zola, *La débâcle*, Paris, 1892, pp. 64-5.

59. P. Salmon, "Quelques divinités de la peur dans l'antiquité gréco-romaine", *Problèmes*, abr.-maio 1961, pp. 8-10, com referências.

60. R. Caillois, "Les masques de la peur chez les insectes", idem, p. 22.

61. L. Kochnizky, "Masques africains véhicules de terreur", idem, pp. 61-2.

62. A. Sauvy, "Les peurs de l'homme dans le domaine économique et social", idem, p. 17.

63. G. Devereux, "La psychanalyse et l'histoire. Une application à l'histoire de Sparte", *Annales, ESC*, 1965, pp. 18-44.

64. M. Dommanget, *La Jacquerie*, Paris, 1971, pp. 14-5.

65. M. Eliade, *Histoire des croyances et des idées religieuses*, Paris, 1976, I, p. 80.

66. Cf. ainda G. Delpierre, *La peur et l'être*, pp. 47-54.

67. Cf. G. Le Bon, *La Révolution Française et la psychologie des foules*, Paris, 1925; *Psychologie des foules*, Paris, reed. de 1947. Cf. também G. Heuyer, *Psychoses collectives et suicides collectifs*, Paris, 1973.

68. F. Gambiez, "La peur et la panique...", p. 102.

69. Ver mais adiante, cap. V.

70. F. Antonini, *L'homme furieux: l'agressivité collective*, Paris, 1970, pp. 125-6.

71. R. Mandrou, *Magistrats et sorciers en France au XVIIe siècle*, Paris, 1968, especialmente a conclusão.

72. Além das obras citadas, utilizei especialmente: J. Boutonnier, *Contribution à la psychologie et à la métaphysique de l'angoisse*, Paris, 1945, obra fundamental; C. Odier, *L'angoisse et la pensée magique*, Neuchâtel-Paris, 1947; P. Diel, *La peur et l'angoisse, phénomène central de la vie et de son évolution*, Paris, 1956; J. Lacroix, *Les sentiments et la vie morale*, Paris, 1968; *Dictionnaire de la douleur*, de F. Lhermite etc. publicado pelos Laboratórios Roussel, Paris, 1974; a plaqueta intitulada *L'anxiété: de quelques métamorphoses de la peur*, publicada pelos Laboratórios Diamant, 1º trim. 1975; C. Sphyras, "L'anxiété et son traitement", *Provence médicale*, mar. 1975, pp. 11-4; A. Soulairac, "Stress et émotion", *Sciences et avenir*, número especial: "Cérveau et comportement", 1976, p. 27.

73. *Verbete* "Douleur morale", em *Dictionnaire de la douleur*.

74. E não só a linguagem corrente. Em um estudo médico, lê-se: "[...] A angústia e a ansiedade são ambas manifestações emocionais que traduzem um sentimento de medo". *L'anxiété*, p. 8.

75. G. Delpierre, *La peur et l'être*, p. 15.

76. Cf. especialmente R. Zazzo e outros autores, *L'Attachement*, Neuchâtel, 1974.

77. G. Bouthoul, *Traité de polémologie*, Paris, 1970, pp. 428-31.

78. K. Lorenz, *L'agression — Une histoire naturelle du mal*, Paris, 1969; *Essais sur le comportement animal et humain*, Paris, 1970; *L'envers du miroir — Une histoire naturelle de la conaissance*, Paris, 1976. Mesmas teses em: Eibl-Eibesfeld, *L'homme programmé*, Paris, 1976. A respeito desse debate, Cf. também a revista internacional *Agressologie*, publicada por H. Laborit e A. Adler, *Connaissance de l'homme*, Paris, 1955; F. Antonini, *L'homme furieux*...

79. Cf. especialmente W. Reich, *La psychologie de masse du fascisme*, Paris, 1972.

80. Cf. especialmente J. Dollard e N. E. Miller, *Personality and psychotherapy*, Nova York, 1950.

81. A. Storr, *L'instinct de destruction*, Paris, 1973, p. 20. E. Fromm, *La passion de détruire*, Paris, 1976.

82. G. Delpierre, *La peur et l'être*, pp. 31-45.

83. E. Male, *L'art religieux de la fin du Moyen Age en France*, Paris, 1931, pp. 154 e ss., e *L'art religieux après le concile de Trente*, Paris, 1932, pp. 147 e ss.

84. G. Delpierre, *La peur et l'être*, pp. 55-6.

85. Ronsard, primeiro livro dos *Poèmes*, *Oeuvres complètes*, ed. G. Cohen, 1950, II, p. 334 (La Pléiade): "Homem não vi que tanto odiasse no mundo/ Os gatos quanto eu de um ódio profundo./ Odeio seus olhos, sua fronte e seu olhar./ Vendo-os, fujo para outra parte./ Tremendo de nervos, de veias e de membros...". Cf. H. Naïs, *Les animaux dans la poésie française de la Renaissance*, Paris, 1961, pp. 594-5.

86. Especialmente *Vie économique et sociale de Rome dans la seconde moitié du XVIᵉ siècle*, 2 vol., Paris, 1957-1959 (resumido em *Rome au XVIᵉ siècle*, Paris, 1975), e em *L'alun de Rome*, Paris, 1962.

87. Citado por G. Devereux, "La psychanalyse appliquée à l'histoire", *Annales, ESC*, 1965, p. 188.

88. A. Besançon, *Histoire et expérience du moi*, Paris, 1971, p. 66.

89. *Prier et vivre en fils de Dieu*, ed. Salesianas, pp. 304-7. Agradeço ao padre Emile Bourdon, que me possibilitou ler novamente esse texto cuja lembrança me perseguia desde a infância.

90. Igreja de santo Antão, Madri.

CAPÍTULO 1

1. P. Sebillot, *Légendes, croyances et superstitions de la mer*, 2 vol., Paris, 1886, pp. 39-73.

2. Idem, pp. 58-9.

3. Essa indicação e outras do mesmo gênero sobre "a agressividade marinha" em J. Toussaert, *Le sentiment religieux en Flandre à la fin du Moyen Age*, Paris, 1963, p. 365. Essa referência foi lembrada por M. Mollat em uma exposição por ele consagrada aos perigos do mar, em seu seminário, em 1977. Utilizei muito essa conferência apaixonante e por ela agradeço vivamente a seu autor. Muito útil também, sobre o tema estudado aqui, J. Bernard, *Navires et gens de mer à Bordeaux (vers 1400-1550)*, 3 vol., Paris, 1968, II, pp. 715-64.

4. Cf. C. Villain-Gandossi, "La mer et la navigation maritime à travers quelques textes de la littérature française du XIIIe au XIVe siècle", *Revue d'histoire économique et sociale*, 1969, n. 2, pp. 150-92.

5. G. Bachelard, *L'eau et les rêves*, 1947, pp. 230-1.

6. R. Huygens, *Lettres de Jacques de Vitry*, Leiden, 1960, pp. 80-1.

7. Joinville, *Histoire de Saint Louis* (*historiens et chroniqueurs du Moyen Age*), Paris, 1952, pp. 347-8 (La Pléiade).

8. *Le saint voyage de Jherusalem du seigneur d'Anglure*, ed. F. Bonnardot, Paris, 1878, pp. 79-80.

9. *Canon Pietro Casola's pilgrimage to Jerusalem* (1494), ed. M. Newett, Manchester, 1907, p. 323.

10. Cf. H. Prescott, *Le voyage de Jérusalem au XVe siècle*, Paris, 1959, p. 119.

11. L. de Camões, *Os lusíadas*, São Paulo, Livraria Francisco Alves, s.d., V, 16, p. 258.

12. A. Jal, *Archéologie navale*, 2 vol., Paris, 1840, t. 2, p. 552.

13. L. de Camões, *Os lusíadas*, IV, 86, p. 232.

14. Obra assinada "J. P. T.", Rouen, 1600. Cf. M.-T. Fouillade e N. Tutiaux, "La peur et la lutte contre la peur dans les voyages dedécouvertes aux XVe et XVIe siècles", monografia de licenciatura datilografada, Paris, Université de Paris I, 1972, pp. 110-1.

15. L. de Camões, *Os lusíadas*, VI, 80, p. 318.

16. "De la peur, ou du défaut de courage", *Les caractères*.

17. Shakespeare, *Oeuvres complètes*, II, 1965, pp. 1476-7 (La Pléiade).

18. Idem, p. 1477.

19. G. Bachelard, *L'eau et les rêves*, p. 103.

20. Agradeço muito vivamente ao padre Witters, que indicou essa canção e a traduziu.

21. P.-G. d'Ayala, "Les imagiers du péril en mer", *Courrier des messageries maritimes*, n. 125, nov.-dez. 1971, pp. 17-24.

22. P. Sébillot, *Légendes...*, II, pp. 317-8.

23. *Léonard de Vinci par lui-même*, textos escolhidos, traduzidos e apresentados por A. Chastel, Paris, 1952, pp. 195-6.

24. F. Russel, *Dürer et son temps*, 1972, p. 159, (Time-Life).

25. Bibliothèque National, Paris, rés. Z 855 e rés. D 4722. Cf. M. Leclerc, "*La crainte de la fin du monde pendant la Renaissance*", monografia de licenciatura datilografada, Paris, Université de Paris I, 1973 pp. 48-66.

26. M. Foucault, *Histoire de la folie à l'âge classique*, Paris, ed. 1972, p. 23, e mais geralmente sobre esse assunto, pp. 22-4.

27. Shakespeare, *Oeuvres complètes*, II, p. 1481.

28. P. Sébillot, *Légendes...*, I, p. 153.

29. J.-C. Baroja, *Les sorcières et leur monde*, Paris, 1972, p. 147.

30. P. Sébillot, *Légendes...*, I, pp. 173-5.

31. Shakespeare, *La tempête*, p. 1481.

32. N.-G. Ploitis, "Le feu Saint-Elme en Grèce moderne", *Mélusine*, II, p. 117.

33. Cf. C. Jolicoeur, *Le vaisseau fantôme – Légende étiologique*, Quebec, Universidade Laval, 1970, especialmente pp. 136-9.

34. K. Thomas, *Religion and the decline of magic*, Londres, 1971, p. 92.

35. Biblioteca do Corpus Christi College, Cambridge, ms. 148, fº 33vº; e Londres, British Museum, ms. 3120, fº 31.

36. Shakespeare, *La tempête*, p. 1481.

37. M.-T. Fouillade e N. Tutiaux, *La peur... dans les voyages de découvertes...*, p. 59. Utilizei igualmente esse trabalho para o que segue.

38. J.-C. Baroja, *Les sorcières...*, p. 186.

39. P. Martyr d'Anghiera, *De orbe novo*, ed. Gaffarel, Paris, 1902, 2ª década, p. 142.

40. J. de Léry, *Histoire d'un voyage fait en la terre du Brésil*, Paris, 1927, p. 138.

41. Cf. sobre essa questão R. Caillois, "Du Kraken à la pieuvre", *Courrier des messageries maritimes*, n. 133, mar.-abr. 1973, pp. 11-7.

42. Denys-Montfort, *L'Histoire naturelle, générale et particulière des mollusques*, 6 vol., Paris, 1802. Os polvos são descritos no t. II pp. 133-412, e t. III, pp. 5-117.

43. C. Jolicoeur, *Le vaisseau fantôme...*, p. 29.

44. J. Guyard, "*Le voyage d'Italie du père Cresp*", tese de terceiro ciclo datilografada, Paris, Université de Paris IV, 1971, p. 32.

45. A. Graf, *Miti, leggende e superstizioni del Medio Evo*, 2 vol., Florença-Roma, 1893, II, pp. 363-75.

46. G. E. de Zurara, *Chronique de Guinée*, trad. L. Bourdon, Dacar, 1960, pp. 69-70.

47. L. de Camões, *Os lusíadas*, v, pp. 274-76. Alusões a Bartolomeu Dias, que descobriu o cabo em 1488, e à tempestade sofrida pela frota de Cabral em 1500, na volta do Brasil, perto do cabo da Boa Esperança. B. Dias nela pereceu.

48. J. Le Goff, "L'Occident médiéval e l'océan Indien – Un horizon onirique", em *Méditerranée et océan Indien – VIe colloque international d'histoire maritime*, Paris, 1970, pp. 243-63.

49. A. Ducellier, *Le drame de Byzance*, Paris, 1967, p. 169.

50. Essa opinião ainda na segunda metade do século XVI em Boaistuau, *Histoires prodigieuses*, Paris, 1961, p. 52.

51. R. Pillorget, "Les mouvements insurrectionnels en Provence entre 1596 et 1715", exemplar datilografado, Paris, Université de Paris IV, 1973, p. 712.

52. Citado em Y.-M. Bercé, *Histoire des croquants – Etude des soulèvements populaires au VIIe siècles dans le sud-ouest de la France*, 2 vol., Paris-Genebra, 1974, II, p. 636. M. Foisil, *La Révolte des nu-pieds et les révoltes normandes de 1639*, Paris, 1970, p. 150.

53. Citado em Y.-M. Bercé, *Histoire des croquants*, I, p. 416.

54. R. Mousnier, *Fureurs paysannes*, p. 145.

55. Citado em Y.-M. Bercé, *Histoire des croquants...*, p. 65. Cf. também M. Foisil, *La révolte des nu-pieds*, p. 189.

56. Y.-M. Bercé, *Histoire des croquants*, I, p. 205.

57. Idem, II, pp. 524-6.

58. M. Foisil, *La révolte des nu-pieds*, p. 189.

59. Idem, p. 190.

60. Citado em Y.-M. Bercé, *Croquants et nu-pieds*, Paris, 1974, p. 66.

61. Idem, especialmente pp. 41-2, 66, 131-8, 152-3, 169-75. Sobre 1789, cf. G. Lefebvre, *La Grande Peur*, pp. 45-6.

62. Idem, p. 41.

63. G. Lefebvre, *La Grande Peur*, pp. 111-3.

64. Y.-M. Bercé, *Croquants et nu-pieds*, p. 176.

65. Lutero acusa os "três muros da romanidade" no *Apelo à nobreza cristã da nação alemã* (agosto de 1520).

66. G. Nigrinus, *Apocalypsis*, Frankfurt, 1593, p. 631, citado em J. Janssen, *La civilisation en Allemagne...*, VI, p. 13.

67. C. Paillard, *Mémoires historiques sur l'arrondissement de Valenciennes*, 2 vol., Valenciennes, Societé d'Agriculture, 1878-1879, t. V-VI. Aqui, t. V, p. 306.

68. A. Flechter, *Tudor rebellions*, Londres, 1970, pp. 34-5.

69. Idem, p. 36.

70. Idem, p. 128.

71. Idem, p. 49.

72. H. Hauser, *La prépondérance espagnole*, 2. ed., 1940, p. 217.

73. Le Roux de Lincy, *Le livre des proverbes français*, Paris, 1842, II, p. 289.

74. Idem, ibidem, e p. 358.

75. Idem, p. 334.

76. M.-C. Brugaillère e M. Germain, "*Etude de mentalités à partir des proverbes français* (XIIIe-XVIe siècle)", monografia de licenciatura datilografada,

632

Paris, Université de Paris I, pp. 14-5. Mesma referência para as citações seguintes.

77. H. Institoris e J. Sprenger, *Le marteau des sorcières*, trad. A. Danet, Paris, 1973, pp. 399-400.

78. Idem, pp. 419-20.

79. J. Bodin, *La démonomanie des sorciers*, Paris, 1580, liv. III, cap. II.

80. Comunicação de M. Shamay em meu seminário.

81. J. C. Baroja, *Les sorcières...*, p. 173.

82. F. Bavoux, *Hantises et diableries dans la terre abbatiale de Luxeuil*, Mônaco, 1956, pp. 59-61.

83. Para a Suíça, por exemplo, ver os casos citados por Cohn, *Europe's inner demons*, Sussex Univ. Press, 1975, pp. 240-1, segundo E. Hoffmann-Krayer, "Luzerner Akten zum Hexen- und Zauberwesen", *Schweizerisches Archiv fur Volkkunde*, vol. II, Zurique, 1899, pp. 22-40, 81-122, 189-224, 291-325.

84. A. Macfarlane, *Witchcraft in Tudor and Stuart England*, Londres, 1970, p. 168.

85. R. Scot, *The discovery of witchcraft*, 1584, p. 374 da ed. de 1964 citada por A. Macfarlane, *Witchcraft...*, p. 168.

86. Utilizo aqui um estudo de J. L. Pearl, "Witchcraft in New France: the social aspect", 1975, que o autor me apresentou em manuscrito, especialmente pp. 11-2.

87. Capítulo VIII do *Lie-Tseu* (cerca de 300 a.C), trad. L. Wieger, *Les pères du système taoïste*, p. 199. Informação gentilmente fornecida por meu colega Jacques Gernet, a quem agradeço.

88. J. C. Baroja, *Les sorcières...*, pp. 145-6.

89. E. Delcambre, *Le concept de sorcellerie dans le duché de Lorraine au XVIe et au XVIIe siècle*, 3 vol., Nancy, 1948-1951, IV, pp. 215-6.

90. H. Institoris..., *Le marteau...*, pp. 404-5.

91. Et. Delcambre, *Le concept...*, II, p. 73.

92. H. Institoris e J. Sprenger, *Le marteau...*, pp. 355-6.

93. E. Le Roy-Ladurie, "L'aiguillette", *Europe*, 1974, pp. 134-46.

94. Textos citados por J. Estèbe, "*Protestants du Midi, 1559-1598*", tese descritiva, 2 vol. datilografados, Toulouse, 1977, II, pp. 549-50. Cf. também E. Le Roy-Ladurie, *Les paysans du Languedoc*, 2 vol., Paris, 1966, I, p. 409.

95. P. de Lancre, *L'incrédulité et mescréance du sortilège plainement convaincue...*, 1622, p. 314.

96. J. Bodin, *La démonomanie...*, 1580, p. 57.

97. H. Bouguet, *Discours exécrable des sorciers...*, 1603, p. 78. Cf. R. Mandrou, *Magistrats et sorciers en France au XVIIe siècle*, Paris, 1968, p. 149.

98. C. Berthelot du Chesnay, *Les missions de saint Jean Eudes*, Paris, 1968, p. 114.

99. J.-B. Thiers, *Traité des superstitions qui regardent tous les sacrements;* ed. consultada: 1777, II, pp. 509-15.

100. J. Bodin, *La démonomanie...*, pp. 58-9.

101. J.-B. Thiers, *Traité des superstitions qui regardent tous les sacrements*, IV, p. 519. Esses textos e os seguintes citados a partir de F. Lebrun, "Le *traité des superstitions* de J.-B. Thiers – Contribution à l'ethnographie de la France au XVIIe siècle", *Annales de Bretagne et des Pays de l'Ouest*, 1976, n. 3, p. 454.

102. Idem, IV, p. 521.

103. Idem, ibidem.

104. Idem, p. 522.

105. Idem, ibidem.

106. Idem, p. 504.

107. Idem, p. 518.

108. P. Crespet, *Deux livres sur la haine de Satan*, 1590, p. 17.

109. E. Le Roy-Ladurie, "L'aiguillette", pp. 137-8.

110. J.-L. Flandrin, "Mariage tardif et vie sexuelle", *Annales ESC*, 1972, p. 1368.

111. Montaigne, *Essais*, I, cap. XXI. Os argumentos de Montaigne são retomados por um narrador da *Sérées* de G. Bouchet, ed. Roybet, em 6 vol. (1873...), I, pp. 87-90.

112. Ver mais adiante.

113. Essa citação e a precedente nos sermões da segunda metade do século XVIII, mas como testemunhos de um "discurso" que fora mais violento nos séculos XVI e XVII. Cf. N. Perin, *"Recherches sur les formes de la dévotion populaire dans la région ardennaise à la fin du XVIIe siècle"*, tese de terceiro ciclo datilografada, Nancy, 1974, p. 33.

114. J.-B. Thiers, *Traité des superstitions... les sacremens*, I, pp. 132-8.

115. J. Delumeau, "Les réformateurs et la superstition", *Actes du colloque Coligny*, Paris, 1974, pp. 451-87, com as referências dos textos utilizados a seguir, especialmente por B. Vogler, *Vie religieuse en pays rhénan dans la seconde moitié du XVIe siècle (1556-1619)*, 3 vol., Lille, 1974, II, pp. 815-39.

116. E. von Kraemer, "Les maladies désignées par le nom d'un saint", em *Commentationes humanarum litteratum*, Helsinque, 1950, pp. 1-148. F. Laplantine, *La médecine populaire des campagnes françaises aujourd'hui*, Paris, 1978, p. 58.

117. *Historia francorum*, IV, em Migne, Patr. Lat., LXXI, Paris, 1879, col. 281.

118. J. Chartier, *Chronique de Charles VII*, ed. Vallet de Viriville, I, Paris, 1858, pp. 5-6.

119. *Gargantua*, II, Paris, Lefranc..., 1912-1913, pp. 365-6.

120. Col. *Peregrinatio...*, trad. J. Pineau, *La pensée religieuse d'Erasme*, Paris, 1923, p. 228.

121. H. Estienne, *Apologie pour Hérodote*, 1566; ed. P. Ristelhuber, 2 vol., Paris, 1879, II, pp. 324-6.

122. H. Gaidoz, "L'étymologie populaire et le folklore", *Mélusine*, IV, col. 515.

123. C. Leber, *Collections des meilleures dissertations, notices et traités particuliers relatifs à l'histoire de France*, Paris, 1838, VII, pp. 500-4.

124. Sobre as fogueiras de são João, cf. especialmente A. Van Gennep, *Manuel de folklore français contemporain*, 12 vol., Paris, 1943-1958. Aqui, I, IV, 2, especialmente pp. 1818-9.

125. J. Delumeau, "Les réformateurs et la superstition", *Actes du colloque Coligny*, pp. 474-6.

126. B. Sannig, *Collectio sive apparatus absolitionum, benedictionum, conjurationum, exorcismorum*, Veneza, 1779.

127. Cf. E. Rolland, *Faune populaire de France*, Paris, 1967, I, pp. 105-6.

128. Cf. C. Marcel-Robillard, *Le folklore de la Beauce*, VIII, Paris, 1972, p. 10.

129. Mansi XXI, p. 121: *Synodus compostellana*, anuário 1114. Agradeço ao padre Chiovaro por ter-me indicado esse texto.

130. M.-S. Dupont-Bouchat, "La répression de la sorcellerie dans le duché de Luxembourg aux XVIe et XVIIe siècles", tese (filosofia e letras) datilografada, Louvain, 1977, I, pp. 72-3. O essencial dessa tese deve ser publicado na obra coletiva *Prophètes et sorciers des Pays-Bas*.

131. Cf. a esse respeito D. Bernard, *Les loups dans le bas Berry au XIXe siècle et leur disparition au début du XXe — Histoire et tradition populaire*, Paris, 1977, sobretudo cap. VII e VIII.

132. P. de L'Estoile, *Journal*, ed. L.-R. Lefèvre, Paris, 1948, I, p. 527.

133. *Mémoires du chanoine J. Moreau sur les guerres de la Ligue en Bretagne*, publicadas por H. Waquet, Quimper, 1960, pp. 277-9.

134. P. Wolff, *Documents de l'histoire du Languedoc*, Toulouse, 1969, p. 184.

135. Cf. R. Mandrou, *Magistrats et sorciers*..., especialmente pp. 149 e 162. Para uma interpretação psicanalítica da mitologia do lobisomem, cf. E. Jones, *Le cauchemar*, Paris, 1973, e N. Belmont, "Comment on peut faire peur aux enfants", *Topique*, n. 13, 1974, pp. 106-7.

136. M.-S. Dupont-Bouchat, *La répression*..., I, p. 73.

137. Cf. E. Rolland, *Faune populaire*, I, p. 124.

138. Para esses dois documentos, sucessivamente: a) *Cinq siècles d'imagerie française* (catálogo de exposição), Musée des Arts et Traditions Populaires de Paris, 1973, pp. 90-1. Texto e gravura datam de 1820-1830 e foram impressos em Paris; b) A. D. Perpignan, G. 14 (maço): carta da cúria diocesana assinada pelo vigário capitular Léopart e dirigida aos curas da diocese. Texto em catalão traduzido pelo abade E. Cortade, que teve a gentileza de me fornecer esse documento.

139. Comunicação em meu seminário. Uma importante contribuição desse autor à história da astrologia é *Le signe zodiacal du scorpion*, Paris-Haia, 1976.

140. J. Calvin, "Advertissement...", *Oeuvres françaises*, ed. P. Jacob, pp. 112-5.

141. Citado por J. Janssen, *L'Allemagne et la Réforme*, Paris, 1902, VI, pp. 409-10.

142. Cf F. Ponthieux, "Prédictions et almanachs du XVIe siècle", monografia de licenciatura datilografada, Paris, Université de Paris I, 1973.

143. Idem, pp. 75-6: previsões de 1568. E *Un couvent persécuté au temps de Luther –Mémoires de Charité Pirkeimer*, trad. H.-P. Heuzey, Paris, 1905.

144. M. Lutero, *Oeuvres*, Genebra, Labor et Fides, 1957 e seg., VIII, p. 103.

145. Todos esses títulos de brochuras em J.-P. Seguin, *L'information en France avant le périodique: 517 canards imprimés entre 1529 et 1631*, Paris, 1964, pp. 95-100.

146. Idem, ibidem.

147. Citado em J. Janssen, *La civilisation en Allemagne*, Paris, 1902, VI, p. 388.

148. Idem, pp. 388-9.

149. Idem, p. 391.

150. E. Labrousse, *L'entrée de saturne au lion – L'éclipse de soleil du 12 août 1654*, Haia, 1974, p. 5.

151. Citado em idem, p. 25.

152. Citado em idem, p. 26.

153. Citado em idem, p. 38. Encontra-se a anedota em Pensées sur la comète de Bayle, § 51.

154. Cf. L. Thorndike, *A history of magic and experimental science*, 8 vol., Nova York, Londres, 1923-1958, III (século XIV); IV (século XV); V e VI (século XVI).

155. Cf. J. Delumeau, *La civilisation de la Renaissance*, Paris, 1973, pp. 393--402, 481-90, 571.

156. J. Burckhardt, *La civilisation de la Renaissance en Italie*, ed. Schmitt--Klein, 1958, vol. III, pp. 142-91.

157. Essas informações em K. Thomas, *Religion and decline of magic*, Londres, 1971, p. 355.

158. M. Leroux de Lincy, *Le livre des proverbes...*, I, p. 107 *(Calendrier des bons laboureurs,* 1618).

159. Idem, ibidem *(Almanach perpétuel)*.

160. K. Thomas, *Religion...*, p. 297.

161. Idem, pp. 297 e 616.

162. Idem, pp. 297 e 620.

163. Idem, p. 296.

164. Idem, p. 296.

165. Idem, p. 616.

166. J.-B. Thiers, *Traité des superstitions... les sacremens...*, I, pp. 153-229.

CAPÍTULO 2

1. Cf. mais acima, p. 87.

2. Ronsard, *Hymne des daimons*, especialmente V, p. 160-369.

3. L. Febvre, *Le problème de l'incroyance au XVIe siècle*, ed. de 1968, pp. 410-8. A respeito dos fantasmas, cf. a obra fundamental de E. Le Roy-Ladurie, *Montaillou*, Paris, 1975, pp. 576-611.

4. N. Taillepied, *Traicté de l'apparition des esprits, à scavoir des âmes séparées, fantosmes, prodiges et accidens merveilleux*, Rouen, 1600. Ed. consultada: Paris 1616, p. 139. Li o belíssimo livro de P. Ariès, *L'homme devant la mort*, Paris, 1977, no momento em que remetia a presente obra ao editor. Conto inspirar-me nele no tomo que se seguirá a este. De qualquer modo, P. Ariès deu pouco espaço à crença nos fantasmas em seu estudo, aliás muito rico e apaixonante.

5. Comunicação de H. Platelle no congresso das Sociétés Savantes, Besançon, mar. 1974.

6. Cf. J. Lecler, *Histoire de la tolérance au siècle de la Réforme*, 2 vol., Paris, 1955, I, p. 225.

7. Y. Casaux, *Marie de Bourgogne*, Paris, 1967, pp. 318-9. Agradeço ao padre W. Witters por ter chamado minha atenção para essa anedota.

8. Esses dois relatos me foram apontados por R. Muchembled, a quem agradeço: B. M. de Lille; ms. nº 795, fᵒˢ 588vº-589rº (nº 452 do *Catalogue des manuscrits* da B. M. de Lille, Paris, 1897, pp. 307-10).

9. Ronsard, *Oeuvres complètes*, ed. G. Cohen, 1950, I, p. 451 (La Pléiade).

10. Du Bellay, *Oeuvres poétiques*, ed. H. Chamard, 1923, V, p. 132.

11. N. Taillepied, *Traicté de l'apparition des esprits...*, pp. 125-6.

12. P. Le Loyer, *Discours des spectres, ou visions et apparitions d'esprits, comme anges, démons et âmes se monstrans visiblement aux hommes*, 2. ed. Paris, 1608 (t. I, liv. VI, cap. XV). A primeira edição, sob título diferente, é de 1586.

13. E. Morin, *L'homme et la mort*, Paris, ed.de 1970, especialmente pp. 132-56.

14. P. Le Loyer, *Discours des spectres...*, p. 3.

15. N. Taillepied, *Traicté de l'apparition des esprits...*, pp. 19, 34, 41, 49.

16. P. Le Loyer, *Discours des spectres...*, p. 27.

17. Idem, p. 31.

18. L. Lavater, *Trois livres des apparitions des esprits, fantosmes, prodiges et accidens merveilleux qui précèdent souvents fois la mort de quelque personnage renommé, ou un grand changement ès choses de ce monde*, s.l., 1571.

19. G. Duby, *L'an mil*, Paris, 1967, p. 76.

20. N. Taillepied, *Traicté de l'apparition des esprits...*, p. 109.

21. Idem, pp. 227, 240-1.

22. A. d'Aubigné, *Oeuvres complètes*, IV Misères, Paris, Réaume, 1873--1892, p. 56.

23. Bibl. mazarina, ms. 1337, f°s 90vº-91rº. Agradeço especialmente a Hervé Martin, professor-assistente na universidade da Alta Bretanha, que me forneceu a cópia que fez desse documento.

24. Dom Augustin Calmet, *Traité sur les apparitions des esprits et sur les vampires ou les revenants de Hongrie, de Moravie, etc.*, 2 vol. A edição consultada aqui é a de 1751, I, p. 342.

25. Idem, I, pp. 388-90.

26. Idem, I, p. 438.

27. Cf. por exemplo G. Bolleme, "Dialogue du solitaire et de l'âme damnée", *La bibliothèque bleue*, Paris, 1971, pp. 256-64 (século XVIII).

28. A. Calmet, *Traité sur les apparitions...*, II, pp. 31-151. Quanto à Romênia, cf. "L'homme", *Revue française d'anthropologie...*, n. 2, jul.-set. 1973, p. 155.

29. G. e M. Voyelle, *Vision de la mort et de l'au-delà en Provence*, Paris, 1970, p. 27.

30. *Quentiliou Jésus*, trad. Sécard, p. 134.

31. Cambry, *Voyage dans le Finistère*, Brest, Fréminville, 1836, p. 164.

32. Idem, p. 173.

33. Edição de 1945, Paris, p. XLIII.

34. Idem, p. XLII.

35. Além da obra de A. Le Braz, cf. A. Van Gennep, *Manuel...*, 1, II, Paris, 1946, pp. 800-1.

36. Y. Brekilien, *La vie quotidienne des paysans en Bretagne au XIXe siècle*, Paris, 1966, especialmente pp. 214-5.

37. L.-V. Thomas, *Anthropologie de la mort*, Paris, 1976, p. 182, e também pp. 23-45, 152, 301, 353, 511-8.

38. J.-G. Frazer, *La crainte des morts*, Paris, 1934, p. 9.

39. Confissões diante da Inquisição da Bahia de "Dona Custodia (de Faria), cristã-nova e de Beatis Antunes cristã-nova no tempo de graça", 31 de janeiro de 1592: *Primeira visitação do Santo Officio às partes do Brasil*, II *Denunciações da Bahia, 1591-1593*, São Paulo, 1925. Sobre os judeus no Brasil, Cf. A. Novinski, *Cristãos novos na Bahia*, São Paulo, 1972.

40. J.-B. Thiers, *Traité des superstitions*, I, p. 236; IV, p. 347. F. Lebrun, "Le traité...", p. 455.

41. A. van Gennep, *Manuel...*, 1, II, p. 674.

42. D. Fabre e J. Lacroix, *La vie quotidienne des paysans du Languedoc au XIXe siècle*, Paris, 1973, pp. 144-5.

43. J.-B. Thiers, *Traicté des superstitions*, I, p. 236; F. Lebrun, "Le traité...", p. 456.

44. N. Belmont, *Mythes et croyances de l'ancienne France*, Paris, 1973, p. 64.

45. Idem, p. 63.

46. A. van Gennep, *Manuel...*, 1, II, p. 791.

47. L.-V. Thomas, *Anthropologie*..., p. 301. Cf. também p. 512 dessa mesma obra.

48. F. Lebrun, *Les hommes et la mort*..., pp. 460-1. P. Ariès, *L'homme devant la mort*, pp. 289 e seg.

49. Comunicação da sra. Decornod em meu seminário.

50. L.-V. Thomas, *Anthropologie*..., p. 301.

51. A. Lottin, *Vie et mentalité d'un lillois sous Louis XIV*, Lille, 1968, p. 282.

52. J.-B. Thiers, *Traité des superstitions*, I, p. 239. F. Lebrun, "Le traité...", p. 455.

53. Idem, I, p. 185. F. Lebrun, "Le traité...", p. 456.

54. G. Welter, *Les croyances primitives et leurs survivances*, Paris, 1960, pp. 62-3.

55. *Télégramme de Brest*, de 31 de agosto de 1958. Agradeço ao sr. Mollat, que me forneceu esse texto.

56. A. Le Braz, *La légende de la mort*, II, p. 1639.

57. C. Jolicoeur, *Le vaisseau fantôme*..., pp. 20-1.

58. J. Toussaert, *Le sentiment religieux en Flandre à la fin du Moyen Age*, Paris, 1963, pp. 364-5.

59. A. Mickiewicz, *Oeuvres poétiques complètes*, 2 vol., Paris, 1845, I, p. 70.

60. P.-Y. Sebillot, *Le folklore de la Bretagne*, 4 vol., Paris, 1968, II, pp. 239-42.

61. Comunicações do sr. Ludwik Stomma (em dois colóquios realizados em Sandomierz e Varsóvia, em abril de 1976), que me autorizou a reproduzir esse quadro. Agradeço-lhe muito sinceramente.

62. Cf. a esse respeito o t. II da obra de dom Calmet, *Traité sur les apparitions*...

63. A. van Gennep, *Manuel*..., 1, II, p. 791.

64. Trato mais adiante, no final do cap. IX, do problema da possível ligação entre antissemitismo e medo de fantasmas.

65. Todas essas lembranças inspiradas no *Vocabulaire de théologie biblique*, ed. X. Léon-Dufour, Paris, 1971, c. 680-90 e 848-51.

66. Agradeço imensamente ao padre T. Rey-Mermet por ter-me chamado a atenção para esse romance.

67. G. Simenon, *Oeuvres complètes*, I, *Le roman de l'homme*, pp. 27-9. O padre F. Bourdeau indicou-me esse texto. Expresso-lhe minha gratidão.

68. J. Boutonier, *Contribution*..., pp. 134-46.

69. Idem, p. 139.

70. A. de Musset, *Poésies complètes*, 1954, p. 154 (La Pléiade).

71. G. de Maupassant, "La peur", *Contes de la bécasse*, ed. L. Conard, Paris, 1908, p. 75.

72. "La peur", publicado em *Le Gaulois*, 23 out. 1882.

73. M. Leroux de Lincy, *Le livre des proverbes*, I, p. 113 (*Comédie des proverbes*, ato I).

74. Idem, II, p. 32 (Gruther, *Recueil*).
75. Idem, I, p. 113 *(Almanach perpétuel)*.
76. Idem, *id.* (*Comédie des proverbes*, ato I).
77. Idem, I, p. 132 (Bouvelles, *Proverbes*).
78. Idem, *id.* (*Adages françois*).
79. Idem, *id.* (*Adages françois*).
80. Idem, *id.* (*Adages françois*).
81. L. de Camões, *Os lusíadas*, IV, 1, p. 176.
82. Shakespeare, *Le songe d'une nuit d'été*, p. 1197 (La Pléiade).
83. Idem, p. 1161.
84. Idem, p. 1203.
85. Idem, p. 1184.
86. Ed. Bibl. elzeviriana, Paris, 1855.
87. Idem, p. 156.
88. Idem, *id.*
89. Idem, p. 35.
90. Idem, p. 36.
91. Idem, p. 37.
92. Idem, p. 153.
93. Idem, p. 154.
94. Idem, *id.*
95. Shakespeare, *Le songe...*, pp. 1163-4.
96. M. T. Jones-Davies, *Un peintre de la vie londonienne: Thomas Dekker*, 2 vol., Paris, 1958, I, p. 294.
97. L.-V. Thomas, *Anthropologie...*, pp. 24-5.
98. Citado e traduzido em C. Schweitzer, *Un poète allemand du XVIe siècle – Etude sur la vie et les oeuvres de H. Sachs*, Paris, 1886, p. 65.
99. Ver mais acima, p. 51.
100. Dante, *L'enfer*, trad. A. Masseron, Paris, 1947, pp. 16, 36, 50, 69.
101. G. Budé, *De transitu hellenismi ad christianismum*, trad. M. Lebel, Sherbrook, 1973, pp. 8, 74, 85, 194, 198.
102. E. Tabourot Des Accords, *Les bigarrures et touches du Seigneur Des Accords, avec les apophtegmes du sieur Gaulard et les escraignes dijonnoises*, Paris, 1603, s.p. (parte IV).
103. R. Vaultier, *Le folklore pendant la Guerre de Cent Ans d'après les lettres de rémission...*, Paris, 1965, pp. 112-4.
104. Montaigne, *Journal de voyage*, pp. 109-10 (o dia da "quinta-feira gorda": festim do "Castellian").
105. M. T. Jones-Davies, *Un peintre...*, I, p. 306.
106. R. Pike, "Crime and punishment in sixteenth-century Spain", *The journal of european economic history*, n. 3, 1976, p. 694.
107. *Réponses à la violence*, 2 vol., Paris, 1977, II, p. 179 (Press Pocket).

Relatório apresentado pelo Comitê de Estudos sobre a Violência, a Delinquência e a Criminalidade.

108. M. T. Jones-Davies, *Un peintre...*, I, p. 326.
109. Idem, I, p. 392.
110. Idem, p. 247.
111. Idem, I, p. 258.
112. J.-C. Nemeitz, *Séjour de Paris*, c.-a.-d. *Instructions fidèles*, publicado em A. Franklin, *La vie privée d'autrefois*, 27 vol., Paris, 1887-1902: t. XXI, pp. 57-8.
113. Essas informações em idem, t. IV, p. 5. Cf. B. Geremex, *Les marginaux parisiens aux XIVe et XVe siècles*, Paris, 1976, pp. 27 e seg. (com bibliografia).
114. R. Vaultier, *Le folklore...*, pp. 111-2.
115. Citado em idem, p. 113. Cf. Campion, "Statuts synodaux de Saint-Brieuc", *Revue de Bretagne*, 1910, pp. 23-5.
116. Idem, p. 123.
117. Idem, pp. 169-70.
118. Idem, p. 170.
119. M. T. Jones-Davies, *Un peintre...*, I, p. 215.
120. Idem, ibidem.

CAPÍTULO 3

1. A obra fundamental sobre essa questão é agora a de J.-M. Biraben, *Les hommes et la peste en France et dans les pays européens et méditerranéens*, 2 vol., Paris-Haia, 1975-1976. Quanto às atitudes coletivas em tempo de epidemia, utilizei muito a tese de medicina de mme. M.-C. De-Lafosse, "Psychologie des foules devant les épidémies de peste du Moyen Age à nos jours en Europe", Rennes, I, 1976 (exemplar datilografado).
2. Sobre a ação dessas três doenças no século XVIII no oeste da França, cf. F. Lebrun, *Les hommes et la mort en Anjou*, Paris, 1971, pp. 367-87, e J.-P. Goubert, *Malades et médecins en Bretagne, 1770-1790*, Paris-Rennes, 1974, pp. 316-78.
3. Cf. J.-N. Biraben, *Les hommes...*, I, pp. 25-48 e 375-7; "La peste dans l'Europe occidentale et le bassin méditerranéen", *Le concours médical*, 1963, pp. 619-25 e 781-90; J.-N. Biraben e J. Le Coff, "La peste dans le haut Moyen Age", *Annales. ESC*, nov.-dez. 1969, pp. 1484-510.
4. E. Carpentier, "Autour de la Peste Noire: famines et épidémies au XVIe siècle", *Annales, ESC*, nov.-dez. 1962, p. 1082. Cf. do mesmo autor: *Une ville devant la peste: Orvieto et la Peste Noire de 1348*, Paris, 1962.
5. S. Guilbert, "A Châlons-sur-Marne au XVe siècle: um conseil municipal face aux épidémies", *Annales, ESC*, nov.-dez. 1968, p. 1286.
6. J.-N. Biraben, "La peste...", *Le concours médical*, 1963, p. 781.
7. H. Dubled, "Conséquences économiques et sociales des mortalités du

xive siècle, essentiellement en Alsace", *Revue d'histoire économique et sociale*, t. XXXVIII, 1959, p. 279.

8. J.-N. Biraben, *Les hommes...*, I, p. 121.

9. Cf. especialmente B. Benassar, *Recherches sur les grandes épidémies dans le nord de l'Espagne à la fin du XVI*ᵉ *siècle*, Paris, 1969; P. Chaunu, *La civilisation de l'Europe classique*, Paris, 1966, pp. 214-23.

10. Completar o livro de B. Benassar com J.-P. Desaive, "Les épidémies dans le nord de l'Espagne à la fin du XVIᵉ siècle", *Annales ESC*, nov.-dez. 1969, pp. 1514-7.

11. Benaerts e Samaran, *Choix de textes historiques, la France de 1228 à 1610*, Paris, 1926, pp. 34-45.

12. Boccace, *Le Décaméron*, trad. J. Bourciez, Paris, 1952, p. 15.

13. K.-J. Beloch, *Bevolkerungsgeschichte Italiens*, 3 vol., Berlim-Leipzig, 1937-1961, II, pp. 133-6, 160.

14. G. Fourquin, *Histoire économique de l'Occident médiéval*, Paris, 1969, p. 324.

15. E. Carpentier, "Autour de la Peste Noire", *Annales, ESC*, nov.-dez. 1962, p. 1065.

16. Idem, ibidem. O caso de Givry é reestudado e discutido por J.-N. Biraben, *Les hommes...*, I, pp. 157-62.

17. Cf. M. Postan e J. Titow, "Heriots and prices in Winchester manors", *English historical review*, 1959.

18. Y. Renouard, "Conséquences et intérêt démographique de la Peste Noire de 1348", *Population*, III, 1948, p. 463.

19. J.-N. Biraben, "La peste...", em *Le concours médical*, 1963, p. 781.

20. J.-N. Biraben, *Les hommes...*, I, p. 116. Cf. também D. Defoe, *Journal de l'année de la peste*, trad. J. Aynard, Paris, 1943, p. 6; F. P. Wilson, *The plague in Shakespeare's London*, Oxford, 1963, p. 212.

21. Carrière, M. Courdurie, F. Rebuffat, *Marseille, ville morte. La peste de 1720*, Marselha, 1968, p. 302.

22. G. Galasso, *Napoli spagnola dopo Masaniello*, Nápoles, 1972, p. 46.

23. K.-J. Beloch, *Bevolkerungsgeschichte...*, III, pp. 359-60. J.-N. Biraben, *Les hommes...*, I, p. 186-9.

24. J.-N. Biraben, *Les hommes...*, I, pp. 198-218.

25. Cf. A. Dominguez-Ortiz, *La sociedad española en el siglo XVII*, Madri, 1963, p. 81. P. Chaunu, *La civilisation de l'Europe classique*, Paris, 1966, p. 219.

26. J.-N. Biraben, *Les hommes...*, I, pp. 13-6. C. Carrière..., *Marseille, ville morte...*, pp. 171-8.

27. Citado em C. Carrière..., p. 163.

28. *Storia della peste avvenuta nel borgo di Busto-Arsizio, 1630*, Copenhague, J. W. S. Johnsson, 1924, p. 15.

29. Cf. por exemplo B. Benassar, *Recherches...*, p. 51. Discussão aprofundada sobre a questão em J.-N. Biraben, *Les hommes...*, I, pp. 147-54.

30. J.-N. Biraben, "La peste", *Le concours médical*, 1963, p. 785.
31. Boccace, *Le Décaméron*, p. 9.
32. D. Defoe, *Journal de l'année de la peste...*, p. 160.
33. C. Carrière..., *Marseille, ville morte...*, p. 165.
34. Storia... di Busto..., p. 29.
35. P. Gilles, *Histoire ecclésiastique des Eglises... autrefois appelées... vaudoises*, Genebra, 1644, pp. 508-9.
36. F. de Santa-Maria, *História das sagradas congregações dos cônegos seculares de S. Jorge em alga de Veneza e de S. João evangelista em Portugal*, Lisboa, 1697, p. 271. Agradeço ao sr. Eugenio dos Santos pelas fotocópias dessa obra.
37. Essa chamada e o que se segue a partir de H. Mollaret e J.-B. Rossolet, "La peste, source méconnue d'inspiration artistique", *Jaarboeck 1965: Koninsklijk Museum voor schone Kunsten*, Antuérpia, pp. 61-7.
38. Cf. *Légende dorée*, 4 de agosto.
39. E. Carpentier, *Une ville devant la peste...*, p. 125 e peça justificativa n. III.
40. Agora na Niedersachsische Landesgalerie de Hanover. Sobretudo: H. Mollaret e J. Brossollet, "La peste, source...", pp. 61-7.
41. Nuremberg, Germanisches National Museum. Cf. também M. Meiss, *Painting in Florence and Siena after the Black Death*, Princeton, 1951, p. 77.
42. Reprodução em J. Delumeau, *La civilisation de la Renaissance*, Paris, 1973, ilustração 29, pp. 68-9. Bayerisches Staatsgemäldesammlung de Munique.
43. Benaerts..., *Choix de textes..., 1348-1610*, pp. 34-5.
44. Citado em M. Devèze. *L'Espagne de Philippe IV, 1621-1665*, Paris, 1971, II, p. 318.
45. D. Defoe, *Journal... de la peste*, p. 135.
46. C. Carrière, ..., *Marseille, ville morte...*, p. 163.
47. Idem, p. 166.
48. J.-N. Biraben, "La peste", *Le concours médical*, 1963, p. 620.
49. C. Carrière, ..., *Marseille, ville morte...*, pp. 15-7.
50. Cf. H. Mollaret e J. Brossollet, "La peste, source...", pp. 15-7.
51. B. Benassar, *Recherches...*, p. 53.
52. D. Defoe, *Journal... de la peste*, p. 83.
53. C. Carrière, ..., *Marseille, ville morte...*, pp. 303-6.
54. Boccace, *Le Décaméron*, p. 15.
55. A. Manzoni, *Les fiancés*, trad. R. Guise, Paris, 1968, 2 vol., II, p. 64.
56. C. Carrière, ..., *Marseille, ville morte...*, p. 304.
57. J. Delumeau, *Le catholicisme entre Luther et Voltaire*, Paris, 1971, p. 241.
58. M. Meiss, *Painting in Florence...*, p. 77. Excelente estudo local do culto de são Sebastião dos srs. Anthony e Schmitt, *Le culte de saint Sébastien en Alsace*, Estrasburgo, 1977.

59. B. Guedes, *Breve relação da fundação do colégio dos meninos órfãos de Nossa Senhora da Graça*, Porto, 1951, p. 235. Texto gentilmente fornecido por E. dos Santos.

60. Citado em M. Devèze, *L'Espagne de Philippe IV, 1621-1665*, II, p. 318.

61. D. Defoe, *Journal... de la peste*, p. 72.

62. C. Carrière, ..., *Marseille, ville morte...*, pp. 86-7.

63. Texto do frei Benedetto Cinquanta citado por R. Quazza, *La preponderanza spagnuòla*, Milão, 1950, p. 59.

64. E. Carpentier, *Une ville devant la peste...*, p. 100.

65. S. Guilbert, "A Châlons-sur-Marne...", *Annales, ESC*, nov.-dez. 1968, p. 1285.

66. B. Benassar, *Recherches...*, pp. 52-3.

67. A. Manzoni, *Les fiancés*, II, p. 56; C. Carrière, ..., *Marseille, ville morte...*, p. 61.

68. A. Manzoni, *Les fiancés*, II, p. 58.

69. Texto citado por L. Chevalier em *Le choléra, la première épidémie du XIXe siècle*, La Roche-sur-Yon, 1958, p. 5 (Bibliothèque de la Révolution de 1848, t. XX).

70. Idem, p. 93.

71. J.-N. Biraben, "La peste...", em *Le concours médical*, 1963, p. 786.

72. Boccace, *Le Décaméron*, p. 18.

73. D. Defoe, *Journal... de la peste*, pp. 24-5.

74. C. Carrière, ..., *Marseille, ville morte...*, p. 66.

75. L. Chevalier, *Le choléra...*, p. 15.

76. B. Benassar, *Recherches...*, pp. 52 e 58.

77. M. Devèze, *L'Espagne de Philippe IV, 1621-1665*, II, p. 318.

78. D. Defoe, *Journal...de la peste*, p. 66.

79. Idem, p. 122.

80. Documentos inéditos na posse do sr. Jean Torrilhon, que gentilmente os forneceu a mim.

81. H. Mollaret e J. Brossolet, "La peste, source...", p. 30.

82. D. Defoe, *Journal...de la peste*, p. 99.

83. F. de Santa-Maria, *Historia...*, pp. 270-2.

84. A. Manzoni, *Les fiancés*, II, p. 105.

85. D. Defoe, *Journal...de la peste*, p. 134.

86. Sucessivamente C. Carrière, ..., *Marseille, ville morte...*, p. 104; depois L. Chevalier, *Le choléra...*, p. 131.

87. A. Manzoni, *Les fiancés*, II, p. 77: texto de Ripamonti, *De peste quae fecit anno 1630*, Milão, 1940, p. 81.

88. C. Carrière, ..., *Marseille, ville morte...*, pp. 78-9.

89. D. Defoe, *Journal...de la peste*, p. 70.

90. Idem, p. 59.

91. Idem, p. 145.

92. C. Carrière, ..., *Marseille, ville morte*..., p. 124.

93. Idem, p. 109.

94. D. Defoe, *Journal...de la peste*, p. 68.

95. C. Carrière, ..., *Marseille, ville morte*..., p. 82.

96. A. Paré, *Oeuvres*, ed. P. Tartas, Paris, 1969 (segundo a ed. de 1585), III, p. VIIICXLV. Sobre esse tema, J.-N. Biraben, *Les hommes*..., II, pp. 37-8.

97. Le Maistre, *Conseil préservatif et curatif des fièvres pestilentes*, Pont-à--Mousson, 1631, p. 62.

98. M. Bompart, *Nouveau chasse-peste*, Paris, 1630, p. 6.

99. L.-A. Muratori, *Del governo della peste, e delle maniere di guardarsene*, Módena, 1714, p. 329. Cf. também pp. 328-36 e 408-15. Agradeço a B. Benassar por ter chamado minha atenção para esse texto.

100. Citado por L. Chevalier, *Le choléra*..., p. 45.

101. Cf. H. Mollaret e J. Brossolet, "La peste, source...", pp. 40-1.

102. A. Paré, *Oeuvres*, III, p. VIIICXLIV-XLV.

103. M. Bompart, *Nouveau chasse-peste*, p. 39.

104. Tucídides, *Guerre du Péloponnèse*, trad. J. Voilquin, Paris, 1966, Iª, II, cap. LII, p. 143.

105. Boccace, *Le Décaméron*, p. 10.

106. D. Defoe, *Journal...de la peste*, pp. 30-1.

107. C. Carrière, ..., *Marseille, ville morte*..., p. 110.

108. D. Defoe, *Journal... de la peste*, pp. 60-1.

109. J.-N. Biraben, "La peste...", em *Le Concours médical*, 1963, p. 789.

110. Tucídides, *Guerre du Péloponnèse*, II, cap. LIII, pp. 143-4.

111. Boccace, *Le Décaméron*, p. 10.

112. Th. Gumble, *La Vie du général Monk*, trad. francesa, Rouen, 1672, p. 265.

113. Cf. W. L. Langer, "The next assignment", *American Historical Review*, jan. 1958, p. 298.

114. C. Carrière, ..., *Marseille, ville morte*..., pp. 102-3.

115. D. Defoe, *Journal... de la peste*, pp. 139-40.

116. Idem, p. 141.

117. Idem, pp. 55, 71 e 98.

118. Idem, p. 72.

119. Montaigne, *Les essais*, Thibaudet, III, cap. XII, pp. 290-1.

120. M. Devèze, *L'Espagne de Philippe IV, 1621-1665*, II, p. 318.

121. D. Defoe, *Journal...de la peste*, p. 58.

122. A. Manzoni, *Les fiancés*, II, p. 77.

123. D. Defoe, *Journal...de la peste*, p. 38.

124. Idem, p. 86.

125. Idem, pp. 95, 131-44.

126. S. Pepys, *Journal*, ed. H. W. Wheatley, V, p. 65 (3 de setembro de 1665).

127. D. Defoe, *Journal...de la peste*, p. 57.
128. Cf. E. Male, *L'Art religieux de la fin du Moyen Âge*, Paris, 1908, pp. 375 e seg., 423 e seg.; J. Huizinga, *Le déclin du Moyen Âge, pp.* 141-55; M. Meiss, *Painting in Florence...*, cap. II; A. Tenenti, *La vie et la mort à travers l'art du XVe siècle*, Paris, 1952, e as indicações bibliográficas que figuram em W. L. Langer, "The new assignment", p. 297.
129. H. Mollaret e J. Brossolet, "La peste, source...", pp. 70-6.
130. Idem, p. 74.
131. F. Viatte, "Stefano Della Bella: le cinque morti", em *Arte illustrata*, 1972, pp. 198-210.
132. Sobre tudo isso, H. Mollaret e J. Brossolet, "La peste, source...", pp. 13-26.
133. Citado em J. Rousset, *Anthologie de la poésie baroque française*, Paris, 2 vol., 1968, II, p. 148.
134. Cf. U. Ruggeri, "Disegni del Grechetto", em *Critica d'arte*, 1975, pp. 33-42.
135. B. Benassar, *L'Homme espagnol*, Paris, 1975, p. 187.
136. Freour..., "Réactions des populations...", *Revue de psychologie des peuples*, 1960, p. 72.
137. Benaerts, ..., *Choix de textes...*, pp. 33-5.
138. Citado em J. Janssen, *L'Allemagne et la Réforme*, VII, p. 106.
139. B. Benassar, *Recherces...*, p. 56.
140. A. Manzoni, *Les fiancés*, II, p. 75.
141. G. Galasso, *Napoli spagnuola...*, p. 45.
142. C. Carrière, ..., *Marseille, ville morte...*, pp. 87-8.
143. Idem, p. 100.
144. *Sämmtliche Werke* (ed. Erlangen-Franckfurt), XXII, pp. 327-36.
145. F. P. Wilson, *The plague...*, p. 159.
146. J. W. Johnsson, *Storia della peste...*, pp. 66-7.
147. Citado em M. Mollat, *Genèse médiévale...*, p. 40.
148. Boccace, *Le Décaméron*, p. 11.
149. J. Janssen, *L'Allemagne et la Réforme*, VII, p. 412.
150. J. W. Johnsson, *Storia della peste...*, p. 27.
151. D. Defoe, *Journal...de la peste*, p. 95.
152. C. Carrière, ..., *Marseille, ville morte...*, p. 79.
153. Boccace, *Le Décaméron*, p. 10.
154. Cf. especialmente A. Manzoni, *Les fiancés*, II, pp. 73-6; C. Carrière, *Marseille, ville morte...*, pp. 77, 93-4.
155. D. Defoe, *Journal... de la peste*, pp. 30-1, 73-4.
156. Todas essas informações reunidas por J.-N. Biraben, *Les Hommes...*, I, p. 175.
157. Benaerts..., *Choix de textes...*, pp. 34-5.
158. B. Benassar, *Recherches...*, p. 56.

159. A. Manzoni, *Les fiancés*, II, pp. 76-7.
160. Tadino citado por A. Manzoni, *Les fiancés*, II, pp. 63-4.
161. D. Defoe, *Journal... de la peste*, p. 149.
162. C. Carrière, ..., *Marseille, ville morte...*, p. 103.
163. Idem, pp. 88-98.
164. Idem, p. 100.
165. J. W. Johnsson, *Storia della peste*, p. 13.
166. Citado em M. Mollat, *Genèse médiévale...*, p. 42. Cf. também J.-N. Biraben, *Les Hommes...*, II, pp. 9-14.
167. P. Marcellin, *Traité de peste*, Lyon, 1639, p. 6.
168. M. Bompart, *Nouveau chasse-peste*, p. 3.
169. C. Carrière, ..., *Marseille, ville morte...*, p. 161.
170. Benaerts..., *Choix de textes...*, pp. 34-5.
171. Boccace, *Le Décaméron*, p. 8.
172. D. Defoe, *Journal...de la peste*, pp. 33-5.
173. Cf. E. Wickersheimer, "Les accusations d'empoisonnement portées pendant la première moitié du XIVe siècle contre les lépreux et les juifs; leurs relations avec les épidémies de peste", IV Congresso Internacional de História da Medicina (Bruxelas, 1923), Antuérpia, 1927, pp. 6-7.
174. Idem, p. 1.
175. Idem, pp. 4-5.
176. A. Lopez de Menezes, "Una consecuencia de la Peste Negra en Cataluña: el pogrom de 1348", *Sefarad*, Madri-Barcelona, 1959, ano XIX, fasc. I, pp. 92-131. Cf. também A. Ubieto-Arieta, "La Peste Negra en la Península Ibérica", *Cuadernos de Historia*, Madri, 1975, pp. 47-67.
177. Benaerts e Samaran, *Choix de textes...*, pp. 33-5.
178. A. Lopez de Menezes, "Una consecuencia...", p. 93.
179. B. Benassar, *Recherches...*, p. 49.
180. R. Baehrel, "Epidémie et terreur", *Annales historiques de la Révolution Française*, XXIII, 1951, p. 139.
181. J. W. Johnsson, *Storia della peste...*, p. 19.
182. D. Defoe, *Journal...de la peste*, p. 21.
183. Anedota retomada em A. Manzoni, *Les fiancés*, II, p. 70.
184. Cf. A. Manzoni, *Les fiancés*, II, p. 171.
185. Todas essas informações em E. W. Monter, "Witchcraft in Geneva", *Journal of Modern History*, vol. XLIII, n. 1, mar. 1971, pp. 183-4.
186. R. Baehrel, *Epidémie et terreur...*, pp. 114-5.
187. *Sämmtliche Werke*, Erlangen, XXII, pp. 327-36.
188. D. Defoe, *Journal... de la peste*, pp. 126-7.
189. Idem, p. 41.
190. Sucessivamente Lutero, *Sämmtliche Werke*, XXII, A. Paré, *Textes choisis*, p. 155; D. Defoe, *Journal...de la peste*, p. 63.

191. L. Chevalier, *Le Choléra...*, p. 19.
192. Mesmas referências da nota 190.
193. H. Renaud, "Les maladies pestilentielles dans l'orthodoxie islamique", *Bulletin de l'institut d'hygiène du Maroc*, III, 1934, p. 6.
194. A. Paré, *Oeuvres*, III, p. VIIICCXXXIX.
195. T. Vicary, *The english mans treasure*, 1613, p. 223.
196. D. Defoe, *Journal...de la peste*, p. 167.
197. Idem, p. 62.
198. C. Carrière, ..., *Marseille, ville morte...*, p. 76.
199. L. Chevalier, *Le Choléra...*, p. 136.
200. Esse texto e as informações precedentes em F. P. Wilson, *The plague in Shakespeare's London*, pp. 138-39.
201. Essa identificação e as informações que se seguem em H. Mollaret e J. Brossolet, "La peste, source...", pp. 97-9.
202. Cf. as distinções de B. Benassar, *Recherches...*, p. 55. Cf. também sobre as procissões, J.-N. Biraben, *Les hommes...*, II, pp. 65-9.
203. A. Manzoni, *Les fiancés*, I, p. 69.
204. J. W. Johnsson, *Storia della peste...*, p. 23.
205. C. Carrière, ..., *Marseille, ville morte...*, p. 123.
206. J. Blanco-White, *Cartas de España*, Madri, 1972, pp. 164-5. Agradeço a B. Benassar por ter chamado minha atenção para esse documento.
207. J.-N. Biraben, *Les hommes...*, II, pp. 56-7.
208. Idem, pp. 71-2.
209. J. W. Johnsson, *Storia della peste...*, p. 23.
210. Citado em H. Mollaret e J. Brossolet, "La peste, source...", p. 79.
211. Cf. *Vita sti Rochi, auctore Fr. Diedo*, em *Acta sanctorum*, agosto, III, pp. 399-407; *Acta brevoria, auctore anonymo*, idem, pp. 407-70. Referências gentilmente fornecidas pelo padre W. Witters.
212. D. Defoe, *Journal...de la peste*, p. 167.
213. C. Carrière, ..., *Marseille, ville morte...*, p. 118.
214. Benaerts..., *Choix des textes...*, pp. 34-5.

CAPÍTULO 4

1. Y.-M. Bercé, *Histoire des Croquants...*, t. 2, pp. 674-81.
2. D. Mornet, *Les origines intellectuelles de la Révolution Française*, 2. ed., Paris, 1934, pp. 443-6.
3. G. Rude, *The crow in history, 1730-1848*, Nova York-Londres, 1964, p. 35. Cf. também *Violence and civil disorder in italian cities, 1200-1500*, ed. L. Martines, Berkeley, 1972.
4. N. Z. Davis, *Society and culture in early modem France*, Stanford, 1975, pp. 152-87 com bibliografia, pp. 315-16.

5. G. Lefebvre, *La Grande Peur de 1789*, Paris, 1932, p. 61. O livro de G. Lefebvre deve ser completado com os estudos de H. Dinet, "La Grande Peur en Hure-poix", *Paris et Ile-de-France*, Paris, 1970, XVIII-XIX, pp. 99-204; "Les peurs du Beauvaisis e du Valois, juillet 1789", idem, 1972-1973, XXIII-XXIV, pp. 199-392. O autor insiste na diversidade dos medos e em sua desigual distribuição geográfica. A concomitância dos pânicos autoriza a manter, contudo, a expressão Grande Medo.

6. G. Le Bon, *La Révolution Française et la psychologie des foules*, Paris, 1925; *Psychologie des foules*, Paris, 1947.

7. M. Garden, *Lyon et les lyonnais au XVIIIe siècle*, Paris, pp. 582-92.

8. Utilizo aqui uma análise apresentada em meu seminário pela sra. Laurence Fontaine.

9. A obra de E. J. Hobsbawn, *Les primitifs de la révolte dans l'Europe moderne* (ed. francesa de 1963), também permite esse olhar retroativo.

10. E. Morin, *La rumeur d'Orléans*, Paris, 1969, p. 108.

11. R.-H. Turner, "Collective behavior", *Handbook of modern sociology*, ed. R. E. L. Faris, Chicago, 1964, p. 398.

12. *Ouest-France*, 7 mar. 1975.

13. E. Morin, *La rumeur...*, condensado das pp. 11-116.

14. Para não adensar a bibliografia, remeto apenas a M. I. Pereira de Queiroz, *Réforme et révolution dans les sociétés traditionnelles: histoire et ethnologie des mouvements messianiques*, Paris, 1968.

15. Idem, pp. 81-7. Cf. também E. J. Hobsbawn. *Les primitifs de la révolte*, pp. 73-91.

16. Idem, p. 139.

17. Idem, pp. 72-5. Cf. também H. Cantril, *The psychology of social movements*, Nova York, 1948, pp. 139-40.

18. Cf. sobretudo P. Lawrence, *Le culte du cargo*, Paris, 1974; P. Worsley, *Elle sonnera la trompette*, Paris, 1977.

19. Cf. sobretudo J. Macek, *Jean Hus et les traditions hussites*, Paris, 1973; R. Friedenthal, *Hérétique et rebelle*, Paris, 1977; M. Mollat e Ph. Wolff, *Ongles bleus, Jacques et Ciompi – Les révolutions populaires aux XIVe et XVe siècles*, Paris, 1970, pp. 251-70.

20. Cf. a monografia de F. Graus, "*Metskà chudina v dobe predhusitoke*", Praga, 1949.

21. Por exemplo, na Alemanha às vésperas da guerra dos camponeses. Cf. a esse respeito J. Janssen, *La civilisation en Allemagne depuis la fin du Moyen Age jusqu'au commencement de la Guerre de Trente Ans*, 9 vol., Paris, 1887-1914, II, pp. 439-46.

22. J. Macek, *Jan Hus...*, p. 127.

23. Idem, p. 139.

24. N. Cohn, *Les fanatiques de l'Apocalypse*, Paris, 1962, pp. 243-60.

25. P. Dollinger, *Histoire de l'Alsace*, Toulouse, 1970, pp. 212-13.

26. F. Engels, *La guerre des paysans en Allemagne*, trad. E. Bottigelli, Paris, 1974, p. 55.

27. Citado em N. Cohn, *Les fanatiques...*, pp. 247-8.

28. Citado em idem, p. 268. Ver nesse livro a bibliografia, pp. 336-7. Cf. também J. Lecler, *Histoire de la tolérance au siècle de la Réforme*, 2 vol., Paris, 1955, I, pp. 213-5.

29. Expressão de M. Le Lannou em *Le déménagement du territoire*, Paris, 1967.

30. J. Froissart, *Chroniques*, Société Histoire de France, 1874, V, (1356), pp. 60 e 71.

31. Cf. M. Mollat e Ph. Wolff, *Ongles bleues, Jacques et Ciompi...*, pp. 116-8.

32. Cf. especialmente L. Mirot, *Les insurrections urbaines au début du règne de Charles VI*, Paris, 1906.

33. J. Froissart, *Chroniques*, X (1381), p. 95.

34. Cf. G. Lefebvre, *La Grande Peur de 1789*. H. Dinet, os dois longos artigos citados na nota 5.

35. Comparação estabelecida por Y.-M. Bercé, *Histoire des croquants*, II, p. 694; *Croquants et nu-pieds*, Paris, 1974, p. 168.

36. N. Wachtel, *La vision des vaincus – Les indiens du Pérou devant la conquête espagnole*, Paris, 1971, pp. 272-3. Cf. também J. Neumann, *Révoltes des indiens Tarahumars (1626-1724)*, trad., introd. e com. L. Gonzales, Paris, 1969, especialmente p. 61.

37. Palavras do deputado Cravioto citadas em J. A. Meyer, *Apocalypse et révolution au Mexique – La guerre des cristeros 1926-1929*, Paris, 1974, p. 42.

38. N. Wachtel, *La vision...*, pp. 275-6.

39. J. Neumann, *Révoltes...*, p. 61.

40. J.-A. Meyer, *Apocalypse...*, p. 77.

41. J. Froissart, *Chroniques...*, V (1357), pp. 94-5.

42. C. Portai, "Les insurrections des Tuchins", em *Annales du Midi*, 1892, pp. 438-9.

43. F. Chabod, "L'epoca di Carlo V", em *Storia di Milano*, IX, p. 392. As populações fugiam especialmente para a vizinha Veneza.

44. Don J. Vaisette, *Histoire générale du Languedoc*, 1889, XII, col. 1280--1282.

45. H. J. von Grimmelshausen, *Les aventures de Simplicius Simplicissimus*, trad. M. Colleville, Paris, 1963, I, p. 59.

46. Carta de mme. de Sévigné de 5 de janeiro de 1576 em P. Clément, *La police sous Louis XIV*, Paris, 1886, p. 314. Cf. Y.-M. Bercé, *Histoire des croquants...*, I, p. 63.

47. Y.-M. Bercé, *Histoire des croquants...*, I, p. 63.

48. Idem, ibidem.

49. M. Mollat (coord.), *Histoire de l'Ile-de-France*, Toulouse, 1971, p. 289.

50. Y.-M. Bercé, *Histoire des croquants...*, pp. 549-50.

51. Idem, p. 562.

52. Idem, p. 549.

53. J. Delumeau, *Vie économique et sociale de Rome dans la seconde moitié du XVIe siècle*, 2 vol., Paris, 1957-1959, t. 2, pp. 542-3. Cf. também F. Braudel, *La Méditerranée et le monde méditerranéen à l'époque de Philippe II*, 2 vol., 2. ed., Paris, 1966, II, pp. 75-96.

54. G. Roupnel, *La ville et la campagne au XVIIe siècle – Etude sur les populations du pays dijonnais*, 2. ed., Paris, 1955, p. 12.

55. J. Delumeau, *Vie économique...*, II, p. 564.

56. J.-P. Gutton, *La société et les pauvres en Europe (XVIe-XVIIIe siècle)*, Paris, 1974, pp. 27-30.

57. F. Braudel, *La Méditerranée...*, II, p. 81.

58. R. Mousnier, *Fureurs paysannes – Les paysans dans les révoltes du XVIIe siècle (France, Russie, Chine)*, Paris, 1967, p. 165; J.-P. Gutton, *La Société...*, p. 31.

59. R. Cobb, *La protestation populaire en France, 1789-1820*, Paris, 1975, p. 315.

60. J. Lebeau, *Salvator mundi: l'exemple de Joseph dans le théâtre allemand du XVIe siècle*, 2 vol., Neuwkoop, 1977, I, pp. 367, 477.

61. R. Mandrou, *Introduction à la France moderne*, Paris, 1961, pp. 28-35, 64.

62. P. Goubert, *Louis XIV et vingt millions de Français*, Paris, 1966, p. 167.

63. A.-M. Piuz, "Alimentation populaire et sous-alimentation au XVIIe siècle. Le cas de Genève et de sa région", em *Pour une histoire de l'alimentation*, coord. J.-J. Hemardinquer, Paris, 1970, p. 143.

64. Idem, pp. 129 e 140.

65. Cf. Messance, "Les années où le blé a été le plus cher ont été en même temps celles où la mortalité a été la plus grande et les maladies plus communes", *Recherches sur la population*, 1756. Citado por R. Mandrou, *La France aux XVIIe et XVIIIe siècles*, 3. ed. 1974, p. 99.

66. Arquivo nacional, p. 1341, f°s 280 e ss. Citado em *Etudes...sur la pauvreté...*, coord. M. Mollat, II, p. 604.

67. Parte mais grosseira do farelo.

68. *Etudes...sur la pauvreté...*, ed. M. Mollat, II, p. 605.

69. J. Delumeau, *Vie économique...*, II, p. 622.

70. A.-M. Puiz "Alimentation...", p. 131.

71. F. Lebrun, *Les Hommes et la mort...*, p. 338.

72. Idem, p. 339.

73. Idem, p. 345.

74. H. Platelle, *Journal d'un curé de campagne au XVIIe siècle*, Paris, 1965, pp. 90-4, citado em P. Goubert, *L'Ancien Régime*, 2 vol., Paris, 1969-1973, I, pp. 49-50.

75. A. Malet e J. Issac, *XVIIe et XVIIIe siècle*, Paris, 1923, p. 113, citando A. Feuillet, *La misère au temps de la Fronde et saint Vincent de Paul*, Paris, 1868.

76. Idem, ibidem.
77. G. G. Roupnel, *La ville...*, p. 32.
78. Cf. R. Mandrou, *Introduction...*, p. 34. Ela era frequente na Europa central durante a Idade Média: F. Curschmann, *Hungersnöte im Mittelalter*, Leipzig, 1900.
79. H. de Villalobos, *Somme de théologie morale et canonique*, trad. francesa 1635, cap. X. Justificações para a antropofagia também em Azpicuelta, *Abrégé du manuel...*, trad. francesa 1602, p. 271, e em E. Sa, *Les aphorismes des confesseurs*, trad. francesa 1601, verbete "Manger".
80. P. Goubert, *Beauvais et le Beauvaisis de 1600 à 1730*, Paris, 1960, pp. 76-7.
81. Cf. F. Braudel, *Civilisation matérielle...*, Paris, 1967, I, pp. 89-91.
82. A.-M. Puiz, "Alimentation...", pp. 130-1.
83. F. Lebrun, *Les Hommes et la mort...*, p. 340.
84. G. Goubert, *Beauvais...*, p. 609.
85. Y.-M. Bercé, *Histoire des croquants...*, II, p. 538, e para o que se segue pp. 538-48.
86. R. Mandrou, *Introduction...*, pp. 34-5.
87. Cf. E. Faure, *La disgrâce de Turgot*, Paris, 1961, pp. 195-293.
88. G. Lefebvre, *La Grande Peur...*, p. 105; cf. também pp. 146-8. Os estudos de H. Dinet (cf. nota 5) confirmam o grande número de rebeliões frumentárias na região parisiense em julho de 1789.
89. R. Cobb, *Terreur et subsistances, 1793-1795*, Paris, 1965, pp. 257-93.
90. C. S. L. Davies, *Révoltes populaires...*, pp. 31-2.
91. Y.-M. Bercé, *Histoire des croquants...*, II, p. 690.
92. M. Mollat e P. Wolff, *Ongles bleus...*, p. 190.
93. C. S. L. Davies, *Révoltes populaires...*, pp. 53-4. A. Flechter, *Tudor rebellions*, pp. 17-20.
94. C. S. L. Davies, *Révoltes populaires...*, p. 54.
95. Idem, p. 53.
96. L. Mirot, *Les insurrections urbaines...*, pp. 3-4, 87-94.
97. Y.-M. Bercé, *Croquants et nu-pieds*, pp. 19-43.
98. M. Foisil, *La Révolte des nu-pieds et les révoltes normandes de 1639*, Paris, 1970, pp. 156-8.
99. Idem, pp. 158-60.
100. Y.-M. Bercé, *Histoire des croquants...*, I, p. 403.
101. Idem, p. 476.
102. R. Mousnier, *Fureurs paysannes...*, pp. 123-56. Y.-M. Bercé, *Histoire des croquants...*, pp. 53-82.
103. Art. 5 do Código Camponês.
104. Em relação à Provença, Cf. a tese de R. Pillorget, "Les mouvements insurrectionnels de Provence entre 1596 et 1715", Paris, 1976.

105. B. Porchnev, *Les soulèvements populaires en France de 1623 à 1648*, Paris, 1963, p. 427.

106. P. Goubert, *L'Ancien Régime*, II, p. 126.

107. Citado em Y.-M. Bercé, *Histoire des croquants...*, I, p. 322.

CAPÍTULO 5

1. A. Flechter, *Tudor rebellions*, p. 38.
2. Idem, p. 33.
3. Idem, p. 49.
4. C. Heuyer, *Psychoses collectives et suicides collectifs*, Paris, 1973, p. 40. Cf. também F. Gambiez, "La peur et la panique dans l'histoire", *Mémoires et communications de la commission française d'histoire militaire*, I, jun. 1970, p. 115.
5. M. Garden *Lyon et les lyonnais...*, pp. 585-6.
6. E.-J.-F. Barbier, *Journal d'un bourgeois de Paris sous le règne de Louis XIV*, textos escolhidos por P. Bernard, Paris, 1963, pp. 218-9.
7. Idem, p. 223.
8. J. Kaplow, *Les noms des rois – Les pauvres de Paris à la veille de la Révolution*, Paris, 1974, p. 55.
9. Alletz, *Dictionnaire de police moderne pour toute la France*, Paris, 1823, 4 vol. Aqui, I, p. 22.
10. Todas essas informações em Y.-M. Bercé, *Histoire des croquants...*, II, pp. 622-4.
11. Idem, ibidem.
12. Y.-M. Bercé, *Histoire des croquants...*, I, p. 300.
13. Idem, p. 317.
14. Idem, p. 324.
15. M. Foisil, *La Révolte...*, pp. 156-78.
16. R. Mousnier, *Fureurs paysannes*, pp. 138-40.
17. Y.-M. Bercé, *Histoire des croquants...*, I, p. 228.
18. *Le journal d'un bourgeois de Paris sous le règne de François Ier (1515-1536)*, ed. V.-L. Bourrilly, Paris, 1920, p. 162.
19. Idem, ibidem.
20. Idem, p. 164.
21. Idem, p. 148.
22. R. H. Turner, *Handbook...*, p. 397.
23. Idem, p. 393.
24. A. Storr, *L'Instinct...*, pp. 100-8.
25. A. Metraux, *Religions et magies indiennes d'Amérique du Sud*, Paris, 1967, cap. 3.
26. Relato de Tavannes citado em J. Estèbe, *Tocsin...*, p. 137. Em relação ao massacre de São Bartolomeu, que é preciso recolocar em seu verdadeiro

contexto, cf. a obra essencial de P. Joutard, J. Estèbe, E. Lecuir, *La Saint-Barthélemy ou les résonances d'un massacre*, Neuchâtel, 1976, sobretudo pp. 22, 30, 33, 41, 45, 51 (nesta última página consta a aproximação com os massacres praticados pelos tupinambás).

27. Memórias de Claude Haton publicadas em 1857, citadas em J. Estèbe, *Tocsin...*, p. 82.

28. *Mémoires de l'estat de la France sous Charles IX*, s.l., s.d. (obra protestante), p. 205.

29. G. Lefebvre, *La Grande Peur*, p. 87.

30. F. Furet e D. Richet, *La Révolution Française*, Paris, 1973, p. 135.

31. Embora as rebeliões tenham sido mais numerosas do que imaginou G. Lefebvre, sobretudo no Hurepoix.

32. Essa informação e as que seguem em P. Caron, *Les massacres de septembre*, Paris, 1935, p. 366.

33. Idem, pp. 367-8.

34. Idem, p. 102.

35. Documentos citados em idem, pp. 450-451.

36. Y.-M. Bercé, *Histoire des croquants...*, II, p. 543.

37. Idem, I, p. 432.

38. Idem, I, p. 324, e M. Foisil, *La révolte*, p. 271.

39. E. Le Roy-Ladurie, *Les paysans...*, I, p. 497.

40. Y.-M. Bercé, *Histoire des croquants...*, II, p. 585.

41. Idem, II, p. 621.

42. Y.-M. Bercé, *Histoire des croquants...*, p. 73.

43. Cf. especialmente N. Z. Davis, *Society and culture...*, pp. 27-8, 88, 146 e ss., 175-83; E. P. Thompson, "The moral economy of the English crowd in the eighteenth century", *Past and present*, fev. 1971, pp. 115-7; O. Hufton, "Women in Revolution, 1789-1796", idem, nov. 1971, p. 39 e ss.

44. N. Z. Davis, *Society...*, p. 88.

45. R. Cobb, *La protestation populaire...*, p. 158.

46. L. Pliouchtch, *Dans le carnaval de l'histoire*, Paris, 1977, p. 155.

47. Cf. N. Z. Davis, *Society...*, pp. 154, e 315-6 para as remissões bibliográficas a G. Rudé, E. J. Hobsbawm, E. P. Thompson, C. Tilly, E. Le Roy-Ladurie; lista essa a que é preciso acrescentar Y.-M. Bercé. Guillaume Paradin, *Mémoires de l'histoire de Lyon*, Lyon, 1573, p. 238.

48. E. Le Roy-Ladurie, *Les paysans...*, I, pp. 394-9.

49. Cf. as considerações sempre úteis a esse respeito de G. Le Bon, *Psychologie des foules*, 1947, pp. 78-92.

50. Sobre o papel dos açougueiros: M. Mollat e Ph. Wolff, *Ongles bleus*, p. 231.

51. Seja como for, problemática nova que se reúne à minha em N. Z. Davis *Society...*, pp. 152-6, 164-7, 170-80.

52. G. Lambert, *Histoire des guerres de religion en Provence, 1530-1598*,

Nyons, 1972, I, p. 146. Cf. também P. Joutard, *La Saint-Barthélemy...*, p. 33; D. Richet, "Aspects socioculturels des conflits religieux à Paris dans la seconde moitié du XVIᵉ siècle", *Annales ESC, 1977*, pp. 770-1.

53. N. Z. Davis, *Society...*, pp. 165-6.

54. *Histoire de Toulouse*, ed. P. Wolff, Toulouse, 1974, p. 276.

55. J. Estèbe, *Tocsin...*, pp. 98-9.

56. *Mémoires de l'estat de la France...*, p. 247.

57. N. Z. Davis, *Society...*, p. 167.

58. Idem, pp. 152-3 e 167.

59. Idem, p. 165

60. Citado em P. Beuzart, *La répression à Valenciennes...*, p. 25. *Correspondance de Marguerite de Parme avec Philippe II*, I, p. 176.

61. O dossiê abaixo, apresentado por Deyon e A. Lottin em meu seminário, deverá fornecer material para um livro (a ser publicado pela Hachette). Cf. também E. de Moreau, *Histoire de l'Eglise en Belgique*, Bruxelas, V, 1952, pp. 122-8.

62. M. Foisil, *La révolte...*, pp. 203-6.

63. Y.-M. Bercé, *Histoire des croquants...*, I, p. 369.

64. Idem, I, pp. 422-3.

65. Idem, II, p. 666.

66. R. Mousnier, *Fureurs paysannes*, p. 146.

67. Y.-M. Bercé, *Histoire des croquants...*, II, p. 666.

68. M. Gendrot, *Saint L.-M. Grignion de Montfort – Oeuvres complètes*, Paris, 1966: cântico CVIII, p. 1461.

69. Idem, p. 1460.

70. Idem, cântico CI, p. 1419.

71. F. Chevalier, *L'Amérique latine, de l'indépendance à nos jours*, Paris, 1977, p. 473.

72. Sobre "o emaranhamento dos aspectos festivos e dos aspectos revoltosos", na França, em 1790, por exemplo, cf. M. Ozouf, *La fête révolutionnaire, 1789-1799*, Paris, 1976, p. 50.

73. Relato nas *Mémoires de Felix Platter*. Cf. J. Lecler, *Histoire de la tolérance du siècle de la Réforme*, 2 vol., Paris, 1955, I, pp. 225-6.

74. Citados em J. Janssen, *L'Allemagne et la Réforme*, VI, pp. 9-10.

75. Idem, p. 10.

76. P. Beuzat, *La répression à Valenciennes...*, p. 20.

77. G. Le Marchand, "Crises économiques et atmosphère sociale en milieu urbain sous Louis XIV", *Revue d'histoire moderne et contemporaine*, 1967, p. 251.

78. Textos citados em F. Pontieux, "Prédictions... ", dissertação de mestrado, Paris, Université de Paris I, 1973, p. 98, e conservados na Bibliothèque National, Paris, respectivamente res. PS 149, 288, 215 e 217.

79. Cf. F. de Vaux de Foletier, *Mille ans d'histoire des tziganes*, Paris, 1970.

80. Cf. B. Geremek, "Les Hommes sans maître – La marginalité sociale à l'époque préindustrielle", *Diogène*, abr.-jun. 1977, sobretudo p. 32.

81. Cf. P. A. Slack, "Vagrants et vagrancy in England, 1958-1664", *Economic History Review*, 2ª série, XXVII, 1974, p. 366. B. Geremek, "Les hommes sans maître...", p. 45.

82. A respeito disso tudo, o livro capital de B. Geremek, *Les marginaux parisiens aux XIVᵉ et XVᵉ siècles*, Paris, 1976, pp. 29-38, 202-22. Cf. também M. Mollat, *Les pauvres au Moyen Age*, Paris, 1978, principalmente pp. 235-303.

83. N. Versoris, *Livres de raison de mʳ N. Versoris (1519-1530)*, ed. G. Fagniez, Paris, 1885, p. 36, citado em J.-P. Gutton, *La société et les pauvres: l'exemple de la généralité de Lyon, 1534-1789*, Paris, 1971, p. 229. Sobre a escalada do medo dos pobres, cf. também, *Etudes sur l'histoire de la pauvreté (Moyen Age — XVIᵉ siècle)*, ed. M. Mollat, 2 vol., Paris, 1974, II, pp. 542-6.

84. C. S. L. Davies, "Révoltes populaires en Angleterre", *Annales, ESC*, 1969, pp. 46-8.

85. Citado em Y.-M. Bercé, *Histoire des croquants*, I, p. 251.

86. Cf. a esse respeito o excelente artigo de B. Geremek, "Criminalité, vagabondage, paupérisme: la marginalité à l'aube des Temps modernes", *Revue d'histoire moderne et contemporaine*, XXI, jul.-set. 1974, pp. 337-75.

87. A. Paré, *Oeuvres*, ed. P. de Tartas, p. MLIII. Citado em R. Chartier, "Les élites et les gueux – Quelques représentations (XVIᵉ-XVIIᵉ siècle)", *Revue d'histoire moderne et contemporaine*, p. 379.

88. B. Geremek, "Criminalité, vagabondage...", p. 357.

89. G. Hermant, *Discours chrestien pour le bureau des pauvres de Beauvais*, 1654, p. 5.

90. Essas informações em B. Geremek, "Criminalité, vagabondage...", pp. 354-6 (com bibliografia), e em E. M. Léonard, *The early history of english poor relief*, Cambridge, 1900, reed. Londres, 1965, pp. 80 e ss.

91. J.-P. Gutton, *La société et les pauvres..., généralité de Lyon...*, pp. 200-1. Cf também em M. Mollat, *Etudes sur l'histoire de la pauvreté*, II, p. 539-42 (a criminalidade de grupos).

92. Idem, pp. 207-9.

93. Citado por J. Kaplow, *Les noms de rois...*, pp. 229-30.

94. G. Lefebvre, *La Grande Peur*, passim, e H. Dinet, "Les peurs du Beauvaisis et du Valois", sobretudo pp. 257-74.

CAPÍTULO 6

1. Ed. Pognon, *L'an mille*, Paris, 1947, pp. XIV.

2. G. Duby, *L'an mil*, Paris, 1967, p. 9. Cf. também P. Riché, "Le mythe des terreurs de l'an mil", em *Les terreurs de l'an 2000*, Paris, 1976, pp. 21-9.

3. L. Grodecki, ..., *Le siècle de l'an mil*, Paris, 1973, p. 214.

4. Idem, pp. 192-4.

5. *Poésie latine chrétienne du Moyen Age* (IIIe-XVe siècle), sel., trad. e com. H. Spitzmuller, Tournai, 1971, pp. 15, 23, 391, 447, 563.

6. F. Rapp, *Réformes et réformation à Strasbourg – Eglise et société dans le diocèse de Strasbourg*, Paris, 1974, p. 160.

7. J. Huizinga, *Le Déclin du Moyen Age*, 1967, p. 34.

8. E. Male, *L'art religieux de la fin du Moyen Age en France*, 1925, p. 440.

9. E. Delaruelle, ..., *L'Eglise au temps du Grand Schisme*, Tournai, 1964, II, p. 827.

10. *Dans l'attente de Dieu*, Paris, 1973, p. 56. Tomei emprestado desse livro o título do presente capítulo.

11. Prefácio a H. Institoris e J. Sprenger, *Le Marteau...*, p. 59.

12. Abaixo faço um resumo da nota 26 sobre o livro XX de *La cité de Dieu* em *Oeuvres de saint Augustin* (Bardy, trad. francesa Combes), Desclée de Brouwer, 1960, t. XXXVII, pp. 768-70.

13. Cf. capítulo 5.

14. Br. W. Ball, *A great expectation*, Leyde, 1975, principalmente pp. 2-3, 160-77.

15. Cf. o artigo de J. Séguy, "Les non-conformismes religieux", *Histoire des religions*, II, pp. 1229-303 (La Pléiade).

16. Cf. acima, capítulo 4.

17. Útil invocação desses textos em J. Fournée, *Le jugement dernier d'après le vitrail de Coutances*, Paris, 1964, pp. 29-58.

18. R. Aubenas e R. Ricard, *L'Eglise et la Renaissance*, Paris-Tournai, 1951, p. 364.

19. J. Fournée, *Le jugement dernier...*, pp. 166-7.

20. Sobre tudo o que diz respeito ao milenarismo português e ao padre Vieira, cf. R. Cantel, *Prophétisme et messianisme dans l'oeuvre d'A. Vieira*, Paris, 1960. As duas principais obras de Vieira são *História do futuro* e *Clavis prophetarum*.

21. O corpo do rei Sebastião foi encontrado em Rabat em 1957.

22. Cantel, *Prophétisme...*, p. 101.

23. Idem, p. 146.

24. Sobre a importância atribuída às profecias de Daniel na Alemanha do século XVI, cf. J. Lebeau, *Salvator mundi*, I, pp. 525-34.

25. Br. W. Ball, *A great expectation*, pp. 29-30, 38-9 e 97.

26. D. Weinstein, *Savonarole et Florence; prophétie et patriotisme à la Renaissance*, Paris, 1973.

27. Idem, p. 86.

28. Idem, p. 89.

29. Idem, p. 101.

30. Citado em idem, pp. 148-50, *Prediche sopra Aggeo*, dez. 1494.

31. M. Mahn-Lot, *Christophe Colomb*, Paris, 1960, p. 150. A respeito dos aspectos escatológicos do descobrimento e das missões na América, cf. R. Richard, *La "Conquête spirituelle" du Mexique*, Paris, 1933. M. Bataillon, "Nouveau Monde et fin du monde", *Education nacionale*, dez,. 1952, n. 32; "Evangélisme et millénarisme au Nouveau Monde", em *Courants religieux et humanisme à la fin du XVe et au début du XVIe siècle*, Paris, 1959; P. L. Phelan, *The millenium kingdom of the franciscans in the New World*, Berkeley, 1956; J. Lafaye, *Quetzalcóatl et Guadalupe – Eschatologie et histoire du Mexique*, Lille, 1972, I, pp. 135-90; "Le messie dans le monde ibérique", em *Mélanges de la Casa de Velazquez*, VII, 1971, p. 164-83.

32. Cf. M. Bataillon e A. Saint-Lu, *Las casas et la défense des indiens*, Paris, 1971, especialmente pp. 41 e 262.

33. M. Lutero, *Propos de table*, ed. G. Brunot, Paris, 1844, pp. 276-9.

34. Idem, pp. 274-5.

35. H. Bullinger, *Cent sermons sur l'Apocalypse de Jésus-Christ*, ed. Jean Crespin, Genebra, 1558 (prefácio).

36. Citado em D. Korn, *Das Thema de jüngsten Tages in der deutschen Literatur des 17. Jahrhunderts*, Tübingen, 1957, p. 16.

37. Idem, pp. 26-7.

38. Citado em Br. W. Ball, *A great expectation*, pp. 28-9. R. Baxter, *The saints...rest*, pp. 837 e 791.

39. Citado em idem; R. Sibbes, *The bride's longing for her bridegroomes second coming*, 1638, p. 34.

40. Respectivamente I Jn II, 18, e IV, 3, e Paulo, Epístola aos Tessalonicenses, II, 3-4.

41. Cf. A. Chastel, "L'Apocalypse en 1500", *Bibliothèque d'humanisme et Renaissance*, t. XIV (Mélanges A. Renaudet), 1952, pp. 124-40.

42. J. Chocheyras, *Le théâtre religieux en Savoie au XVIe siècle*, Genebra, 1971, p. 24.

43. G. Duby, *L'an mil*, p. 10.

44. E. Delaruelle..., *L'Eglise au temps du Grand Schisme...*, II, p. 640.

45. J. Preuss, *Die Vorstellungen vom Antichrist im späteren Mittelalter*, Leipzig, 1906, p. 28.

46. J. Janssen, *La civilisation en Allemagne...*, VI, pp. 230-1.

47. D. Korn, *Das Thema...*, p. 64.

48. *L'attesa dell'età nuova nella spiritualità della fine del Medioevo*, Todi, 1962, comunicação de E. Delaruelle, p. 53. Republicação em E. Delaruelle, *La piété populaire au Moyen Age*, Turim, 1975.

49. J. Janssen, *La civilisation en Allemagne...*, VI, pp. 231-2.

50. L. Febvre e H.-J. Martin, *L'apparition du livre*, Paris, 1958, p. 181.

51. E. Male, *L'art religieux de la fin du Moyen Age...*, pp. 442-3.

52. L. Febvre e H.-J. Martin, *L'apparition du livre*, pp. 442-3.

53. H. Zahrnt, *Dans l'attente de Dieu*, pp. 56-7.

54. R. Garcia-Villoslada, *Raíces históricas del luteranismo*, Madri, 1969, p. 236.

55. D. Korn, *Das Thema*..., p. 57.

56. E.-L. Eisenstein, "L'avènement de l'imprimerie et la Réforme", *Annales, ESC*, nov.-dez. 1971, p. 1355, corrigido por R. Garcia-Villoslada, *Raíces*..., p. 286.

57. E. Male, *L'art religieux de la fin du Moyen Age*..., p. 444.

58. Idem, p. 448.

59. Idem, p. 156.

60. H. Woelfflin, *Die Kunst Albrecht Dürers*, Munique, 1905, p. 45.

61. J. Lebeau, *Salvator mundi*..., I, p. 475. A respeito das expectativas apocalípticas da época da Renascença, ver também a importante obra de C.-G. Dubois, *La conception de l'histoire de France au XVIe siècle (1560-1610)*, Paris, 1977, pp. 387-583.

62. G. Francastel, "Une peinture antihérétique à Venise?", *Annales, ESC*, jan.-fev. 1965, p. 16.

63. Idem, ibidem.

64. P. Braunstein, "Artistes allemands et flamands à la fin du Moyen Age", *Annales, ESC*, jan.-fev. 1970, p. 228.

65. P. de Vooght, *L'hérésie de Jean Hus*, Louvain, 1960, p. 24-29.

66. Idem, p. 347.

67. Idem, p. 346.

68. Idem, p. 78-9.

69. E. Delaruelle..., *L'Eglise au temps du Grand Schisme*..., II, p. 642.

70. *Opera omnia*, Veneza, 1745, III, p. 138.

71. Essas informações e as que se seguem em Fages, *Histoire de saint Vincent Ferrier*, 2 vol., Louvain-Paris, 1901, I, pp. 320-35.

72. Idem, pp. 311-2.

73. Idem, p. 324.

74. L. Poliakov, *Histoire de l'antisémitisme*, 2 vol., Paris, 1961, II, p. 166.

75. Idem, p. 173.

76. Na Inglaterra do século XVII constata-se uma concomitância (e sem dúvida uma interação) entre expectativas apocalípticas cristãs e messianismo judaico: B. W. Ball, *A great expectation*, pp. 178-9.

77. Cf. D. Weinstein, *Savonarole et Florence*, pp. 343-5. Esse quadro encontra-se no Fogg Museum of Art, na Universidade de Harvard.

78. Idem, pp. 361-4.

79. Citado em idem, p. 356.

80. D. Cantimori, *Eretici italiani del Cinquecento*, Florença, 1967, p. 11.

81. R. Garcia-Villoslada, *Raíces*..., p. 235.

82. *Luters Werke*, Weimer, VI, p. 454.

83. Idem, XI, 2, p. 380. Cf. J. Lebeau, *Salvator mundi*..., I, pp. 527-8.

84. Idem; *Deutsche Bibel*, VII, p. 416.

85. M. Lutero, *Propos de table*, pp. 275-6.

86. Idem, p. 276. Cf. mais genericamente sobre essa questão, W. Peuckert, *Die Grosse Wende; das apokalyptische Saeculum und Luther*, Hamburgo, 1949.

87. J. Janssen, *L'Allemagne et la Réforme*, VI, p. 394.

88. Idem, p. 395.

89. Cf. J. Lebeau, *Salvator mundi*, I, pp. 528-9, e II, pp. 846-7.

90. *Trois livres des quatre empires souverains...*, Genebra, 1557, p. 114. Citado em C.-G. Dubois, *La conception...*, p. 439.

91. C.-G. Dubois, *La conception...*, p. 425.

92. *Epîtres et Evangiles pour les cinquante et deux semaines de l'an* (1523): "Septième dimanche après la Pentcoste". Cf. J. Boisset, "Les Epîtres et Evangiles pour les cinquante et deux semaines de l'an par Lefèvre Etaples", em *Platon et Aristote à la Renaissance*, Paris, 1976, p. 85.

93. J. Calvin, *Sermons sur les deux epistres de sainct Paul à Timothée, et sur l'epistre à Tite*, Genebra, 1563, pp. 502-3.

94. "De orbis perditione", *Christianismi restitutio*, reimpressão em Nuremberg em 1791 da edição de Viena de 1553, II, cap. I, pp. 388-410.

95. Obra publicada em Genebra em 1550. Aqui, pp. 203-7. Viret convida o cristão a abandonar toda preocupação terrestre. "Monde à l'empire" significa "monde qui empire". Cf. C.-G. Dubois, *La conception...*, pp. 443-65.

96. *Deux sermons de la fin du siècle et du jugement à venir de N. S. J. C*, Genebra, Crespin, 1557, p. 38.

97. A. Chastel, "L'Apocalypse de 1500...", pp. 131-6.

98. M. Bataillon, *Erasme et l'Espagne...*, principalmente pp. 68-9.

99. R. Roussat, *Livre de l'estat et mutation des temps prouvant par authoritez de l'Ecriture et par raisons astrologales la fin du monde estre prochaine*, Lyon, 1550, p. 86.

100. G. Puelli-Maestrelli, "*Un grand prélat en Russie au XV[e] siècle: Gennadij, archevêque de Novgorod*", dissertação de mestrado, Vincennes, 1970, p. 66.

101. A. Paré, *Oeuvres*, II, p. VII[c]. Em seu *Catecismo cristiano* (1558), Carranza fica desolado ao constatar que a sífilis, enviada por Deus para castigar os devassos, já não provoca medo ou asco.

102. D. Du Mont, *Corps universel diplomatique du droit des gens...*, Amsterdã, 1728, V, parte I, pp. 35-41.

103. F. Isambert, *Recueil des anciennes lois françaises*, Paris, 1829, XIV, p. 135.

104. J. Bodin, *Démonomanie des sorciers*, Paris, 1580, p. 12r[o].

105. H. Institoris e J. Sprenger, *Le marteau des sorcières*, p. 260.

106. E. Forsyth, *La tragédie française de Jodelle à Corneille (1553-1660), Le thème de la vengeance*, Paris, 1962, p. 250. Cf. também J. Trenel, *L'elément biblique dans l'oeuvre poétique d'Agrippa d'Aubigné*, Paris, 1904, principalmente pp. 33-6.

107. Ed. de 1961, Paris, p. 23.

108. A. d'Aubigné, *Les tragiques*, VI, por volta de 1075-79.

109. Idem, por volta de 1129-30.

110. Idem, por volta de 1131-32.

111. E. Deschamps, *Oeuvres complètes*, VII, p. 114-5, balada MCCXL.

112. M. Lutero, *Exhortation à la prière contre le Turc*, Genebra, Labor et Fides, 1957-8, VII, p. 276.

113. Contribuição de W. Frijhoff a *Prophètes et sorciers aux Payx-Bas* (a ser publicado).

114. E. Panofsky, *Essais d'iconologie*, Paris, 1967, pp. 115-30.

115. Gerson, *De distinctione verarum visionum a falsis; Opera*, I, p. 411. Cf. J. Huizinga, *Le déclin...*, p. 202.

116. P. Viret, *Le monde à l'empire...*, p. 207.

117. Citado em E. Delaruelle, *L'Eglise au temps du Grand Schisme*, II, pp. 894-5.

118. *Traicté de la cognoissance de Dieu*, Paris, 1625, pp. 59-60. Cf, bem como para o texto seguinte, F. Laplanche, *Religion, culture et société dans le discours apologétique de la théologie réformée en France au XVIIe siècle (1576-1670)*, monografia de terceiro ciclo, Paris, Université de Paris IV, 1975, pp. 22 e 223.

119. G. Pagard, *Théologie naturelle...*, ed. Niort, 1606, p. 458.

120. P. Viret, *Le monde à l'empire...*, pp. 203-4.

121. Idem, p. 207.

122. Idem, p. 347.

123. T. Malvenda, *De Antichristo*. Utiliza-se aqui a edição completada de Lyon, 1647, I, p. 106.

124. Idem, pp. 100-1.

125. Alfonso X, o Sábio (1221-1284), que coordenara a redação das Tábuas Alfonsinas.

126. C. Colombo, *Oeuvres*, apres. e trad. A. Cionanescu, Paris, 1961, p. 300. Fica em aberto a questão de saber se Cristóvão Colombo pensava que passados os 7 mil anos seria o momento do Juízo Final ou do *millenium*.

127. Cf. acima.

128. P. Viret, *Le monde à l'impire...*, p. 207.

129. R. Roussat, *Livre de l'estat et mutation...*, p. 86.

130. P. 23-4.

131. P. 10.

132. Cf. cap.2.

133. Idem, E. Labrousse, *L'entrée de Saturne...*, p. 7, n. 21.

134. C. Hill, *Antichrist in seventeenth-century England*, Londres, 1971, p. 25.

135. Idem, p. 26.

136. B. W. Ball, *A great expectation*, principalmente pp. 115-25.

137. Idem, p. 2.

138. D. Korn, *Das Thema...*, p. 57. Sobre os temores escatológicos na

Alemanha durante a segunda metade do século XVI e no início do século XVII, cf. J. Jansen, *La civilisation en Alemagne...*, VI, pp. 394-402.

139. Cf. Cl.-G. Dubois, *La conception...*, pp. 510-6.

140. C. Hill, *Antichrist...*, p. 17, n. 5.

141. Idem, p. 16.

142. Dublessis-Mornay, *Le mystère...*, Saumur, 1611, p. 606.

143. H. Smith, *Sermons*, 1631, p. 416: citado em C. Hill, *Antichrist...*, p. 32.

144. C. Hill, *Antichrist...*, p. 17, n. 5.

145. Citado em B. W. Ball, *A great expectation*, p. 17.

146. Sobre isso tudo, idem, pp. 36 e 89-90.

147. Citado em idem, p. 90. W. Alexander, *Dooms-day*, p. 25, em *Recreations with the Muses*, 1637.

148. Citado em idem, p. 96. T. Adams, *A commentary... upon the divine second Epistle... written by the blessed apostle St. Peter*, 1633, p. 1138.

149. Idem, pp. 100-1 e 106.

150. J. Janssen, *La civilisation en Allemagne...*, VI, pp. 395-6.

151. F. de Raemond, *L'Antichrist*, Lyon, 1597, p. 132. Citado em C.-G. Dubois, *La conception...*, p. 528.

152. A primeira edição do *De Antichristo* de Malvenda saiu em 1604. *L'Apocalypse avec une explication* de Bossuet data de 1689.

CAPÍTULO 7

1. J. Levron, *Le diable dans l'art*, Paris, 1935, pp. 14-8.

2. Cf. J. Le Goff, *La civilisation de l'Occident médiéval*, iconografias das pp. 232-3.

3. Y. Lefèvre, *L'Elucidarium et les lucidaires*, Paris, 1954.

4. Idem, pp. 160-71.

5. E. Male, *L'art religieux à la fin du Moyen Age*, p. 468.

6. Idem, pp. 467-8. A esse respeito, é preciso corrigir E. Male; cf. *Somme théologique*, suplemento à parte III, quest. XCVII, art. II.

7. Idem, pp. 462-7.

8. Idem, p. 468.

9. Sobre a inflexão da arte depois da peste negra, cf. M. Meiss, *Painting in Florence and Sienna after the Black Death*, Princeton, 1951.

10. E. Male, *L'art religieux...*, pp. 468-9.

11. Idem, pp. 469-71.

12. Kunsthistorisches Museum de Viena e Stedelijk Museum voor Schone Kunsten de Bruges.

13. Museu de arte antiga de Lisboa. Reprodução na *Encyclopaedia Universalis*, V, pp. 424-5.

14. J. Baltrusaitis, *Le Moyen Age fantastique*, Paris, 1955, principalmente pp. 153, 164, 169, 187.

15. Idem, pp. 229-32.

16. Museu de arte antiga.

17. H. Institoris e I. Sprenger, *Le marteau...*, p. 387.

18. Idem, pp. 385-6.

19. Obra redigida na primeira metade do século XV. Cf. J. Lefebvre, *Les fols et la folie – Etude sur les genres du comique et la création littéraire en Allemagne pendant la Rennaissance*, Paris, 1968, pp. 94 e 185.

20. Cf. idem, principalmente p. 112.

21. Idem, pp. 181-8.

22. H. Institoris e J. Sprenger, *Le marteau...*, p. 127.

23. Cf. J. Lefebvre, *Les fols...*, p. 90.

24. Idem, pp. 179-83.

25. Essas oito citações na ed Labor et Fides das *Oeuvres de Lutero*, sucessivamente: II, p. 152; III, pp. 105 e 194; II, pp. 270 e 137; IV, pp. 177, 198-9.

26. Cf. A. Agnoletto, "Storia e non storia in Filippo Melantone", *Nuova Revista Storica*, 1964, XLVIII, n. 5-6, pp. 491-528; "Appunti sull'escatologia in Filippo Melantone", *Bolletino della Società di Studi Valdesi*, 1966, LXXXVII, n° 120, pp. 7-17.

27. Citado em J. Jansen, *La civilisation en Allemagne...*, VI, p. 448.

28. Idem, p. 440.

29. Todas essas informações sobre o satanismo no teatro alemão da época em idem, sucessivamente pp. 275, 289, 291, 297 e 309.

30. S. Brant, *Nas Narrenschiff*, reed., Hildesheim, 1961, sucessivamente pp. 1-9; 27; 26-30; 48; 62-9; 103; 72-88. Cf. também J. Lefebvre, *Les fols...*, p. 98.

31. Citado em J. Janssen, *La civilisation en Allemagne...*, VIII, p. 56.

32. H. Institoris e J. Sprenger, *Le marteau*, pp. 17-9 (introdução).

33. Idem, VIII, p. 558, e *Satan*, 1948, p. 653 (Etudes Carmélitaines, 27).

34. C. E. Midelfort, *Witch hunting in Southwestern Germany, 1562-1684*, Stanford, 1972, pp. 69-70.

35. Citado em J. Janssen, *La civilisation en Allemagne...*, VIII, p. 558.

36. E. Mâle, *L'art religieux à la fin du Moyen Age...*, pp. 471-5. A. Tenenti, *La vie et la mort à travers l'oeuvre du XVe siècle*, Paris, 1952, pp. 43-8.

37. R. Mandrou, *Magistrats et sorciers en France au XVIIe siècle*, Paris, 1968, pp. 25-59. Cf. também R. Yve-Plessis, *Essai d'une bibliographie française méthodique et raisonnée de la sorcellerie et de la possession démoniaque*, Paris, 1900; a obra coletiva *Satan*, pp. 352-85 (Etudes Carmélitaines).

38. Cf. *supra* e J. Delumeau, "Les réformateurs et la superstition", em *Coligny et sons temps*, Paris, 1974, pp. 447-8.

39. E. W. Monter, "Patterns of witchcraft in the Jura", *Journal of Social History*, vol. V, n. 1, 1971, pp. 20-2.

40. Cf. particularmente C. Seignolle, *Les Evangiles du diable*, Paris, 1964.

41. P. J. Helias, *Le cheval d'orgueil*, Paris, 1975, pp. 83-6.

42. J. Calvin, "De la pénitence", *Institution chrétienne*, ed. J. Pannier, 1961, II, cap. 5, p. 248.

43. Del Rio, *Les controverses et recherches magiques...*, trad. francesa André Du Chesne, Paris, 1611, pp. 228, 277 e 552.

44. *Comment, in Epist. ad. Eph.*, cap. 2. Cf. "Démon", *D.T.C.*, IV, col. 402-3.

45. Santo Tomás de Aquino, *Somme théologique*, I, q. LXIII-LXIV. Suarez, "Démon", *De angelis, D.T.C.*, IV, liv. VII e VIII, col. 396, 399-400.

46. I. Calvino, *Institution...*, II, p. 90.

47. Maldonado, *Traicté des anges et démons*, trad. francesa La Borie, Paris, 1605, p. 170A.

48. P. de Bérulle, *Traité des énergumènes*, Paris, 1599, cap. 2.

49. Por exemplo, J. Maldonado, *Traicté des anges...*, pp. 170A-B.

50. M. Lutero, *Oeuvres*, IV *Une missive touchant le dur livret contre les paysans* (1525), p. 197.

51. Idem, XV *Commentaire de l'epître aux galates*, pp. 200-2.

52. I. Maldonado, *Traicté des anges...*, p. 170B.

53. M. Lutero, *Oeuvres*, IV *De l'autorité temporelle...*, pp. 38-9.

54. J. Calvino, *Institution...*, pp. 190-1.

55. M. Del Rio, *Les controverses...*, p. 228.

56. J. Maldonado, *Traicté des anges...*, p. 192A.

57. M. Del Rio, *Les controverses...*, pp. 145-7. Cf. também em *Malleus*, trad. A. Danet, pp. 145-6.

58. Idem, ibidem.

59. Idem, p. 166.

60. Idem, p. 167.

61. Idem, p. 168.

62. Idem, pp. 168-70.

63. Idem, pp. 172-3.

64. H. Institoris e J. Sprenger, *Le marteau...*, p. 172.

65. M. Del Rio, *Les controverses...*, p. 186.

66. Idem, pp. 193-6. *Le marteau...*, pp. 245-6.

67. Idem, pp. 211 e 234. *Le marteau...*, pp. 245-6.

68. J. Bodin, *Démonomanie...*, p. 102B.

69. M. Del Rio, *Les controverses...*, p. 229.

70. Idem, p. 235.

71. Idem, p. 235.

72. Idem, p. 236.

73. Idem, p. 237.

74. Idem, pp. 553-4.

75. Idem, p. 241.

76. Idem, p. 241.

77. J. Maldonado, *Traicté des anges...*, p. 216A.
78. M. Lutero, *Oeuvres*, VII, p. 121.
79. Cf. acima, pp. 39-40.
80. E. Le Roy-Ladurie, *Histoire du climat depuis l'an mil*, Paris, 1967, pp. 155-6.
81. H. Institoris e J. Sprenger, *Le marteau...*, p. 233.
82. Idem, *id.*
83. Idem, p. 232.
84. Idem, p. 235.
85. Cf., em relação ao século XV, J. Huizinga, *Le déclin...*, pp. 255-6. Martin Lefranc, autor do *Champion des dames* (1440), Gerson, Nicolas de Cusa, atribuem ao demônio as "imaginações" das feiticeiras ou as lesões cerebrais que as tornam crédulas.
86. M. Lutero, XV, *Commentaire de l'épître aux galates*, pp. 200-2.
87. J. Calvino, *Institution...*, I, p. 68.
88. M. Del Rio, *Les controverses...*, pp. 134-140.
89. Cf. as referências fornecidas no "Démon", *D.T.C.*, c. 384-403.
90. I. Janssen, *La civilisation...*, VI, pp. 437-8.
91. Idem, pp. 451-2.
92. "Démon", *D.T.C*, IV, ,c. 391 e 394.
93. "Démon", *D.T.C*, IV, c. 399-40.
94. Bibl. Mazarine, ms 1337, fᵒˢ 90 rº-vº. Agradeço novamente a H. Martin por ter-me informado sobre esse documento.
95. Jn XIII, 18; VII, 7; XV, 18-9.
96. Idem, III, 18; VII, 7; XV, 18-9; XVII, 9.
97. II Cor. IV, 4.
98. Jn I, 9-10; XI, 27.

CAPÍTULO 8

1. J. de Acosta, *Historia natural y moral de las índias*, 1590, V, I, p. 140. Para tudo o que segue, utilizo muito P. Duviols, *La lutte contre les religions autochtones dans le Pérou colonial*, Lima-Paris, 1972. Aqui, pp. 23 e 29.
2. J. de Acosta, *De procuranda Indorum salute...*, 1588, V, IX, p. 558. P. Duviols, *La lutte...*, p. 23.
3. Cf. P. Duviols, *La lutte...*, p. 44; V. D. Carro, *La teología y los teólogos y juristas españoles ante la conquista de América*, 2. ed., Salamanca, 1951, p. 405.
4. B. de Las Casas, *Apologética historia de las índias*, Madri, 1909, cap. LXXIV e s. P. Duviols, *La lutte...*, p. 45.
5. Montaigne, "Les cannibales", *Essais*, I; "Des coches", III.
6. Sua grande obra é a *Histoire générale des choses de la Nouvelle Espagne*.

7. R. Ricard, *La "conquête spirituelle" du Mexique*, Paris, 1933, pp. 75-9.
8. P. Duviols, *La lutte...*, p. 47.
9. Idem, p. 46.
10. P. Sarmiento de Gamboa, *Historia de los Incas*, 1572; ed. A. Rosenblat, Buenos Aires, 1947, pp. 127-8.
11. P. Duviols, *La lutte*, p. 47.
12. Citado em M. Bataillon, "Las Casas, Aristote et l'esclavage", em *Platon et Aristote à la Renaissance*, Paris, 1976, p. 408.
13. Citado em idem, p. 417.
14. Idem, pp. 48-9; J. de Acosta, *De procuranda...*, V, IX, p. 564.
15. Idem, pp. 59-62.
16. F. Lopez de Gomara, *Histoire generalle des Indes occidentales...*, trad. francesa 1584, p. 178B.
17. P. Duviols, *La lutte...*, pp. 37-9.
18. Essa é a convicção de J. de Acosta; P. Duviols, *La lutte...*, pp. 67-72; R. Ricard, *La "conquête"...*, pp. 46 e 335.
19. P. Duviols, *La lutte...*, p. 278. *Huaca*, no Peru, designava tudo o que era considerado sagrado, mas principalmente os lugares sagrados – cemitérios e santuários.
20. Idem, p. 39.
21. Idem, p. 40.
22. Idem, p. 40. Cf. também R. Ricard, La "conquête"..., pp. 130-1.
23. Em relação a tudo o que segue, cf. S. Gruzinski, "Délires et visions chez les indiens du Mexique", *Mélanges de l'école française de Rome* (M. A.; Temps modernes), t. LXXXVI, 1974, 2, pp. 446-80.
24. F. Lopez de Gomara, *Histoire generale...*, pp. 188A-B.
25. A. Calancha, *Histoire du Pérou... et grand progrès de l'Eglise...*, Toulouse, 1653, pp. 329-30. Cf. P. Duviols, *La lutte...*, p. 129.
26. Essas informações e as que seguem em R. Ricard, *La "conquête"...*, pp. 51-2.
27. Esse texto e os que se seguem em P. Cieza, *La cronica del Perú*, Col. austral, Buenos Aires, 1945, pp. 146, 179, 224. Cf. P. Duviols, *La lutte...*, p. 96.
28. Idem, pp. 107-8.
29. Idem, pp. 192-3.
29bis. Pereira, Nuno-Marques, *Compêndio narrativo do peregrino da América...*, Lisboa, 1760, p. 123. Citado num livro fundamental sobre o assunto: ed. Hoornaert, *História da Igreja no Brasil*, Petrópolis, 1977, pp. 395-6. Trata-se do t. II de uma vasta *História geral da Igreja na América Latina*, prestes a ser publicada.
30. Idem, p. 192.
31. H. Institoris e J. Sprenger, *Le marteau...*, p. 127.
32. P. Arriaga, *La extirpatión de la idolatria en el Perú*, 1621, pp. 2-3. P. Duviols, *La lutte...*, pp. 176-81.

33. G. Atkinson, *Les nouveaux horizons de la Renaissance française*, Paris, 1935, p. 10. *Les voyages en Terre Sainte* estão excluídas dessa estatística.

34. Montaigne, *Journal de voyage en Italie*, Paris, Dedeyan, 1946, p. 228.

35. Pio II, *Opera omnia*, Basileia, 1571, p. 678.

36. F. Braudel, *La Méditerranée...*, II, p. 11.

37. M. P. Gilmore, *The world of humanism*, Nova York, 1952, p. 21.

38. F. Braudel, *La Méditerranée...*, II, p. 15.

39. Idem, II, p. 29.

40. Idem, II, p. 32.

41. Idem, I, p. 66; II, p. 33. Sobre os "renegados", documentos interessantes em G. Atkinson, *Les nouveaux horizons*, pp. 243-5.

42. Idem, II, p. 133.

43. Citado em Idem, ibidem.

44. Idem, ibidem.

45. A. Monjo, *La poésie italienne*, Paris, 1964, p. 217.

46. Texto citado por L. von Pastor, *Histoire des papes*, III, pp. 73-4.

47. R. Aubenas e R. Ricard, *L'Eglise et la Renaissance*, Paris, 1951 (t. XV de *Histoire de l'Eglise*, Fliche et Martin), p. 42.

48. A. Mas, *Les turcs dans la littérature espagnole du siècle d'or*, 2 vol., Paris, 1967, I, p. 18.

49. V.-L. Tapie, *Monarchies et peuples du Danube*, Paris, 1969, pp. 75-6.

50. M. P. Gilmore, *The world of humanism*, p. 21.

51. A. Chastel, *Renaissance méridionale. Italie (1460-1500)*, Paris, 1965, p. 14.

52. Essas informações me foram transmitidas por I. Hunyadi, a quem agradeço. Cf. Szeremi-György, *De perditione regni Hungariae*; Goeliner, *Turcia*.

53. J. Janssen, *La civilisation en Allemagne...*, III, p. 11.

54. *Mémoires de l'Europe*, Paris, R. Laffont, 1971, II, pp. 328 e 338.

55. Sobre isso tudo, cf. F. Braudel, *La Méditerranée...*, II, pp. 118-31.

56. Informações fornecidas por B. Vincent no seminário de história marítima de M. Mollat.

57. F. Braudel, *La Méditerranée...*, II, p. 121. H. Lapeyre, *Géographie de l'Espagne morisque*, Paris, 1960, p. 30.

58. F. Braudel, *La Méditerranée...*, II, pp. 359-70.

59. Mensagens de M. de Fourquevaux..., 1565-72, Paris, 1896-1964, I, pp. 353-4 (8 de maio de 1568), citadas em B. Vincent, "L'expulsion des morisques de Grenade", *Mélanges de la Casa de Velazquez*, VI, 1970, p. 214.

60. B. Vincent, "L'expulsion des morisques...", *Mélanges de la Casa de Velazquez*, VI, 1970, pp. 225 e 239.

61. H. Lapeyre, *Géographie...*, p. 204.

62. P. Giovio, *L'Histoire des empereurs de Turquie*, Paris, 1538. G. Atkinson, *Les nouveaux...*, p. 218.

63. S. Münster, *La Cosmographie*, Paris, 1552, pp. 1206-7. G. Atkinson, *Les nouveaux...*, p. 179.

64. P. Belon *(Du Mans), Les observations de ... singularités*, Paris, 1553. G. Atkinson, *Les nouveaux...*, p. 215.

65. Cf. M. Bataillon, *Le dr. Laguna, auteur du "Voyage en Turquie"*, Paris, 1958; A. Mas, *Les turcs...*, I, pp. 103-33.

66. J. Bodin, *La République*, Paris 1576, pp. 458 e 543; Montaigne, "Du pédantisme", "Des destriers"/ "De la physionomie", *Essais*, I/ III; Charron, *La sagesse*, Bordeaux, 1601, vol. II, p. 841. G. Atkinson, *Les nouveaux...*, pp. 367-8.

67. Montaigne, "Du pédantisme", *Essais*, I.

68. Charron, *La sagesse*, II, p. 831.

69. J. Rogier, R. Aubert, M. D. Knowles, *Nouvelle histoire de l'Eglise,,* Paris, 1968, III, p. 316.

70. Idem, p. 315.

71. Idem, p. 316.

72. Idem, p. 319. Cf. por outro lado J. Bérenger, *Finances et absolutisme autrichien dans la seconde moitié du XVIIe siècle*, 2 vol., Lille-Paris, 1975, I, pp. 97-100.

73. Cf. M. Cytozska, "Erasme et les Turcs", *Eos*, LXII, 1974, pp. 311-21.

74. R. Aubenas e R. Ricard, *L'Eglise et la Renaissance*, p. 41.

75. Idem, p. 63.

76. J. Janssen, *La civilisation...*, p. 11.

77. *Devons-nous porter la guerre aux Turcs?*, trad. J.-C. Margolin, em *Erasme — Guerre et paix*, Paris, 1973, pp. 339-40.

78. M. Lutero, *Propos de table*, p. 66.

79. J.-C. Margolin, *Erasme — Guerre et paix...*, pp. 340 e 350.

80. M. Lutero, *Oeuvres*, VII, p. 276.

81. Herminjard, *Correspondance des réformateurs...*, 9 vol., Paris-Genebra, 1866, IX, pp. 26-7. G. Atkinson, *Les nouveaux...*, p. 307.

82. Cf. F. Laplanche, "*Religion, culture et société dans le discours apologétique de la théologie réformée en France au XVIIe siècle (1576-1670)* ", monografia do terceiro ciclo, 2 vols., Paris-Sorbonne, 1975, I, p. 35.

83. J.-C. Margolin, *Erasme — Guerre et paix*, p. 357.

84. M. Lutero, *Oeuvres*, VII, p. 280.

85. Idem, principalmente pp. 286 e 293.

86. Idem, p. 290.

87. Artigo pouco convincente de H. Mechoulan, "Le pacifisme de Luther ou le poids d'une bulle", em *Mélanges de la Casa de Velazquez*, IX, 1973, pp. 723-9. A posição de Lutero só pode ser compreendida se for restituída a uma escatologia e a uma demonologia. Além disso, Lutero aplicou à questão fórmulas contraditórias.

CAPÍTULO 9

1. 4 vol., Nova York, Londres, 1906 e ss. Aqui I, p. 36. Esse livro é fundamental não somente pelo estudo da Inquisição espanhola, como da Inquisição em geral. Cf. também H. Kamen, *Histoire de l'Inquisition espagnole*, Paris, 1966.

2. R. Mueller, "Les prêteurs juifs à Venise", *Annales, ESC*, nov.-dez. 1975, p. 1291.

3. A. Sicroff, *Les controverses des statuts de "pureté de sang" en Espagne du XVe au XVIIe siècle*, Paris, 1960, pp. 32-3.

4. *Prague ghetto in the Renaissance period* (publ. do Museu Judaico de Praga, 1965), principalmente pp. 39 e 46.

5. J.-P. Sartre, *Réflexions sur la question juive*, 1961, p. 83.

6. H. C. Lea, *History...*, I, pp. 50-68. Cf. também L. Poliakov, *Histoire de l'antisémitisme*, 4 vol., Paris, 1961 e ss. Aqui I, p. 53. Nas páginas que seguem utilizo muito essa obra bem fundamentada, I *Du Christ aux juifs de cour*; II *De Mahomet aux marranes*.

7. Idem, I, p. 81.

8. Idem, I, p. 99.

9. Cf. por exemplo ed. B. Blumenkranz, *Juifs et judaïsme de Languedoc*, Toulouse, 1977, t. XII dos "Cahiers de Fanjeaux".

10. Idem, II, pp. 114-9 e 127-37.

11. Cf. A. D. Ortiz, *La clase social de los conversos en Castilla en la edad moderna*, Madri, 1959.

12. Citado em L. Poliakov, *Histoire de l'antisémitisme*, I, p. 269.

13. Idem, p. 270.

14. R. Neher-Bernheim, *Histoire juive de la Renaissance à nos jours*, 2 vol., Paris, 1963, I, p. 95.

15. F. Braudel, *La Méditerranée...*, II, pp. 150-1.

16. L. Poliakov, *Histoire de l'antisémitisme*, I, p. 58.

17. Citado em Idem, pp. 64-5.

18. J. Le Goff, *La civilisation du Moyen Age*, p. 390.

19. L. Poliakov, *Histoire de l'antisémitisme*, I, p. 122.

20. Idem, p. 331.

21. J. Isaac, *L'enseignement du mépris*, Paris, 1962.

22. A respeito da exploração dos arquivos da Inquisição espanhola, cf. B. Bennassar, "L'Inquisition espagnole, l'orthodoxie et l'ordre moral", *Bulletin de la Société d'histoire moderne*, 15ª série, n. 19, ano 76; n. 2 de 1977, pp. 11-9.

23. Para todo esse desenvolvimento, sigo H. Pflaum, "Les scènes de juifs dans la littérature dramatique du Moyen Age", *Revue des études juives*, LXXXIX, 1930, pp. 111-34.

24. Idem, p. 115.

25. L. Reau, *Iconographie de l'art chrétien*, t. II, Paris, 1957: *La Bible — Nouveau Testament*, pp. 612-13.

26. Agradeço a J.-C. Menou o fato de ter-me chamado a atenção sobre esse retábulo, que não consta da lista de L. Reau.

27. Citado e traduzido em J. Toussaert, *Le sentiment religieux en Flandre à la fin du Moyen Age*, p. 199.

28. Ronsard, *Oeuvres complètes*, II, p. 674; peças póstumas (La Pléiade).

29. Cf. R. Manselli, *La religion populaire au Moyen Age*, Paris-Montreal, 1975.

30. L. Poliakov, *Histoire de l'antisémitisme*, II, p. 148.

31. A. Lopez de Meneses, "La Peste Negra en Cataluña...", *Sefarad*, 1959, p. 110.

32. Idem, p. 101.

33. Textos e fatos citados em L. Poliakov, *Histoire de l'antisémitisme*, II, pp. 156-8.

34. C. Roth, *The history of the jews of Italy*, Filadélfia, 1946, pp. 247-8.

35. F. Vendrell, "La actividad proselitista de San Vicente Ferrer durante el reinado de Fernando I de Aragon", *Sefarad*, 1953, p. 94. Sobre são Vicente Férrer e a bibliografia que lhe diz respeito, cf. E. Delaruelle..., *L'Eglise au temps du Grand Schisme*, II, pp. 639-42 e 1071-3.

36. F. Vendrell, "La actividad...", p. 90.

37. Idem, p. 95.

38. A. J. Saraiva, *Inquisição e cristãos-novos*, Lisboa, 1969, pp. 49-50.

39. Cf. K. R. Stow, "The Church and the jews", em *Bibliographical essays in medieval jewish studies — The study of judaism*, vol. II, 1975, p. 135.

40. A respeito dessa obra, cf. principalmente M. Esposito, "Notes sur le *Fortalicium fidei* d'Alphonse de Spina", *Revue d'histoire ecclésiastique*, 1948, pp. 514-36. H. C. Lea, *A history...*, I, pp. 149-51.

41. A esse respeito é em relação a tudo o que segue, cf. C. Roth, *The history of the jews of Italy*, Filadélfia, 1946, pp. 153-77.

42. C. Roth, *The history of the jews of Italy*, p. 190.

43. Sobre a atitude de Erasmo em relação aos judeus, cf. G. Kisch, *Erasmus und die Judentum*, Basileia, 1969, pp. 10-47.

44. Citado em L. Poliakov, *Histoire de l'antisémitisme*, I, p. 231.

45. M. Lutero, *Werke*, ed. Weimer, vol. XI, 1900, pp. 307-37.

46. Idem, vol. LIII, 1919, pp. 412-553 e pp. 573-649. Textos citados em L. Poliakov, *Histoire de l'antisémitisme*, I, p. 238. *Sem Hamephoras* é o "nome às claras" de Deus (o tetragrama consonântico IHWH munido de suas vogais), que os fiéis estão proibidos de pronunciar.

47. Esse texto e os que se seguem em *Les propos de table*, Brunet, pp. 70-4.

48. *Shem Hamephoras*, ver nota 46.

49. *Contre les juifs et leurs mensonges*, cap. "Quod longe satius sit porcum quam talem habere messiam qualem judaei optant".

50. *Prague ghetto...*, p. 47.

51. L. Poliakov, *Histoire de l'antisémitisme...*, I, p. 277.
52. Idem, pp. 162-3.
53. A. Sicroff, *Les controverses...*, p. 31.
54. B. Blumenkranz, *Histoire des juifs...*, p. 23.
55. C. Roth, *The history...*, pp. 409-10.
56. Cf. os textos evocados em J. Isaac, *L'enseignement du mépris*, pp. 24-39.
57. Cf. art. "Host, desecration of", *Encyclopaedia Judaica*, vol. VIII, col. 1040-4.
58. L. Poliakov, *Histoire de l'antisémitisme...*, I, pp. 115-6.
59. Cf. P.-F. Lefèvre, "Le thème du miracle des hosties poignardées par les juifs à Bruxelles en 1370", em *Moyen Age*, 1973, pp. 373-98. Sobre o tema das profanações de hóstias, falsamente atribuídas aos judeus na Idade Média, cf. o artigo de P. Browe em *Römische Quartalschrift*, 1927, pp. 167-98.
60. *Miracle de l'hostie: Ucello*, Paris, Labergerie, 1966.
61. Jean Molinet, *Chroniques*, ed. J. Buchon, Paris, 1828, II, pp. 590-3.
62. L. Poliakov, *Histoire de l'antisémitisme*, II, p. 286.
63. Idem, p. 145. "Bouiller" [no original francês] provavelmente tem o sentido de uma ação feita freneticamente.
64. Esses painéis foram remontados na sacristia da igreja; cf. *Inventaire général des monuments et des richesses artistiques de la France: Finistère, Carhaix, Plouguer*, 2 vol., Paris, 1969, II, p. 6.
65. P. Browe, "Die Hostienschändungen der Juden im Mittelalter", em *Römische Quartalschrift*, 1926, pp. 169-71.
66. G. Trachtenberg, *The devil and the jews*, New Haven, 1943, p. 125.
67. Cf. art. "Blood libel", *Encyclopaedia Judaica*, t. IV, col. 1121-31.
68. *Réflexions sur la question juive*, p. 82.
69. Para o que segue, cf. L. Poliakov, *Histoire de l'antisémitisme*, I, pp. 76-80.
70. B. Blumenkranz, *Histoire des juifs...*, p. 17.
71. C. Roth, *The history... of Italy*, p. 247.
72. Publicado por K. von Amira, em *Neudrucke deutscher Literaturwerke des 16. und 17. Jhdts*, Halle, 1883, t. XLI.
73. C. Roth, *The history... of Italy*, pp. 172-3.
74. L. Poliakov, *Histoire de l'antisémitisme*, II, pp. 196-7.
75. Este último quando ainda era o cardeal Ganganelli.
76. Citado em L. Poliakov, *Histoire de l'antisémitisme*, I, p. 67.
77. Idem, II, pp. 157-8.
78. C. Roth, *The history... of Italy*, p. 248.
79. Citado em L. Poliakov, *Histoire de l'antisémitisme*, II, p. 202.
80. *Conciliorum oecumenicorum decreta*, ed. G. Alberigo, Bolonha, 1973, p. 483.
81. L. von Pastor, *Storia dei papi*, IX, pp. 221-2. E. Rodocanachi, *Le Saint-Siège et les juifs*, Paris, 1891, principalmente pp. 230 e seg., 274 e ss.

82. Cf. A. Pacios-Lopez, *La disputa de Tortosa*, Madri-Barcelona, 2 vol., 1957. O primeiro volume é uma análise da *Disputa*, o segundo uma edição do relatório latino redigido por notários.

83. C. Roth, *The history... of Italy*, pp. 287-98.

84. *Conciliorum ... decreta*, pp. 265-7.

85. O. Dobiache-Rojdestvensky, *La vie paroissiale en France au XIIIe siècle d'après les actes épiscopaux*, Paris, 1911, p. 69. L. Genicot, *Le XIIIe siècle européen*, Paris, 1968, pp. 269 e 385.

86. *Histoire des juifs en France*, ed. B. Blumenkranz, Toulouse, 1972, p. 31.

87. V. Robert, *Les signes d'infamie au Moyen Age*, Paris, 1889.

88. Citados por L. Poliakov, *Histoire de l'antisémitisme*, I, p. 170.

89. *Conciliorum ... decreta*, pp. 483-4.

90. Fages, *Histoire de saint Vincent Ferrier*, I, pp. 296-7.

91. C. Roth, *The history...of Italy*, p. 162.

92. C. Roth, *The history...of Italy*, p. 186. F. Braudel, *La Méditerranée...*, II, pp. 141-2. A. Milano, *Storia degli ebrei in Italia*, Turim, 1963, p. 281.

93. Cf. M. Boiteux, "Les juifs dans le carnaval de la Rome moderne (XVe-XVIIIe siècle)", *Mélanges de l'école française de Rome* (M. A., *Temps modernes*), t. LXVIII, 1976, 2, pp. 746-7, 750-1 e 762. Cf. também Rodocanachi, *Le Saint--Siège et les juifs – Le ghetto de Rome*.

94. Cf. L. Aurigemma, *Le signe zodiacal du scorpion*, Paris-La Haye, 1976, pp. 63-4, pl. 24.

95. A respeito da ofensiva romana contra o Talmude, cf. K. R. Stowe, "The burning of the Talmud in 1553, in the light of Sixteenth Century catholic attitudes toward the Talmud", em *Bibliothèque d'humanisme et Renaissance*, vol. XXXIV, 1972, pp. 435-59.

96. *Bullarium... summorum rom. pontificium*, Taur. editio, 1860..., VI, pp. 498 e ss.

97. L. von Pastor, *Storia dei papi*, VI, pp. 487-90.

98. Idem, VIII, pp. 228-33.

99. Alguns papas mais clementes que Pio V em relação aos judeus, particularmente Xisto V, permitirão que eles se reinstalem em certas cidades, sobretudo em Bolonha.

100. C. Roth, *The history... of Italy*, pp. 309-28.

101. E. de Laurière, *Recueils d'édits et d'ordonnances royaux*, 1723..., VII, p. 675.

102. L. Poliakov, *Histoire de l'antisémitisme*, I, p. 135.

103. C. Roth, *The history...of Italy*, pp. 306-28.

104. Citado em L. Poliakov, *Histoire de l'antisémitisme*, II, p. 198. Cf. F. Baer, *Die Juden im christlichen Spanien*, 2 vol., Berlim, 1926-29, II, pp. 404-8.

105. Essas informações e as precedentes em L. Poliakov, *Histoire de l'antisémitisme*, II, pp. 186-98. Cf. por outro lado H. Beinart, *Records of the spanish Inquisition in Ciudad Real*, I (1483-1485), Jerusalém, 1974.

106. A. Baião, *Episódios dramáticos da Inquisição portuguesa*, 3 vol., Lisboa, 1972-3, III, pp. 152-6.

107. L. von Pastor, *Storia dei papi*, VI, pp. 489-90. C. Roth, *The history... of Italy*, pp. 300-1.

108. Para o que segue, cf. P. Chaunu, *L'Espagne de Charles Quint*, 2 vol., Paris, 1973; aqui II, pp. 479-505.

109. Ver acima, p. 279.

110. A. Sicroff, *Les controverses...*, pp. 32-5.

111. Tratado incorporado a *El fuero real de España*, Salamanca, 1569. Cf. A. Sicroff, *Les controverses...*, pp. 36-9.

112. Idem, pp. 71-4.

113. Idem, pp. 74-5. H. C. Lea, *A history...*, I, p. 150. Alonso de Espina atacava violentamente os conversos; assim, é pouco provável que ele próprio o fosse, malgrado as numerosas obras recentes que afirmam sua ascendência judaica.

114. Idem, pp. 102-35.

115. Idem, pp. 156-67.

116. Idem, pp. 167-70.

117. Idem, pp. 177-8.

118. Tudo o que segue de acordo com Idem, pp. 63-139 e 270-84.

119. H. C. Lea, *A history...*, II, p. 287.

120. Ver, a esse respeito, Frei Benito de Peñalosa e Mondragón, *Libro de las cinco excelencias del español*, Pamplona, 1629; A. Sicroff, pp. 291-7.

121. F. Braudel, *La Méditerranée...*, II, p. 154.

122. Idem, p. 153.

123. Idem, p. 142.

124. J.-P. Sartre, *Réflexions sur la question juive*, p. 17.

125. R. Loewenstein, *Psychanalyse de l'antisémitisme*, Paris, 1952, pp. 5-6.

126. S. Friedlander, *Histoire et psychanalyse*, Paris, 1975, p. 165.

CAPÍTULO 10

1. Citado em W. Lederer, *Gynophobia ou la peur des femmes*, Paris, 1970, p. 94. Nas páginas que seguem utilizo muito esse livro de um psiquiatra americano, sem adotar todos os seus pontos de vista. Também faço uso da obra fundamental de Simone de Beauvoir, *Le deuxième sexe*, 2 vol., Paris, 1949.

2. W. Lederer, p. 207 (citação de Zilboorg).

3. S. Freud, "Ueber die weibliche Sexualität", em *Ges. Werke*, IX, p. 180.

4. S. de Beauvoir, *Le deuxième sexe*, Paris, 1949, 2 vol.: I, p. 147.

5. K. Horney, *La psychologie de la femme*, Paris, 1969, principalmente pp. 106-20 e 135-50.

6. W. Lederer, *Gynophobia...*, p. 12.

7. Idem, p. 251.

8. W. Lederer, *Gynophobia*..., p. 41.

9. S. de Beauvoir, *Le deuxième sexe*, I, p. 241.

10. W. Lederer, *Gynophobia*..., pp. 63-4.

11. Idem, pp. 121-37.

12. A aproximação é proposta por N. Z. Davis, *Society and culture*..., p. 129.

13. H. Instítoris e J. Sprenger, *Le marteau*..., pp. 230-7.

14. Idem, pp. 233-7: "Les sorcières peuvent-elles empêcher l'acte de puissance génitale?". Cf. acima pp. 64-9.

15. D. Paulme, *La mère dévorante*, Paris, 1976, p. 225.

16. M.-O. Metral, *Le mariage – Les hésitations de l'Occident*, Paris, 1977, p. 125.

17. *Le deuxième sexe*, I, p. 153.

18. Essas precisões sublinhadas no importante artigo de H.-M. Legrand, "L'ordination des femmes au ministère presbytéral", *Bulletin du secrétariat de la conférence épiscopale française*, n. 7, abr. 1976, pp. 6-7.

19. J.-M. Aubert, *La femme – Antiféminisme et christianisme*, Paris, 1975, p. 48. Nos raciocínios que seguem, esse livro é muito utilizado.

20. Idem, p. 20.

21. Idem, pp. 99-100.

22. H.-M. Legrand, "L'ordination...", p. 7.

23. Citado em idem, p. 191: *De cultu feminarum*, em *Corpus christianorum*, série latina, obras de Tertuliano, I, p. 343.

24. Cf. *De virginibus*, I, 1, cap. LVI (*Patr. lat.*, XVI, 204); art. "Femme", *D.T.C*, V, 1922, col. 1336-8.

25. *Lettre XXII à Estochium*, reproduzida em *La femme – Les grands textes des pères de l'Eglise*, sel. e apres. F. Quéré-Jaulmes, Paris, 1968, p. 19.

26. M.-O. Metral, *Le mariage. Les hésitations de l'Occident*, p. 26. Metódio de Olimpo, teólogo e bispo grego do século III, *Le banquet*, Paris, 1963, discurso de Marcelle.

27. Idem, p. 46.

28. Sobre o antifeminismo de Santo Agostinho, K. E. Borresen, *Subordination et équivalence – Nature et rôle de la femme d'après Augustin et Thomas d'Aquin*, Paris-Oslo, 1968, pp. 25-114.

29. J.-M. Aubert, *La femme*..., p. 88-9, de onde retirei as citações que seguem.

30. Graciano, Friedberg, I, 1254 e 1256.

31. *Somme théologique*, I, q. 92, art. I, ad. 2; q. 93, art. 4, ad. I; *Commentaire des sentences*, II, dist. 21, 2, 1, ad. 2. A esse respeito, cf. *La femme*, Société Jean Bodin, 1962, XII, parte II, pp. 75-9.

32. *Somme théologique*, I, q. 99, art. 2; II, q. 149, art. 4; q. 165, art. 2.

33. *Contra gentiles*, III, 123.

34. *Somme théologique*, III, q. 31, art. 3. J.-M. Aubert, *La femme*..., p. 203.

35. J.-M. Aubert, *La femme*..., pp. 120 e 203. I Raming, *Der Ausschluss der*

Frau von priesterlichen Amt — Gottewollte Tradition oder Diskriminierung, Viena, 1973, p. 80 e ss.

36. Citado por Y. Lefevre em *Histoire mondiale de la femme*, Paris, 1966, II, p. 83.

37. Citado em Idem, p. 82.

38. Citado em Idem, p. 83.

39. Cf. particularmente E. Le Roy-Ladurie, *Montaillou, village occitan*, Paris, 1975.

40. R. Nelli, *L'érotique des troubadours*, Paris, 1963, particularmente pp. 292-4 e 304-12. M.-O. Metral, *Le mariage...*, pp. 113-45. M. Albistur e D. Armogathe, *Histoire du féminisme français du Moyen Age à nos jours*, Paris, 1977, pp. 38-41. As conclusões dessa obra em relação ao período da Idade Média e da Renascença corroboram as de minha própria investigação. Cf. também, sobre a Idade Média, A. Lehmann, *Le rôle de la femme dans l'histoire de la femme au Moyen Age*, Paris, 1951; R. Verdon, "La femme dans la société aux Xe et XIe siècles", tese, Paris, Université de Paris X, 1974.

41. Petrarca, *Des remèdes de l'une et de l'autre fortune*, citado em idem, pp. 213-4.

42. A. Besançon, "Vers une histoire psychnalytique", *Annales, ESC*, 1969, p. 600.

43. Citado e traduzido por P. Monnier, *Le Quattrocento*, 2 vol., Paris, 1924, II, p. 198.

44. Cf. particularmente W. E. Peuckert, *Die grosse Wende*, Hamburgo, 1948, p. 90 e ss.

45. A. Gasté, *Michel Ménot: en quelle langue a-t-il prêché?...*, Caen, 1879, pp. 24-5. Cf. também E. Gilson, "M. Ménot et la technique du sermon médiéval", em *Les idées et les lettres*, Paris, 1932, pp. 93-154.

46. Citado em A. Samouillan, *Olivier Maillard, sa prédication et son temps*, Paris, 1891, p. 317.

47. A. Godin, "Un émule d'Olivier Maillard et de Michel Ménot: frère Jehan Glapion", D.E.S. datil., Lille, 1960.

48. J. Bodin, *La démonomanie des sorciers*, Paris, 1580, p. 176B.

49. Citado por A. Piogier, *Un orateur de l'école française, saint Jean Eudes*, Paris, 1940, p. 276. Cf. Jean Eudes, *Oeuvres complètes*, 11 vol., Vannes, 1905--1909. Aqui V, pp. 283-7.

50. L. Grignion de Montfort, *Oeuvres complètes*, ed. M. Gendrot, Paris, 1966, cântico XXXIII, p. 1162.

51. Panegírico pronunciado pelo padre Corbin, citado em M. Reinhard, *La légende de Henri IV*, Paris, 1935, p. 77.

52. Agradeço a A. Danet a gentileza de ter-me chamado a atenção para esse livro e esse tema. Consultei a edição de Lyon, 1517; em 1344 Alvaro Pelayo também escreveu um *Collirium fidei adversus haereses*, que não foi impresso.

53. M. Del Rio, *Les controverses...*, p. 526.

54. H. Spitzmuller, *Poésie latine du Moyen Age (IIIe-XVe siècle)*, Paris, 1971, pp. 617-21. Cf. nessa obra o artigo "Misogynie", pp. 1800-2.

55. Introdução de A. Danet ao *Marteau des sorcières*, particularmente p. 64.

56. H. Institoris e J. Sprenger, *Le marteau des sorcières*, p. 198.

57. Idem, p. 201.

58. Idem, introd., p. 89.

59. Idem, p. 202.

60. Idem, p. 200. Para o que se segue, p. 200-10.

61. Idem, p. 207.

62. Idem, ibidem.

63. Idem, p. 208.

64. Expressão de A. Danet, idem, p. 58.

65. Cf. *supra* p. 239.

66. M. Del Rio, *Les controverses...*, p. 526.

67. Benedicti, *La somme des pechez et remède d'iceux*, 1. ed. 1584; ed. consultada aqui Paris, 1595, p. 347.

68. Idem, p. 348.

69. Título italiano: *Avvertimenti per li confessori*.

70. Agradeço ao padre Daniel Olivier ter-me chamado a atenção para essa informação: *Concilium tridentinum (Görres Gesellschaft)*, VIII, p. 622. O embaixador do concílio do duque da Baviera declara num discurso diante dos padres (1562): *"In proxima visitatione per Vavariam facta, tam frequens concubinatus repertus fuit, ut vix inter centum ter vel quatuor inventi sint, qui aut manifesti concubinarii non fuerint, aut clandestina matrimonia non contraxerint, aut uxores palam non duxerint"*. Desse modo, o embaixador solicita o casamento dos padres para limitar a hemorragia clerical para o protestantismo.

71. Ed. consultada aqui Paris, 1665, p. 19.

72. Idem, ibidem.

73. Idem, p. 95.

74. Idem, p. 96.

75. Idem, pp. 239-43.

76. V.-L. Saulnier, *Le dessein de Rabelais*, Paris, 1957.

77. Texto citado em M. A. Screeck, "A further study of Rabelais's position in the Querelle des Femmes", *François Rabelais* (t. VII de *Travaux d'humanisme et Renaissance*, p. 146).

78. J. Wier, *Histoires, disputes et discours des illusions et impostures des diables, des magiciens infâmes, sorcières et empoisonneurs...*, 1ª trad. francesa 1569. Ed. utilizada aqui Paris, 1885, I, pp. 300-3.

79. A. Paré, *Oeuvres*, ed. P. de Tartas, Paris, 1969, 3 vol.; conforme a edição de 1585, I, p. 25.

80. Idem, idem.

81. Idem, I, p. 124.

82. Idem, III, p. IX^cXXVII.

83. Idem, III, p. IX^cXXXV.

84. Idem, III, p. IX^cXI.

85. Idem, ibidem.

86. L. Joubert, *Première et seconde partie des erreurs populaires et propos vulgaires touchant la medecine et le regime de sante, refutez et expliquez;* ed. consultada aqui Lyon, 1601, I, pp. 162-3.

87. Idem, pp. 163-5.

88. Dez em francês, uma em latim e uma em italiano.

89. A. Tiraqueau, *Tractatus varii*, Lyon, 1587: *"De poenis legum temperandis aut remittendis"*, p. 273.

90. Para tudo o que segue, A. Tiraqueau..., *Ex commentaribus in Pictonum consuetudines: sectio de legibus connubialibus et jure maritali*, Lyon, 1586, principalmente I, 12, 13, 15 e 16 e gl. 2, 4, 5 e 8.

91. *Dictionnaire de droit canonique*, fasc. XII, col. 1255-75.

92. B. Chasseneuz, *Commentarii in consuetudines ducatus Burgundiae fereque totius Galliae*, Lyon, 1624; rubrica *"Foemina"*. Cf. A. Laingui, *La responsabilité pénale dans l'ancien droit (XVIe-XVIIIe siècle)*, Paris, 1970, pp. 251-3.

93. C. Le Bret, *De la souveraineté du roy, de son domaine et de sa couronne*, Paris, 1632, I, 4. Cf. *La femme*, Société Jean Bodin, II, p. 450.

94. A. de Richelieu, *Testament politique*, ed. L. André, Paris, 1947, pp. 300-1.

95. N. Remy, *Demonolatriae libri tres*, Lyon, 1595, sobretudo pp. 125-7.

96. P. de Lancre, *L'incredulité et mescreance du sortilege plainement convaincue...*, Paris, 1622, p. 627.

97. *Réfutation des opinions de Jean Wier*, p. 225. Na edição de 1580, ela segue à *Démonomanie des sorciers*.

98. J. Boutillier, *Somme rurale*, 1603, liv. II, título II, p. 663.

99. Idem, p. 374.

100. *La femme*, Société Jean Bodin, XII, parte II, p. 261.

101. Idem, p. 346.

102. J. Bodin, *Démonomanie des sorciers*, p. 177B.

103. *La femme*, p. 287.

104. Idem, p. 245.

105. Idem, *id.*, e P. de Beaumanoir, *Couutumes de Beauvaisis*, ed. A. Salman, Paris, 2 vol., 1899-1900, II, § 1631.

106. A. Tiraqueau, "De *poenis legum temperandis aut remittendis*", *Tractatus varii*, Lyon, 1587, p. 273.

107. P. Farinacci, *Praxis et theorica criminalis*, 3 vol., 1606-10, q. 90 (causa 10), n. 14-5.

108. Cf. A. Laingui, *La responsabilité...*, pp. 252-3.

109. P. de Lancre, *De l'incrédulité...*, respectivamente pp. 627 e 41. Sobre Jean Bodin, cf. mais acima p. 331.

110. Ver, a esse respeito, a primeira parte do livro de M. Albistur e D. Armogathe, *Histoire du féminisme...*, com a bibliografia no final dos capítulos.

111. Cf. nesse ponto *La femme*, Société Jean Bodin, XII, parte II, pp. 244--52; J.-L. Flandrin, *Familles, parenté, maison, sexualité dans l'ancienne société*, Paris, 1976, p. 124.

112. Bens conferidos pelo marido a sua mulher para serem desfrutados por esta caso sobrevivesse a ele.

113. F. Olivier-Martin, *Histoire du droit français des origines à la Révolution*, Paris, 1948, p. 653.

114. Idem, p. 655.

115. *L'école des femmes*, ato III, cena III.

116. J. Burckhardt, *La civilisation...*, II, p. 343.

117. T. Smyth, *De republica anglorum*, 1583, p. 18. Citado em *Histoire mondiale de la femme*, II, p. 417.

118. Citado em idem, ibidem, e C. St. Byrne, *Elizabethan life in town and country*, Londres, 1961, p. 215.

119. Retomo a expressão de M. Albistur e D. Armogathe, *Histoire du féminisme...*, p. 27: "mulheres-álibis, ou seja, mulheres que autorizam os observadores superficiais a falar de igualdade geral entre os sexos".

120. G. de Lorris e J. de Meun, *Le roman de la rose*, ed. F. Lecoy, Paris, 1968-73, 3 vol. Aqui II, pp. 50-2, versos 9886-98.

121. N. Grevy-Pons, *Célibat et Nature: une controverse médiévale*, Paris, 1975, p. 43 (C. N. R. S.). C. V. Langlois, *La vie en France au Moyen Age*, Paris, 1926 t. II, pp. 241-90.

122. E. Deschamps, *Oeuvres...*, VII, balada MCCXCIII, p. 43.

123. Idem, V, balada DCCCCLXVIII, p. 235.

124. Idem, balada MXIX, p. 287.

125. Idem, balada DCCCCLXXXII, p. 226.

126. Idem, VII, p. 108.

127. Idem, p. 109.

128. Idem, todo o vol. IX.

129. Idem, p. 53 e seg.

130. Idem, p. 174 e seg.

131. Idem, p. 176 e seg.

132. Idem, pp. 96-8.

133. Idem, por volta de 2857-59.

134. Citado em *La femme dans la littérature française et les traductions en français du XVIe siècle*, sel e apres. L. Guillerm-Curutchet, J.-P. Guillerm, L. Hordoir-Louppe, M.-F. Piejus, Lille, 1977, pp. 89-99.

135. C. Beerman, *Eine nützlich Osterpredig über di frommen Weiber, für alle Sändes-Personen*, 1593, pp. 3-4. Citado em J. Janssen, *La civilisation...*, VI, pp. 355-6.

136. K. Beinhaus, *Predig auf das Fest der unschuldigen Kinder*, 1617, citado em idem, p. 355.

137. Trata-se de Daniel Rivière. Por "provérbios do século XVI" entendo provérbios pertencentes a uma coletânea impressa no século XVI. Muitas sentenças, evidentemente, remontavam a um passado longínquo.

138. Esperando a conclusão do trabalho de D. Rivière, tomo emprestado esse ditado e os que seguem ao *Livre des proverbes français*, de Le Roux de Lincy, Paris, 2 vol., 1859. Aqui I, p. 221 (G. Meurier, *Trésor des sentences)*.

139. Idem, p. 222 (Gruther, *Recueil*).

140. Idem, p. 224 (*Encyclopédie des proverbes*).

141. Idem, p. 229 (*Encyclopédie des proverbes*).

142. Idem, p. 231 (Gruther, *Recueil*).

143. Idem, p. 278 (G. Meurier, *Trésor des sentences*).

144. Idem, ibidem (G. Meurier, *Trésor des sentences*).

145. Idem, p. 220 (Mery, *Histoire des proverbes*).

146. Idem, ibidem (*La chaussée*).

147. Idem., p. 161 (G. Meurier, *Trésor des sentences*).

148. Idem, p. 229. Esses dois provérbios em *Adages françois*.

149. Idem, ibidem p. 230 (G. Meurier, *Trésor des sentences*).

150. Idem, ibidem (*Proverbes communs*, século XV).

151. Idem, ibidem (Bruscambille, *Voyage d'Espagne*, século XVII).

152. Idem, p. 231 (*Proverbes communs*).

153. Idem, p. 228 (*Adages françois*).

154. Idem, p. 222 (G. Meurier, *Trésor des sentences*).

155. Idem, p. 220 (Bovelles, *Proverbes*).

156. Idem, ibidem (G. Meurier, *Trésor des sentences*).

157. Idem, p. 221 (*Encyclopédie des proverbes*).

158. Idem, p. 219 (*Trésor des sentences*).

159. Idem, p. 224 (*id.*).

160. Idem, p. 229 (Bovelles, *Proverbes*).

161. Idem, p. 225 (Gruther, *Recueil*).

162. Idem, p. 225 (*Moyen de parvenir*, cap. intitulado "Exposition", século XVI).

163. Idem, p. 221 (*Trésor des sentences*).

164. Idem, p. 222 (*id.*).

165. Idem, p. 228 (*Anc. Prov.*, século XIII).

166. Idem, p. 231 (*Adages françois*).

167. Idem, II, p. 263 (*id.*).

168. Idem, p. 490 (Herbers, *Roman de Dolopathos*, século XII).

169. Idem, I, p. 225 (*Prov. gallic*, século XV).

170. Idem, p. 227 (*Adages françois*).

171. Idem, p. 221 (*Encyclopédie des proverbes*).

172. Idem, p. 222 (*Trésor des sentences*).

173. Idem, p. 223 (*Suite aux mots dorés de Caton*).

174. Idem, p. 228 (*Adages françois*).
175. Idem, p. 231.
176. Idem, p. 225 (*Suite aux mots dorés de Caton*).
177. Idem, p. 224 (*Prov. gallic*, século XV).
178. Idem, p. 223 (*Suite aux mots dorés de Caton*).
179. Idem, p. 222 (*Trésor des sentences*).
180. Idem, p. 221 (*Adages françois*).
181. Idem, p. 18 (*id.*).
182. Para tudo o que se segue, inspiro-me em sua dissertação de mestrado (Panthéon-Sorbonne 1975): "La conception de la femme dans l'estampe française du XVIe siècle", 2 vol. dat. S. Matthews-Griego prepara, sobre esse mesmo tema, uma monografia de terceiro ciclo.
183. Museu Mayer Van der Bergh, Anvers.
184. Cf. sobre isso tudo (inclusive referências), J. Bailbé, "Le thème de la vieille femme dans la poésie satirique du XVIe et du début du XVIIe siècle", *Bibliothèque d'humanisme et Renaissance*, 1964, pp. 98-119.
185. Sigogne, *Oeuvres complètes*, Fleuret et Perceau, p. 216 (*Satyre contre une dame*).
186. Essa indicação e as que seguem, novamente na dissertação de mestrado de S. Matthews-Griego.
187. Ronsard, *Oeuvres complètes*, ed. G. Cohen, I, p. 451 (La Pléiade).
188. Du Bellay, *Oeuvres poétiques*, ed. H. Chamard, V, p. 132.

CAPÍTULO 11

1. A literatura sobre a feitiçaria aumenta rapidamente. Na base, encontram-se J. Hansen, *Zuberwahn, Inquisition und Hexenprozess im Mittelalter und die Enstehung der Grossen Hexenverfolgung*, Munique-Leipzig, 1900; *Quellen und Untersuchungen zur Geschichte des Hexenwahns und der Hexenwefolgung im Mittelalter*, Bonn, 1901, reed. 1964. H. Ch Lea, *Histoire de l'Inquisition au Moyen Age*, 3 vol., Paris, 1900-2; *Materials toward a history of witchcraft*, 3 vol., Nova York-Londres, 1957. Por outro lado, utilizei principalmente R. Mandrou, *Magistrats et sorciers*, Paris, 1968. E. W. Monter, "Witchcraft in Geneva 1537-1662", *Journal of Modern History*, vol. XLIII, n. 1, mar. 1971, pp. 179-240; "Patterns of witchcraft in the Jura", *Journal of Social History*, vol. V, n. 1, 1971, pp. 1-25; *Witchcraft in France and Switzerland*, Ithaca-Londres, 1976. A. Macfarlane, *Witchcraft in Tudor and Stuart England*, Londres, 1970. K. Thomas, *Religion and the decline of magic*, Londres, 1971. J.-C. Baroja, *Les sorcières et leur monde*, Paris, 1972. H. R. Trevor-Roper, *De la Réforme aux Lumières*, Paris, 1972. E. Midelfort, *Witch hunting in Southwestern Germany, 1562-1684 — The social and intellectual*

foundations, Stanford (Cal.), 1972. N. Cohn, *Europe's inner demons*, Sussex Univ. Press, 1975. Também li em manuscrito as contribuições de Dupont--Bouchat e R. Muchembled a um livro a ser publicado, *Prophètes et sorciers dans les Pays-Bas*. Outros trabalhos serão mencionados no percurso. Esclarecimentos muito úteis sobre a problemática dessa questão de P. Chaunu, "Sur la fin des sorciers au XVII siècle", *Annales, ESC*, jul-ago. 1969, pp. 985-11; de F. Salimbeni, "La stregoneria nel tardo Rinascimento", *Nuova Rivista Storica*, ano LX, fasc. III-IV, pp. 269-334. Importantes artigos, ainda, de F. Raphael, "Conditionnements socio-politiques et socio-psychologiques du satanisme", *Revue des sciences religieuses*, 1976, pp. 112-56; de A. Soman, "Des procès de sorcellerie au Parlement de Paris (1565-1640)", *Annales, ESC*, jul.-ago. 1977, pp. 790-814.

2. Cf. particularmente, sobre essa observação histórica, as duas obras de J. C. Baroja, *Les sorcières...*, pp. 60-95, e N. Cohn, *Europe's...*, pp. 16-59.

3. J.-C. Baroja, *Les sorcières...*, p. 76.

4. N. Cohn, *Europe's...*, p. 211. Texto em *Libri de synodalibus causis et ecclesiasticis*, ed. F. Wasserschleben, Leipzig, 1840, p. 354.

5. *Conciliorum oecumenicorum decreta*, Alberigo, pp. 233-4.

6. Sobre os cátaros, cf. particularmente J. Duvernoy, *Le catharisme: la religion des cathares*, Toulouse, 1976.

7. J.-C. Baroja, *Les sorcières...*, pp. 93-4; N. Cohn, *Europe's...*, pp. 24-31. Texto da bula de 1233 em W. G. Soldan e H. Heppe, *Geschichte der Hexenprozesse*, 2 vol., Stuttgart, 1880, I, pp. 161-3.

8. H. R. Trevor-Roper, *De la Réforme...*, p. 147. Texto em J. Hansen, *Quellen...*, p. 17.

9. Santo Tomás de Aquino, *Quodlibet*, XI, 10; *Comment. in Job*, I.

10. Todos esses fatos evocados com referências, em N. Cohn, *Europe's...*, p. 74-98; J.-C. Baroja, *Les sorcières...*, pp. 100-1.

11. Texto em J. Hansen, *Quellen...*, pp. 5-6.

12. E. C. Lea, *Histoire de l'Inquisition au Moyen Age*, III, pp. 560-80; J. Hansen, *Quellen...*, p. 315.

13. Cf. Nicolau Eymerich e Francisco Pena, *Le manuel des inquisiteurs*, introd., trad. e notas L. Sala-Molins, Paris, 1973, pp. 66-71.

14. E. W. Monter, *Witchcraft...*, p. 19; R. Kieckhafer, *European witch trials: their foundations in popular and learned culture, 1300-1500*, Londres: Berkeley, 1976, pp. 106-7.

15. E. W. Monter, *Witchcraft...*, pp. 20-1.

16. J. Hansen, *Quellen...*, pp. 438-72.

17. E. W. Monter, *Witchcraft...*, p. 18.

18. Primeira edição impressa: 1475.

19. E. W., Monter, *Witchcraft...*, p. 4.

20. P. Villette, "La sorcellerie à Douai", em *Mélanges de sciences religieuses*, 1961, p. 129.

21. Contribuição de M.-S. Dupont-Bouchat à obra coletiva *Prophètes et sorciers...*

22. W. Monter, "Witchcraft in Geneva, 1537-1662", *Journal of Modem History*, vol. XLIII, n. 1, mar. 1971, p. 187.

23. Reagrupamento realizado por esse autor em *Witchcraft in France and Switzerland.*

24. Erik Midelfort, *Witch hunting...*, p. 32; "Witchcraft and religion in sixteenth century germany", *Archiv für Reformationsgeschichte*, 1971, p. 267.

25. A. Macfarlane, *Witchcraft...*, p. 61.

26. G. F. Black, "A calendar of cases of witchcraft in Scotland 1510-1727", *Bull. New York Public Lib.*, 1937-8, XLI-XLII.

27. E. W. Monter, "Witchcraft in Geneva", p. 186.

28. E. W. Monter, *Witchcraft in France...*, 1976, p. 105.

29. P. Schweizer, "Der Hexenprozess und seine Anwendung in Zürich", *Zürcher Taschenbuch*, n. f. 25 (1902), pp. 1-63. J. Schacher, *Das Hexenwesen im Kanton Luzern, nach den Prozessen von Luzern und Sursee* (1400-1675), Lucerna, 1947, pp. XI-XIII. A. Kocher, "Regesten zu den Solothurnischen Hexenprozessen", *Jahrbuch für Solothurnische Geschichte*, 16 (1943), pp. 121-40.

30. E. W. Monter, "Patterns of witchcraft...", p. 5.

31. E. W. Monter, "Witchcraft in Geneva", p. 187.

32. R. Mandrou, *Magistrats...*, p. 135, de acordo com o testemunho de Nicolas Rémy.

33. Contribuição de M.-S. Dupont-Bichat a *Prophètes et sorciers...*

34. E. Brouette, "La sorcellerie dans le comté de Namur au début de l'époque moderne, 1509-1646", *Annales de la société archélogique de Namur*, 48, 1953-4, pp. 390-410. *Satan*, 1948, pp. 384-85 (Etudes Carmélitaines).

35. Contribuição de R. Muchembled a *Prophètes et sorciers...*

36. J. L. Pitts, *Witchcraft and devil lore in the Channel Island*, Guernesey, 1886, pp. 28-32; G. R. Alleine, "Witch trials in Jersey", *Société jersiaise*, 13, 1939.

37. R. Mandrou, *Magistrats...*, p. 135.

38. S. Cirac-Estopanan, *Los procesos de hechiceria en la Inquisition de Castilla la Nueva*, Madri, 1942: nenhuma execução em 307 processos por feitiçaria. Agradeço imensamente à sra. Benassy a gentileza de consultar esse livro, na Espanha, para mim.

39. J. Michelet, *La sorcière*, ed. R. Mandrou, Paris, 1964, p. 24.

40. H. R. Trevor-Rover, "The persecution of witches", *Horizon*, nov. 1959, p. 59.

41. A. Macfarlane, *Witchcraft...*, pp. 28-9.

42. J.-C. Baroja, *Les sorcières...*, pp. 182-225.

43. H. R. Trevor-Roper, *De la Réforme...*, p. 181.

44. Idem, pp. 207-8.

45. R. Mandrou, *Magistrats...*, pp. 197-260. M. de Certeau, *La possession de Loudun*, Paris, 1970.

46. C. Hansen, *Sorcellerie à Salem*, Paris, 1971.

47. Idem, p. 366.

48. H. C. Midelfort, *Witch hunting*..., pp. 89 e 96-8. N. Cohn, *Europe's*..., p. 254.

49. H. R. Trevor-Roper, *De la Réforme*..., p. 193.

50. Idem, p. 200.

51. H. C. Midelfort, *Witch hunting*..., p. 137. N. Cohn, *Europe's*..., p. 254.

52. J.-C. Baroja, *Les sorcières*..., pp. 183-4.

53. A. Macfarlane, *Witchcraft*..., p. 135.

54. Tudo o que segue segundo o artigo de E. Brouette em *Satan*, 1948, pp. 364-8 (Etudes Carmélitaines); M. A. Prat, *The attitude of the catholic Church towards the witchcraft and the allied practices of sorcellery and magic*, Washington, 1915, pp. 94-5.

55. L.-E. Halkin, *La Réforme en Belgique sous Charles Quint*, Bruxelas, 1957, pp. 39-40.

56. Essa ilação foi tomada de empréstimo a R. Muchembled, *Prophètes et sorciers*...

57. E. Poullet, *Histoire du droit pénal dans le duché de Brabant*..., em memórias coroadas pela Académie royale de Belgique, t. XXXV, Bruxelas, 1870, pp. 48 e 418. J. H. Langbein, *Prosecuting crime in the Renaissance, England, Germany, France*, Cambridge (Mass.), 1974, p. 170.

58. Texto em F. von Holtzendorff, *Handbuch der deutschen Strafrechts*, 4 vol., Berlim, 1971-7, I, p. 67 e ss.

59. H. R. Trevor-Roper, *De la Réforme*..., p. 185.

60. Idem, ibidem.

61. Brouette, *Satan*..., pp. 384-5.

62. Mesma situação na França, onde o parlamento de Paris, dando prosseguimento ao procedimento de apelação, tentou corrigir os excessos dos tribunais locais: A. Soman, "Les procès de sorcellerie...", pp. 809-12.

63. *Prophètes et sorciers*...

64. Reproduzo esse texto de acordo com a cópia que fora enviada ao Conselho de Luxemburgo (A. E. L., *Registrature du Conseil provincial*, 1591-9, fº565º a 58vº) e tal como ele aparece na contribuição de Dupont-Bouchat, *Prophètes et sorciers*... Atualizei a pontuação.

65. Idem.

66. H. R. Trevor-Roper, *De la Réforme*..., pp. 182-5. *Acts of the Parliament of Scotland*, II, p. 539.

67. K. Thomas, *Religion*..., pp. 442-3; A. Macfarlane, *Witchcraft*..., pp. 14-7,

68. Idem, p. 15.

69. H. R. Trevor-Roper, *De la Réforme*..., p. 186.

70. Idem., ibidem.

71. E. W. Monter, *Patterns*..., pp. 9-11.

72. Idem, ibidem.

73. E. W. Monter, "Witchcraft in Geneva...", p. 185.
74. *Prophètes et sorciers...*
75. Idem, p. 37.
76. A. Soman, "Les procès de sorcellerie...", p. 796.
77. Cf. L. Osbat, "Sulle fonti per la storia del Sant'Ufficio a Napoli alla fine del Seicento", *Ricerche di storia sociale e religiosa*, jan.-jun. 1972, pp. 419-29.
78. J.-C. Baroja, *Les sorcières...*, particularmente p. 205.
79. H. R. Trevor-Roper, *De la Réforme...*, p. 149.
80. A. Soman, "Les procès de sorcellerie...", p. 798.
81. J. Burckhardt, *La civilisation...*, III, p. 172.
82. E. W. Monter, "Witchcraft in Geneva...", pp. 202-3.
83. H. R. Trevor-Roper, "The persecution of witches", *Horizon*, nov. 1959, p. 59.
84. E. W. Monter, "Witchcraft in Geneva, 1537-1662", *Journal of Modern History*, mar. 1971, pp. 185-6.
85. E. Midelfort, *Witch hunting...*, p. 33. O total = 2953, é diferente do fornecido no quadro da página 350 (3229), porque então o autor acrescentara, às execuções conhecidas através dos processos, outras execuções assinaladas por fontes diversas.
86. A. Reuss, *L'Alsace au XVIIe siècle*, 2 vol., Paris, 1898, II, p. 105
87. E. W. Monter, "Witchcraft in Jura...", p. 13.
88. E. W. Monter, *Witchcraft in France and Switzerland*, pp. 105-6.
89. Os castigos costumeiros ordenados pela Inquisição de Nova Castela eram a admoestação pública ou privada, jejuns e orações, chicotadas (no máximo 100) e o exílio; S. Cirac-Estopanan, *Los processos...*, *passim*.
90. H. R. Trevor-Roper, *De la Réforme...*, pp. 189-203.
91. J. Michelet, *La sorcière*, principalmente a introdução e os capítulos XI-XII.
92. A. Macfarlane, *Witchcraft...*, p. 155 (e todo o capítulo X).
93. E. W. Monter, "Patterns of witchcraft...", p. 15.
94. *Prophètes et sorciers*.
95. Idem.
96. A. Soman, "Les procès de sorcellerie...", p. 789.
97. *Prophètes et sorciers...*
98. E. W. Monter, *Witchcraft in France and Switzerland*, pp. 119-20. *Prophètes et sorciers...* Os apelantes que se dirigem ao parlamento de Paris entre 1565 e 1640 são, mais de metade, homens. Sem dúvida as mulheres geralmente têm menos condições de apelar que os homens; A. Soman, "Les procès de sorcellerie...", p. 798.
99. E. W. Monter, *Witchcraft in France and Switzerland*, p. 123.
100. Idade média dos apelantes ao parlamento de Paris: cerca de cinquen-

ta anos; A. Soman, p. 799. Mas, na época, uma mulher de cinquenta anos era considerada velha.

101. E. W. Monter, *Witchcraft in France and Switzerland*, p. 121 (estatística simplificada).

102. A. Macfarlane, *Witchcraft...*, pp. 159 e 65.

103. *Prophètes et sorciers...*

104. Cf. as notas, *passim*.

105. Nesse quadro não foram incluídos os números relativos aos apelos ao parlamento de Paris entre 1565 e 1640, porque nem todos os condenados apelavam. Mas A. Soman, corrigindo R. Mandrou, mostrou que esses apelos frequentemente eram seguidos de uma atenuação da pena. "Se considerarmos", escreve ele, "todos os 75 anos, houve 115 execuções, ou seja, 24% das 463 penas de morte em primeira instância, e apenas 10,5% do total dos 1094" apelos a sentenças pronunciadas por feitiçaria ou magia: "Les procès de sorcellerie...", p. 794.

106. E. W. Monter, "Witchcraft in Geneva...", p. 186.

107. E. W. Monter, "Patterns...", p. 8.

108. Idem, ibidem.

109. A. Macfarlane, *Witchcraft...*, p. 135.

110. E. W. Monter, "Witchcraft in Geneva...", p. 185.

111. E. W. Monter, "Patterns...", p. 7.

112. Idem, ibidem.

113. A. Macfarlane, *Witchcraft...*, pp. 29 e 97 e mapa p. 32.

CAPÍTULO 12

1. Nesse mesmo sentido, pronuncia-se R. Muchembled em *Prophètes et sorciers...*, introdução.

2. K. E. Jarcke, "Ein Hexenprozess", *Annalen der deutschen und ausländischen Criminal-RechtsPflege*, Berlim, vol. I, 1828, especialmente p. 450; F. J. Mone, "Ueber das Hexenwesen", *Anzeigen für Kunde der deutschen Vorzeit*, ano VIII, Karlsruhe, 1839, sobretudo pp. 271-5 e 444-53. Para tudo o que segue, N. Cohn, *Europe's...*, pp. 103-25.

3. J. Michelet, *La sorcière...*, pp. 19-20.

4. Idem pp. 129-35 (cap. XI).

5. P. Chaunu, "Sur la fin des sorciers...", *Annales, ESC*, jul.-ago. 1969, p. 907.

6. E. Lerroy-Ladurie, *Les paysans du Languedoc*, I, p. 407.

7. J. Favret-Saada, "Sorcières et Lumières", *Critique*, abr. 1971, p. 358. O manuscrito de minha obra já fora entregue ao editor quando veio a público o livro de J. Favret-Saada, *Les mots, la mort, les sorts — La sorcellerie dans le Bocage*, Paris, 1977.

8. Edição aumentada em doze volumes, 1907-15. N. Cohn, *Europe's...*, p. 108.

9. Numerosas reimpressões desde então.

10. M. Murray, *The god of witches* (reed. de 1956), p. 54.

11. Particularmente em 1969 e 1973.

12. M. Summers, *The history...*, Londres, 1973, p. 14.

13. Turim, 1966.

14. Encontram-se também os nomes de Abundia e Bensozia.

15. C. Ginzburg, I *Benandanti*, pp. 48-66; N. Cohn, *Europe's...*, p. 210-9; J. Baroja, *Les sorcières...*, pp. 79-86. R. Muchembled chamou-me a atenção para o fato de que em 1454 as autoridades religiosas de Amiens lembravam a interdição clássica: "Nulla mulier se nocturnis horis equitare cum Diana dea paganorum, vel cum Herodiade seu Bizazia, et in innumera mulierum multitudine profiteatur". Cf. T. Gousset, *Actes...de la province de Reims*, 4 vol., 1842-4. Aqui t. II, p. 700.

16. G. Bonomo, *Caccia alle streghe — La credenza nelle streghe dal secolo XIII al XIX con particolare riferimento all'Italia*, 2. ed., Palermo, 1971. E. de Martino, *Morte e pianto rituale nel mondo antico*, Milão, 1958; *Sud e magia*, Milão, 1959; *La terra del rimorso*, Milão, 1961; *Il mondo magico — Prolegomeni a una storia del magismo*, Turim, 1967. L. Lombardi-Satriani, *Antropologia culturale e analisi della cultura subalterna*, Messina, 1968; "Il tesoro nascosto", *Santi, streghe e diavoli — Il patrimonio delle tradizioni popolari nella società meridionale e in Sardegna*, Florença, 1971 (introdução). G. de Rosa, *Vescovi, popolo e magia nel Sud. Ricerche di storia socio-religiosa dal secolo XVII al XIX secolo*, Nápoles, 1971. C. Ginzburg, "Stregoneria e pietà popolare – Note a proposito di un processo modenese del 1519", *Annali della Scuola normale superiore di Pisa*, II, XXX, 1961, pp. 269-87. Cf. ainda G. E. Battisti, *La civiltà delle streghe*, Milão, 1964.

17. *Storia d'Italia*, I *I caratteri originali*, Turim, 1972; contribuição de C. Ginzburg, pp. 656-8. J. Delumeau, *Le christianisme va-t-il mourir?*, Paris, pp. 193-4.

18. *Benedicti*, p. 14, *bullarium*, t. I; *Opera omnia*, XV, Prato, 1845, pp. 233-4, e t. II, XVI, 1846, pp. 319-22. Agradeço ao padre Willibrord Witters o fato de ter-me chamado a atenção para esses textos.

19. J.-C. Baroja, *Les sorcières...*, p. 262.

20. A. de Saint-André (conhecido como padre Verjus), *Vie de Michel Le Nobletz*, 1666, liv. V, cap. III.

21. K. Thomas, *Religion...*, pp. 383-5.

22. *Prophètes et sorciers...*

23. Cf. mais acima *supra* p. 242.

24. S. Freud, *Moïse et le monothéisme*, trad. francesa, Paris, 1948, p. 140.

25. Cilento, "Luoghi di culto e religiosità popolare in Lucania", *Ricerche di storia sociale e religiosa*, n. 7-8, 1975, pp. 247-65.

26. Cf., particularmente a esse respeito, N. Cohn, *Europe's...*, pp. 32-59 e 99-125, e K. Thomas, *Religion...*, pp. 512-9.

27. Seguindo os passos de K. Thomas, remeto aqui a *Witchcraft and sorcery in East Africa*, ed. J. Middleton e E. M. Winter, 1963, pp. 62-3 e 171-2.

28. Em relação às crenças em malefícios reveladas pelos processos de feitiçaria, cf. particularmente K. Thomas, *Religions...*, pp. 441-9; A. Macfarlane, *Witchcraft...*, pp. 153-84; N. Cohn, *Europe's...*, pp. 239-46; R. Kieckhefer, *European witch trials...*, pp. 47-92; e anteriormente E. Delcambre, *Le concept de sorcellerie dans le duché de Lorraine au XVIe et au XVIIe siècle*, Nancy, 3 vol., 1948-51, sobretudo vol. II, e R. Mandrou, *Magistrats...*, p. 96. Cf. também *Anagron*, n. 3-4, 1973, pp. 63-79 e n. 7-8, pp. 82-105.

29. K. Thomas, *Religion...*, p. 448.

30. Bibliothèque National, Paris, reserva D.36 955. *Confessionnal* publicado em Nantes em 1612, aqui pp. 21-5: "Examen de conscience sur le premier commandement". Devo essa tradução a Louis Fleuriot, professor na Universidade da Alta Bretanha, a quem agradeço imensamente.

31. Citado por E. Delcambre, *Le concept de sorcellerie...*, III, p. 213.

32. K. Thomas, *Religion...*, pp. 263-4.

33. Cf. a esse respeito A. Macfarlane, *Witchcraft...*, pp. 212-52 (com bibliografia); L. V. Thomas e R. Luneau, *Les sages dépossédés*, Paris, 1977, sobretudo pp. 124-9.

34. L. V. Thomas e R. Luneau, *Les sages...*, pp. 126-7.

35. De Martino, *Il mondo magico*, p. 135.

36. *Le monde du sorcier* (obra coletiva), Paris, 1966, p. 16.

37. Cf. mais acima pp. 49-52.

38. K. Thomas, *Religion...*, p. 561.

39. Idem, pp. 560-4; A. Macfarlane, *Witchcraft...*, pp. 172-3, 200-6; *Prophètes et sorciers...*

40. J.-C. Baroja, *Les sorcières...*, p. 229.

41. Citado por R. Mandrou, *Magistrats...*, p. 134.

42. *Prophètes et sorciers...*

43. R. Mandrou, *Magistrats...*, p. 135.

44. H. R. Trevor-Roper, *De la Réforme...*, pp. 193-201.

45. G. Bonomo, *Caccia alle streghe...*, pp. 291-300.

46. A. Macfarlane, *Witchcraft...*, sobretudo pp. 138-42.

47. Citado por H. R. Trevor-Roper, *De la Réforme...*, p. 202. F. Spee, *Advis aux criminalistes...*, trad. francesa de 1660, p. 320.

48. K. Thomas, *Religion...*, pp. 518-9.

49. J.-C. Baroja, *Les sorcières...*, pp. 215-6. A *Relaction* de Salazar foi publicada no *Annuaire de Eusko Folklore*, XIII, 1933, pp. 115-30.

50. No raciocínio que se segue, utilizo muito N. Cohn, *Europe's...*, pp. 14-59, e me identifico totalmente com seu ponto de vista.

51. Ver mais acima *supra* pp. 287-91.

52. Contribuição de Dupont-Bouchat a *Prophètes et sorciers...*

53. Utilizo, nas páginas que seguem, a dissertação de mestrado de Petit-Jeans, "La sorcellerie en Bretagne aux XVIIe et XVIIIe siècles", Rennes, 1969. Um exemplar de *La montagne* transcrito por um reitor bretão em 1752 encontra-se nos arquivos de Ille-et-Vilaine (5Fb). O método do padre Maunoir recebeu a aprovação da Sorbonne.

54. O *Journal latin* de Maunoir, escrito a partir de 1671, até hoje não foi publicado. Encontram-se alguns trechos dele em X.-A. Séjourné, *Histoire du vénérable serviteur de Dieu Julien Maunoir de la Compagnie de Jésus*, Paris-Poitiers, 1885, cf. particularmente pp. 273-91.

55. J. Maunoir, *Histoire de Catherine Daniélou*, reed. Perrot, Saint-Brieuc 1913, p. 185.

56. J. Maunoir, *La montagne*, parte IV, § 1.

57. Esses conselhos na primeira das cinco partes que compõem *La montagne*.

58. H. R. Trevor-Roper, *De la Réforme...*, p. 141.

59. Idem, p. 139.

60. Idem, pp. 175-6.

61. Idem, ibidem.

62. Observações pertinentes a esse respeito de F. Salimbeni, "La stregoneria nel tardo Rinascimento", pp. 294-5. Sobre neoplatonismo e magia na Renascença, Cf. particularmente L. Thorndike, *A history of magic and experimental science*, 8 vol., Nova York, 1923-58; D. P. Walker, *Spiritual and demonic magic from Ficino to Campanella*, Londres, 1958. E. Garin, L'Età nuova – *Ricerche di storia delia cultura dal XII al XVI secolo*, Nápoles, 1969, pp. 385-500. W. Shumaker, *The occult sciences in the Renaissance*, Amsterdã, 1972.

63. Aqui mais uma vez reflexões judiciosas de F. Salimbeni, "La stregoneria...", p. 308. Cf. também E. Battisti, *L'Antirinascimento*, Milão, 1962, p. 153.

64. Retomo aqui e nas páginas que se seguem certos temas de minha "Aula inaugural" ao Collège de France, publicada novamente em *Le christianisme va-t-il mourir?*, Paris, 1977, sobretudo p. 195.

65. Cf. T. Szasz, *Fabriquer la folie*, Paris, 1976, particularmente o capítulo 7.

66. *Dictionnaire de spiritualité...*, III, 1, col. 131-2.

67. A. Macfarlane, *Witchcraft...*, p. 140.

68. R. Mandrou, *Magistrats...*, pp. 134 e 146.

69. Citado em *Prophètes et sorciers...*

70. Texto citado por R. Mandrou, *Magistrats...*, p. 146, e extraído do *Discours admirable d'un magicien de la ville de Moulins...*, Paris, 1623 (Bibliothèque Sainte-Geneviève).

71. Cf. N. Cohn, *Europe's...*, p. 231.

72. Texto traduzido por A. Danet em *Le marteau des sorcières*, p. 117.

73. Idem, p. 127.

74. J. Bodin, *La démonomanie...*, p. 122A.

75. N. Remy, *Demonolatriae libri tres*, 1595, pp. 125-7.

76. H. Boguet, *Discours exécrable...*, 1627, p. 3B; R. Mandrou, *Magis- trats...*, p. 134.

77. Bavoux, *Hantises et diableries dans la terre abbatiale de Luxeuil...*, p. 129.

78. Extrato do *Journal latin* citado na tese de mestrado de Petit-Jeans, *La sorcellerie en Bretagne...*, p. 140.

79. Claude de Sainctes, *Concile provincial des diocèses de Normandie tenu à Rouen* [en 1581] *...par Mgr l'Illustrissime et Reverendissime Cardinal de Bourbon...*, Rouen, 1606, p. 12.

80. *Prophètes et sorciers...*

81. Essa citação e as seguintes em K. Thomas, *Religion...*, p. 455.

82. Para tudo o que segue, cf. J. Bodin, *La démonomanie...*, p. 165A-192B.

83. H. R. Trevor-Roper, *De la Réforme...*, pp. 196-7; R. Mandrou, *Magistrats...*, pp. 138-40.

CONCLUSÃO

1. Ver mais acima, pp. 220-3.

2. A seu respeito, cf. R. Mandrou, *Magistrats...*, pp. 427-8.

3. N. Eymerich-Fco Peña, *Le manuel des Inquisiteurs*, introd., trad. e notas L. Sala-Molins, Paris-La Haye, 1973, pp. 56-9.

4. Idem, pp. 59-60.

5. Idem, p. 152.

6. H. Institoris e J. Sprenger, *Le marteau...*, p. 669.

7. A. Novinski, *Cristãos novos na Bahia*, São Paulo, 1972, pp. 152-7.

8. P. Aznar-Cardona, *Expulsion justificada de los moriscos españoles*, Huesca, 1612, II, f°s 62-3: citado em L. Cardaillac, *Morisques et chrétiens – Un affrontement polémique, 1492-1640*, Paris, 1977, p. 97.

9. L. Cardaillac, *Morisques...*, p. 104.

10. Idem, p. 125.

11. Cf. mais acima pp. 265-6.

12. N. Eymerich-Fco Peña, *Le manuel...*, p. 135.

13. Idem, ibidem.

14. Cf. mais acima p. 352.

15. N. Eymerich-Fco Peña, *Le manuel...*, p. 68.

16. H. Institoris e J. Sprenger, *Le marteau...*, pp. 133-47.

17. Idem, p. 127.

18. Idem, pp. 264-7.

19. J. Bodin, *La démonomanie...*, p. 198 r° e v^{o}.

20. Idem, p. 198 r°.

21. R. Klein, *Le procès de Savonarole*, Paris, 1957, pp. 27-9 e 55.

22. Idem, pp. 349-50.

23. *Conciliorum oecumenicorum decreta*, ed. G. Alberigo, p. 437.

24. Idem, p. 597.
25. Consultei a edição de 1524 publicada em Paris.
26. Idem, fº v rº.
27. Idem, fº VIII rº.
28. Idem, fº VIII vº.
29. Idem, fº IX vº.
30. Idem, fº X rº.
31. Idem, fº X vº.
32. Idem, fº XV rº.
33. Idem, ffº XVII rº a LXXVI rº.
34. Idem, ffº LXXVI ro a LXXVII vº.
35. Idem, ffº LXXVII V a LXXXVIII vº.
36. R. Bellarmin, *Opera omnia*, 1869, III *De laicis*, p. 38. Citado em J. de La Servière, *La théologie de Bellarmin*, Paris, 1909, p. 262.
37. Rosenplut, *Kancional*, Olomouc, pp. 598-600. Trad. francesa de Marie-Elsabeth Ducreux, que teve a gentileza de chamar-me a atenção para esse texto.
38. J.-M. de Bujanda, "La censure littéraire en Espagne au XVIe siècle", *Canadian Journal of History*, abr. 1972, pp. 1-15; "Los libros italianos en el indice español de 1559", em *Bibliothèque d'humanisme et Renaissance*, 1972, pp. 89-104.
39. J.-M. de Bujanda, "La censure...", p. 12.
40. "De diversiis ritibus in eadem fide", *Conciliorum oecumenicorum decreta*, ed. Alberigo, p. 239.
41. P.-M. Gy "La réforme liturgique de Trente et celle de Vatican II", *La Maison-Dieu*, n. 128, 1936, pp. 61-75.
42. Introdução de A. Danet ao *Marteau des sorcières*, pp. 65-7.
43. H. Strohl, *Luther, sa vie et sa pensée*, Strasburgo, 1953, p. 154.
44. M. Lutero, *Oeuvres*, IV *De l'autorité temporelle*, p. 39.
45. M. Lutero, *Oeuvres*, VI *Commentaire sur le psaume CXVII*, 1530, p. 215.
46. Para todo esse raciocínio, cf. J. Lecler, *Histoire de la tolérance au siècle de la Réforme*, 2 vol., Paris, 1955. Aqui I, p. 180.
47. Citado em idem, p. 189.
48. Idem, I, p. 195.
49. Idem, I, p. 323. Longos trechos desse prefácio no *Traité des hérétiques*, Rouen, 1554.
50. Idem, I, p. 325-6. *Traité des hérétiques*, ed. A. Olivet, Genebra, 1913, pp. 24-5.
51. Idem, I, p. 319. *Déclaration pour maintenir la vraie foy*..., pp. 47-8. A polêmica contra Servet reaparece na *Institution chrétienne*, Labor et Fides, I, pp. 102-9.
52. Idem, I, p. 332: *Traité de l'autorité du magistrat en la punition des hérétiques*, Genebra, 1560, pp. 311-2. Primeira edição em latim, Genebra, 1554.

53. R. Bellarmin, *Opera omnia*, III *De laicis*, 20, p. 35. Citado em J. de La Servière, *La théologie de Bellarmin*, p. 259.

54. J. Leclerc, *Histoire de la tolérance*, I, p. 333; *Du droit des magistrats sur leurs sujets*, s.l., 1574, p. 42.

55. Em relação a esse tema historiográfico, remeto à minha "Aula inaugural" do Collège de France, republicada em *Le christianisme va-t-il mourir?*, sobretudo p. 192.

56. C. Ginzburg, *Il formaggio e i vermi*, Turim, 1976, p. 146.

57. A sra. Piozza-Donati está trabalhando em uma tese sobre as blasfêmias e os insultos italianos. É dela que tomo emprestado, nos parágrafos que seguem, os elementos referentes à Itália. Exprimo-lhe minha sincera gratidão.

58. Cf. *supra*, mais acima pp. 388-9.

59. H. Baquero-Moreno, *Tensões sociais em Portugal na Idade Média*, Porto, 1976, p. 82.

60. Montesquieu, *Oeuvres complètes*, 1956, p. 1552 (La Pléiade). J. Huizinga, *Le déclin du Moyen Age*, Paris, 1967, p. 168. S. Bonnet, *A hue et à dia*, Paris, 1973, p. 43.

61. K. Thomas, *Religion...*, p. 170. Cf. *Acts and ordinances of the Interregnum, 1642-1650*, ed. C. H. Firth e R. S. Rait, 1911, I, p. 1133-6.

62. H. Baquero-Moreno, *Tensões sociais...*, pp. 84-5.

63. Art. "Blasphème", *Dictionnaire de théologie catholique*, t. II, Paris, 1937, col. 902-9. O édito de julho de 1666 em Isambert, *Recueil des anciennes lois françaises*, t. XVIII, pp. 86-7. R. Mandrou, *Magistrats...*, sobretudo pp. 496-9.

64. B. Bennassar, *L'homme espagnol*, Paris, 1975, p. 77.

65. E. Doumergue, *Calvin*. Aqui t. VII, pp. 121-2.

66. Citado em J. Jansen, *La civilisation...*, *VIII*, p. 453. J. Andrea, *Christliche Erinnerung nach dem Lauf der irdischen Planeten gestellt in Predigten*, Tübingen, 1568.

67. Citado em J. Janssen, *La civilisation...*, *VIII*, p. 454. J. G. Sigwart, *Eilff Predigten von der vornehmsten und zu jeder Zeit in der Welt gemeinsten Lastern*, Tübingen, 1603.

68. Citado por J. Janssen, *La civilisation...*, *VIII*, p. 455. A. Musculus, *Wiser den Fluchteufel*, 1562.

69. J. Calvino, *Institution de la religion chrétienne*, Labor et Fides, liv. IV, cap. 20, p. 450.

70. J.-B. Thiers, *Traité des jeux et divertissements*, 1686, p. 440. *La mort des pays de cocagne*, ed. J. Delumeau, Paris, 1976, p. 15.

71. A. Van Gennep, *Manuel de folklore...*, t. I, IV, 2, p. 1818.

72. Texto reproduzido em J. Deslyons, *Traités singuliers et nouveaux contre le paganisme du Roy-Boit*, Paris, 1670, p. 258-63.

73. J. Calvino, "Sermon sur l'harmonie des trois évangélistes", *Opera omnia*, 1562, XLVI, p. 32; ver também "Sermon sur le Deutéronome", idem,

1562, XXVII, p. 505. Cf. J. Delumeau, "Les réformateurs et la superstition", *Coligny et son temps*, Paris, 1974, pp. 448-9.

74. Cf. sobre isso tudo, A. Van Gennep. *Manuel de folklore...*, t. I, IV, 1818-9, Y.-M. Bercé, *Fête et révolte*, pp. 149-50 e p. 203; R. Muchembled, *Culture populaire et culture des élites dans la France moderne*, Paris, 1978.

75. Comunicações de A. Burguière e F. Lebrun ao Colloque sur le charivari, Paris, abr. 1977.

76. Cf. a esse respeito as interdições dos sínodos reformados, por exemplo, o de 1617: *La mort des pays de cocagne*, ed. *J* Delumeau, p. 119.

77. Comunicação de A. Burguière ao Coloque sur le charivari.

78. Y.-M. Bercé, *Fête et révolte*, pp. 145-6.

79. *Ordonnances synodales du diocèse d'Annecy*, t. XXIII, vol. II, pp. 397-8. Agradeço ao padre Witters ter-me chamado a atenção para esse texto (exposto em meu seminário).

80. A. D. du Vaucluse: 1.G.306 fº 404. Informação comunicada pela sra. Olry.

81. Dom Bessin, *Concilia rotomagensis provinciae*, Rouen, 1717, II, p. 301 (indicação do padre Witters).

82. Idem, p. 119 (indicação do padre Witters).

83. A. D. Vaucluse: 1.G.305 fº 341. Informação comunicada pela sra. Olry.

84. Citado em Y.-M. Bercé, *Fête et révolte*, p. 148. M. Join-Lambert, *Annales de Normandie*, 1953, pp. 247-74.

85. L. Daneau, *Traité des danses...*, 1579, pp. 16-33.

86. Dom Bessin, Concilia *rotomagensis provinciae*, II, p. 393 (indicação do padre Witters).

87. Calvino, *Opera omnia*, 10a, citado por F. Wendel, *Calvin, sources et évolution de sa pensée religieuse*, Paris, 1950, p. 51.

88. Memória de 1536 citada em *J.* Lecler, *Histoire de la tolérance...*, I, p. 253.

89. M. Foucault, *Histoire de la folie...*, p. 73, n. 1.

90. Idem, p. 74.

91. E. Le Roy-Ladurie, *Les paysans du Languedoc*, I, p. 322.

92. A respeito disso tudo, cf. J.-P. Gutton, *La société et les pauvres...*, pp. 122-57.

93. M. Foucault, *Histoire de la folie...*, p. 70.

94. J.-P. Gutton, *La société et les pauvres...*, pp. 104-8.

95. Idem, pp. 113-5. A. H. Dodd, *Life in Elizabeth England*, 3. ed., Londres, 1964, pp. 130-3.

96. J. Delumeau, *Rome au XVIe siècle*, Paris, 1975, pp. 98-9.

97. Essas informações e as que seguem, reunidas por J.-P. Gutton, *La société et les pauvres...*, pp. 126-30.

98. M. Foucault, *Histoire de la folie...*, pp. 60-1 e 77.

99. Idem, pp. 64-5 e 79-80.

100. Citado em J.-P. Gutton, *La société et les pauvres...*, p. 104.

101. Citado em M. Foucault, *Histoire de la folie...*, p. 72.
102. Citado em idem, p. 186.
103. Citado em idem, p. 83.
104. Citado em idem, p. 60.
105. Citado em J.-P. Gutton, *La société et les pauvres...*, p. 135.
106. Idem, *id.*
107. Idem, p. 133.
108. M. Foucault, *Histoire de la folie...*, p. 88.
109. Idem, 88-9. Collet, *Vie de saint Vincent de Paul*, 3 vol., Paris, 1818.
110. J.-P. Gutton, *La société et les pauvres...*, pp. 126 e 129-30.
111. R. Mandrou, *Magistrats...*, sobretudo pp. 158-79.
112. K. Thomas, *Religion...*, sobretudo pp. 641-63.

JEAN DELUMEAU nasceu em Nantes (França), em 1923. É professor de história no Collège de France desde 1975 e responsável pelas coleções "Les Temps et les et les Hommes" (Hachette) e "Nouvelle Clio" (PUF). Publicou *Rome au XVIe siècle, La civilisation de la Renaissance, Naissance et affirmation de le Réforme, Le christianisme va-t-il mourir?* e *Le catholicisme entre Luther et Voltaire.*

1ª edição Companhia das Letras [1989] 6 reimpressões
1ª edição Companhia de Bolso [2009] 8 reimpressões

Esta obra foi composta pela Verba Editorial em Janson Text e impressa pela Gráfica Bartira em ofsete sobre papel Pólen da Suzano S.A. para a Editora Schwarcz em janeiro de 2025

A marca FSC® é a garantia de que a madeira utilizada na fabricação do papel deste livro provém de florestas que foram gerenciadas de maneira ambientalmente correta, socialmente justa e economicamente viável, além de outras fontes de origem controlada.